教育部人文社会科学重点研究基地重大项目

全国高校古籍整理工作委员会直接资助项目

宁夏大学『二一一』工程重点学科建设项目

甘肃省古籍文献整理编译中心重大整理项目

资助出版

党项西夏文献研究
——词目索引、注释与异名对照

（三）

杜建录　主编

中华书局

本册目录

职 官 卷

下

五、唐五代辽宋金与党项西夏相关的职官

（一）唐五代与党项西夏相关的职官

三画

三使　唐会昌初命三使以统党项，其中在邠宁
　　延者为一使；在盐夏长泽者为一使；在灵武
　　麟胜者为一使
　　【宋史】491/党项传/14138
　　【五代会要】29/353
　　【汇编】上 17、20

山南西道都防御使　臧希让
　　【旧唐书】198/党项羌传/5290
　　【汇编】上 5

四画

天德军防御使　刘沔
　　【新唐书】161/刘沔传/4233
　　【汇编】上 772

凤翔节度使　孙志直
　　【旧唐书】133/李晟传/3661；152/马璘传/4066
　　【汇编】上 684

凤翔节度使　高升
　　【资治通鉴】223/7146
　　【汇编】上 688

凤翔节度使　崔光远
　　【旧唐书】198/党项羌传/5290
　　【新唐书】6/肃宗纪/163；221 上/党项传/6214
　　【册府元龟】359/4254 上
　　【汇编】上 5、11、675

凤州刺史　吕日将
　　【新唐书】6/代宗纪/167

【汇编】上 680

长史　即静边、芳池等州长史，押党项部落使
　　梁进用请置
　　【新唐书】221 上/党项传/6214
　　【汇编】上 12

长武城使　高崇文
　　【武经总要】前集 18 上/26 上
　　【汇编】中一 965

六胡州刺史　统宥州
　　【乾隆宁夏府志】4/古迹·宁夏·宁朔县/10 下
　　【汇编】下 6941

巴州长史　韦伦
　　【旧唐书】138/韦伦传/3781
　　【汇编】上 676

五画

东面招讨党项等使　白敏中
　　【旧唐书】18 下/宣宗纪/628
　　【汇编】上 814

兰州刺史　崔知温
　　【旧唐书】185 上/崔知温传/4791
　　【汇编】上 640

宁州刺史　张建武
　　【新五代史】74/党项/912
　　【旧五代史】138/党项/1845
　　【五代会要】29/353
　　【汇编】上 16、19

**永平旭定清宁宁保忠顺静塞万吉等七州都
　　督府**　押党项部落使梁进用请置
　　【新唐书】221 上/党项传/6214
　　【汇编】上 12

永安城镇将　阿史那思昧，侵扰党项部落，求
　　取驼马无厌
　　【旧唐书】198/党项羌传/5290

【旧五代史】76/晋书·高祖纪/993

【新五代史】47/张希崇传/528

【汇编】上888、889

灵夏等六道元帅　兖王歧

【新唐书】8/武宗纪/243

【汇编】上797

陇右专知教练兵马使　蔺廷辉

【全唐文】301/拓跋兴宗传/7 上

【汇编】上157

陇右节度

【册府元龟】975/11456 上

【汇编】上662

陇右节度使　郭知运

【旧唐书】93/王晙传/2988

【册府元龟】986/11584 上

【资治通鉴】212/6745

【汇编】上649、650、652

八画

押党项部落使　梁进用

【新唐书】221 上/党项传/6214

【汇编】上12

招讨南山平夏党项行营兵马都统　白敏中

【新唐书】8/宣宗纪/249

【汇编】上813

招讨南山平夏党项行营兵马都统制置使
　　白敏中

【新唐书】63/宰相表 3/1731

【唐大诏令集】53/282

【汇编】上815、823

招讨党项行营都统制置等使　白敏中

【玉海】132/绍兴制置使/26 下

【汇编】补遗7227

招讨党项使　李械

【新唐书】8/宣宗纪/248

【汇编】上811

招讨党项使　王仲升

【新唐书】6/肃宗纪/160

【资治通鉴】220/7060

【汇编】上673

招抚党项都制置等使　白敏中

【旧唐书】166/白敏中传/4359

【汇编】上814

岷州都督　李师彦

【旧唐书】198/党项羌传/5290

【汇编】上5

岷州都督　刘师立

【旧唐书】198/党项羌传/5290

【新唐书】221 上/党项传/6214

【汇编】上5、10

河中振武邠宁三节度

【新唐书】64/方镇表 1/1771

【汇编】上712

河东节度使　王宰

【资治通鉴】249/8056

【汇编】上830

泾州刺史　段祐

【白氏长庆集】54/除段祐检校兵部尚书右神策
　　军大将军制/14 上

【汇编】上744

泾州刺史　杨元卿

【旧唐书】16/杨元卿传/4229；161/穆宗纪/490

【元氏长庆集】44/授杨元卿泾原节度使制/1 下

【汇编】上764

泾原节度使

【新唐书】64/方镇表 1/1769

【汇编】上708

泾原节度使　杨元卿

【旧唐书】16/穆宗纪/490

【汇编】上764

泾原节度使　程宗楚

【册府元龟】423/5038 下

【汇编】上835

泾原等州节度观察处置等使　杨元卿

【元氏长庆集】44/授杨元卿泾原节度使制/1 下

【汇编】上764

泾原渭节度观察等使　杨元卿

【旧唐书】161/杨元卿传/4229

【汇编】上764

九画

南会州都督　郑元璹

【旧唐书】198/党项羌传/5290

【新唐书】221 上/党项传/6214

【汇编】上 4、10

度支银州营田使　傅孟恭

【樊川文集】18/傅孟恭除威州刺史制/11 下

【汇编】上 807

宣抚党项使　李寮

【旧唐书】198/党项羌传/5290

【汇编】上 6

宣慰灵夏以北党项使　刘濛

【新唐书】149/刘濛传/4799

【汇编】上 798

十画

秦州防御使　韦伦

【旧唐书】138/韦伦传/3781

【汇编】上 676

秦州经略使　仇公遇

【册府元龟】423/5038 下

【汇编】上 835

秦州刺史　韦伦

【旧唐书】138/韦伦传/3781

【汇编】上 676

秦陇防御使　韦伦

【资治通鉴】221/7100

【汇编】上 677

都统　唐宣宗大中四年讨党项都统白敏中

【新唐书】221 上/党项传/6214

【汇编】上 13

都统朔方邠宁鄜坊节度事　郭子仪

【新唐书】221 上/党项传/6214

【汇编】上 11

都督府　唐初拓跋部内附，以其地为三十二州，
　　以松州为都督府

【新唐书】221 上/党项传/6214

【汇编】上 10

盐州节度使　杜彦光

【资治通鉴】234/7540

【汇编】上 729

盐州兵马使　李兴翰

【册府元龟】78/899 上

【汇编】上 735

盐州刺史　刘沔

【旧唐书】161/刘沔传/4233

【汇编】上 772

盐州刺史　李兴翰

【册底元龟】78/899 上

【汇编】上 735

盐州刺史　赵旰

【新唐书】8/穆宗纪/3 上

【汇编】上 765

盐州刺史　郭子仪

【新唐书】156/戴休颜传/4899

【汇编】上 712

盐州刺史　王宰

【新唐书】148/田牟传/4786

【册底元龟】671/8027 下

【汇编】上 773

夏州节度　田缙

【旧唐书】16/穆宗纪/482

【册府元龟】520 下/6215 下

【汇编】上 755、758

夏州节度使

【新唐书】64/方镇表 1/1783、1785

【汇编】上 775、831

夏州节度使　米暨

【旧唐书】18 上/武宗纪/609

【汇编】上 801

夏州节度使　李佑

【唐会要】70/1247

【汇编】上 762

夏州节度使　李祐

【旧唐书】17 上/敬宗纪/509；38/地理志 1/
　　1418

【册府元龟】390/4636 上；977/11483 上

【汇编】上 764、765、767、768

夏州观察使

【旧唐书】15/宪宗纪下/449

【汇编】上 751

夏州刺史　吕希倩

【册底元龟】674/8055 上

【汇编】上 714

夏州刺史　李愿

【旧唐书】133/李愿传/3676

【汇编】上 738

夏州刺史　郑助

【新唐书】18 下/宣宗纪/632

【汇编】上 829

夏州刺史　皇子愕

【旧唐书】18 上/武宗纪/602

【汇编】上 798

夏州都督　杨钦明

【册府元龟】986/11584 上

【汇编】上 652

夏州留后　安从进

【旧五代史】44/唐书·明宗纪/603

【册府元龟】178/2148 下

【汇编】上 880、886

夏绥节度使　李福

【资治通鉴】249/8045

【汇编】上 824

夏绥银节度使　田缙

【新唐书】210/田缙传/9535

【汇编】上 755

夏绥银节度使　李福

【新唐书】131/李福传/4517

【汇编】上 824

夏绥银节度使　傅良弼

【新唐书】148/傅良弼传/4789

【汇编】上 769

夏绥银宥等州节度使　刘源

【唐会要】66/群牧使/1147

【汇编】上 774

夏绥银宥等州节度使　李愿

【旧唐书】133/李愿传/3676

【汇编】上 738

夏绥银宥等州节度营田观察处置押蕃落安抚平夏党项等使　郑助

【旧唐书】18 下/宣宗纪/632

【汇编】上 829

夏绥银等州节度　王元琬

【元氏长庆集】48/制诰/4 上

【汇编】上 744

夏银绥观察使

【旧唐书】148/李吉甫传/3996

【唐大诏令集】99/500

【汇编】上 752

振武节度押蕃落使

【新唐书】64/方镇表 1/1766

【汇编】上 672

振武军节度使　胡证

【旧唐书】163/胡证传/4259

【新唐书】164/胡证传/5048

【汇编】上 753

振武麟胜节度　刘沔

【册府元龟】987/11591 上

【汇编】上 780

振武麟胜节度使　胡证

【册府元龟】120/1433 下

【汇编】上 753

捉生指挥使

【长编标】3/70

朔方大总管　王晙

【资治通鉴】212/6745

【册府元龟】986/11584 上

【汇编】上 650、652

朔方节度　张希崇

【新唐书】261/郭琼传/9032

【汇编】上 890

朔方节度　罢领丰州及西受降城

【新唐书】64/方镇表 1/1777

【汇编】上 729

朔方节度　增领威州

【新唐书】64/方镇表 1/1785

【汇编】上 830

朔方节度使

【新唐书】64/方镇表 1/1769

【汇编】上 708

朔方节度使　张希崇

【资治通鉴】282/9197

【汇编】上 893

朔方节度使　崔宁

【册府元龟】674/8055 上

【汇编】上 714

朔方节度使　康福

【资治通鉴】277/9064

【汇编】上 875

朔方节度使 冯晖

【旧五代史】125/周书·冯晖传/1644、1645

【资治通鉴】285/9303

【汇编】上 891、900、901

朔方节度使 郭子仪

【旧唐书】10/肃宗纪/257；195/回纥传/5205

【新唐书】156/戴休颜传/4899

【文苑英华】567/浩虚舟·为崔大夫贺破吐蕃表 代宗永泰元年/2908

【汇编】上 673、693、705、712

朔方节度副使 郭子仪

【新唐书】6/肃宗纪/163

【汇编】上 674

朔方先锋兵马使 浑日进

【旧唐书】196 上/吐蕃传上/5239

【汇编】上 702

朔方先锋兵马使 白元光

【旧唐书】195/回纥传/5205；196 上/吐蕃传上 /5239

【新唐书】217/回鹘传/6120

【汇编】上 700、701、703

朔方军大总管 王晙

【册府元龟】992/11653 上

【汇编】上 653

朔方军节度大使 张说

【旧唐书】97/张说传/3053

【唐大诏令集】52/274

【汇编】上 655657

朔方军节度使 郭子仪

【旧唐书】120/郭子仪传/3450

【汇编】上 665

朔方军节度使 领单于大都督护府

【新唐书】64/方镇表/761

【汇编】上 651

朔方军留后 冯继业

【宋会要】253/冯继业传/8868

【汇编】中一 924

朔方军副大总管 王晙

【唐大诏令集】59/315

【汇编】上 644

朔方兵马使 郭曜

【旧唐书】120/郭子仪传/3459

【汇编】上 692

朔方灵盐丰夏绥银节度都统 杜希全

【旧唐书】144/杜希全传/3923

【汇编】上 726

朔方灵盐定远城节度副大使 王佖

【白氏长庆集】54/除王佖检校户部尚书充灵盐 节度使制/16 上

【汇编】上 746

朔方陇右河西安西北庭诸节度使 开元置

【资治通鉴】223/7146

【汇编】上 686

朔方河中绛邠宁庆兵马副元帅 浑王咸

【旧唐书】144/杜希全传/3923

【汇编】上 726

朔方都虞侯 杨朝晟

【资治通鉴】234/7540

【汇编】上 729

朔方留后 常谦光

【新唐书】216 下/吐蕃传下/6092

【汇编】上 711

朔方留后 路嗣恭

【新唐书】221 上/党项传/6214

【汇编】上 12

朔方道节度 王愕

【册府元龟】996/11697 上

【汇编】上 800

朔方道行军总管 王晙

【唐大诏令集】59/315

【汇编】上 643

朔方道行军大总管 王晙

【唐大诏令集】59/315

【汇编】上 644

朔方道防御讨击大使 王毛仲

【资治通鉴】212/6745

【汇编】上 650

十一画

银川监牧使 何清朝

【旧唐书】18 上/武宗纪/593

【汇编】上 789

银川监牧使 夏州节度使领

【汇编】上 844

鄜坊节度副使　杜晁

【资治通鉴】221/7090

【汇编】上 674

鄜坊等州观察使　薛伾

【白氏长庆集】55/34 下

【汇编】上 740

鄜坊道军粮使　李石

【新唐书】221 上/党项传/6214

【汇编】上 12

十四画

静边州都督　郭子仪表徙静边州都督、夏州、
乐容等六府党项于银州之北、夏州之东

【新唐书】221 上/党项传/6214

【汇编】上 12

静边芳池相兴三州都督

【新唐书】221 上/党项传/6214

【汇编】上 12

静难节度使　药彦稠

【资治通鉴】277/9064

【汇编】上 875

十五画

镇西节度　马璘

【旧唐书】196 上/吐蕃传上/5239

【汇编】上 702

镇西节度使　马璘

【资治通鉴】223/7146

【汇编】上 689

二十三画

麟州刺史　折乜罗降宋

【长编影】10/16 上

【汇编】中一 949

麟州都督府司马　崔知温

【旧唐书】185 上/崔知温传/4791

【汇编】上 640

（二）辽朝与党项西夏相关的职官

一画

乙室王府　控制西夏

【辽史】46/百官志 2·北面边防官/747

【契丹国志】22/州县载记/3 下

【汇编】中六 5999

三画

大同军节度使　耶律化哥

【辽史】94/耶律化哥传/1381

【汇编】中一 1518

大同军节度使　韩德凝

【辽史】74/韩德凝传/1235

【汇编】中一 1518

山北路都部署司　控制西夏

【辽史】46/百官志 2·北面边防官/747

【汇编】中六 5999

山西部族节度使　屈烈

【辽史】19/兴宗纪 2/230

【汇编】中三 2880

山阴司　又作山金司，控制西夏

【辽史】46/百官志 2·北面边防官/747

【汇编】中六 5999

山金司　又作山阴司，控制西夏

【辽史】46/百官志 2·北面边防官/747

【契丹国志】22/州县载记/3 下

【汇编】中六 5999、6000

四画

天德军节度使　耶律勃古哲

【辽史】82/耶律勃古哲传/1293

【汇编】中一 956

五押招讨大将军　控制西夏

【辽史】46/百官志 2·北面边防官/747

【汇编】中六 5999

乌古敌烈部都详稳　萧普达

【辽史】92/萧普达传/1368

【汇编】中一 1693

六院军将　*海里*

【辽史】20/兴宗纪 3/242

【汇编】中三 3163

五画

北王府　*控制西夏*

【辽史】46/百官志 2·北面边防官/747

【汇编】中六 5999

北朝安抚司　*河东安抚司牒北朝安抚司*

【涑水记闻】9/4 下

【汇编】中二 1810

四捷军详稳　*张拂奴*

【辽史】19/兴宗纪 2/230

【汇编】中三 2895

四番都统军　*李继忠*

【辽史】11/圣宗纪 2/119

【汇编】中一 1029

六画

西北路招讨使　*萧孝友*

【辽史】87/萧孝友传/1334

【汇编】中二 1878

西京兵马都部署司　*云中路置,控制西夏*

【辽史】46/百官志 2·北面边防官/747

【汇编】中六 6000

西京兵马都部置司　*云中路置,控制西夏*

【契丹国志】22/州县载记/3 下

【汇编】中六 6000

西南边大详稳司　*控制西夏*

【辽史】46/百官志 2·北面边防官/747

【汇编】中六 5998

西南巡边官　*控制西夏*

【辽史】46/百官志 2·北面边防官/747

【汇编】中六 5999

西南招讨使　*斜轸*

【辽史】15/圣宗纪 6/173

【汇编】中一 1515

西南面五押招讨司　*控制西夏*

【辽史】46/百官志 2·北面边防官/747

【汇编】中六 5999

西南面同巡检　*控制西夏*

【辽史】46/百官志 2·北面边防官/747

【汇编】中六 5999

西南面安抚使　*控制西夏*

【辽史】46/百官志 2·北面边防官/747

【汇编】中六 5998

西南面安抚使司　*控制西夏*

【辽史】46/百官志 2·北面边防官/747

【汇编】中六 5998

西南面巡检　*控制西夏*

【辽史】46/百官志 2·北面边防官/747

【汇编】中六 5999

西南面巡检司　*控制西夏*

【辽史】46/百官志 2·北面边防官/747

【汇编】中六 5999

西南面招讨司

【辽史】41/地理志 5·西京道/515

【汇编】中二 2833

西南面招讨使　*党项小斛禄*

【辽史】30/天祚帝纪 4/351

【汇编】中六 5982

西南面招讨使　*萧普达*

【辽史】92/萧普达传/1368

【汇编】中二 2639

西南面招讨使　*控制西夏*

【辽史】46/百官志 2·北面边防官/747

【汇编】中六 5998

西南面招讨使　*韩德威*

【辽史】10/圣宗纪 1/108

【汇编】中一 1000

西南面招讨使　*韩德凝*

【辽史】74/韩德凝传/1235

【汇编】中一 1518

西南面招讨都监　*罗汉奴*

【辽史】19/兴宗纪 2/230

【汇编】中三 2880

西南面招讨副使　*耶律王六*

【辽史】9/景宗纪 2/103

【汇编】中一 986

西南面拽剌详稳司　*控制西夏*

【辽史】46/百官志2・北面边防官/747

【汇编】中六 5999

西南面都招讨司　控制西夏

【辽史】46/百官志2・北面边防官/747

【汇编】中六 5998

西南面都招讨府　云中路置，控制西夏

【契丹国志】22/州县载记/3 下

【汇编】中六 6000

西南路巡查司　控制西夏

【辽史】46/百官志2・北面边防官/747

【汇编】中六 5999

西南路巡查将军　控制西夏

【辽史】46/百官志2・北面边防官/747

【汇编】中六 5999

西南路招讨司　控制西夏

【辽史】46/百官志2・北面边防官/747

【汇编】中六 5998

西南路招讨使　大汉

【辽史】10/圣宗纪1/109、110

【汇编】中一 1002

西南路详稳司　控制西夏

【辽史】46/百官志2・北面边防官/747

【汇编】中六 5999

西夏国西平王府

【辽史】46/百官志2・北面属国官/758

【汇编】中六 6000

七画

沙州观察使

【长编标】104/2428

灵州观察使　刘彝范

【长编标】101/2344

阻卜都详稳　萧挞凛

【辽史】85/萧挞凛传/1313

【汇编】中一 1093

八画

招讨使　萧普达

【辽史】19/兴宗纪2/230

【汇编】中三 2895

招讨使　韩德威

【辽史】13/圣宗纪4/142；82/韩德威传/1291

【汇编】中一 1003、1052

知山北道边境事官　控制西夏

【辽史】46/百官志2・北面边防官/747

【汇编】中六 5999

金肃军都部署司　控制西夏

【辽史】46/百官志2・北面边防官/747

【汇编】中六 5999

河南道行军都统　萧惠

【辽史】20/兴宗纪3/240

【汇编】中三 3143

泾原西路同总管蕃兵将　韩资

【长编影】510/14 下

【汇编】中六 5547

详稳　斡鲁母

【辽史】19/兴宗纪2/230

【汇编】中三 2880

详稳　辖马

【辽史】10/圣宗纪1/111

【汇编】中一 1003

九画

南王府　控制西夏

【辽史】46/百官志2・北面边防官/747

【汇编】中六 5999

南面招讨使　韩德威

【辽史】12/圣宗纪3/131

【汇编】中一 1036

南院大王　耶律勃古哲

【辽史】82/耶律勃古哲传/1293

【汇编】中一 956

拽剌详稳　耶律独㪍

【辽史】92/耶律独㪍传/1365

【汇编】中三 3150

十一画

隗衍党项部节度使　耶律唐古

【辽史】91/耶律唐古传/1362

【汇编】中一 1714

（三）宋朝与党项西夏相关的职官

二画

七罗寨指挥使
【涑水记闻】12/1 下
【汇编】中一 1745

三画

三川寨巡检　张进
【宋会要】兵 28 之 12/7275

三川寨巡检　王贵
【长编标】328/7905
【长编影】328/13 上
【汇编】中四 4392

三川寨都监　张进
【长编标】330/7958
【长编影】330/11 下
【汇编】中四 4440

三阳寨主　杨应辰
【宋会要】兵 4 之 12/6826

三阳寨使　陈钦寿
【长编标】19/423
【长编影】19/3 上
【汇编】中一 975

三阳寨监押　邵叔元
【潞公文集】38/举官/3 上
【汇编】补遗 7292

干当公事　河东陕西逐路各置二员
【宋史】190/兵志 4·河东陕西弓箭手/4722
【汇编】中六 5886

干当公事官　赵高之子
【长编标】491/11672
【长编影】491/21 下
【汇编】中六 5334

干当熙河公事　绍圣年间
【宋史】328/王厚传/10582
【汇编】中六 5569

川陕宣抚使　牛皓
【系年要录】86/1421
【汇编】下 6395

川陕宣抚使都统制　杨政
【系年要录】130/2099
【汇编】下 6512

川陕宣抚副使　邵溥
【系年要录】94/1552
【汇编】下 6400

川陕宣抚副使　胡世将
【系年要录】134/2159；140/2249、2258
【汇编】下 6523、6545、6547

川陕宣抚副使　吴玠
【宋史】486/夏国传下/14023
【系年要录】83/1368；98/1609；124/2030
【汇编】上 89；下 6378、6409、6492

川陕宣谕使　虞允文
【系年要录】197/3328
【汇编】下 6680

川陕都督　赵鼎
【三朝北盟会编】180/8 上
【系年要录】114/1842
【汇编】下 6477、6480

弓箭十指挥　泾原路置
【宋会要】方域 18 之 3/7611
【汇编】中一 1212

弓箭手司
【宋会要】兵 4 之 17/6828、4 之 18/6829
【汇编】中六 5756、5813

弓箭手巡检
【宋会要】职官 48 之 128/3519

弓箭手巡检　董行谦
【长编标】265/6484
【长编影】265/1 上
【汇编】中四 3993

弓箭手指挥　云成
【长编标】491/11663
【长编影】491/15 上
【汇编】中六 5329

弓箭手指挥使
【宋会要】兵 28 之 36/7287
【汇编】中五 5235

弓箭手指挥使　通远军齐玛克堡李清

【长编标】341/8201

【长编影】341/6 上

【汇编】中四 4534

弓箭手指挥使　魏文义

【长编标】98/2278

【长编影】98/9 上

【汇编】中一 1615

弓箭手都虞侯　刘用

【安阳集】家传 2/2 下

【汇编】中二 2074

小胡等族巡检　保安军胡继谔

【长编标】132/3152

【长编影】132/26 下

【汇编】中二 2313

马步军都总管　分熙河洮岷通远军为一路，置马步军都总管

【长编标】239/5818

【长编影】239/12 上

【宋大诏令集】219/置熙河路熙河秦凤德音（熙宁五年十一戊戌）/837

【汇编】中四 3813、3815

四画

丰州兵马监押　孙吉

【长编标】134/3196

【长编影】134/9 上

【汇编】中二 2392

丰州指使　侯秀

【长编标】134/3196

【长编影】134/9 上

【汇编】中二 2393

开析司　天禧二年诏河东州军机密文字付机宜司置籍收领，不得便付开析司

【宋会要】兵 27 之 20/7256

天圣砦主　张贵

【宋史】289/葛怀敏传/9760

【汇编】中二 2546

天圣寨主　张贵

【长编标】137/3300；138/3314

【长编影】137/21 下；138/5 上

【汇编】中二 2554、2578

云中副留守　刘思恭

【系年要录】181/3015

【汇编】下 6607

专管勾笼竿城事　王文

【长编标】134/3206

【长编影】134/17 下

专管勾笼竿城事　王秉

【长编标】134/3206

【长编影】134/17 下

【汇编】中二 2411

专管勾鄜延路军马公事　张之谦

【宋会要】职官 66 之 31/3882

五原镇都巡检使

【武经要要】前集 18 下/西蕃地界/1 上

【汇编】中一 1729

太原府代州兵马钤辖　苏安静

【宋会要】兵 27 之 41/7267

【汇编】中三 3265

太原府代州钤辖　苏安静

【长编标】193/4679

【长编影】193/17 上

【汇编】中三 3272

太原府代州钤辖　张之谦

【长编标】408/9925

【长编影】408/5 下

【汇编】中五 4914

太原府代州副部署　郝质

【长编标】195/4722

【长编影】195/5 上

【汇编】中三 3276

太原府代州路钤辖　麟府路军马司

【宋史】86/地理志 2/2136

【汇编】中六 5826

太原府路兵马钤辖　张之谦

【宋会要】职官 66 之 31/3882

太原府路兵马都监　杨宗闵

【苕溪集】48/宋故武功大夫魏国公杨公（宗闵）墓碑/4 上

【汇编】补遗 7433

太原府路钤辖　张之谦

【长编标】356/8515

【长编影】356/7 上

【汇编】中五 4630

太原府路钤辖　张世永
【长编标】511/12170
【长编影】511/14 下
【汇编】中六 5559

太原府路钤辖　张世矩
【长编标】319/7717；329/7930；408/9924
【长编影】319/16 上；329/15 上；408/5 下
【汇编】中五 4251、4252、4412、4914

太原府路钤辖　薛义
【长编标】326/7854
【长编影】326/14 上
【汇编】中四 4356

太原府路钤辖兼第一将　訾虎
【长编标】458/10960
【长编影】458/7 下
【汇编】中五 5064

太原府路都监　孙咸宁
【长编标】468/11170
【长编影】468/3 下
【汇编】中五 5116

太原府路都监　訾虎
【长编标】356/8515
【长编影】356/7 上
【汇编】中五 4631

太原府路副总管　王文振
【长编标】485/11520
【长编影】485/2 下
【汇编】中六 5279

太原府路副总管　王崇极
【长编标】485/11520
【长编影】485/2 下
【汇编】中六 5278

太原府路副都总管　李浩
【长编标】412/10027
【长编影】412/8 下
【汇编】中五 4932

太原泾原路总管　刘几
【宋史】262/刘几传/9067
【汇编】中三 3370

太原路都监　孙咸宁
【宋会要】职官 67 之 6/3890

【汇编】中五 5116

车子铺　自秦州至熙州置车子铺二十八
【宋会要】方域 10 之 25/7486

屯田制置使　曹玮
【元宪集】33/宋故推诚翊戴功臣彰武军节度延
　　州管内观察处置等使曹公行状/344
【汇编】中一 1383

瓦亭砦都监　杜衍
【宋史】287/李纮传/9655
【汇编】中二 2315

瓦亭寨主　张忠
【长编标】157/3813
【长编影】157/15 下

瓦亭寨驻泊都监　张仲达
【长编标】83/1887
【长编影】83/1 上
【汇编】中一 1523

瓦亭寨都监　许思纯
【长编标】138/3314
【长编影】138/5 下

瓦亭寨都监　张忠
【长编标】147/3557
【长编影】147/3 上
【汇编】中三 2862

瓦亭寨督寨主　许思纯
【长编标】138/3314
【长编影】138/5 上
【汇编】中二 2578

内外都巡检使　田绍斌
【宋史】280/田绍斌传/9497
【宋会要】兵 8 之 19/6896
【汇编】中一 1120、1137

凤川监押　刘世卿
【长编标】128/3044
【长编影】128/17 下
【宋会要】兵 14 之 18/7001
【汇编】中二 2095、2096

凤川寨监押　刘世卿
【涑水记闻】12/6 上
【汇编】中二 2091

凤州防御使　何俊
【宋会要】职官 49 之 3/3531

凤翔节度使兼中书令　王彦超
【宋会要】职官 38 之 1/3141

凤翔府钤辖　王君万
【长编标】298/7252
【长编影】298/11 下
【宋会要】职官 23 之 16/2890
【汇编】中四 4098、4394

凤翔府通判　张庚
【宋会要】兵 1 之 4/6755
【汇编】中二 2317

凤翔钤辖　王君万
【宋史】350/王君万传/11070
【汇编】中四 4026、4098

凤翔秦凤阶成等路驻泊马部军副都部署
　　任福
【涑水记闻】12/12 下
【汇编】中二 2090

勾当公事　熙河兰会路置二员
【长编纪事本末】139/20 下
【汇编】中六 5757

勾当公事　王厚
【长编标】516/12263
【长编影】516/1 上
【汇编】中六 5606

勾当北面转运使　刘保勋
【长编标】20/445
【长编影】20/4 上
【汇编】中一 979

丹州军事推官　胡瑗
【长编标】128/3031
【长编影】128/6 下
【汇编】中二 2051

丹州推官　胡瑗
【宋史】324/胡瑗传/12837
【汇编】中二 2051

计议措置边防公事所　上言将环庆路正兵、
　汉蕃弓箭手、强人联为八将
【长编标】296/7206
【长编影】296/11 上
【汇编】中四 4087

计议措置边防事　徐禧

【长编标】297/7222
【长编影】297/5 下
【汇编】中四 4093

计议措置边防事所　上言以泾原路正兵、汉
　蕃弓箭手为十一将，分驻诸州
【宋史】190/兵志 4·河东陕西弓箭手/4714
【长编标】299/7278
【长编影】299/13 下
【宋会要】兵 4 之 9/6824
【汇编】中四 4102

计置鄜延路粮草　叶康直
【长编标】345/8273
【长编影】345/2 下
【汇编】中五 4569

六路经略军马司
【长编标】254/6210
【长编影】254/5 下
【汇编】中四 3957

引伴　高宜，引伴夏使
【宋史】485/夏国传上/14002
【汇编】上 69

书写机宜文字　蒋琎
【浮溪集】27/徽猷阁待制致仕蒋公（琎）墓志
　铭/27 上
【汇编】中五 5186

书写机宜文字　李宇
【长编标】352/8448
【长编影】352/21 下
【汇编】中五 4621

书写机密文字　种朴
【长编标】321/7745
【长编影】321/8 下
【汇编】中四 4278

书写熙河路经略司机宜文字　王夏
【长编标】249/6066
【长编影】249/1 上
【汇编】中四 3917

水洛城都监　刘沪
【长编标】160/3875
【长编影】160/15 上

五画

节制陕西六路军马　王庶
【系年要录】16/332
【汇编】下 6127

节制陕西军马　王庶
【宋史】25/高宗纪 2/458
【汇编】下 6142

节制陕西军马　郭浩
【宋史】367/郭浩传/11442
【汇编】下 6511

节度观察留后　李宪
【长编标】375/9105
【长编影】375/18 下
【汇编】中五 4721

节度使　童贯
【三朝北盟会编】52/1 下
【汇编】中六 5904

节度使　童贯引拔熟羌有至节度使者
【宋史】468/童贯传/13659
【汇编】中六 5924

古渭寨都监　段充
【临川集】40/举古渭寨都监段充充兵官任使状/
　15 上
【汇编】补遗 7469、7470

石州定胡县监押　高永锡
【长编标】118/2790
【长编影】118/15 下
【汇编】中一 1732

石隰州兵马钤辖　孙全照
【长编标】51/1108
【长编影】51/1 下
【宋会要】方域 8 之 31/76
【汇编】中一 1293

石隰州都巡检使　高继升
【宋会要】兵 27 之 21/7257
【汇编】中一 1599

石隰州部署　慕兴
【长编标】51/1108
【长编影】51/1 下
【汇编】中一 1293

石隰州副都部署　王杲

【长编标】49/1068
【长编影】49/5 下

石隰州副都部署　耿斌
【长编标】52/1145、1148；53/1169
【长编影】52/16 下；53/13 下、14 上
【汇编】中一 1326、1332

石隰州缘边都巡检　高文岯
【长编标】83/1895
【长编影】83/8 上
【汇编】中一 1525

石隰都巡检使
【宋史】7/真宗纪 2/121
【汇编】中一 1351

石隰都巡检使　高文岯
【长编标】54/1184
【长编影】54/8 下
【汇编】中一 1351

石隰部署
【宋史】6/真宗纪 1/118；279/耿全斌传/9491
【汇编】中一 1325、1378

石隰副部署　王杲
【宋史】280/王杲传/9505
【汇编】中一 1232

石隰缘边同巡检使　刘文质
【宋史】324/刘文质传/10492
【汇编】中一 1489

石隰路兵马都部署　景德中置
【武经总要】前集 17/7 下
【汇编】中一 1414

石隰路总管
【宋会要】兵 27 之 7/7250

石隰路部署　言本路山险，请以步卒代厅子军
　六指挥
【长编标】52/1140
【长编影】52/9 下
【汇编】中一 1321

甘州军事判官　丁元规
【文恭集】37/故尚书都官员外郎丁公（元规）
　墓志铭/447
【汇编】中二 1876

本州防御使　曹玮
【元宪集】33/宋故推诚翊戴功臣彰武军节度延

州管内观察处置等使曹公行状/345

【汇编】中一 1557

本州都监 张继能

【宋史】466/张继能传/13620

【汇编】中一 1055

本州都部署 田绍斌

【宋史】280/田绍斌传/9497

【汇编】中一 1137

本路马步军都部署 陕西四路帅臣

【长编标】134/3190

【长编影】134/4 上

【汇编】中二 2373

本路同巡检 张玉

【宋史】290/狄青传/9721

【汇编】中二 1859

本路行营都监 王珪

【宋史】325/王珪传/10508

【汇编】中二 2193

本路兵马都部署 郑戬

【文恭集】36/宋故宣徽北院使赠太尉文肃郑

（戬）公墓志铭/43

【汇编】中二 2619

本路经略使 姚雄

【长编纪事本末】140/12 下

【汇编】中六 5846

本路招讨经略安抚都监 王信

【长编标】134/3196

【长编影】134/8 下

【汇编】中二 2391

本路招讨经略安抚副使 王仲宝

【长编标】134/3196

【长编影】134/8 下

【汇编】中二 2391

本路招讨经略安抚副使 李昭亮

【长编标】134/3196

【长编影】134/8 下

【汇编】中二 2391

本路招讨经略安抚副使 葛怀敏

【长编标】134/3196

【长编影】134/8 下

【汇编】中二 2391

本路钤辖 姚雄

【宋会要】兵 14 之 20/7002

【汇编】中六 5681

本路钤辖 刘安

【长编标】506/12058

【长编影】506/9 上

【汇编】中六 5485

本路钤辖兼知镇戎军 景泰

【长编标】138/3310

【长编影】138/1 下

【汇编】中二 2564

本路都钤辖 李祥

【长编标】457/10939

【长编影】457/3 下

【汇编】中五 5060

本路都钤辖 张存

【长编标】496/11807；511/12170

【长编影】496/14 上；511/15 上

【汇编】中六 5381、5559

本路都监 李道

【长编标】104/2400

【长编影】104/1 下

【汇编】中一 1643

本路都监 宋沆

【长编标】52/1146

【长编影】52/14 上

【汇编】中一 1322

本路都监 符承翰

【长编标】82/1869

【长编影】82/8 上

【汇编】中一 1519

本路副都总管 李浩

【长编标】478/11383

【长编影】478/2 上

【汇编】中五 5182

本寨都监 瓦亭许思纯

【长编标】137/3300

【长编影】137/21 下

【汇编】中二 2554

龙神卫四厢都指挥使 曲珍

【宋会要】职官 66 之 19/3877

平凉经略使 蔡挺

【宋朝事实类苑】8/82

【汇编】中三 3491

平虏桥砦都部署　范廷召

【宋史】289/范廷召传/9698

【汇编】中一 1053

平夏城灵平寨主簿

【宋会要】选举 28 之 30/4692

【汇编】中六 5726

东关堡巡检使臣　熙河兰会路

【长编标】412/10031

【长编影】412/12 下

【汇编】中五 4935

东谷寨主　贾庆

【长编标】126/2966

【长编影】126/1 下

【涑水记闻】12/3 上

【汇编】中二 1882、1883、2004

东谷寨监押　张立

【长编标】126/2966

【长编影】126/1 下

【涑水记闻】12/3 上

【汇编】中二 1882、1883、2003

东路巡检　马怀德

【宋史】323/马怀德传/10466

【汇编】中二 2086

东路巡检　延州

【奏议标】132/范仲淹·上仁宗乞先修诸寨未宜进讨/1462

【奏议影】132/范仲淹·上仁宗乞先修诸寨未宜进讨/4500

东路巡检　张建侯

【长编标】125/2945

【长编影】125/7 上

【汇编】中二 1856

东路巡检　孟方

【长编标】125/2945

【长编影】125/7 上

【汇编】中二 1856

东路巡检　高继升

【长编标】125/2955

【长编影】125/14 下

【汇编】中二 1863

东路巡检　鄜延

【长编标】130/3079

【长编影】130/1 上

【汇编】中二 2151

东路都巡检　任政

【涑水记闻】12/6 上

【汇编】中二 2091

东路都巡检使　马怀德

【宋史】323/马怀德传/10466

【汇编】中二 2086

东路都巡检使　周美

【宋史】323/周美传/10457

【陕西通志】16/关梁 1·延安府·保安县/29 下

【汇编】上 232；补遗 7400

归义军节度

【元丰九域志】10/化外州·陕西路/479

【汇编】中一 1716

北路巡检使　郝仁禹，环庆北路

【长编标】126/2966

【长编影】126/1 下

【涑水记闻】12/3 上

【汇编】中二 1882、1883、2003

卢关一带都巡检　延州北

【宋史】285/陈执中传/9602

【汇编】中二 1950

四川宣抚司

【宋史】486/夏国传下/14026

【汇编】上 91

四川宣抚使　吴璘

【系年要录】198/3352；199/3377

【汇编】下 6684、6687

四路马步军都总管　范仲淹

【宋史】303/滕宗谅传/10038

【汇编】中二 2608

四路安抚经略招讨使　以范仲淹、韩琦、庞籍分领之

【长编标】138/3313

【长编影】138/2 下

【汇编】中二 2576；2577

四路安抚经略招讨使　夏英公

【容斋四笔】12/夏英公好处/11 下

【汇编】中二 2241

四路安抚使　范仲淹

【汇编】上 68

汉官

【奏议标】125/范纯仁·上哲宗论蕃官久例在汉
官之下/1380、范纯粹·上徽宗乞令蕃官不得
换授汉官差遣/1381、1382

【奏议影】125/范纯仁·上哲宗论蕃官久例在汉
官之下/4258、4259、范纯粹·上哲宗乞不许
蕃官自改汉姓/4260、范纯粹·上徽宗乞令蕃
官不得换授汉官差遣/4261、4262、4263、
4264

礼宾院　掌回鹘、吐蕃、党项、女真等国朝贡、馆设及互市译语之事

【宋会要】职官 25 之 2/2915

【汇编】下 7015

主管河州农田水利　李浩均

【宋会要】食货 2 之 5/4827

主管熙州　钟传

【长编标】495/11783

【长编影】495/17 上

【汇编】中六 5371

主管麟府军马　郝质

【宋史】349/郝质传/11049

【汇编】中二 2520

主管麟府路军马　张世矩

【宋会要】职官 66 之 18/3877

【汇编】中四 4367

市易务　熙河岷州通远军五市易务募牙僧

【宋会要】食货 37 之 27/5462

【汇编】中四 4100

市易务　秦凤路熙河路

【长编标】286/7001

【长编影】286/6 上

【汇编】中四 4054

市易司

【长编标】233/5662、5665；237/5770

【长编影】233/16 下、19 上；237/12 下

【宋会要】食货 39 之 25/5501、55 之 31/5763

【汇编】中四 3773、3799、4018、4023

兰会安抚司　奏破洮州活捉鬼章

【彭城集】25/为宰相贺擒鬼章表/358

【汇编】中五 4861

兰会经略安抚副使　李浩

【长编标】321/7748

【长编影】321/11 下

【汇编】中四 4279

兰会路沿边安抚司　乞赐药箭解药

【长编标】342/8229

【长编影】342/9 下

【汇编】中五 4553

兰会路缘边安抚司

【长编标】431/10407

【长编影】431/1 上

兰州市易务

【宋史】186/食货志下 8·市易/4553

【汇编】中四 4543

兰州军事推官　钟传

【长编标】322/7770

【长编影】322/11 上

【宋会要】职官 41 之 77/3205

【汇编】中四 4307

兰州金城关玉关西关堡主簿

【宋会要】选举 28 之 30/4692

【汇编】中六 5726

兰州沿边安抚司　申西夏水贼渡河

【长编标】464/11091

【长编影】464/17 下

【汇编】中五 5087

兰州沿边安抚司　探到董毡侄辖扬乌尔自西海率土蕃、回纥人马，去青唐城二百里驻兵

【长编标】474/11312

【长编影】474/11 下

【宋会要】蕃夷 6 之 25/7831

【汇编】中五 5163

兰州都总管　李中

【长编标】507/12086

【长编影】507/12 上

【汇编】中六 5501

兰州推官　钟传

【宋史】348/钟传传/11037

【汇编】中四 4307

兰岷州安抚司　青唐头项首领皆赉信旗、银笠子赴兰、岷州安抚司为质信

【长编标】501/11943

【长编影】501/11 上

【汇编】中六 5430

兰岷经略司　侯夏国使臣前来商量分画疆界

【宋大诏令集】236/赐夏国诏（元祐八年四月
　　庚申）/921

【汇编】中五 5218

兰岷路经略司

【长编标】483/11484

【长编影】483/4 上

【宋会要】兵 4 之 16/6828

【汇编】中五 5246

宁州防御使　李昭亮

【宋史】464/李昭亮传/13563

【汇编】中二 2392

宁州刺史　许怀德

【宋史】324/许怀德传/10477

【长编标】128/3040

【长编影】128/14 下

【汇编】中二 2073

宁州都监　王文

【长编标】115/2691、2705

【长编影】115/4 上、16 上

【汇编】中一 1702、1706

宁州都监　郑从政

【长编标】125/2945

【长编影】125/7 上

【汇编】中二 1856

宁州通判　张去惑

【范文正公集】年谱补遗/13 上；政府奏议下荐
　　举/26 上

【汇编】中二 2544、2720

宁远寨主　曹弼

【潞公文集】38/举官/3 下

【汇编】补遗 7292

宁远寨兵马监押　王显

【长编标】134/3196

【长编影】134/9 上

【汇编】中二 2392

宁国军节度副使　安焘

【宋史】19/徽宗纪 1/366

【宋会要】职官 68 之 5/3910

【长编纪事本末】139/15 下

【汇编】中六 5722、5746

宁府寨监押　刘庆

【长编标】185/4476

【长编影】185/9 上

宁府寨监押　张天翼

【长编标】328/7897

【长编影】328/7 上

【汇编】中四 4388

永平寨主　郭延珍

【涑水记闻】12/9 下

【汇编】中二 1928

永平寨监押　王继元

【长编标】126/2977

【长编影】126/10 下

【汇编】中二 1928

永宁寨监押　杨光习

【长编标】83/1890

【长编影】83/4 上

【汇编】中一 1524

永兴帅臣　范致虚

【三朝北盟会编】95/1 上

【汇编】下 6099

永兴军一路都部署安抚使　文彦博

【潞公文集】38/举官/1 下

【汇编】补遗 7308

永兴军节度使　文彦博

【长编标】209/5085；309/7500

【长编影】209/12 上；309/6 下

永兴军节度使　韩琦

【长编标】220/5359

【长编影】220/22 下

永兴军节度管内观察处置等使　韩琦

【宋大诏令集】189/韩琦移镇永兴赐本镇敕书/
　　693

【汇编】中四 3994

永兴军权驻泊京东第三将　权戍泾原路

【长编标】472/11264

【长编影】472/5 上

【汇编】中五 5150

永兴军兵马钤辖　卢守勤

【宋史】467/卢守勤传/13637

【汇编】中二 1853

永兴军兵马钤辖　张宗诲

【宋史】265/张宗诲传/9159

【汇编】中二 1913

永兴军兵马钤辖　种诊

【长编标】335/8072

【长编影】335/9 下

【汇编】中四 4488

永兴军府兼马步军部署　张齐贤

【长编标】51/1112

【长编影】51/5 上

【汇编】中一 1297

永兴军驻泊钤辖　杜审琦

【宋史】463/杜审琦传/13539

【汇编】中一 1152

永兴军驻泊钤辖　康继英

【长编标】51/1118

【长编影】51/11 上

【宋会要】兵 27 之 7/7250

【汇编】中一 1305

永兴军驻泊都总管　王超

【宋会要】兵 27 之 7/7250

永兴军驻泊都部署　王超

【宋史】273/李允正传/9340

【长编标】51/1118

【长编影】51/11 上

【汇编】中一 1305

永兴军钤辖　马崇正

【宋会要】职官 64 之 42/3841

【汇编】中二 2620

永兴军钤辖　石保兴

【宋史】250/石保兴传/8811

【汇编】中一 1093

永兴军钤辖　卢守勤

【长编标】113/2636

【长编影】113/5 下

永兴军钤辖　刘昌祚

【宋史】349/刘昌祚传/11054

【汇编】中四 4254

永兴军钤辖　王果

【长编标】138/3327

【长编影】138/17 下

【汇编】中二 2620

永兴军钤辖　康延英

【长编标】50/1101

【长编影】50/18 上

【汇编】中一 1287

永兴军总管　李昭亮

【安阳集】家传 2/14 上

【汇编】中二 2374

永兴军秦凤等路都总管司

【长编标】487/11572

【长编影】487/9 下

【汇编】中六 5303

永兴军秦凤路转运司

【长编标】245/5964

【长编影】245/1 下、13 下

【汇编】中四 3868、3872

永兴军秦凤路察访司

【长编标】253/6198

【长编影】253/10 上

【汇编】中四 3954

永兴军部署　许均

【宋史】279/许均传/9485

【汇编】中一 1369

永兴军通判　邵良佐

【宋会要】兵 1 之 5/6756

【汇编】中二 2621

永兴军通判　宝元二年增置通判一员

【长编标】123/2904

【长编影】123/11 上

【宋会要】职官 47 之 61/3448

【汇编】中二 1791、1793

永兴军都部署　郑戬

【长编标】146/3542

【长编影】146/15 上

【汇编】中三 2847

永兴军副都总管　石普

【宋史】324/石普传/10472

【汇编】中一 1308

永兴军清远弩手指挥使　李遵

【长编标】176/4255

永兴军等路转运司

【长编标】260/6330；270/6623；278/6801

【长编影】260/1 下；270/3 下；278/7 下

永兴军等路转运司　应付收籴军粮

【宋会要】食货 39 之 25/5501

【汇编】中四 4021

永兴军等路转运判官　叶康直

【长编标】264/6481

永兴军等路转运判官　蔡朦

【长编标】248/6049

【长编影】248/11 下

【汇编】中四 3908

永兴军等路提刑司　造守城器甲

【长编标】512/12186

【长编影】512/9 下

【汇编】中六 5561

永兴军等路察访使　李承之

【长编标】306/7440

【长编影】306/4 上

永兴军路马步军副总管　和斌

【长编标】412/10027

【长编影】412/8 下

【汇编】中五 4932

永兴军路马步军副都指挥使　李昭亮

【宋史】464/李昭亮传/13563

【汇编】中二 2392

永兴军路安抚司

【长编标】249/6067；255/6244；319/7699

【长编影】249/1 下；255/12 下；319/1 上

【汇编】中四 4225

永兴军路安抚使　吴中复

【长编标】256/6264

【长编影】256/16 上

永兴军路安抚使　陆师闵

【长编标】517/12300；518/12336

【长编影】517/5 上；518/18 上

永兴军路安抚使　罗拯

【长编标】265/6486；274/6711

【长编影】265/3 上；274/10 上

永兴军路安抚使　董正封

【宋会要】方域 9 之 21/7469

【汇编】中六 5923

永兴军路安抚使　曾公亮

【名臣碑传琬琰集】中集 52/曾太师公亮行状/
　　1185

【汇编】中三 3697

永兴军路兵马钤辖　种古

【长编标】284/6947、6948

【长编影】284/2 上

【汇编】中四 4045

永兴军路兵马都监　邓咸安

【长编标】511/12168

【长编影】511/13 下

【汇编】中六 5557

永兴军路经略安抚司

【宋会要】方域 12 之 20/7529

永兴军路转运司

【长编标】245/5950、5964；246/5980；251/6130；
　　256/6265

永兴军路转运判官　杨蟠

【长编标】249/6067

【长编影】249/2 上

永兴军路转运判官　蔡朦

【长编标】248/6049；258/6301

【长编影】248/11 下；258/13 上

永兴军路转运判官　孙轸

【长编标】517/12297

【长编影】517/2 下

【汇编】中六 5631

永兴军路转运使　赵瞻

【长编标】242/5904

【长编影】242/12 下

【汇编】中四 3848

永兴军路总管　李浩

【长编标】430/10384

【长编影】430/4 下

【汇编】中五 4964

永兴军路钤辖　李希一

【长编标】296/7203

【长编影】296/8 下

永兴军路钤辖　刘昌祚

【长编标】322/7765

【长编影】322/7 上

【汇编】中四 4303

永兴军路钤辖　刘斌

【长编标】222/5400

【长编影】222/3 上

【汇编】中三 3695

永兴军路钤辖　狄谙
【长编标】411/10001；414/10060
【长编影】411/6 上；414/7 下
【汇编】中五 4926

永兴军路钤辖　种古
【长编标】284/6946；289/7080
【长编影】284/2 上；289/18 上
【汇编】中四 4044、4073

永兴军路钤辖　姚麟
【宋史】349/姚麟传/11058
【东都事略】104/姚麟传/2 下
【汇编】中四 4197

永兴军路都总管　皇甫旦
【长编标】352/8448
【长编影】352/21 下
【汇编】中五 4621、5165

永兴军路都部署　文彦博
【潞公文集】38/举官/2 上
【汇编】补遗 7309

永兴军路都部署　叶清臣
【长编】160/3874
【长编影】160/14 上

永兴军路副都总管　皇甫旦
【长编标】352/8448
【长编影】352/21 下
【汇编】中五 4621

永兴军路副都总管　李宪
【宋史】467/李宪传/13640
【长编标】357/8537
【长编影】357/8 上
【汇编】中五 4633、4721

永兴军路提点刑狱　周良孺
【长编标】241/5881；244/5932
【长编影】241/7 上；244/2 下
【汇编】中四 3828、3862

永兴军路提举司
【长编标】339/8168
【长编影】339/9 上

永兴运判　叶康直
【长编标】271/6649
【长编影】271/14 下
【汇编】中四 4005

永兴钤辖　刘昌祚
【长编标】321/7744
【长编影】321/8 上
【汇编】中四 4277

永兴秦凤转运判官　叶康直
【宋史】426/叶康直传/12706
【汇编】中四 4367

永兴秦凤等路察访　李承之
【长编标】249/6071、6072
【长编影】249/5 上
【汇编】中四 3918

永兴秦凤路转运司　籴买粮草
【宋会要】食货 39 之 25/5501
【汇编】中四 4016

永兴秦凤路察访　李承之
【长编标】249/6067、6071、6072
【长编影】249/1 下、5 上

永兴都监　王果
【长编标】142/3425
【长编影】142/28 上
【汇编】中二 2773

永兴部署　许怀德
【范文正公集】政府奏议上/34 上
【汇编】中二 2409

永兴等路州都监　种谔
【长编标】258/6299
【长编影】258/10 下
【汇编】中四 3973

永兴路马步军副都指挥使　李昭亮
【宋史】464/李昭亮传/13563
【汇编】中二 2392

永兴路都监　邓咸安
【长编标】499/11875
【长编影】499/3 下
【汇编】中六 5402

永德军钤辖　张宗诲
【宋史】265/张宗诲传/9159
【长编标】127/3005
【长编影】127/2 下
【汇编】中二 1991、1913

司户参军　鄜州置
【长编标】516/12274

【长编影】516/9 下

【汇编】中六 5614

司法　鄯州置

【长编标】516/12274

【长编影】516/9 下

【汇编】中六 5614

司理　鄯州置

【长编标】516/12274

【长编影】516/9 下

【汇编】中六 5614

边防司

【宋史】190/兵志 4 · 河东陕西弓箭手/4723

【宋会要】兵 4 之 19/6829、4 之 20/6830、4 之 27/6833；选择 29 之 6/4697

【汇编】中六 5879、5890、5892、5893

六画

机宜司　天禧二年诏河东州军自今所降文字涉机密并付机宜司置籍收领

【宋会要】兵 27 之 20/7256

权干当熙河兰会路经略司　王厚

【奏议影】141/冯瀄 · 上徽宗论湟廓西宁三州/4911

【汇编】中六 5819

权干当熙河兰会路经略司　张守遵

【奏议标】141/冯瀄 · 上徽宗论湟廓西宁三州/4907

【汇编】中六 5819

权太原府路钤辖　张世矩

【长编标】419/10153

【长编影】419/10 上

【汇编】中五 4948

权勾当公事　陕西等路去边塞点检茶货

【宋会要】职官 43 之 74/3310

【汇编】中六 5688

权勾当公事　曾纮

【长编标】519/12347

【长编影】519/5 下

【汇编】中六 5657

权勾当熙河兰会路经略司　王厚

【宋会要】兵 9 之 5/6908

权勾当熙河兰会路经略司　王厚

【奏议标】141/冯瀄 · 上徽宗论湟廓西宁三州/1597

权本路钤辖　郭成

【长编标】503/11983

【长编影】503/12 上

【汇编】中六 5441

权本路副部署　王信

【长编标】134/3196

【长编影】134/8 下

【汇编】中二 2391

权主管同经制熙河兰会等路边防财用　赵济

【宋会要】兵 14 之 5/6995

权主管经略司　吕温卿

【宋会要】兵 4 之 12/6826

权主管秦凤路经略司　吕惠卿

【宋会要】兵 4 之 12/6826

权永兴军都部署　王德恭

【长编标】190/4594

【长编影】190/16 下

权永兴军等路转运使　皮公弼

【长编标】243/5926；246/5995；259/6323；277/6777

【长编影】243/12 下；246/17 上；259/12 下；277/9 上

【汇编】中四 3882

权发遣太原府路钤辖　张世永

【长编标】485/11520

【长编影】485/2 下

【汇编】中六 5279

权发遣太原府路都钤辖　訾虎

【长编标】478/11392

【长编影】478/9 下

【汇编】中五 5188

权发遣本路兵马都监　高永亨

【宋会要】职官 67 之 13/3894

【汇编】中五 5237

权发遣本路钤辖　张存

【宋会要】方域 18 之 10/7614

【汇编】中五 5123

权发遣本路都监　张诚

【长编标】469/11203

【长编影】469/3 下

【汇编】中五 5123

权发遣本路副总管　王光祖

【长编标】404/9835

【长编影】404/7 上

【汇编】中五 4843

权发遣兰会路经略安抚司公事　刘舜卿

【长编标】393/9574

【长编影】393/21 下

【汇编】中五 4804

权发遣同经制熙河路边防财用事　马申

【长编标】325/7819

【长编影】325/5 下

【汇编】中四 4332

权发遣同经制熙河兰会路边防财用　马申

【长编标】348/8353

【长编影】348/11 上

【汇编】中五 4597

权发遣延州　赵卨

【宋史】193/兵志7·召募之制/4802

【长编标】232/5630；237/5777；238/5802

【长编影】232/4 上；237/19 下；238/16 上

【汇编】中四 3760、3802、3808、3845

权发遣庆州　范纯粹

【长编标】422/10211

【长编影】422/3 上

【汇编】中五 4956

权发遣庆州　范纯仁

【长编标】257/6281；258/6303

【长编影】257/11 上；258/15 上

【宋会要】兵 5 之 8/6843

【汇编】中四 3968、3973

权发遣环庆路转运判官　李察

【长编标】322/7762

【长编影】322/3 下

【汇编】中四 4299

权发遣环庆路驻泊总管　燕达

【长编标】240/5825

【长编影】240/1 下

【汇编】中四 3818

权发遣环庆路经略司　高遵裕

【长编标】315/7628

【长编影】315/11 下

【汇编】中四 4164

权发遣环庆路经略安抚司　高遵裕

【长编标】316/7638

【长编影】316/1 下

【汇编】中四 4175

权发遣环庆路经略安抚使　孙路

【宋会要】方域 19 之 14/7632

【汇编】中五 5259

权发遣环庆路经略使　范纯仁

【长编标】263/6436

【长编影】263/16 下

【汇编】中四 3990

权发遣环庆路经略使　高遵裕

【长编标】298/7240

【长编影】298/1 下

【汇编】中四 4095

权发遣河州兼洮西沿边安抚司公事　王厚

【长编纪事本末】139/1 上

【汇编】中六 5724

权发遣泾原路兵马都监　庞迪

【金史】91/庞迪传/2012

【汇编】下 6255

权发遣泾原路转运副使　叶康直

【长编标】322/7762

【长编影】322/3 下

【汇编】中四 4299

权发遣泾原路经略司公事　刘昌祚

【长编标】407/9903

【长编影】407/8 上

【汇编】中五 4901

权发遣泾原路经略安抚司公事　刘昌祚

【长编标】412/10027

【长编影】412/8 下

【汇编】中五 4932

权发遣泾原路经略使　谢麟

【长编标】470/11234

【长编影】470/16 上

【汇编】中五 5142

权发遣泾原路副总管 吕真

【长编标】401/9769

【长编影】401/8 下

【汇编】中五 4829

权发遣陕西转运判官 马申

【长编标】303/7379

【长编影】303/13 上

权发遣陕西转运判官 李谌

【长编标】510/12150

【长编影】510/17 下

【汇编】中六 5548

权发遣陕西转运副使 李察

【长编标】333/8023

【长编影】333/9 下

权发遣陕西转运副使 范纯粹

【长编标】339/8163

【长编影】339/4 上

【汇编】中四 4522

权发遣陕西转运副使公事 阎令

【长编标】499/11880

【长编影】499/9 上

【汇编】中六 5406

权发遣陕西府路转运判官 黄铎

【宋会要】兵 4 之 18/6829

【汇编】中六 5813

权发遣陕西提点刑狱 李南公

【长编标】237/5770

【长编影】237/12 下

【汇编】中四 3799

权发遣陕西路转运判官 马申

【长编标】309/7496

【长编影】309/3 下

权发遣陕西路转运判官 张亚之

【长编标】343/8238

【长编影】343/4 上

权发遣陕西路转运判官 秦希甫

【长编标】517/12301

【长编影】517/5 下

权发遣陕西路转运判官 巴宜

【长编标】489/11605

【长编影】489/8 上

【汇编】中六 5312

权发遣陕西路转运使 李察

【长编标】326/7856

【长编影】326/16 下

【汇编】中四 4359

权发遣陕西路转运副使 叶康直

【长编标】327/7875

【长编影】327/10 下

【汇编】中四 4378

权发遣陕西路转运副使 游师雄

【长编标】478/11388

【长编影】478/6 下

【汇编】中五 5185

权发遣陕府西路转运副使公事 范纯粹

【宋会要】方域 8 之 30/7455

【汇编】中四 4491

权发遣保安军 耿彦端

【长编纪事本末】140/11 上

【汇编】中六 5793

权发遣总管 环庆路燕达

【长编标】240/5825

【长编影】240/1 下

【汇编】中四 3818

权发遣秦凤路转运判官 孙迥

【长编标】275/6721

【长编影】275/2 上

【汇编】中四 4019

权发遣秦凤路转运副使 赵济

【长编标】282/6903

【长编影】282/3 下

【汇编】中四 4041

权发遣秦凤路经略安抚使兼马步军都总管 游师雄

【画墁集】补遗/游公（师雄）墓志铭/8 下

【汇编】中五 5246

权发遣秦凤路钤辖 李沂

【长编标】505/12028

【长编影】505/2 下、8 下

【汇编】中六 5465、5613

权发遣秦凤等路转运判官 刘宗杰

【长编标】254/6208

【长编影】254/3 下

【汇编】中四 3955

权发遣秦凤等路转运判官　李察

【长编标】248/6049

【长编影】248/11 下

【汇编】中四 3908

权发遣秦凤等路转运判官　蔡朦

【长编标】248/6049

【长编影】248/11 下

【汇编】中四 3908

权发遣秦凤等路转运副使　赵济

【长编标】284/6949

【长编影】284/3 下

【汇编】中四 4046

权发遣秦凤等路提点刑狱　吕温卿

【长编标】340/8188

【长编影】340/10 下

【汇编】中四 4530

权发遣秦凤等路提点刑狱公事　杜常

【长编标】321/7746

【长编影】321/8 下

【汇编】中四 4278

权发遣秦凤路经略安抚司公事　范育

【长编标】375/9089

【长编影】375/4 上

【宋会要】兵 4 之 13/6826

【汇编】中五 4717

权发遣秦州　蔡亦

【忠肃集】12/直龙图阁蔡君（奕）墓志铭/164

【汇编】中四 4453

权发遣秦州兼管勾秦凤经略安抚都总管司
　　范育

【宋会要】职官 47 之 63/3449

权发遣都大提举成都府利州陕西等路买马
　　监牧公事　张翚

【宋会要】职官 43 之 94/3320

【汇编】中六 5877

权发遣通远军　姚雄

【长编标】460/10995

【长编影】460/1 上

【汇编】中五 5068

权发遣提点河东路刑狱、兼提举义勇保甲
　　黄廉

【宋会要】兵 2 之 21/6782

权发遣提举永兴军等路刑狱　刘定

【长编标】266/6532

【长编影】266/10 上

【汇编】中四 3995

权发遣提举秦凤等路常平　巴宜

【长编标】487/11564；489/11605

【长编影】487/2 下；489/8 上

【汇编】中六 5297、5312

权发遣渭州　徐禧

【长编标】297/7222

【长编影】297/5 下

【汇编】中四 4093

权发遣鄜延路安抚司公事　刘昌祚

【长编标】339/8169

【长编影】339/9 下

【汇编】中四 4526

权发遣鄜延路经略司　范纯粹

【长编标】334/8051

【长编影】334/19 上

【汇编】中四 4478

权发遣鄜延路经略司事　刘昌祚

【长编标】356/8525

【长编影】356/15 上

【汇编】中五 4632

权发遣鄜延路经略安抚司公事　刘昌祚

【长编标】338/8138

【长编影】338/2 上、9 下

【汇编】中四 4515、4526

权发遣鄜延路经略使　刘昌祚

【宋会要】兵 24 之 23/7190

权发遣鄜延路转运判官　张亚之

【长编标】319/7703

【长编影】319/4 上

【汇编】中四 4231

权发遣鄜延路钤辖　曲珍

【长编标】304/7407

【长编影】304/15 下

【宋会要】兵 4 之 9/6824、18 之 6/7060

【汇编】中四 4110

权发遣鄜州　张之谦

【东坡全集】36/制敕/19 下

【汇编】中五4843

权发遣熙州　赵济

【长编标】356/8515

【长编影】356/8 上

【汇编】中五4631

权发遣熙州兼管勾熙河兰会路经略司　赵济

【长编标】344/8261

【长编影】344/8 上

【汇编】中五4564

权发遣熙河兰巩路兵马钤辖　程俊

【陇右金石录】4/程俊札子石刻/8 下

【汇编】下6569

权发遣熙河兰会经略司公事　刘舜卿

【长编标】391/9509

【长编影】391/5 下

【汇编】中五4797

权发遣熙河兰会路经略司事　王厚

【长编纪事本末】139/20 下

【汇编】中六5757

权发遣熙河兰会路经略司公事　刘舜卿

【长编标】401/9768；421/10196

【长编影】401/8 下、421/12 上

【汇编】中五4828、4955

权发遣熙河兰岷路经略司公事　王文郁

【宋会要】方域20 之14/7657

权发遣熙河兰会路经略安抚司公事　刘舜卿

【长编标】412/10027

【长编影】412/8 下

【汇编】中五4932

权发遣熙河兰岷路经略安抚都总管司公事　钟传

【长编标】494/11732

【长编影】494/5 下

【汇编】中六5356

权发遣熙河兰岷路经略使　王文郁

【宋会要】兵28 之42/7290

权发遣熙河兰岷路钤辖　王舜臣

【长编标】490/11617

【长编影】490/1 上

【汇编】中六5318

权发遣熙河经略使　高遵裕

【长编标】265/6484

【长编影】265/1 上、1 下

【汇编】中四3993

权发遣熙河路经略司　高遵裕

【长编标】270/6629；271/6635；272/6663

【长编影】270/9 下；271/3 下；272/6 下

【汇编】中四4002、4014

权发遣熙河路经略安抚都总管司公事　苗授

【长编标】322/7771

【长编影】322/11 上

【汇编】中四4308

权西凉府留后　孙超

【宋会要】方域21 之14/7668

【汇编】下7014

权同判武学　刘奉世

【宋会要】兵5 之8/6843

权同经制熙河路边防财用　张大宁

【长编标】333/8025

【长编影】333/11 上

【汇编】中四4470

权同管勾河东缘边安抚司　王崇拯

【长编标】294/7169

【长编影】294/7 下

【汇编】中四4083

权同提举永兴秦凤等路保甲　胡宗回

【长编标】357/8537

【长编影】357/17 下

【汇编】中五4634

权庆州东路巡检　姚兕

【长编标】214/5195

【长编影】214/2 下

权庆州北路都巡检　崔昭用

【长编标】222/5409

【长编影】222/10 上

权庆州都监　张继勋

【长编标】136/3265

【长编影】136/17 下

【汇编】中二2503

权并代部署　狄青

【长编标】150/3627

【长编影】150/4 下
【汇编】中三 2932

权安抚副使　李浩
【宋史】16/神宗纪 3/306
【汇编】中四 4305

权兵马监押　塞门寨王继元
【长编标】129/3056
【长编影】129/5 下
【汇编】中二 2108

权冶坊监押　李昌
【潞公文集】38/举官/3 上
【汇编】补遗 7292

权判渭州　郭逵
【东都事略】7/英宗纪/2 下
【汇编】中三 3411

权环庆经略司　范纯粹
【长编标】331/7972
【长编影】331/5 下
【汇编】中四 4450

权环庆都钤辖　张存
【长编标】490/11641
【长编影】490/20 上
【汇编】中六 5321

权环庆路经略司事　胡宗回
【长编标】321/7743
【长编影】321/7 上
【汇编】中四 4276

权环庆路钤辖　刘兼济
【长编标】153/3727
【长编影】153/13 上
【汇编】中三 3018

权环庆路都监兼第三将　雷嗣文
【长编标】272/6659
【长编影】272/3 下

权环庆路都监兼第四将　李孝孙
【长编标】272/6659
【长编影】272/3 下

权环庆路副总管　姚麟
【宋会要】兵 8 之 22/6898、28 之 24/7281
【汇编】中四 4134

权环庆路副总管　狄咏
【长编标】315/7615

【长编影】315/1 上
【汇编】中四 4154

权转运司公事　时彦
【长编标】517/12301
【长编影】517/5 下
【汇编】中六 5633

权转运判官　庄公岳
【长编标】329/7939；348/8360
【长编影】329/22 下；348/17 上
【汇编】中四 4428；中五 4600

权转运判官　孙迥
【长编】282/6904
【长编影】282/3 下
【汇编】中四 4041

权转运判官　黄廉
【长编】317/7676
【长编影】317/16 下
【汇编】中四 4209

权知兰州兼管勾沿边安抚司公事　苗履
【长编标】486/11558
【长编影】486/17 上
【汇编】中六 5297

权知环州　钟朴
【长编标】510/12150
【长编影】510/17 下
【汇编】中六 5548

权知岷州兼都总管岷州蕃兵将　姚雄
【宋会要】兵 28 之 41/7290
【汇编】中五 5260

权知河州　王赡
【长编标】514/12220
【长编影】514/11 上
【汇编】中六 5582

权知泾州　张之谦
【东坡全集】36/制敕/19
【汇编】中五 4843

权知鞏州宁远砦　王渊
【宋史】369/王渊传/11485
【汇编】中六 5782

权河东转运使　孙坦
【长编标】241/5887
【长编影】241/12 下

权河东转运使　韩铎
【长编标】220/5342
【长编影】220/8 上
【汇编】中三 3657

权河东经制使　曲端
【宋史】372/王庶传/11546
【汇编】下 6135

权河东都转运使　范子奇
【长编标】431/10418
【长编影】431/10 下

权河东路转运使　马默
【长编标】411/10002
【长编影】411/6 上
【汇编】中五 4926

权河东路转运使　范子奇
【长编标】411/10002；434/10470
【长编影】411/6 上；434/14 下
【汇编】中五 4926

权河东路转运使　郭茂恂
【长编标】499/11886
【长编影】499/14 上
【汇编】中六 5409

权河阳节度掌书记　张绩
【长编标】345/8284
【长编影】345/11 下
【汇编】中五 4575

权泾原钤辖　张之谦
【长编标】408/9924
【长编影】408/5 下
【汇编】中五 4914

权泾原钤辖　彭孙
【长编标】349/8378
【长编影】349/11 上
【汇编】中五 4607

权泾原州总管　杨遂
【潞公文集】39/举官/4 下
【汇编】补遗 7317

权泾原第十一正将　吴玠
【三朝北盟会编】196/1 上
【汇编】下 6504

权泾原第十将　吴玠
【陇右金石录】4/吴玠墓碑/5 上

【汇编】补遗 7425

权泾原路兵马钤辖　刘昌祚
【长编标】407/9903
【长编影】407/8 上
【汇编】中五 4901

权泾原路兵马钤辖　张之谦
【彭城集】19/权泾原路兵马钤辖、皇城使、万州团练使张之谦可转两资西上阁门使制/267
【汇编】中五 5121

权泾原路驻泊钤辖　郝荣
【长编标】89/2058
【长编影】89/20 上
【汇编】中一 1581

权泾原路驻泊都钤辖　郝荣
【宋会要】方域 8 之 32/7456

权泾原路经略司事　王中正
【宋史】467/王中正传/13643
【汇编】中四 4233

权泾原路经略司事　陈述古
【长编标】204/4948
【长编影】204/13 下

权泾原路经略司事　闻副总管刘几称西人点集
【司马文正公集】18/章奏 16/9 上
【汇编】中三 3354

权泾原路经略安抚副使　李浩
【长编标】322/7770
【长编影】322/10 下
【宋会要】兵 8 之 27/6900
【汇编】中四 4306

权泾原路经略制置使　李宪
【长编标】323/7777
【长编影】323/3 上
【汇编】中四 4310

权泾原路钤辖　郝荣
【长编标】85/1955
【长编影】85/18 下

权泾原路钤辖　黄琮
【长编标】244/5946
【长编影】244/15 上

权泾原路钤辖　彭孙
【长编标】315/7630；328/7907

【长编影】315/14 上；328/15 上

权泾原路钤辖　王光祖

【长编标】404/9835

【长编影】404/7 上

【汇编】中五 4843

权泾原路钤辖　姚古

【长编标】518/12335

【长编影】518/16 下

【汇编】中六 5650

权泾原路都钤辖　郝荣

【长编标】91/2102

【长编影】91/5 下

【汇编】中一 1589

权泾原路副总管　姚麟

【长编标】315/7615

【长编影】315/1 上

【汇编】中四 4154

权泾原路第三将　曲端

【宋史】369/曲端传/11489

【汇编】中六 6055

权陕西转运司事　范宗杰

【长编标】137/3280

【长编影】137/4 下

【汇编】中二 2518

权陕西转运判官　叶康直

【长编标】299/7267

【长编影】299/3 下

权陕西转运判官　穆衍

【长编标】376/9122

【长编影】376/9 上

权陕西转运判官　孙路

【长编标】402/9789

【长编影】402/12 上

【汇编】中五 4835

权陕西转运使　杜纯

【长编标】418/10138

【长编影】418/2 上

权陕西转运使　李稷

【长编标】297/7234；299/7277、7285；311/7546

【长编影】297/16 下；299/12 下、19 下；311/14 下

权陕西转运使　沈起

【长编标】221/5393

【长编影】221/24 上

权陕西转运使　张尧佐

【长编标】159/3846

【长编影】159/7 上

权陕西转运使　李南公

【长编标】470/11219、11224

【长编影】470/7 下

【汇编】中五 5134

权陕西转运使　张询

【长编标】496/11791

【长编影】496/1 下

【汇编】中六 5374

权陕西转运使　穆衍

【长编标】473/11286

【长编影】473/6 下

【汇编】中五 5155

权陕西转运副使　李南公

【长编标】432/10433

【长编影】432/9 下

权陕西转运副使　张诜

【宋史】303/范祥传/10049

【汇编】中四 3765

权陕西转运副使　陈绎

【长编标】221/5121

【长编影】311/2 下

权陕西转运副使　游师雄

【画墁集】补遗/游公（师雄）墓志铭/7 下

【汇编】中五 5205

权陕西转运副使　赵瞻

【长编标】234/5674

【长编影】234/3 下

【汇编】中四 3776

权陕西转运副使　薛向

【长编标】192/4639；196/4742

【长编影】192/5 下；196/5 下

【宋会要】兵 22 之 4/7145

【汇编】中三 3257、3259

权陕西转运副使制置解盐兼提举买马监牧　薛向

【宋会要】兵 22 之 5/7146

权陕西制置使　王庶

【宋史】372/王庶传/11546
【系年要录】16/332
【汇编】下 6127、6135

权陕西都转运使　沈起
【长编标】213/5175
【长编影】213/10 上

权陕西都转运使　谢景温
【长编标】221/5393；223/5434；232/5631
【长编影】221/24 上；223/17 下；232/4 下
【汇编】中三 3701

权陕西路转运判官　钱昂
【长编纪事本末】140/11 上
【汇编】中六 5793

权陕西路转运使　阎令
【长编标】503/11982
【长编影】503/11 下

权陕西路转运使　穆衍
【长编标】468/11172
【长编影】468/5 下
【汇编】中五 5117

权陕西路都转运使　李承之
【长编标】321/7738
【长编影】321/2 下
【汇编】中四 4267

权陕西路都转运使　张询
【长编标】485/11527
【长编影】485/9 上
【汇编】中六 5287

权陕府西路转运判官　孙路
【东坡全集】38/敕书/2 上
【汇编】中五 4836

权经略司　孙贲
【长编标】507/12076
【长编影】507/4 下
【汇编】中六 5495

权钤辖　环庆路种朴
【长编标】511/12170
【长编影】511/15 上
【汇编】中六 5559

权宣抚处置司参议官　谢亮
【宋史】486/夏国传下/14023
【汇编】上 88

权秦凤等路转运使　张诜
【长编标】241/5878
【长编影】241/5 上
【汇编】中四 3825

权秦凤路钤辖　高遵裕
【长编标】226/5501；235/5705
【长编影】226/2 上；235/9 下
【汇编】中三 3716；中四 3782

权秦凤路转运判官　孙迥
【长编标】274/6702
【长编影】274/2 下

权秦州伏羌寨监押　李昌
【潞公文集】38/举官/3 上
【汇编】补遗 7292

权都巡检　王怀端
【长编标】132/3150
【长编影】132/25 下
【汇编】中二 2312

权都监　环庆路张诚
【长编标】511/12170
【长编影】511/15 上
【汇编】中六 5559

权夏州观察判官事　吴祐之
【宋会要】兵 14 之 10/6997
【汇编】中一 1079

权监押　定西城吴猛
【长编标】402/9783
【长编影】402/6 下
【汇编】中五 4834

权通远军都监　王存
【长编标】234/5677
【长编影】234/6 下
【汇编】中四 3777

权通判岷州军州　盖士良
【陇右金石录】3/41 下
【汇编】补遗 7364

权通判岷州军州事　王纯臣
【陇右金石录】3/41 下
【汇编】补遗 7363

权通判通远军　李深
【长编标】491/11667
【长编影】491/21 下

【汇编】中六 5333

权通判德顺军事　卢逢原

【宋史】190/兵志 4·河东陕西弓箭手/4717

【宋会要】兵 4 之 17/6828

【汇编】中六 5756

权领环庆路经略司　范纯粹

【长编标】331/7972

【长编影】331/5 下

【汇编】中四 4451

权提点秦凤等路刑狱　吕温卿

【长编标】338/8148

【长编影】338/9 下

【汇编】中四 4519

权提点秦凤等路刑狱　孙贲

【长编标】512/12187

【长编影】512/11 上

权提点秦凤等路刑狱　郑民宪

【长编标】258/6295、6298

【长编影】258/8 下、10 上

【汇编】中四 3971、3972

权提点秦凤等路刑狱公事兼都大提举　郑
民宪

【宋会要】食货 2 之 5/4827

【汇编】中四 4021

权提点秦凤路刑狱　郑民宪

【长编标】258/6289、6290

【长编影】258/3 下、4 下

【汇编】中四 3968、3969

权提举永兴军等路常平　吴黯

【长编标】510/12136

【长编影】510/5 下

权提举熙河路蕃部　王君万

【长编标】279/6821

【长编影】279/3 上

权签书泾原秦凤经略安抚司判官事　尹洙

【长编标】127/3016

【长编影】127/11 下

权签书泾原秦凤经略安抚判官　尹洙

【长编标】126/2985

【长编影】126/18 上

权签书熙河兰岷路经略安抚都总管司事

钟傅，《长编》标点本作钟传

【长编标】495/11783

【长编影】495/17 上

【汇编】中六 5370、5371、5372

权鄜延路马军副都总管兼第一将　种谔

【长编标】312/7566

【长编影】312/7 上

【汇编】中四 4120

权鄜延经略使　郭浩

【系年要录】21/433

【汇编】下 6167

权鄜延钤辖　种谔

【长编标】217/5277

【长编影】217/6 上

【汇编】中三 3621

权鄜延路转运使　李稷

【长编标】319/7702、7704

【长编影】319/2 上、4 上

【汇编】中四 4228、4231

权鄜延路经略司　范纯粹

【长编标】334/8056

【长编影】334/23 上

【汇编】中四 4480

权鄜延路都钤辖　苗履

【长编标】497/11836；501/11941

【长编影】49718 下；501/11 上

【汇编】中六 5389、5428

权鄜延路都监　种谔

【宋会要】职官 61 之 11/3759

【汇编】中三 3390

权鄜延路都监　高永亨

【长编标】298/7241

【长编影】298/1 下

【汇编】中四 4096

权鄜延路副总管　夏元象

【长编标】314/7600

【长编影】314/1 下

【汇编】中四 4138、4139

权鄜延路副总管兼第一将　夏元象

【长编标】329/7938

【长编影】329/21 上

【汇编】中四 4426

权鄜延路副都总管　种谔

【长编标】299/7288

【长编影】299/22

【汇编】中四 4103

权塞门寨都监　王继元

【长编标】126/2977

【长编影】126/10 下

【汇编】中二 1928

权静边砦　刘沪

【宋史】324/刘沪传/10494

【汇编】中二 2197

权熙河兰会经略副使　李浩

【长编标】320/7728

【长编影】320/8 上

【汇编】中四 4259

权熙河兰会路经略司　王厚

【长编纪事本末】139/14 上

【汇编】中六 5742

权熙河兰会路钤辖兼知河州　种朴

【长编标】517/12303

【长编影】517/8 上

【汇编】中六 5548

权熙河兰会路都钤辖　苗履

【长编标】501/11941

【长编影】501/11 上

【汇编】中六 5428

权熙河兰会路都监　李祥

【宋史】468/李祥传/13649

【汇编】中五 4556

权熙河兰岷路经略司公事　游师雄

【宋会要】方域 8 之 28/74、20 之 3/7652

【汇编】中五 5247

权熙河兰岷路都监　康谓

【长编标】495/11784

【长编影】495/17 上

【汇编】中六 5372

权熙河钤辖　种谊

【长编标】473/11279

【长编影】473/1 上

【汇编】中五 5152

权熙河路经略司　赵济

【长编标】305/7425

【长编影】305/9 下

【宋会要】蕃夷 6 之 16/7826

【汇编】中四 4111

权熙河路总管　高遵裕

【长编标】239/5819；247/6023

【长编影】239/13 上；247/15 下

权熙河路总管　张玉

【长编标】247/6023

【长编影】247/15 上

【汇编】中四 3899

权管勾本司机宜文字　李公恽

【长编标】413/10037

【长编影】413/5 上

【汇编】中五 4936

权管勾同经制熙河兰会等路边防财用　赵济

【长编标】329/7916

【长编影】329/3 上

【汇编】中四 4397

权管勾延州事　胡宗回

【长编标】329/7939

【长编影】329/22 下

【汇编】中四 4428

权管勾环庆路转运判官公事　叶康直

【长编标】322/7770

【长编影】322/11 上

【汇编】中四 4025、4307

权管勾转运判官　李秬

【长编标】329/7933

【长编影】329/16 下

【汇编】中四 4415

权管勾转运判官事　范纯粹

【长编标】321/7742

【长编影】321/5 下

【汇编】中四 4272

权管勾岷州　李泽

【长编标】507/12085

【长编影】507/12 上

【汇编】中六 5501

权管勾陕西路转运判官　范纯粹

【长编标】327/7875

【长编影】327/10 下

【汇编】中四 4378

权管勾陕西转运使　钱勰

【长编标】321/7738

【长编影】321/2 下

【汇编】中四 4267

权管勾陕西转运通判　范纯粹

【长编标】330/7949

【长编影】330/4 下

【汇编】中四 4434

权管勾陕西都转运司公事　李承之

【长编标】318/7693

【长编影】318/12 下

【汇编】中四 4222

权管勾河东转运司事　路昌衡

【长编标】317/7674

【长编影】317/5 上

权管勾河东转运判官　蔡煜烨

【长编标】319/7703

【长编影】319/4 上

【汇编】中四 4231

权管勾河东都转运司　赵卨

【长编标】319/7712

【长编影】319/11 下

【汇编】中四 4246

权管勾河州及安抚司公事　康谓

【长编标】507/12085

【长编影】507/12 上

【汇编】中六 5501

权管勾泾原路转运判官　胡宗哲

【长编标】325/7819

【长编影】325/5 下

【汇编】中四 4332

权管勾泾原路经略使司事　谢麟

【长编标】371/8990

【长编影】371/19 上

【汇编】中五 4698

权管勾经略司　吕温卿

【长编标】340/8188

【长编影】340/10 下

【汇编】中四 4530

权管勾经略安抚司事　范纯粹

【长编标】334/8033

【长编影】334/4 上

【汇编】中四 4472

权管勾都运司　河东路赵卨

【长编标】317/7676

【长编影】317/16 下

【汇编】中四 4207

权管勾秦凤路经略安抚司公事　吕惠卿

【长编标】357/8549

【长编影】357/17 下

【汇编】中五 4634

权管勾秦凤路常平等事　张大宁

【长编标】327/7868

【长编影】327/4 上

【汇编】中四 4369

权管勾秦凤路蕃部公事　李若愚

【长编标】203/4925

【长编影】203/13 下

【汇编】中三 3345

权管勾通远军　李澄

【长编标】507/12085

【长编影】507/12 上

【汇编】中六 5501

权管勾鄜延路经略司　李稷

【长编标】307/7451

【长编影】307/1 上

【汇编】中四 4113

权管勾熙州　钟傅，《长编》标点本作钟传

【长编标】495/11783

【长编影】495/17 上

【汇编】中六 5371

权管勾熙州事　钟傅，《长编》标点本作钟传

【长编标】496/11792

【长编影】496/1 下

【汇编】中六 5374

权管勾熙河兰会路经略司　赵济

【长编标】348/8357

【长编影】348/14 上

【汇编】中五 4599

权管勾熙河兰会路经略司公事　赵济

【长编标】356/8515；363/8676；372/9012

【长编影】356/8 上；363/2 下；372/10 上

【汇编】中五 4631、4651、4709

权管勾熙河兰会路经略安抚司公事　赵济

【长编标】369/8905

【长编影】369/12 下

【汇编】中五 4692

权管勾熙河秦凤路转运司公事　赵济

【长编标】319/7711

【长编影】319/11 上

【汇编】中四 4243

权管勾熙河秦凤路转运司事　赵济

【长编标】319/7711

【长编影】319/11 上

【汇编】中四 4244

权管勾熙河秦凤路转运判官公事　马申

【长编标】315/7630

【长编影】315/13 下

【汇编】中四 4165

权管勾熙河秦凤路转运判官公事　胡宗哲

【长编标】315/7630

【长编影】315/13 下

【汇编】中四 4165

权管勾熙河路转运司　赵济

【长编标】316/7641

【长编影】316/4 上

【汇编】中四 4178

权管勾熙河路经略司　赵济

【长编标】304/7392

【长编影】304/1 上

权管勾镇戎军　姚古

【长编标】514/12220

【长编影】514/11 上、16 下

【汇编】中六 5581、5582、5650

权管勾麟府路军马公事　刑佐臣

【长编标】356/8507

【长编影】356/1 上

【汇编】中五 4629

权管秦凤路经略司　吕温卿

【长编标】339/8169

【长编影】339/9 上

【汇编】中四 4525

权镇戎军平夏城监押　刘贵

【长编标】516/12283

【长编影】516/17 下

【汇编】中六 5615

西平军节度　熙宁十年西平郡升

【元丰九域志】10/化外州·陕西路/479

【汇编】中一 1716

西宁州陇右节度　鄯州

【长编纪事本末】140/4 下

【汇编】中六 5766

西宁都护　刘仲武

【宋史】350/刘仲武传/11083

【汇编】中六 5801

西边寨主　李贵，妻被李元昊所掳

【邻几杂志】2 上

【汇编】中二 2221

西安州临羌寨征逋堡主簿

【宋会要】选举 28 之 30/4692

【汇编】中六 5726

西面行营都总管　王超

【宋会要】兵 8 之 11/6892

西面行营都部署　王超

【长编标】50/1102

【长编影】50/19 上

【武经总要】后集 3/9 下

【汇编】中一 1287、1288

西面总管司　上言李继迁陷灵州

【宋会要】兵 27 之 7/7250

西面部署　上言李继迁攻陷西凉府

【长编标】55/1219

【长编影】55/16 下

西面缘边部署　诏谕攻取之策以闻

【长编标】56/1229

【长编影】56/5 上

【太平治迹统类】5/真宗经制西夏

【汇编】中一 1376、1379

西凉安抚使　李沆

【长编标】50/1090

【长编影】50/7 下

【汇编】中一 1256

西路行营都监　宋朝援灵武

【武经总要】13/6 上

【汇编】中一 1324

西路行营都监　张煦

【宋史】308/张煦传/10149

【汇编】中一 1324

西路巡检　狄青

【范文正公集】年谱补遗/3 下

【汇编】中二 1977

西路巡检　李良臣

【长编标】138/3314

【长编影】138/5 上

【汇编】中二 2578

西路巡检　延州西路刘政等

【长编标】130/3079

【长编影】130/1 上、10 上

【奏议标】132/范仲淹·上仁宗论夏贼未宜进讨
/1463

【奏议影】132/范仲淹·上仁宗论夏贼未宜进讨
/4501

【汇编】中二 2151、2217

西路总管司

【宋会要】兵 27 之 7/7250

西路都司巡检　延州刘政

【河南先生文集】20/奏为金汤一带族帐可取状/
9 上

【汇编】中二 2220

西路都同巡检　常鼎

【涑水记闻】12/11 下

【汇编】中二 2197

西路都巡检　泾原路李良臣

【长编标】137/3300

【长编影】137/21 下

【汇编】中二 2554

西路都巡检　赵璘

【长编标】138/3314

【长编影】138/5 上

【汇编】中二 2578

西路都巡检　赵麟

【长编标】137/3300

【长编影】137/21 下

【汇编】中二 2554

西路都巡检使　赵璘

【宋史】289/葛怀敏传/9701

【汇编】中二 2546

西路都巡检使　郭遵

【涑水记闻】12/4 下

【汇编】中二 1949

西路缘边安抚使　向敏中

【长编标】56/1236

【长编影】56/11 下

成州宁州镇洮军推官　种师道

【三朝北盟会编】60/4 下

【汇编】中六 6042

吊慰使　张惟忠

【宋大诏令集】234/赐夏国主赗赠诏（庆历七年
十二月二十五日）/910

吊慰使　邓保信吊慰夏毅宗李谅祚卒

【宋史】485/夏国传上/14000

【汇编】上 67

吊慰使　冯浩吊慰没藏氏卒

【宋史】485/夏国传上/14000

【汇编】上 68

吊慰使　李邓保信吊慰夏景宗李元昊卒

【长编标】163/3918

【长编影】163/3 上

吊慰使　张惟清吊慰夏毅宗李谅祚母卒

【欧阳文忠公全集】85/赐夏国主诏（嘉祐元
年）十二月二十五日/6 上

【汇编】中三 3220

吊慰使　王有言吊慰夏国主母卒

【宋史】486/夏国传下/14014

【长编】360/8621

【长编影】360/14 下

【汇编】上 80；中五 4641

吊慰使　张枞吊慰夏惠宗李秉常卒

【宋史】486/夏国传下/14015

【长编标】390/9492；391/9513；392/9532

【长编影】390/14 下；391/8 下；392/9 上

【汇编】上 81；中五 4795、4797、4799

吊赠官告等使　赵稹，吊赠赵德明母卒

【长编标】65/1455

【长编影】65/12 上

吊赠兼起复官告使　上官佖吊赠赵德明母卒

【宋史】485/夏国传上/13993

【汇编】上 58

吊赠兼起复官告使　赵稹，吊慰罔氏卒

【宋史】485/夏国传上/13990

【汇编】上 57

吊赠兼起复官告使　郭劝吊赠卫慕氏卒

【宋史】485/夏国传上/13994

【汇编】上 61

吊赠兼起复官告使 郭劝吊赠夏景宗李元昊
母卒

【长编标】115/2704

【长编影】115/14 下

【汇编】中一 1706

同主管河东沿边安抚司公事 郭宗颜

【宋会要】兵 4 之 14/6827

同主管陕西买马司 高士

【宋会要】兵 22 之 10/7148

同主管经制熙河路边防财用 胡宗哲

【宋会要】职官 66 之 17/3876

同勾当陕西随军转运使事 郑文宝

【长编标】51/1109、1124

【长编影】51/15 下

【汇编】中一 1310

同节制陕西军马 郭浩

【宋史】29/高宗纪 6/540

【汇编】下 6510

同节制陕西诸路军马 郭浩

【系年要录】130/2099

【汇编】下 6512

同制置陕西青白盐事 杜承睿

【宋史】181/食货下 3·盐上/4414

【长编标】54/1175

【长编影】54/1 上

【汇编】中一 1339、1343

同泾原路经略 范仲淹

【范文正公集】年谱补遗/13 下

【汇编】中二 2588

同陕西经略安抚招讨使 陈执中

【长编标】132/3129、3139

【长编影】132/7 上、16 下

同陕西都部署兼经略安抚缘边招讨等使
陈执中

【长编标】131/3115

【长编影】131/20 上

同经制熙河兰会路边防财用 马申

【长编标】349/8366

【长编影】349/1 下

同经制熙河路边防财用 赵济

【长编标】333/8025

【长编影】333/11 上

【宋会要】职官 44 之 43/3385

【汇编】中四 4470

同经制熙河路边防财用事 马申

【长编标】309/7496

【长编影】309/3 下

同总领湟州蕃兵将兼知临宗砦 王渊

【宋史】369/王渊传/11485

【汇编】中六 5782

同总领熙州蕃兵将 王赡

【长编标】335/8076

【长编影】335/14 上

【汇编】中四 4488

同总领熙河 邹胜

【皇宋十朝纲要】16/11 上

【汇编】中六 5781

同统制 幸叔詹，措置修复湟州古骨龙和会州
清水城

【宋会要】方域 8 之 24/7452

同统制 鄜延路苗履

【长编标】498/11858

【长编影】498/15 下

【汇编】中六 5397

同统制官 带使臣出界不得过三员

【长编标】499/11876

【长编影】499/5 上

【汇编】中六 5404

同都转运使 程戬

【长编标】147/3556

【长编影】147/3 上

【汇编】中三 2861

同家堡巡检 李遇

【长编标】358/8575

【长编影】358/13 下

【汇编】中五 4635

同提与秦州西路蕃部及市易等公事 王韶

【宋会要】选举 33 之 12/4761

【汇编】中四 3880

同提举成都府利州秦凤熙河等路茶场公事
郭茂恂

【宋会要】职官 43 之 59/3303

【汇编】中四 4315

同提举秦州西路蕃部　王韶

【宋会要】兵 9 之 6/6908

同签书泾原路经略安抚总管司公事　王中正

【长编标】314/7611

【长编影】314/11 上

【汇编】中四 4152

同签书泾原路经略总管司公事　王中正

【长编标】313/7594

【长编影】313/11 上

【宋会要】兵 8 之 22/6898

【汇编】中四 4132

同鄜坊延丹河西巡检　侯延广

【宋太宗实录】76/34 下

【汇编】中一 1052

同鄜坊延丹缘边都巡检使　侯延广

【宋史】254/侯益传/8884

【汇编】中一 971

同管勾军马司公事　王赡

【长编标】520/12384

【长编影】520/24 上

【汇编】中六 5671

同管勾陇右军马司公事　王赡

【长编标】519/12348

【长编影】519/6 上

【汇编】中六 5658

同管勾河东沿边安抚司公事　郭宗颜

【长编标】421/10194

【长编影】421/2 上

【汇编】中五 4955

同管勾河东沿边安抚司事　郭霭

【长编标】195/4722、4732

【长编影】195/5 上、13 下

【汇编】中三 3276

同管勾河东缘边安抚司　王世文

【宋会要】职官 49 之 3/3531

同管勾沿边安抚司公事　高遵裕

【宋会要】职官 41 之 94/3213

同管勾泾原兵马事　曹琮

【宋史】258/曹琮传/8989

【长编标】127/3006

【长编影】127/3 下

【汇编】中二 1993

同管勾泾原路经略安抚部署司公事　尹洙

【河南先生文集】21/奉诏体量本路将质状/1 上

【汇编】中三 2859

同管勾陕西买马司　高士

【长编标】312/7567

【长编影】312/8 上

【汇编】中四 4122

同管勾经制熙河路边防财用　胡宗哲

【长编标】306/7443；325/7819

【长编影】306/6 下；325/5 下

【汇编】中四 4112、4332

同管勾经制熙河路边防财用事　胡宗哲

【长编标】303/7381

【长编影】303/14 下

同管勾经制熙河路边防财用事　霍翔

【长编标】286/6997

【长编影】286/3 下

【宋会要】职官 44 之 42/3384

【汇编】中四 4052

同管勾秦凤路经略司机宜文字　王韶

【宋会要】食货 1 之 3/4803

同管勾秦凤路经略机宜文字　王韶

【宋会要】职官 27 之 38/2955；食货 37 之 14/5455

【汇编】中四 3757

同管勾秦凤路经略使机宜文字　王韶

【宋会要】食货 55 之 31/5763

同管勾都总管司事　范仲淹

【宋会要】兵 8 之 21/6897

【汇编】中二 2014

同管勾都总管司事　韩琦

【宋会要】兵 8 之 21/6897

【名臣碑传琬琰集】中集 48/韩忠献公琦行状/1094

【汇编】中二 2010、2014

同管勾都部署司事　范仲淹

【长编标】127/3013

【长编影】127/10 上

【汇编】中二 2011

同管勾都部署司事　韩琦

【长编标】127/3014

【长编影】127/10 上

【汇编】中二 2011

同管勾缘边安抚司　　高遵裕

【长编标】237/5768

【长编影】237/11 下

【汇编】中四 3798

同察访永兴秦凤等路常平等事　　蔡朦

【长编标】248/6049

【长编影】248/11 下

【汇编】中四 3908

伏羌寨监押　　泰州邵叔元

【潞公文集】38/举官/3 上

【汇编】补遗 7292

华池寨主　　胡永锡

【长编标】128/3044

【长编影】128/17 下

【涑水记闻】12/6 上

【汇编】中二 2091、2096

延庆环三州义勇

【宋会要】兵 24 之 19/7188

延州马步军都总管　　范廷召

【宋会要】兵 14 之 14/6999

【汇编】中一 1153

延州节度判官　　宋琪

【宋史】264/宋琪传/9129

【汇编】中一 1068

延州东路巡检　　潘湜

【长编标】125/2944

【长编影】125/6 上

【汇编】中二 1853

延州东路都巡检　　燕达

【宋会要】兵 18 之 3/7059

【汇编】中三 3474

延州东路清涧城承平寨并保安军北巡检
　　　刘化基

【范文正公集】言行拾遗事录 3/6 上

【汇编】中二 2106

延州西路同巡检　　张圭

【长编标】129/3056

【长编影】129/5 下

【汇编】中二 2108

延州西路同都巡检　　令策应环庆路

【长编标】288/7054

【长编影】288/12 下

【汇编】中四 4070

延州西路巡检使　　葛宗古

【范文正公集】政府奏议·荐举/21 下

【汇编】中二 2385

延州西路都巡检使　　葛宗古

【范文正公集】政府奏议下·荐举/37 下

【汇编】中二 2395

延州西路都巡检使　　郭遵

【宋史】325/刘平传/10505

【长编标】126/2968

【长编影】126/1 下

【范太史集】4/检校司空左武上将军郭公墓志铭
　　/1 上

【汇编】中二 1885、1958、1959

延州观察使　　李昭亮

【宋史】464/李昭亮传/13563

【汇编】中二 2392

延州观察使　　庞籍

【宋史】311/庞籍传/10199

【司马文正公集】78/太子太保庞公墓志铭/3 上

【名臣碑传琬琰集】上集 22/庞庄敏公籍神道碑
　　/347

【汇编】中二 2462、2463、2463

延州巡检　　燕达

【宋史】349/燕达传/11056

【汇编】中三 3622

延州兵马都监　　周美

【宋史】323/周美传/10457

【汇编】上 231

延州制勘公事所　　上李浦案，李浦坐永乐城
　　　下未战弃寨出走

【长编标】339/8165

【长编影】339/6 下

【汇编】中四 4523

延州经略司　　与西夏议疆界

【长编标】445/10717

【长编影】445/7 上

【汇编】中五 5026

延州南安砦主　　马怀德

【宋史】323/马怀德传/10466

【汇编】中二 2086

延州指使　高宜，押伴夏使

【宋史】336/司马光传/10760

【东坡全集】17/司马温公行状/8 下

【汇编】中三 3324

延州指使　狄青

【宋史】290/狄青传/9718

【石林燕语】9/2 上

【华阳集】35/狄武襄公青神道碑/454

【渑水燕谈录】2/5 上

【汇编】中二 1860、2109、2563

延州钤辖　侯延广

【宋史】254/侯益传/8884

【汇编】中一 1052

延州总管　刘平

【名臣碑传琬琰集】中集 17/贾文元公昌朝墓志铭/653

【汇编】中二 1972

延州都巡检使　石保兴

【宋史】250/石保兴传/8811

【汇编】中一 1150

延州都监　张士元

【宋大诏令集】233/册夏国主文/909

【汇编】中三 3014

延州都监　孟方

【长编标】127/3007

【长编影】127/4 下

【汇编】中二 1998

延州都监　高遵教

【长编标】202/4892

【长编影】202/3 下

【汇编】中三 3320

延州监军兼阿都关卢关路都巡检　孙全照

【宋史】253/孙行友传/8873

【汇编】中一 1085

延州部署　与李继福设伏掩袭李继迁

【长编标】52/1138

【长编影】52/8 上

【汇编】中一 1317

延州部署　曹利用

【长编标】77/1754

【长编影】77/5 下

【汇编】中一 1507

延州部署司　言得赵德明牒

【长编标】65/1460

【长编影】65/17 上

【汇编】中一 1463

延州通判　高延夫

【范文正公集】年谱补遗/4 下；言行拾遗事录 3/6 上

【汇编】中二 2054、2107

延州通判　马端

【长编标】137/3295

【长编影】137/17 上

【汇编】中二 2544

延州通判　计用章

【宋史】467/卢守勤传/13637

【宋会要】职官 64 之 4/3840

【汇编】中二 1998、2000

延州通判　范子仪

【长编标】233/5652

【长编影】233/7 下

【汇编】中四 3767

延州通判　宝元二年增永兴军、延州通判各一员

【长编标】123/2904

【长编影】123/11 上

【宋会要】职官 47 之 61/3448

【汇编】中二 1791、1793

延州第六将主簿　崔顺孙

【长编标】328/7890

【长编影】328/1 下

【汇编】中四 4381

延州清涧城兵马监押　马怀德

【范文正公集】政府奏议下·荐举/23 下

【汇编】中二 2087

延州清涧城都监　马怀德

【范文正公集】政府奏议下·荐举/23 下

【汇编】中二 2087

延州缘边都巡检使　石普

【宋史】324/石普传/10472

【汇编】中一 1081

延州路兵马都总管　傅潜

【宋会要】兵 8 之 19/6896

【汇编】中一 1166

延州路钤辖　张崇贵

【宋会要】职官 41 之 82/3207、41 之 83/3208

延州路都部署　傅潜

【宋史】5/太宗纪 2/100

【长编标】41/860

【长编影】41/1 下

【汇编】中一 1164

延州管内观察制置等使　吕惠卿

【宋会要】方域 19 之 17/7643

【汇编】中六 5548

行营兵马钤辖　尹继伦

【宋会要】兵 8 之 18/6896

【汇编】中一 1071

行营都监　好水川之战行营

【河南先生文集】3/悯忠/4 下、辩诬/5 下

【汇编】中二 2214、2215

邠宁节度　治宁州

【陕西通志】21/职官 2·邠宁/2 下

【汇编】补遗 7226

邠宁节度使　李继隆

【宋会要】兵 8 之 18/6896

【汇编】中一 1071

邠宁灵环庆等州副都部署　张凝

【长编标】49/1075

【长编影】49/11 下

【汇编】中一 1246

邠宁环庆仪渭州镇戎军两路都部署　王汉忠

【长编标】51/1116

【长编影】51/9 下

【汇编】中一 1300

邠宁环庆两路都部署　王汉忠

【宋史】6/真宗纪 1/117

【汇编】中一 1301

邠宁环庆灵州路副部署兼安抚使　张凝

【宋史】279/张凝传/9480

【汇编】中一 1323

邠宁环庆灵州路副部署兼安抚使　潘璘

【宋史】279/张凝传/9480

【汇编】中一 1323

邠宁环庆泾原仪渭经略使　张齐贤

【临川集】92/户部郎中赠谏议大夫曾公墓志铭/2 下

【汇编】中一 1292

邠宁环庆泾原仪渭镇戎军经略使　张齐贤

【长编标】51/1107

【长编影】51/1 下

【汇编】中一 1293

邠宁环庆泾原路经略使　张齐贤

【长编标】139/3345

【长编影】139/7 下

邠宁环庆驻泊钤辖　张佶

【长编标】85/1947

【长编影】85/11 上

【汇编】中一 1537

邠宁环庆钤辖　李重诲

【长编标】47/1029

【长编影】47/18 上

【汇编】中一 1222

邠宁环庆都钤辖　曹玮

【长编标】65/1463

【长编影】65/18 下

【汇编】中一 1464

邠宁环庆都监　赵滋

【宋史】9/仁宗纪 1/180

【汇编】中一 1634

邠宁环庆都部署　葛霸

【宋史】6/真宗纪 1/112

【汇编】中一 1219

邠宁环庆都部署　孙全照

【宋史】253/孙行友传/8873

【长编标】64/1432、1433

【长编影】64/8 上

【汇编】中一 1451、1452

邠宁环庆都部署　周莹

【宋史】268/周莹传/9227

【长编标】64/1433；65/1463

【长编影】64/9 上；65/18 下

【汇编】中一 1452、1464

邠宁环庆部署　并言蕃贼在镦子山

【长编标】54/1195

【长编影】54/3 下

【汇编】中一1346

邠宁环庆部署　言筑大落门乾川寨毕功
【长编标】54/1195
【长编影】54/18上
【汇编】中一1360

邠宁环庆部署　王守斌
【宋史】8/真宗纪3/160
【长编标】87/1988
【长编影】87/1上
【汇编】中一1552

邠宁环庆清远都巡检使　韩崇训
【宋史】250/韩崇训传/8825
【汇编】中一1221

邠宁环庆清远副都部署　王荣
【长编标】47/1029
【长编影】47/18上
【汇编】中一1222

邠宁环庆清远等州军都巡检使　韩崇训
【长编标】47/1023
【长编影】47/12下
【汇编】中一1221

邠宁环庆路马步军都部署　北控瀚海灵盐一
　　路，领熟户蕃兵二百四十七族，总四万四千
　　人
【武经总要】前集18上/8下
【汇编】中一940

邠宁环庆路马步军都部署　范仲淹
【范文正公集】16/让观察使第一表（庆历二年
　　四月）/1上
【汇编】中二2472

邠宁环庆路安抚都监　卢守勤
【宋史】467/卢守勤传/13637
【汇编】中二18531

邠宁环庆路兵马都钤辖兼知邠州　曹玮
【名臣碑传琬琰集】中集43/曹武穆公玮行状/
　　1032
【汇编】中一1462、1481

邠宁环庆路兵马部署安抚使　任福
【涑水记闻】12/12下
【汇编】中二2091

邠宁环庆路驻泊兵马钤辖　梁从吉
【宋史】467/梁从吉传/13645

【汇编】中三3591

邠宁环庆路驻泊兵马都钤辖　曹玮
【元宪集】33/宋故推诚翊戴功臣彰武军节度延
　　州管内观察处置等使曹公行状/344
【汇编】中一1491

邠宁环庆路钤辖兼巡检　张煦
【宋史】308/张煦传/10149
【汇编】中一1324

邠宁环庆路都监　赵士隆
【宋史】324/赵滋传/10495
【汇编】中一1634

邠宁环庆路都部署　王汉忠
【宋史】279/王汉忠传/9477
【汇编】中一1301

邠宁环庆路部署司　徙治庆州
【长编标】93/2153
【长编影】93/16下
【汇编】中一1597

邠宁环庆路副都部署兼知邠州　陈兴
【宋史】279/陈兴传/9484
【汇编】中一1481

邠宁泾原环庆三路都部署　葛霸
【宋史】289/葛霸传/9699
【汇编】中一1220

邠宁泾原环庆州副部署　杨琼
【宋大诏令集】94/责杨琼等诏（咸平四年闰十
　　二月丁丑）/346
【汇编】中一1285

邠宁泾原路钤辖兼安抚都监　秦翰
【宋史】466/秦翰传/13613
【汇编】中一1400

邠宁驻泊都监　张继能
【宋史】280/杨琼传/9501；466/张继能传/
　　13620
【汇编】中一1241

邠宁都巡检　慕容德丰
【宋史】251/慕容德丰传/8835
【汇编】中一976

邠宁部署　言牛羊、苏家等族杀李继迁族帐有
　　功
【宋史】491/党项传/14137
【汇编】上27

邠宁副都部署 王守斌

【长编标】84/1922

【长编影】84/10 下

【汇编】中一 1535

邠宁等州节度 党项等羌吞噬边鄙，将逼京畿，乃分邠宁等州节度为鄜坊丹延节度，亦即谓北节度

【资治通鉴】221/7090

【汇编】上 674

邠宁等路经略判官 曾致尧

【长编标】51/1108

【长编影】51/2 上

【汇编】中一 1294

邠宁路钤辖 张佶

【宋史】308/张佶传/10151

【汇编】中一 1518

邠州节度 李乐

【太平广记】84/引录异记/34 下

【汇编】补遗 7226

邠州司法参军 薛向

【宋史】328/薛向传/10585

【汇编】中二 1859

邠州观察使 范仲淹

【宋史】314/范仲淹传/10271

【长编标】135/3241

【长编影】135/25 上

【汇编】中二 2470、2510

邠州驻泊都监 李克忠

【长编标】225/5493

【长编影】225/22 下

【汇编】中三 3711

邠州驻泊部署 许均

【宋史】279/许均传/9485

【汇编】中一 1369

邠州部署 言李继迁子阿移与孔目官何宪来归

【长编标】58/1300

【长编影】58/23 下

【汇编】中一 1410

邠州路部署 许均

【长编标】56/1237

【长编影】56/11 下

【汇编】中一 1388

邠州管内观察使 范仲淹

【范文正公集】16/让观察使第一表（庆历二年四月）/1 上

【汇编】中二 2472

会州会川城新泉寨怀戎堡主簿

【宋会要】选举 28 之 30/4692

【汇编】中六 5726

会州观察使 田绍斌

【宋史】5/太宗纪 2/97；485/夏国传上/13987

【宋太宗实录】79/38 上

【宋会要】兵 8 之 19/6896；职官 64 之 12/3826

【隆平集】18/田绍斌传/11 上

【汇编】上 54；中一 1140、1102、1120、1138、1139

会州刺史 乣遇

【宋会要】兵 14 之 15/7000

会州熙河第八将

【陇右金石录】3/怀戎堡碑纪/65 下

【甘肃新通志】14/建置志·城池/13 下

【汇编】补遗 7404、7418

刘璠堡本军指挥使 王遇

【安阳集】家传 2/2 下

【宋会要】职官 41 之 86/3209

【汇编】中二 2074

庆州东路巡检 林广

【长编标】214/5195

【长编影】214/2 下

庆州东路巡检 令策应鄜延路

【长编标】288/7054

【长编影】288/12 下

【汇编】中四 4070

庆州东路都巡检 万俟政

【长编标】126/2966、2968；127/3007

【长编影】126/1 下、15 上；127/4 下

【汇编】中二 1885、1946、1998

庆州东路都巡检 刘甫

【长编标】214/5218

【长编影】214/23 上

【汇编】中三 3590

庆州北都巡检 范全

【长编标】134/3201

【长编影】134/13 上

【奏议标】133/范仲淹·上仁宗攻守二策/1477

【奏议影】133/范仲淹·上仁宗攻守二策/4545

【范文正公集】5/上攻守二策状/13 下

【汇编】中二 2398

庆州北路都巡检司　言夏景宗李元昊亲领八万人骑奔往镇戎军

【范文正公集】年谱补遗/13 上

【汇编】中二 2544

庆州北路都巡检使　范恪

【宋史】323/范恪传/10465

【汇编】中二 2093

庆州北路都监　孙昭谦

【长编标】264/6458

【长编影】264/1 上

【汇编】中四 3991

庆州西谷寨主　赵福

【长编标】131/3117

【长编影】131/21 下

【汇编】中二 2258

庆州团练使　孙进

【长编标】47/1031

【长编影】47/20 上

【汇编】中一 1225

庆州团练使　魏进

【长编标】138/3310

【长编影】138/1 下

【汇编】中二 2562

庆州安塞指挥　有马者升为禁军

【长编标】105/2437

【长编影】105/3 下

【汇编】中一 1653

庆州兵马都监　杨宗闵

【苕溪集】48/宋故武功大夫魏国公杨公（宗闵）墓碑/3 下

【汇编】补遗 7424

庆州刺史　姚内赟

【宋史】273/姚内赟传/9341

【长编标】3/77

【长编影】3/14 下

【汇编】中一 937、957

庆州沿边都巡检使　赵振

【宋史】323/赵振传/10461

【汇编】中一 1629

庆州沿边都巡检使　龚德

【宋会要】职官 48 之 124/3517

【汇编】中一 1526

庆州驻泊钤辖　康继英

【长编标】51/1118

【长编影】51/11 上

【汇编】中一 1305

庆州经略司

【长编标】490/11634

【长编影】490/14 下

庆州荔原堡都巡检　诏移于大顺城

【长编标】281/6889

【长编影】281/7 下

【汇编】中四 4037

庆州荔原堡都监　贾嵩

【宋史】350/贾嵩传/11086

【汇编】上 239

庆州荔原堡都监　窦琼

【长编标】234/5674

【长编影】234/3 下

【汇编】中四 3776

庆州钤辖　郭庆

【皇宋十朝纲要】9/4 下

【汇编】中三 3591

庆州监军　张纶

【宋史】308/张煦传/10149

【汇编】中一 1324

庆州监押

【长编标】97/2246

【长编影】97/6 下

【汇编】中一 1608

庆州监酒　杨震

【苕溪集】48/宋故敦武郎知麟州建宁寨累赠太师秦国公杨公（震）墓碑/11 上

【汇编】补遗 7415

庆州通判　吴仲举

【长编标】298/7240

【长编影】298/1 下

【宋会要】职官 66 之 6/3871

【汇编】中四 4095

庆州缘边都巡检使　龚德

【宋会要】职官 48 之 124/3517

【汇编】中一 1526

庆州缘边都巡检使　王守斌请求设置

【长编标】83/1899

【长编影】83/12 下

【汇编】中一 1526

庆州缘边都巡检使　杨遵

【长编标】115/2705

【长编影】115/16 上

【汇编】中一 1706

庆州路副都部署　常恩德

【宋史】275/常恩德传/9375

【汇编】中一 1204

并代州钤辖　王凯

【宋史】255/王凯传/8925

【汇编】中二 2561

并代州钤辖　杨怀志

【涑水记闻】12/8 上

【汇编】中二 2333

并代州钤辖　郭恩

【宋史】326/郭恩传/10521

【汇编】中三 3228

并代州都监　石全彬

【宋史】466/石全彬传/13626

【汇编】中二 1940

并代州都监　郝质

【长编标】137/3281

【长编影】137/5 下

【汇编】中二 2521

并代州都部署　王元

【涑水记闻】12/8 上

【汇编】中二 2332

并代兵马钤辖　康德舆

【宋史】326/康德舆传/10536

【汇编】中二 2358

并代环庆两路副部署　范廷召

【宋史】289/范廷召传/9698

【汇编】中一 1053

并代钤辖

【宋会要】兵 27 之 8/7250

并代钤辖　李继和

【长编标】55/1217、1218

【长编影】55/15 下

并代钤辖　宋思恭

【长编标】52/1136

【长编影】52/6 上

并代钤辖　康德舆

【欧阳文忠公全集】115/河东奉使奏草/21 下

【汇编】中三 2968

并代钤辖　率兵屯岢岚军

【长编标】55/1204

【长编影】55/3 下

并代钤辖　王从德

【长编标】127/3005

【长编影】127/2 下

【汇编】中二 1991

并代钤辖　王凯

【长编标】146/3535

【长编影】146/8 下

【汇编】中三 2842

并代总管　王元

【名臣碑传琬琰集】下集 13/实录文忠烈公彦博传/1452

【汇编】中二 2332

并代总管司

【宋会要】方域 21 之 6/7664

【汇编】上 37

并代都钤辖　张亢

【宋史】324/张亢传/10488

【汇编】中二 2339

并代部署　张亢

【长编标】144/3478

【长编影】144/12 下

【汇编】中三 2793

并代部署司　府州被西贼围乞救应

【涑水记闻】12/7 下

【汇编】中二 2316

并代部署司　言西贼寇麟府二州

【长编标】114/2682

【长编影】130/5 上

【汇编】中二 2162

并代副都总管　张亢

【宋史】324/张亢传/10489

【汇编】中二 2732

并代副都部署　李重贵
【长编标】40/853
【长编影】40/8 下
【汇编】中一 1156

并代副部署　石普
【长编标】68/1535
【长编影】68/16 上
【汇编】中一 1475

并代副部署　孙康
【长编标】126/2971
【长编影】126/6 上
【汇编】中二 1908

并代副部署　张亢
【长编标】146/3527
【长编影】146/1 上
【汇编】中三 2837

并代副部署　张进
【长编标】52/1139
【长编影】52/9 上
【汇编】中一 1320

并代路经略安抚等使　高继宣
【乐全集】21/论高继宣知并州并代路经略安抚
　　等使事/8 下
【汇编】中二 2483

并代路钤辖　朱观
【长编标】135/3241
【长编影】135/23 下
【汇编】中二 2470

并代路钤辖　王仲宝
【宋史】325/王仲宝传/10514
【长编】123/2898
【长编影】123/6 上
【汇编】中二 1784

并州副部署　赵振
【长编标】134/3195
【长编影】134/8 下
【汇编】中二 2389

关右河西巡检　石普
【宋会要】兵 8 之 19/6896、8 之 20/6897
【汇编】中一 1166

安边巡检　杨震
【宋史】446/杨震传/13166

【汇编】中六 5904

安边城巡检　杨震
【苕溪集】48/宋故敦武郎知麟州建宁寨杨公
　　（震）墓碑/11 上
【汇编】补遗 7415

安抚大师　智缘，随王韶招抚熙河
【长编标】465/11124
【长编影】465/25 上
【汇编】中五 5094

安抚司　措置存恤沿边蕃汉弓箭手
【宋会要】兵 4 之 18/6829、4 之 26/6833
【汇编】中六 5874、5893

安抚司　廓州，初赐名宁塞城，后建州置安抚
　　司
【长编纪事本末】140/6 上
【汇编】中六 5770

安抚判官　田况
【宋会要】兵 8 之 21/6897

安抚使
【宋史】194/兵志 8・拣选之制/4833；324/刘沪
　　传/10495
【汇编】中三 2857；中六 5692

安抚使　西宁州陇右节度
【长编纪事本末】140/4 下
【汇编】中六 5766

安抚使　李嗣本
【三朝北盟会编】25/1 下
【汇编】中六 5988

安抚使　范仲淹
【宋史】325/任福传/10514
【汇编】中二 2410

安抚使　范纯粹
【宋会要】职官 68 之 6/3911
【汇编】中六 5724

安抚使　范雍
【延安府志】1/诗文/47 上
【汇编】补遗 7122

安抚使　明镐
【宋史】349/郝质传/11049
【汇编】中二 2520

安抚使　曹玮
【宋史】426/张纶传/12694

【汇编】中一 1588

安抚使　李大防，招抚永兴军路逃散民夫与蕃
汉弓箭手
【长编标】321/7738
【长编影】321/2 下
【汇编】中四 4267

安抚使　王尧臣，建言陕西沿边招讨使可便宜
从事
【范文正公集】年谱/25 上
【名臣碑传琬琰集】中集 48/韩忠献公琦行状/
1095
【汇编】中二 2240、2666

安抚使　韩琦
【宋史】323/安俊传/10467
【长编标】126/2981、2985
【长编影】126/14 下、17 下
【宋会要】兵 1 之 3/6755
【汇编】中二 1923、1942、1955、2638

安抚陕西　冯京
【安阳集】家传 6/7 下
【汇编】中三 3378

安抚经略使　孙沔
【宋史】288/孙沔传/9688
【汇编】中二 2794；中三 2926、3118

安抚洮西沿边公事　种朴
【宋史】335/种朴传/10749
【汇编】中六 5635

安抚都监　张煦
【宋史】308/张煦传/10149
【汇编】中一 1324

安抚都监　阎日新
【宋史】309/阎日新传/10167
【汇编】中一 1411

安抚都监　王怀信
【长编标】86/1975
【长编影】86/9 下
【汇编】中一 1550

安抚都监　李康伯
【宋史】467/卢守勤传/13637
【长编标】127/3008
【长编影】127/5 上
【汇编】中二 1998、1999

安抚副使　符惟忠
【宋会要】兵 8 之 20/6897
【汇编】中二 1911

安抚副使　韩琦
【宋史】325/任福传/10506
【长编标】129/3054
【长编影】129/4 下
【宋会要】兵 8 之 20/6897
【汇编】中二 2107、2190

安抚副使兼管勾秦凤路军马事　王仲宝
【宋史】325/王仲宝传/10514
【汇编】中二 2082

安抚措置司　熙河路
【长编标】346/8316
【长编影】346/13 下
【汇编】中五 4585

安远寨主　邵元吉
【涑水记闻】12/9 下
【汇编】中二 1928

安远寨主　蔡詠
【长编标】126/2977
【长编影】126/10 下
【涑水记闻】12/9 下
【汇编】中二 1927、1928

安远寨都监　邵元吉
【长编标】126/2977
【长编影】126/10 下
【汇编】中二 1928

安定堡马家平总押　李公直
【金史】134/西夏传/2865
【汇编】上 134

安塞寨主　环州寇宁
【长编标】135/3237
【长编影】135/21 上
【汇编】中二 2462

军马司　诏令觉察缘边蕃部使臣首领
【宋会要】兵 27 之 25/7259

军马司　麟府路
【涑水记闻】12/7 下
【汇编】中二 2343、2343

军马司　张若讷
【长编标】466/11140

【长编影】466/13 上

【汇编】中五 5109

军头司　引见泾原路擒到西界统军咸明阿迈等

【长编标】506/12061

【长编影】506/11 下

【汇编】中六 5489

军头司　引见蕃官吕永信

【长编标】505/12033

【长编影】505/7 上

【汇编】中六 5470

军使　宋朝蕃官

【宋史】191/兵志 5/4759

【汇编】中四 4000

军都指挥使　宋朝弓箭手官职

【宋史】190/兵志 4 · 河东陕西弓箭手/4712

【汇编】中一 1422

阶成州钤辖　李渭

【宋史】326/李渭传/10528

【汇编】中一 1665

阶州驻泊都监　皇甫旦

【长编标】263/6436

【长编影】263/16 下

【汇编】中四 3989

防御使　灵州杨琼

【宋史】280/杨琼传/9502

【汇编】中一 1152

观察使　陕西四路帅臣韩琦、范仲淹、庞籍、王沿皆改观察使，三帅皆辞不受，独韩琦授之不辞

【宋史】312/韩琦传/10223

【安阳集】家传 3/1 上

【石林燕语】4/3 上

【范文正公集】16/谢许让观察使守旧官表/8 上

【汇编】中二 2470、2471、2472、2476

巡抚陕西沿边诸州　王若水

【长编标】51/1124

【长编影】51/16 上

巡检

【宋会要】兵 27 之 26/7259；方域 19 之 6/7628、19 之 44/7647

巡检　王友

【宋史】16/神宗纪 3/312

【汇编】中五 4582

巡检　刘沪

【河南先生文集】25/申四路招讨司论本路御贼状并书/2 下

【汇编】中二 2788

巡检　刘崇让

【宋史】4/太宗纪 1/58；492/吐蕃传/14153

【汇编】中一 976、979

巡检　李询

【宋太宗实录】27/12 下

【汇编】中一 1004

巡检　宋良

【范文正公集】西夏堡寨/6

【汇编】中二 2640

巡检　熙河安川堡纪育

【长编纪事本末】139/17 下

【汇编】中六 5749、5750

巡检　熙河来宾城郝连青弁

【长编纪事本末】139/17 下

【汇编】中六 5749、5750

巡检　八巡检入生界被西人掩杀

【长编标】516/12282

【长编影】516/17 上

【汇编】中六 5615

巡检　王亨

【长编标】448/10774

【长编影】448/9 下

【汇编】中五 5043

巡检　天都与临羌二寨各设三员

【长编标】508/12109

【长编影】508/12 上

【汇编】中六 5519

巡检　平西寨设四员

【长编标】489/11607

【长编影】489/10 上

【汇编】中六 5315

巡检　宁塞城置二员

【长编标】516/12274

【长编影】516/9 下

【汇编】中六 5613

巡检　会州置

【长编标】514/12220

【长编影】514/11 上

【汇编】中六 5582

巡检　杨承吉

【长编标】93/2139

【长编影】93/4 下

【汇编】中一 1594

巡检　李继明

【长编标】90/2081

【长编影】90/13 上

【汇编】中一 1583

巡检　张存

【长编标】332/8005

【长编影】332/9 下

【汇编】中四 4463

巡检　张璨

【长编标】321/7749

【长编影】321/12 上

【汇编】中四 4280

巡检　侯美

【长编标】20/464

【长编影】20/19 上

【汇编】中一 983

巡检　鼎摩会设四员

【长编标】508/12097

【长编影】508/1 上

【汇编】中六 5510

巡检　镇戎军去原环二州三百里设

【长编标】97/2253

【长编影】97/12 上

【汇编】中一 1610

巡检　麟州神木堡高素

【长编标】329/7914

【长编影】329/1 下

【汇编】中四 4395

巡检　石门城设四员

【长编标】486/11547

【长编影】486/6 上

【宋会要】方域 19 之 6/7628

【汇编】中六 5291、5295

巡检　三川口败将万俟政

【宋史】325/刘平传/10502

【长编标】126/2966、2967

【长编影】126/1 下

【涑水记闻】11/12 上

【汇编】中二 1884、1886、1896、1946

巡检　三川口败将郭遵

【宋史】325/刘平传/10502

【长编标】126/2966、2982

【长编影】126/1 下、15 上

【涑水记闻】11/12 上

【汇编】中二 1884、1886、1946

巡检使　李询

【宋史】4/太宗纪 1/71

【汇编】中一 1004

巡检使　韦韬

【长编标】18/402

【长编影】18/9 下

【汇编】中一 970

巡检使　刘崇让

【长编标】19/424

【长编影】19/5 上

【汇编】中一 976

巡检使　耿仁思

【长编标】19/424

【长编影】19/4 下

【汇编】中一 976

巡检使　曹光实

【长编标】25/586

【长编影】25/13 下

【汇编】中一 1014

巡检使臣　环州路

【长编标】89/2048

【长编影】89/11 上

【汇编】中一 1579

巡警缘边州军　杜惟序

【长编标】131/3115

【长编影】131/20 下

【汇编】中二 2256

七画

芦关一路都巡检

【奏议标】132/陈执中·上仁宗论西边事宜/
1456

【奏议影】132/陈执中·上仁宗论西边事宜/4481

走马　兰州阎仁武
【长编标】333/8018
【长编影】333/5 上
【汇编】中四 4468

走马　审验鄘州苗履、张守德斩获首级
【长编标】502/11957
【长编影】502/8 上
【汇编】中六 5431

走马　催王瞻、王厚赴鄯湟州
【长编标】517/12305
【长编影】517/9 下
【汇编】中六 5638

走马承受　走马承受黄道元为夏人所擒
【稽古录】20/93 上
【汇编】中三 3227

走马承受　走马承受童贯往来勾当招抚青唐吐蕃
【长编纪事本末】139/2 上
【汇编】中六 5725

走马承受　诏戒走马承受毋侵帅权
【皇宋十朝纲要】16/13 上
【汇编】中六 5797

走马承受　诏诸路走马承受毋得预军政及边事
【宋史】20/徽宗纪2/374
【汇编】中六 5796

走马承受　费知微
【涑水记闻】11/8 上
【汇编】中三 2899

走马承受　诸路各一员
【宋史】167/职官志 7/3962
【汇编】中六 5797

走马承受　镇洮军汉蕃士卒请走马承受上言朝廷留游师雄
【画墁集】补遗/游公（师雄）墓志铭/10 下
【汇编】中六 5316

走马承受　上言熙河吐蕃包约死
【长编标】253/6194
【长编影】253/7 下
【汇编】中四 3954

走马承受　王中正阴令走马承受金安石奏转运司粮运不继
【长编标】319/7701
【长编影】319/2 上
【汇编】中四 4228

走马承受　走马承受一员随军照管本路人马
【长编标】503/11990
【长编影】503/17 下
【汇编】中六 5445

走马承受　走马承受霍丙谕昌祚，令具所习兵器并目击士卒御贼可用利械进呈
【长编标】338/8155
【长编影】338/15 上
【汇编】中四 4521

走马承受　杨元孙
【长编标】326/7844
【长编影】326/6 上
【汇编】中四 4350

走马承受　李元凯
【长编】244/5931；247/6022、6024；250/6098
【长编影】244/1 下；247/16 下；250/16 下
【汇编】中四 3861、3900

走马承受　庞卞
【长编标】349/8367
【长编影】349/2 上
【汇编】中五 4602

走马承受　赵德宣
【长编标】115/2691
【长编影】115/4 上、16 上
【汇编】中一 1702、1706

走马承受　宣赐伐夏将士钱绢
【长编标】320/7730
【长编影】320/10 下
【汇编】中四 4263

走马承受　徐禹臣
【长编标】255/6231
【长编影】255/2 上
【汇编】中四 3962

走马承受　盖横
【长编标】495/11783；498/11856
【长编影】495/17 上；498/13 下
【汇编】中六 5372、5396

走马承受　走马承受阎仁武奏兰州敌情

【长编标】341/8204；342/8220

【长编影】341/8 下；342/1 下

【汇编】中五 4535、4546

走马承受　走马承受梁安礼，因兰州战中有功封赏

【长编标】343/8235

【长编影】343/1 上

【汇编】中五 4557

走马承受　李元嗣

【长编标】408/9939

【长编影】408/18 上

【宋会要】兵 28 之 30/7284

【汇编】中五 4915

走马承受公事　张佑

【宋会要】兵 18 之 5/7060

走马承受公事　张佑

【长编标】251/6139

【长编影】251/28 上

【宋会要】兵 18 之 5/7060

【汇编】中四 3937、3938

走马承受公事　黄道元

【司马文正公集】78/太子太保庞公墓志铭/8 下

【涑水记闻】8/13 下

【名臣碑传琬琰集】上集 22/庞庄敏公籍神道碑/351

【汇编】中三 3227、3238、3240

两路都巡检使　王信

【长编标】134/3196

【长编影】134/8 下

【汇编】中二 2391

抚谕使　李宇抚谕阿里骨

【宋大诏令集】240/赐阿里骨诏（绍圣三年七月丙辰）/941

【汇编】中五 5249

抚谕副使　王师忠抚谕阿里骨

【宋会要】蕃夷 6 之 29/7833

【汇编】中五 5249

步军都虞侯　狄青，上言西事以来极边州军并以完固，次边不曾修葺

【宋会要】方域 8 之 3/7442

岚石州沿河都巡检使　因夏景宗李元昊于河东路伐林木，置岚石州沿河都巡检使

【长编标】127/3021

【长编影】127/16 下

【汇编】中二 2033

岚石都巡检司　接应到西界蕃部嗦移团练使十三户

【范文正公集】言行拾遗事录 3/9 上

【汇编】中二 2144

岚石隰三州都巡检使　元丰五年令三州各带沿边都巡检使

【宋史】86/地理志 2/2134

【汇编】中六 5825

岚石隰州沿边都巡检使　杨遂

【长编标】202/4895

【长编影】202/6 上

岚石隰州都巡检司

【长编标】331/7986

【长编影】331/17 下

【汇编】中四 4456

岚石隰州都巡检使　任福

【涑水记闻】12/12 下

【汇编】中二 2090

岚石隰州缘边都巡检使　刁赟

【长编标】102/2354

【长编影】102/6 上

【汇编】中一 1629

岚石隰州缘边都巡检使　任福

【宋史】325/任福传/10506

【汇编】中二 1810

岚石隰州督巡检使　麟府

【宋史】86/地理志 2/2137

【汇编】中六 5858

县尉　外夷入贡所过州县，令巡检、县尉护送之

【长编标】121/2867

【长编影】121/16 上

【汇编】中一 1739

利州统制　王仕信

【宋史】40/宁宗纪 4/774

【汇编】下 6864

利州都监　卢鉴

【宋史】326/卢鉴传/10527

【汇编】上 236

利州路安抚　丁焴
【大金国志】25/宣宗纪/4 上
【续资治通鉴】15/194
【汇编】下 6858

利州路转运使　张宗彝
【长编标】129/3057
【长编影】129/7 上
【汇编】中二 2112

体量安抚使　王尧臣
【宋史】292/王尧臣传/9722
【公是集】51/宋故推忠功臣……赠尚书仆射王
　　公（尧臣）行状/610
【汇编】中二 2159、2160

体量安抚使　刘忱
【长编标】473/11288
【长编影】473/8 上
【汇编】中五 5156

兵马钤辖　李渭
【宋史】297/郭劝传/9893
【汇编】中一 1744

兵马钤辖　种诂
【东都事略】61/种世衡传/4 上
【汇编】中三 3493

兵马钤辖　景泰
【宋史】326/景泰传/10517
【汇编】中二 2563

兵马都钤辖　击鬼章有功
【宋史】468/李祥传/13649
【汇编】中五 4858

兵马都监　承平寨张建侯
【长编标】127/3019
【长编影】127/14 下
【宋会要】职官 27 之 26/7259
【汇编】中二 2031、2036

兵马都部署　范仲淹
【欧阳文忠公全集】20/资政殿学士户部侍郎文
　　正范公神道碑铭/12 上
【汇编】中二 2272

兵马监押　马怀德
【宋史】323/马怀德传/10466
【汇编】中二 2086

兵马监押　宁远寨王显

【宋史】11/仁宗纪 3/212
【汇编】中二 2330

兵马监押　镇戎城朱昭
【宋史】486/夏国传下/14007
【汇编】上 87

兵马监押　塞门砦王继元
【宋史】10/仁宗纪 2/208
【范文正公集】年谱补遗/4 下
【汇编】中二 2003、2054

兵马监押　鄜州置二员
【长编标】516/12274
【长编影】516/9 下
【汇编】中六 5614

兵部　绍圣二年正月兵部上言，投弓箭手者经
　　所属官陈状，召有家业二人委保不是奸细或
　　化外两地供输蓄部
【宋会要】兵 4 之 16/6828

怀州防御使　姚古
【忠惠集】2/殿前都虞侯环庆路经略安抚使知庆
　　州制/20 下
【汇编】补遗 7444

怀州防御使　曲珍
【宋史】350/曲珍传/11083
【长编标】327/7886；330/7948；405/9871
【长编影】327/20 上；330/3 下；405/9 下
【宋会要】职官 66 之 19/3877
【汇编】中四 4325、4381、4433；中五 4885

怀远寨监押　李逊
【宋会要】职官 67 之 6/3890

怀远寨监押　张蕴
【长编标】464/11094
【长编影】464/20 下
【汇编】中五 5088

忻代都巡检使　郝质
【长编标】137/3282
【长编影】137/5 下
【汇编】中二 2521

冶坊寨监押　邵叔元
【潞公文集】38/举官/3 上
【汇编】补遗 7292

沙苑监　同州
【宋会要】兵 21 之 7/7128、22 之 3/71、24 之

15/7186

汾州都监　李知和
【长编标】129/3054
【长编影】129/4 下
【汇编】中二 2107

没烟峡统制及转运司官　泾原奏推恩
【长编标】500/11907
【长编影】500/6 下
【汇编】中六 5419

判永兴军府充陕西路经略安抚使　韩琦
【宋会要】兵 14 之 3/6994

判永兴军府兼马步军部署　张齐贤
【长编标】51/1112
【长编影】518/5 上

判并州　夏竦
【宋会要】兵 5 之 3/6841

灵庆兵马副总管　尹继伦
【宋会要】兵 8 之 19/6896

灵庆兵马副都部署　尹继伦
【宋史】275/尹继伦传/9376
【汇编】中一 1143

灵庆路副都部署　杨琼
【宋史】280/杨琼传/9502
【汇编】中一 1152

灵州大都督府长史　冯继业
【旧唐书】120/郭子仪传/3450
【宋史】253/冯继业传/8868
【汇编】上 665；中一 924

灵州马步军部署　田绍斌
【宋史】280/田绍斌传/9496
【汇编】中一 1115

灵州内外都巡检使　田绍斌
【宋会要】兵 8 之 19/6896

灵州节度　王令温
【宋史】254/药元福传/8895
【汇编】上 902

灵州兵马都总管　田绍斌
【宋史】5/太宗纪 2/97
【宋会要】兵 8 之 19/6896
【汇编】中一 1120

灵州兵马都部署　郭密
【宋史】275/郭密传/9397

【汇编】中一 1094

灵州怀远镇驻泊　李赞
【长编标】49/1078
【长编影】49/13 下

灵州环庆清远军路马步军都总管　田绍斌
【宋会要】职官 64 之 12/3826
【汇编】中一 1139

灵州都监兼五原镇都巡检使　成平年间李继
迁攻占灵州前，主管临河、怀远、保静、定
远、灵武五镇
【武经总要】前集 18 下/西蕃地界/1 上
【汇编】中一 1729

灵州部署　慕容德丰
【宋史】251/慕容德丰传/8836
【汇编】中一 1057

灵州副帅　田绍斌
【隆平集】18/田绍斌传/11 上
【汇编】中一 1138

灵州副部署　孙进
【长编标】47/1031
【长编影】47/20 上
【汇编】中一 1225

灵州路兵马都总管　王昭远
【宋会要】兵 8 之 19/6896、8 之 20/6897
【汇编】中一 1166

灵州路巡检　董遵诲
【宋史】273/董遵诲传/9343
【长编标】18/417
【长编影】18/22 上
【汇编】中一 971

灵州路都部署　王昭远
【宋史】5/太宗纪 2/100；276/王昭远传/9408
【长编标】41/860
【长编影】41/1 下
【汇编】中一 1136、1164

灵环十州军兵马都监兼巡检安抚使　张继
能
【宋史】466/张继能传/13620
【汇编】中一 1195

灵环十州军副都部署兼安抚副使　杨琼
【宋史】280/杨琼传/9501
【汇编】中一 1241

灵环十州都部署　李继隆
【宋史】257/李继隆传/8967
【汇编】中一 1141

灵环庆州清远军路监军　张崇贵
【宋史】466/张崇贵传/13618
【汇编】中一 1147

灵环庆清远军四路都监　秦翰
【宋史】466/秦翰传/13612
【汇编】中一 1113

灵环庆清远军后阵都监　张继能
【宋史】466/张继能传/13620
【汇编】中一 1092

灵环观察处置度支温池榷税等使　冯继业
【宋史】253/冯继业传/8868
【汇编】中一 924

灵环排阵都监　李神祐
【宋史】466/李神福传/13607
【汇编】中一 1115

灵环等州马步军都总管　李继隆
【宋会要】兵 14 之 15/7000
【汇编】中一 1218

灵环清远十州军驻泊副都部署　杨琼
【长编标】49/1072
【长编影】49/8 下
【汇编】中一 1240

灵环路行营都部署　丁罕
【宋史】275/薛超传/9377
【汇编】中一 1086

灵环路钤辖　卢斌
【宋史】308/卢斌传/10141
【汇编】中一 1149

灵武节度使　冯继业
【宋史】1/太祖纪 1/8
【长编标】10/215
【长编影】10/13 上
【汇编】中一 927、950

灵武安西都护府　陈并建议设置
【奏议标】44/陈并·上哲宗答诏论彗星陈四说/
461
【奏议影】44/陈并·上哲宗答诏论彗星陈四说/
1641
【汇编】中六 5336

灵夏四面行营招讨使　欧阳修建议置
【欧阳文忠公全集】127/归田录/11 上
【汇编】中二 2582

陇右节度　治西宁州
【宋会要】方域 6 之 2/7406

陇右节度　治鄯州
【宋史】87/地理志 3/2168
【汇编】中六 5853

陇右节度　王赡
【奏议标】141/任伯雨·上徽宗论湟鄯/1595
【奏议影】141/任伯雨·上徽宗论湟鄯/4906
【汇编】中六 5694

陇右同都护　辛叔詹
【宋会要】兵 14 之 21/7003
【皇宋十朝纲要】18/4 下
【汇编】中六 5927、5930

陇右同都巡检使　王厚
【宋会要】职官 48 之 112/3511、67 之 30/3902
【汇编】中六 5678、5682

陇右同都巡检使　王赡
【宋会要】职官 48 之 112/3511、67 之 30/3902
【汇编】中六 5678、5682

陇右沿边安抚使兼沿边都巡检使　王赡
【奏议标】141/任伯雨·上徽宗论湟鄯/1595
【奏议影】141/任伯雨·上徽宗论湟鄯/4906
【汇编】中六 5694

陇右沿边安抚都巡检使　王赡
【长编标】519/12348
【长编影】519/6 上
【汇编】中六 5658

陇右都护　王赡
【宋会要】职官 48 之 112/3511
【汇编】中六 5678

陇右都护　刘仲武
【长编纪事本末】140/12 下
【汇编】中六 5845、5846

陇右都护　刘锜
【宋史】366/刘锜传/11399
【汇编】下 6108

陇右都护　张严
【系年要录】15/311
【汇编】下 6133

陇右都护　赵隆
【宋史】350/赵隆传/11091
【汇编】中六5897

陇右都护　程俊
【陇右金石录】4/程俊札子石刻/8下
【汇编】下6569

陇右都护府　崇宁三年收复后建
【宋史】87/地理志3/2168
【汇编】中六5854

陇右缘边安抚使兼都巡检使　王赡
【长编影】516/3下
【长编标】516/12267
【汇编】中六5608

陇西节度　治西宁州
【宋会要】方域6之2/7406

陇西节度　治鄯州
【宋会要】方域6之3/7407

陇西节度　鄯州升节度
【宋会要】方域5之3/7384
【汇编】中六5852

陇州团练使　李浩
【宋史】16/神宗纪3/309；350/李浩传/11079
【长编标】333/8018；334/8035、8054
【长编影】333/5上；334/5上、21上
【汇编】中四4306、4467、4472、4473、4479

陇州防御使　种师道
【宋大诏令集】102/种师道保静军节度使制
　（宣和元年六月十七日）/379
【东都事略】107/种师道传/2上
【汇编】中六5933、5936

陇城寨主簿　长孙革
【陇右金石录】3/48上
【汇编】补遗7374

陇城寨兵马监押　赵珣
【陇右金石录】3/48上
【汇编】补遗7374

纳质院　府州置
【宋会要】方域21之1/7661、21之5/7663、21
　之8/7665；兵27之20/7256
【玉海】168/31上
【汇编】上37；补遗7251

八画

环庆马步军副都总管　王仲宝
【宋会要】兵27之28/7260

环庆永兴军路钤辖　种古
【宋史】335/种古传/10745
【汇编】中四4073

环庆行营
【长编标】320/7726
【长编影】320/7上
【汇编】中四4257

环庆行营经略使　高遵裕
【宋史】16/神宗纪3/305
【长编标】318/7684
【长编影】318/3下
【汇编】中四4215、4216

环庆安抚　范仲淹
【甘肃新通志】13/舆地志·古迹·庆阳府·安
　化县/30上
【汇编】补遗7287

环庆安抚司
【宋史】15/神宗纪2/286
【长编标】255/6235、6242
【长编影】255/11上
【汇编】中四3963、3964

环庆走马　阮易简
【长编标】511/12156
【长编影】511/2下
【汇编】中六5553

环庆走马　李兑
【长编标】500/11905
【长编影】500/2下
【汇编】中六5417

环庆走马　盖横
【长编标】497/11835
【长编影】497/17下
【汇编】中六5389

环庆走马承受　李德
【长编标】111/2590
【长编影】111/13下
【汇编】中一1685

环庆走马承受　陆中

【长编标】313/7585

【长编影】313/3 上

【汇编】中四 4129

环庆走马承受公事　元舜

【宋会要】刑法 2 之 29/6510

【汇编】中三 3163

环庆灵州清远军部署　田绍斌

【宋史】280/田绍斌传/9497

【汇编】中一 1194

环庆灵州清远军兵马都总管　李继隆

【宋会要】兵 8 之 19/6896

【汇编】中一 1120

环庆灵都部署　李继隆

【宋史】289/范廷召传/9698

【汇编】中一 1148

环庆招讨司　言西界伪团练使纳斡来降

【长编标】136/3270

【长编影】136/21 下

【汇编】中二 2512

环庆招讨使　范希文

【河南先生文集】7/答环庆招讨使范希文书/1
下、上环庆招讨使范希文书/3 上

【汇编】中二 2506、2573

环庆转运副使　李察

【长编标】321/7742

【长编影】321/5 下

【汇编】中四 4272

环庆泾原两路钤辖　秦翰

【长编标】51/1118

【长编影】51/11 上

【汇编】中一 1305

环庆泾原都部署　王汉忠

【长编标】51/1124

【长编影】51/15 下

【汇编】中一 1310

环庆泾原路部署司

【涑水记闻】12/1 下

【汇编】中一 1747

环庆经略司

【宋史】16/神宗纪 3/307

【长编标】156/3787；157/3797；158/3828；174/
4210；184/4462；194/4692；214/5196；231/

5610；312/7569；327/7865；346/8316；405/
9871；499/11882；513/12202

【长编影】156/9　下；157/1　下；158/10　下；
174/18 上；184/15 下；194/5 下；214/3 下；
231/1 下；312/10 上；327/1 上；346/13 下；
405/9 下；499/10 下；513/8 下

【宋会要】兵 8 之 3/7059、8 之 28/6901、14 之
19/7002、18 之 3/7059、27 之 38/7265；方域
18 之 21/7620

【汇编】中三 3058、3060、3085、3274、3473；
中四 3755、4125、4365、4366；中五 4586、
4885；中六 5396、5407

环庆经略安抚使　蔡挺

【长编标】208/5062

【长编影】208/14 上

环庆经略安抚使　蔡挺

【长编标】208/5062

【长编影】208/14 上

【汇编】中三 3408

环庆经略使　王似

【系年要录】26/519

【汇编】下 6193

环庆经略使　孙恂

【系年要录】38/726

【汇编】下 6245

环庆经略使　范文正

【涑水记闻】9/11 下

【汇编】中二 2451

环庆经略使　赵彬

【系年要录】127/2068

【汇编】下 6501

环庆经略使　施昌言

【奏议标】138/司马光·上哲宗乞还西夏六寨/
1554

【奏议影】138/司马光·上哲宗乞还西夏六寨/
4780

环庆经略使　高遵裕

【宋史】486/夏国传下/14007

【汇编】上 76

环庆钤辖　种君

【范文正公集】10/祭知环州种染院文/3 下

【汇编】中三 3055

环庆钤辖　卢斌
【长编标】40/851
【长编影】40/8 下
【汇编】中一1154

环庆钤辖　曲珍
【长编标】405/9871
【长编影】405/9 下
【汇编】中五4885

环庆钤辖　刘兼济
【长编标】149/3608；153/3728
【长编影】149/11 上；153/13 上
【汇编】中三2903

环庆钤辖　杜惟序
【长编标】131/3115
【长编影】131/20 下
【汇编】中二2256

环庆钤辖　李信
【长编标】214/5195
【长编影】214/2 下
【汇编】中三3580

环庆钤辖　范恪
【长编标】135/3240
【长编影】135/23 下
【汇编】中二2469

环庆钤辖　高继隆
【长编标】125/2945；129/3051、3059；133/3170
【长编影】125/6 下；129/2 上、8 上；133/9 上
【汇编】中二1855、2103、2116、2334

环庆钤辖　高继嵩
【长编标】123/2902、2907
【长编影】123/10 上、13 下
【汇编】中二1789、1792

环庆钤辖　梁宗吉
【长编标】268/6568
【长编影】268/8 下
【汇编】中四3999

环庆总管　田敏
【宋会要】方域18 之25/7622

环庆总管　任福
【安阳集】家传2/4 上
【汇编】中二2201

环庆总管　姚兕

【长编标】449/10793
【长编影】449/14 上

环庆秦凤副都部署　许怀德
【范文正公集】9/上吕相公书/13 上
【汇编】中二2390

环庆秦州缘边巡检安抚使　曹玮
【宋史】258/曹玮传/8987；485/夏国传上/13981
【长编标】93/2139
【长编影】93/4 下
【汇编】上59；中一1595

环庆都钤辖　张守约
【宋史】350/张守约传/11073
【汇编】中五4926

环庆都钤辖　曹玮
【长编标】71/1599
【长编影】71/10 下
【汇编】中一1482

环庆都总管　高遵裕
【涑水记闻】14/8 上
【汇编】中四4224

环庆都监　王怀端
【长编标】132/3150
【长编影】132/25 下
【汇编】中二2312

环庆都监　王遇
【长编标】136/3265
【长编影】136/17 下
【汇编】中二2503

环庆都监　刘贺
【长编标】137/3300；138/3314
【长编影】137/21 下；138/5 上
【汇编】中二2554、2578

环庆都监　齐宗矩
【长编标】115/2706
【长编影】115/16 上
【汇编】中一1706

环庆都部署　杜杞
【长编标】164/3944
【长编影】164/3 上

环庆都部署　张凝
【长编标】54/1181、1186
【长编影】54/6 下、11 上

【汇编】中一 1351、1355

环庆部署

【宋史】7/真宗纪 2/123

【宋大诏令集】187/赐环庆部署以下诏（咸平
　　五年六月壬辰）/685

【汇编】中一 1319、1378

环庆部署　任福

【长编标】129/3052

【长编影】129/3 上

【汇编】中二 2104

环庆部署　刘平

【长编标】123/2903

【长编影】123/10 下

【汇编】中二 1789

环庆部署　刘谦

【长编标】129/3057

【长编影】129/7 上

【汇编】中二 2111

环庆部署　孙廉

【长编标】126/2971

【长编影】126/6 上

【汇编】中二 1908

环庆部署　田敏

【宋史】491/党项传/14148

【长编标】97/2245；2252

【长编影】97/5 下、12 上

【汇编】上 31；中一 1607、1610

环庆部署　张凝

【宋史】6/真宗纪 1/116；491/党项传/14145

【长编标】56/1240

【长编影】56/14 下

【汇编】上 27；中一 1297、1391

环庆部署　葛怀敏

【长编标】126/2997

【长编影】126/6 上

【安阳集】家传 1/15 下

【汇编】中二 1983

环庆部署司

【长编标】137/3280

【长编影】137/3 下

【汇编】中二 2516

环庆部署钤辖司

【宋大诏令集】233/答西平王赵德明诏（大中祥
　　符九年十月）/906、益屯备内属诸部谕赵德
　　明诏（天圣三年七月庚子）/907

环庆副将　石元孙

【甘肃新通志】29/祠祀志·祠宇下·庆州府·
　　安化县/8 下

【汇编】补遗 7466

环庆副将　刘平

【甘肃新通志】29/祠祀志·祠宇下·庆州府·
　　安化县/8 下

【汇编】补遗 7466

环庆副总管　王德

【宋史】368/王德传/11449

【汇编】下 6408

环庆副总管　曲珍

【宋史】350/曲珍传/11084

【汇编】中五 4883

环庆副总管　林广

【长编标】288/7055

【长编影】288/13 上

环庆副总管　王仲宝

【宋史】324/张亢传/10486

【奏议影】133/张亢·上仁宗论边机军政所疑十
　　事/4535

【汇编】中二 2305

环庆副总管　窦舜卿

【长编标】215/5236

【长编影】215/6 下

【汇编】中三 3598

环庆副部署　任福

【长编标】131/3100

【长编影】131/7 上

环庆副部署　刘谦

【长编标】123/2913

【长编影】123/19 下

环庆副部署　王仲宝

【长编标】134/3196、3205

【长编影】134/8 下、17 上

【汇编】中二 2391、2410

环庆副部署　王守斌

【长编标】80/1819

【长编影】80/5 上

【汇编】中一 1513

环庆副部署　孙廉

【长编标】126/2971

【长编影】126/6 上

【汇编】中二 1908

环庆副都总管　林广

【宋史】334/林广传/10737

【汇编】中四 3947

环庆副都部署　王仲宝

【长编标】131/3108

【长编影】131/14 下

【奏议标】133/张亢·上仁宗论边机军政所疑十事/1474

【汇编】中二 2219

环庆副都部署　任福

【长编标】127/3018；128/3044

【长编影】127/13 下；128/17 下

【汇编】中二 2096

环庆副都部署　赵振

【长编标】126/2981

【长编影】126/14 下

环庆第七副将　徐量

【北山集】34/故武功大夫昭州团练使骁骑尉徐公（量）行状/12 下

【汇编】补遗 7406

环庆等路总管　张斌

【宋会要】兵 18 之 1/7058、18 之 2/7058

【汇编】中一 1408

环庆等州都部署　李继隆

【宋史】5/太宗纪 2/99；485/夏国传上/13981

【汇编】上 54；中一 1119

环庆路马步军总管　刘谦

【宋史】323/刘谦传/10461

【汇编】中二 2111

环庆路马步军总管　曹琮

【宋史】258/曹琮传/8989

【汇编】中一 1737

环庆路马步军都部署　曹玮

【宋史】210/宰辅表 1/5446

【汇编】中一 1602

环庆路马步军副总管　任福

【宋史】11/仁宗纪 3/211

【汇编】中二 2189

环庆路马步军副总管　刘平

【宋史】325/刘平传/10500

【汇编】中一 1758

环庆路马步军副都总管　杨政

【宋会要】职官 41 之 31/3182

环庆路马步军副都总管　王仲宝

【宋会要】兵 27 之 28/7260

【汇编】中二 2637

环庆路马步军副都总管　曲珍

【长编标】405/9871

【长编影】405/9 下

【汇编】中五 4885

环庆路勾当公事　李宪

【长编标】234/5675；244/5930

【长编影】234/3 下；244/1 下

【汇编】中四 3777、3861

环庆路勾当公事　张穆之

【长编标】232/5628

【长编影】232/1 上

【汇编】中四 3758

环庆路计议措置边防　徐禧

【长编标】292/7135

【长编影】292/6 上

【汇编】中四 4081

环庆路权钤辖　种世衡

【范文正公集】政府奏议·荐举/21 下

【汇编】中二 2385

环庆路行营经略司

【长编标】318/7693

【长编影】318/12 上

【汇编】中四 4221

环庆路行营经略都总管司　言泾原路出界正兵及汉蕃弓箭手数目

【长编标】321/7741

【长编影】321/5 下

【汇编】中四 4271

环庆路安抚使　范纯粹

【奏议标】140/范纯粹·上哲宗论息兵失于欲速/1579

【奏议影】140/范纯粹·上哲宗论息兵失于欲速/4855

环庆路安抚使　楚建中
【长编标】256/6248
【长编影】256/3 上
【汇编】中四 3964

环庆路安抚经略使　俞充
【长编标】312/7569
【长编影】312/10 上
【汇编】中四 4125

环庆路巡辖马递铺使臣　言蕃部酒醉强夺马
缨
【长编标】77/1752
【长编影】77/3 下

环庆路巡辖马递铺使臣　言蕃部酒醉强夺马
缨
【长编标】77/1752
【长编影】77/3 下
【汇编】中一 1506

环庆路走马司　言西界沿边山寨移往近里五七
十里
【宋会要】兵 28 之 6/7272
【汇编】中三 3545

环庆路走马承受　于军中选择马步精兵
【长编标】311/7541

环庆路走马承受　李元凯
【长编标】221/5382
【长编影】221/14 下

环庆路走马承受　李希及
【长编标】80/1822
【长编影】80/7 下
【汇编】中一 1513

环庆路走马承受　李兑
【长编标】486/11544
【长编影】486/5 下
【汇编】中六 5292

环庆路走马承受　陆中
【长编标】311/7552
【长编影】311/19 上
【汇编】中四 4119

环庆路走马承受　胡育
【长编标】303/7373
【长编影】303/8 下
【宋会要】职官 66 之 12/3874

环庆路走马承受　王怀正
【长编标】298/7240
【长编影】298/1 下
【宋会要】职官 66 之 6/3871
【汇编】中四 4095

环庆路走马承受公事　黄诰
【长编标】345/8284
【长编影】345/11 下
【汇编】中五 4575

环庆路体量边事　周惟德
【长编标】115/2692
【长编影】115/4 上
【汇编】中一 1703

环庆路兵马钤辖　郭忠嗣
【宋会要】职官 65 之 36/3864

环庆路兵马钤辖　史方
【宋史】326/史方传/10527
【汇编】中一 1657

环庆路兵马钤辖　种世衡
【宋史】335/种世衡传/10753
【汇编】中三 3019

环庆路兵马都监　史方
【宋史】326/史方传/10527
【汇编】中一 1657

环庆路兵马都监　范恪
【宋史】323/范恪传/10465
【汇编】中二 2565

环庆路兵马都监　蒋偕
【宋史】326/蒋偕传/10519
【汇编】中二 2536

环庆路兵马都钤辖　张存
【宋会要】职官 67 之 18/3896

环庆路兵马都钤辖　曹玮
【宋史】258/曹玮传/8985
【汇编】中一 1440

环庆路兵马都部署　杜杞
【欧阳文忠公全集】30/墓志·兵部员外郎天章
阁待制杜公墓志铭/5 下
【汇编】中三 3121

环庆路兵马副都总管　任福
【宋史】10/仁宗纪 2/209
【汇编】中二 2098

环庆路转运司 言泾原、环庆两路攻西夏灵州
战况

【长编标】321/7738、7742

【长编影】321/2 下、5 下

【汇编】中四 4268、4271

环庆路转运司 奏与西夏灵州战况

【长编标】321/7742

【长编影】321/5 下

【汇编】中四 4272

环庆路转运判官 范纯粹

【长编标】326/7855；327/7875

【长编影】326/15 下；327/10 下

【汇编】中四 4357、4378

环庆路知州部署

【元宪集】30/抚问环庆路知州部署等/319

【汇编】中二 1814

环庆路驻泊兵马钤辖 王昭明

【长编标】203/4925

【长编影】203/13 下

【汇编】中三 3345

环庆路驻泊钤辖 张崇俊

【涑水记闻】12/3 上

【汇编】中二 2003

环庆路驻泊总管 张凝

【宋会要】兵 8 之 11/6892

环庆路驻泊都监 岑保正

【长编标】90/2081

【长编影】90/13 上

【汇编】中一 1583

环庆路驻泊都监 韩令综

【长编标】90/2081

【长编影】90/13 上

【汇编】中一 1583

环庆路经略司 俞充

【长编标】297/7218

【长编影】297/2 下

【汇编】中四 4090

环庆路经略司

【宋史】198/兵志 12/4949

【长编标】183/4429；221/5371、5382、5383；224/
5441；234/5679；244/5940；262/6400；267/
6547；277/6781；280/6866、6867；281/6889、

6893；6894；284/6948、6960；287/7035；288/
7050；290/7098；309/7504；315/7620；319/
7706；322/7758；323/7776；326/7848；338/
8152；339/8171；340/8192；343/8250；345/
8286；348/8360；350/8390；351/8405；354/
8480；356/8519；357/8531；389/9467；434/
10496；450/10809；470/11226、11229；474/
11309；478/11388、11389；479/11404、11407；
485/11518、11519；486/11544；489/11600；494/
11758；495/11784；496/11806；498/11856；504/
12000；505/12029；512/12186；513/12202；514/
12210、12216

【长编影】183/6 上；221/14 上、14 下；224/3
上；234/6 下；244/8 下；262/24 下；267/7
上；277/12 下；280/15 上；281/7 下、11
上、12 上；284/14 上；287/20 下；288/9
上；290/11 下；309/10 下；315/5 上；319/6
下；322/1 上；323/2 上；326/3 下、9 下；
338/13 上；339/11 上；340/12 下；343/14
上；345/13 上；348/16 下；350/8 上；351/3
上；354/10 上；356/11 上；357/2 下；389/
17 上；434/12 上；450/3 上；470/9 上；
474/8 上；478/6 上、6 下；479/4 上；485/1
上、5 下；486/5 下；489/3 下；494/27 下；
495/17 上；496/14 上；498/13 下；504/3
上；505/2 下；512/9 下；513/8 下；514/2
上、7 下

【宋会要】礼 62 之 49/1719；仪制 10 之 16/
2012；职官 41 之 77/3205；食货 17 之 29/
5098；刑法 7 之 18/6742；兵 5 之 9/6844、5
之 10/6844、8 之 28/6901、24 之 19/7188、
24 之 21/7189、27 之 34/7263、27 之 45/
7269、28 之 33/7286；方域 8 之 30/7455、18
之 10/7614、19 之 11/7631；蕃夷 6 之 28/
7832、6 之 29/7833

【宋大诏令集】234/赐夏国主取问无名举兵迫大
顺城诏（治平二年十月二日）/913

【汇编】中三 3215、3313、3387、3654、3703；
中四 3778、3864、3987、3997、4022、4035、
4037、4038、4047、4068、4069、4109、
4115、4157、4238、4296、4309、4321、
4343、4351、4520、4527、4531；中五 4563、
4575、4599、4613、4618、4627、4631、

4632、4786、4974、4975、5046、5136、5160、5184、5185、5192、5245、5262；中六 5277、5292、5310、5313、5366、5372、5381、5396、5446、5466、5561、5567、5575、5577

环庆路经略司准备差使　马琮
【长编标】471/11254
【长编影】471/16 下
【汇编】中五 5150

环庆路经略司准备将领　种师中
【宋会要】职官 61 之 16/3762
【汇编】中五 5249

环庆路经略安抚司
【长编标】509/12125
【长编影】509/11 下
【宋会要】兵 27 之 37/7265、28 之 1/7270
【汇编】中三 3085；中六 5534

环庆路经略安抚招讨使　张奎
【宋史】324/张奎传/10491
【汇编】中二 2272

环庆路经略安抚招讨使　范仲淹
【欧阳文忠公全集】20/资政殿学士户部侍郎文正范公神道碑铭/12 上
【范文正公集】13/天章阁待制滕君墓志铭/19 下
【汇编】中二 2272、2608

环庆路经略安抚使　杨政
【宋会要】职官 41 之 31/3182

环庆路经略安抚使　庆阳府置
【宋史】87/地理志 3/2148
【汇编】中六 5831

环庆路经略安抚使　杜杞
【宋史】300/杜杞传/9963
【汇编】中三 3120

环庆路经略安抚使　范某
【过庭录】11
【汇编】中四 4306

环庆路经略安抚使　周沆
【司马文正公集】81/户部侍郎周公神道碑 8 下
【汇编】中三 3223

环庆路经略安抚使　孙路
【长编标】495/11772

【长编影】495/9 上
【汇编】中六 5369

环庆路经略安抚使　姚古
【宋大诏令集】102/姚古昭庆军节度使加食邑实封制（政和六年七月二十日）/377；105/390
【忠惠集】2/殿前都虞侯怀州防御使姚古环庆路经略安抚使知庆州制/20 下
【汇编】中六 5900、5910；补遗 7444

环庆路经略安抚使司
【宋会要】兵 4 之 5/6822；方域 8 之 27/7454

环庆路经略安抚使兼马步军都总管　姚古
【宋大诏令集】102/姚古昭庆军节度使加食邑实封制（政和六年七月二十日）/377；105/姚古检校少保制（政和七年九月十六日）/390
【汇编】中六 5900、5910

环庆路经略安抚使兼马步军都总管　高遵惠
【长编标】519/12344
【长编影】519/3 上

环庆路经略安抚缘边招讨使　范仲淹
【宋史】314/范仲淹传/10271
【汇编】中二 2271

环庆路经略使　李肃之
【宋会要】职官 23 之 13/2889；兵 21 之 7/7128、22 之 3/7451
【汇编】中三 3452；下 7015

环庆路经略使　修筑堡寨功毕，赐名荔原堡
【宋会要】方域 20 之 6/7653
【汇编】中三 3426

环庆路经略使　施昌言
【长编标】365/8754
【长编影】365/9 下

环庆路经略使　蔡挺
【宋会要】兵 28 之 2/7270
【汇编】中三 3423

环庆路经略使　王广渊
【长编标】222/5403；223/5416、5418；238/5797
【长编影】222/5 下；223/1 上、2 下；238/11 上
【汇编】中三 3699、3700；中四 3805

环庆路经略使　赵高
【长编标】356/8525

【长编影】356/15 上
【汇编】中五 4632

环庆路经略使 胡宗回
【长编标】504/12020；507/12075
【长编影】504/20 上；507/3 下
【汇编】中六 5460、5492

环庆路经略使 孙路
【长编标】496/11795；497/11817
【长编影】496/4 上；497/1 下
【宋会要】方域 19 之 13/7632
【汇编】中五 5236；中六 5375、5385

环庆路经略使 赵彬
【宋会要】职官 66 之 6/3871
【系年要录】117/1885
【三朝北盟会编】192/5 下
【汇编】下 6482、6497

环庆路经略使 章楶
【长编标】465/11112；466/11130；469/11208；470/11219；471/11238、11244；474/11308；479/11403；495/11783；504/12006、12015
【长编影】465/14 下；466/3 上；469/8 上；470/2 下；471/1 下、7 上；474/8 上；479/4 上；495/17 上；504/8 上；518/1 上
【皇宋十朝纲要】13/3 下
【汇编】中五 5091、5100、5124、5130、5144、5145、5159、5191；中六 5370、5395、5455、5640

环庆路经略使 曾布
【长编标】329/7925
【长编影】329/10 下
【宋会要】方域 8 之 6/7443、19 之 8/7629、20 之 2/7651
【汇编】中四 4404

环庆路经略使 范纯粹
【长编标】368/8885；372/9006；374/9061；378/9174；389/9470；395/9639；403/9824；405/9869；407/9916；411/10003；412/10027；413/10037；434/10467；445/10724
【长编影】368/33 上；372/5 上；374/8 上；378/1 上；389/19 下；395/20 下；403/21 下；405/8 上；407/19 下；411/7 上；412/9 上；413/5 上；434/12 上；445/13 上
【皇宋十朝纲要】12/5 上

【鸡肋集】29/庆州新修帅府记/12 下
【汇编】中五 4700、4712、4725、4786、4810、4839、4882、4884、4909、4927、4932、4936、4942、4972、5029

环庆路经略部署 范文正
【范文正公集】13/天章阁待制滕君墓志铭/19 上
【汇编】中二 2612

环庆路经略都总管司宜文字 章综
【长编标】469/11213
【长编影】469/8 上
【汇编】中五 5128

环庆路都部署经略安抚缘边招讨使 范仲淹
【长编标】138/3312
【长编影】138/2 下
【汇编】中二 2576

环庆路承受公事 王从德
【长编标】87/1990
【长编影】87/2 下
【汇编】中一 1553

环庆路钤辖 秦翰
【宋会要】兵 27 之 7/7250

环庆路钤辖 梁从吉、张守约
【宋会要】职官 66 之 19/3877

环庆路钤辖 卢鉴
【宋史】326/卢鉴传/10527
【汇编】上 236

环庆路钤辖 孙全照
【宋史】253/孙行友传/8874
【汇编】中一 1226

环庆路钤辖 张存
【宋史】18/哲宗纪2/347
【汇编】中六 5292

环庆路钤辖 范全
【范文正公集】政府奏议·荐举21 下
【汇编】中二 2385

环庆路钤辖 范恪
【宋史】323/范恪传/10465
【汇编】中二 2565

环庆路钤辖 郭忠嗣
【长编标】225/5469

【长编影】225/1 下

环庆路钤辖　郭恩

【宋史】467/张惟吉传/10521

【汇编】中三 3198

环庆路钤辖　张若讷

【长编标】412/10022

【长编影】412/6 上

【汇编】中五 4930

环庆路钤辖　张煦

【长编标】58/1274

【长编影】58/1 下

【汇编】中一 1404

环庆路钤辖　张整

【长编标】489/11603；494/11739

【长编影】489/6 上；494/12 上

【汇编】中六 5359

环庆路钤辖　高继嵩

【长编标】122/2881

【长编影】122/8 下

【汇编】中一 1751

环庆路钤辖　曹玮

【长编标】73/1660

【长编影】73/9 上

【汇编】中一 1490

环庆路钤辖　李惟熙

【长编标】115/2706

【长编影】115/16 上

【汇编】中一 1706

环庆路钤辖　马怀德

【宋史】323/马怀德传/10467

【长编标】103/2384

【长编影】103/10 上

【汇编】中一 1636；中三 3054

环庆路钤辖　李信

【宋史】15/神宗纪 2/277

【长编标】214/5218、5219

【长编影】214/23 上、24 上

【汇编】中三 3588、3590

环庆路钤辖　高继隆

【长编标】126/2965

【长编影】126/1 下

【皇宋十朝纲要】5/10 上

【涑水记闻】12/3 上

【汇编】中二 1854、1882、1883、2003

环庆路钤辖司

【长编标】71/1611

【长编影】71/20 下

环庆路钤辖兼知邠州　刘平

【长编标】101/2330

【长编影】101/1 上

环庆路总管　张凝

【宋会要】兵 14 之 17/7001

环庆路总管　任福

【宋会要】方域 18 之 19/7619

【汇编】中二 2150

环庆路总管　林广

【长编标】328/7896

【长编影】328/6 上

环庆路总管　赵振

【安阳集】家传 1/14 上

【汇编】中二 1995

环庆路总管　姚麟

【长编标】313/7594

【长编影】313/11 下

环庆路总管　李浩

【长编标】478/11383

【长编影】478/2 上

【汇编】中五 5182

环庆路总管　姚兕

【长编标】454/10883

【长编影】454/4 下

【汇编】中五 5057

环庆路总管司　筑庆州白豹城

【宋会要】兵 1 之 11/6759

环庆路总管司　言北界金汤等阅兵誓众，欲侵疆界

【宋会要】兵 27 之 25/7259、27 之 26/7259

【汇编】中一 1739

环庆路统制　慕洧

【宋史】26/高宗纪 3/483；486/夏国传下/14023

【汇编】上 89；下 6247

环庆路都钤辖　张存

【宋会要】方域 18 之 21/7620

环庆路都钤辖　梁从吉

【长编标】297/7232

【长编影】297/14 下

【汇编】中四 4095

环庆路都钤辖　亓赟

【宋史】15/神宗纪 2/279

【长编标】222/5400

【长编影】222/3 上

【汇编】中三 3694、3695

环庆路都总管　田敏

【宋史】326/田敏传/10534

【汇编】中一 1607

环庆路都总管　孙沔

【宋史】288/孙沔传/9688

【汇编】中二 2794；中三 3926、3118

环庆路都总管司

【宋史】187/兵志 1/4580

【长编标】508/12105；511/12155

【长编影】508/7 下；511/1 下

【宋会要】方域 19 之 3/7627；兵 27 之 28/7260

【汇编】中二 2438；中六 5513、5514、5551、5558

环庆路都监　刘贺

【宋史】289/葛怀敏传/9701

【汇编】中二 2546

环庆路都监　刘琯

【长编标】216/5255

【长编影】216/4 下

环庆路都监　安成

【长编标】214/5195

【长编影】214/2 下

环庆路都监　安俊

【宋史】323/安俊传/10467

【汇编】中二 2638

环庆路都监　宋沆

【宋史】287/宋沆传/9646

【汇编】中一 1323

环庆路都监　张建侯

【范文正公集】政府奏议·荐举/21 下

【汇编】中二 2386

环庆路都监　范仲淹

【长编标】137/3290

【长编影】137/13 下

环庆路都监　庞籍

【长编标】137/3290

【长编影】137/13 下

环庆路都监　屈元

【系年要录】140/2258

【汇编】下 6547

环庆路都监　种诊

【宋会要】职官 61 之 11/3759

【汇编】中三 3390

环庆路都监　二员，每岁一巡缘边戍寨，更迭而往

【长编标】66/1486

【长编影】66/15 上

【汇编】中一 1466

环庆路都监　仁怀政

【长编标】215/5241

【长编影】215/10 上

【汇编】中三 3605

环庆路都监　齐宗矩

【长编标】115/2691

【长编影】115/4 上

【汇编】中一 1702

环庆路都监　张存

【长编标】468/11175

【长编影】468/7 下

【汇编】中五 5118

环庆路都监　刘政

【长编标】131/3104

【长编影】131/10 上

【河南先生文集】20/奏为到庆州闻贼马寇泾原路牒刘政同起发赴镇戎军策应事/8 上

【汇编】中二 2208、2212、2217

环庆路都监　高敏

【长编标】214/5220；216/5255

【长编影】214/24 下；216/4 上

【奏议标】137/富弼·上神宗谏西师/1539

【奏议影】137/富弼·上神宗谏西师/4732

环庆路都部署　周莹

【宋史】268/周莹传/9227

【汇编】中一 1464

环庆路都部署　范仲淹

【长编标】138/3312

【长编影】138/2 下

【汇编】中二 2576

环庆路都部署　请于柔远寨东节义烽马铺寨择
地筑寨，牵制贼势

【长编标】135/3228

【长编影】135/13 下

【汇编】中二 2441

环庆路部署　任福

【涑水记闻】12/6 上、11 下

【汇编】中二 2091、2197

环庆路部署　狄青

【范文正公集】政府奏议·荐举 21 下

【汇编】中二 2386

环庆路部署

【长编标】52/1132

【长编影】52/1 下

【汇编】中一 1314

环庆路部署　张凝

【长编标】50/1102；51/1107；52/1146、1148

【长编影】50/19 上；51/1 上；52/14 上、16 下

【汇编】中一 1288、1291、1322、1326

环庆路部署司

【长编标】117/2745

【长编影】117/1 上

【河南先生文集】20/奏为擅易庆州兵救援泾原
路事/8 下

【汇编】中二 2219

环庆路部署司　言西界伪团练使马都克来降

【长编标】137/3290

【长编影】137/12 下

【汇编】中二 2536

环庆路副总管　任福

【宋史】325/任福传/10506

【汇编】中二 2028

环庆路副总管　曲珍

【长编】408/9939

【长编影】408/18 上

【汇编】中五 4915

环庆路副总管　姚麟

【长编标】315/7624

【长编影】315/9 上

【汇编】中四 4161

环庆路副总管　狄詠

【长编标】330/7963

【长编影】330/13 上

【宋会要】职官 66 之 19/3877

【汇编】中四 4442

环庆路副部署　田绍斌

【宋太宗实录】79/38 上

【汇编】中一 1140

环庆路副都总管　石元孙

【宋会要】兵 8 之 21/6897

环庆路副都总管　王仲宝

【宋史】325/王仲宝传/10514

【汇编】中二 2198

环庆路副都总管　任福

【宋会要】兵 8 之 21/6897、14 之 17/7001

【汇编】中二 2095

环庆路副都总管　孙继邺

【宋史】290/孙继邺传/9709

【汇编】中一 1736

环庆路副都总管　林广

【长编标】311/7535

【长编影】311/4 下

环庆路副都总管　窦舜卿

【长编标】240/5829

【长编影】240/5 下

环庆路副都总管　刘平

【宋史】325/刘平传/10500

【宋会要】兵 8 之 21/6897

【汇编】中一 1703

环庆路副都部署　刘平

【长编标】115/2692；116/2729；123/2892

【长编影】115/4 下；116/10 下；123/1 上

环庆路副都部署　张守遵

【长编标】115/2706

【长编影】115/16 上

【汇编】中一 1706

环庆路副都部署　曹仪

【长编标】111/2586

【长编影】111/10 上

【汇编】中一 1682

环庆路第二将　探得西界减庞井人马欲来作过

【长编标】357/8531

【长编影】357/2 下

【汇编】中五 4632

环庆路第十将

【宋会要】方域 5 之 38/7402

环庆路第七将　张诚

【长编标】469/11203

【长编影】469/3 下

【汇编】中五 5123

环庆路第五将部将　郭浩

【宋史】367/郭浩传/11440

【汇编】中六 5994

环庆路第四副将　王恩

【长编标】500/11909

【长编影】500/9 上

【汇编】中六 5420

环庆路缘边巡检安抚使　曹玮

【元宪集】33/宋故推诚翊戴功臣彰武军节度延
州管内观察处置等使曹公行状/346

【汇编】中一 1595

环州大拔寨主　曹度

【长编标】126/2977

【长编影】126/10 下

【汇编】中二 1929

环州弓箭手都指挥　王隐

【宋会要】兵 18 之 10/7062

环州弓箭手都指挥使　王隐

【宋会要】兵 4 之 11/6825

环州弓箭手都虞侯　胡士元

【长编标】214/5198

【长编影】214/5 下

【汇编】中三 3582

环州军事判官　姚嗣宗

【长编标】144/3483

【长编影】144/7 上

【范文正公集】政府奏议下·荐举 1/23 下

【汇编】中二 2784

环州军事推官　赵宇

【长编标】133/3175

【长编影】133/12 上

【汇编】中二 2345

环州团练使　李继隆子

【宋史】257/李继隆传/8965

【汇编】中一 1024

环州驻泊都监　李用和

【长编标】90/2081

【长编影】90/13 上

【汇编】中一 1583

环州都巡检使　武英

【宋史】325/任福传/10509

【汇编】中二 2093

环州都监　王惟德

【长编标】168/4033

【长编影】168/3 上

环州都监　田淩

【长编标】62/1393

【长编影】62/10 上

环州都监　安俊

【宋史】323/安俊传/10467

【汇编】中二 2638

环州都监　孟方

【长编标】125/2954

【长编影】125/14 下

【汇编】中二 1863

环州都监　郝绪

【长编标】134/3204

【长编影】134/15 下

【汇编】中二 2406

环州通判　张亢

【宛陵先生集】1/环州通判张殿丞/14 下

【汇编】中一 1707

环州缘边巡检　高继崇

【长编标】104/2410

【长编影】104/11 上

【汇编】中一 1648

环州签书判官　党师经

【长编标】289/7080

【长编影】289/18 上

【汇编】中四 4073

环州签判　阴谅臣

【范文正公集】年谱补遗/10 下

【汇编】中二 2429

环州路承受　王从德

【长编标】89/2048

【长编影】89/11 上

【汇编】中一 1579

环路经略司　修筑沿边堡寨

【宋会要】兵 28 之 2/7270

青白两池榷盐制置使　姚内赟

【宋史】273/姚内赟传/9341

【汇编】中一 957

青涧城都巡检　马怀德

【长编标】156/3780

【长编影】156/3 上

【汇编】中三 3054

武信军节度使　童贯

【宋会要】兵 4 之 19/6829；选举 29 之 6/4697

【汇编】中六 5879、5889

武胜军节度观察留后　李宪

【元丰类稿】21/李宪武胜军节度观察留后制/9
上

【汇编】中四 3794

武胜军节度观察留后　王厚

【宋史】328/王厚传/10583

【宋会要】职官 68 之 10/3913；蕃夷 6 之 41/
7839

【京口耆旧传】6/王厚传/16 下

【汇编】中六 5769、5780

武胜军留后　王厚

【长编纪事本末】140/7 下

【东都事略】82/王厚传/6 下

【汇编】中六 5769、5771、5792

武泰军节度副使　曾布

【宋会要】职官 68 之 5/3910

【汇编】中六 5721

武康军节度　姚雄

【宋大诏令集】105/姚雄加检校司空泰宁军节度
使致仕进封开国公制（政和元年十二月十一
日）/389

【汇编】中六 5866

武康军节度使　童贯

【长编纪事本末】140/15 上

【汇编】中六 5848

奉承御前处分边防司

【宋会要】兵 4 之 24/6832

押伴　押伴青唐吐蕃阿里骨进奉使

【宋会要】蕃夷 6 之 27/7832

押伴　王震押伴夏国使人

【长编标】336/8093

【长编影】336/2 下

押伴　杜纮押伴夏国使春约讹罗聿

【长编标】380/9221

【长编影】380/1 下

押伴　杜纮押伴夏使

【鸡肋集】67/刑部侍郎杜公（纮）墓志铭/17
下

【汇编】中五 4752

押伴　诏押伴西夏使臣选练习边事人

【长编标】172/4133

【长编影】172/4 上

押伴　押伴西羌俞龙珂

【长编标】233/5653

【长编影】233/9 上

押伴　押伴西夏使臣吕你如

【长编标】163/3921

【长编影】163/5 下

押伴　差押伴夏国使人习上寿仪

【长编标】200/4845

【长编影】200/1 上

押伴　高宜押伴赵谅祚使人

【长编标】202/4906

【长编影】202/16 上

押伴　章惇押伴西人不赴驿宿，特罚铜八斤

【长编标】232/5633

【长编影】232/6 下

押伴　押伴于阗国进奉般擦和尔济勤克伊实，
般擦工作般次

【长编标】475/11321

【长编影】475/2 下

【汇编】中五 5166

押伴　押伴宣答西夏土地换陷蕃人口

【长编标】382/9311

【长编影】382/11 下

【汇编】中五 4767

押伴　穆衍押伴夏使

【长编标】446/10729

【长编影】446/1 上

【汇编】中五 5035

押伴　张觐押伴夏使吴宗

【宋史】485/夏国传上/13981

【长编标】202/4905

【长编影】202/15 下

【汇编】上 69

押伴使　押伴西羌于陇呵

【甲申杂记】/5 下

【汇编】中四 3769

押伴使　押伴裕啰格勒

【长编标】233/5653

【长编影】233/7 下

【汇编】中四 3769

押蕃部使　范仲淹乞陕西主帅并带押蕃部使

【奏议标】125/范仲淹·上仁宗乞令陕西主帅并
　带押蕃部使/1378

【奏议影】125/范仲淹·上仁宗乞令陕西主帅并
　带押蕃部使/4254

【范文正公集】政府奏议下·边事·奏陕西主帅
　带押蕃落使/11 下

【汇编】中二 2513

押蕃落使　范仲淹奏陕西主帅带押蕃落使

【范文正公集】政府奏议下·边事·奏陕西主帅
　带押蕃落使/11 下

【汇编】中二 2512

招讨太尉　夏竦

【范文正公集】9/答赵元昊书（庆历元年正
　月）/6 下

【汇编】中二 2172

招讨使　王厚

【宋史】322/吴择仁传/10443

【汇编】中六 5769

招讨使　王沿

【长编标】137/3280

【长编影】137/3 下

【汇编】中二 2517

招讨钤辖　陕西河东招讨钤辖许置亲兵百人

【宋会要】刑法 7 之 13/6740

【汇编】中二 2413

招讨都监　赵珣

【宋史】323/赵珣传/10463

【汇编】中二 2263

招讨都监　陕西河东招讨都监许置亲兵七十人

【长编标】134/3208

【长编影】134/19 上

【宋会要】刑法 7 之 13/6740

【汇编】中二 2412、2413

招讨副使　王仲宝

【宋史】325/王仲宝传/10514

【汇编】中二 2198

招讨副使　好水川战败，主帅韩琦夺招讨副使

【欧阳文忠公全集】212/墓志·尚书户部侍郎参
　知政事赠右仆射文安王公墓志铭/2 上

【汇编】中二 2297

招讨副使　韩丞相，即韩琦

【公是集】51/赠尚书左仆射王公（尧臣）行状
　/610

【汇编】中二 2298

招抚蕃落司　庆历元年诏设，由诸路知州通判
　或主兵官兼领之

【长编标】132/3122

【长编影】132/1 上

【汇编】中二 2262

招抚蕃落司　庆万年间置于陕西缘边

【长编标】132/3133、3134

【长编影】132/7 下

【奏议标】132/田况·上仁宗兵策十四事/1469

【奏议影】132/田况·上仁宗兵策十四事/4520、
　4523

【汇编】中二 2277

招抚蕃落使臣

【奏议标】133/张亢·上仁宗论边机军政所疑十
　事/1474

【奏议影】133/张亢·上仁宗论边机军政所疑十
　事/4536

转运司判官　郭茂询

【长编标】485/11527

【长编影】485/9 上

【汇编】中六 5287

转运司管勾文字　晏朋

【长编标】348/8360

【长编影】348/17 上

【汇编】中五 4600

转运安抚司　诏点检完葺河北、河东因淋雨损
　坏的城壁垫壤及甲铠弓弩

【长编标】132/3153

【长编影】132/28 下

【汇编】中二 2316

转运判官 范纯粹

【涑水纪闻】14/8 上

【汇编】中四 4224

转运判官 秦希甫

【宋史】318/胡宗回传/10371

【汇编】中六 5635

转运判官 蔡曚

【宋史】286/蔡延庆传/9638

【汇编】中四 3894

转运判官 张景元

【长编标】468/11173

【长编影】468/5 下

【汇编】中五 5117

转运判官 孙迥

【长编标】298/7252

【长编影】298/11 下

【宋会要】食货 43 之 1/5573

【汇编】中四 4022、4098

转运判官 李稷

【长编标】330/7955

【长编影】330/9 上

【宋会要】食货 49 之 20/5643

【汇编】中四 4281、4437

转运使 张存

【宋会要】兵 1 之 3/6755

转运使 毋沆

【奏议标】136/郑獬·上神宗论种谔擅入西界/1530

【奏议影】136/郑獬·上神宗论种谔擅入西界/4705

转运使 叶康直

【宋史】327/王安礼传/10556

【汇编】中四 4367

转运使 吕觉

【鸡肋集】66/尚书司封员外郎胡公墓志铭/18 下

【汇编】中四 4273

转运使 刘轮

【宋史】446/刘传/13162

【汇编】中六 5738

转运使 刘综

【东都事略】18/张凝传/9 上

【汇编】中一 1323

转运使 杨思

【涑水记闻】14/3 下

【汇编】中四 4235

转运使 李复

【宋史】471/邢恕传/13704

【汇编】中六 5762

转运使 张存

【宋会要】兵 1 之 3/6755

【汇编】中二 1923

转运使 范祥

【宋史】303/范祥传/10049

【汇编】中四 3765

转运使 郑文宝

【武经总要】前集 18 上/15 上

【汇编】中一 1142

转运使 程之邵

【宋史】190/兵志 4·河东陕西弓箭手/4719

【汇编】中六 5824

转运使 文洎

【宋史】313/文彦博传/10258

【名臣碑传琬琰集】下集 13/实录文忠烈公彦博传/1451

【汇编】中二 2319

转运使 刘保勋

【长编标】20/445

【长编影】20/4 上

【汇编】中一 979

转运使 张诜

【长编标】233/5665

【长编影】233/19 上

【汇编】中四 3773

转运使 范纯粹

【宋史】281/毕仲游传/9523

【默记】15/上

【汇编】中四 4195、4273

转运使 赵子几

【长编标】248/6040

【长编影】248/4 上

【汇编】中四 3905

转运使　张询

【宋史】350/王赡传/11070

【长编标】494/11737

【长编影】494/10 上

【汇编】中六 5358、5374

转运使　李稷

【宋史】335/种谔传/10747；340/吕大钧传/10847

【长编标】329/7925

【长编影】329/10 下

【涑水记闻】14/10 上

【汇编】中四 4229、4404、4405

转运使司　康定元年保安军乞朝廷命转运司于近里州军科拨秋税赴本军

【范文正公集】年谱补遗/6 下

【汇编】中二 2105

转运副使　吴安宪

【宋会要】兵 24 之 27/7192

转运副使　文彦博

【宋史】326/康德舆传/10536

【汇编】中二 2358

转运副使　叶康直

【宋史】426/叶康直传/12706

【汇编】中四 4367

转运副使　李察

【长编标】319/7699

【长编影】319/1 上

【汇编】中四 4225

转运副使　转运副使赵子几经度河东汉蕃市易

【长编标】246/5978

【长编影】246/2 下

【汇编】中四 3875

转运副使　钟傅，又作钟传

【长编标】494/11732

【长编影】494/5 下

【汇编】中六 5356

岷州团练使　高遵裕

【宋史】15/神宗纪 2/285

【长编标】252/6156；258/6294；260/6346；284/6948；298/7240；313/7592；321/7744

【长编影】252/8 下；258/7 下；260/15 上；284/2 上；298/1 下；313/9 上；321/8 上

【汇编】中四 3941、3970、3982、4046、4095、4130、4277

岷州行营将　种宜

【宋史】17/哲宗纪 1/325；礼 9 之 36/547

【皇宋十朝纲要】12/5 上

【陇右金石录】3/平洮州诗碑/41 下

【汇编】中五 4845、4851、补遗 7364

岷州行营将官　种谊

【长编标】404/9851

【长编影】404/20 上

【宋会要】蕃夷 6 之 21/7829

【汇编】中五 4851、4859

岷州刺史　高遵裕

【宋史】464/高遵裕传/13576

【长编标】247/6023；252/6156

【长编影】247/15 上；252/8 下

【汇编】中四 3897、3899、3941

岷州青唐巡检　陈义方

【长编标】265/6484

【长编影】265/1 上

【汇编】中四 3993

岷州都总领蕃兵　李祥

【长编标】444/10681

【长编影】444/1 上

【汇编】中五 5003

岷州第四将

【宋会要】兵 28 之 41/7290

岷州铸钱监　刘禹卿

【陇右金石录】3/平洮州诗碑/41 下

【汇编】补遗 7364

岷州缘边安抚使司　改为洮东安抚司

【长编标】254/6226

【长编影】254/18 上

【汇编】中四 3962

岢岚军五谷巡检　夏侯合

【欧阳文忠公全集】116/河东奉使奏草/5 下

【汇编】中三 2973

岢岚军兵马都监　杨宗闵

【苕溪集】48/宋故武功大夫魏国公杨公（宗闵）墓碑/3 下

【汇编】补遗 7424

岢岚军草城川天宠村巡检使　置一员

【长编标】168/4042

【长编影】168/10 下

岢岚军都监　　冀兴

【长编标】156/3786

【长编影】156/8 下

知代州兼河东沿边安抚事　　张亢

【宋史】324/张亢传/10489

【汇编】中三 2948

知永兴军府兼提举诸州兵甲　　向敏中

【宋史】288/范雍传/9679

【汇编】中二 2408

知永兴军府兼提举诸州兵甲　　向敏中

【长编标】60/1344

【长编影】60/11 上

【汇编】中一 1424

知庆州军州事　　姚古

【宋大诏令集】102/姚古昭庆军节度使加食邑实
封制（政和六年七月二十日）/377；105/姚
古检校少保制（政和七年九月十六日）/390

【汇编】中六 5900、5910

知庆州兼管勾环庆路部署司事　　范仲淹

【长编标】132/3129

【长编影】132/7 上

知并州兼河东路经略安抚缘边招讨使　　高
继宣

【长编标】134/3195

【长编影】134/8 上

知延州兼兵马都部署　　向敏中

【龙学文集】15/转载祖士衡奉敕撰文简向公
（敏中）神道碑铭/家集/7 上

【汇编】中一 1410

知延州兼鄜延驻泊部署　　马知节

【宋史】278/马知节传/9451

【汇编】中一 1367

知延州兼鄜延路部署司事　　庞籍

【长编标】131/3114

【长编影】131/19 上

知延州兼管内巡检　　侯延广

【宋太宗实录】76/35 上

【汇编】中一 1114

知延州管勾鄜延路军马公事　　郭劝

【涑水记闻】12/1 下

【汇编】中一 1747

知灵州兼兵马都部署　　侯延广

【宋史】254/侯延广传/8885

【汇编】中一 1114

知灵州兼都部署　　裴济

【宋史】308/裴济传/10144

【汇编】中一 1302

知环州兴平城　　杨宗闵

【莒溪集】48/宋故武功大夫魏国公杨公（宗
闵）墓碑/3 下

【汇编】补遗 7424

知环州兼邠宁环庆路钤辖　　阎日新

【宋史】309/阎日新传/10167

【汇编】中一 1411

知河州兼洮西安抚　　王厚

【长编纪事本末】139/1 上

【宋会要】兵 9 之 4/6907

【奏议标】141/冯澥·上徽宗论湟廓西宁三州/
1597

【奏议影】141/冯澥·上徽宗论湟廓西宁三州/
4911

【汇编】中六 5719、5724、5819

知河州兼管勾洮西沿边安抚司公事兼第三
将　　王赡

【长编标】494/11736

【长编影】494/9 下

【汇编】中六 5358

知秦州兼两路沿边安抚使　　曹玮

【宋史】492/唃厮啰传/14161

【汇编】中一 1544

知秦州兼泾原仪渭镇戎缘边安抚使　　曹玮

【宋史】258/曹玮传/8985

【汇编】中一 1548

知秦州兼泾原路安抚使　　曹玮

【宋会要】方域 19 之 1/7626

【汇编】中一 1520

知秦州兼泾原路沿边安抚使　　曹玮

【宋会要】礼 62 之 34/1711

【汇编】中一 1539

知秦州兼秦凤路经略安抚使　　邵鱿

【京口耆旧传】3/邵鱿传/11 下

【汇编】中六 5780

知秦州兼提举茶马　陆师闵
【长编标】501/11945
【长编影】501/14 下
【汇编】中六 5431

知秦州兼缘边都巡检使　曹玮
【长编标】85/1949
【长编影】85/13 上
【汇编】中一 1538

知晋宁兼岚石路安抚使　徐徽言
【香溪集】21/徐忠壮（徽言）传/1 下
【汇编】下 6088

知通远军兼权熙河路总管　高遵裕
【长编标】239/5819
【长编影】239/12 上
【汇编】中四 3814

知渭州军州事　种师道
【宋大诏令集】102/种师道保静军节度使制
　　（宣和元年六月十七日）/379
【汇编】中六 5933

知渭州兼同管勾泾原路经略安抚部署司公事　尹洙
【河南先生文集】18/论城水洛利害表/8 下
【汇编】中三 2853

知渭州兼泾原路都部署经略安抚缘边招讨使　文彦博
【长编标】138/3315
【长编影】138/6 上

知渭州兼管勾泾原路安抚都部署司事　尹洙
【长编标】142/3398
【长编影】142/3 上

知湟州兼陇右沿边同都巡检使　王厚
【长编标】516/12268
【长编影】516/5 上
【汇编】中六 5610

知湟州兼陇右沿边都巡检使　王厚
【宋会要】职官 48 之 112/3511
【汇编】中六 5678

知湟州兼陇右都巡检使　王赡
【宋会要】职官 48 之 112/3511
【汇编】中六 5678

知熙州军州事　刘法

【宋大诏令集】105/刘法检校少保制（政和四年
　　四月七日）/390
【汇编】中六 5883、5920

知熙州兼权发遣熙河兰会路经略安抚司事措置边事　王厚
【长编纪事本末】140/7 下
【汇编】中六 5771

知熙州兼熙河兰岷路安抚都总管司公事　钟传
【长编标】493/11715
【长编影】493/19 下
【汇编】中六 5347

知镇戎军兼经略司统制官　曲端
【宋史】369/曲端传/11489
【汇编】中六 6055

知麟州建宁
【苕溪集】48/宋故恩平郡夫人刘氏墓碑/17 下
【汇编】补遗 7462

知麟州建宁砦　杨震
【宋史】446/杨震传/13167
【三朝北盟会编】58/3 上
【苕溪集】48/宋故武功大夫魏国公杨公（宗闵）墓碑/5 下
【汇编】中六 6034、6035；补遗 7461

知麟州建宁寨兼本地分巡检及汉蕃私市
【榆林府志】47/修武郎张括墓志铭/10 上
【汇编】补遗 7127

知麟州静羌寨　张括
【榆林府志】47/修武郎张括墓志铭/10 上
【汇编】补遗 7126

制置司　熙河兰湟秦凤路
【宋会要】职官 43 之 83/3315
【汇编】中六 5803

制置青白盐使　蒋偕
【范文正公集】政府奏议下·荐举/22 下
【汇编】中二 2730

制置青白盐使副　张亢言陕西所增冗官
【宋史】324/张亢传/10486
【奏议标】133/张亢·上仁宗论边机军政所疑十事/1474
【奏议影】133/张亢·上仁宗论边机军政所疑十事/4536

【汇编】中二 2306

制置使　陕西梁鼎

【宋史】304／梁鼎传／10058

【汇编】中一 1342

制置泾原秦凤等路军马粮草司　熙宁八年
罢，令逐路经略转运司管勾

【长编标】260／6343

【长编影】260／12 上

【汇编】中四 3981

制置泾原秦凤路军马粮草　王韶

【长编标】250／6080

【长编影】250／1 上

【汇编】中四 3920

制勘熙河兰会路经略司使　李宪

【长编标】351／8406

【长编影】351／3 上

【汇编】中五 4618

金明县都监　张翼

【长编标】127／3007

【长编影】127／4 下

【汇编】中二 1998

京畿河北河东宣抚使　种师道

【宋史】23／钦宗纪／424

【汇编】中六 6007

府州八族都校　明义

【宋史】491／党项传／14145

【宋会要】方域 21 之 4／7663

【汇编】上 28、36

府州马步军副总管　王元

【宋史】326／康德舆传／10536

【汇编】中二 2358

府州宁边寨监押　王稷臣

【榆林府志】47／修武郎张括墓志铭／10 上

【汇编】补遗 7126

府州宁府寨兵马都监　刘庆

【宋史】326／郭恩传／10521

【汇编】中三 3229

府州军马司

【长编标】474／11302

【长编影】474／2 下

【汇编】中五 5157

府州兵马监押　窦舜卿

【宋史】349／窦舜卿传／11052

【汇编】中三 3165

府州驻泊都监　郝质

【宋史】349／郝质传／11049

【汇编】中二 2520

府州通判　钱暧

【长编标】321／7740

【长编影】321／4 下

【汇编】中四 4270

河中同丹坊鄜延横岭蕃界都巡检使　田绍斌

【宋史】280／田绍斌传／9496

【汇编】中一 1092

河中安抚使　洪中孚

【宋会要】方域 6 之 8／7409

河中府钤辖　高继元

【长编标】154／3745

【长编影】154／10 上

【汇编】中三 3042

河东十二将　其中四将以备北，八将以备西

【宋史】332／滕元发传／10676

【长编标】319／7715；432／10433

【长编影】319／15 下；432／10 上

【东坡全集】16／故龙图阁学士滕公墓志铭／10
上

【汇编】中五 4969、4970

河东广锐兵

【宋会要】兵 24 之 5／7181

河东节度使　文彦博

【长编标】246／5985；309／7500；341／8197；356／
8516

【长编影】246／9 上；309／6 下；341／3 上；356／
8 上

【汇编】中四 3879

河东节度使　童贯

【宋史】486／夏国传下／14007

【宋会要】职官 1 之 2／2330、1 之 3／2331

【汇编】上 86；中六 5920、5935

河东永兴军节度使　文彦博

【宋会要】职官 1 之 1／2330

河东安抚司

【长编标】73／1671；82／1869；85／1945；88／2019；

123/2914；148/3574；180/4357

【长编影】73/19 上；82/8 上；85/1 上；88/7
下；123/20 上；148/1 上；180/10 下

【宋会要】职官 41 之 83/3208

【涑水记闻】9/4 下

【汇编】中二 1810；中三 2864

河东安抚使　欧阳修

【宋会要】兵 27 之 35/7264

河东安抚使　冯京

【宋会要】方域 21 之 7/7664、21 之 13/7667

【汇编】上 39、45

河东安抚使　段少连

【长编标】124/2918

【长编影】124/1 上

【宋会要】职官 48 之 108/3509

【汇编】中二 1811、2048

河东防城甲仗库

【宋会要】职官 4 之 16/2444

河东体量安抚使　段少连

【长编标】123/2907

【长编影】123/13 下

【汇编】中二 1792

河东兵马钤辖　杨宗闵

【三朝北盟会编】50/8 上

【汇编】中六 6021

河东兵马钤辖　河东安抚使段少连乞罢河东陕
西兵马钤辖

【宋会要】职官 48 之 108/3509

【汇编】中二 2048

河东环庆泾原秦凤熙河兰会路经略司

【长编标】334/8057

【长编影】334/23 上

【汇编】中四 4480

河东转运司　点检印记唐龙镇进卖鞍马

【宋会要】兵 24 之 13/7185

【汇编】中一 1568

河东转运司　赐河东转司度僧牒三千道，以助
边费

【长编标】219/5323

【长编影】219/9 上

【汇编】中三 3652

河东转运司

【宋史】175/食货志上 3·漕运/4256

【长编标】53/1156；69/1557；122/2883；135/
3239；179/4338；188/4530；219/5325；221/
5373；233/5648；251/6132；254/6221；260/
6339；265/6495；267/6555；269/6604；271/
6648；278/6803；280/6867；292/7141；300/
7301；313/7593；315/7622；317/7676；318/
7692；319/7699；321/7749；326/7845；327/
7866；329/7914；335/8074；337/8132；338/
8140；344/8264；348/8351；375/9100；376/
9125；397/9672；437/10547；438/10553；
455/10905；503/11990

【长编影】53/2 上；69/13 下；122/11 下；135/
23 上；179/14 下；188/5 下；219/4 下；
221/6 下；233/4 上；251/22 上；254/14 下；
260/8 上；265/11 上；267/14 下；269/19
下；271/14 上；278/9 下；280/16 上；292/
11 上；300/4 下；313/10 下；315/7 上；
317/16 上；318/11 上；319/1 上；321/12
上；326/7 下；327/2 下；329/1 下；335/12
上；337/16 上；338/2 下；344/10 上；348/9
下；375/14 上；376/11 下；397/3 上；437/
20 上；438/1 上；455/4 下；503/17 下；
515/6 上

【乐全集】20/麟府州城中百姓老弱之口不能自
存者若愿渡河令即河东转运司分处于近里州
县务令存/19 下

【宋会要】食货 39 之 33/5505、39 之 38/5507、
40 之 1/5509、43 之 2/5573、48 之 17/5631

【汇编】中二 2380；中四 4206、4207、4218、
4225、4244、4280、4351、4368、4394、
4395、4515；中五 4601、4814、4984、5230

河东转运司勾当公事　应边事创添设置，元
祐五年减罢

【长编标】442/10644

【长编影】442/13 上

【汇编】中五 4992

河东转运判官　蔡烨

【长编标】329/7916

河东转运判官　庄公岳

【涑水记闻】14/3 下

【汇编】中四 4235

河东转运判官　蔡煜

【长编影】329/3 下
【汇编】中四 4398

河东转运使 杜常
　【长编标】474/11313

河东转运使 杨偕
　【宋会要】兵 8 之 21/6897

河东转运使 马默
　【宋史】344/马默传/10949
　【汇编】中五 4769

河东转运使 王广渊
　【长编标】211/5138；214/5220
　【长编影】211/17 上；214/25 上

河东转运使 王安石
　【宋史】175/食货志上 3·和籴/4242
　【汇编】中四 4086

河东转运使 王逵
　【长编标】162/3905；169/4065
　【长编影】162/4 下；169/11 下

河东转运使 王嗣宗
　【长编标】37/809
　【长编影】37/4 上

河东转运使 文彦博
　【宋会要】职官 47 之 61/3448
　【汇编】中二 2030

河东转运使 仲简
　【长编标】165/3964
　【长编影】165/5 上

河东转运使 任颛
　【长编标】166/3999
　【长编影】166/17 上

河东转运使 刘京
　【长编标】156/3778
　【长编影】156/1 下

河东转运使 李放
　【长编标】93/2144
　【长编影】93/8 下

河东转运使 李昭遘
　【长编标】158/3825
　【长编影】158/7 下

河东转运使 吴充
　【长编标】208/5051
　【长编影】208/3 下

河东转运使 宋抟
　【长编标】44/940；52/1141；63/1410
　【长编影】44/11 上；52/6 上；63/11 下

河东转运使 张奎
　【长编标】148/3582
　【长编影】148/8 上

河东转运使 陈尧佐
　【长编标】87/2000；89/2056
　【长编影】87/11 下、12 下；89/18 下

河东转运使 陈若拙
　【长编标】74/1688
　【长编影】74/7 下

河东转运使 范子奇
　【长编标】264/6478；265/6494
　【长编影】264/19 下；265/9 下

河东转运使 范正辞
　【长编标】47/1013
　【长编影】47/4 上

河东转运使 周好问
　【宋会要】方域 21 之 11/7666
　【汇编】上 43

河东转运使 胡令仪
　【长编标】110/2555
　【长编影】110/3 下

河东转运使 胡宗回
　【长编标】471/11240
　【长编影】471/4 上

河东转运使 秦翰
　【宋史】307/宋抟传/10127
　【汇编】中一 1194

河东转运使 夏安期
　【长编标】153/3726
　【长编影】153/11 下

河东转运使 郭茂恂
　【长编标】501/11929
　【长编影】501/1 上

河东转运使 韩缜
　【长编标】213/5189
　【长编影】213/21 下

河东转运使 谢卿材
　【长编标】431/10418
　【长编影】431/10 下

河东转运使 文洎
【长编标】133/3163；146/3540
【长编影】133/3 下；146/13 上
【汇编】中二 2321

河东转运使 孙坦
【长编标】247/6015
【长编影】247/8 下
【宋会要】职官 65 之 38/3865

河东转运使 陈汝義
【长编标】221/5388
【长编影】221/19
【汇编】中三 3689

河东转运使 陈安石
【长编标】301/7326；348/8360；436/10504
【长编影】301/6 下；348/17 上；436/6 上
【汇编】中四 4106、4600

河东转运使 赵禼
【宋史】332/赵禼传/10686
【涑水纪闻】14/6 上
【汇编】中四 4205、4237

河东转运使 高卫
【长编纪事本末】145/9 下
【靖康要录】14/871
【汇编】中六 6024、6073

河东转运使 鲍中和
【长编标】61/1374
【长编影】61/16 下
【汇编】中一 1428

河东转运使
【长编标】67/1505；73/1658；78/1780；87/1998；
102/2354；326/7854、7855；402/9784
【长编影】67/9 上；73/7 下；78/10 上；87/10
上；102/6 上；326/14 上；402/7 下
【宋会要】方域 21 之 11/7666；蕃夷 1 之 39/
7692
【汇编】上 44；中一 1629；中四 4356、4357

河东转运使 郑文宝
【宋史】277/郑文宝传/9428
【长编标】58/1294；59/1315
【长编影】58/19 上；59/8 上
【汇编】中一 1312、1410

河东转运使 索湘
【宋史】277/索湘传/9420
【长编标】40/852、854
【长编影】40/8 下、11 下
【汇编】中一 1155、1159、1160

河东转运副使 孙览
【长编标】347/8321
【长编影】347/12 下
【汇编】中五 4591

河东转运副使 范纯粹
【长编标】347/8321
【长编影】347/12 下
【汇编】中五 4591

河东转运副使 郑文宝
【长编标】51/1124
【长编影】51/15 下
【宋会要】兵 27 之 8/7250

河东转运副使 韩铎
【长编标】222/5413
【长编影】222/13 下
【宋会要】职官 65 之 35/3864
【汇编】中三 3698

河东转运副使 文彦博
【宋史】313/文彦博传/10258
【长编标】133/3164
【长编影】133/3 下
【名臣碑传琬琰集】下集 13/实录文忠烈公彦博
传/1451
【汇编】中二 2319、2321

河东制置使 解潜
【梁溪集】118/与秦相公第九书别幅/13 上
【汇编】下 6311

河东河北路宣抚副使 刘韐
【靖康要录】11/686
【汇编】中六 6032

河东沿边安抚司 王崇拯
【宋会要】兵 4 之 8/6824

河东沿边安抚司 中书、枢密院令河东沿边
安抚司体量昊贼诈作汉兵入契丹地分劫掠事
【宋会要】兵 27 之 27/7260
【汇编】中二 2115

河东沿边巡检使 王吉
【长编标】168/4138

【长编影】168/2 下

河东陕西五路经略司　诏出内库金帛六十五万赴河东、陕西五路经略司封桩

【皇宋十朝纲要】14/1 上

【汇编】中五 5243

河东陕西经略司

【长编标】157/3807；159/3843；290/7099；467/11150

【长编影】157/10 下；159/4 下；290/12 下；467/5 上

【宋会要】兵 27 之 37/7265、28 之 19/7279

【汇编】中四 4076、5112

河东陕西宣抚　范仲淹

【豫章文集】7/遵尧录 6/14 上

【汇编】补遗 7290

河东陕西宣抚使　范仲淹

【宋史】314/范仲淹传/10275

【范文正公集】褒贤集/富弼撰墓志铭/10 上

【汇编】中三 2938、2939

河东陕西诸路招纳司　宋徽宗崇宁四年置，并隶经略司

【宋史】167/职官志 7/3960

【汇编】中六 5808

河东陕西路经略司　诏令指挥沿边城寨探刺夏人过设备预

【长编标】290/7099

【长编影】290/12 下

【宋会要】兵 28 之 19/7279

【汇编】中四 4076

河东经制使　王璪

【宋史】372/王庶传/11546

【系年要录】11/253；16/332

【汇编】下 6123、6127、6135

河东经略司

【宋史】186/食货志下 8·互市/4564；191/兵志 5·蕃兵/4760

【长编标】133/3169；134/3197；157/3807；159/3840；195/4732；213/5173；220/5338、5343；221/5372；224/5449；229/5570；235/5709；244/5943；250/6099；267/6541；271/6650；295/7182；296/7205；302/7345；311/7545；312/7566；323/7781；325/7823；326/7849；

327/7871；329/7914、7932；335/8073、8078、8083；337/8116、8119；339/8166；345/8271、8272；346/8315；349/8367；351/8406；359/8584；364/8735；369/8905；372/9018；466/11126；471/11248；474/11302；485/11519；490/11623；495/11781；497/11832；499/11871；503/11983；506/12061；507/12080；510/12139、12149；515/12245；518/12336

【长编影】133/8 下；134/10 上；157/10 下；159/1 下；195/14 上；213/7 下；220/4 上；221/5 下；224/9 下；229/6 上；244/11 下；235/13 上；250/18 上；267/2 下；271/15 下；295/5 上；296/10 下；302/3 上；311/14 上；312/7 上；323/6 上；325/9 上；326/10 下；327/5 下；329/1 下、16 下；335/15 下；337/2 上、4 下；339/7 上；345/1 上、2 上；346/12 上；349/2 上；351/3 下；359/5 上、6 下；364/33 下；369/12 下；372/16 上；466/1 上；471/10 下；474/2 上；485/1 下；490/6 上；495/15 下；497/15 上；499/1 下；503/12 上；507/7 下；510/8 上；515/10 下；518/17 下

【宋会要】仪制 5 之 19/1925；职官 41 之 76/3204；食货 4 之 5/4848、38 之 31/5482、39 之 22/5499；刑法 6 之 18/6702；兵 8 之 33/6903、17 之 2/7038、28 之 8/7273、28 之 19/7279、28 之 23/7281、28 之 30/7284、28 之 31/7285、28 之 33/7286、28 之 37/7288；方域 21 之 1/7661、21 之 8/7665、21 之 13/7667

【文忠集】9/京西北路制置安抚使孙公昭远行状/7 下

【司马文正公集】77/书启 6/19 下；8/章奏 6/12 上

【豫章文集】5/遵尧录 4/1

【潞公文集】20/奏议/6 上

【汇编】上 45；中二 2334、2394；中三 3281、3431、3472、3565、3574、3656、3678、3703；中四 3740、3865、4084、4120、4311、4335、4352、4353、4374、4388、4395、4414、4459、4489、4505、4507、4508、4524；中五 4569、4585、4602、4619、4636、4637、4661、5094、5147、5157；中六 5278、

5319、5370、5388、5442、5495、5540、5547；补遗 7299、7331、7409

河东经略司勾当公事官　熙宁七年诏置，候边事宁息减罢

【长编标】256/6260
【长编影】256/12 下
【汇编】中四 3966

河东经略安抚司

【宋史】175/食货志上 3/4241
【长编标】213/5165；233/5659
【长编影】213/1 上；233/14 上
【宋会要】食货 39 之 22/5499
【汇编】中三 3565、3566；中四 3770、3844

河东经略安抚司准备差使　应边事创添设置，元祐五年减罢

【长编标】442/10664
【长编影】442/13 上
【汇编】中五 4992

河东经略安抚使　郑戬

【宋会要】方域 21 之 12/7667

河东经略安抚使　夏竦

【宋会要】兵 5 之 3/6841

河东经略安抚使　吕惠卿

【长编标】400/9745
【长编影】400/7 上

河东经略安抚使　孙永

【长编标】303/7368
【长编影】303/4 上

河东经略安抚使　郭逵

【范太史集】40/检校司空左武卫上将军郭公墓志铭/13 下
【汇编】中三 3710

河东经略安抚使　韩绛

【长编标】278/6805
【长编影】278/11 上

河东经略安抚使　滕元发

【长编标】455/10905
【长编影】455/4 下

河东经略安抚使　梁适

【长编标】192/4645
【长编影】192/10 下
【汇编】中三 3259

河东经略安抚使　曾布

【长编标】402/9788
【长编影】402/11 上
【汇编】中五 4834

河东经略安抚使　孙沔

【长编标】189/4551
【长编影】189/5 上
【宋会要】方域 18 之 3/7611、20 之 16/7658
【名臣碑传琬琰集】上集 23/毕仲游代范纯礼撰孙威敏公沔神道碑/368
【汇编】中三 3356；下 7012

河东经略安抚使司

【长编标】167/4014
【长编影】167/7 下

河东经略安抚使知并州　郑戬

【宋会要】方域 21 之 12/7667
【汇编】上 44

河东经略安抚使兼马步军都总管　刑恕

【宋会要】职官 68 之 10/3913
【汇编】中六 5779

河东经略安抚都总管司

【宋会要】职官 41 之 77/3205

河东经略安抚缘边招讨使　明镐

【长编标】137/3279
【长编影】137/3 上

河东经略转运司

【宋史】14/神宗纪 1/266
【长编标】157/3801
【长编影】157/5 下
【宋会要】食货 40 之 1/5509；职官 26 之 26/2933、52 之/3566；兵 24 之 13/7185、24 之 27/7192、27 之 21/7257、28 之 9/7274；方域 19 之 4/7627
【汇编】中三 3428、3648

河东经略使　王拱辰

【长编标】168/4034
【长编影】168/4 上

河东经略使　孙永

【长编标】303/7385
【长编影】303/18 下

河东经略使　林希

【长编标】510/12145

【长编影】510/12 上

河东经略使　明镐

【长编标】154/3740；156/3788

【长编影】154/5 上；156/10 上

河东经略使　郭逵

【长编标】271/6641

【长编影】271/8 下

河东经略使　吕惠卿

【长编标】342/8223；350/8384、8386；358/8572

【长编影】342/4 下；350/3 上、5 上；358/11 下

【汇编】中五 4549

河东经略使　孙览

【长编标】507/12075

【长编影】507/3 上

【汇编】中六 5492

河东经略使　诏相度西人议府州横阳河界利害

【长编标】188/4525

【长编影】188/1 上

【汇编】中三 3248

河东经略使　郑戬

【长编标】158/3831，3832；159/3847

【长编影】158/13 上、14 上；159/8 上

【汇编】中三 3087

河东经略使　刘庠

【长编标】230/5604；233/5649

【长编影】230/17 下；233/4 上

【宋会要】职官 65 之 37/3865

【汇编】中四 3753、3766、3772

河东经略使　庞籍

【长编标】365/8754

【长编影】365/9 下

【奏议标】138/司马光·上哲宗乞还西夏六寨/1554

【奏议影】138/司马光·上哲宗乞还西夏六寨/4780

河东经略使　韩绛

【长编标】281/6896；287/7023；290/7086

【长编影】281/13 上；287/11 上；290/1 下

【宋会要】方域 21 之 1/7661、方域 21 之 8/7665

【汇编】上 40；中四 4038、4066、4074

河东经略都转运司

【宋史】186/食货志下 8·互市/4564

【长编标】220/5342；249/6070

【长编影】220/8 上；249/4 下

【宋会要】食货 39 之 3/5503

【汇编】中二 2468；中三 3566、3658、3735；中四 3918、4082、4159；中五 4566

河东宣抚使　范仲淹

【范文正公集】19/陈乞邠州状/1 上

【汇编】中三 3011

河东宣抚使　韩绛

【宋史】15/神宗纪 2/277

【汇编】中三 3626

河东宣抚使　杜衍

【宋史】310/杜衍传/10191

【长编标】135/3227；137/3282

【长编影】135/13 下；137/5 下

【汇编】中二 2440、2441、2521

河东都运使　欧阳修

【长编标】178/4317

【长编影】178/12 下

河东都转运使　刘庠

【长编标】219/5329；222/5406

【长编影】219/8 下；222/8 上

河东都转运使　李师中

【宋史】332/李师中传/10678

【汇编】中三 3522

河东都转运使　张尧佐

【长编标】161/3881

【长编影】161/1 上

河东都转运使　张奎

【宋史】324/张奎传/10491

【汇编】中二 2272

河东都转运使　张景宪

【长编标】223/5416；254/6206

【长编影】223/1 上；254/2 上

河东都转运使　范子奇

【长编标】442/10648

【长编影】442/18 上

河东都转运使　文彦博

【长编标】138/3315

【长编影】138/6 上

【汇编】中二 2582

河东都转运使 杨偕
【宋史】300/杨偕传/9954
【长编标】129/3058
【长编影】129/7 下
【汇编】中二 1923

河东都转运使 陈安石
【长编标】287/7021、7022；288/7047；300/7305；
309/7475；311/7553；315/7617；317/7661；
326/7846
【长编影】287/9 下、10 上、10 下；288/6 下；
300/7 下；309/2 下；311/20 上；315/2 下；
317/4 下；326/8 下
【宋会要】职官 66 之 29/3882
【汇编】中四 4105、4155、4202

河东都转运使 明镐
【宋史】292/明镐传/9769
【长编标】136/3248；137/3279
【长编影】136/2 下；137/3 上
【汇编】中二 2344

河东都转运使 赵禼
【长编标】323/7781
【长编影】323/6 下
【宋会要】职官 66 之 17/3876
【汇编】中四 4312、4313

河东都转运使 高觊
【长编标】126/2975
【长编影】126/9 上
【宋会要】职官 61 之 38/3773
【汇编】中二 2035

河东都转运司
【长编标】319/7715；321/7740
【长编影】319/14 下；321/4 下
【宋会要】食货 39 之 30/5503
【范文正公集】年谱补遗/21 上
【汇编】中三 3043；中四 4081、4249、4270

河东都转运使 王沿
【宋史】300/王沿传/9959
【长编标】124/2921；126/2990
【长编影】124/3 上；126/21 上
【涑水记闻】11/12 上
【汇编】中二 1819、1899、1970、2329

河东都总管司

【长编标】325/7822；508/12107
【长编影】508/10 下
【汇编】中六 5515

河东都部署 明镐
【欧阳文忠公全集】98/奏议/4 下
【汇编】中二 2830

河东都部署 夏竦
【长编标】157/3798
【长编影】157/3 上

河东诸路总管 诏许诸路总管置亲兵百五十
人、招讨铃辖百人、招讨都监等七十人
【宋会要】刑法 7 之 13/6740
【汇编】中二 2413

河东副总管 李浩
【长编标】408/9920
【长编影】408/2 上
【汇编】中五 4912

河东第一将 彭保
【长编标】478/11392
【长编影】478/10 下
【汇编】中五 5188

河东第一将 訾虎
【长编标】356/8515
【长编影】356/7 上
【汇编】中五 4631

河东第一路副将 孙贵
【斜川集】5/孙团练墓志铭/30 上
【汇编】中五 5097

河东第十一将 诏依旧条教阅弓箭手
【宋会要】兵 4 之 13/6826

河东第十一将队将 府州张括
【榆林府志】47/修武郎张括墓志铭/10 上
【汇编】补遗 7126

河东第九副将兼沿边同都巡检使 何灌
【长编标】513/12207
【长编影】513/11 上
【汇编】中六 5575

河东第三副将 杨宗闵
【苕溪集】48/宋故武功大夫魏国公杨公（宗
闵）墓碑/3 下
【汇编】补遗 7424

河东第六将 陈济美

【长编标】288/7045

【长编影】288/5 上

【汇编】中四 4069

河东第六副将　张永昌

　　【长编标】334/8038

　　【长编影】334/7 下

　　【汇编】中四 4474

河东第四副将　杨宗闵

　　【茗溪集】48/宋故武功大夫魏国公杨公（宗闵）墓碑/3 下

　　【汇编】补遗 7424

河东提点刑狱　黄廉

　　【长编标】315/7621；317/7676

　　【长编影】315/5 下；317/16 下

　　【宋会要】职官 66 之 17/3876

　　【汇编】中四 4159、4209

河东提举弓箭手官

　　【宋会要】职官 44 之 55/3391

河东等路总管

　　【宋会要】职官 31 之 3/3002

河东缘边安抚司　大中祥符元年设置

　　【长编标】69/1555

　　【长编影】69/12 上

河东缘边安抚司

　　【长编标】72/1631、1640；74/1698；102/2358；221/5367；229/5568；304/7407；311/7546；317/7657；330/7948；337/8117

　　【长编影】72/16 下；74/16 下；102/9 下；221/1 上；229/3 下；304/13 下；311/14 上；317/2 上；330/3 上；337/3 上

　　【汇编】中一 1487、1629；中四 4193、4432

河东路弓箭手司

　　【宋会要】职官 44 之 55/3391

河东路劝农使

　　【宋会要】职官 13 之 19/2673

河东路帅　范纯仁

　　【长编标】457/10944

　　【长编影】457/8 上

河东路司统制　韩实

　　【三朝北盟会编】25/1 下

　　【汇编】中六 5988

河东路权转运判官　庄公岳

【宋会要】职官 66 之 19/3877

河东路安抚司　言府、丰等州蕃兵下户无力者官给器械并免上番

　　【长编标】238/5796

　　【长编影】238/10 下

　　【汇编】中四 3805

河东路安抚使　吕惠卿

　　【宋史】193/兵志 7·召募之制/4803

　　【长编标】364/8731；385/9379

　　【长编影】364/30 下；385/7 上

　　【汇编】中五 4629、4779

河东路招讨使　吴璘

　　【宋会要】职官 1 之 5/2332

河东路转运司

　　【长编标】258/6288；335/8071、8081；340/8189；345/8293；349/8365；351/8406；364/8711；390/9476；403/9823；475/11309

　　【长编影】258/2 上；335/9 上、18 上；340/11 上；345/19 下；349/1 上；351/3 下；364/13 上；390/1 上；403/21 下；475/1 上

　　【宋会要】食货 4 之 5/4848、39 之 34/5505

　　【汇编】中四 4487、4490

河东路转运判官　蔡烨

　　【长编标】331/7976

河东路转运判官　李延嗣

　　【长编标】499/11874

　　【长编影】499/3 下

　　【汇编】中六 5402

河东路转运判官　蔡煜

　　【长编标】338/8140

　　【长编影】338/2 上

　　【汇编】中四 4515

河东路转运使　文彦博

　　【涑水记闻】12/8 上

　　【汇编】中二 2332

河东路转运使　林旦

　　【长编标】454/10884；456/10922

　　【长编影】454/6 上；456/5 上

河东路转运使　韩正彦

　　【长编标】454/10884

　　【长编影】454/6 上

河东路转运使　谢卿材

【长编标】454/10885

【长编影】454/7 下

河东路转运副使　韩揆

【宋会要】职官 69 之 14/3936

河东路转运副使　王宗望

【长编标】410/9987

【长编影】410/6 上

河东路转运副使　井亮采

【长编标】409/9962

【长编影】409/10 下

河东路转运副使　朱勃

【长编标】482/11473

【长编影】482/11 上

河东路转运副使　张询

【长编标】483/11480

【长编影】483/1 上

河东路制置使　姚古

【三朝北盟会编】44/6 上

【汇编】中六 6010

河东路沿边安抚司

【长编标】494/11755

【长编影】494/26 上

【汇编】中六 5364

河东路经略司

【宋史】193/兵志 7·召募之制/4803

【长编标】248/6041；275/6723；279/6838；290/7101；294/7169；297/7227；301/7330；302/7346；304/7408；315/7625、7626、7628、7631；319/7706；321/7749；326/7852；328/7897、7903；330/7947；331/7971；334/8039、8043、8046；335/8066、8080；336/8112；338/8154；344/8267；348/8361；361/8639；381/9275；408/9929；409/9979；466/11126、11127、11128；467/11147、11148、11150、11154；478/11391；479/11401；488/11585；489/11607；494/11753；495/11770、11781、11785；496/11808、11812；499/11871、11885；500/11905；502/11963、11965；505/12037；506/12061、12062；507/12080、12086；511/12169；514/12225；515/12245、12259

【长编影】248/4 下；275/3 下；279/17 下；290/14 上；294/7 下；297/10 上；301/10

下；302/4 下；304/14 上；315/12 上、15 上；319/6 下；321/12 上；326/13 下；328/11 上；330/3 上；331/4 下；334/6 下、8 下、12 上、14 上；335/5 上、16 下；336/18 下；338/15 上；344/12 上；348/17 下；361/3 上；381/23 上；408/9 下；409/25 上；466/2 上；467/9 上；478/9 上；479/1 下；488/8 上；489/9 下；494/24 上；495/7 上；496/15 下；499/13 上；500/5 下；502/15 上；505/10 上；506/11 下、12 上；507/12 上；511/13 上、14 下；514/13 上；515/22 上

【宋会要】职官 67 之 25/3900；食货 38 之 31/5482；兵 4 之 6/6823、4 之 15/6827、5 之 10/6844、6 之 15/6862、8 之 31/6902、8 之 33/6903、17 之 5/7040、28 之 3/7271、28 之 8/7273、28 之 24/7281、28 之 37/7288；蕃夷 2 之 28/7706

【汇编】中三 3429、3431；中四 3906、4077、4083、4094、4107、4164、4168、4186、4238、4280、4342、4355、4391、4432、4473、4475、4485、4489、4504；中五 4568、4601、4742、4915、4925、5096、5113、5187、5189、5191、5250；中六 5272、5272、5304、5315、5363、5368、5382、5408、5418、5434、5473、5489、5489、5501、5556、5558、5586

河东路经略安抚司

【长编标】466/11126

【长编影】466/1 上

【汇编】中五 5095

河东路经略安抚使　韩缜

【宋会要】职官 38 之 2/3142

河东路经略安抚使　刘庠

【净德集】21/枢密刘公（庠）墓志铭/233

【汇编】中四 3753

河东路经略安抚使　韩绛

【长编标】285/6982

【长编影】285/11 上

河东路经略安抚使　孙览

【长编标】498/11863；505/12041；509/12125

【长编影】498/20 上；505/14 上；509/11 下

【宋会要】兵 22 之 14/7150

【汇编】中六 5400

河东路经略安抚使　林希

【长编标】514/12228

【长编影】514/17 下

【宋会要】方域 19 之 17/7634、20 之 15/7658

【汇编】中六 5590

河东路经略安抚使　韩绛

【长编标】285/6982

【长编影】285/11 上

【名臣碑传琬琰集】中集 48/韩忠献公琦行状/1099

【汇编】中三 3185；中四 4049

河东路经略安抚使兼马步军都总管兼知太原军府　刑恕

【宋会要】职官 68 之 10/3913

【汇编】中六 5779

河东路经略转运司　移剋胡寨兵马、战守器具、粮草等应副新筑葭芦、吴堡寨

【长编标】326/7854

【长编影】326/14 上

【汇编】中四 4356

河东路经略安抚都总管司

【长编标】402/9792；514/12224

【长编影】402/14 上；514/13 上

【汇编】中五 4836；中六 5585

河东路经略安抚缘边招讨使　高继宣

【长编标】134/3195

【长编影】134/8 上

【汇编】中二 2388

河东路经略使　孙沔

【宋会要】兵 27 之 40/7266

河东路经略使　王居卿

【长编标】342/8222

【长编影】342/4 上

河东路经略使　吕惠卿

【长编标】346/8316；348/8345；354/8469

【长编影】346/14 上；348/3 下；354/1 下

【汇编】中五 4594、4624

河东路经略使

【长编标】345/8277

【长编影】345/6 上

【宋会要】兵 28 之 41/7290；方域 19 之 13/7632

【汇编】中五 4571、5252、5262

河东路经略使　林希

【长编标】513/12206

【长编影】513/12 下

【宋会要】方域 6 之 8/7409

【汇编】中六 5574；下 7008

河东路经略使　韩绛

【长编标】288/7043；289/7070

【长编影】288/4 上；289/10 下

【宋会要】方域 21 之 8/7665

【汇编】上 39；中四 4068、4071

河东路经略使　曾布

【长编标】408/9940；437/10546

【长编影】408/18 下；437/18 下

【宋会要】职官 67 之 5/3890

【汇编】中五 4915、4983

河东路经略使司　奏沿边进筑，楼橹相望，横山之腴尽复汉土

【长编标】514/12227

【长编影】514/16 下

【汇编】中六 5589

河东路总领军马　刘全

【系年要录】55/967

【汇编】下 6303

河东路总管司　诏令替换上番兵马，无令戍边日久，致有劳弊

【宋史】196/兵志 10·屯戍之制/4902

【汇编】中六 5269

河东路宣抚使　丁度

【宋会要】职官 41 之 18/3175

河东路宣抚使　童贯

【宋会要】职官 43 之 6/3341

河东路宣抚使　蔡攸

【宋会要】职官 1 之 3/2331

河东路宣抚使司

【宋会要】方域 8 之 24/7452、19 之 21/7636

河东路统制　来承庆

【苕溪集】48/宋故武功大夫魏国公杨公（宗闵）墓碑/2 上

【汇编】补遗 7423

河东路统制军马　杨宗闵

【苕溪集】48/宋故武功大夫魏国公杨公（宗闵）墓碑/5 下

【汇编】补遗 7462

河东路都转运司

【长编标】463/11052；466/11132

【长编影】463/6 上；466/6 下

河东路都转运使　陈安石

【长编标】314/7605；325/7827

【长编影】314/6 上；325/12 上

河东路都转运使　范子奇

【长编标】454/10884

【长编影】454/6 下

河东路都总管司　于太原府交城县置马监

【宋会要】职官 23 之 13/2889；兵 21 之 7/7128

【汇编】中三 3453

河东路都统制　李嗣本

【宋会要】蕃夷 2 之 37/7710

【汇编】中六 5984

河东路监司

【长编影】497/15 上

【汇编】中六 5388

河东路措置司

【长编标】319/7715

【长编影】319/14 下

【汇编】中四 4249

河东路提刑司

【长编标】466/11135

【长编影】466/8 下

【宋会要】食货 1 之 30/4816、40 之 3/5510

【汇编】中五 5102、5110

河东路提刑兼权管勾经略司公事　范子谅

【长编标】384/9349

【长编影】384/1 上

【汇编】中五 4777

河东路提点刑狱公事　王勤

【宋会要】职官 44 之 41/3384

河东路提举常平等事　赵咸

【长编标】329/7939

【长编影】329/22 下

【宋会要】职官 66 之 19/3877

【汇编】中四 4428

河东路察访司

【宋史】190/兵志 4·河东陕西弓箭手/4722

【汇编】中六 5891

河东察访　曾孝宽

【宋会要】兵 4 之 6/6823

河北河东沿边安抚司　选使臣牙吏有心力识敌情者

【宋会要】兵 28 之 18/7278

【汇编】中四 4037

河北河东路安抚副使　刘韐

【大金吊伐录】2/宋宣抚司牒/79

【汇编】中六 6032

河北河东路制置使　种师道

【宋史】23/钦宗纪/424

【汇编】中六 6007

河北河东路制置副使　种师中

【宋史】23/钦宗纪/428

【汇编】中六 6016

河北河东路宣抚使　李纲

【三朝北盟会编】60/4 下

【汇编】中六 6048

河北河东路宣抚使　种师中

【大金吊伐录】2/79

【汇编】中六 6032

河北河东路宣抚使　种师道

【宋史】23/钦宗纪/425

【汇编】中六 6009

河北陕西河东路分都监

【长编标】186/4492

【长编影】186/9 下

河北第十八将　杨复

【长编标】258/6294

【长编影】258/7 下

【汇编】中四 3971

河外都同巡检　六员

【长编标】456/10924

【长编影】456/7 上

【汇编】中五 5060

河外都同巡检使　元祐二年河东路请复置

【长编标】402/9792

【长编影】402/14 上

【汇编】中五 4836

河外都巡检使　杨琼

【宋史】280/杨琼传/9502

【汇编】中一 1152

河西马步兵钤辖　张昭允

【宋史】279/张昭允传/9475

【汇编】中一 1147

河西乌白池都钤辖　刘用

【宋史】279/刘用传/9489

【汇编】中一 1116

河西节度使　范廷昭

【长编标】48/1043

【长编影】48/1 上

河西节度使　鞠彦饶

【长编标】5/136

【长编影】5/17 下

河西节度使　石普

【长编标】88/2027

【长编影】88/14 下

【汇编】中一 1572

河西行营

【宋会要】兵 14 之 10/6997

河西行营马步军都总管　李继隆

【宋会要】兵 8 之 18/6896

【汇编】中一 1071

河西行营都部署　李继隆

【宋史】5/太宗纪 2/93；257/李继隆传/8967

【汇编】中一 1068、1079

河西军节度使　范廷召

【宋史】6/真宗纪 1/105

【汇编】中一 1179

河西军节度留后　孙超

【宋史】492/吐蕃传/14151

【汇编】上 879

河西兵马钤辖　秦翰

【长编标】74/1686

【长编影】74/5 下

【汇编】中一 1496

河西兵马都监　尹继伦

【宋史】257/李继隆传/8967；275/尹继伦传/9376

【长编标】35/767

【长编影】35/2 下

【汇编】中一 1067、1080

河西兵马都部署　李继隆

【宋史】264/宋琪传/9129

【长编标】35/767

【长编影】35/2 下

【汇编】中一 1067、1068

河州驻泊兵马都监　李祥

【宋史】468/李祥传/13649

【汇编】中四 3848

河西钤辖　曹璨

【宋史】258/曹璨传/8983

【汇编】中一 1149

河西钤辖　秦翰

【长编标】74/1686

【长编影】74/5 下

【汇编】中一 1496

河州团练使　李允正

【宋史】273/李谦溥传/9340

【汇编】中一 1499

河州安乡关来羌城怀羌城主簿

【宋会要】选举 28 之 30/4692

【汇编】中六 5726

河州安抚使　白常

【金史】80/赤盏晖传/1806

【汇编】下 6259

河州安抚使　郭宁

【金史】84/昂传/1886

【汇编】下 6258

河州农田水利兵马钤辖　李浩

【宋会要】食货 2 之 4/4827

【汇编】中四 4013

河州巡检　王恩

【宋史】350/王恩传/11088

【汇编】中五 4556

河州折博务　熙宁六年置

【长编标】246/5967

【长编影】246/1 上

【汇编】中四 3875

河州兵马钤辖　李浩均

【宋会要】食货 2 之 5/4827

河州刺史　景思立

【长编标】244/5931；245/5949；246/5981

【长编影】244/1 下；245/1 上；246/5 上

【汇编】中四 3861、3868、3875

河州沿边安抚司　令招抚蕃部

【长编标】247/6006

【长编影】247/1 上

【汇编】中四 3886

河州都总管领蕃兵将　　刘戒

【长编标】507/12086

【长编影】507/12 上

【宋会要】职官 67 之 25/3900

【汇编】中六 5501

河州都监　　王吉

【长编标】517/12303

【长编影】517/8 上

【汇编】中六 5636

河南安抚司　　熙河兰会路王厚请置

【宋会要】方域 6 之 3/7407

【汇编】中六 5751

沿边安抚公事　　泾原章楶

【宋会要】方域 19 之 6/7628、19 之 43/7647

【汇编】中六 5291

沿边安抚司　　陇右都护职事同沿边安抚司

【宋会要】职官 48 之 112/3511

【汇编】中六 5678

沿边安抚司　　熙河兰岷路

【长编标】473/11279

【长编影】473/1 上

【汇编】中五 5152；中六 5368

沿边安抚副使　　差熟悉汉蕃人情武臣充任西安
知州兼沿边安抚副使

【长编标】508/12096

【长编影】508/1 上

【汇编】中六 5518

沿边招讨使　　夏元亨为陕西路马步军副都总管
兼沿边招讨使

【宋会要】兵 8 之 20/6897

沿边招讨使　　陕西四路经略安抚使兼

【范文正公集】年谱补遗/14 上

【汇编】中二 2606

沿边招讨使　　夏竦充陕西路马步军都总管兼沿
边招讨使

【宋会要】兵 8 之 20/6897、8 之 21/6897

【汇编】中二 2014

沿边招讨使　　夏守赟

【宋史】10/仁宗纪 2/207

【宋会要】兵 8 之 20/6897

【汇编】中二 1918

沿边都巡检使　　杨遂

【潞公文集】39/举官/4 下

【汇编】补遗 7317

沿边都巡检使　　岚石等州

【宋史】86/地理志 2/2134

【汇编】中六 5825

沿边都巡检使　　郭载

【宋史】276/樊知古传/9397

【汇编】中一 1045

沿边都巡检使　　向进

【长编标】137/3300

【长编影】137/21 下

【汇编】中二 2554

沿河安抚使　　曲方

【系年要录】11/253

【汇编】下 6123

泾州观察使　　王凯

【宋史】255/王全斌传/8926

【长编标】187/4502

【长编影】187/1 下

【汇编】中三 3247

泾州观察使　　王沿

【宋史】300/王沿传/9959

【长编标】135/3241；138/3316

【长编影】135/25 上；138/6 下

【河南先生文集】13/故王先生述/10 下

【汇编】中二 2545、2587、2588

泾州驻泊都监　　王珪

【宋史】325/王珪传/10508

【长编标】128/3042；129/3051

【长编影】128/15 下；129/2 上

【安阳集】家传 2/2 下

【汇编】中二 2074、2079、2103

泾州驻泊部署　　许均

【宋史】279/许均传/9485

【汇编】中一 1369

泾州都监　　王珪

【宋史】325/任福传/10506

【汇编】中二 2190

泾州都监　　狄青

【长编标】129/3056

【长编影】129/6 下

泾州都监　武英

【长编标】131/3100

【长编影】131/7 上

泾州通判　郑遵

【长编标】228/5547

【长编影】228/7 下

泾州通判　康定元年权增泾州通判一员

【长编标】126/2965

【长编影】126/1 上

【汇编】中二 1881

泾原东西路都巡检

【宋会要】兵 4 之 3/6821

泾原帅司

【宋会要】兵 8 之 33/6903

【汇编】中六 5273

泾原仪渭同巡检　李祥

【宋史】468/李祥传/13649

【汇编】中四 3848

泾原仪渭邠宁环庆清远军灵州路副都部署　杨琼

【宋史】280/杨琼传/9501

【汇编】中一 1216

泾原仪渭邠宁环庆鄜延保安镇戎清远等州军安抚经略使　张齐贤

【长编标】49/1068

【长编影】49/5 上

【汇编】中一 1232

泾原仪渭邠宁环庆鄜延保安镇戎清远等州军安抚经略使　张齐贤

【奏议标】130/张齐贤·上真宗论陕西事宜/1439

【奏议影】130/上真宗论陕西事宜/4423

泾原仪渭州镇戎军缘边安抚使　曹玮

【长编标】85/1949；88/2028

【长编影】85/13 上；88/15 下

【宋会要】职官 41 之 85/3209

【汇编】中一 1538、1540、1575

泾原仪渭驻泊钤辖　李继和

【长编标】51/1124

【长编影】51/15 下

【汇编】中一 1310

泾原仪渭驻泊部署　王荣

【宋史】280/王荣传/9500

【汇编】中一 1223

泾原仪渭钤辖　李继和

【宋史】257/李继和传/8969

【汇编】中一 1257

泾原仪渭钤辖　秦翰

【宋史】466/秦翰传/13613

【汇编】中一 1423

泾原仪渭都巡检使　张继能

【宋史】466/张继能传/13620

【汇编】中一 1092

泾原仪渭都钤辖　张煦

【宋史】308/张煦传/10149

【汇编】中一 1324

泾原仪渭都钤辖　秦翰

【长编标】63/1402；64/1437

【长编影】63/4 上；64/12 下

【汇编】中一 1432、1454

泾原仪渭镇戎军钤辖　李重诲

【宋史】280/李重诲传/9506

【汇编】中一 1115

泾原仪渭镇戎军钤辖　张煦

【宋史】308/张煦传/10150

【汇编】中一 1404

泾原仪渭镇戎军部署　陈兴

【宋史】279/陈兴传/9483

【汇编】中一 1400

泾原仪渭镇戎军都巡检　赵滋

【宋史】324/赵滋传/10496

【长编标】139/3343；175/4221

【长编影】139/6 上；175/2 上

【汇编】中二 2581

泾原仪渭镇戎军路钤辖　张继能

【宋史】466/张继能传/13623

【汇编】中一 1524

泾原仪渭镇戎德顺军马步军都部署

【武经总要】前集 18/16 上

【汇编】中一 1371

泾原西路同总管领蕃兵将　韩资

【长编标】510/12146

【长编影】510/14 下

【汇编】中六 5547

泾原同巡检　唐斌

【长编标】138/3314

【长编影】138/5 上

【汇编】中二 2578

泾原行营都监　武英

【宋史】325/武英传/10509

【汇编】中二 2194

泾原邠宁灵环都部署　王汉忠

【宋史】6/真宗纪 1/108

【汇编】中一 1207

泾原邠宁环庆等州经略使　张齐贤

【宋史】441/曾致尧传/13051

【汇编】中一 1292

泾原安抚使　王尧臣

【宋会要】兵 27 之 29/7261

【汇编】中二 2650

泾原防秋军马　抽兵各归近里

【宋会要】兵 5 之 10/6844

泾原巡检　杨遵

【宋史】289/葛怀敏传/9760、9701

【汇编】中二 2547

泾原走马承受　利珣

【长编标】499/11877、11889

【长编影】499/5 上

【汇编】中六 5403

泾原汧渭邠宁环庆鄜延保安镇戎清远等州

军安抚经略使　张齐贤

【名臣碑传琬琰集】下集 2/张文定公齐贤传/
1301

【汇编】中一 1233

泾原环庆两路钤辖　王怀信

【宋史】291/王博文传/9744

【汇编】中一 1644

泾原环庆两路都部署兼安抚使　王汉忠

【宋史】279/王汉忠传/9477

【汇编】中一 1226

泾原环庆秦凤鄜延路部署钤辖司

【长编标】115/2693

【长编影】115/5 下

泾原环庆都部署　徐兴

【长编标】47/1029

【长编影】47/18 上

【汇编】中一 1222

泾原环庆鄜延秦凤路经略都总管司

【长编标】375/9090

【长编影】375/5 下

泾原环庆鄜延秦凤路总管司

【宋会要】兵 27 之 26/7259

【汇编】中二 1815

泾原环庆熙河兰会路都大经制司

【长编标】328/7903

【长编影】328/11 下

【汇编】中四 4392

泾原转运司

【长编标】315/7632

【长编影】315/15 下

【汇编】中四 4169

泾原转运使　叶康直

【长编标】327/7866

【长编影】327/2 下

【汇编】中四 4368

泾原转运副使　叶康直

【长编标】322/7770

【长编影】322/11 上

【汇编】中四 4308

泾原驻泊都监　桑怿

【长编标】131/3100

【长编影】131/7 下

泾原驻泊都监　周文质

【长编标】87/1996；92/2118

【长编影】87/8 上；92/3 下

【汇编】中一 1558、1591

泾原驻泊都监　王怀信

【长编标】97/2253

【长编影】97/12 上

【汇编】中一 1610

泾原经略　范仲淹

【安阳集】家传 3/3 上

【汇编】中二 2615

泾原经略司

【长编标】146/3527；168/4039；170/4078；171/
4111；368/8862；495/11763

【长编影】146/1 上；168/7 下；170/1 下；171/
8 上；368/12 上；495/1 上

【涑水记闻】11/5 下

【汇编】中二 2817；中三 2837、3165；中五
4689；中六 5367

泾原经略安抚使　夏竦

【宋会要】兵 8 之 20/6897

泾原经略安抚制置使　李宪

【宋史】467/李宪传/13640

【汇编】中四 4305

泾原经略招讨副使　狄青

【石林燕语】9/2 上

【汇编】中二 2563

泾原经略使　刘锜

【系年要录】38/726

【汇编】下 6245

泾原经略使　张中彦

【系年要录】125/2046

【汇编】下 6496

泾原经略使　钟传，又作钟傅

【皇宋十朝纲要】16/11 下

【汇编】中六 5782

泾原经略使　章楶

【宋史】175/食货上 3・和籴/4247

【汇编】中六 5462、5662

泾原经略使　卢秉

【长编标】312/7566

【长编影】312/7 上

【汇编】中四 4120

泾原经略使　刘舜卿

【长编标】457/10939

【长编影】457/3 下

【汇编】中五 5060、5061

泾原经略使　夏安期

【长编标】170/4081

【长编影】170/4 下

【汇编】中三 3166

泾原经略使　蔡挺

【长编标】230/5592

【长编影】230/6 下

【汇编】中四 3744

泾原经略使司统制官　曲端

【系年要录】16/332

【汇编】下 6127

泾原经略使兼知渭州　张浚

【宋史】366/刘锜传/11399

【汇编】下 6247

泾原钤辖　王仲宝

【长编标】128/3043

【长编影】128/16 下

泾原钤辖　刘兼济

【长编标】153/3728

【长编影】153/13 上

泾原钤辖　杜惟序

【宋史】463/杜审琦传/13539

【汇编】中二 2256

泾原钤辖　折可适

【宋史】253/折可适传/8867

【汇编】上 176

泾原钤辖　张亢

【长编标】127/3005

【长编影】127/2 下

泾原钤辖　张佶

【宋史】308/张佶传/10151

【汇编】中一 1229、1586

泾原钤辖　姚雄

【皇宋十朝纲要】14/3 下

【汇编】中六 5346

泾原钤辖　郭成

【宋史】350/郭成传/11085

【汇编】上 239；中六 5456

泾原钤辖　史志聪

【长编标】157/3799

【长编影】157/4 上

【汇编】中三 3061

泾原钤辖　朱观

【长编标】129/3051；135/3241

【长编影】129/2 上；135/23 下

【汇编】中二 2103、2470

泾原钤辖　刘昌祚

【长编标】321/7744

【长编影】321/8 上

【汇编】中四 4277

泾原钤辖　李知和

【长编标】129/3054

【长编影】129/4 下

【汇编】中二 2107

泾原钤辖　张之谦

【长编标】408/9924、9925

【长编影】408/5 下

【汇编】中五 4914

泾原钤辖　种谔

【长编标】320/7720

【长编影】320/2 上

【汇编】中四 4254

泾原钤辖　姚麟

【长编标】321/7744；323/7783

【长编影】321/8 上；323/7 上

【汇编】中四 4313

泾原钤辖　秦翰

【长编标】67/1510

【长编影】67/14 上

【汇编】中一 1469

泾原钤辖　高继元

【长编标】154/3745

【长编影】154/10 上

【汇编】中三 3042

泾原钤辖　高继嵩

【长编标】123/2907

【长编影】123/13 下

【汇编】中二 1792

泾原钤辖　郭志高

【长编标】128/3042；129/3054

【长编影】128/16 上；129/4 下

【汇编】中二 2107

泾原钤辖　曹英

【长编标】138/3314

【长编影】138/5 上

【汇编】中二 2578

泾原钤辖　曹玮

【宋史】8/真宗纪 3/150、154；491/党项传/
14137；492/唃厮啰传/14160

【长编标】76/1734；81/1854

【长编影】76/8 上；81/9 上

【宋会要】方域 21 之 23/7672

【汇编】上 30；中一 1502、1515、1516、1530

泾原总兵　鲁福

【宋史】486/夏国传下/14007

【汇编】上 77

泾原总管　刘平

【文庄集】14/陈边事十策/1 上

【汇编】中二 1800

泾原总管　陈兴

【宋会要】兵 27 之 8/7250；方域 21 之 17/7669

【汇编】中一 1346

泾原总管　黄绥

【后山谈丛】4/5 上

【汇编】中一 1738

泾原总管　刘昌祚

【宋史】486/夏国传下/14007

【长编标】317/7667、7678；322/7765；329/7917

【长编影】317/10 下、19 下；322/7 上；329/4
上

【汇编】上 76；中四 4205、4212、4303、4398、
4399

泾原总管司

【长编标】245/5952

【长编影】245/3 上

【宋会要】职官 64 之 45/3843

【汇编】中三 2908；中四 3869

泾原总管司承受文字　梁同

【长编标】327/7866

【长编影】327/2 下

【汇编】中四 4368

泾原统制　曲端

【宋史】372/王庶传/11546

【汇编】下 6142

泾原统制　张中彦

【宋史】26/高宗纪 3/483

【汇编】下 6247

泾原统制官　曲端

【中兴小纪】4/46

【汇编】下 6144

泾原统制官　李彦琪

【系年要录】38/726

【汇编】下 6246

泾原秦凤安抚都监　张昇

【宋史】318/张昇传/10362

【汇编】中二 2014

泾原秦凤两路沿边经略安抚使　　夏竦

【元宪集】27/赐振武军节度使知延州范雍充鄜
延环庆两种沿边经略安抚使诏/289；30/抚问
泾原秦凤两路沿边经略安抚使夏竦鄜延环庆
两路沿边经略安抚使范雍/321

【汇编】中一 1763；中二 1814

泾原秦凤两路经略安抚副使　　葛怀敏

【宋史】289/葛怀敏传/9701

【汇编】中二 1954

泾原秦凤经略安抚使　　夏竦

【宋会要】兵 8 之 20/6897

【汇编】中二 1911

泾原秦凤钤辖　　向宝

【宋史】323/向宝传/10648

【汇编】中五 4653

泾原秦凤副都部署　　泾原副都部署兼管秦凤
兵马，秦凤副都部署兼管泾原兵马

【范文正公集】9/上吕相公书/13 上

【汇编】中二 2390

泾原秦凤等路军马粮草司

【长编标】260/6343

【长编影】260/12 上

【汇编】中四 3981

泾原秦凤路安抚使　　夏竦

【宋史】10/仁宗纪 2/205

【汇编】中一 1763

泾原秦凤路安抚都监　　张昇

【长编标】123/2892

【长编影】123/1 上

泾原秦凤路巡检　　刘沪

【安阳集】家传 4/6 上

【汇编】中二 2814

泾原秦凤路巡检　　李中和

【安阳集】家传 4/6 上

【汇编】中二 2814

泾原秦凤路沿边经略安抚使　　夏竦

【宋史】10/仁宗纪 2/205

【文庄集】6/泾州谢上表/8 下

【汇编】中二 1811、1812

泾原秦凤路经略使　　张诜、王广渊

【长编标】247/6030

【长编影】247/21 下

【汇编】中四 3903

泾原秦凤路缘边经略安抚使　　夏竦

【长编标】127/3013

【长编影】127/9 下

【汇编】中二 2008

泾原都巡检　　孙用

【长编标】157/3813

【长编影】157/15 下

泾原都巡检司步军监押　　董谦

【长编标】138/3314

【长编影】138/5 上

【汇编】中二 2578

泾原都巡检司监押　　董谦

【宋史】289/葛怀敏传/9701

【汇编】中二 2547

泾原都钤辖　　苗绶

【宋史】350/苗绶传/11068

【汇编】中四 3946

泾原都钤辖　　种师道

【宋史】335/种师道传/10750

【汇编】中六 5869、5870

泾原都钤辖　　秦翰

【长编标】65/1447

【长编影】65/5 上

【汇编】中一 1458

泾原都钤辖　　周文质

【长编标】103/2383、2385

【长编影】103/8 下、10 下

【汇编】中一 1635、1637

泾原都钤辖　　曹玮

【长编标】82/1872、1877

【长编影】82/10 上、13 下

【汇编】中一 1520、1527

泾原都监　　王怀节

【长编标】111/2589

泾原都监　　安继昌

【长编影】111/12 下

【汇编】中一 1685

泾原都监　　赵振

【宋史】323/赵振传/10461

【汇编】中一 1636

泾原都监　王文
【长编标】134/3206；138/3314
【长编影】134/17 下；138/5 上
【汇编】中二 2411、2578

泾原都监　王保
【长编标】138/3314
【长编影】138/5 上
【汇编】中二 2578

泾原都监　许迁
【长编标】147/3557
【长编影】147/3 上
【汇编】中三 2861

泾原都监　李知和
【长编标】137/3300；138/3314
【长编影】137/21 下；138/5 上
【汇编】中二 2554、2578

泾原都监　赵珣
【长编标】138/3314
【长编影】138/5 上
【汇编】中二 2578

泾原都监　李纬
【宋史】332/李师中传/10676
【长编标】129/3054
【长编影】129/4 下
【汇编】中二 2078、2107

泾原都监兼知原州　景泰
【长编标】138/3310
【长编影】138/1 下
【汇编】中二 2564

泾原都监第六将　张恩
【长编标】310/7514
【长编影】310/2 下
【宋会要】职官 66 之 13/3874

泾原都部署　程戡
【长编标】157/3810
【长编影】157/12 下

泾原部署
【宋史】6/真宗纪 1/118；491/党项传/14137
【汇编】上 27；中一 1330

泾原部署　王仲宝
【长编标】131/3101
【长编影】131/8 下

泾原部署　李继和请移泾原部署于镇戎
【宋史】257/李继和传/8973
【汇编】中一 1299

泾原部署　狄青
【长编标】138/3310；150/3627；151/3685
【长编影】138/1 下；150/4 下；151/19 下
【汇编】中二 2564；中三 2932、2982

泾原部署　陈兴
【宋史】7/真宗纪 2/124；492/吐蕃传/14156
【长编标】52/1150；53/1170；54/1178、1180；
　55/1216；56/1230；57/1251
【长编影】52/18 上；53/14 下；54/3 下、5 下；
　55/14 上；56/5 下；57/1 上
【汇编】中一 1327、1333、1345、1347、1366、
　1380、1391、1398

泾原部署司
【长编标】99/2302；127/3019；129/3053；131/
　3093；134/3196
【长编影】99/11 上；127/14 下；129/3 上；
　131/1 上；134/8 下
【汇编】中一 1616；中二 2031、2104、2178、
　2392

泾原部署司事　王沿
【长编标】129/3059
【长编影】129/8 上
【汇编】中二 2116

泾原部署钤辖司
【宋大诏令集】233/答西平王赵德明诏（大中祥
　符九年十月）/906

泾原副帅　刘昌祚
【长编标】291/7115
【长编影】291/5 上
【邵氏闻见录】13/142
【汇编】中四 4273

泾原副总管　刘几
【长编标】204/4948
【长编影】204/13 下

泾原副总管　刘昌祚
【宋史】349/刘昌祚传/11054
【汇编】中四 4211

泾原副总管　姚麟
【宋史】349/姚麟传/11058

【汇编】中四 4197

泾原副总管　王恩

【长编标】494/11740

【长编影】494/12 上

【汇编】中六 5359

泾原副都总管　张玉

【长编标】221/5375

【长编影】221/7 下

泾原副都总管　刘几

【长编标】205/4965

【长编影】205/4 上

【汇编】中三 3380

泾原副都总管　刘昌祚

【宋史】349/刘昌祚传/11054

【涑水记闻】14/8 上

【汇编】中四 4210、4224

泾原副都部署　张亢

【长编标】160/3863

【长编影】160/4 下

泾原副都部署　郭逵

【宋史】290/郭逵传/9724

【汇编】中三 3411

泾原副都部署　狄青

【长编标】147/3557

【长编影】147/3 上

【汇编】中三 2861

泾原副都部署　葛怀敏

【长编标】127/3007、3013；131/3108；137/3300

【长编影】127/4 下、9 下；131/14 下；137/21 下

【汇编】中二 1998、2008、2219、2554

泾原副部署　狄青

【长编标】148/3575

【长编影】148/1 下

【汇编】中三 2865

泾原副部署　葛怀敏

【长编标】134/3196

【长编影】134/8 下

【汇编】中二 2391

泾原第十一将

【宋会要】方域 19 之 6/7628、19 之 44/7647

泾原第十二将

【宋史】188/兵志 2·将兵/4630

【汇编】中六 5462

泾原第七将　杨宗闵

【苕溪集】48/宋故武功大夫魏国公杨公（宗闵）墓碑/3 下

【汇编】补遗 7424

泾原第九将　徐量

【北山集】34/故武功大夫昭州团练使骁骑尉徐公（量）行状/12 上

【汇编】补遗 7403

泾原第六将　增援镇洮之役

【长编标】239/5818

【长编影】239/11 上

【汇编】中四 3812

泾原等四路都部署　韩琦等

【长编标】138/3323

【长编影】138/13 上

【奏议标】65/余靖·上仁宗乞韩琦兼领大帅镇秦州/718

【奏议标】65/余靖·上仁宗乞韩琦兼领大帅镇秦州/2361

【汇编】中二 2616、2811

泾原等州安抚经略使　张齐贤

【宋史】6/真宗纪 1/115

【汇编】中一 1232

泾原等州军安抚经略使　张齐贤

【宋史】265/张齐贤传/9155

【汇编】中一 1234

泾原路马步军总管　韩存宝

【长编标】294/7166

【长编影】294/5 上

泾原路马步军都总管　夏竦

【宋史】10/仁宗纪 2/205

【汇编】中二 1811

泾原路马步军副总管　葛怀敏

【宋史】289/葛怀敏传/9701

【汇编】中二 1955

泾原路马步军副都总管　葛怀敏

【宋史】11/仁宗纪 3/214

【汇编】中二 2556

泾原路勾当公事　种朴

【长编标】447/10758

【长编影】447/12 下

【汇编】中五 5040

泾原路权驻泊兵马钤辖　李若愚

【长编标】203/4925

【长编影】203/14 上

泾原路同统制官　姚古

【宋会要】职官 67 之 36/3905

【汇编】中六 5716

泾原路行营总管

【长编标】318/7683

【长编影】318/3 上

【汇编】中四 4214

泾原路行营总管司　破夏人于磨脐隘

【长编标】317/7677；318/7693

【长编影】317/19 下；318/12 上

【宋会要】兵 14 之 19/7002

【汇编】中四 4199、4211、4219、4221

泾原路安抚司

【长编标】215/5249；289/7077；389/9467

【长编影】215/16 下；289/16 上；389/17 上

【宋会要】职官 43 之 16/3281；食货 39 之 32/ 5504

【汇编】中三 3608；中四 4072、4104；中五 4785

泾原路安抚制置司管勾机宜文字　钟传

【长编标】322/7770

【长编影】322/11 上

【宋会要】职官 41 之 77/3205

【汇编】中四 4307

泾原路安抚使　种师道

【三朝北盟会编】60/4 下

【汇编】中六 6044

泾原路安抚使　曹公

【元宪集】33/宋故推诚翊戴功臣彰武军节度延 州管内观察处置等使曹公行状/345

【汇编】中一 1556

泾原路安抚使　赐茶场司钱二十万缗，付泾原 路安抚使，籴买粮草封椿

【长编标】308/7478

【长编影】308/3 下

泾原路安抚使　王广渊

【长编标】256/6250

【长编影】256/4 下

【汇编】中四 3965

泾原路安抚使　王尧臣

【长编标】138/3314、3328

【长编影】138/6 上、17 下

【汇编】中二 2582、2621

泾原路安抚使　章楶

【长编标】513/12202

【长编影】513/9 上

【宋会要】方域 18 之 6/7612

【汇编】中六 5275、5570、5571

泾原路安抚副使　李浩

【长编标】330/7953

【长编影】330/7 下

【汇编】中四 4435

泾原路巡检　杨遵

【长编标】138/3314

【长编影】138/5 上

【汇编】中二 2578

泾原路走马承受　麦永庆

【长编标】88/2016

【长编影】88/5 上

【汇编】中一 1568

泾原路走马承受　利珣

【长编标】499/11889

【长编影】499/16 下

【汇编】中六 5409

泾原路走马承受　崔宣

【长编标】131/3095

【长编影】131/3 上

【汇编】中二 2181

泾原路走马承受　赵正

【长编标】147/3557

【长编影】147/4 上

【范文正公集】政府奏议下·荐举/36 下

【汇编】中三 2862

泾原路走马承受公事　郭逵

【长编标】264/6467

【长编影】264/9 上

泾原路走马承受公事　王从德

【长编标】104/2400

【长编影】104/1 下

【宋会要】兵 14 之 17/7001

【汇编】中一 1643

泾原路兵马钤辖　朱观

【安阳集】家传 2/4 上

【汇编】中二 2201

泾原路兵马钤辖　姚麟

【东都事略】104/姚麟传/2 上

【汇编】中四 3859

泾原路兵马钤辖　郭成

【汉滨集】15/故客省使雄州防御使泾原路兵马
钤辖兼第十一将郭公（成）行状/19 上

【汇编】补遗 7385

泾原路兵马钤辖　郭浩

【宋史】367/郭浩传/11441

【汇编】下 6150

泾原路兵马钤辖　符惟忠

【宋史】463/符惟忠传/13555

【汇编】中二 1875、2068

泾原路兵马钤辖　张亢

【宋史】324/张亢传/10483

【安阳集】47/故客省使眉州防御使赠遂州观察
使张公（亢）墓志铭/13 下

【汇编】中二 1858、1990

泾原路兵马钤辖兼知德顺军　姚麟

【东都事略】104/姚麟传/2 上

【汇编】中四 3860

泾原路兵马钤辖兼第十一将　郭成

【宋会要】礼 62 之 51/1720

【汇编】中六 5716

泾原路兵马都监　桑怿

【安阳集】家传 2/4 上

【汇编】中二 2201

泾原路兵马都钤辖　种师道

【三朝北盟会编】60/4 下

【汇编】中六 6043

泾原路兵马都钤辖　曹玮

【元宪集】33/宋故推诚翊戴功臣彰武军节度延
州管内观察处置等使曹公行状/345

【宋会要】兵 4 之 1/6820

【汇编】中一 1399、1517

泾原路兵马都部署　狄青

【华阳集】35/狄武襄公青神道碑/454

【汇编】中二 2562

泾原路招讨经略安抚副使兼知泾州　葛怀敏

【宋史】289/葛怀敏传/9701

【汇编】中二 1955

泾原路转运司

【长编标】315/7632；320/7731；323/7777

【长编影】315/15 下；320/10 下；323/3 上

【汇编】中四 4169、4263、4310

泾原路转运判官　胡宗哲

【宋会要】职官 66 之 17/3876

泾原路转运判官　张大宁，又作张太宁

【宋史】175/食货志上 3·漕运/4256

【长编标】319/7713

【长编影】319/11 下

【宋会要】食货 43 之 2/5573；方域 19 之 6/
7628、20 之 21/7661

【汇编】中四 4244、4245、4247

泾原路转运副使　叶康直

【长编标】322/7770；327/7875

【长编影】322/11 上；327/10 下

【汇编】中四 4307、4378

泾原路转运副使　李察

【长编标】326/7856

【长编影】326/16 下

【汇编】中四 4359

泾原路制置司

【宋史】190/兵志 4·河东陕西弓箭手/4715

【长编标】323/7781、7785、7790；326/7852

【长编影】323/6 上、9 上、13 下；326/13 上

【宋会要】兵 4 之 10/6825

【汇编】中四 4312、4314、4315、4318、4319、
4354

泾原路制置司行营总管　刘昌祚

【长编标】329/7914、7917

【长编影】329/1 下、4 上

【宋会要】兵 18 之 11/7063

【汇编】中四 4396、4398

泾原路京东第八将　梁用

【宋会要】职官 66 之 23/3879

泾原路京东第八副将　赵巇

【宋会要】职官 66 之 23/3879

泾原路驻泊马步军都总管　夏𬤨

【文庄集】6/泾州谢上表/8 下

【汇编】中二 1812

泾原路驻泊都钤辖　曹玮

【长编标】85/1949

【长编影】85/13 上

【汇编】中一 1538

泾原路驻泊都钤辖兼知渭州　曹玮

【宋会要】职官 48 之 108/3509

泾原路驻泊都监　宋庠

【涑水记闻】12/11 下

【汇编】中二 2194

泾原路驻泊都监　周文质

【长编标】88/2013；91/2102

【长编影】88/3 上；91/6 上

【汇编】中一 1567、1589

泾原路驻泊都监　王怀信

【长编标】97/2250

【长编影】97/10 上

【宋会要】方域 19 之 2/7626、20 之 16/7658

【汇编】中一 1609

泾原路驻泊都监兼缘边巡检　周文质

【长编标】85/1946

【长编影】85/11 上

【汇编】中一 1537

泾原路经略司　蔡挺

【宋史】190/兵志 4·河东陕西弓箭手/4724

【汇编】中四 3845

泾原路经略司　章楶

【长编标】503/11983

【长编影】503/12 上

【汇编】中六 5441

泾原路经略司

【宋史】17/哲宗纪 1/331；190/兵志 4·河东陕西弓箭手/4715；194/兵志 8·拣选之志/4836

【长编标】145/3513；218/5304；240/5826；245/5951、5955、5967；246/5983；248/6050；254/6207；255/6244；267/6272；271/6636；274/6701；275/6723；284/6964；286/6999；301/7326；312/7573；314/7602、7607、7608；315/7625、7631；316/7638；317/7665；318/7694；319/7704；321/7746、7750；323/7776；324/7801；326/7856；328/7892、7905、7908；329/7915；332/8005；335/8062；338/8155；346/8308；349/8369、8375；350/8383；358/8575；404/9844；405/9866、9869；445/10714；470/11226；471/11249；480/11428；485/11519、11528；489/11606；490/11642；493/11705；494/11758、11763；495/11782；498/11849；499/11873、11881、11894；500/11900；501/11929、11932；503/11983、11984；504/11999、12017；505/12042；506/12051；507/12072、12080；510/12140；512/12187；514/12216；516/12275、12290、12291；518/12340

【长编影】145/17 下；218/11 下；240/2 上；245/3 上、6 上、16 上；246/7 上；248/11 下；254/2 下、3 下；255/12 下；267/3 下；271/4 下；274/2 上、3 下、4 下；275/3 下；284/16 下；286/4 下；301/6 下；308/16 上；312/13 上；314/9 上；301/6 下；312/13 下；314/3 上、8 上、8 下；315/14 下、9 下、15 下、316/1 下、9 上；317/9 上；318/12 下；319/6 上；321/9 下、12 下；323/2 上；324/6 下；326/16 下；328/2 上、13 上、13 下；329/2 下；332/9 下；335/1 上、16 下；338/15 上；342/1 上；345/7 上、9 下、13 下；346/7 上；347/5 下；349/3 下、8 下；350/2 上；358/13 下；404/13 下；405/5 上、8 上；445/4 下；470/9 上；471/12 上；480/12 下；485/9 上、485/9 上；489/9 上；490/20 下；493/15 上；494/27 下；495/17 上；498/7 下；499/9 上、19 下；500/1 下；501/3 上；503/12 上；504/1 下、17 下；505/2 下、14 下；506/3 上；507/1 下、8 下；510/9 上；512/10 下；514/7 下；516/10 下、24 上、25 上；518/21 上

【宋会要】职官 41 之 76/3204、66 之 17/3876、76 之 17/4104；兵 4 之 3/6821、4 之 6/6823、4 之 10/6825、4 之 14/6827、5 之 10/6844、8 之 28/6901、8 之 33/6903、14 之 4/6994、14 之 5/6995、17 之 6/704、18 之 9/7062、18 之 16/7065、22 之 7/7147、22 之 13/7150、26 之 39/7246、27 之 34/7263、28 之 4/7271、28 之 6/7272、28 之 28/7283、28 之 39/7289；方域 10 之 15/7481、18 之 5/7612、19 之 16/7633；蕃夷 6 之 6/7821、6 之 32/7834

【范文正公集】年谱补遗/21 上

【安阳集】家传4/6 上

【汇编】中二 2814；中三 3048、3159、3421、

　3428、3506、3545、3631；中四 3818、3869、

　3873、3877、3908、3951、3955、3966、

　4002、4018、4019、4048、4052、4106、

　4127、4149、4167、4169、4175、4203、

　4222、4234、4279、4281、4293、4309、

　4323、4358、4382、4392、4394、4397、

　4463、4482、4489、4521；中五 4545、4571、

　4573、4576、4582、4589、4603、4604、

　4609、4635、4881、4883、5023、5212、

　5224、5253；中六 5273、5287、5288、5314、

　5322、5366、5370、5393、5406、5411、

　5412、5425、5426、5442、5457、5464、

　5465、5475

泾原路经制司勾当公事　　游师雄

【画墁集】补遗/游公（师雄）墓志铭/3 上

【汇编】中四 4199

泾原路经略司勾当公事　　耿毅

【长编标】493/11705

【长编影】493/11 下

【汇编】中六 5343

泾原路经略司管机宜文字　　种师道

【三朝北盟会编】60/4 下

【汇编】中六 6043

泾原路经略安抚司

【长编标】150/3633；425/10279；507/12074

【长编影】150/10 下；425/13 上；507/1 下

【宋会要】食货39 之 32/5504；兵4 之 14/6827、

　28 之 1/7270

【汇编】中三 2933；中四 4115；中五 4957；中

　六 5491

泾原路经略安抚使司　　席贡

【宋会要】食货40 之 10/5513

【皇宋十朝纲要】18/18 下

【汇编】中六 5979

泾原路经略安抚使司

【长编标】311/7538；335/8072

【长编影】311/7 下；335/9 下

【宋会要】兵4 之 4/6822、28 之 4/7271

【汇编】中三 3285、3464、3504；中四 4118、

　4488

泾原路经略安抚招讨使　　王沿

【宋史】300/王沿传/9959；324/张亢传/10489

【河南先生文集】13/故王先生述/10 下

【汇编】中二 2372、2588、2609

泾原路经略安抚制置使　　李宪

【长编标】322/7770

【长编影】322/10 下

【宋会要】兵8 之 27/6900

【汇编】中四 4306

泾原路经略安抚制置使司行营总管　　刘昌祚

【长编标】330/7952

【长编影】330/7 上

【汇编】中四 4435

泾原路经略安抚使　　邢恕

【宋会要】食货17 之 29/5098

泾原路经略安抚使　　吕大忠

【宋会要】食货40 之 1/5509

泾原路经略安抚使　　吕公弼

【名臣碑传琬琰集】上集26/吕惠穆公公弼神道

　碑/402

【汇编】中三 3256

泾原路经略安抚使　　何述

【忠惠集】2/徽猷阁待制知永兴军何述除泾原路

　经略安抚使知渭州制/20 下

【汇编】补遗 7426

泾原路经略安抚使　　种师道

【宋大诏令集】102/种师道保静军节度使制（宣

　和元年六月十七日）/379

【汇编】中六 5933

泾原路经略安抚使　　卢秉

【长编标】350/8388

【长编影】350/7 上

【汇编】中五 4612

泾原路经略安抚使　　刘庠

【长编标】362/8655

【长编影】362/1 上

【汇编】中五 4649

泾原路经略安抚使　　刘舜卿

【长编标】469/11207

【长编影】469/6 下

【汇编】中五 5123

泾原路经略安抚使 章楶
【长编标】490/11625；495/11781；499/11887；
504/12019；505/12026；510/12144
【长编影】490/7 下；495/15 下；499/15 下；
504/20 上；505/1 上；510/12 下
【宋会要】方域 19 之 14/7632、19 之 18/7634
【汇编】中六 5270、5271、5320、5370、5408、
5460、5464、5545

泾原路经略安抚使兼知渭州 王素
【长编标】150/3635
【长编影】150/12 上
【汇编】中三 2934

泾原路经略安抚副使 李浩
【长编标】322/7770
【长编影】322/10 下

泾原路经略招讨司
【范文正公集】年谱补遗/13 上
【汇编】中二 2553

泾原路经略招讨等使 张元
【安阳集】47/故客省使眉州防御使赠遂州观察
使张公（元）墓志铭/15 下
【汇编】中二 2609

泾原路经略转运司
【长编标】319/7711
【长编影】319/11 上
【宋会要】兵 8 之 22/6898
【汇编】中四 4134、4244

泾原路经略制置司
【长编标】324/7806；328/7903；329/7916
【长编影】324/9 下；328/11 下；329/3 上
【宋会要】兵 14 之 5/6995
【汇编】中四 4325、4392、4397

泾原路经略制置司 李舜举
【长编标】323/7778
【长编影】323/3 下
【汇编】中四 4311

泾原路经略制置使
【宋会要】兵 28 之 25/7282

泾原路经略制置使 李宪
【长编标】327/7868
【长编影】327/4 上
【汇编】中四 4370

泾原路经略使 夏安期
【宋会要】兵 4 之 3/6821

泾原路经略使 王素
【公是集】30/龙图阁直学士兵部郎中泾原路经
略使王素可谏议大夫/355
【汇编】中二 2693

泾原路经略使 钟傅，又作钟传
【皇宋十朝纲要】16/11 下
【汇编】中六 5782

泾原路经略使 施昌言
【司马文正公集】17/章奏 15/5 下
【汇编】中三 3320

泾原路经略使 王广渊
【长编标】245/5961；251/6109
【长编影】245/11 下；251/1 下
【汇编】中四 3871、3931

泾原路经略使 冯京
【长编标】273/6688
【长编影】273/13 上
【汇编】中四 4016

泾原路经略使 种师道
【宋史】368/王彦传/11451
【三朝北盟会编】198/1 上
【汇编】下 6519；5905

泾原路经略使 席贡
【宋会要】方域 19 之 20/7635；方域 20 之 19/
7660
【鸿庆居士集】2/泾原路经略使席贡降授朝请大
夫/22 上
【汇编】中六 5906、5908；补遗 7428

泾原路经略使 谢麟
【长编标】475/11322
【长编影】475/3 上
【汇编】中五 5167

泾原路经略使 蔡延庆
【长编标】283/6925；291/7119
【长编影】283/4 下；291/8 上
【汇编】中四 4080

泾原路经略使
【三朝北盟会编】61/1 上
【东坡全集】38/赐泾原路经略使并应守城御贼
汉蕃使臣已下银合茶药兼传宣抚司/21 上

【宋会要】职官 41 之 76/3204

【汇编】中五 4875；中六 6052

泾原路经略使 卢秉

【长编标】336/8098；345/8275；349/8377；350/8381

【长编影】336/6 下；345/4 下；349/11 上；350/1 上

【宋会要】兵 18 之 12/7063

【汇编】中五 4498、4570、4606、4608

泾原路经略使 刘昌祚

【长编标】419/10158

【长编影】419/13 下

【皇宋十朝纲要】12/5 上

【汇编】中五 4882、4949

泾原路经略使 章楶

【长编标】487/11565；491/11651；493/11710；495/11782；496/11795、11800、11808、11809；498/11854；499/11892；505/12030、12034、12038、12044；508/12095；518/12317

【长编影】487/2 下；491/5 上；493/15 上；495/17 上；496/4 上、14 上、15 下；498/12 下；499/19 下；504/8 上；505/2 下、7 下、11 下、16 下、17 上；508/1 上；516/18 上

【宋会要】礼 20 之 95/812；职官 67 之 27/3901；兵 8 之 33/6903、8 之 34/6904；方域 8 之 26/7453、18 之 11/7615、19 之 16/7633

【汇编】中四 4126；中六 5272、5298、5324、5344、5370、5375、5380、5381、5382、5395、5409、5447、5455、5467、5470、5474、5475、5476、5477、5501、5508、5550、5616、5640；下 7011

泾原路经略使 蔡挺

【长编标】224/5444

【长编影】224/5 下

【宋会要】礼 62 之 41/1715；食货 38 之 31/5482；兵 24 之 18/7187、9 之 9/533；方域 18 之 14/7616

【临川集】47/赐泾原路经略使蔡挺茶药诏/13 上

【汇编】中三 3492、3493、3534；中四 3774

泾原路经略总管司公事 王中正

【宋会要】兵 28 之 24/7281

泾原路经略部署 尹师鲁

【欧阳文忠公全集】28/尹师鲁墓志铭/11 下

【汇编】中三 2907

泾原路钤辖 秦翰

【宋会要】兵 27 之 7/7250

泾原路钤辖 刘平

【长编标】106/2471

【长编影】106/10 上

泾原路钤辖 刘贻孙

【长编标】156/3792

【长编影】156/14 上

泾原路钤辖 刘兼济

【宋史】325/刘兼济传/10504

【汇编】中三 3018

泾原路钤辖 张继能

【长编标】83/1890

【长编影】83/4 上

泾原路钤辖 和斌

【长编标】240/5865

【长编影】240/36 上

泾原路钤辖 周文质

【宋会要】兵 27 之 21/7257

【汇编】中一 1638

泾原路钤辖 周永清

【宋史】350/周永清传/11075

【汇编】上 238

泾原路钤辖 姚兕

【长编标】272/6659；304/7412

【长编影】272/3 下；304/18 上

泾原路钤辖 阎日新

【长编标】71/1610

【长编影】71/20 上

泾原路钤辖 彭孙

【长编标】349/8378

【长编影】349/11 上

泾原路钤辖 王中正

【长编标】250/6105

【长编影】250/23 上

【汇编】中四 3930

泾原路钤辖 王仲宝

【宋史】325/任福传/10514

【宋会要】兵 4 之 2/6821

【汇编】中一 1664、1668

泾原路钤辖　王怀信
【长编标】103/2389
【长编影】103/14 下
【汇编】中一 1641

泾原路钤辖　刘昌祚
【长编标】322/7765
【长编影】322/7 上
【汇编】中四 4303

泾原路钤辖　张之谦
【长编标】404/9835
【长编影】404/7 上
【汇编】中五 4843

泾原路钤辖　张煦
【长编标】58/1274
【长编影】58/1 下
【汇编】中一 1404

泾原路钤辖　姚古
【长编标】518/12335
【长编影】518/16 下
【汇编】中六 5650

泾原路钤辖　郭成
【长编标】505/12038
【长编影】505/11 下
【汇编】中六 5474

泾原路钤辖　姚麟
【长编标】322/7765；328/7906；334/8042；339/8166
【长编影】322/7 上；328/14 上；334/11 上；339/7 下
【东都事略】104/姚麟传/2 下
【汇编】中四 4198、4303、4393、4475、4524

泾原路钤辖　曹玮
【长编标】77/1762
【长编影】77/12 上
【宋会要】兵 4 之 1/6820
【汇编】中一 1507

泾原路钤辖　擅自于武延川凿边壕、创置堡寨
【宋史】300/俞献卿传/9977
【长编标】101/2332
【长编影】101/3 上
【汇编】中一 1625

泾原路钤辖司　言生户六族首领潘征等二千余帐内附
【长编标】103/2390
【长编影】103/15 上
【汇编】中一 1642

泾原路钤辖兼安抚都监　孙全照
【宋史】253/孙行友传/8873
【汇编】中一 1216

泾原路钤辖兼知渭州　郝荣
【宋会要】职官 49 之 2/3530

泾原路钤辖兼知镇戎军　王仲宝
【宋会要】兵 4 之 2/6821
【汇编】中一 1668

泾原路钤辖兼第二将　刘惟吉
【长编标】291/7119
【长编影】291/8 上
【汇编】中四 4080

泾原路总管　郭自明
【宋会要】方域 12 之 3/7521

泾原路总管　王仲宝
【宋史】325/王仲宝传/10514
【汇编】中二 2082

泾原路总管　刘昌祚
【长编标】334/8049
【长编影】334/17 上

泾原路总管　陈兴
【宋会要】兵 22 之 1/7144
【汇编】中一 1347

泾原路总管　夏竦
【宋史】323/刘谦传/10461
【汇编】中二 2111

泾原路总管　韩存宝
【长编标】290/7095
【长编影】290/9 上

泾原路总管　刘昌祚
【长编标】334/8049
【长编影】334/17 上
【汇编】中四 4478

泾原路总管　张玉
【长编标】219/5331
【长编影】219/10 下
【汇编】中三 3652

泾原路总管　姚麟

【长编标】347/8322；350/8388

【长编影】347/2 下；350/7 上

【汇编】中五 4613

泾原路总管　田敏

【宋史】291/王博文传/9744；326/田敏传/10534

【长编标】104/2401

【长编影】104/2 下

【汇编】中一 1607、1644

泾原路总管司

【长编标】99/2296；103/2375

【长编影】99/6 上；103/1 下

【宋会要】职官 49 之 3/3531；兵 4 之 3/6821、27 之 26/7259；方域 18 之 3/7611

【汇编】中一 1615、1633、2035

泾原路总管兼本路第一将　刘昌祚

【长编标】313/7594

【长编影】313/11 上

泾原路总管兼本路第一将　刘昌祚

【长编标】313/7594

【长编影】313/11 上

【宋会要】兵 8 之 22/6898

【汇编】中四 4133

泾原路总管兼第一将　韩存宝

【长编标】304/7410

【长编影】304/15 下

泾原路总管兼第一将　刘昌祚

【长编标】330/7952

【长编影】330/7 上

【汇编】中四 4435

泾原路都钤辖　王湛

【长编标】493/11713

【长编影】493/17 下

泾原路都钤辖　苗履

【长编标】477/11359

【长编影】477/6 下

泾原路都钤辖　姚古

【宋会要】职官 67 之 36/3905

【汇编】中六 5716

泾原路都钤辖　周文质

【长编标】103/2387

【长编影】103/13 上

【宋会要】职官 46 之 27/3834

【汇编】中一 1639

泾原路都钤辖　曹玮

【宋史】258/曹玮传/8985

【长编标】83/1887

【长编影】83/1 上

【宋会要】食货 20 之 5/5135

【临川集】90/曹穆公行状/3 下

【汇编】中一 1399、1491、1508、1523

泾原路都钤辖兼知渭州　曹玮

【长编标】78/1770

【长编影】78/1 下

【临川集】90/曹穆公玮行状/3 下

【汇编】中一 1491、1508

泾原路都总管　刘昌祚

【皇宋十朝纲要】/10/1 下

【汇编】中四 4221

泾原路都总管　夏安期

【宋会要】职官 48 之 127/3519

【汇编】中三 3135

泾原路都总管　程戡

【宋会要】兵 1 之 4/6755、1 之 5/6756

【汇编】中二 2620

泾原路都总管司

【长编标】487/11572

【长编影】487/9 下

【宋会要】职官 66 之 17/3876

【汇编】中六 5303

泾原路都总管司走马承受　梁安礼

【宋会要】食货 39 之 32/5504

【汇编】中四 4115

泾原路都总管兼知谓州　夏安期

【宋会要】职官 48 之 127/3519

泾原路都监　王文

【宋史】289/葛怀敏传/9701

【汇编】中二 2546

泾原路都监　王保

【宋史】289/葛怀敏传/9701

【汇编】中二 2546

泾原路都监　许迁

【范文正公集】政府奏议·荐举/21 下

【汇编】中二 2386

泾原路都监　李知和

【宋史】289/葛怀敏传/9701

【汇编】中二 2546

泾原路都监　武英

【安阳集】家传 2/4 上

【汇编】中二 2201

泾原路都监　种古

【宋史】335/种古传/10744

【汇编】中四 4008

泾原路都监　夏元机

【宋会要】兵 28 之 4/7271、28 之 5/7272

【汇编】中三 3506

泾原路都监　桑怿

【涑水记闻】12/11 下

【汇编】中二 2197

泾原路都监　黄士宁

【范文正公集】政府奏议·荐举 21 下

【汇编】中二 2385

泾原路都监　王宁

【长编标】245/5949

【长编影】245/1 上

【汇编】中四 3868

泾原路都监　王秉

【长编标】128/3042

【长编影】128/15 下

【汇编】中二 2077

泾原路都监　王珪

【宋史】325/王珪传/10508

【涑水记闻】12/11 下

【汇编】中二 2080、2197

泾原路都监　刘继宗

【长编标】128/3042；129/3051

【长编影】128/15 下；129/1 下

【汇编】中二 2077、2102

泾原路都监　李余懿

【长编标】95/2192

【长编影】95/13 上

【汇编】中一 1600

泾原路都监　李纬

【长编标】128/3042

【长编影】128/15 下

【汇编】中二 2077

泾原路都监　种朴

【长编标】485/11522

【长编影】485/4 下

【汇编】中六 5279

泾原路都监　郭志高

【长编标】132/3129

【长编影】132/7 下

【汇编】中二 2273

泾原路都监　张世矩

【长编标】330/7952；348/8351

【长编影】330/6 下；348/10 上

【宋会要】职官 66 之 18/3877、66 之 29/3882

【汇编】中四 4367、4435；中五 4596

泾原路都监　赵珣

【宋史】289/葛怀敏传/9760

【长编标】137/3300

【长编影】137/21 下

【汇编】中二 2546、2554

泾原路都监司指使　霍达

【长编标】138/3314

【长编影】138/5 上

【汇编】中二 2578

泾原路都部署　文彦博

【长编标】138/3315

【长编影】138/6 上

【汇编】中二 2582

泾原路都部署　葛怀敏

【长编标】138/3314

【长编影】138/5 上

【汇编】中二 2578

泾原路部署　尹洙

【涑水记闻】10/5 上

【汇编】中三 2907

泾原路部署　陈兴

【长编标】56/1240

【长编影】56/14 下

泾原路部署　曹利用

【长编标】120/2836

【长编影】120/15 上

泾原路部署　王谦

【长编标】103/2387

【长编影】103/13 上

【汇编】中一 1639

泾原路部署　孙继邺

【长编标】120/2836

【长编影】120/15 上

【汇编】中一 1736

泾原路部署　狄青

【范文正公集】政府奏议·荐举/21 下

【涑水记闻】10/5 上

【汇编】中二 2385、2907

泾原路部署兼知渭州　张敏

【长编标】115/2706

【长编影】115/16 下

泾原路准备使唤　孙咸宁

【长编标】475/11322

【长编影】475/3 上

【宋会要】职官 67 之 7/3891

【汇编】中五 5167

泾原路准备将　孙文

【长编标】516/12282

【长编影】516/17 上

【汇编】中六 5615

泾原路准备差使　孙咸宁

【长编标】473/11288

【长编影】473/8 上

【汇编】中五 5156

泾原路通安砦兵马监押　曲端

【宋史】369/曲端传/11489

【汇编】中六 6054

泾原路副总管　王文振

【长编标】485/11520

【长编影】485/2 下

泾原路副总管　陈兴

【宋会要】兵 22 之 4/7145

【汇编】中三 3260

泾原路副总管　苗履

【宋会要】职官 67 之 10/3892

【汇编】中五 5230

泾原路副总管　康继英

【宋会要】兵 27 之 22/7257、27 之 23/7258

【汇编】中一 1655

泾原路副总管　吕真

【长编标】401/9769

【长编影】401/8 下

【汇编】中五 4829

泾原路副都总管　狄青

【宋史】290/狄青传/9718

【汇编】中二 2562

泾原路副都总管　张玉

【长编标】223/5432；235/5718

【长编影】223/16 上；235/21 上

【宋会要】职官 65 之 36/3864；兵 28 之 4/7271

泾原路副都总管　王恩

【宋史】350/王恩传/11088

【长编标】494/11746

【长编影】494/17 下

【汇编】中六 5360、5443

泾原路副都部署　曹仪

【长编标】115/2707

【长编影】115/17 上

泾原路副都部署　康继英

【长编标】103/2388

【长编影】103/13 下

【汇编】中一 1640

泾原路副都部署　王谦

【长编标】101/2344

【长编影】101/12 上

【汇编】中一 1628

泾原路副都部署　高化

【长编标】111/2589

【长编影】111/12 下

【汇编】中一 1685

泾原路第十三将　统领陇山一带弓箭手人马

【宋史】190/兵志 4·河东陕西弓箭手/4716

【长编标】425/10279

【长编影】425/13 上

【宋会要】兵 4 之 14/6827

【汇编】中五 4957

泾原路第十将　李浦

【长编标】464/11094

【长编影】464/20 下

【宋会要】职官 67 之 6/3890

【汇编】中五 5088

泾原路第八将　戴嗣良

【长编标】330/7948

【长编影】330/3 上

【汇编】中四 4432

泾原路第八将队将　李贵

【长编标】322/7758

【长编影】322/1 上

【汇编】中四 4296

泾原路第三将　孙文

【宋会要】职官 67 之 27/3901

泾原路缘边都巡检使　向进

【长编标】137/3280

【长编影】137/3 下

【汇编】中二 2517

泾原路督总管司　梁安礼，督总管司，疑为都总管司之误

【长编标】309/7498

【长编影】309/5 下

泾原路管勾招抚蕃落公事　李纬

【长编标】132/3153

【长编影】132/28 上

【汇编】中二 2315

泾原路蕃落指挥　天圣元年升为禁军

【长编标】104/2426

【长编影】104/24 下

【汇编】中一 1651

泾原鄜延秦凤副总管　张守约

【宋史】350/张守约传/11073

【汇编】中五 4926

泾原熙河兰会安抚制置使　李宪

【宋史】16/神宗纪 3/306

【汇编】中四 4305

泾原镇戎军总管司　与西凉吐蕃潘罗支夹击李继迁

【宋会要】方域 21 之 19/7670

泾源路制置司

【宋会要】职官 44 之 53/3390

泾源路经略司

【宋会要】兵 5 之 9/6844

宝兴军寨主　李继忠

【宋会要】职官 49 之 3/3531

【汇编】中一 1646

定川寨主　郭纶

【长编标】137/3301

【长编影】137/21 下

【汇编】中二 2555

定难节度使　悬赏能杀李元昊者

【长编标】123/2913

【长编影】123/19 上

【汇编】中二 1807

定难节度使　赠石元孙

【长编标】128/3032

【长编影】128/7 上

【汇编】中二 2052

定边军安抚司

【宋会要】兵 4 之 28/6834

【汇编】中六 5945

定边军安抚司公事　杨可世

【宋会要】兵 24 之 30/7193

【汇编】中六 5911

定边城蕃部巡检　赵世良

【长编标】514/12210

【长编影】514/2 上

【汇编】中六 5575

定西城监押　李中

【长编标】350/8384

【长编影】350/3 下

【汇编】中五 4610

定西城监押　吴猛

【长编标】400/9744

【长编影】400/5 下

【汇编】中五 4826

定戎军兼管天都寨主簿

【宋会要】选举 28 之 30/4692

【汇编】中六 5726

官告使　蓝继宗赐夏太宗李德明

【长编标】97/2247

【长编影】97/7 下

建宁军节度　麟州升节度

【宋史】2/太祖纪 2/26

【汇编】中一 946

建宁寨主　陈昭

【欧阳文忠公全集】116/河东奉使奏草/5 下

【汇编】中三 2973

肃远寨巡防　戴荣

【长编标】407/9897

【长编影】407/3 下

【宋会要】职官 66 之 37/3886

【汇编】中五 4648、4900

陕西马步军总管兼招讨使　　夏竦

【宋史】10/仁宗纪 2/208

【汇编】中二 2008

陕西马步军都总管　　陈执中

【宋史】11/仁宗纪 2/211

【汇编】中二 2253

陕西马步军都总管　　夏守赟

【宋史】10/仁宗纪 2/206；290/夏守赟传/9716

【汇编】中二 1909

陕西马步军都总管　　夏竦

【安阳集】家传 2/1 上

【汇编】中二 2010

陕西马步军都部署兼经略安抚缘边招讨使　　夏竦

【长编标】134/3190

【长编影】134/3 下

【汇编】中二 2367

陕西马递铺　　上批因军兴应令两路提点刑狱文臣点检补填马递铺所缺人马

【宋会要】方域 10 之 24/7485

陕西五路制置使　　钱盖

【三朝北盟会编】109/3 上

【鸿庆居士集】25/陕西五路制置使钱盖降授朝奉郎制/21 下

【汇编】下 6111、6112

陕西五路经略司　　案视缘边诸城堡寨

【长编标】256/6255；339/8173

【长编影】256/8 上；339/12 下

【汇编】中四 3965

陕西五路经略使　　范致虚

【三朝北盟会编】77/6 上

【汇编】下 6089

陕西计度发运使　　吴亮

【宋会要】食货 40 之 6/5511

【汇编】中六 5890

陕西四路马步军都总管　　庆历四年二月罢陕西四路马步军都总管与经略安抚招讨使，复置随路都总管和经略安抚招讨使

【宋史】11/仁宗纪 3/217

【汇编】中三 2847

陕西四路马步军都部署　　范仲淹

【范文正公集】13/天章阁待制滕君墓志铭/19 下

【汇编】中二 2608

陕西四路马步军都部署　　韩琦

【范文正公集】13/天章阁待制滕君墓志铭/19 下

【汇编】中二 2608

陕西四路马步军都部署兼经略安抚招讨使　　郑戬

【长编标】140/3363

【长编影】140/5 上

陕西四路马步军都部署兼经略安抚招讨使　　韩琦、范仲淹

【长编标】140/3363

【长编影】140/5 上

陕西四路安抚使

【长编标】178/4307

【长编影】178/4 上

陕西四路安抚使　　郭逵

【范太史集】40/检校司空左武卫上将军郭公墓志铭/7 上

【汇编】中三 3411

陕西四路安抚使　　范仲淹

【宋史】314/范仲淹传/10275

【长编标】157/3807

【长编影】157/10 下

【奏议标】133/范仲淹等·上仁宗论元昊请和不可许者三大可防者三/1487

【奏议影】133/范仲淹·上仁宗论元昊请和不可许者三大可防者三/4574

【欧阳文忠公全集】20/资政殿学士户部侍郎文正范公神道碑/14 上

【范文正公集】褒贤集/富弼撰墓志铭/10 上

【汇编】中三 2938、3039、3069

陕西四路招讨经略都总管　　郑戬

【宋会要】职官 64 之 45/3843

【涑水记闻】10/5 上

【汇编】中三 2907、2908

陕西四路招讨部署　　郑戬

【涑水记闻】11/5 下

【汇编】中二 2817

陕西四路沿边安抚使　范仲淹

【宋会要】职官 41 之 89/32

陕西四路沿边宣抚使　郭逵

【长编标】208/5064

【长编影】208/15 下

【宋会要】职官 41 之 19/3176；兵 14 之 3/6994、
28 之 2/7270；方域 19 之 3/7627、20 之 6/
7653、20 之 16/7658

【汇编】中三 3412、3424、3426

陕西四路沿边都总管　韩琦

【名臣碑传琬琰集】中集 48/韩忠献公琦行状/
1096

【汇编】中二 2612

陕西四路经略计置判官　范仲淹上言选差朝
臣四人充任

【范文正公集】政府奏议下·边事/10 上

【汇编】中二 2647

陕西四路经略司

【长编标】158/3823；232/5627

【长编影】158/6 上；232/1 上

【宋会要】食货 39 之 23/5500；兵 5 之 6/6842、
22 之 3/7145、27 之 34/7263、28 之 3/7271

【汇编】中三 3082、3464；中四 3758

陕西四路经略安抚招讨使　韩琦

【宋史】312/韩琦传/10223

【汇编】中二 2613

陕西四路经略安抚招讨使　富弼

【范文正公集】褒贤集/富弼墓志铭/9 下

【汇编】中二 2611

陕西四路经略安抚招讨使　郑戬

【长编标】144/3486

【长编影】144/9 下

【汇编】中二 2785

陕西四路经略安抚缘边招讨使　范仲淹、
韩琦、庞籍

【长编标】138/3313

【长编影】138/2 下

【汇编】中二 2577

陕西四路经略使　韩琦

【涑水记闻】11/20 下

【汇编】中三 3461

陕西四路驻泊钤辖　秦凤梁寔、泾原李若愚、
环庆王昭明、鄜延韩则顺

【宋史】191/兵志 5/4752

【汇编】中三 3395

陕西四路钤辖　内侍李若愚等

【宋史】341/傅尧俞传/10883

【汇编】中三 3375

陕西四路钤辖　内侍王昭明等

【宋史】321/吕诲传/10428

【奏议标】62/傅尧俞·上英宗论差中官为陕西
钤辖/685

【奏议影】62/傅尧俞·上英宗论差中官为陕西
钤辖/2275

【汇编】中三 3372、3375

陕西四路总管　诏陕西四路总管及转运使兼营
田

【宋史】11/仁宗纪 3/213

【汇编】中二 2407

陕西四路总管司

【安阳集】家传 4/6 上

【汇编】中二 2814

陕西四路都总管　郑戬

【宋史】292/郑戬传/9768；295/尹洙传/9837

【汇编】中二 2710；中三 2903

陕西四路都总管司

【宋会要】职官 23 之 13/2889；兵 21 之 7/7128

【汇编】中三 3453

陕西四路都部署经略安抚招讨使　郑戬

【长编标】146/3542

【长编影】146/15 上

【汇编】中三 2847

陕西四路都部署经略安抚兼沿边招讨使　
韩琦、庞籍分领之

【范文正公集】年谱补遗/14 上

【汇编】中二 2606

陕西四路都部署缘边经略安抚招讨使　韩
琦、范仲淹、庞籍

【长编标】139/3345

【长编影】139/8 上

陕西四路部署司勾当公事　姚嗣宗

【长编标】144/3483

【长编影】144/7 上

【汇编】中二 2784

陕西四路缘边兵马都部署兼经略安抚招讨使　郑戬

【文恭集】36/宋故宣徽北院使赠太尉文肃郑公（戬）墓志铭/436

【汇编】中二 2710

陕西四路缘边都总管兼经略招讨等使　庞籍

【名臣碑传琬琰集】上集 22/庞庄敏公籍神道碑/347

【汇编】中二 2463

陕西处置招讨使

【乐全集】19/平戎十策及表/13 下

【汇编】中二 2237

陕西西（四）路总管　陕西四路总管及转运并兼营田使

【宋会要】食货 2 之 3/4826

【汇编】中三 3072

陕西同制置解盐　李师锡

【宋会要】兵 22 之 6/7146

陕西同经略安抚招讨　陈执中

【宋史】283/夏竦传/9572

【汇编】中二 2253

陕西同经略安抚招讨使　陈执中

【宋史】285/陈执中传/9603

【汇编】中二 2253

陕西安抚司

【宋会要】兵 2 之 4/6773、22 之 14/7150、28 之 9/7274

【汇编】中三 3621、3654

陕西安抚使　王尧臣

【宋会要】兵 27 之 27/7260

【汇编】中二 2522

陕西安抚使　李昭亮

【长编标】166/3996、4000

【长编影】166/14 上

陕西安抚使　陈旭

【长编标】205/4964

【长编影】205/3 下

陕西安抚使　冯京

【长编标】205/4964

【长编影】205/3 下

【宋会要】职官 61 之 11/3759

【汇编】中三 3390

陕西安抚使　庞籍

【长编标】123/2910

【长编影】123/16 下

【文庄集】14/陈边事十策/1 上

【汇编】中二 1796

陕西安抚使　程琳

【宋史】288/程琳传/9676

【长编标】158/3820、3823；160/3874；164/3942

【长编影】158/3 下、6 下；160/14 上；164/1 上

【欧阳文忠公全集】30/镇安军节度使同中书门下平章事赠中书令谥文简程公墓志铭/14 上

【汇编】中三 3099、3117

陕西安抚使　韩琦

【宋史】312/韩琦传/10222

【长编标】126/2974、2978、2993；127/3006

【长编影】126/8 上、12 上、25 上；127/3 下

【宋会要】方域 8 之 2/7441

【宋大诏令集】186/宽陕西民力诏（康定元年二月丁未）/679

【安阳集】家传 1/14 上

【名臣碑传琬琰集】中集 48/韩忠献公琦行状/1094

【汇编】中二 1932、1966、1967、1994；中三 3465

陕西安抚使司　将义勇分为七路

【宋会要】兵 2 之 4/6773

陕西安抚副使　符惟忠

【长编标】126/2974

【长编影】126/8 上

【汇编】中二 1919

陕西防城甲仗库

【宋会要】职官 4 之 16/2444

陕西买马司

【长编标】307/7472；310/7520；323/7780；330/7949；336/8098

【长编影】307/19 下；310/8 上；323/3 下；330/4 下；336/8 上

【宋会要】职官 43 之 68/3307；兵 24 之 19/

7188、24 之 30/7193

【汇编】中四 4311、4434、4499；中六 5915

陕西运使　李周

【栾城集】27/西掖告词/4917

【汇编】中五 4770

陕西运使　明镐

【宋史】10/仁宗纪 2/206

【汇编】中二 1906

陕西走马承受公事　言赵元昊举兵攻唃厮啰，请下陕西预为边备

【宋会要】兵 27 之 25/7259

【汇编】中一 1707

陕西抚谕使　谢亮

【宋史】369/曲端传/11490

【中兴小纪】3/30

【系年要录】16/332

【汇编】下 6125、6127、6143

陕西抚谕使兼宣谕使　谢亮

【宋史】25/高宗纪 2/453；486/夏国传下/14022

【系年要录】12/271

【汇编】上 88；下 6125

陕西两河宣抚　童贯

【宋史】22/徽宗纪 4/408

【汇编】中六 5945

陕西估马司

【长编标】192/4643

【长编影】192/9 上

陕西体量安抚使　王尧臣

【名臣碑传琬琰集】中集 8/王文安公尧臣墓志铭/546

【汇编】中二 2160

陕西体量安抚使　仲简

【长编标】163/3921

【长编影】163/5 下

陕西体量安抚使　庞籍

【宋史】311/庞籍传/10199

【长编标】123/2907

【长编影】123/13 下

【汇编】中二 1792

陕西体量安抚使　王尧臣

【长编标】132/3140

【长编影】132/17 上

【奏议标】125/王尧臣·上仁宗乞用泾原路熟户/1378

【奏议影】125/王尧臣·上仁宗乞用泾原路熟户/4254

【欧阳文忠公全集】212/墓志·尚书户部侍郎参知政事赠右仆射文安王公墓志铭/2

【汇编】中二 2293、2297

陕西体量蕃部公事　姚可久

【长编标】128/3042

【长编影】128/16 下

陕西兵马钤辖　段少连乞罢

【宋会要】职官 48 之 108/3509

【汇编】中二 2048

陕西招讨　韩琦、范仲淹、庞籍

【宋史】11/仁宗纪 3/215

【汇编】中二 2672

陕西招讨使　夏宣徽

【河南先生文集】6/上陕西招讨使夏宣徽小启/11 下

【汇编】中二 2217

陕西招讨经略司　张方平请罢

【乐全集】21/请罢陕西招讨经略司事/5 上

【汇编】中二 2334

陕西招讨等使　夏竦

【乐全集】21/请罢陕西招讨经略司事/5 上

【汇编】中二 2334

陕西转运　明镐

【宋会要】兵 8 之 20/6897

【汇编】中二 1911

陕西转运司　元丰六年诏借军须钱五万缗支赍阙汉蕃弓箭手

【宋会要】兵 4 之 12/6826

陕西转运司　抄点保毅军六万八千余人防城备边

【宋会要】兵 1 之 1/6754

【文庄集】14/陈边事十策/1 上

【汇编】中二 1801

陕西转运司

【长编标】62/1385；103/2390；104/2413；105/2447；134/3191；135/3224；137/3291；167/4016、4018；177/4292；188/4536；192/4641；213/5176、5178；215/5244、5249；216/5261；

217/5281；220/5348；221/5383；222/5402；223/5425；237/5757；238/5797；285/6990；290/7089；292/7136；295/7178；296/7211；298/7258；303/7379、7381；305/7428；308/7476；326/7853；327/7865；330/7956；333/8023；334/8055；335/8069；338/8137、8142、8152、8155；341/8201；342/8232；346/8310；347/8326、8337；348/8347；349/8372；359/8585；368/8879；372/9017；373/9042；375/9085；389/9453、9454；442/10631；472/11274；476/11338；478/11382；489/11610；491/11650；512/12185

【长编影】62/2 下；103/15 上；104/13 下；105/8 下；134/4 下；135/10 下；137/13 下；167/9 下；177/14 上；188/10 下；192/7 下；213/10 上、12 上；215/13 上、16 下；216/9 下；217/9 下；220/13 上；221/15 上；222/4 下；223/9 下；237/1 上；238/11 上；285/17 下；290/4 上；292/7 下；295/1 下；296/15 下；298/17 上；303/13 上、15 上；305/12 上；308/1 下；326/14 上；327/1 上；330/10 上；333/10 上；334/22 上；335/7 下；338/15 上；341/6 下；342/11 下；346/8 下；347/6 上、15 下；348/6 上；349/6 上、8 下；359/5 下；368/22 下；372/14 上；373/17 上；375/1 上；389/5 上、5 下；442/1 下；472/3 上；476/3 上；478/1 上；489/12 下；491/4 下；512/9 上

【宋会要】职官 48 之 25/3468；食货 36 之 21/5442、39 之 23/5500、40 之 1/5509、40 之 2/5509、55 之 31/5763；兵 4 之 12/6826、5 之 6/6842、5 之 10/6844、22 之 4/7145；方域 8 之 30/7455、10 之 22/7484

【东坡全集】25/奏议/6 上

【范文正公集】政府奏议下·边事/10 上

【汇编】中一 1397、1424、1523、1642；中二 2537、2647；中三 3018、3205、3208、3259、3463、3572、3574、3582、3606、3608、3617、3624、3674、3695、3700；中四 3805、4099、4356、4366、4398、4480、4504、4521、4534、4555、4583；中五 4592、4604、4612、4710、4887、5230；中六 5317、5324

陕西转运司干当官　吕宗岳

【宋会要】职官 66 之 20/3878

陕西转运司勾当公事　吕大忠

【长编标】228/5547

【长编影】228/8 上

陕西转运司勾当公事　吕大防

【长编标】228/5547

【长编影】228/7 下

【汇编】中三 3727

陕西转运司勾当公事　李宗愿

【长编标】507/12085

【长编影】507/12 上

【汇编】中六 5500

陕西转运司管勾公事　原设五员，元祐五年减罢

【长编标】442/10644

【长编影】442/13 上

【汇编】中五 4992

陕西转运司管勾文字　李柜

【长编标】323/7933

【长编影】329/16 下

【汇编】中四 4415

陕西转运判官　孙恟

【系年要录】38/726

【汇编】下 6245

陕西转运判官　杨国宝

【长编标】410/9987

【长编影】410/7 上

陕西转运判官　何常

【宋史】354/何常传/11166

【汇编】中六 5881、5882

陕西转运判官　张太宁

【长编标】327/7867

【长编影】327/3 上

陕西转运判官　范仲淹举荐

【范文正公集】政府奏议下·荐举 26 上

【汇编】中二 2720

陕西转运判官　秦希甫

【奏议标】141/任伯雨·上徽宗论湟鄯/1595

【奏议影】141/任伯雨·上徽宗论湟鄯/4904

陕西转运判官　钱即

【宋史】317/钱即传/10351

【汇编】中六 5794

陕西转运判官　穆衍

【宋史】332/穆衍传/10691

【汇编】中五5118

陕西转运判官　李谠

【长编标】494/11734；500/11906

【长编影】494/8 上；500/6 下

【汇编】中六5418

陕西转运判官　赵济

【长编标】333/8025；334/8039

【长编影】333/11 上；334/8 上

【汇编】中四4470、4474

陕西转运判官　孙路

【宋史】332/孙路传/10687

【长编标】382/9317；393/9574

【长编影】382/17 上；393/21 下

【汇编】中五4556、4773、4804

陕西转运判官　李稷

【宋史】16/神宗纪 3/308

【长编标】329/7937

【长编影】329/19 上

【皇宋十朝纲要】10 下/3 上

【汇编】中四4416、4424

陕西转运判官　范纯粹

【宋史】314/范纯粹传/10279

【长编标】331/7987

【长编影】331/18 下

【宋会要】职官 66 之 20/3878

【汇编】中四4194、4456

陕西转运判官　秦希甫

【长编标】518/12335；519/12347；520/12383

【长编影】518/16 下；519/5 上；520/24 上

【奏议标】141/任伯雨·上徽宗论湟鄯/1595

【奏议影】141/任伯雨·上徽宗论湟鄯/4907

【汇编】中六5657、5670、5692

陕西转运判官　游师雄

【宋史】332/游师雄传/10689

【长编标】406/9890

【长编影】406/14 上

【奏议标】97/常安民·上哲宗奏为种谊生擒鬼章赏未称功/1049

【奏议影】97/常安民·上哲宗奏为种谊生擒鬼章赏未称功/3279

【画墁集】补遗/游公（师雄）墓志铭/5 下

【汇编】中五4852、4897、4981、5084、5265

陕西转运使　范雍

【宋会要】食货 39 之 10/5493

陕西转运使

【长编标】158/3823

【长编影】158/12 上

陕西转运使　王观

【长编标】68/1523

【长编影】68/5 上

陕西转运使　王钦臣

【三朝北盟会编】60/4 下

【汇编】中六6042

陕西转运使　太平兴国二年诏分为二司

【长编标】18/415

【长编影】18/20 上

陕西转运使　毛渐

【宋史】348/毛渐传/11040

【汇编】中五5258

陕西转运使　卢之翰

【长编标】34/750

【长编影】34/5 上

陕西转运使　包拯

【长编标】160/3870；167/4016

【长编影】160/10 上；167/10 上

陕西转运使　皮公弼

【长编标】278/6794；281/6885

【长编影】278/1 下；281/4 上

陕西转运使　吕大忠

【长编标】396/9660

【长编影】396/13 上

陕西转运使　向敏中

【宋史】286/薛奎传/9630

【汇编】中一1508

陕西转运使　刘涣

【宋史】324/刘涣传/10493

【汇编】中二2056

陕西转运使　刘楚

【长编标】95/2195

【长编影】95/16 下

陕西转运使　孙沔

【长编标】139/3345；140/3364

【长编影】139/8 下；140/6 上

陕西转运使　李士龙

【长编标】72/1626、1631

【长编影】72/4 下、8 下

陕西转运使　李安

【长编标】28/633

【长编影】28/3 上

陕西转运使　李周

【宋史】344/李周传/10935

【汇编】中五 4770

陕西转运使　李参

【长编标】174/4204

【长编影】174/12 下

陕西转运使　李昭述

【文恭集】38/宋翰林侍读学士赐金紫鱼袋礼部
　　尚书谥恪李公（昭述）墓志铭/455

【汇编】中二 1876

陕西转运使　沈起

【长编标】242/5905

【长编影】242/14 上

陕西转运使　宋太初

【宋史】277/宋太初传/9422

【汇编】中一 1113

陕西转运使　宋珰

【长编标】25/579

【长编影】25/8 下

陕西转运使　宋维幹

【长编标】33/738

【长编影】33/5 下

陕西转运使　诏陕西、河东、河北转运使各
　　上本路地图三本，一进内，二送中书、枢密
　　院

【长编标】129/3054

【长编影】129/4 上

陕西转运使　张存

【宋会要】兵 27 之 25/7259

【汇编】中二 1790

陕西转运使　张尧佐

【长编标】159/3846

【长编影】159/7 上

陕西转运使　张诜

【长编标】230/5587

【长编影】230/2 下

陕西转运使　张舜民

【宋会要】选举 28 之 26/4690

【汇编】中五 5236

陕西转运使　张巽

【长编标】52/1147

【长编影】52/15 下

陕西转运使　陈纬

【长编标】40/843；47/1026

【长编影】40/2 上；47/16 上

陕西转运使　陈襄

【长编标】210/5111

【长编影】210/15 上

陕西转运使　范祥

【长编标】174/4204；461/11025

【长编影】174/11 下、12 下；461/9 下

陕西转运使　段少连

【长编标】120/2843；122/1876

【长编影】120/21 下；122/5 下

陕西转运使　段惟几

【长编标】89/2049

【长编影】89/12 上

陕西转运使　段煜

【长编标】91/2104

【长编影】91/7 下

陕西转运使　俞献卿

【长编标】101/2332

【长编影】101/3 上

陕西转运使　钱勰

【长编标】321/7738

【长编影】321/3 上

陕西转运使　黄观

【长编标】63/1417

【长编影】63/17 下

陕西转运使　梅公

【欧阳文忠公全集】27/翰林侍读学士给事中梅
　　公墓志铭/3 上

【汇编】中一 1587

陕西转运使　梅询

【长编标】96/2217

【长编影】96/12 上

陕西转运使　傅永

【长编标】162/3905

【长编影】162/4 下

陕西转运使 游师雄

【宋史】332/游师雄传/10690

【汇编】中五 5184

陕西转运使 薛颜

【长编标】79/1792

【长编影】79/1 上

陕西转运使 卞咸

【长编标】132/3152；134/3187

【长编影】132/26 下；134/1 上

【汇编】中二 2314、2362

陕西转运使 朱台符

【长编标】57/1258

【长编影】57/7 上

【宋会要】食货 23 之 29/5189

陕西转运使 李察

【长编标】341/8214

【长编影】341/17 下

【汇编】中四 4541

陕西转运使 张询

【长编标】494/11743；496/11791

【长编影】494/15 上；496/1 下

【汇编】中六 5359

陕西转运使 范子奇

【长编标】403/9800；406/9890

【长编影】403/2 上；406/13 下

【汇编】中五 4837

陕西转运使 章楶

【长编标】485/11523；491/11672

【长编影】485/4 下；491/21 下

【汇编】中六 5280、5334

陕西转运使

【宋史】198/兵志 12/4936

【长编标】56/1244；60/1339；77/1763；82/1881；83/1908；127/3015；145/3516；153/3727；158/3830；164/3957；168/4045；181/4382；214/5199；216/5267；221/5367、5369、5377；287/7032；299/7280；337/8121；339/8162；405/9873；431/10418

【长编影】56/18 上；60/6 下；77/12 下；82/17 下；83/19 上；127/11 下；145/19 下；153/

13 上；158/12 上；164/14 上；168/13 上；181/11 下；214/6 上；216/15 上；221/1 上；287/18 下；299/14 下；337/5 下；339/3 下；405/11 下；431/10 下

【宋会要】兵 27 之 10/7251

陕西转运使 王博文

【长编标】104/2400、2421

【长编影】104/20 上

【宋会要】食货 36 之 20/5439

【汇编】中一 1648

陕西转运使 明镐

【宋史】292/明镐传/9769

【长编标】126/2970、2973、2981；127/3020

【长编影】126/5 下、14 上；127/11 下、15 下

【汇编】中二 1940

陕西转运使 薛向

【续资治通鉴】65/1601

【奏议标】136/司马光·上神宗论纳横山非便/1529

【奏议影】136/司马光·上神宗论纳横山非便/4704

【汇编】中三 3429

陕西转运使 刘综

【宋史】304/梁鼎传/10058

【长编标】47/1036；49/1071；50/1093、1099；51/1112；52/1148；54/1186

【长编影】47/24 上；49/7 下；50/11 上、16 上；51/5 上；52/16 下；54/10 下

【宋会要】食货 4 之 1/4846、63 之 39/6006；兵 27 之 6/7249；方域 8 之 1/7441

【汇编】中一 1238、1342

陕西转运使 杨覃

【宋史】307/杨覃传/10131

【长编标】54/1175；57/1258

【长编影】54/1 上；57/7 上

【宋会要】食货 39 之 3/5490

【汇编】中一 1339、1385

陕西转运使 李南公

【长编标】452/10849；478/11387

【长编影】452/6 上；478/5 下

【奏议标】140/苏辙·上哲宗论不可失信夏人/1582

【奏议影】140 苏辙·上哲宗论不可失信夏人/

4865

【汇编】中五 5051、5184

陕西转运使　李稷

【宋史】197/兵志 11/4916

【长编标】300/7297；303/7368；307/7451；311/7542、7546；312/7575

【长编影】300/1 上；303/4 上；307/1 上；311/10 下、14 下；312/15 下

【宋会要】兵 4 之 9/6824

【汇编】中四 4103、4113、4119

陕西转运使　庞籍

【长编标】131/3094

【长编影】131/2 上

【奏议标】132/庞籍·上仁宗论出界攻讨未便/1465

【奏议影】132/庞籍·上仁宗论出界攻讨未便/4508

【汇编】中二 2179

陕西转运使　郑文宝

【宋史】5/太宗纪 2/98；277/郑文宝传/9428

【长编标】32/712；34/748；56/1234

【长编影】32/3 上；34/3 上；56/9 下

【宋大诏令集】203/责前陕西转运使尚书工部员外郎郑文宝等诏（至道元年十月丁丑）/757

【奏议标】136/司马光·上神宗论纳横山非便/1527

【奏议影】136/司马光·上神宗论纳横山非便/4696

【司马文正公集】25/章奏 23/3 上

【汇编】中一 1109、1110、1318；中三 3433

陕西转运使司　诏以银十万两市马于秦州，岁以为常

【宋史】198/兵志 12/4935

【汇编】中三 3213

陕西转运副使　韩琦

【宋会要】食货 63 之 50/60

陕西转运副使　郑文宝

【宋会要】食货 23 之 23/5186

陕西转运副使　王博

【长编标】515/12249

【长编影】515/14 上

陕西转运副使　毋沆

【长编标】229/5571

【长编影】229/6 下

陕西转运副使　任谅

【宋史】356/任谅传/11221

【汇编】中六 5885

陕西转运副使　孙琦

【宋会要】食货 63 之 50/6011

【汇编】中六 5853

陕西转运副使　张象中

【长编标】86/1982

【长编影】86/16 上

陕西转运副使　张灏

【皇宋十朝纲要】19/8 上

【汇编】中六 6017

陕西转运副使　邵鲹

【长编标】509/12128

【长编影】409/14 上

陕西转运副使　范祥

【长编标】171/4120

【长编影】171/16 下

陕西转运副使　昌衡

【长编标】424/10249

【长编影】424/1 下

陕西转运副使　王钦臣

【长编标】332/7999

【长编影】332/4 下

陕西转运副使　赵瞻

【长编标】218/5293

【长编影】218/3 上

陕西转运副使　施护

【长编标】51/1124

【长编影】51/15 下

陕西转运副使　姚雄

【宋史】348/陶节夫传/11038

【汇编】中六 5662

陕西转运副使　曾孝宽

【长编标】222/5411

【长编影】222/12 下

陕西转运副使　蔡挺

【宋史】328/蔡挺传/10575

【汇编】中三 3406

陕西转运副使　刘涣

【长编标】131/3114

【长编影】131/19 上

【汇编】中二 2243

陕西转运副使　李察

【长编标】331/7966、7978；333/8025；340/8178

【长编影】331/1 上、10 下、11 上；333/11 上；340/2 上

【汇编】中四 4445、4452、4470

陕西转运副使　叶康直

【宋史】197/兵志 11/4917

【长编标】345/8272、8273；360/8609

【长编影】345/1 下、2 下；360/4 下

【汇编】中五 4569、4617、4799

陕西转运副使　吕大忠

【宋史】340/吕大忠传/10846

【长编标】366/8786；368/8862；369/8905

【长编影】366/9 上；368/12 下；369/12 下

【汇编】中五 5220

陕西转运副使　范纯粹

【长编标】330/7949；331/7972；332/8003；334/8056；335/8064；336/8097；339/8163；342/8220、8223、8227、8230；344/8258；345/8274、8289

【长编影】330/4 下；331/5 下；332/7 下；334/23 上；335/3 上；336/6 上；339/5 下；342/2 上、4 下、8 上；344/5 上；345/3 上、15 下

【宋会要】食货 24 之 25/5207；方域 5 之 41/7403

【汇编】中四 4434、4450、4480、4484、4497；中五 4546、4549、4552；下 7006

陕西制置青白盐使　薛宥

【长编标】133/3169

【长编影】133/8 下

陕西制置使　范致虚

【宋史】447/徐徽言传/13191

【香溪集】21/徐忠壮（徽言）传/1 下

【汇编】下 6088

陕西制置使　钱盖

【系年要录】4/89；6/166

【梁溪集】175/建炎进退志总叙下/10 下

【汇编】下 6095、6112、6115

陕西制置使　梁鼎

【宋史】181/食货志下 3 · 盐上/4414

【长编标】54/1175

【长编影】54/1 上

【宋会要】食货 39 之 3/5490

【汇编】中一 1338、1343

陕西制置解盐司

【长编标】304/7405；389/9452、9453；393/9583；396/9665；408/9934；448/10773；458/10954；461/11024；494/11742

【长编影】304/12 下；389/4 上、5 下；393/28 下；396/18 上；408/13 下；448/9 上；458/2 下；461/9 上；494/14 下

陕西制置解盐判官　李师锡

【宋会要】职官 23 之 13/2889；兵 21 之 7/7128、21 之 3/7145

【汇编】下 7015

陕西制置解盐使　范祥

【长编标】192/4648

【长编影】192/13 上

【宋会要】食货 23 之 39/5194

陕西河东六路经略司　各赐钱五十万贯

【长编标】470/11219

【长编影】470/7 下

【汇编】中五 5134

陕西河东招讨司　吴璘

【宋会要】兵 29 之 11/7298

【汇编】下 6689

陕西河东招讨使　吴璘

【宋史】32/高宗纪 9/603

【汇编】下 6624

陕西河东经略司　造披毡韦袭，以备军兴

【长编标】177/4295

【长编影】177/16 上

【汇编】中三 3208

陕西河东经略司

【宋史】486/夏国传下/14007

【长编标】154/3747；155/3773；159/3843；160/3860；177/4295；334/8031；336/8093；337/8119；341/8214；344/8263；346/8311；350/8392；365/8769；408/9922；412/10022；425/10270；429/10371；470/11218；519/12349

【长编影】154/11 上；155/14 上；159/4 下；
160/2 上；177/16 上；334/2 上；336/2 下；
337/4 下；341/18 上；344/9 下；346/9 下；
350/10 下；365/23 上；408/3 下；412/4 下；
425/4 下；429/12 下；470/2 上；519/7 上

【宋会要】仪制 5 之 19/1925；兵 17 之 2/7038、
18 之 17/7066、24 之 27/7192、27 之 35/
7264、28 之 30/7284、28 之 31/7285、28 之
33/7286、28 之 37/7288

【汇编】上 80；中三 3042、3087；中四 4459、
4472、4495、4507、4508、4542；中五 4585、
4613、4671、4912、4930、4957、4963、
5130、5239、5251

陕西河东宣抚判官　吕大防

【长编标】218/5302；220/5345

【长编影】218/10 上；220/10 下

【汇编】中三 3659

陕西河东宣抚使　范仲淹

【长编标】151/3668、3678、3685

【长编影】151/3 下、13 上、19 上

【汇编】中三 2949

陕西河东宣抚使　韩绛

【长编标】217/5283

【长编影】217/11 下

【汇编】中三 3627

陕西河东路招讨司　吴璘

【宋会要】兵 29 之 11/7298

【汇编】下 6689

陕西河东路经略司

【长编标】370/8956；407/9912；410/9986；475/
11323；493/11721；502/11963；503/11975、
11986；507/12086

【长编影】370/20 下；407/16 下；410/6 上；
475/3 上；493/25 上；502/13 上；503/6 上；
507/12 上

【宋会要】兵 4 之 18/6828、8 之 32/6903、18
之 17/7966

【汇编】中五 4694、4909、4925、5167、5246、
5247；中六 5348、5432、5437、5501

陕西河东路宣抚使　范仲淹

【长编标】150/3636

【长编影】150/12 下

陕西河东路监司

【长编标】497/11832

【长编影】497/15 上

【汇编】中六 5388

陕西河东河北宣抚使　童贯

【宋史】468/童贯传/13658

【汇编】中六 5867

陕西河东河北宣抚使司

【宋会要】刑法 7 之 26/6746

【汇编】中六 5934

陕西河东河北路宣抚使　童贯

【宋会要】仪制 10 之 29/2018；职官 1 之 2/
2330、1 之 3/2331、41 之 19/3176、41 之
130/3231

【汇编】中六 5920、5935

陕西河东河北路宣抚使司　奏平荡仁多泉、
藏底河两军城及进筑靖夏、制戎、制羌三寨
了当

【宋会要】方域 19 之 21/7636

【汇编】中六 5920

陕西河东制置青白盐使　薛宥

【长编标】128/3030

【长编影】128/5 下

陕西河东制置青白盐使　薛宥

【长编标】128/3030

【长编影】128/5 下

【汇编】中二 2048

陕西河东经略安抚司

【长编标】337/8133

【长编影】337/16 下

【汇编】中四 4514

陕西河东经略安抚都总管司　诏自元丰四年
后，应缘军兴添置官署并罢

【宋会要】职官 41 之 77/3205

【汇编】中五 4807

陕西河东经略制置司

【长编标】348/8348

【长编影】348/6 下

【汇编】中五 4595

陕西河东诸路经略司

【长编标】237/5768；465/11101；470/11225

【长编影】237/11 上；465/4 下；470/8 上

【汇编】中四 3796

陕西河东诸路经略制置使司 诏令陕西河东
　　诸路经略制置使司常探伺，随宜备御，因夏
　　国遣使上表谢恩及乞疆土，不允
　　【长编标】340/8187
　　【长编影】340/9 上
　　【汇编】中四 4529

陕西河东路经略都总管司
　　【长编标】506/12059
　　【长编影】506/9 上
　　【汇编】中六 5487

陕西河东路宣抚使司
　　【宋会要】方域 8 之 24/7452
　　【司马文正公集】30/章奏 28/9 上
　　【汇编】中三 3647；中六 5898

陕西河东路宣抚副使 薛向
　　【长编标】218/5311
　　【长编影】218/17 下
　　【汇编】中三 3634

陕西沿边招讨使 韩琦
　　【范文正公集】年谱补遗/14 下
　　【汇编】中二 2667

陕西沿边招讨使 韩琦、范仲淹、庞籍
　　【范文正公集】年谱/25 上
　　【汇编】中二 2666

陕西沿边驻泊都监 种古
　　【宋会要】职官 61 之 12/3760
　　【汇编】中三 3405

陕西经制使 钱盖
　　【宋史】24/高宗纪 1/446
　　【三朝北盟会编】109/4 上
　　【系年要录】6/166
　　【梁溪集】176/建炎进退志总叙 3/4 下
　　【汇编】下 6113、6114、6115

陕西经略 韩琦
　　【潞公文集】18/奏议/4 下
　　【汇编】补遗 7321

陕西经略 童贯
　　【宋史】486/夏国传下/14020
　　【汇编】上 86

陕西经略司
　　【长编标】127/3003；129/3054、3070；157/3807；
　　158/3821

　　【长编影】127/1 上；129/4 下、18 下；157/10
　　下；158/4 上
　　【河南先生文集】22/奉诏分析董士廉奏臣不公
　　事状/1 上
　　【汇编】中二 2106、2139、2241

陕西经略司勾当公事 河南监牧使刘航言此
　　职往来鄜延，与西人议事，并赴行在封册，
　　在京押伴
　　【宋会要】职官 23 之 15/2890
　　【汇编】中三 3543

陕西经略安抚
　　【长编标】158/3821
　　【长编影】158/4 上

陕西经略安抚 张齐贤
　　【长编标】49/1075
　　【长编影】49/11 下

陕西经略安抚司 陕西经略安抚司与部署凡
　　有大事大率相通，经略判官兼参详都部署司
　　事
　　【长编标】129/3060
　　【长编影】129/9 下
　　【汇编】中二 2119

陕西经略安抚司判官 田况
　　【长编标】128/3031
　　【长编影】128/6 下
　　【汇编】中二 2051

陕西经略安抚判官 田况
　　【甘肃新通志】13/舆地志·古迹·兰州府·皋
　　兰县/2 上
　　【汇编】补遗 7255

陕西经略安抚招讨使 夏竦
　　【宋史】314/范仲淹传 10270
　　【长编标】130/3084；132/3129
　　【长编影】130/6 上；132/7 上
　　【汇编】中二 2011、2161

陕西经略安抚招讨都监 赵珣
　　【长编标】132/3123
　　【长编影】132/1 下

陕西经略安抚招讨副使 曹琮
　　【长编标】132/3151
　　【长编影】132/26 下
　　【宋会要】兵 27 之 27/7260

【汇编】中二 2313、2522

陕西经略安抚使　范仲淹

【涑水记闻】8/14 下

【汇编】中二 2011

陕西经略安抚使　陈执中

【长编标】133/3162

【长编影】133/2 下

【汇编】中二 2318

陕西经略安抚使　嘉祐五年诏陕西经略安抚使禁西人驱马牛于沿边博籴民谷

【长编标】191/4613

【长编影】191/3 下

【汇编】中三 3255

陕西经略安抚使　韩琦

【宋会要】职官 64 之 41/3841

【安阳集】35 奏状/17 下

【名臣碑传琬琰集】中集 48/韩忠献公琦行状/1094

【儒林公议】上/2 上

【汇编】中二 2010、2212、2247；中三 3549

陕西经略安抚沿边招讨都监　庆历元年罢

【宋史】11/仁宗纪 2/212

【汇编】中二 2265

陕西经略安抚都总管司

【宋会要】职官 41 之 77/3205

陕西经略安抚副使　韩琦

【长编标】127/3014；128/3032、3045；131/3098、3113

【长编影】127/10 上；128/7 上、18 下；131/5 下、19 上

【玉海】143/康定便殿阅阵/17 下

【汇编】中二 2097、2241；补遗 7265

陕西经略安抚副使　范仲淹

【长编标】127/3014；128/3035；131/3114

【长编影】127/10 上；128/10 下；131/19 下

【宋会要】兵 14 之 17/7001

【奏议标】132/范仲淹·上仁宗论夏贼未宜进讨/1463

【奏议影】132/范仲淹·上仁宗论夏贼未宜进讨/4503

【安阳集】家传 2/1 上

【欧阳文忠公全集】20/资政殿学士户部侍郎文

正范公神道碑/12 上

【汇编】中二 1966、2011、2058、2095、2246

陕西经略安抚缘边招讨使　夏竦

【长编标】132/3122

【长编影】132/1 上

【汇编】中二 2262

陕西经略判官　田况

【玉海】141/康定论兵/15 上

【汇编】补遗 7264

陕西经略判官　曾致尧

【东都事略】48/曾致尧传/1 上

【汇编】中一 1295

陕西经略判官　尹洙

【宋史】295/孙甫传/9841

【范太史集】40/检校司空左武卫上将军郭公墓志铭/1 下

【汇编】中二 2198、2842

陕西经略判官　吕惠卿

【长编标】459/10984

【长编影】459/9 上

【汇编】中五 5066

陕西经略转运司

【宋会要】兵 28 之 9/7274；方域 19 之 4/7627

陕西经略招讨副使　韩琦

【宋史】295/孙甫传/9841

【汇编】中三 2842

陕西经略制置使　童贯

【东都事略】127、128/附录 5、6

【汇编】上 110

陕西经略使　夏守赟

【宋史】303/田京传/10051

【汇编】中二 1920

陕西经略使　韩琦

【宋会要】职官 49 之 4/3531；兵 28 之 4/7271；方域 20 之 7/7654

【汇编】中三 3499

陕西经略使司

【宋会要】职官 23 之 15/2890

陕西茶马司

【宋会要】兵 24 之 28/7192；方域 19 之 21/7636

【汇编】中六 5802、5920

陕西钤辖　乞罢陕西、河东钤辖巡边名目

【长编标】124/2918

【长编影】124/1 下

陕西钤辖 卢守勲

【宋史】467/卢守勲传/13637

【汇编】中二 1853

陕西钤辖 吕诲论差中官为陕西钤辖

【奏议标】62/吕诲·上英宗论差中官为陕西钤辖/684、62/傅尧俞·上英宗论差中官为陕西钤辖/685、62/赵瞻·上英宗论差中官为陕西钤辖/686

【奏议影】62/吕诲·上英宗论差中官为陕西钤辖/2272、62/傅尧俞·上英宗论差中官为陕西钤辖/2275、62/赵瞻·上英宗论差中官为陕西钤辖/2276、2278

【汇编】中三 3376、3377

陕西钤辖兼巡警缘边州军 杜惟序

【长编标】131/3115

【长编影】131/20 下

【汇编】中二 2256

陕西宣抚司

【长编标】215/5249；216/5252、5266、5368

【长编影】215/16 下；216/1 上、16 上

【宋会要】兵 2 之 7/6775

【汇编】中三 3608、3609、3618、3631

陕西宣抚使 范致虚

【宋史】447/唐重传/13186

【汇编】下 6087

陕西宣抚使 郭逵

【宋史】290/郭逵传/9724

【汇编】中三 3411

陕西宣抚使

【长编标】215/5244

【长编影】215/13 下

【汇编】中三 3606

陕西宣抚使 韩琦

【长编标】142/3421、3423；145/3506、3512；154/3743

【长编影】142/25 上、27 上；145/11 下、17 上；154/8 上

【汇编】中二 2772

陕西宣抚使 童贯

【三朝北盟会编】52/1 下

【宋会要】兵 2 之 40/6791

【汇编】中六 5901、5904

陕西宣抚使 韩绛

【宋史】15/神宗纪 2/277；315/韩绛传/10303

【长编标】217/5283；218/5294

【长编影】217/11 下；218/3 下

【宋会要】职官 14 之 13/2629、41 之 18/3175；兵 14 之 3/6994；27 之 33/7263

【名臣碑传琬琰集】上集 10/韩献肃公绛忠弼之碑/159

【汇编】中三 3588、3598、3627

陕西宣抚使 范仲淹

【宋史】314/范仲淹传/10273

【长编标】142/3402

【长编影】142/8 上

【宋会要】职官 14 之 13/2629；职官 41 之 18/3175

【安阳集】家传 4/1 上

【欧阳文忠公全集】20/资政殿学士户部侍郎文正范公神道碑/14 上

【范文正公集】年谱补遗/26 下；政府奏议下·荐举/34 下；19/1 上

【汇编】中二 2734、2738、2762、2767；中三 2938、3011

陕西宣抚使司

【宋会要】兵 18 之 34/7060、24 之 19/7188

【汇编】中三 3617

陕西宣抚副使 田况

【宋史】292 田况传/9782

【长编标】145/3502、3506

【长编影】145/8 下

【汇编】中二 2763、2796

陕西宣谕使 郭浩

【系年要录】130/2099

【汇编】下 6512

陕西总制使 钱盖

【中兴小纪】1/14

【系年要录】6/166

【汇编】下 6114、6115

陕西统制 杨政

【宋史】27/高宗纪 4/496

【汇编】下 6294

陕西都大管勾走马承受公事　　张德明

　【长编标】126/2972

　【长编影】126/6 下

陕西都大管勾走马承受公事　　黎用信

　【长编标】126/2972

　【长编影】126/6 下

陕西都招讨使　　夏竦

　【奏议标】132/范仲淹·上仁宗乞先修诸寨未宜
　　进讨/1464

　【奏议影】132/范仲淹·上仁宗乞先修诸寨未宜
　　进讨/4504

　【汇编】中二 2221

陕西都转运司

　【宋史】197/兵志 11/4918

　【长编标】131/3116；157/3810；218/5294；219/
　　5323；222/5399；239/5807；260/6339；292/
　　7129；325/7825；326/7852、7860；327/7865；
　　495/11781

　【长编影】131/21 上；157/13 上；218/3 上；
　　219/3 下；222/1 下；239/1 下；260/9 上；
　　292/1 上；325/10 下；326/13 上、20 上；
　　327/1 上；495/16 上

　【宋会要】职官 61 之 38/3773；兵 24 之 18/7187

　【汇编】中二 2257；中三 3629、3648、3693；
　　中四 4354、4364、4366；中六 5785

陕西都转运使　　王沿

　【长编标】118/2777；119/2798

　【长编影】118/4 下；119/3 下

陕西都转运使　　叶康直

　【长编标】445/10715

　【长编影】445/5 上

陕西都转运使　　皮公弼

　【长编标】297/7230、7234

　【长编影】297/12 下、16 下

陕西都转运使　　孙长卿

　【宋史】331/孙长卿传/10642

　【汇编】中三 3381

陕西都转运使　　孙沔

　【长编标】145/3494；170/4098

　【长编影】145/1 上；170/19 下

陕西都转运使　　李周

　【长编标】465/11112

　【长编影】465/14 上

陕西都转运使　　李承之

　【宋史】310/李承之传/10178

　【汇编】中四 4221

陕西都转运使　　宋太初

　【宋会要】职官 64 之 12/3826

　【汇编】中一 1135

陕西都转运使　　张公

　【畿辅通志】109/司马光撰礼部尚书张公墓志/
　　14 上

　【汇编】补遗 7256

陕西都转运使　　陆师闵

　【长编标】516/12266、12272

　【长编影】516/3 下、7 下

陕西都转运使　　苗时中

　【长编标】444/10679；445/10715

　【长编影】444/1 上；445/5 上

陕西都转运使　　郑戬

　【涑水记闻】11/5 下

　【汇编】中二 2817

陕西都转运使　　胡则

　【长编标】106/2471

　【长编影】106/10 上

陕西都转运使　　黄廉

　【长编标】448/10765

　【长编影】448/2 上

陕西都转运使　　韩琦

　【长编标】127/3013

　【长编影】127/10 上

陕西都转运使　　富弼

　【范文正公集】褒贤集/富弼撰墓志铭/8 上

　【汇编】中二 1965

陕西都转运使　　谢景温

　【长编标】230/5585；231/5611

　【长编影】230/1 上；231/1 下

　【汇编】中四 3756

陕西都转运使　　楚建中

　【长编标】229/5581；240/5830

　【长编影】229/15 下；240/6 下

　【汇编】中四 3818

陕西都转运使　　薛向

　【长编标】218/5311

【长编影】218/17 下

【汇编】中三 3634

陕西都转运使

【长编标】165/3971

【长编影】165/10 下

【宋会要】兵 1 之 5/6756

【汇编】中二 2621

陕西都转运使　李迪

【长编标】86/1971；87/2003

【长编影】86/6 下；87/13 下

【涑水记闻】8/1 上

【汇编】中一 1564

陕西都转运使　吴遵路

【宋史】426/吴遵路传 12701

【长编标】140/3364

【长编影】140/6 上

【汇编】中二 2265、2712

陕西都转运使　张奎

【宋史】324/张奎传/10491

【长编标】132/3129；137/3280；164/3954

【长编影】132/7 下；137/4 下；164/12 上

【汇编】中二 2272、2517

陕西都转运使　陈述古

【长编标】204/4948

【长编影】204/13 下

【司马文正公集】18/章奏 16/9 上

【汇编】中三 3354

陕西都转运使　姚仲孙

【宋史】300/姚仲孙传/9971

【长编标】132/3127

【长编影】132/5 下

【汇编】中二 2265、2422

陕西都转运使　夏安期

【宋史】283/夏安期传/9577

【长编标】159/3845

【长编影】159/6 下

【汇编】中三 3089

陕西都转运使　程戡

【宋史】292/程戡传/9755

【长编标】145/3494；146/3533

【长编影】45/1 上；146/6 下

【汇编】中二 2794

陕西都转运使　张存

【宋史】320/张存传 10413

【长编标】123/2892；127/3009；128/3036

【长编影】123/1 上；127/6 上；128/10 下

【司马文正公集】78/礼部尚书张公墓志铭/13 上

【汇编】中二 1773、2001、2058

陕西都转运使　庞籍

【宋史】311/庞籍传/10199

【长编标】127/3013、3019；128/3030；131/3114

【长编影】127/14 下；128/5 下；131/19 上

【宋会要】兵 27 之 26/7259

【名臣碑传琬琰集】上集/庞庄敏公籍神道碑 3/2247

【汇编】中二 2012、2013、2031、2036、2048

陕西都转运使　范仲淹

【宋史】314/范仲淹传/10270

【长编标】127/3009、3012

【长编影】127/10 上

【奏议标】132/范仲淹·上仁宗乞严边城实关内/1457

【奏议影】132/范仲淹·上仁宗乞严边城实关内/4485

【涑水记闻】8/14 下

【豫章文集】7/遵尧录 6/13 上

【汇编】中二 1965、2011；补遗 7266

陕西都转运按察使　程戡

【长编标】151/3686

【长编影】151/19 下

【汇编】中三 2981

陕西都钤辖　王守忠

【长编标】126/2972

【长编影】126/6 下

陕西都钤辖　王守忠

【长编标】126/2972

【长编影】126/6 下

【汇编】中二 1914

陕西都总管

【宋会要】兵 1 之 4/6755

【汇编】中二 2317

陕西都总管　陈执中

【宋会要】方域 21 之 12/7667

【汇编】上 44

陕西都总管　夏守赟

【名臣碑传琬琰集】上集 5/富郑公弼显忠尚德
之碑/79

【汇编】中二 1914

陕西都总管司

【宋会要】食货 63 之 43/6008；兵 5 之 3/6841、
18 之 2/7058、27 之 37/7265

【安阳集】家传 2/1 上

【汇编】中二 2052、2316、2338、2376

陕西都统司同统制军马　杨政

【系年要录】52/919

【汇编】下 6295

陕西都统制　吴玠

【系年要录】52/919

【汇编】下 6295

陕西都监　高继嵩

【长编标】111/2589

【长编影】111/12 下

【汇编】中一 1685

陕西都部署　夏守赟

【宋史】313/富弼传/10250

【汇编】中二 1912

陕西都部署

【涑水记闻】12/13 上

【河南先生文集】20/奏为已发赴环庆路计置行
军次第乞朝廷特降指挥/6 下

【汇编】中二 2192、2211

陕西都部署　夏竦

【长编标】127/3013；132/3150

【长编影】127/9 下；132/26 上

【安阳集】家传 3/3 上

【汇编】中二 2313、2614

陕西都部署司

【长编标】127/3018；128/3032；129/3056；131/
3104；132/3149；146/3527；172/4140

【长编影】127/14 上；128/4 上；129/6 下、9
下；131/10 上；132/24 下；146/1 上；172/
10 上

【范文正公集】年谱/22 下

【汇编】中二 2028、2043、2108、2119、2208、
2217、2310、2338、2837

陕西都部署司指使　僧道信

【长编标】128/3029

【长编影】128/4 上

陕西都部署司参谋军事　郭京

【长编标】131/3116

【长编影】131/21 下

【汇编】中二 2258

陕西都部署经略安抚使兼沿边招讨使　夏
守赟

【长编标】127/3013

【长编影】127/9 下

【汇编】中二 2008

陕西都部署兼经略安抚等使　夏守赟

【长编标】126/2971

【长编影】126/6 下

陕西都漕　魏瓘

【长编标】167/4017

【长编影】167/11 上

陕西逐路经略安抚司　诏陕西逐路经略安抚
司不得抽差寨户弓箭手

【宋会要】兵 4 之 4/6822

陕西逐路经略安抚使

【长编标】331/7972

【长编影】331/5 下

【汇编】中四 4451

陕西监牧司

【宋史】198/兵志 12/4936

【宋会要】职官 23 之 13/2889；兵 21 之 7/7128

【汇编】中三 3453、3472；下 7015

陕西部押兵士　李简

【长编标】131/3101

【长编影】131/8 上

陕西部署司

【长编标】106/2484；132/3171

【长编影】106/20 下

【汇编】中一 1663

陕西诸经略转运使

【长编标】323/7777

【长编影】323/3 上

【汇编】中四 4310

陕西诸路兵马总管　令常切训练所管兵马

【宋会要】兵 27 之 25/7259

【汇编】中二 1790

陕西诸路兵马总管司　常训练兵甲，预备蕃
路出入山川道路
【宋会要】兵 8 之 20/6897
【汇编】中二 1790

陕西诸路转运司
【长编标】316/7641；337/8121
【长编影】316/4 上；337/5 下
【汇编】中四 4508

陕西诸路经略司　徙屯马军近地，以省边储
【宋会要】兵 5 之 4/6841

陕西诸路经略司
【长编标】167/4025
【长编影】167/18 下

陕西诸路经略安抚使　庆历六年罢
【长编标】158/3821
【长编影】158/4 上

陕西诸路经略使　夏国进誓表，减屯泊东兵
【宋会要】兵 5 之 8/6843

陕西诸路钤辖　王昭明等
【宋史】341/赵瞻传/10878
【汇编】中三 3375

陕西诸路总管司　庆历元年六月诏陕西诸路
总管司严边备，毋辄入贼界
【宋史】11/仁宗纪 3/212
【宋会要】兵 27 之 27/7260
【汇编】中二 2291

陕西诸路部署司
【长编标】132/3139；134/3208
【长编影】132/16 上；139/19 上
【汇编】中二 2291、2412

陕西诸路部署司　诏揭榜告谕，凡经番贼围
劫，军民逃避未还者，限百日于所在首身
【长编标】128/3042
【长编影】128/15 下
【汇编】中二 2077

陕西通判　巴宜
【长编标】500/11909
【长编影】500/8 下
【汇编】中六 5420

陕西副都总管　曹琮
【宋史】258/曹彬传/8989

【汇编】中二 2255

陕西副都总管兼缘边招讨使　夏守赟
【宋史】290/夏随传/9719
【汇编】中二 2013

陕西副都部署兼经略安抚缘边招讨副使
曹琮
【长编标】131/3115
【长编影】131/20 上

陕西常平司　令岁支钱十万缗或粮十万石，与
转运司助岁费
【长编标】236/5731
【长编影】236/6 上
【汇编】中四 3785

陕西随军转运使　明镐
【长编标】126/2973；2981
【长编影】126/7 下、14 上
【汇编】中二 1916、1940

陕西提刑司　严关防之禁
【宋会要】方域 12 之 6/7522

陕西提点刑狱兼制置解盐事　范祥
【长编标】461/11024
【长编影】461/9 下

陕西提举弓箭手司　诏体究沿边官吏冒占田
土，分给归顺蕃户耕种
【皇宋十朝纲要】16/15 下
【汇编】中六 5813

陕西提举弓箭手官
【宋会要】职官 44 之 55/3391

陕西提举买马监牧司　秦原、渭、德顺军置
场市马，请如秦州例施行
【宋史】198/兵志 12/4935
【汇编】中三 3298

陕西提举茶马官　郭思
【宋会要】兵 22 之 14/7150

陕西提举铸钱司　诏支大铜钱十万缗付转运
司市粮草
【宋会要】食货 39 之 30/5503
【汇编】中四 4085

陕西缘边四路部署司
【涑水记闻】11/5 下
【汇编】中二 2816

陕西缘边安抚使　陈尧咨

【宋史】284/陈尧咨传/9589

【汇编】中一 1603

陕西缘边体量安抚使　范雍

　【宋史】288/范雍传/9678

　【长编标】103/2383

　【长编影】103/8 下

　【汇编】中一 1635

陕西缘边招讨使　韩琦、范仲淹、庞籍

　【宋会要】兵 14 之 2/6993

陕西缘边制置青白盐使　蒋偕

　【长编标】137/3290

　【长编影】137/13 下

陕西缘边经略招讨司

　【长编标】135/3223

　【长编影】135/9 下

　【汇编】中二 2438

陕西缘边都部署司

　【长编标】123/2903

　【长编影】123/10 下

　【汇编】中二 1789

陕西路安抚使　李昭亮

　【长编标】166/4000

　【长编影】166/17 下

　【汇编】中三 3142

陕西路安抚经略招讨使　以范仲淹、韩琦、
庞籍分领之

　【宋史】314/范仲淹传/10272

　【汇编】中二 2610

陕西路运使　薛向

　【宋会要】职官 65 之 28/3860

　【汇编】中三 3464

陕西路招讨使　韩琦、范仲淹

　【长编标】140/3369

　【长编影】140/10 上

　【汇编】中二 2717

陕西路转运司

　【长编标】236/5731；289/7069；292/7135；298/
7244；299/7268；310/7513；328/7906；334/
8050；371/8994；375/9097；378/9176；380/
9240；411/10002；463/11052；488/11589

　【长编影】236/6 上；289/9 下；292/6 上；298/
5 上；299/4 上；310/1 下；328/14 上；334/

18 上；371/22 下；375/11 下；378/3 下；
380/19 上；411/6 上；463/6 上；488/11 下

　【宋会要】职官 44 之 41/3384、47 之 19/3427；
食货 64 之 24/6111

　【汇编】中三 3222；中四 3785、4081、4393；
中五 4740、4927；中六 5306

陕西路转运司官　范纯粹

　【长编标】325/7832

　【长编影】325/16 上

　【汇编】中四 4337

陕西路转运判官　孙贲

　【长编标】494/11733

　【长编影】494/7 上

陕西路转运判官　孙轸

　【长编标】506/12049

　【长编影】506/1 上

陕西路转运判官　李谪

　【长编标】499/11874

　【长编影】499/3 下

陕西路转运判官　张景先

　【长编标】425/10268；454/10885

　【长编影】425/3 上；454/7 下

陕西路转运判官　钱忠定公

　【龟山集】33/钱忠定公（即，字中道）墓志铭
/10 下

　【汇编】补遗 7408

陕西路转运判官　游师雄

　【长编标】439/10585

　【长编影】439/16 上

陕西路转运判官　孙路

　【长编标】408/9941

　【长编影】408/19 上

　【汇编】中五 4915

陕西路转运判官　李稷

　【长编标】327/7875；499/11874

　【长编影】327/10 下；499/3 下

　【汇编】中四 4378、5402

陕西路转运使　薛向

　【宋会要】职官 65 之 23/3858、65 之 29/3861

陕西路转运使　薛绅

　【宋会要】职官 65 之 1/3847

陕西路转运使　李周

【长编标】410/9993；425/100268

【长编影】410/11 下；425/2 下

陕西路转运使　李稷

【长编标】303/7388

【长编影】303/20 下

陕西路转运使　范纯粹

【奏议标】138/范纯粹·上神宗论西师不可再举/1552

【奏议影】138/范纯粹·上神宗论西师不可再举/4770

陕西路转运使　章楶

【长编标】425/10289

【长编影】425/2 下

陕西路转运副使　王泽

【宋会要】职官 69 之 14/3936

陕西路转运副使　范祥

【宋会要】职官 65 之/3852

陕西路转运副使　皮公弼

【长编标】219/5327

【长编影】219/7 上

陕西路转运副使　孙琦

【宋会要】食货 63 之 50/6011

【汇编】中六 5853

陕西路转运副使　孙路

【长编标】415/10081

【长编影】415/11 上

陕西路转运副使　郑文宝

【宋会要】职官 64 之 12/3826

【汇编】中一 1111

陕西路转运副使　赵济

【长编标】291/7120

【长编影】291/8 下

陕西路转运副使　陶节夫

【宋史】348/陶节夫传/11038

【汇编】中六 5762

陕西路转运副使　章楶

【长编标】442/10632

【长编影】442/2 下

陕西路转运副使　薛嗣昌

【宋会要】食货 54 之 5/5740、62 之 57/5977

【汇编】中六 5843

陕西路转运副使　王钦臣

【长编标】343/8249

【长编影】343/13 下

【汇编】中五 4562

陕西路转运副使　邵鲚

【长编标】487/11564；499/11876

【长编影】487/2 下；499/5 上

【汇编】中六 5297、5403

陕西路转运副使　范纯粹

【长编标】338/8140

【长编影】338/2 上

【汇编】中四 4515

陕西路经略司

【长编标】344/8264

【长编影】344/9 下

陕西路经略安抚判官　田况

【奏议标】132/田况·上仁宗论攻策七不可事/1466

【奏议影】132/田况·上仁宗论攻策七不可/4513

陕西路经略安抚招讨使　陈执中

【长编标】132/3129

【长编影】132/15 下

【汇编】中二 2292

陕西路经略安抚使　韩琦

【宋会要】兵 4 之 3/6994

【汇编】中三 3461

陕西路宣抚判官　郭浩

【系年要录】126/2049

【汇编】下 6499

陕西路宣抚使　童贯

【宋会要】职官 43 之 6/3341

陕西路宣抚使　范仲淹

【范文正公集】政府奏议下·荐举/34 下

【汇编】中二 2762

陕西路宣抚使　韩绛

【长编标】215/5236

【长编影】215/6 下

【宋会要】职官 41 之 19/3176

【汇编】中三 3599、3601

陕西路宣抚使司

【宋会要】方域 8 之 24/7452、19 之 21/7636

陕西路都转运司　元丰元年诏三司借明年

斛盐钞五十万缗，付陕西路都转运司市粮草

【宋会要】食货 39 之 30/5503

【汇编】中四 4078

陕西路都转运使　陈述古

【宋会要】职官 65 之 25/3859

陕西路都转运使　赵子淔

【宋会要】职官 69 之 16/3937

陕西路都转运使　刘忱

【长编标】477/11355

【长编影】477/2 下

陕西路都转运使　张询

【长编标】485/11527

【长编影】485/9 上

陕西路都转运使　张灏

【长编纪事本末】145/9 下

【汇编】中六 6024

陕西路都转运使　郑仅

【宋史】353/郑仅传/11147

【汇编】中六 5802

陕西路都转运使　李承之

【长编标】321/7749

【长编影】321/12 上

【汇编】中四 4280

陕西路都转运使　沈起

【长编标】217/5273

【长编影】217/3 上

【汇编】中三 3620

陕西路都总管司

【长编标】326/7853

【长编影】326/14 上

【汇编】中四 4356

陕西路都漕兼河东察访　张灏

【靖康要录】12/743

【汇编】中六 6018

陕西置制使　梁鼎

【宋大诏令集】203/梁鼎罢度支使诏（咸平六年五月甲寅）/757

【汇编】中一 1360

陕西签书经略安抚判官　田况

【长编标】131/3095

【长编影】131/3 上

陕西解盐司

【长编标】431/10418

【长编影】431/10 下

陕西漕臣　范纯粹

【玉海】174/熙宁绥德城/41 上

【汇编】补遗 7327

陕州部署

【长编标】115/2706

【长编影】115/16 上

【汇编】中一 1706

陕州部署　魏昭昞

【长编标】127/3005

【长编影】127/2 下

【汇编】中二 1991

陕府西转运司

【宋会要】兵 27 之 7/7250、27 之 22/7257、27 之 24/7258

【汇编】中一 1656

陕府西转运使　王博文

【宋会要】食货 36 之 20/5441

【汇编】中一 1650

陕府西沿边安抚使　范雍

【宋会要】兵 27 之 22/7257

【汇编】中一 1641

陕府西都总管司　乞觅首级以冒恩赏者，当行军法

【宋会要】兵 18 之 2/7058

陕府西路马步军兵马都总管　夏守赟

【宋会要】兵 8 之 20/6897

【汇编】中二 1911

陕府西路马步军都总管　夏竦

【宋会要】兵 8 之 20/6897、8 之 21/6897

【汇编】中二 2014

陕府西路转运司

【宋会要】食货 42 之 9/5566、42 之 12/5567

【汇编】中一 1623、1658

陕府西路转运司勾当公事　游师雄

【东坡全集】38/口宣/21 上

【汇编】中五 4875

陕府西路转运判官　孙路

【东坡全集】38/口宣/21 上

【汇编】中五 4874

陕府西路转运使　范雍
【宋会要】兵 4 之 1/6820
【汇编】中一 1631

陕府西路制置解盐司
【宋会要】食货 24 之 28/5207

陕府西路经略安抚使　韩绛
【安阳集】家传 7/1 上
【潞公文集】18/奏议/4 下
【汇编】中三 3458；补遗 7321

陕府西路都转运使　张询
【宋会要】方域 12 之 5/7522

参议都部署司军事　尹洙
【河南先生文集】20/奏为乞令环庆路与泾原路
　相应广发兵马牵制贼势事/4 上
【汇编】中二 2209

驻扎第四将军马　岷州姚雄统领
【宋会要】兵 28 之 41/7290

驻泊钤辖　卢守勤
【涑水记闻】9/5 下
【汇编】中二 1856

驻泊钤辖　孙全照
【宋史】253/孙全照传/8873
【汇编】中一 1452

驻泊钤辖　高继忠
【长编标】88/2013
【长编影】88/2 上
【汇编】中一 1561

驻泊都监　卢鉴
【隆平集】19/卢鉴传/2 上
【汇编】中一 1308

驻泊都监　张崇贵
【宋史】466/张崇贵传/13618
【汇编】中一 1203

驻泊都监　王怀正
【宋史】325/任福传/10506
【涑水记闻】12/6 上
【汇编】中二 2091

驻泊都监　王怀政
【长编标】128/3044
【长编影】128/17 下
【汇编】中二 2096

驻泊都监　王怀信

【长编标】86/1975、88/2024
【长编影】86/9 下、88/12 上
【汇编】中一 1549、1571

驻泊都监　武英
【宋会要】兵 14 之 17/7001
【涑水纪闻】12/6 上
【汇编】中二 2092、2095

驻泊都监　泾原路周文质、王应昌
【长编标】88/2016
【长编影】88/5 上
【汇编】中一 1568

经制司　熙河兰会路经略司言经制司欲以熙河
　州战兵对替兰州疲病不胜甲将士
【宋会要】兵 5 之 9/6844

经制财用司
【宋会要】兵 4 之 8/6824

经制熙河边防财用　苗授
【宋会要】兵 28 之 29/7284

经制熙河边防财用　李宪
【长编标】297/7221
【长编影】297/4 下
【汇编】中四 4091

经制熙河边防财用司
【宋史】198/兵志 12/4942
【长编标】289/7073；293/7158；294/7163
【长编影】289/12 下；293/11 下；294/3 上
【宋会要】职官 44 之 43/3385；食货 2 之 5/
　4827、39 之 33/5505；兵 22 之 9/7148
【汇编】中四 4083、4117、4119

经制熙河财利司
【长编标】287/7029
【长编影】287/16 上

经制熙河路边防司
【宋会要】职官 23 之 16/2890

经制熙河路边防财用司
【长编标】286/6996、6999、7001；287/7013、
　7015、7017；288/7040；289/7075；291/
　7114、7117；294/7164；295/7183；296/
　7204、7213；308/7476；311/7538
【长编影】286/2 下、6 下；287/2 下、4 下、6
　上；288/1 上；289/14 下；291/4 上、6 上；
　294/3 下；295/6 上；296/9 上、17 下；308/

1 下；311/7 上

【宋会要】职官 17 之 10/2739

【汇编】中四 4051

经制熙河路边防财用司　李宪

【宋史】186/食货志下 8·市易/4552

【长编标】286/7000

【长编影】286/5 上

【汇编】中四 4053、4101

经制熙河路边防财用司

【宋史】193/兵志 7·召募之制/4802

【长编标】286/6996、7000、7001；287/7013、
7015、7017；288/7040、289/7073、7075；
291/7114、7117；294/7164；295/7183；296/
7204、7213；299/7267、7268；304/7405；
308/7476；311/7538

【长编影】286/6 上、6 下；287/2 下、4 下、6
上；288/1 上；289/14 下；291/4 上；294/3
下；295/6 上；296/9 上；299/4 上；304/12
下；308/1 下；311/7 上、15 下、17 上

【宋会要】职官 58 之 14/3708；食货 2 之 5/
4827；兵 4 之 8/6824

【汇编】中四 4054、4078、4087、4088、4506、
4614

经制熙河边防财用司指挥

【长编标】311/7540

【长编影】311/8 下

经制熙河路边防财用等事　李宪

【长编标】287/7013

【长编影】287/21 上

【汇编】中四 4068

经制熙河兰会路边防财用司　言乞于兰

州添置市易务，计置货物应接汉蕃人户交
易

【宋会要】食货 38 之 33/5483

经制熙河路边防财用司干办公事　赵辉

【宋会要】职官 66 之 13/3874

经制熙河路边防财用司勾当公事　赵辉

【长编标】310/7514

【长编影】310/2 下

经制管勾军马　胡宗哲

【宋会要】兵 8 之 22/6898

经略司勾当公事　王厚

【长编标】514/12218

【长编影】514/8 下

【汇编】中六 5580

经略司指使　王至

【长编标】126/2977

【长编影】126/10 下

【汇编】中二 1929

经略司准备差使　郝逊

【长编标】409/9977

【长编影】409/23 上

【汇编】中五 4924

经略安抚　范仲淹

【甘肃新通志】13/舆地志·古迹·庆阳府·安
化县/30 上

【汇编】补遗 7287

经略安抚司勾当公事　陕西胡瑗

【长编标】128/3031

【长编影】128/6 下

经略安抚司勾当公事　胡瑗

【长编标】128/3031

【长编影】128/6 下

【汇编】中二 2051

经略安抚司勾当公事

【长编标】367/8845

【长编影】367/24 上、24 下

【龟山集】32/李修撰（夔，字斯和）墓志铭/3
下

【汇编】补遗 7340

经略安抚判官　夏守赟

【宋史】303/田京传/10051

【汇编】中二 1920

经略安抚判官　尹洙

【长编标】131/3104

【长编影】131/10 上

【范文正公集】年谱/22 下

【汇编】中二 2208、2217

经略安抚招讨使　复置于陕西四路

【宋史】11/仁宗纪 3/217

【汇编】中三 2847

经略安抚招讨使　夏竦

【宋史】312/韩琦传/10222

【汇编】中二 2010

经略安抚招讨使　韩琦
　【宋史】303/滕宗谅传/10038
　【汇编】中二 2608

经略安抚招讨使　范仲淹
　【宋史】303/滕宗谅传/10038
　【范文正公集】褒贤集/富弼撰墓志铭/8 下
　【汇编】中二 2503、2608

经略安抚招讨使　庞籍
　【长编标】138/3312
　【长编影】138/2 下
　【汇编】中二 2576

经略安抚招讨使　郑戬
　【宋史】292 郑戬传 9768
　【长编标】146/3542
　【长编影】146/15 上
　【文恭集】36/宋故宣徽北院使赠太尉文肃郑公
　　（戬）墓志铭/436
　【汇编】中二 2710、2847

经略安抚招讨都监　王信
　【宋史】326/王信传/10518
　【汇编】中二 2342

经略安抚招讨副使　狄青
　【长编标】138/3310
　【长编影】138/1 下
　【汇编】中二 2564

经略安抚招讨副使　王信
　【长编标】138/3310
　【长编影】138/1 下
　【汇编】中二 2564

经略安抚招讨副使　曹琮
　【宋史】258/曹琮传/8989
　【汇编】中二 2255

经略安抚招讨等使　韩琦
　【名臣碑传琬琰集】中集 48/韩忠献公琦行状/
　　1096
　【汇编】中二 2612

经略安抚制置司　熙河路
　【长编标】344/8263；349/8367
　【长编影】344/9 上；349/2 上
　【汇编】中五 4565、4602

经略安抚沿边招讨等使　陈执中
　【宋史】11/仁宗纪 2/211

　【汇编】中二 2253

经略安抚沿边招讨等使　韩琦
　【名臣碑传琬琰集】中集 48/韩忠献公琦行状/
　　1095
　【汇编】中二 2350

经略安抚使　滕宗谅
　【范文正公集】5/答窃议/17 下
　【汇编】中二 2809

经略安抚使　王仲宝
　【宋史】325/王仲宝传/10514
　【汇编】中二 2198

经略安抚使　杜杞
　【欧阳文忠公全集】30/墓志·兵部员外郎天章
　　阁待制杜公墓志铭/5 下
　【汇编】中三 3121

经略安抚使　夏守赟
　【宋史】10/仁宗纪 2/206
　【宋会要】兵 8 之 20/6897
　【汇编】中二 1909

经略安抚使　夏竦
　【宋史】295/尹洙传/9834
　【宋会要】兵 8 之 20/6897
　【安阳集】家传 2/1 上
　【隆平集】15/尹洙传/4 上
　【汇编】中二 2010、2017、2208

经略安抚使　郭逵
　【宋史】167/食货志上 48/4268
　【长编标】323/5630
　【长编影】232/4 上
　【范太史集】40/检校司空左武卫上将军郭公墓
　　志铭/8 下
　【汇编】中三 3454；中四 3759、3760

经略安抚使兼知熙州　王韶
　【长编标】239/5819
　【长编影】239/12 上
　【汇编】中四 3814

经略安抚副使　富弼
　【范文正公集】褒贤集/富弼撰墓志铭/8 上
　【汇编】中二 1965

经略安抚副使　李浩
　【长编标】333/8018
　【长编影】333/5 上

【汇编】中四 4467

经略安抚副使　范仲淹

【宋史】292/王尧臣传/9774

【长编标】132/3132

【长编影】132/7 下

【范文正公集】16/让观察使第一表（庆历二年
　　四月）/1 上

【汇编】中二 2276、2473、2670

经略安抚副使　韩琦

【宋史】292/王尧臣传/9774

【长编标】132/3132

【长编影】132/7 下

【范文正公集】16/让观察使第一表（庆历二年
　　四月）/1 上

【汇编】中二 2276、2473、2670

经略安抚都总管　李宪

【宋史】16/神宗纪 3/309

【长编标】333/8018

【长编影】333/5 上

【汇编】中四 4466、4467

经略安抚都总管司

【长编纪事本末】139/2 上

【汇编】中六 5725

经略安抚都部署司

【范文正公集】年谱补遗/5 下

【汇编】中二 2103

经略安抚缘边招讨使　文彦博

【长编标】138/3315

【长编影】138/6 上

【汇编】中二 2582

经略安抚缘边招讨使　范仲淹

【长编标】138/3312

【长编影】138/2 下

【汇编】中二 2576

经略安抚缘边招讨使　庞籍

【长编标】134/3191

【长编影】134/4 上

【汇编】中二 2373

经略安抚缘边招讨使　夏竦

【长编标】134/3190

【长编影】134/3 下

【汇编】中二 2367

经略判官　田况

【长编标】146/3536

【长编影】146/9 上

【汇编】中三 2843

经略判官　葛怀敏

【宋史】295/尹洙传/9834

【欧阳文忠公全集】28/尹师鲁墓志铭/11 下

【汇编】中二 1958；中三 2906

经略判官　尹洙

【宋史】290/狄青传/9718

【安阳集】家传 2/2 下

【宋朝事实类苑】55/7155

【汇编】中二 2075、2109、2218

经略招讨安抚使　韩琦

【范文正公集】13/天章阁待制滕君墓志铭/19
　　下

【汇编】中二 2608

经略招讨安抚等使　韩琦

【安阳集】家传 3/3 上

【汇编】中二 2614

经略招讨使　范仲淹

【范文正公集】言行拾遗事录 1/5 上

【汇编】中二 2503

经略招讨部署　韩琦

【长编标】146/3536

【长编影】146/9 上

【汇编】中三 2843

经略招讨副使　韩琦

【宋朝事实类苑】55/7155

【汇编】中二 2218

经略招讨副使　狄青

【宋史】290/狄青传/9718

【华阳集】35/狄武襄公青神道碑/454

【汇编】中二 2562

经略招讨等使　庞籍

【名臣碑传琬琰集】上集 22/庞庄敏公籍神道碑
　　/347

【汇编】中二 2463

经略使　卢秉

【涑水记闻】14/12 上

【汇编】中四 4446

经略使　孙览
【宋会要】职官 67 之 10/3892
【汇编】中五 5230

经略使　诏西边武臣为经略使者改用文臣
【宋史】22/徽宗纪 4/404
【汇编】中六 5931

经略使　明镐
【宋史】466/石全彬传/13626
【汇编】中二 1940

经略使　赵彬
【系年要录】125/2046
【汇编】下 6496

经略使　夏竦
【宋史】323/10457
【汇编】上 231

经略使　王铣
【长编标】263/6436
【长编影】263/16 下
【汇编】中四 3989

经略使　王韶
【长编标】247/6007；258/6293
【长编影】247/1 上；258/6 下
【汇编】中四 3886、3970

经略使　卢秉
【长编标】350/8383
【长编影】350/2 上
【汇编】中五 4610

经略使　处置逖川失误
【长编标】520/12356
【长编影】520/2 下
【汇编】中六 5668

经略使　刘舜卿
【长编标】404/9840
【长编影】404/10 下
【汇编】中五 4846

经略使　沈括
【长编标】329/7925；332/7998
【长编影】329/10 下；332/3 下
【汇编】中四 4404、4461

经略使　范纯粹
【长编标】407/9910；465/11112
【长编影】407/14 上；465/14 下
【汇编】中五 4905、5091

经略使　范育
【长编标】473/11279
【长编影】473/1 上
【汇编】中五 5152

经略使　庞籍
【宋史】323/10457
【涑水记闻】9/13 下
【汇编】上 232；中二 2624

经略使　赵禼
【长编标】233/5652
【长编影】233/7 下
【汇编】中四 3767

经略使　胡宗回
【宋会要】兵 9 之 1/6906
【皇宋十朝纲要】16/10 下
【汇编】中六 5571、5778

经略使　席贡
【宋史】369/曲端传/11489
【三朝北盟会编】61/1 上
【汇编】中六 6052、6055

经略使　吕惠卿
【长编标】284/6947；305/7426；307/7451；356/8515
【长编影】284/17 上；305/10 下；307/1 上；356/7 上
【宋会要】刑法 7 之 22/6744
【汇编】中四 4049、4111、4113；中五 4631、5232

经略使　张齐贤
【长编标】51/1112
【长编影】51/5 上
【东都事略】48/曾致尧传/1 上
【汇编】中一 1295、1297

经略使　范仲淹
【宋史】290/狄青传/9718；323/周美传/10457
【奏议标】141/文彦博·上神宗论进筑河州/1591
【奏议影】141/文彦博·上神宗论进筑河州/

4892

【汇编】上231；中二2109

经略使　韩琦

【宋史】290/狄青传/9718

【长编标】129/3053

【长编影】129/3 上

【欧阳文忠公全集】28/尹师鲁墓志铭/11 下

【汇编】中二2104、2109；中三2906

经略部署司

【安阳集】家传1/15 下

【河南先生文集】20/奏为乞令环庆路与泾原路
相应广发兵马牵制贼势事/4 上

【范文正公集】政府奏议下·边事/20 上

【汇编】中二1983、2209、2734；中三2854

经略副使　种谔

【长编标】327/7879

【长编影】327/13 下

【汇编】中四4379

经略副使　范仲淹

【宋会要】兵8 之21/6897

【奏议标】132/田况·上仁宗兵策十四事/1468

【奏议影】132/田况·上仁宗兵策十四事/4519

【汇编】中二2014

经略副使　韩琦

【宋会要】兵8 之21/6897

【奏议标】132/田况·上仁宗兵策十四事/1468

【奏议影】132/田况·上仁宗兵策十四事/4519

【河南先生文集】3/悯忠/4 下；20/奏为擅易庆
州兵救援泾原路事/8 下

【汇编】中二2014、2214、2219

经略副使仍同管勾都总管司事　范仲淹

【宋会要】兵8 之20/6897

经略副使仍同管勾都总管司事　韩琦

【宋会要】兵8 之20/6897

九画

茶酒班殿侍　蕃官奉职以上至供奉官依茶酒班
殿侍例

【长编标】503/11970

【长编影】503/1 下

【汇编】中六5434

荔原堡都监　郭贵

【长编标】214/5218

【长编影】214/23 下

赵德明旌节官告使　张崇贵

【长编标】64/1429

【长编影】64/5 上

威州刺史　姚古

【宋会要】职官67 之36/3905

指挥使　延州史吉

【涑水记闻】9/6 上

【汇编】中二1929

指挥使　李康

【涑水记闻】11/12 上

【汇编】中二1897

指挥使　范德孺部下

【挥麈后录】6/夏人寇庆州老卒保其无他/10 上

【汇编】中二1891

指挥使　郭庆宗

【范文正公集】年谱补遗/12 下

【汇编】中二2514

指挥使　宋朝弓箭手官职

【宋史】190/兵志4·河东陕西弓箭手/4712

【宋会要】兵4 之4/6822、兵4 之15/6827

【汇编】中一1422

指挥使　陕西京东西弓箭手二十五人为团，置
押官，四团为都，置正副都头各一人，五都
为指挥，置指挥使

【长编标】128/3041

【长编影】128/15 上

【汇编】中二2076

指挥使　鄜州飞骑卒靳进斩蕃酋，补指挥使

【长编标】56/1230

【长编影】56/6 上

【汇编】中一1381

临塞堡指使　康均

【宋会要】兵27 之42/7267

临塞堡监押　马宁

【宋会要】兵27 之42/7267

临寨堡监押　马宁

【长编标】185/4470

【长编影】185/4 上

昭庆军节度使　姚古
【宋大诏令集】102/姚古昭庆军节度使加食邑实封制（政和六年七月二十日）/377；105/390、391
【汇编】中六 5900、5910、5933

钤辖
【宋会要】兵 27 之 25/7259、27 之 26/7259、27 之 34/7263

钤辖　石全彬
【宋史】466/石全彬传/13626
【汇编】中二 1940

钤辖　刘承宗
【宋史】463/刘承宗传/13545
【汇编】中一 1604

钤辖　孙全照
【宋史】253/孙全照传/8874
【汇编】中一 1294

钤辖　李让
【宋大诏令集】94/责杨琼等诏（咸平四年闰十二月丁丑）/347
【汇编】中一 1285

钤辖　李重诲
【宋史】280/李重诲传/9506
【汇编】中一 1426

钤辖　李渭
【宋会要】职官 64 之 39/3840
【汇编】中二 1948

钤辖　宋沆
【宋史】279/王汉忠传/9477
【汇编】中一 1301

钤辖　岢岚军张志言
【宋史】467/韩守英传/13632
【汇编】中一 1405

钤辖　种朴
【宋史】318/胡宗回传/10371
【汇编】中六 5634

钤辖　姚兕
【宋史】349/姚兕传/11058
【汇编】中四 3940

钤辖　黄德和
【宋史】265/张宗诲传/9159
【汇编】中二 1913

钤辖　康德舆
【名臣碑传琬琰集】下集 13/文忠烈公彦博传/1452
【汇编】中二 2332

钤辖　彭孙
【宋史】486/夏国传下/14007
【汇编】上 80

钤辖　蒋偕
【宋史】326/蒋偕传/10519
【汇编】中二 2618

钤辖　王凯
【宋史】326/王信传/10518
【涑水记闻】12/14 上
【汇编】中二 2342、2355

钤辖　史崇信
【长编标】103/2387
【长编影】103/13 上
【汇编】中一 1639

钤辖　曲珍
【长编标】316/7643；320/7731
【长编影】316/5 下；320/10 下
【汇编】中四 4180、4262

钤辖　朱观
【宋史】325/任福传/10506
【河南先生文集】3/悯忠/4 下、辩诬/5 下
【汇编】中二 2190、2214、2215

钤辖　刘丞宗
【长编标】97/2243
【长编影】97/4 下
【汇编】中一 1606

钤辖　刘惟吉
【长编标】261/6355
【长编影】261/1 上
【汇编】中四 3982

钤辖　杨怀忠
【长编标】49/1075
【长编影】49/11 上
【汇编】中一 1245

钤辖　李颙
【长编标】237/5778
【长编影】237/19 下
【汇编】中四 3802

钤辖　李知和
【长编标】137/3300
【长编影】137/21 下
【汇编】中二 2555

钤辖　李继昌
【长编标】72/1624
【长编影】72/2 下
【汇编】中一 1486

钤辖　张存
【长编标】495/11784
【长编影】495/17 上
【汇编】中六 5372

钤辖　张守约
【长编标】245/5957；330/7963
【长编影】245/7 下；330/13 上
【汇编】中四 3870、4442

钤辖　苗履
【长编标】498/11849
【长编影】498/7 下
【汇编】中六 5393

钤辖　林广
【长编标】244/5940
【长编影】244/8 下
【汇编】中四 3864

钤辖　和斌
【长编标】266/6537
【长编影】266/14 上
【汇编】中四 3996

钤辖　府州刘文质
【长编标】45/965
【长编影】45/9 上
【汇编】中一 1211

钤辖　种古
【长编标】264/6457；280/6866
【长编影】264/1 上；280/15 上
【汇编】中四 3991、4035

钤辖　种诊
【长编标】266/6537
【长编影】266/14 上
【汇编】中四 3996

钤辖　种谊
【长编标】473/11279

【长编影】473/1 上
【汇编】中五 5152

钤辖　夏元几
【长编标】266/6537
【长编影】266/14 上
【汇编】中四 3996

钤辖　奚起
【长编标】244/5931
【长编影】244/1 下
【汇编】中四 3861

钤辖　郭忠绍
【长编标】337/8121
【长编影】337/5 下
【汇编】中四 4508

钤辖　韩存宝
【长编标】250/6098
【长编影】250/16 上
【汇编】中四 3925

钤辖　王怀信
【宋史】323/赵振传/10461
【长编标】103/2385
【长编影】103/10 下
【汇编】中一 1636、1637

钤辖　许怀德
【长编标】128/3040
【长编影】128/14 下
【涑水记闻】4/13 上
【汇编】中二 1895、2073

钤辖　李允正
【宋史】279/王汉忠传/9477
【长编标】51/1116
【长编影】51/9 下
【汇编】中一 1301、1300

钤辖　李让
【宋史】280/杨琼传/9501
【长编标】49/1072
【长编影】49/8 下
【汇编】中一 1240、1241

钤辖　张亢
【宋史】323/赵振传/10462；324/张亢传/10489
【奏议标】132/田况·上仁宗兵策十四事/1468
【奏议影】132/田况·上仁宗兵策十四事/4519

【长编标】233/5652

【长编影】233/7 下

【汇编】中四 3767

保安军北番官巡检　刘怀忠

【涑水记闻】12/1 下

【汇编】中一 1746

保安军判官　王温恭

【欧阳文忠公全集】80/敕制/8 上

【汇编】中二 2826

保安军判官　邵良佐

【宋史】11/仁宗纪 3/215

【汇编】中二 2701

保安军顺宁寨主　许明

【长编标】370/8956

【长编影】370/20 下

【汇编】中五 4694

保安军签书判官事　邵良佐

【长编标】139/3343

【长编影】139/6 下

【奏议标】133/范仲淹等·上仁宗论元昊请和不可许者三大可防者三/1487

【奏议影】133/范仲淹·上仁宗论元昊请和不可许者三大可防者三/4574

【汇编】中二 2667

保安军稻田务

【宋会要】食货 4 之 2/4847

保安顺宁寨寨官　李子明

【长编标】511/12160

【长编影】511/6 下

【汇编】中六 5554

保安、镇戎军榷场　岁各市马千匹

【宋会要】兵 22 之 3/7145

保信军节度使　吕惠卿

【宋会要】方域 19 之 17/7634

【汇编】中六 5548

保毅义军　秦州

【宋会要】兵 1 之 2/6754

保静军节度　姚古

【靖康要录】5/321

【汇编】中六 6015

保静军节度使　姚古

【宋史】23/钦宗纪/425

【汇编】中六 6009

保静军节度使　种师道

【三朝北盟会编】60/4 下

【宋大诏令集】102/种师道保静军节度使制（宣和元年六月十七日）/379

【汇编】中六 5932、6044

保静军节度副使　李复圭

【宋史】15/神宗纪 2/277；291/李复圭传/9743

【长编影】216/7 上

【宋大诏令集】205/贬知庆州李复圭敕（熙宁三年十一丙子）/767

【汇编】中三 3612、3613、3613

保静军承宣使　刘仲武

【东都事略】104/刘仲武传/5 上

【宋大诏令集】102/刘仲武泸川军节度使制（宣和元年六月十七日）/379

【汇编】中六 5927、5932

顺宁寨主　许明

【长编标】368/8879

【长编影】368/27 下

【汇编】中五 4690

顺宁寨将官　刘安

【长编标】464/11085

【长编影】464/12 下

胜如堡巡检　于龛谷堡置廨宇

【宋会要】方域 20 之 14/7657

【汇编】中五 5253

洪德砦寨主　武英

【宋史】325/武英传/10509

【汇编】中二 2093

洪德寨主　段守伦

【长编标】52/1145；54/1188

【长编影】52/13 下；54/12 上

【汇编】中一 1322、1356

洪德寨主　赵振

【长编标】103/2385

【长编影】103/10 下

【皇宋十朝纲要】4/2 上

【汇编】中一 1636、1637

浊轮寨钤辖　曹璨

【长编标】45/962

【长编影】45/7 上

浊轮寨钤辖　刘文质
【长编标】47/1016
【长编影】47/6 下
【汇编】中一 1220

洮东安抚　冯瓘
【长编纪事本末】139/17 下；140/2 下
【汇编】中六 5749、5761

洮东安抚　李澄
【长编标】516/12263
【长编影】516/1 上
【汇编】中六 5606

洮东安抚　种谊
【长编】404/20 下
【宋会要】蕃夷 6 之 21/7829
【栾城集】45/贺擒鬼章表/2 上
【汇编】中五 4851、4860、4863

洮东安抚司
【宋史】15/神宗纪 2/292
【长编标】254/6226；269/6584；273/6687；279/
6827、6835；280/6861；289/7076；300/
7303；402/9778
【长编影】254/18 上；269/1 下；273/12 下；
279/8 上、14 下；280/10 下；289/15 上；
300/6 上；402/1 下
【汇编】中四 3962、3999、4015、4025、4030、
4034、4072、4105；中五 4831

洮东沿边安抚司
【长编标】398/9699
【长编影】398/2 下
【宋会要】蕃夷 6 之 21/7829
【汇编】中五 4818

洮西安抚　李忠
【长编纪事本末】139/20 上
【汇编】中六 5754

洮西安抚　景思立
【奏议标】97/常安民·上哲宗奏为种谊生擒鬼
章赏未称功/1049
【奏议影】97/常安民·上哲宗奏为种谊生擒鬼
章赏未称功/3277

洮西安抚　王光世
【长编标】444/10681
【长编影】444/1 上

【汇编】中五 5003

洮西安抚　王厚
【宋会要】兵 9 之 4/6907
【奏议标】141/冯澥·上徽宗论湟廓西宁三州/
1597
【奏议影】141/冯澥·上徽宗论湟廓西宁三州/
4911

洮西安抚　王赡
【宋会要】兵 9 之 1/6906
【奏议标】141/任伯雨·上徽宗论湟鄯/1595
【奏议影】141/任伯雨·上徽宗论湟鄯/4909
【汇编】中六 5507、5692、5694

洮西安抚司
【长编标】245/5968；247/6006；264/6466；275/
6723；513/12199
【长编影】245/17 下；247/1 下；264/8 下；
275/3 下；513/6 下
【宋会要】蕃夷 6 之 11/7824
【汇编】中四 3874、3992、4019；中六 5566

洮西安抚使
【长编标】517/12306
【长编影】517/10 上

洮西安抚使　王赡
【宋史】18/哲宗纪 2/352
【汇编】中六 5568

洮西安抚使　景思立
【长编标】245/5950
【长编影】245/1 上
【汇编】中四 3868

洮西沿边安抚
【宋会要】兵 28 之 44/7291

洮西沿边安抚　刘仲武
【皇宋十朝纲要】16/8 上
【汇编】中六 5757

洮西沿边安抚　王赡
【长编标】515/12244
【长编影】519/9 上
【汇编】中六 5599

洮西沿边安抚司　言夏贼攻厮归丁南宗堡
【宋会要】兵 8 之 35/6904

洮西沿边安抚司
【长编标】506/12058；511/12169、12172；515/

12244
【长编影】506/8 下；511/14 下、16 下；515/10 上

【宋会要】瑞异 2 之 22/2092；蕃夷 6 之 33/ 7835、7 之 42/7860

【汇编】中四 3978；中六 5485、5558、5560、 5600

洮西沿边安抚使　姚雄
【宋会要】兵 14 之 20/7002
【汇编】中六 5681

洮西缘边安抚司
【长编标】259/6324；267/6552；309/7496；401/ 9769；513/12204
【长编影】259/13 上；267/12 上；309/3 上； 401/8 下；513/11 上
【汇编】中四 3980、4115；中五 4828；中六 5573

洮州蕃部巡检　董行谦
【长编标】265/6484
【长编影】265/1 上
【汇编】中四 3993

洮河安抚司　熙宁四年置
【长编标】226/5501
【长编影】226/2 下
【宋会要】职官 41 之 93/3213

洮河安抚司　王韶主之
【宋史】15/神宗纪 2/280
【长编标】226/5501
【长编影】226/2 上
【宋会要】职官 41 之 93/3213
【汇编】中三 3715、3716

洮河总管　苗履
【皇宋十朝纲要】14/6 下
【汇编】中六 5629

洮河缘边安抚司
【长编标】226/5504
【长编影】226/4 下

总制熙河路边防财用司
【宋会要】食货 2 之 5/4827

总领河西军马　徐徽言
【宋史】452/徐徽言传/447
【汇编】中六 5930

总领岷州蕃兵将　李祥
【宋会要】职官 60 之 22/3743
【汇编】中五 5230

总领新置蕃兵将　邓咸安
【长编标】499/11874
【长编影】499/3 下
【汇编】中六 5402

总领熙州蕃兵将　吕吉
【长编标】351/8408
【长编影】351/5 上
【汇编】中五 46193

总领蕃兵
【宋会要】方域 8 之 27/7454

总管　王谦、史崇信
【宋会要】职官 46 之 27/3834
【汇编】中一 1639

总管　尹洙
【宋史】295/孙甫传/9841
【汇编】中三 2865

总管　杨遂
【宋史】452/高敏传/13285
【汇编】中三 3592

总管　王恩
【长编标】503/11983
【长编影】503/12 上
【汇编】中六 5442

总管　狄青
【宋史】320/王素传/10403
【名臣碑传琬琰集】中集 27/王懿敏公素真墓志铭/804
【汇编】中三 3020；3021

总管　环庆刘平
【安阳集】家传 1/14 上
【名臣碑传琬琰集】上集 22/庞庄敏公籍神道碑/2247
【汇编】中二 1995、2013

总管　燕达
【长编标】254/6221
【长编影】254/13 下
【汇编】中四 3960

总管　王愍
【宋史】350/王赡传/11070；492/瞎征传/14167

【长编标】516/12287

【长编影】516/20 下

【汇编】中六 5568、5621、5624

总管司

【宋会要】兵 27 之 22/7257

宣抚司勾当公事　宋迪

【长编标】220/5347

【长编影】220/12 下

【汇编】中三 3660

宣抚制置司　绍兴二十二年命宣抚制置司传檄
契丹、西夏及河北、河东、陕西诸路，谕出
师共讨金人

【宋史】32/高宗纪 9/603

【汇编】下 6627

宣抚河东　童贯

【横塘集】9/论罢童贯宣抚河东札子/4 上

【汇编】补遗 7446

宣抚河东　范仲淹

【宋史】310/杜衍传/10191

【范文正公集】别卷/4/1 上

【汇编】中三 2940、2941

宣抚使　冯京

【宋会要】兵 28 之 1/7270

宣抚使　童贯

【宋会要】兵 14 之 20/7002

宣抚使　杜衍

【宋史】349/郝质传/11049

【汇编】中二 2520

宣抚使　吴璘

【朝野杂记】乙集 19/边防/1180

【汇编】下 6937

宣抚使　范致虚

【系年要录】3/64

【汇编】下 6092

宣抚使　韩琦

【长编标】146/3527

【长编影】146/1 上

【忠肃集】12/宫苑使阁门通事舍人王公墓志铭/
169

【欧阳文忠公全集】102/奏议/1 上

【汇编】中二 2196、2797、2837

宣抚陕西　范文正公

【涑水记闻】9/12 下

【汇编】中三 3020

宣抚陕西　郭逵

【宋史】332/赵卨传/10683

【东都事略】7/英宗纪/2 下

【汇编】中三 3411、3455

宣抚陕西　韩绛

【宋史】332/赵卨传/10684；335/种谔传/10746；
340/吕大防传/10840、10844；350/刘阗传/11084

【长编标】216/5254；217/5277；220/5360

【长编影】216/3 上；217/6 下；220/24 上

【宋朝事实类苑】78/1021

【汇编】中三 3600、3601、3610、3627、3632、
3670、3684、3687

宣抚陕西四路　韩绛

【范太史集】40/检校司空左武卫上将军郭公墓
志铭/12 下

【汇编】中三 3626

宣抚陕西河东　范仲淹

【宋史】11/仁宗纪 3/218

【汇编】中三 2935

宣抚副使　刘韐

【靖康要录】15/929

【汇编】中六 6025

宣抚副使　胡世将

【中兴小纪】26/297

【汇编】下 6501

宣谕使　谢亮

【宋史】372/王庶传/11546

【汇编】下 6135

宣谕使　周聿

【系年要录】126/2049

【中兴小纪】26/301

【汇编】下 6499、6509

送伴官　伴送夏国招抚使王枢

【系年要录】134/2159

【汇编】下 6523

姚家堡十将　张遂

【长编标】155/3773

【长编影】155/14 下

姚家堡左第一指挥十将　张遂

【长编标】168/4038

【长编影】168/8 上

贺州刺史　张煦

【宋史】308/张煦传/10150

【长编标】58/1274

【长编影】58/1 下

【汇编】中一 1404

柔远砦兵马监押　刘遵

【宋史】325/刘平传/10505

【汇编】中二 1959

柔远寨主　王庆

【长编标】131/3101

【长编影】131/8 上

柔远寨主　孙宗信

【长编标】222/5409

【长编影】222/10 上

柔远寨主　孙贵

【长编标】298/7240

【长编影】298/1 下

【宋会要】职官 66 之 6/3871

【汇编】中四 4095

柔远寨主　武英

【长编标】126/2965

【长编影】126/1 下

【涑水记闻】12/3 上

【汇编】中二 1882、2003

柔远寨主　谭嘉震

【长编标】128/3044；136/3265

【长编影】128/17 下；136/17 下

【宋会要】兵 14 之 17/7001、14 之 18/7001

【涑水记闻】12/6 上

【汇编】中二 2091、2095、2096、2503

柔远寨巡检　胡永德

【长编标】298/7240

【长编影】298/1 下

【宋会要】职官 66 之 6/3871

【汇编】中四 4095

柔远寨兵马监押　王顺

【宋会要】职官 66 之 6/3871

柔远寨监押　王庆

【长编标】126/2966

【长编影】126/1 下

【汇编】中二 1882

柔远寨监押　卢训

【长编标】115/2691、2705

【长编影】115/4 上、16 上

【汇编】中一 1702、1706

柔远寨蕃部都巡检使　赵明

【范文正公集】5/上攻守二策状/13 下

【汇编】中二 2398

统制四路军马　王恩

【宋会要】方域 18 之 5/7612

统制军马　王文振

【宋会要】兵 28 之 40/7289

统制官　高永年

【东都事略】82/王厚传/6 上

【汇编】中六 5736

统制官　张世永

【长编标】503/11984；505/12037

【长编影】503/13 上；505/10 上

统制官　王恩

【长编标】504/12000

【长编影】504/3 上

【汇编】中六 5446

统制官　王愍

【长编标】513/12289

【长编影】516/20 下

【汇编】中六 5622

统制官　刘安

【长编标】497/11820；503/11973

【长编影】497/4 上；503/4 下

【汇编】中六 5387、5435

统制官　张世永

【长编标】503/11983

【长编影】503/12 上

【汇编】中六 5442

统制官　苗履

【长编标】511/12165；517/12313

【长编影】511/10 下；517/15 下

【汇编】中六 5556、5639

统制官　陕西河东豫选统制官掩袭西贼

【长编标】496/11809

【长编影】496/15 下

【汇编】中六 5382

统制官　姚雄等

【长编标】504/12000

【长编影】504/8 上

【汇编】中六 5455

统制官 统制官分布军马头项，取径路入贼界

【长编标】489/11607

【长编影】489/9 下

【汇编】中六 5315

统制官 领兵收复洮州

【宋会要】兵 9 之 5/6908

【长编纪事本末】140/12 下

【汇编】中六 5844、5845

统制官 豫选统制官将佐使臣，整饬部伍，准
备进攻西夏

【长编标】495/11786

【长编影】495/20 上

【汇编】中六 5373

统制熙秦两路军马 关师古

【宋会要】职官 43 之 104/3325

统领官 冯瓘

【长编纪事本末】139/17 上

【汇编】中六 5749

统领官 李忠

【长编纪事本末】139/5 下

【汇编】中六 5729

统领官 焦用诚等

【宋会要】兵 9 之 5/6908

【汇编】中六 5844

统领官 姚雄等

【长编标】504/12000

【长编影】504/3 上

【汇编】中六 5446

统领官 秦贵

【长编标】501/11939

【长编影】501/9 下

【汇编】中六 5427

十画

秦凤凤路副都总管兼知秦州 曹琮

【宋史】258/曹琮传/8989

【汇编】中一 1737

秦凤防秋军马 抽兵各归近里

【宋会要】兵 5 之 10/6844

秦凤沿边安抚司

【长编标】230/5599

【长编影】230/11 上

【汇编】中四 3750

秦凤泾原路驻泊都监 任守忠

【宋史】468/任守忠传/13657

【汇编】中二 2636

秦凤经略 种师中

【宋史】349/姚古传/11061

【大金国志】4/太宗纪/2 上

【汇编】中六 6006、6007

秦凤经略司

【宋史】18/哲宗纪 2/352

【长编标】158/3827；171/4118；175/4239；176/
4258、4267；183/4431；188/4527；226/5501；
230/5593；323/7778；507/12076

【长编影】158/10 上；171/14 上；175/17 下；
176/9 下；183/6 上；188/2 下；226/2 上；
230/8 上；323/3 上；507/4 下

【汇编】中三 3084、3173、3199、3203、3217、
3249、3716；中四 3745、4310；中六 5494

秦凤经略司机宜文字 王韶

【宋史】328/王韶传/10579

【汇编】中三 3514

秦凤经略安抚司

【长编标】177/4291

【长编影】177/13 上

【宋会要】兵 28 之 45/7292

【汇编】中三 3207

秦凤经略安抚使 夏竦

【宋会要】兵 8 之 20/6897

秦凤经略使

【长编标】495/11782

【长编影】495/17 上

秦凤经略使 吕大忠

【长编标】480/11420

【长编影】480/5 上

秦凤经略使 吕公弼

【长编标】236/5750

【长编影】236/24 下

秦凤经略使 李师中

【宋会要】方域 8 之 22/7451

【汇编】中三 3552

秦凤经略使　吴璘

【宋史】29/高宗纪 6/540

【汇编】下 6510

秦凤经略使　张方平

【涑水记闻】12/16 下

【汇编】中三 3290

秦凤经略使　种师中

【三朝北盟会编】30/17 下

【汇编】中六 6007

秦凤经略使　张升

【长编标】174/4203

【长编影】174/12 上

【汇编】中三 3189

秦凤经略使　张诜

【长编标】241/5887

【长编影】241/13 上

【汇编】中四 3831

秦凤经略使　陆师闵

【长编标】507/12085

【长编影】507/12 上

【汇编】中六 5501

秦凤钤辖　刘舜卿

【宋史】349/刘舜卿传/11062

【汇编】中四 4168

秦凤钤辖　周永清

【宋史】350/周永清传/11075

【汇编】上 238

秦凤钤辖　贾昌言

【长编标】267/6545

【长编影】267/6 上

秦凤钤辖　秦贵

【长编标】500/11907

【长编影】500/6 下

【汇编】中六 5419

秦凤钤辖　高继元

【长编标】134/3206

【长编影】134/17 下

【汇编】中二 2411

秦凤总管

【宋史】324/张亢传/10486

【汇编】中二 2305

秦凤总管　刘几

【宋史】262/刘几传/9076

【汇编】中三 3409

秦凤总管　姚雄

【皇宋十朝纲要】14/6 下

【汇编】中六 5629

秦凤都钤辖　刘温润

【宋史】350/曲珍传/11083

【汇编】中三 3197

秦凤都监　康谓

【宋史】486/夏国传下/14016

【汇编】上 82

秦凤都监　石平

【长编标】129/3054

【长编影】129/4 下

【汇编】中二 2107

秦凤都监　冯诰

【长编标】138/3329；141/3387

【长编影】138/18 下；141/14 上

【汇编】中二 2623、2728

秦凤部署　刘涣

【长编标】175/4224

【长编影】175/10 下

【汇编】中三 3199

秦凤部署司

【长编标】124/2920；127/3005；132/3130；148/3592；153/3726；176/4257

【长编影】124/2 下；127/2 下；132/8 上；148/16 上；153/12 上；176/8 上

【奏议标】132/田况·上仁宗兵策十四事/1467

【汇编】中二 1817、1992；中三 3203

秦凤部管司

【奏议影】132/田况·上仁宗兵策十四事/4514

秦凤副总管　苗授

【宋史】350/苗授传/11068

【汇编】中四 4040

秦凤副总管　姚麟

【宋史】349/姚麟传/11058

【汇编】中四 4039

秦凤副总管　燕达

【宋史】349/燕达传/11056

【汇编】中三 3699

秦凤副总管 窦舜卿

【长编标】215/5236

【长编影】215/6 下

【汇编】中三 3598

秦凤副部署 许怀德

【长编标】134/3205

【长编影】134/17 上

秦凤副部署 李昭亮

【长编标】134/3196

【长编影】134/8 下

【汇编】中二 2391

秦凤副都部署 王凯

【长编标】187/4502

【长编影】187/1 下

秦凤副都部署 曹琮

【长编标】131/3115

【长编影】131/20 上

秦凤提刑 陈敦夫

【长编标】494/11732

【长编影】494/5 下

【汇编】中六 5356

秦凤提点刑狱 刘何

【长编标】494/11737

【长编影】494/10 上

【汇编】中六 5358

秦凤等路转运司

【长编标】248/6050；251/6121；253/6191；254/6211；256/6263；264/6467；267/6546；269/6595；274/6713；277/6786；284/6953

【长编影】248/12 下；251/12 上；253/5 上；254/5 下；256/15 下；264/9 下；267/7 上；269/12 上；274/12 下；277/16 下；284/8 上

【宋会要】食货 39 之 26/5501、43 之 1/5573

【汇编】中四 3908、3953、3997、4022、4024

秦凤等路转运副使 赵济

【宋会要】职官 44 之 42/3384

秦凤等路都转运使 熊本

【长编标】254/6214；258/6300；259/6318

【长编影】254/8 上；258/12 上；259/8 下

秦凤等路都转运使

【长编标】271/6635

【长编影】271/3 下

【汇编】中四 4002

秦凤等路都转运使 蔡延庆

【宋史】286/蔡延庆传/9638

【长编标】241/5878；251/6115、6129；254/6214

【长编影】241/4 下；251/11 上、19 下；254/8 上

【汇编】中四 3894、3935、3936

秦凤等路提点刑狱 吕温卿

【宋会要】兵 4 之 12/6826

秦凤等路提点刑狱 杜常

【长编标】321/7738

【长编影】321/2 下

【汇编】中四 4268

秦凤等路提点刑狱 郑民宪

【长编标】254/6211

【长编影】254/6 上

【汇编】中四 3957

秦凤等路提点刑狱 霍翔

【长编标】286/6997

【长编影】286/3 下

【宋会要】职官 44 之 42/3384

【汇编】中四 4052

秦凤等路提举买马监牧司

【长编标】259/6324

【长编影】259/13 下

秦凤等路提举保甲司 本路义勇并改为保甲

【宋会要】职官 48 之 67/3489；兵 2 之 22/6782

秦凤等路提举营田 郑民宪

【长编标】268/6570

【长编影】268/10 下

【汇编】中四 3999

秦凤等路提举常平 种师道

【三朝北盟会编】60/4 下

【汇编】中六 6043

秦凤缘边安抚司

【长编标】230/5593、5605；233/5664；236/5730、5731；238/5786

【长编影】230/8 上、18 下；233/18 下；236/6 上；238/1 上

【汇编】中四 3745、3755、3772、3785、3799、3803

秦凤路马步军副总管　张俊

【系年要录】21/426

【汇编】下6162

秦凤路马步军副总管　姚麟

【东都事略】104/姚麟传/2 上

【汇编】中四3860

秦凤路马步军副都总管　吴璘

【宋会要】职官41 之 31/3182

秦凤路马步军副都总管　李昭亮

【宋史】464/李昭亮传/13563

【安阳集】家传2/14 上

【汇编】中二2374、2392

秦凤路计议措置边事　李宪

【奏议标】63/蔡承禧·上神宗论遣李宪措置边
　　事/694、蔡承禧·上神宗论遣李宪措置边事
　　（系第二状）/694

【奏议影】63/蔡承禧·上神宗论遣李宪措置边
　　事/2297、蔡承禧·上神宗论遣李宪措置边事
　　（系第二状）/2299

【汇编】中四4030

秦凤路队将　曲端

【宋史】369/曲端传/11489

【汇编】中六6054

秦凤路安抚司

【奏议标】141/文彦博·上神宗论进筑河州/
　　4894

【奏议影】141/文彦博·上神宗论进筑河州/
　　1591

【汇编】中四3823

秦凤路军马司公事　文彦博

【潞公文集】38/举官/2 上

【汇编】补遗7309

秦凤路买马场

【宋会要】兵 22 之 13/7150

秦凤路走马承受

【长编标】247/6029

【长编影】247/20 下

秦凤路走马承受　阮易简

【长编标】501/11939

【长编影】501/9 下

【汇编】中六5427

秦凤路走马承受　苏贲

【长编标】306/7436

【长编影】306/1 下

秦凤路走马承受　杨安民

【长编标】336/8099

【长编影】336/8 上

【汇编】中四4499

秦凤路走马承受　郑楫

【长编标】503/11990

【长编影】503/17 下

【宋会要】职官41 之 125/3229

【汇编】中六5445、5856

秦凤路走马承受公事　郑楫

【宋会要】职官41 之 125/3228

秦凤路走马承受公事　王有度

【宋会要】方域8 之 23/7452、20 之 1/7651；蕃
　　夷 6 之 7/7822

【汇编】中三3504

秦凤路走马承受公事　苏贲

【长编标】310/7529

【长编影】310/16 上

秦凤路兵马钤辖兼第三将　张之谏

【长编标】336/8094

【长编影】336/3 下

【汇编】中四4496

秦凤路招讨使　文龙图

【河南先生文集】9/答秦凤路招讨使文龙图书/1
　　上

【汇编】中三2859、2860

秦凤路招讨使　韩琦

【河南先生文集】7/答秦凤路招讨使韩琦观察议
　　讨贼利害书/3 下

【汇编】中二2569

秦凤路招抚蕃落使　刘涣

【宋会要】选举33 之 6/4758

【汇编】中二2248

秦凤路招纳司

【皇宋十朝纲要】16/10 下

【汇编】中六5778

秦凤路转运司

【长编标】245/5950、5964；248/6050、6054；
　　256/6263；274/6467；280/6849；290/7089

【长编影】245/1 下；248/16 上；256/16 上；

274/2 下；280/1 上；290/4 上

【汇编】中四 3868、3909

秦凤路转运司纲运所

【宋会要】兵 4 之 8/6824

秦凤路转运判官　刘宗杰

【长编标】249/6072

【长编影】249/5 下

【汇编】中四 3919

秦凤路转运判官　刘定

【长编标】259/6309

【长编影】259/1 上

【汇编】中四 3977

秦凤路转运判官　孙迥

【宋会要】兵 4 之 7/6823

秦凤路转运副使　张颉

【宋会要】职官 65 之 41/3867

秦凤路制置粮草　傅求

【长编标】174/4206

【长编影】174/14 下

【汇编】中三 3189

秦凤路沿边安抚　王韶

【宋史】15/神宗纪 2/282；464/高遵裕传/13575

【汇编】中四 3765、3790

秦凤路沿边安抚司

【宋会要】兵 28 之 12/7275

秦凤路沿边安抚司　收买镇洮军蕃部田土以招置弓箭手

【宋会要】兵 4 之 6/6823

秦凤路经略　吕公弼

【宋史】191/兵志 5/4738

【汇编】中四 3786

秦凤路经略司

【宋史】186/食货志下 8/4547

【长编标】167/4009；190/4601；213/5170；226/5501；234/5677；235/5700、5719；237/5768；241/5874；243/5924；245/5967；247/6021；255/6244；277/6784；304/7411；320/7731；325/7822；339/8162；343/8241；348/8354；350/8388；402/9792；468/11171；471/11249；472/11268；476/11337；478/11393；505/12041；507/12076；508/12110；512/12187

【长编影】167/3 下；190/22 下；213/5 上；

226/2 下；234/6 下；235/21 下；237/11 上；241/1 上；243/12 上；245/16 上；247/13 下；255/12 下；277/15 上；304/17 上；320/10 下；325/9 上；339/3 下；247/13 下；343/6 下；348/12 上；350/7 上；402/14 上；468/4 下；471/12 上；472/9 下；476/2 上；478/10 下；505/14 下；507/4 下；508/12 上；512/11 上

【宋会要】礼 62 之 39/1714、62 之 41/1715；职官 49 之 3/3531；食货 1 之 28/4815；兵 2 之 38/6790、4 之 3/6821、4 之 6/6823、5 之 9/6844、5 之 10/6844、8 之 29/6901、18 之 14/7064、24 之 19/7188、28 之 12/7275、28 之 38/7288；蕃夷 6 之 4/7820、6 之 5/7821

【汇编】中三 3143、3144、3253、3506、3552、3571；中四 3777、3784、3796、3824、3824、3855、3873、3893、3893、4023、4110、4263、4335、4522；中五 4559、4598、4612、4836、5117、5150、5169、5177、5188、5245；中六 5475、5520、5562

秦凤路经略司管勾机宜　任鲲

【长编标】507/12085

【长编影】507/12 上

【宋会要】职官 67 之 24/3899

【汇编】中六 5500

秦凤路经略安抚司　郭恩

【宋会要】方域 10 之 36/7491

【汇编】中六 5941

秦凤路经略安抚司

【长编标】175/4224

【长编影】175/5 上

【宋会要】兵 28 之 1/7270、28 之 3/7271；方域 10 之 36/7491

【汇编】中三 3443

秦凤路经略安抚司勾当公事　李宪

【长编标】249/6071

【长编影】249/5 下

【汇编】中四 3919

秦凤路经略安抚招讨使　韩琦

【宋史】312/韩琦传/10223

【安阳集】24/表状/5 上

【汇编】中二 2370、2371

秦凤路经略安抚使　何常

【宋史】190/兵志4·河东陕西弓箭手/4720
【汇编】中六5880、5881

秦凤路经略安抚使　邵麟
【京口耆旧传】3/邵麟传/11下
【汇编】中六5780

秦凤路经略安抚使　郭逵
【长编标】230/5595
【长编影】230/9下

秦凤路经略安抚使　张方平
【乐全集】附录/王巩撰张方平行状/19上
【司马文正公集】7/章奏5/10上、11上、12上
【汇编】中三3200、3295、3296、3297

秦凤路经略安抚使　陆师闵
【长编标】495/11782、11786
【长编影】495/17上、20上
【汇编】中六5370、5374

秦凤路经略机宜文字　王韶
【宋会要】职官27之37/2955；食货1之3/4803
【汇编】中三3549、3553

秦凤路经略安抚使司
【宋会要】方域8之24/7452、20之7/7654
【汇编】中三3520

秦凤路经略安抚使陕西诸路都统制　吴玠
【宋会要】兵14之23/7004

秦凤路经略安抚使兼知秦州　吴璘
【系年要录】130/2099
【汇编】下6512

秦凤路经略使　张升
【宋会要】兵4之6/6823

秦凤路经略使　陆师闵
【长编标】512/12176
【长编影】512/1上

秦凤路经略使
【长编标】508/12097
【长编影】508/3上
【宋会要】兵28之4/7271；方域20之1/7651

秦凤路经略使　吕大忠
【长编标】466/11129；467/11146；477/11353；480/11420
【长编影】466/3上；467/1下；477/1上；480/3上
【汇编】中五5098、5111、5177、5208

秦凤路经略使　罗拯
【长编标】303/7372
【长编影】303/7下
【汇编】中四4109

秦凤路经略使　曾孝宽
【长编标】315/7618
【长编影】315/3下
【汇编】中四4156

秦凤路经略使　吴雍
【长编标】348/8345
【长编影】348/4下
【汇编】中五4594

秦凤路经略使　吕大防
【长编标】281/6881；291/7122、7124；297/7222
【长编影】281/1上；291/11上、12上；297/5下
【宋会要】兵4之9/6824；蕃夷6之14/7825
【汇编】中四4080、4093

秦凤路经略使　李师中
【宋史】190/兵志4·河东陕西弓箭手/4713
【长编标】210/5094
【长编影】210/1上
【宋会要】兵28之6/7272、28之6/7273；方域8之22/7451
【汇编】中三3550、3643

秦凤路钤辖　王韶
【宋会要】食货2之3/4826

秦凤路钤辖　向宝
【宋会要】职官65之34/3863；食货63之74/6023

秦凤路钤辖　郭逵
【宋史】349/贾逵传/11051
【汇编】中三3237

秦凤路钤辖　刘昌祚
【长编标】286/7000
【长编影】286/5下
【汇编】中四4053

秦凤路钤辖　刘舜卿
【长编标】222/5400、5401
【长编影】222/3上
【汇编】中三3695

秦凤路钤辖　安俊

【宋史】323/安俊传/10467

【范文正公集】政府奏议·荐举/21 下

【汇编】中二 2386、2552

秦凤路钤辖　李沂

【长编标】501/11931；516/12272

【长编影】501/2 下；516/8 下

【汇编】中六 5613

秦凤路钤辖　周永清

【长编标】240/5830、5831

【长编影】240/6 下

【汇编】中四 3819

秦凤路钤辖　高遵裕

【长编标】237/5768

【长编影】237/11 下

【汇编】中四 3798

秦凤路钤辖　訾虎

【长编标】411/10009

【长编影】411/13 下

【汇编】中五 4929

秦凤路钤辖

【长编标】467/11148

【长编影】467/3 上

【宋会要】职官 41 之 94/3213

【汇编】中五 5112

秦凤路钤辖兼第一将　种谊

【长编标】409/9978

【长编影】409/24 上

【汇编】中五 4924

秦凤路总管　安俊

【宋史】323/安俊传/10468

【汇编】中三 3198

秦凤路总管　燕达

【宋会要】蕃夷 6 之 9/7823、6 之 10/7823

【汇编】中四 3950

秦凤路总管司

【宋会要】兵 27 之 26/7259、27 之 27/7260、27 之 28/7260

【汇编】中二 2522

秦凤路都转运司

【长编标】254/6225

【长编影】254/17 下

【汇编】中四 3961

秦凤路都转运使　蔡延庆

【长编标】247/6021、6025、6031

【长编影】247/14 上、17 上、22 上

【汇编】中四 3894、3901、3903

秦凤路都转运使　熊本

【宋史】334/熊本传/10731

【长编标】256/6264；265/6518

【长编影】256/16 下；265/27 上

【汇编】中四 3959

秦凤路都钤辖　李师中

【宋会要】食货 2 之 3/4826

秦凤路都钤辖　向宝

【长编标】210/5101；215/5241；216/5261

【长编影】210/7 上；215/10 上；216/9 下

【宋会要】食货 63 之 74/6023

【汇编】中三 3554、3605、3614

秦凤路都总管司走马承受公事　胡师回

【宋会要】职官 41 之 135/3234

秦凤路都监　冯诰

【潞公文集】38/举官/2 上

【汇编】补遗 7309

秦凤路都监　张守约

【长编标】230/5604

【长编影】230/18 上

秦凤路都监　谢云行

【范文正公集】政府奏议·荐举/21 下

【汇编】中二 2385

秦凤路都监　刘昌祚

【长编标】255/6231

【长编影】255/2 上

【汇编】中四 3962

秦凤路都监　张龟年

【长编标】145/3515

【长编影】145/19 下

【汇编】中二 2819

秦凤路都监兼知甘谷城兼第三将　张之谏

【长编标】272/6659

【长编影】272/3 下

秦凤路都部署经略安抚缘边招讨使　韩琦

【长编标】138/3312

【长编影】138/2 下

【汇编】中二 2576

秦凤路部署　刘涣

【长编标】174/4203

【长编影】174/11 下

秦凤路部署司

【长编标】132/3151

【长编影】132/26 下

【元宪集】28/赐嘉勒斯赍男辖戬敕书/297

【涑水记闻】12/5 下

【汇编】中一 1734；中二 1992、2313

秦凤路副总管　张守约

【长编标】411/10002

【长编影】411/6 上

【汇编】中五 4926

秦凤路副总管　姚麟

【长编标】315/7615

【长编影】315/1 上

【汇编】中四 4154

秦凤路副总管　夏元几

【长编标】289/7063

【长编影】289/5 上

【宋会要】职官 66 之 5/3870、66 之 6/3871

秦凤路副总管　窦舜卿

【长编标】212/5144

【长编影】212/2 上

【汇编】中三 3556

秦凤路副都总管　王韶

【长编标】247/6023

【长编影】247/15 下

秦凤路副都总管　刘斌

【长编标】448/10768

【长编影】448/4 下

【汇编】中五 5042

秦凤路副都总管　许怀德

【宋史】324/许怀德传/10477

【汇编】中二 2410

秦凤路副都总管　张玉

【长编标】247/6023

【长编影】247/15 上

【汇编】中四 3899

秦凤路副都总管　杨文广

【宋会要】兵 28 之 4/7271；方域 20 之 7/7654

【汇编】中三 3499

秦凤路副都总管　曹琮

【宋史】258/曹琮传/8989

【汇编】中一 1737

秦凤路副都总管　韩琦

【宋史】272/杨文广传/9308

【汇编】中三 3500

秦凤路副都总管　燕达

【长编标】253/6189

【长编影】253/3 下

【汇编】中四 3952

秦凤路副都部署　曹琮

【长编标】127/3006

【长编影】127/3 下

【汇编】中二 1993

秦凤路第九将

【宋史】196/兵志 10·兵成之制/4901

【汇编】中五 4834

秦凤路提点刑狱　孙贲

【长编标】507/12076

【长编影】507/4 下

【汇编】中六 5495

秦凤路提点刑狱　张穆之

【长编标】244/5932

【长编影】244/2 下

【汇编】中四 3862

秦凤路提点刑狱　陈敦夫

【长编标】507/12085

【长编影】507/12 上

【汇编】中六 5474、5500

秦凤路提点刑狱　郑民宪

【长编标】276/6749

【长编影】276/11 上

【汇编】中四 4021

秦凤路提点刑狱　康识

【宋会要】兵 4 之 10/6825

秦凤路提点刑狱　游师雄

【长编标】445/10711；448/10774

【长编影】445/2 上；448/9 下

【汇编】中五 5023、5043

秦凤路提举弓箭手　种师道

【三朝北盟会编】60/4 下

【汇编】中六 6043

秦凤路缘边司勾当公事 王中正
【长编标】231/5610
【长编影】231/1 下
【汇编】中四 3755

秦凤路缘边安抚司
【长编标】226/5501；233/5662、5664、5665；
　236/5731；237/5763、5771；238/5786、
　5793；239/5808、5809、5811、5816
【长编影】226/2 上；233/16 下；236/6 上；
　237/12 下；238/7 上；239/2 下、3 下、6 上、
　10 下
【宋会要】蕃夷 6 之 8/7822
【汇编】中四 3771、3785、3799、3804、3810、
　3811

秦凤路缘边安抚司勾当公事 王中正
【长编标】233/5665
【长编影】233/19 上
【汇编】中四 3773

秦凤路缘边安抚司勾当公事 李宪
【长编标】235/5719
【长编影】235/21 下
【汇编】中四 3784

秦州缘边走马承受公事
【长编标】86/1975
【长编影】86/9 下
【汇编】中一 1549

秦凤路置制勾当公事 冯诰
【潞公文集】38/举官/2 上
【汇编】补遗 7310

秦凤路察访司
【长编标】253/6198
【长编影】253/10 上

秦凤熙河路计议措置边事 李宪
【长编标】280/6863
【长编影】280/12 下

秦凤熙河路计议措置边事 李宪
【长编标】280/6863；282/6903
【长编影】280/12 上；282/3 下
【奏议标】63/蔡承禧·上神宗论遣李宪措置边
　事（系第三状）/695
【奏议影】63/蔡承禧·上神宗论遣李宪措置边
　事（系第三状）/2300

【汇编】中四 4035、4041

秦凤熙河路计议措置边事司
【长编标】283/6925
【长编影】283/3 上

秦凤熙河路计议措置边事司
【长编标】279/6839；283/6924、6925；286/6996
【长编影】279/14 下；283/3 上、4 上；286/2
　下、3 上
【汇编】中四 4030、4043、4052

秦州三阳砦主 郭遵
【宋史】325/刘平传/10505
【汇编】中二 1959

秦州甘谷城驻扎本路第三将 姚雄
【长编标】402/9792
【长编影】402/14 上
【汇编】中五 4836

秦州节度判官 李若愚
【长编标】19/429
【长编影】19/8 下

秦州司马 张从政
【长编标】88/2024
【长编影】88/12 上
【汇编】中一 1571

秦州团练使 张诚
【宋会要】方域 18 之 21/7620

秦州团练使 李知和
【长编标】138/3314
【长编影】138/5 上
【汇编】中二 2578

秦州防御使 曹琮
【宋史】258/曹琮传/8989
【汇编】中一 1737

秦州观察判官 雷简夫
【宋史】278/雷简夫传/9464
【汇编】中二 2422

秦州观察使 王厚
【宋会要】职官 68 之 10/3913
【汇编】中六 5780

秦州观察使 关师古
【系年要录】72/1208
【汇编】下 6352

秦州观察使 折克行

【宋会要】仪制 11 之 25/2037

【汇编】中六 5841

秦州观察使　韩琦

【长编标】138/3312

【长编影】138/2 下

【安阳集】家传 3/1 上

【名臣碑传琬琰集】中集 48/韩忠献公琦行状/
　1096

【汇编】中二 2471、2576、2612

秦州买马务　隶提举熙河路买马司

【长编标】256/6255

【长编影】256/8 下

秦州走马承受　言赵元昊举兵攻唃厮啰

【长编标】117/2765

【长编影】117/17 下

【汇编】中一 1713

秦州兵马钤辖　刘文质

【苏学士集】14/内园使连州刺史知代州刘公
　（文质）墓志/8 下

【汇编】中一 1489

秦州陇城寨监押　曹弼

【潞公文集】38/举官/3 下

【汇编】补遗 7292

秦州刺史　狄青

【宋史】290/狄青传/9718

【长编标】138/3310

【长编影】138/1 下

【华阳集】35/狄武襄公青神道碑/454

【汇编】中二 2562、2564

秦州刺史　姚雄

【宋史】349/姚雄传/11059

【长编标】491/11662；514/12220

【长编影】491/15 上；514/11 上

【宋大诏令集】94/姚雄授正任防御使制（引进
　使、秦州刺史知河州，元符三年四月）/343

【宋会要】兵 14 之 20/7002

【汇编】中六 5289、5328、5581、5680、5681

秦州制勘所

【长编标】501/11942；502/11963；505/12043；
　507/12086

【长编影】501/12 上；502/13 上；505/15 下；
　507/12 上

【汇编】中六 5433、5476、5501、5502

秦州制勘院

【长编标】233/5665；277/6785

【长编影】233/19 上；277/16 上

【汇编】中四 3773、4024

秦州经略司

【长编标】289/7076

【长编影】289/15 上

【宋会要】职官 41 之 93/3213

【汇编】中四 4072

秦州经略使

【长编标】508/12097

【长编影】508/1 上

【汇编】中六 5511

秦州驻泊钤辖　高继忠

【长编标】88/2024

【长编影】88/12 上

【汇编】中一 1571

秦州驻泊都监　王怀信

【长编标】85/1946

【长编影】85/11 上

【汇编】中一 1537

秦州驻泊都监　李纬

【长编标】132/3153

【长编影】132/28 上

【汇编】中二 2315

秦州钤辖　刘文质

【宋史】324/刘文质传/10492、10493

【汇编】中一 1489、1598

秦州总管　曹玮

【宋会要】方域 19 之 1/7626

秦州都巡检使　田仁朗

【长编标】19/425、430

【长编影】19/5 上

【汇编】中一 977

秦州都部署　曹玮

【长编标】88/2028

【长编影】88/15 下

【汇编】中一 1575

秦州部署

【宋史】492/吐蕃传/14161

【汇编】中一 1590

秦州部署 许怀德

【范文正公集】政府奏议上/34 上

【汇编】中二 2409

秦州部署 曹玮

【长编标】89/2040；90/2084；91/2100

【长编影】89/4 上；90/15 下；91/4 下

【元宪集】33/宋故推诚翊戴功臣彰武军节度延
州管内观察处置等使曹公行状/345

【汇编】中一 1557、1584、1588

秦州兼管勾秦凤经略安抚都管司 范育

【宋会要】职官 41 之 77/3205

秦州通判 陈纮

【长编标】245/5957

【长编影】245/7 下

【汇编】中四 3870

秦州通判 郑民瞻

【长编标】320/7731

【长编影】320/10 下

【汇编】中四 4263

秦州推勘官 慕容将美

【长编标】500/11907

【长编影】500/6 下

【汇编】中六 5419

秦州清水监军 田仁朗

【宋史】4/太宗纪 1/58

【汇编】中一 978

秦陇凤翔阶成六州军马步都部署

【武经总要】前集 18 上/27 下

【汇编】中一 931

秦陇凤翔阶成州路驻泊步军都总管 韩琦

【名臣碑传琬琰集】中集 48/韩忠献公琦行状/
1095

【汇编】中二 2350

秦陇州凤翔府阶成州路马步军都部署 韩
琦

【安阳集】24/表状/5 上

【汇编】中二 2371

秦陇州凤翔府阶成州路驻泊马步军都总管
韩琦

【安阳集】家传 2/14 上

【汇编】中二 2374

秦陇州巡检 周承琚

【长编标】19/426

【长编影】19/6 上

【汇编】中一 977

秦陇路兵马钤辖 郭恩

【宋史】326/郭恩传/10521

【汇编】中三 3228

秦陇路招安蕃落使 刘涣

【长编标】131/3114

【长编影】131/19 上

【汇编】中二 2243

泰宁军节度使 姚雄

【宋大诏令集】105/姚雄加检校司空泰宁军节度
使致仕进封开国公制（政和元年十二月十一
日）/389

【汇编】中六 5866

泰宁军节度使 童贯

【长编纪事本末】140/15 上

【汇编】中六 5848

都大经制并同经制 李宪

【宋会要】兵 8 之 22/6898

都大经制并同经制 苗授

【宋会要】兵 8 之 22/6898

都大经制熙河兰会路边防财用 李宪

【长编标】331/7982

【长编影】331/14 上

【汇编】中四 4454

都大经制熙河兰会路边防财用司

【长编标】336/8097

【长编影】336/6 下

都大经制熙河路边防财用司

【长编标】306/7443

【长编影】306/6 下

【汇编】中四 4112

都大经制熙河路边防财用事 李宪

【长编标】305/7426；310/7529

【长编影】305/10 下；310/16 上

都大提举成都府利州陕西路茶事 陆师闵

【长编标】489/11602

【长编影】489/5 下

【汇编】中六 5309

**都大提举成都府熙河兰湟秦凤等路榷茶司
干当公事** 何渐

【宋会要】职官 43 之 93/3320

【汇编】中六 5876

都大提举成都府熙河兰廓秦凤等路茶事兼提举陕西等路买马监牧公事专一总领四川财赋　赵开

【系年要录】95/1571

【汇编】下 6402

都大提举熙河路营田弓箭手　郑民宪

【长编标】258/6289

【长编影】258/3 下

【汇编】中四 3969

都大提举熙河路营田弓箭手公事　郑民宪

【宋会要】食货 2 之 5/4827

【汇编】中四 4021

都大管勾走马承受　黎用信等

【长编标】127/3013

【长编影】127/9 下

【汇编】中二 2008

都同巡检　张世安

【宋会要】兵 27 之 43/7268

都同巡检　贾恩

【宋会要】兵 27 之 43/7268

都同巡检　曾布请复置

【长编标】408/9940

【长编影】408/18 下

【汇编】中五 4915

都同总领河州南蕃兵将

【长编标】517/12306

【长编影】517/10 上

【汇编】中六 5638

都巡检　在建宁留一千人，置一都巡检

【欧阳文忠公全集】115/河东奉使奏草/27 上

【汇编】中三 2911

都巡检　任政

【宋会要】兵 14 之 14/7001

【汇编】中二 2095

都巡检　杨承吉

【宋史】258/曹玮传/8987

【汇编】中一 1595

都巡检　杨保吉

【宋史】10/仁宗纪 2/209

【汇编】中二 2098

都巡检　李惟希

【范文正公集】年谱补遗/5 下

【汇编】中二 2102

都巡检　曹光实

【武经总要】后集 13/5 下

【汇编】中一 1018

都巡检　王湛

【长编标】261/6355

【长编影】261/1 上

【汇编】中四 3982

都巡检　范全

【长编标】128/3044；136/3265

【长编影】128/17 下；136/17 下

【宋会要】兵 14 之 14/7001

【汇编】中二 2095、2096、2503

都巡检司指使　狄青

【长编标】125/2945

【长编影】125/7 上

【汇编】中二 1856

都巡检使　卢鉴

【宋史】326/卢鉴传/10527

【汇编】上 236

都巡检使　刘惟吉

【宋史】15/神宗纪 2/283

【汇编】中四 3846

都巡检使　曹光实

【宋史】274/梁迥传/9356

【汇编】中一 1023

都巡检使　周承缙

【长编标】19/430

【长编影】19/9 上

【汇编】中一 978

都护　鄜州置

【宋会要】方域 6 之 3/7407

【汇编】中六 5751

都护　西宁州置

【长编纪事本末】140/4 下

【宋会要】方域 5 之 3/7384

【汇编】中六 5766、5852

都护　湟州

【奏议标】141/任伯雨·上徽宗论湟鄯/1595

【奏议影】141/任伯雨·上徽宗论湟鄯/4907

【汇编】中六 5695

都护府

【宋史】194/兵志 8·拣选之制/4833

【汇编】中六 5692

都转运 庞籍

【宋会要】兵 8 之 20/6897、8 之 21/6897

【汇编】中二 2014、2363

都转运使 孙沔

【宋史】288/孙沔传/9688

【汇编】中二 2794

都转运使 吴遵路

【儒林公议】下/7 下

【汇编】中二 2265

都转运使 宋太初

【宋史】277/郑文宝传/9427

【汇编】中一 1110

都转运使 孙沔

【宋史】288/孙沔传/9688

【范文正公集】政府奏议上/16 上

【汇编】中二 2713、2731

都转运使 张存

【长编标】126/2985

【长编影】126/17 下

【汇编】中二 1955

都转运使 熊本

【长编标】258/6293

【长编影】258/6 下

【汇编】中四 3970

都转运使 文彦博

【宋史】300/杨偕传/9955；313/文彦博传/10259

【长编标】134/3188

【长编影】134/1 下

【汇编】中二 2098、2363、2607

都转运使 庞籍

【宋史】323/赵振传/10462

【长编标】128/3029

【长编影】128/4 下

【汇编】中二 2045、2046

都钤辖 张崇贵

【宋史】466/张崇贵传/13619

【汇编】中一 1489

都钤辖 王憼

【长编标】503/11987；514/12224；518/12334

【长编影】503/15 下；514/13 上；518/15 下

【汇编】中六 5445、5584、5650

都钤辖 张亢

【宋史】324/张亢传/10128

【安阳集】47/故客省使眉州防御使赠遂州观察使张公（亢）墓志铭/13 下

【汇编】中二 1990、2039

都钤辖 张诚

【长编标】504/11999

【长编影】504/3 上

【汇编】中六 5446

都钤辖 曹玮

【长编标】84/1917

【长编影】84/6 下

【汇编】中一 1534

都钤辖 梁从吉

【长编标】264/6457

【长编影】264/1 上

【汇编】中四 3991

都钤辖 王守忠

【长编标】126/2972；127/3013

【长编影】126/6 下；127/9 下

【名臣碑传琬琰集】上集 5/富郑公弼显忠尚德之碑/79

【汇编】中二 1914、1915、2008

都钤辖兼第一将 种诊

【长编标】335/8072

【长编影】335/9 下

【汇编】中四 4488

都亭西驿 掌河西蕃部贡奉之事

【宋会要】职官 25 之 2/2915

都亭西驿 夏国使入贡处所

【三朝北盟会编】74/1 上

【汇编】下 6084

都总领通远军蕃兵 辛叔献

【长编标】491/11662

【长编影】491/15 上

【汇编】中六 5329

都总管 刘平、石元孙

【宋朝事实类苑】75/995

【汇编】中二 1968

都总管　刘法

【皇宋十朝纲要】16/16 上

【汇编】中六 5816

都总管　张升

【乐全集】附录/王巩撰张方平行状/19 上

【汇编】中三 3200

都总管　张亢

【安阳集】47/故客省使眉州防御使赠遂州观察
　　使张公（亢）墓志铭/15 下

【汇编】中二 2609

都总管司　差蕃兵马赴河外军马司交割

【长编标】489/11607

【长编影】489/9 下

【汇编】中六 5315

都总管司走马承受　谢德方

【宋会要】兵 28 之 40/7289

【汇编】中五 5256

都总管经略司事　蔡奕

【忠肃集】12/直龙图阁蔡君（奕）墓志铭/164

【汇编】中四 4453

都总管岷州蕃兵将　姚雄

【宋会要】兵 28 之 41/7290

【汇编】中五 5260

都统制

【宋史】350/刘仲武传/11082

【汇编】中六 5898、5927

都统制　王渊、折可求

【靖康传信录】3/31

【汇编】中六 6021

都统制　刘延庆、何灌、郭药师

【三朝北盟会编】10/11 下

【汇编】中六 5959

都统制　刘锐

【三朝北盟会编】59/1 上

【汇编】中六 6037、6039

都统制　耿彦端

【长编纪事本末】140/11 上

【汇编】中六 5792

都统制　郭浩

【靖康要录】14/871

【汇编】中六 6073

都统制　麻永宗

【皇宋十朝纲要】16/10 上

【汇编】中六 5778

都统制　王禀

【长编标】514/12218

【长编影】514/8 下

【汇编】中六 5580

都统制　王禀

【长编标】514/12224

【长编影】514/13 上

【汇编】中六 5585

都统制　刘法

【宋会要】方域 8 之 24/7452

【长编纪事本末】140/12 下

【汇编】中六 5846

都统制　折可求

【三朝北盟会编】53/2 上

【靖康要录】12/743

【汇编】中六 6018、6025

都统制　种师道

【三朝北盟会编】60/1 下、4 下

【东都事略】107/种师道传/2 上

【汇编】中六 5940、6041、6044

都统制　折可求、张思正

【宋史】23/钦宗纪/430

【皇宋十朝纲要】19/8 上

【长编纪事本末】145/9 下

【汇编】中六 6017、6023、6024

都统制官

【宋会要】方域 8 之 24/7452

都统领　王禀

【长编标】514/12218、12227

【长编影】514/8 下、16 上

【汇编】中六 5579、5588

都监

【宋会要】兵 27 之 26/7259；方域 19 之 6/7628

都监　王凯

【涑水记闻】12/14 上

【汇编】中二 2355

都监　王禀

【宋会要】职官 49 之 5/3532

【汇编】中四 4485

都监　石门城置
【宋会要】方域 19 之 6/7628、19 之 44/7647
【汇编】中六 5291

都监　朱青
【范文正公集】言行拾遗事录 3/5 下
【汇编】中二 2097

都监　刘继宗
【安阳集】家传 2/2 下
【汇编】中二 2074

都监　李浦
【宋史】15/神宗纪 2/298
【汇编】中四 4101

都监　李康伯
【东坡全集】18/富郑公神道碑/29 上
【汇编】中二 1911

都监　吴贲
【长编标】175/4224
【长编影】175/5 上

都监　张继能
【宋大诏令集】94/责杨琼等诏（咸平四年闰十
　　二月丁丑）/347
【汇编】中一 1285

都监　张肇
【范文正公集】年谱补遗/14 上、西夏堡寨/6
【汇编】中二 2635、2664

都监　武英
【宋史】325/任福传/10506
【汇编】中二 2190

都监　段义
【武经总要】前集 18 下/西蕃地界/1 上
【汇编】中一 1730

都监　都监赵璘、燕达筑抚宁故城
【宋史】486/夏国传下/14007
【汇编】上 74

都监　郭恩
【长编标】175/4224
【长编影】175/5 上

都监　崔懿
【长编标】175/4224
【长编影】175/5 上

都监
【长编标】496/11812

【长编影】496/19 上
【汇编】中六 5385

都监　马忠
【长编标】261/6355
【长编影】261/1 上
【汇编】中四 3982

都监　王达
【长编标】127/3014
【长编影】127/10 下
【汇编】中二 2015

都监　王光世
【长编标】266/6537
【长编影】266/14 上
【汇编】中四 3996

都监　王怀信
【长编标】88/2013
【长编影】88/2 上
【汇编】中一 1561

都监　王崇拯
【长编标】261/6355
【长编影】261/1 上
【汇编】中四 3982

都监　韦万
【长编标】494/11744
【长编影】494/16 下
【汇编】中六 5360

都监　石州置
【长编标】514/12227
【长编影】514/16 下
【汇编】中六 5589

都监　田朏
【长编标】146/3535
【长编影】146/8 下
【汇编】中三 2842

都监　史重贵
【长编标】52/1149
【长编影】52/17 下
【汇编】中一 1327

都监　朱吉
【长编标】128/3040
【长编影】128/14 下
【汇编】中二 2073

都监　会州置

【长编标】514/12220

【长编影】514/11 上

【汇编】中六 5582

都监　刘绪

【长编标】20/464

【长编影】20/19 上

【汇编】中一 983

都监　齐再升

【长编标】138/3329；141/3387

【长编影】138/18 下；141/14 上

【汇编】中二 2623、2728

都监　李孝孙

【长编标】264/6458

【长编影】264/1 上

【汇编】中四 3991

都监　体量缘边镇寨都监材勇习知边事及老疾

　　不任职者以闻

【长编标】122/2888

【长编影】122/15 上

【汇编】中一 1763

都监　宋沆

【长编标】51/1116

【长编影】51/9 下

【汇编】中一 1300

都监　诏陕西缘边镇寨都监即时部兵策应

【长编标】84/1921

【长编影】84/10 上

【汇编】中一 1535

都监　张世矩

【长编影】348/10 上

【长编标】348/8351

【汇编】中五 4596

都监　张存

【长编标】479/11406

【长编影】479/4 上

【汇编】中五 5194

都监　邵元吉

【长编标】126/2977

【长编影】126/10 下

【汇编】中二 1929

都监　河东路请复置

【长编标】402/9792

【长编影】402/14 上

【汇编】中五 4836

都监　赵士隆

【长编标】103/2385

【长编影】103/10 下

【汇编】中一 1637

都监　赵珣

【宋史】485/夏国传上/13981

【宋史】323/赵珣传/10463

【汇编】中二 2549

都监　种朴

【长编标】511/12170

【长编影】511/15 上

【汇编】中六 5559

都监　洒水平、秋韦川置

【长编标】508/12097

【长编影】508/1 上

【汇编】中六 5510

都监　黄德和

【长编标】125/2955；126/2969

【长编影】125/14 下；126/4 上

【汇编】中二 1863、1904

都监　董思愿

【长编标】20/464

【长编影】20/19 上

【汇编】中一 983

都监　雷嗣文

【长编标】264/6457

【长编影】264/1 上

【汇编】中四 3991

都监　察都监有畏懦不任事者以名闻

【长编标】115/2693

【长编影】115/5 下

【汇编】中一 1704

都监　好水寨置

【长编标】486/11547

【长编影】486/6 上

【宋会要】方域 19 之 44/7647

【汇编】中六 5295

都监　吴猛

【长编标】400/9744；404/9840

【长编影】400/5 下；404/10 下
【皇宋十朝纲要】12/4 下
【汇编】中五 4825、4848

都监　桑怿
【宋史】485/夏国传上/13981
【长编标】131/3093
【长编影】131/1 上
【河南先生文集】3/悯忠/4 下
【汇编】上 64；中二 2178、2214

都部署　王汉忠
【宋史】277/郑文宝传/9428
【汇编】中一 1312

都部署　王超
【临川集】92/户部郎中赠谏议大夫曾公墓志铭/2 下
【汇编】中一 1292

都部署　夏公
【安阳集】47/故崇信军节度副使检校尚书工部员外郎尹公墓表/2 上
【汇编】中三 2904

都部署　王沿
【长编标】150/3627
【长编影】150/4 下
【汇编】中三 2930

都提举市易司　遣官于麟府路转买耕牛，给借环庆、熙河路蕃部弓箭手
【长编标】261/6364
【长编影】261/9 上
【汇编】中四 3984

都提举市易司
【长编标】286/7001
【长编影】286/6 上
【宋会要】食货 39 之 25/7823
【汇编】中四 4018、4054

都提举熙河路买马　王韶
【长编标】254/6205
【长编影】254/1 上

都虞侯
【宋会要】兵 4 之 15/6827

都虞侯　环庆州寨主、监押、巡检由殿直以上充任
【宋会要】职官 49 之 3/3531

【汇编】中一 1668

栲栳寨主　高益
【长编标】126/2977
【长编影】126/10 下
【涑水记闻】12/9 下
【汇编】中二 1927、1928

栲栳寨主　韩遘
【长编标】134/3206
【长编影】134/17 下
【汇编】中二 2410

真定府定州等路副都总管　狄青
【宋会要】兵 27 之 36/7264
【汇编】中三 3056

夏州节度判官　吴祐之
【宋会要】兵 14 之 10/6997
【汇编】中一 1079

夏州延州行营
【长编标】40/850
【长编影】40/8 下

夏州巡检使　梁迥
【宋史】491/党项传/14137
【长编标】23/533
【长编影】23/18 下
【汇编】上 21；中一 998

夏州祭奠使　孙祖德
【长编标】112/2604
【长编影】112/1 下
【汇编】中一 1693

夏州都指挥使　赵光嗣
【宋会要】兵 14 之 10/6997

夏州路马步军都部署　王超
【宋史】277/索湘传/9420
【汇编】中一 1158

夏州路行营都部署　戴兴
【宋史】279/戴兴传/9476
【汇编】中一 1149

夏州蕃驿　大中祥符九年四月七日以京城西旧染院为夏州蕃驿
【玉海】172/祥符都亭西驿/35 上
【汇编】补遗 7250

夏国母梁氏祭奠使　杜纮
【鸡肋集】67/刑部侍郎杜公（纮）墓志铭/17

上
【汇编】中五 4641
夏国母祭奠使 杜纮
【宋史】330/杜纮传/10634
【汇编】中五 4641
夏国封册使 刘奉世
【长编标】399/9722
【长编影】399/1 下
【皇宋十朝纲要】12/4 下
【汇编】中五 4821、4823
夏国祭奠使 穆衍祭奠秉常
【长编标】390/9477
【长编影】390/1 下
【汇编】中五 4794
夏绥行营
【宋会要】兵 8 之 19/6896
夏绥路马步军都总管 王超
【宋会要】兵 14 之 14/6999
【汇编】中一 1153
夏绥麟府州兵马都总管 王超
【宋会要】兵 8 之 19/6896
【汇编】中一 1138
夏绥麟府州钤辖 石保兴
【宋史】250/石保兴传/8811
【汇编】中一 1093
夏绥麟府州都部署 王超
【宋史】5/太宗纪 2/99
【汇编】中一 1131
原州五井堡弓箭手指挥使 王文义
【宋会要】兵 4 之 1/6820
【汇编】中一 1517
原州防御使 王彦升
【长编影】10/17 下
【隆平集】16/王彦升传/13 上
【汇编】中一 953、954
原州驻扎第三将
【宋会要】兵 28 之 39/7289
原州驻泊都监 蒋偕
【范文正公集】政府奏议下·荐举/22 下
【汇编】中二 2730
原渭仪都巡检使 李继和
【宋史】257/李继和传/8969

【汇编】中一 1257
振武 陕西乡兵
【宋会要】兵 22 之 1/7144
致祭使 王中庸致祭李元昊母卫慕氏
【宋史】485/夏国传上/13981
【汇编】上 61
致祭使 袁瑀致祭李德明母罔氏
【宋史】485/夏国传上/13981
【汇编】上 57
致祭使 王中庸致祭李元昊母米氏
【长编标】115/2704
【长编影】115/14 下
【汇编】中一 1706
致祭使 常希古致祭李德明母
【宋史】485/夏国传上/13981
【宋会要】方域 10 之 24/7485
【汇编】上 58
监当 平西寨置一员
【长编标】489/11607
【长编影】489/10 上
【汇编】中六 5315
监军 康赞元
【宋史】254/侯延广传/8885
【汇编】中一 1056
监军 任德明
【长编标】19/423
【长编影】19/4 上
【汇编】中一 975
监军 尹宪
【长编标】20/447
【长编影】20/5 上
【宋会要】兵 7 之 34/8886
【汇编】中一 980
监军 秦翰
【宋史】257/李继隆传/8967
【长编标】35/778
【长编影】35/11 下
【汇编】中一 1078、1080
监军巡检使 周承缙
【宋史】492/吐蕃传/14153
【汇编】中一 979
监庆州粮料院 姚嗣宗

【范文正公集】政府奏议下·荐举/1 之 23 下
【汇编】中二 2784

监押
【宋会要】方域 19 之 6/7628、19 之 20/7635

监押　好水寨
【宋会要】方域 19 之 44/7647

监押　凡监押职位须在寨主之下
【宋会要】职官 49 之 3/3531
【汇编】中一 1646

监押　王继元
【宋会要】职官 64 之 40/3840
【汇编】中二 2074

监押　来宾城董仙
【长编纪事本末】139/17 下
【汇编】中六 5749

监押　邵元吉
【涑水记闻】12/9 下
【汇编】中二 1927

监押　通渭县复为寨，置监押一员
【宋会要】方域 19 之 19/7635
【汇编】中六 5822

监押　渭州得胜寨崔绚
【宋史】324/赵滋传/10496
【汇编】中二 2581

监押　丁赞
【长编标】49/1071
【长编影】49/7 下
【汇编】中一 1238

监押　平西城置四员
【长编标】489/11607
【长编影】489/10 上
【汇编】中六 5315

监押　宁塞城置二员
【长编标】516/12274
【长编影】516/9 下
【汇编】中六 5613

监押　孙佶
【长编标】126/2982
【长编影】126/15 上
【汇编】中二 1947

监押　定西城
【长编标】350/8384

【长编影】350/3 下
【汇编】中五 4610

监押　定西城吴猛
【长编标】401/9767
【长编影】401/6 下
【汇编】中五 4827

监押　柔远寨王顾
【长编标】298/7240
【长编影】298/1 下
【汇编】中四 4095

监押　韩周
【长编标】122/2880
【长编影】122/8 下
【汇编】中一 1750

监押　韩遂
【长编标】126/2977
【长编影】126/10 下
【汇编】中二 1929

监押　麟州神木堡贾默
【长编标】329/7914
【长编影】329/1 下
【汇编】中四 4395

监押　石门城置二员
【长编标】486/11547
【长编影】486/6 上
【宋会要】方域 19 之 6/7628、19 之 44/7647
【汇编】中六 5291、5295

监押　柔远寨王庆
【长编标】126/2966
【长编影】126/1 下
【涑水记闻】12/3 上
【汇编】中二 1883、2003

监押　淮安镇张立
【长编标】128/3044
【长编影】128/17 下
【宋会要】兵 14 之 14/7001
【涑水记闻】12/6 上
【汇编】中二 2091、2095、2096

监岷州白石镇　张从
【陇右金石录】3/张从墓志铭/59 下
【汇编】补遗 7361

监秦州陇城寨酒税　张造

【陇右金石录】3/凉飚阁记/48 上

【汇编】补遗 7374

部署　阳琼

【武经总要】前集 18 下/西蕃地界/1 上

【汇编】中一 1728

部署　狄青

【元丰类稿】47/故朝散大夫孙甫行状/9 下

【汇编】中三 2865

部署　张凝

【宋史】309/阎日新传/10167

【汇编】中一 1411

部署　王信

【长编标】138/3310

【长编影】138/1 下

【汇编】中二 2564

部署　王谦

【长编标】103/2383

【长编影】103/8 下

【汇编】中一 1635

部署司　重罚环庆熟户劫夺使臣马缨者

【宋史】491/党项传/14137

【汇编】上 30

凉州观察使　范廷召

【宋会要】兵 8 之 19/6896

【汇编】中一 1120

酒税务官

【宋会要】方域 19 之 6/7628、19 之 44/7647

浮图寨监押　晁立

【宋会要】职官 66 之 28/3882

朔方节度使　刘平

【长编标】128/3032

【长编影】128/7 上

【汇编】中二 2052

朔方军节度使　刘平

【宋史】325/刘平传/10502

【汇编】中二 1886

宾德军节度使　驻鄯州

【宋史】87/地理志 3/2168

【汇编】中六 5854

通引官　麟州王吉

【涑水记闻】12/14 上

【汇编】中二 2355

通引官　麟州魏智

【涑水记闻】12/7 下

【汇编】中二 2343

通边寨巡检　魏奇

【宋会要】兵 28 之 12/7275

通州防御史　张蕴

【宋史】350/张蕴传/11087

【汇编】上 240

通远军使　董遵诲

【宋史】273/董遵诲传/9343

【长编标】9/203；18/417；22/490

【长编影】9/5 上；18/22 上；22/3 上

【宋朝事实类苑】7/69

【汇编】中一 946、947、948、970

通远军通判　李深

【长编标】507/12085

【长编影】507/12 上

【汇编】中六 5500

通远军蕃兵将　王舜臣

【长编标】517/12313

【长编影】517/15 下

【汇编】中六 5640

通远军榆木岔巡检　何贵

【长编标】352/8448

【长编影】352/21 下

【汇编】中五 4621

通判　马端

【奏议标】132/范仲淹·上仁宗论夏贼未宜进讨/1463

【奏议影】132/范仲淹·上仁宗论夏贼未宜进讨/4501

通判熙州　王本

【宋会要】兵 28 之 36/7287

通事

【宋会要】兵 27 之 23/7258

通峡荡羌寨主簿

【宋会要】选举 28 之 30/4692

【汇编】中六 5726

绥州团练使　高文坯

【宋会要】兵 14 之 10/6997

绥州路部署　慕兴

【宋史】253/孙全照传/8874

【汇编】中一 1294

绥银夏麟府等州钤辖 曹璨

【宋史】258/曹璨传/8983

【汇编】中一 1058

绥德把截 杨永庆

【宋史】486/夏国传下/14007

【汇编】上 76

绥德城都监 李浦

【长编标】299/7277

【长编影】299/12 上

【汇编】中四 4102

十一画

梓夔路钤辖 刘兼济

【宋史】325/刘济传/10504

【长编标】149/3608

【长编影】149/11 上

【汇编】中三 2903

乾兴寨主 李继明

【长编标】126/2982

【长编影】126/15 上

【汇编】中二 1947

副军主 沃协等

【元宪集】25/环州蕃部沃协等可本族副军主制/262

【汇编】补遗 7158

副兵马使 宋朝蕃官

【宋史】191/兵志 5/4759

【汇编】中四 4000

副使 李浩

【宋史】16/神宗纪 3/309

【长编标】333/8018

【长编影】333/5 上

【汇编】中四 4466、4468

副将 高世才

【长编标】335/8072

【长编影】335/10 上

【汇编】中四 4488

副总管 王文振

【长编标】506/12062

【长编影】506/12 上

【汇编】中六 5489

副总管 王君万

【宋史】350/王君万传/11070

【汇编】中四 3939

副总管 刘涣

【乐全集】附录/王巩撰张方平行状/19 上

【汇编】中三 3200

副总管 种谔

【宋史】331/沈括传/10656

【汇编】中四 4161

副总管 王愍

【长编标】494/11730

【长编影】494/4 上

【汇编】中六 5354

副总管 吉剌

【长编标】518/12334

【长编影】518/15 下

【汇编】中六 5650

副总管 苗授

【长编标】266/6537；273/6688

【长编影】266/14 上；273/13 上

【汇编】中四 3996、4016

副总管 李浩

【宋史】16/神宗纪 3/309；350/李浩传/11079

【长编标】322/7770

【长编影】322/10 下

【汇编】中四 4040、4305、4472

副总管 许怀德

【宋史】324/许怀德传/10477

【长编标】125/2954

【长编影】125/14 下

【宋会要】职官 27 之 26/7259

【汇编】中二 1853、1863、2036

副统制 何灌

【三朝北盟会编】9/4 下

【汇编】中六 5949

副都护 湟州

【宋会要】方域 6 之 3/7407

【汇编】中六 5751

副都统 何灌

【三朝北盟会编】10/2 上

【汇编】中六 5958

副都总管　杨文广
【宋会要】礼 62 之 41/1715
【汇编】中三 3506

副都总管　吴真
【宋会要】兵 28 之 39/7289
【汇编】中五 5254

副都总管　夏元亨
【宋会要】兵 8 之 20/6897、8 之 21/6897
【汇编】中二 2014

副都总管　葛怀敏
【宋史】289/葛怀敏传/9701；300/王沿传/9959
【汇编】中二 1955、2545

副都总管　燕达
【宋史】349/燕达传/11056
【汇编】中四 3943

副都总管　王恩
【长编标】504/12000；516/12275
【长编影】504/3 上；516/10 下
【汇编】中六 5446、5614

副都总管　王愍
【长编标】493/11719；499/11888；503/11987
【长编影】493/23 下；499/15 下；503/15 下
【汇编】中六 5348、5409、5444

副都总管　杨遂
【长编标】214/5220
【长编影】214/24 下
【汇编】中三 3592

副都总管　张存
【长编标】511/12170
【长编影】511/15 上
【汇编】中六 5559

副都总管　张玉
【宋史】290/张玉传/9722；324/张亢传/10489
【长编标】208/5062
【长编影】208/14 上
【宋会要】兵 28 之 4/7271；方域 18 之 14/7616
【汇编】中三 2948、3408、3492、3504、3715

副都部署　石保兴
【宋史】250/石保兴传/8811
【汇编】中一 1150

副都部署　钱守俊
【宋史】280/钱守俊传/9503

【汇编】中一 1093

副都部署　许怀德
【长编标】127/3019
【长编影】127/14 下
【汇编】中二 2031

副都部署　赵振
【长编标】126/2980、127/3014
【长编影】126/13 上、127/10 下
【汇编】中二 1939、2015

副都部署　葛怀敏
【长编标】127/3007
【长编影】127/4 下
【汇编】中二 1998

副部署　赵振
【欧阳文忠公全集】98/奏议/4 下
【汇编】中二 2830

副部署　潘璘
【宋史】280/杨琼传/9501
【汇编】中一 1241

副部署　刘平
【长编标】124/2931
【长编影】124/7 上
【汇编】中二 1828

副部管　任福
【皇宋十朝纲要】5/11 下
【汇编】中二 2199

措置陕西缘边四路边防　吕惠卿
【长编标】303/7375
【长编影】303/10 上

措置陕西缘边四路边防公事司
【长编标】304/7406
【长编影】304/12 下

措置陕西缘边四路边防事　吕惠卿
【长编标】300/7302
【长编影】300/5 下、10 上
【汇编】中四 4104、4109

措置熙河兰会路经制财用
【长编标】379/9198；388/9440
【长编影】379/2 下；388/9 上

措置熙河兰会路经制财用　孙路
【长编标】382/9303
【长编影】382/5 下

【汇编】中五 4753

措置熙河兰会路经制财用司

【长编标】383/9325、9340

【长编影】383/15 下

【汇编】中五 4776

措置熙河兰会路经制财用事　穆衍

【长编标】364/8707

【长编影】364/10 上

【汇编】中五 4660

措置熙河兰会路经制财用司事　穆衍

【曲洧旧闻】6/5 上

【汇编】中五 4841

措置熙河边防财用　穆衍、孙路

【长编标】382/9312

【长编影】382/13 上

【汇编】中五 4768

措置麟州路军马

【长编标】318/7683

【长编影】318/3 上

【汇编】中四 4214

措置麟府军马事　赵禼

【长编标】319/7712、7713

【长编影】319/4 上、11 下

【汇编】中四 4231、4246

措置麟府路军马　王中正

【长编标】315/7631

【长编影】315/15 上

措置麟府路军马司

【长编标】315/7618；316/7640、7641、7647；
319/7700、7701；322/7760

【长编影】315/9 下；316/3 上、4 上、9 下；
319/2 上；322/2 下

【汇编】中四 4162、4176、4178、4184、4227、
4298

排阵都监　张崇贵

【宋史】466/张崇贵传/13618

【汇编】中一 1147

推官　张问

【奏议标】133/庞籍·上仁宗论范仲淹攻守之策
/1481

【奏议影】133/庞籍·上仁宗论范仲淹攻守之策
/4554

砦主　塞门砦高延德

【宋史】323/赵振传/10462

【范文正公集】言行拾遗事录2/3 下

【汇编】中二 2045、2168

银夏兵马钤辖　卢斌

【宋史】308/卢斌传/10141

【汇编】中一 1149

银夏钤辖　卢斌

【长编标】40/851

【长编影】40/8 下

【汇编】中一 1154

银夏都巡检　梁迥

【宋史】274/梁迥传/9356

【汇编】中一 1023

银夏都部署　李继隆

【宋史】466/张继能传/13620

【汇编】中一 1027

银夏绥府都巡检使　石保兴

【宋史】250/石保兴传/8811

【汇编】中一 1017

银夏绥宥都巡检使　田钦祚

【宋史】274/田钦祚传/9360

【汇编】中一 1016

银夏绥麟府丰宥州都巡检使　曹光实

【宋史】272/曹光实传/9315

【汇编】中一 996

笼竿城弓箭手巡检　姚爽

【长编标】138/3314

【长编影】138/5 上

【汇编】中二 2578

笼竿城巡检　姚爽

【宋史】289/葛怀敏传/9760

【汇编】中二 2547

笼竿城监押　马为美

【安阳集】家传2/8 上

【汇编】中二 2347

第一至第七将　鄜延

【宋会要】兵14 之20/7002

第一将　泾原路刘昌祚

【长编标】330/7952

【长编影】330/7 上

【汇编】中四 4435

第一将　泾原路苗授
【长编标】266/6537
【长编影】266/14 上
【汇编】中四 3996

第一将　秦凤路燕达
【长编标】263/6436
【长编影】263/16 下
【汇编】中四 3989

第一将　鄜延路曲珍
【长编标】330/7948
【长编影】330/3 下
【汇编】中四 4433

第一将　环庆路第一将驻庆州
【长编标】258/6304；296/7206
【长编影】258/15 上；296/11 上
【宋会要】兵 5 之 8/6843
【汇编】中四 3973、4088

第一、第二将　驻渭州
【宋会要】兵 4 之 9/6824

第二将　彭孙
【宋会要】兵 18 之 12/7063

第二将　张诚
【长编标】468/11175
【长编影】468/7 下
【汇编】中五 5118

第二将　泾原路姚兕
【长编标】266/6537
【长编影】266/14 上
【汇编】中四 3996

第二将　泾原路第二将驻渭州
【长编标】299/7278
【长编影】299/13 下
【汇编】中四 4102

第二将　秦凤路贾昌言
【长编标】263/6436
【长编影】263/16 下
【汇编】中四 3989

第二将　鄜延路李浦
【长编标】335/8072
【长编影】335/10 上
【汇编】中四 4488

第二将　环庆路第二将驻环州

【长编标】258/6304；296/7206
【长编影】258/15 上；296/11 上
【宋会要】兵 5 之 8/6843
【汇编】中四 3973、4088

第十一将　平夏城置
【汉滨集】15/故客省使雄州防御使泾原路兵马钤辖兼第十一将郭公（成）行状/17 上
【汇编】补遗 7377、7378

第十一将　泾原路第十一将驻永兴军奉天县
【长编标】299/7278
【长编影】299/13 下
【宋会要】兵 4 之 9/6824
【汇编】中四 4102

第十二副将　泾原吴玠
【系年要录】15/311
【汇编】下 6133

第十三将部将　河东张括
【榆林府志】47/修武郎张括墓志铭/10 上
【汇编】补遗 7126

第十将　泾原路第十将驻隆德寨
【长编标】299/7278
【长编影】299/13 下
【宋会要】兵 4 之 9/6824
【汇编】中四 4102

第七将　环庆路第七将驻永和寨
【长编标】258/6304；296/7206
【长编影】258/15 上；296/11 上
【宋会要】兵 5 之 8/6843
【汇编】中四 3973、4088

第七将　泾原路第七将驻德顺军
【长编标】299/7278
【长编影】299/13 下
【宋会要】兵 4 之 9/6824
【汇编】中四 4102

第八将　环庆路第八将驻邠州
【长编标】258/6304；296/7206
【长编影】258/15 上；296/11 上
【宋会要】兵 5 之 8/6843
【汇编】中四 3973、4088

第八将　泾原路第八将驻水洛城
【长编标】299/7278
【长编影】299/13 下

【宋会要】兵 4 之 9/6824

【汇编】中四 4102

第八将兼堡事　张安泰

【陇右金石录】3/65 下

【甘肃新通志】14/建置志·城池/13 下

【汇编】补遗 7404、7419

第九将　泾原路第九将驻静边寨

【长编标】299/7278

【长编影】299/13 下

【宋会要】兵 4 之 9/6824

【汇编】中四 4102

第三将　杨进

【宋会要】兵 8 之 26/6900

第三将　姚雄

【宋会要】兵 14 之 20/7002

第三将　泾原路姚麟

【长编标】266/6537

【长编影】266/14 上

【汇编】中四 3996

第三将　秦凤路白玉

【长编标】263/6436

【长编影】263/16 下

【汇编】中四 3989

第三将　环庆路第三将驻大顺城

【长编标】258/6304；296/7206

【长编影】258/15 上；296/11 上

【宋会要】兵 5 之 8/6843

【汇编】中四 3973、4088

第三将　泾原路第三将驻原州

【长编标】299/7278

【长编影】299/13 下

【宋会要】兵 4 之 9/6824

【汇编】中四 4102

第五将　驻安塞堡

【宋会要】兵 18 之 13/7064

第五将　驻镇戎军

【宋会要】兵 4 之 9/6824

第五将　泾原第五将驻镇戎军

【长编标】299/7278

【长编影】299/13 下

【汇编】中四 4102

第五将　泾原路

【长编标】335/8062

【长编影】335/1 上

【汇编】中四 4482

第五将　泾原路种诊

【长编标】266/6537

【长编影】266/14 上

【汇编】中四 3996

第五将　环庆路第五将驻业乐镇

【长编标】258/6304；296/7206

【长编影】258/15 上；296/11 上

【宋会要】兵 5 之 8/6843

【汇编】中四 3973、4088

第六将　驻彭阳城

【宋会要】兵 4 之 9/6824

第六将　泾原路第六将驻彭阳城

【长编标】299/7278

【长编影】299/13 下

【汇编】中四 4102

第六将　鄜延路解元忠

【长编标】351/8405

【长编影】351/2 上

【汇编】中五 4618

第六将　环庆路第六将驻木波镇

【长编标】258/6304；296/7206

【长编影】258/15 上；296/11 上

【宋会要】兵 5 之 8/6843

【汇编】中四 3973、4088

第六将军马

【宋会要】兵 28 之 39/7289

第六副将　泾原路向用贤

【长编标】335/8082

【长编影】335/18 上

【汇编】中四 4490

第四将　驻绥宁寨

【宋会要】兵 4 之 9/6824

第四将　泾原路夏元几

【长编标】266/6537

【长编影】266/14 上

【汇编】中四 3996

第四将　泾原路第四将驻绥宁寨

【长编标】299/7278

【长编影】299/13 下

【汇编】中四 4102

第四将　秦凤路刘昌祚

【长编标】263/6436

【长编影】263/16 下

【汇编】中四 3989

第四将　环庆路第四将驻淮安镇

【长编标】258/6304；296/7206

【长编影】258/15 上；296/11 上

【宋会要】兵 5 之 8/6843

【汇编】中四 3973、4088

得胜寨主　裴大雅

【长编标】151/3687

【长编影】151/21 上

【汇编】中三 2982

领泾原路经略公事　尹洙

【宋史】295/尹洙传/9837

【汇编】中二 2731

领经制财用司　李宪

【长编标】286/6996

【长编影】286/2 下

【汇编】中四 4051

馆伴　馆伴夏使

【宋史】486/夏国传下/14007

【汇编】上 87

祭奠使　朱昌符祭奠夏太宗李德明

【宋史】485/夏国传上/13992

【汇编】上 59

祭奠使　杜纮祭奠夏国母梁氏

【宋史】486/夏国传下/14007

【长编标】360/8621

【长编影】360/14 下

【汇编】上 80；中五 4641

祭奠使　曹颖叔祭奠夏景宗李元昊

【宋史】485/夏国传上/13981

【长编标】163/3918

【长编影】163/3 上

【汇编】上 67

祭奠使　穆衍祭奠夏惠宗李秉常

【长编标】391/9513；392/10702

【长编影】391/8 下；392/9 上

【宋大诏令集】236/太皇太后赐故夏国主嗣子讫

顺诏/919

【汇编】中五 4797、4799、4801

旌节官告使　杨告

【宋史】485/夏国传上/13981

【汇编】上 60

旌节官告使　赵湘

【宋史】485/夏国传上/13981

【汇编】上 57

清远军兵马都总管　李继隆

【宋会要】兵 8 之 19/6896

清远军都监　段义

【长编标】49/1072

【长编影】49/8 上

【汇编】中一 1239

清远军监军　段义

【宋史】485/夏国传上/13981

【汇编】上 55

淮安镇都监　刘政

【长编标】126/2966；128/3044

【长编影】126/1 下；128/17 下

【宋会要】兵 14 之 17/7001、14 之 18/7001

【涑水记闻】12/3 上、6 上

【汇编】中二 1882、1883、2004、2091、2095、

2096

淮安镇监押　张立

【宋会要】兵 14 之 18/7001

随军转运使　王超

【宋史】277/郑文宝传/9428

【汇编】中一 1312

随军转运使　明镐

【宋会要】兵 8 之 20/6897

【汇编】中二 1911

随路都总管　庆历四年复置，《续资治通鉴长

　　编》作逐路都总管

【宋史】11/仁宗纪 3/217

【汇编】中三 2847

隆德府宣抚司

【梁溪集】173/靖康传信录下/12 下

【汇编】补遗 7455

隆德寨主　贾宗谔

【宋会要】职官 66 之 21/3878

十二画

葫芦吴堡寨缘边都巡检使
【长编标】331/7986
【长编影】331/17 下
【汇编】中四 4456

雄武军节度　吴延祚
【宋史】257/吴廷祚传/8948；492/吐蕃传/14152
【汇编】中一 937

雄武军节度
【元丰九域志】3/122
【武经总要】前集 18 上/27 下
【汇编】中一 929、931、936

提点河东路刑狱公事　庞汝弼
【宋会要】职官 65 之 18/3855、65 之 21/3857

提点熙河兰岷等路汉蕃弓箭手
【宋会要】蕃夷 6 之 30/7833
【汇编】中五 5263

提点熙河兰岷等路汉蕃弓箭手　钟傅，又作钟传
【宋会要】兵 6 之 15/6862
【汇编】中六 5271

提点熙河兰岷等路汉蕃弓箭手司
【宋史】193/兵志 7·招募之制/4804
【长编标】487/11568
【长编影】487/6 下
【宋会要】兵 22 之 13/7150、28 之 39/7289；蕃夷 6 之 30/7833
【汇编】中五 5253；中六 5268、5301、5349

提点熙河蕃部司　元丰元年废
【长编标】287/7033
【长编影】287/19 上
【汇编】中四 4067

提举义勇保甲　叶康直
【宋会要】兵 2 之 18/6780

提举义勇保甲　黄廉
【长编标】317/7676
【长编影】317/16 下
【汇编】中四 4209

提举弓箭手
【宋史】167/职官志 7/3972

【汇编】中六 5894

提举弓箭手司　选差武臣提举
【宋会要】兵 4 之 19/6829

提举弓箭手司
【宋史】190/兵志 4·河东陕西弓箭手/4717、4719、4722
【长编标】275/6721
【长编影】275/2 上
【汇编】中四 4019；中六 5692、5824、5886

提举弓箭手官　存恤诸路汉蕃弓箭手
【宋会要】兵 4 之 18/6829

提举弓箭手官　石杳
【奏议标】140/范纯粹·上徽宗论进筑非便/1583
【奏议影】140/范纯粹·上徽宗论进筑非便/4868
【汇编】中六 5708

提举永兴军等路常平　蔡擎
【长编标】504/12001
【长编影】504/4 下
【汇编】中六 5446

提举永兴军等路常平等事　杜常
【长编标】277/6770

提举永兴军路常平等事　章粢
【长编标】254/6225；263/6417
【长编影】263/1 上
【汇编】中四 3981

提举永兴军路常平等事　蔡擎
【长编标】499/11876
【长编影】499/5 上
【汇编】中六 5403

提举永兴秦凤等路义勇保甲　狄咏
【长编标】315/7615
【长编影】315/1 上
【汇编】中四 4154

提举永兴秦凤等路保甲　张山甫
【宋会要】兵 2 之 18/6780

提举成都府利州秦凤熙河等路茶场公事　郭茂恂
【宋会要】职官 43 之 56/3301
【汇编】中四 4166

提举成都府利州秦凤熙河等路茶场司

【宋会要】职官 43 之 58/3302

【汇编】中四 4263

提举河东义勇保甲　王崇拯

【宋会要】兵 2 之 17/6780

提举河东义勇保甲　黄廉

【宋会要】兵 2 之 17/6780

提举河北东西路义勇保甲　狄谘

【长编标】312/7571

【长编影】312/11 下

提举河东路弓箭手司

【宋史】190/兵志 4·河东陕西弓箭手/4722

【宋会要】兵 4 之 25/6832、4 之 26/6833

【汇编】中六 5891

提举河东路勾当等事　喻陟

【长编标】317/7675

【长编影】317/16 下

【汇编】中四 4208

提举河东路保甲　王崇拯

【宋会要】兵 22 之 10/7148

提举河东路营田司

【宋会要】食货 63 之 81/6027

提举泾原环庆路军须等事　李承之

【长编标】321/7749

【长编影】321/12 上

【汇编】中四 4280

提举泾原路弓箭手　钱归善

【宋史】190/兵志 4·河东陕西弓箭手/4719

【汇编】中六 5824

提举泾原路弓箭手　安师文

【宋史】190/兵志 4·河东陕西弓箭手/4717

【宋会要】兵 4 之 17/6828

【汇编】中六 5692、5756

提举泾原路弓箭手司

【宋会要】兵 4 之 22/6831、4 之 26/6833、4 之 27/6833

【汇编】中六 5893

提举泾原路沿边新弓箭手官　安师文

【长编标】490/11638

【长编影】490/17 下

【汇编】中六 5321

提举陕西买马司

【长编标】331/7979；335/8062

【长编影】331/11 上；335/2 上、20 下

【汇编】中四 4483、4492

提举陕西买马司　郭茂恂

【长编标】340/8188

【长编影】340/9 下

提举陕西买马监牧　郭茂恂

【长编标】315/8099

【长编影】315/2 下

【宋会要】职官 43 之 56/3301、43 之 59/3303

【汇编】中四 4155、4166、4315

提举陕西买马监牧司

【长编标】338/8155；339/8166

【长编影】338/15 上；339/7 下

【宋会要】兵 2 之 18/6780

【汇编】中四 4521、4524

提举陕西河东路弓箭手　何灌

【宋会要】职官 44 之 54/3390；兵 4 之 19/6829

【汇编】中六 5889

提举陕西等买马监牧公事　李稷

【宋会要】职官 43 之 93/3320、43 之 94/3320

【汇编】中六 5864、5878

提举陕西等路买马公事　陆师闵

【长编标】489/11602

【长编影】489/5 下

【宋会要】兵 22 之 13/7150

【汇编】中五 5231；中六 5309

提举陕西等路买马监牧公事　李稷

【宋会要】职官 43 之 94/3320

【汇编】中六 5878

提举陕西等路买马监牧司

【宋会要】兵 24 之 26/7191

提举秦凤弓箭手　种师道

【宋史】335/种师道传/10750

【汇编】中六 5874

提举秦凤等路监牧

【长编标】256/6255

【长编影】256/8 上

【汇编】中四 3966

提举秦凤路刑狱　吕温卿

【长编标】340/8191

【长编影】340/12 下

【汇编】中四 4531

提举秦州西路蕃部及市易司　王韶
【宋会要】食货 2 之 3/4826、63 之 74/6023

提举教马军所　提举教马军所子弟赵惟简随王
中正深入西界
【长编标】333/8016
【长编影】333/4 上
【汇编】中四 4465

提举营田　张大宁
【宋史】190/兵志 4·河东陕西弓箭手/4715
【宋会要】兵 4 之 11/6825
【汇编】中四 4385

提举编排环庆路马递急脚铺
【长编标】320/7726
【长编影】320/7 上
【宋会要】方域 10 之 24/7485
【汇编】中四 4256、4280

提举鄜延路弓箭手　卢逢原
【宋会要】兵 4 之 18/6829

提举鄜延路弓箭手　张琚
【宋会要】兵 4 之 27/6833

提举鄜延路弓箭手　陈豫
【宋会要】兵 4 之 27/6833
【汇编】中六 5893

提举熙河兰会路弓箭手　李夷行
【长编标】506/12060
【长编影】506/10 上
【宋会要】兵 4 之 17/6828
【汇编】中六 5487

提举熙河兰湟路弓箭手　何灌
【宋史】190/兵志 4·河东陕西弓箭手/4723；
357/何灌传/11226
【宋会要】兵 4 之 25/6832
【汇编】中六 5887、5892

提举熙河兰湟路牧马司
【宋会要】兵 21 之 30/7139
【汇编】中六 5841

提举熙河营田蕃部司
【长编标】332/7998
【长编影】332/3 上
【宋会要】兵 4 之 11/6825
【汇编】中四 4461

提举熙河等三路弓箭手营田蕃部　张大宁

提举熙河等路弓箭手营田蕃部
【宋会要】兵 4 之 10/6825

提举熙河等路弓箭手营田蕃部司　元祐元
年罢
【长编标】373/9041
【长编影】373/16 下
【汇编】中五 4711

提举熙河等路弓箭手营田蕃部司
【长编标】341/8204
【长编影】341/9 上
【宋会要】食货 2 之 6/4828、63 之 79/6026
【汇编】中四 4536

提举熙河等路弓箭手营田蕃部司　康识
【宋史】190/兵志 4·河东陕西弓箭手/4715
【长编标】328/7894
【长编影】328/4 上
【宋会要】食货 2 之 6/4828；兵 4 之 11/6825
【汇编】中四 4385

提举熙河路买马　王韶
【宋史】198/兵志 12/4951
【汇编】中四 4061

提举熙河路买马　高遵裕
【长编标】258/6298
【长编影】258/10 上
【汇编】中四 3972

提举熙河路买马司
【长编标】　256/6255；264/6476；269/6602；
271/6648
【长编影】256/8 下；264/17 下；269/17 下；
271/14 下
【汇编】中四 3992

提举熙河路营田弓箭手　郑民宪
【宋会要】食货 2 之 4/4827
【汇编】中四 4012

提举蕃部司
【长编标】329/7915
【长编影】329/2 下
【汇编】中四 4397

堡铺把截监押
【长编标】339/8169

【长编影】339/9 下

【汇编】中四 4526

堡铺桥巡检等使臣

【长编标】339/8169

【长编影】339/9 下

【汇编】中四 4526

渭仪都巡检使　李继和

【长编标】50/1090

【长编影】50/8 上

渭州瓦亭寨监押　刘沪

【宋史】324/刘沪传/10494

【汇编】中二 2197

渭州西路巡检　刘沪

【长编标】151/3670

【长编影】151/5 下

【宋会要】职官 64 之 45/3843

【涑水记闻】10/5 上；11/5 下

【汇编】中二 2817、2907、2908

渭州坊州军事推官　杨耆、庐觊

【长编标】127/3005

【长编影】127/3 上

【汇编】中二 1993

渭州兵马都监　郭浩

【宋史】367/郭浩传/11440

【汇编】中六 5994

渭州驻泊都监　赵律

【安阳集】家传 2/4 上

【汇编】中二 2202

渭州指使　李仁义

【宋会要】方域 21 之 22/7672

【汇编】中一 1467

渭州指使　杨玉

【长编标】131/3103

【长编影】131/9 上

【汇编】中二 2216

渭州钤辖　周永清

【宋史】350/周永清传/11075

【汇编】上 238

渭州钤辖　郭志高

【安阳集】家传 2/2 下

【汇编】中二 2074

渭州都监　赵律

【河南先生文集】3/悯忠/4 下

【涑水记闻】12/11 下

【汇编】中二 2197、2214

渭州都监　訾斌

【长编标】129/3053

【长编影】129/3 上

【汇编】中二 2104

渭州监押　王秉

【长编标】134/3206

【长编影】134/17 下

【汇编】中二 2411

渭州推官　魏庭坚

【玉海】141/康定论兵/15 上

【汇编】补遗 7264

渭州路招讨安抚等使者　王沿

【乐全集】21/论除渭州路招讨使事/7 上

【汇编】中二 2559

渭州蕃落指挥使　张文义

【宋会要】兵 4 之 1/6820

【汇编】中一 1517

渭州德胜砦主　姚贵

【宋史】324/赵滋传/10496

【汇编】中二 2581

湟川管界巡检　杨宗闵

【苕溪集】48/宋故武功大夫魏国公杨公（宗
　　闵）墓碑/3 下

【汇编】补遗 7405

湟州观察使　姚古

【忠惠集】2/殿前都虞侯环庆路经略安抚使知庆
　　州制/20 上、种师中湟州观察使侍卫亲军马
　　军都指挥使制/21 下

【汇编】补遗 7444、7445

道路巡检主管

【宋会要】食货 2 之 4/4827

【汇编】中四 4013

遂州驻泊都监　李显

【长编标】149/3608

【长编影】149/11 上

【汇编】中三 2903

缘边安抚司

【宋史】485/夏国传上/13981

【长编标】230/5605；233/5652；236/5730；237/

签书泾原路经略司事　王中正
【宋史】467/王中正传/13643
【汇编】中四4233

签书陕西经略安抚判官　田况
【长编标】132/3129
【长编影】132/7 下
【愧郯录】13/冷端甲/16 上
【汇编】中二2273；下6820

签书陕西经略安抚判官公事　田况
【宋会要】选举33 之5/4758
【汇编】中二2108

签书经略司事　尹洙
【宋会要】兵8 之20/6897

签书保安军判官事　邵良佐
【长编标】140/3362
【长编影】140/4 下
【汇编】中二2702

签书秦州观察判官　雷简夫
【宋史】278/雷简夫传/9464
【汇编】中二2422

签书秦州观察判官厅公事　雷简夫
【范文正公集】政府奏议下·荐举/23 上
【汇编】中二2423

签署泾原秦凤两路安抚判官公事　尹洙
【河南先生文集】6/上吕相公书/4 上
【汇编】中二2023

签署泾原秦凤两路经略安抚判官公事　尹
洙
【河南先生文集】19/乞便殿延对两府大臣议边
事/1 下
【汇编】中二2016

签署陕西判官公事　尹洙
【河南先生文集】20/奏军前事宜状/1 下
【汇编】中二2048

签署陕西经略安抚判官　尹洙
【河南先生文集】20/奏为乞令环庆路与泾原路
相应广发兵马牵制贼势事/4 上
【汇编】中二2209

靖难军节度使　种师道
【宋史】23/钦宗纪/424
【汇编】中六6007

靖难军节度使　赏获李元昊者

【东轩笔录】8/4 下
【汇编】中二2627

鄜延中路统制军马　杨宗闵
【苕溪集】48/宋故武功大夫魏国公杨公（宗
闵）墓碑/5 下
【汇编】补遗7462

鄜延帅臣　张深
【三朝北盟会编】95/1 上
【汇编】下6099

鄜延西路巡检
【宋会要】兵28 之5/7272

鄜延邠宁环庆泾原仪渭秦州等路巡抚使
陈尧咨
【宋史】463/刘承宗传/13545
【宋会要】职官50 之3/3535
【汇编】中一1604

鄜延邠宁环庆路副部署　刘平
【涑水记闻】11/12 上
【汇编】中二1896

鄜延安抚　刘平
【文庄集】14/陈边事十策/1 上
【汇编】中二1800

鄜延安抚经略司
【宋会要】兵28 之28/7283

鄜延巡检使　张思均
【宋史】280/张思钧传/9508
【汇编】中一1115

鄜延走马　欧育
【长编标】214/5197
【长编影】214/4 下

鄜延走马　利珣
【长编标】491/11659
【长编影】491/12 上
【汇编】中六5325

鄜延走马　谢德方
【长编标】499/11889
【长编影】499/16 下
【汇编】中六5409

鄜延走马承受　傅季明
【长编标】133/3169
【长编影】133/8 上

鄜延走马承受　刘温润

【长编标】138/3310
【长编影】138/1 下
【汇编】中二 2562

鄜延走马承受 安仪
【长编标】131/3093、3095
【长编影】131/1 上、3 上
【汇编】中二 2178、2181

鄜延走马承受 欧育
【长编标】215/5244
【长编影】215/13 下
【汇编】中三 3606

鄜延走马承受 秦西贼犯绥德城，本城杀逐退散
【长编标】315/7620
【长编影】315/5 上
【汇编】中四 4157

鄜延走马承受 傅秀明
【长编标】133/3169
【长编影】133/8 上
【汇编】中二 2331

鄜延走马承受 杨元孙
【长编标】320/7729
【长编影】320/10 上
【宋会要】食货 49 之 20/5643；兵 8 之 23/6898
【汇编】中四 4262、4281

鄜延走马承受 薛文仲
【长编标】126/2969、2976
【长编影】126/4 上
【涑水记闻】11/12 上
【汇编】中二 1899、1904

鄜延环庆泾原三路经略司
【长编标】316/7654
【长编影】316/15 上
【汇编】中四 4190

鄜延环庆泾原秦凤路经略司
【长编标】271/6642；339/8163
【长编影】271/8 上；339/4 上
【宋会要】兵 5 之 9/6844
【汇编】中四 4003、4004、4522

鄜延环庆泾原路部署 秦翰
【长编标】74/1686
【长编影】74/5 下

【汇编】中一 1496

鄜延环庆两路同经略司
【宋会要】食货 39 之 26/5501
【汇编】中四 4023

鄜延环庆两路沿边经略安抚使 范雍
【元宪集】27/赐振武军节度使知延州范雍充鄜延环庆两路沿边经略安抚使诏/289
【汇编】中一 1763

鄜延环庆两路沿边经略安抚使 夏竦
【元宪集】30/抚问泾原秦凤两路沿边经略安抚使夏竦鄜延环庆两路沿边经略安抚使范雍/321
【汇编】中二 1814

鄜延环庆两路副都总管 刘平
【宋史】10/仁宗纪 2/206
【汇编】中二 1906

鄜延环庆副都部署 刘平
【长编标】124/2918；126/2966、2969
【长编影】124/1 上；126/1 下、4 上
【汇编】中二 1811、1883、1904

鄜延环庆路同安抚使 刘平
【宋史】325/刘平传/10500
【汇编】中二 1774

鄜延环庆路行营经略司
【长编标】318/7683
【长编影】318/3 上
【汇编】中四 4214

鄜延环庆路安抚使 范雍
【宋史】10/仁宗纪 2/205
【汇编】中一 1763

鄜延环庆路转运司
【长编标】320/7731
【长编影】320/10 下
【涑水记闻】9/5 下
【汇编】中二 1856；中四 4262

鄜延环庆路沿边安抚司
【宋会要】兵 27 之 25/7259
【汇编】中二 1790

鄜延环庆路沿边经略安抚使 范雍
【宋史】10/仁宗纪 2/205
【汇编】中二 1811

鄜延环庆路经略使 范雍

【涑水记闻】12/3 上

【汇编】中二 2003

鄜延环庆路副总管　刘平

【宋会要】兵 27 之 26/7259

【汇编】中二 1815

鄜延环庆路副都总管　刘平

【宋会要】兵 8 之 21/6897

【奏议标】132/刘平·上仁宗乞选用酋豪各守边郡/1455

【奏议影】132/刘平·上仁宗乞选用酋豪各守边郡/4480

【汇编】中二 1889

鄜延环庆路缘边经略安抚使　范雍

【长编标】124/2919

【长编影】124/1 下

鄜延招讨使　庄敏公

【后山谈业】3/2 上

【汇编】中二 2664

鄜延转运司

【宋史】340/吕大钧传/10847

【汇编】中四 4229

鄜延驻泊都监　黄德和

【隆平集】19/石元孙传/6 上

【汇编】中二 1888

鄜延经略司

【宋史】486/夏国传下/14007

【长编标】149/3618；156/3778；157/3799、3812、3813；179/4323；196/4762；222/5398；241/5887；316/7645；330/7949；343/8236；345/8275；397/9671；419/10159；439/10581；489/11601；498/11850

【长编影】149/19 下；156/2 上；157/4 上、15 上、15 下、16 上；179/1 下；192/16 下；196/23 下；222/1 下；241/13 上；316/7 下；330/4 下；343/2 下；345/4 上；397/1 下；419/14 下；439/13 上；489/5 上；498/9 上

【宋会要】兵 27 之 38/7265

【涑水记闻】12/16 下

【汇编】上 75；中三 2921、3210、3261、3285、3290；中四 3831

鄜延经略司勾当公事　薛昌朝

【长编标】210/5115

【长编影】210/20 上

鄜延经略司勾当公事　李夷行

【长编标】345/8283

【长编影】345/10 下

【汇编】中五 4574

鄜延经略安抚使　庞之道

【司马文正公集】80/大理寺丞庞之道墓志铭 1/3 上

【汇编】中二 2243

鄜延经略安抚使　姚雄

【宋史】471/刑恕传/13704

【汇编】中六 5762

鄜延经略安抚使　程戡

【司马文正公集】14/言程戡札子（嘉祐八年十一月三十日上）/6 上

【汇编】中三 3314

鄜延经略安抚都总管公事兼知成州　王彦

【陇右金石录】4/程俊札子石刻/8 下

【汇编】下 6569

鄜延经略使　狄青

【长编标】172/4138

【长编影】172/8 下

鄜延经略使　沈括

【涑水记闻】/14/10 上

【汇编】中四 4405

鄜延经略使　种谔

【长编标】338/8150

【长编影】338/12 下

鄜延经略使　钱即

【宋史】175/食货志上 3/4245

【汇编】中六 5868

鄜延经略使　郭浩

【宋史】29/高宗纪 6/540

【汇编】下 6510

鄜延经略使　郭逵

【涑水记闻】11/20 下

【汇编】中三 3461

鄜延经略使　王庶

【宋史】486/夏国传下/14007

【系年要录】12/279

【汇编】上 88；下 6126

鄜延经略使　狄青

【长编标】172/4138
【长编影】172/8 下
【汇编】中三 3176

鄜延经略使　沈邈

【长编标】159/3842
【长编影】159/4 上
【汇编】中三 3087

鄜延经略使　张深

【系年要录】2/37；3/64；4/89
【苕溪集】48/宋故武功大夫魏国公杨公（宗闵）墓碑/5 下
【汇编】下 6090、6092、6095；补遗 7462

鄜延经略使　庞籍

【宋史】298/司马里传/9907；335/种世衡传/10743
【涑水记闻】9/11 下
【汇编】中二 2243、2453、2628

鄜延经略使　赵禼

【长编标】255/6230
【长编影】255/1 上
【汇编】中四 3962

鄜延经略使　吕惠卿

【长编标】290/7093；295/7180
【长编影】290/7 下；295/4 上
【皇宋十朝纲要】14/2 上、32 上
【汇编】中四 4075、4084；中六 5268；下 5268

鄜延经略副使　种谔

【宋史】16/神宗纪 3/305
【汇编】中四 4187

鄜延钤辖

【宋史】491/党项传/14137
【汇编】上 29

鄜延钤辖　刘安

【宋史】18/哲宗纪 2/351
【汇编】中六 5485

鄜延钤辖　张佶

【宋史】308/张佶传/10151
【汇编】中一 1504

鄜延钤辖　种谔

【宋史】335/种谔传/10746
【汇编】中三 3687

鄜延钤辖　王信

【长编标】134/3196；138/3310
【长编影】134/8 下；138/1 下
【汇编】中二 2391、2564

鄜延钤辖　王德基

【长编标】127/3005
【长编影】127/2 下
【汇编】中二 1991

鄜延钤辖　卢守勤

【长编标】125/2944、2945；127/3008
【长编影】125/6 下、7 上；127/5 上
【汇编】中二 1854、1856、1999

鄜延钤辖　史志聪

【长编标】157/3799
【长编影】157/4 上
【汇编】中三 3061

鄜延钤辖　曲珍

【长编标】318/7693
【长编影】318/12 上
【汇编】中四 4220

鄜延钤辖　朱观

【长编标】129/3051
【长编影】129/1 下、2 上
【汇编】中二 2102、2103

鄜延钤辖　张守约

【长编标】318/7683
【长编影】318/3 下
【汇编】中四 4216

鄜延钤辖　张若讷

【长编标】466/11140
【长编影】466/13 上
【汇编】中五 5109

鄜延钤辖　张宗诲

【长编标】126/2972
【长编影】126/6 下
【汇编】中二 1915

鄜延钤辖　张崇贵

【长编标】56/1228；64/1427；65/1449
【长编影】56/4 上；64/4 上；65/7 上
【汇编】中一 1376、1448、1459

鄜延钤辖　周文质

【长编标】96/2220
【长编影】96/15 上

【汇编】中一 1603

鄜延钤辖 李渭
【长编标】123/2894
【长编影】123/2 下
【宋会要】职官 64 之 37/3839
【汇编】中二 1775、1778

鄜延钤辖 张亢
【长编标】127/3005、3014；129/3062
【长编影】127/2 下、10 下；129/11 上
【玉海】143/康定便殿阅阵/17 下
【汇编】中二 1991、2015；补遗 7265

鄜延钤辖司
【长编标】103/2388
【长编影】103/13 上
【汇编】中一 1640

鄜延钤辖兼两路都巡检使 王信
【长编标】134/3196
【长编影】134/8 下
【汇编】中二 2391

鄜延总管 曲珍
【涑水记闻】14/10 下
【汇编】中四 4409

鄜延总管 许怀德
【宋朝事实类苑】75/995
【汇编】中二 1968

鄜延总管 种谔
【宋史】486/夏国传下/14007
【汇编】上 76

鄜延宣抚使 郭逵
【陕西通志】14/城池/27 上
【汇编】补遗 7327

鄜延都钤辖 张继能
【宋史】466/张继能传/13623
【汇编】中一 1524

鄜延都钤辖 张亢
【长编标】132/3146
【长编影】132/22 下
【汇编】中二 2304

鄜延都钤辖 张崇贵
【长编标】74/1684
【长编影】74/4 下
【汇编】中一 1496

鄜延都钤辖 苗履
【长编标】501/11931
【长编影】501/7 下
【皇宋十朝纲要】14/4 下
【汇编】中六 5392、5426

鄜延都总管 庞籍
【宋史】311/庞籍传/10199
【汇编】中二 2242

鄜延都监 李仪
【宋史】486/夏国传下/14007
【汇编】上 82

鄜延都监 狄青
【长编标】138/3310
【长编影】138/1 下

鄜延都监 燕达
【宋史】349/燕达传/11056
【汇编】中三 3622

鄜延都监 刘温润
【长编标】138/3310
【长编影】138/1 下
【汇编】中二 2562、2564

鄜延都监 周美
【长编标】150/3624
【长编影】150/3 上
【汇编】中三 2923

鄜延都监 种世衡
【长编标】134/3188、3191
【长编影】134/1 下、4 下
【汇编】中二 2364、2375

鄜延都监 黄德和
【长编标】126/2967
【长编影】126/1 下
【汇编】中二 1884

鄜延都部署 向敏中
【长编标】61/1360
【长编影】61/5 上
【汇编】中一 1427

鄜延部署 王信
【范文正公集】政府奏议·荐举/21 下
【汇编】中二 2385

鄜延部署 李允正
【宋史】273/李允正传/9340

【汇编】中一 1499

鄜延部署

【长编标】95/2178

【长编影】95/1 下

【汇编】中一 1599

鄜延部署　曹利用

【长编标】79/1793；81/1840

【长编影】79/2 上；81/3 下

【汇编】中一 1510、1514

鄜延部署　曹玮

【长编标】94/2168

【长编影】94/8 下

【汇编】中一 1597

鄜延部署　葛怀敏

【长编标】128/3045；132/3132

【长编影】132/7 下；128/18 下

【汇编】中二 2098、2276

鄜州部署　康进

【长编标】54/1181

【长编影】54/6 下

【汇编】中一 1350

鄜延部署　马知节

【宋史】273/李允正传/9340

【长编标】55/1216

【长编影】55/14 上

【汇编】中一 1306、1366

鄜延部署　许怀德

【宋史】11/仁宗纪3/212

【长编标】125/2944；128/3040；131/3110；133/3160

【长编影】125/6 下；128/14 下；131/15 下；133/1 上

【范文正公集】9/13 上

【汇编】中二 1855、2073、2226、2317、2390

鄜延部署司

【长编标】105/2436；137/3279

【长编影】105/3 上；137/3 上

【汇编】中一 1652；中二 2515

鄜延部署司

【长编标】133/3169

【长编影】133/8 上

【汇编】中二 2331

鄜延部署钤辖司

【宋大诏令集】233/答西平王赵德明诏（大中祥符九年十月）/906

鄜延副帅　种谔

【长编标】291/7115

【长编影】291/5 上

【邵氏闻见录】13/142

【汇编】中四 4273

鄜延副总管　曲珍

【皇宋十朝纲要】10 下/1 下

【汇编】中四 4237

鄜延副总管　向宝

【宋史】323/向宝传/10648

【汇编】中五 4653

鄜延副总管　赵振

【宋史】304/方偕传/10070

【汇编】中二 2072

鄜延副总管　种谔

【宋史】335/种谔传/10746

【汇编】中四 4132

鄜延副总管　吕真

【长编标】430/10384

【长编影】430/4 下

【汇编】中五 4965

鄜延副都总管　石元孙

【宋史】10/仁宗纪2/206；250/石元孙传/8814

【汇编】中二 1887、1906

鄜延副都总管　许怀德

【宋史】324/张亢传/10486

【汇编】中二 2305

鄜延副都总管　张守约

【长编标】449/10793

【长编影】449/14 上

鄜延副都总管　周美

【宋史】323/周美传/10457

【汇编】上 233

鄜延副都总管　赵振

【宋会要】职官 64 之 40/3840

【汇编】中二 2074

鄜延副都部署　任福

【长编标】127/3018

【长编影】127/13 下

鄜延副都部署　许怀德

【奏议标】133/张亢·上仁宗论边机军政所疑十事/1474

【奏议影】133/张亢·上仁宗论边机军政所疑十事/4535

鄜延副都部署　赵振

【长编标】126/2981

【长编影】126/14 下

鄜延副都部署　石元孙

【长编标】126/2969

【长编影】126/4 上

【汇编】中二 1904

鄜延副都部署　石普

【长编标】64/1425

【长编影】64/1 下

【汇编】中一 1446

鄜延副都部署　葛怀敏

【长编标】131/3108

【长编影】131/14 下

【汇编】中二 2219

鄜延副都部署缘边安抚使　石元孙

【宋史】250/石元孙传/8814

【汇编】中二 1793

鄜延副部署　石元孙

【长编标】123/2901

【长编影】123/8 下

鄜延副部署　许怀德

【长编标】126/2988；134/3205

【长编影】126/20 下；134/17 上

鄜延第一将　驻延安

【长编标】469/11210

【长编影】469/10 下

鄜延第一副将　景思谊

【元丰类稿】22/奉议郎景思谊授东上阁门使鄜延第一副将制/4 下

【汇编】中四 4342

鄜延第二副将　刘延庆

【宋史】20/徽宗纪 2/374

【汇编】中六 5794

鄜延第三副将　张守德

【宋会要】兵 8 之 35/6904

鄜延第四将　向怀德

【宋会要】职官 67 之 7/3891

鄜延第四将　高永能

【长编标】300/7298

【长编影】300/1 下

鄜延第四将　高钤辖

【长编标】321/7749

【长编影】321/12 上

【汇编】中四 4280

鄜延掌机宜　景思义

【涑水记闻】14/3 下

【汇编】中四 4235

鄜延路马步军总管　王德恭

【宋会要】职官 65 之 19/3856

鄜延路马步军都总管　范雍

【宋史】10/仁宗纪 2/205

【汇编】中二 1811

鄜延路马步军都总管　郭逵

【范太史集】40/检校司空左武卫上将军郭公墓志铭/8 下

【汇编】中三 3454

鄜延路马步军副总管　张守约

【潞公文集】40/举官/5 下

【汇编】补遗 7366

鄜延路马步军副总管　赵振

【宋史】323/赵振传/10462

【汇编】中二 1941

鄜延路马步军副都总管　高化

【宋史】323/高化传/10456

【汇编】中一 1684

鄜延路马步军副总管兼第一将　种谔

【长编标】312/7566

【长编影】312/9 上

【汇编】中四 4122

鄜延路马步军副都总管兼第一将　种谔

【宋会要】兵 8 之 22/6898

鄜延路计议边事　徐禧

【长编标】327/7879；328/7895

【长编影】327/13 下；328/5 上

【汇编】中四 4379、4387

鄜延路计议边事
【宋史】197/兵志 11/4916
【长编标】328/7906
【长编影】328/14 上
【汇编】中四 4393、4395

鄜延路计议边事司承受文字　张禹勤
【长编标】329/7919
【长编影】329/6 上
【汇编】中四 4399

鄜延路计议官　徐禧
【长编标】330/7955
【长编影】330/9 上
【汇编】中四 4437

鄜延路帅臣　张深
【三朝北盟会编】90/8 下
【汇编】下 6097

鄜延路帅臣　赵高
【长编标】439/10568
【长编影】439/1 下

鄜延路行营军马
【长编标】331/7972
【长编影】331/5 下
【汇编】中四 4450

鄜延路行营经略司
【长编标】318/7692；321/7739
【长编影】318/11 上；321/2 下
【汇编】中四 4219、4269

鄜延路安抚使　王博
【宋会要】职官 67 之 39/3907

鄜延路走马　郝平
【长编标】497/11818
【长编影】497/2 下
【汇编】中六 5386

鄜延路走马　黄彦
【长编标】507/12076
【长编影】507/4 下
【汇编】中六 5494

鄜延路走马承受　卢鉴
【隆平集】19/卢鉴传/2 上
【汇编】中一 1308

鄜延路走马承受
【长编标】126/2989

【长编影】126/21 上
【汇编】中二 1970

鄜延路走马承受　尹泽
【长编标】503/11974
【长编影】503/4 下
【汇编】中六 5435

鄜延路走马承受　安仪
【长编标】131/3095
【长编影】131/3 上
【汇编】中二 2181

鄜延路走马承受　杨元
【长编标】315/7620
【长编影】315/5 下
【汇编】中四 4158

鄜延路走马承受　杨元孙
【长编标】318/7695
【长编影】318/13 下
【汇编】中四 4223

鄜延路走马承受　李元嗣
【长编标】347/8325；348/8359
【长编影】347/5 下；348/16 下
【汇编】中五 4590、4599

鄜延路走马承受　贾从礼
【长编标】281/6883
【长编影】281/3 上
【汇编】中四 4036

鄜延路走马承受　薛文仲
【长编标】126/2976
【长编影】126/10 上
【汇编】中二 1926

鄜延路走马承受　霍丙
【长编标】335/8072
【长编影】335/10 上
【汇编】中四 4488

鄜延路走马承受公事　欧育
【宋会要】职官 49 之 4/3531

鄜延路走马承受公事　霍丙
【长编标】329/7933
【长编影】329/16 下
【汇编】中四 4415

鄜延路走马承受公事　杨元孙
【长编标】329/7931

【长编影】329/15 上

【宋会要】方域 19 之 9/7630

【汇编】中四 4412

鄜延路兵马钤辖　刘平

【宋史】325/刘平传/10499

【汇编】中一 1624

鄜延路兵马钤辖　许怀德

【宋史】324/许怀德传/10477

【汇编】中二 1853

鄜延路兵马钤辖　李渭

【河南先生文集】15/故金紫光禄大夫检校右散
　骑常侍李公（渭）墓志铭/12 下

【汇编】中一 1702

鄜延路兵马钤辖　郭谘

`【宋史】326/郭谘传/10531

【汇编】中三 3183

鄜延路兵马钤辖　张若讷

【长编标】468/11170

【长编影】468/3 下

【汇编】中五 5116

鄜延路兵马都监　种世衡

【宋会要】兵 1 之 4/6755

鄜延路兵马都监　王信

【宋史】326/王信传/10518

【汇编】中二 2342

鄜延路兵马都监　刘济

【宋史】350/和斌传/11079

【汇编】中二 1894

鄜延路兵马都监　孙继邺

【宋史】290/孙继邺传/9709

【汇编】中一 1583

鄜延路兵马都监　陈淬

【宋史】452/陈淬传/13295

【汇编】中五 5261

鄜延路兵马都监　周美

【宋史】323/周美传/10457

【汇编】上 232

鄜延路兵马都监　桑怿

【宋史】325/桑怿传/10512

【汇编】中二 2195

鄜延路兵马都监　张若讷

【长编标】468/11170

【长编影】468/3 下

【汇编】中五 5116

鄜延路转运司

【长编标】316/7638、7643；319/7715；322/7764；
　323/7776；327/7865

【长编影】316/1 下、6 下；319/14 下；322/6
　上；327/1 上

【汇编】中四 4175、4182、4249、4302、4365

鄜延路转运判官　李稷

【长编标】327/7874；7875

【长编影】327/9 上、10 下

【汇编】中四 4377、4378

鄜延路转运使　李稷

【长编标】318/7680；320/7729

【长编影】318/1 上；320/10 上

【宋会要】职官 66 之 16/3876；食货 49 之 20/
　5643

【汇编】中四 4212、4261、4281

鄜延路转运副使　王钦臣

【长编标】320/7730

【长编影】320/10 上

【汇编】中四 4261

鄜延路沿边安抚司

【宋会要】兵 27 之 26/7259

鄜延路定立界至官　范子仪

【长编标】233/5652

【长编影】233/7 下

【汇编】中四 3767

鄜延路驻泊马步军副都部署　曹玮

【元宪集】33/宋故推诚翊戴功臣彰武军节度延
　州管内观察处置等使曹公行状/346

【汇编】中一 1595

鄜延路驻泊兵马都总管　马知节

【临川集】87/检校太尉赠侍中正惠马公神道碑/
　8 下

【汇编】中一 1368

鄜延路驻泊兵马都监　种世衡

【范文正公集】13/东染院使种君墓志铭/15 上

【汇编】中二 2363

鄜延路驻泊兵马部署　任福

【涑水记闻】12/12 下

【汇编】中二 2090

鄜延路驻泊都监 桑怿
【涑水记闻】12/11 下
【汇编】中二 2194

鄜延路驻泊都监 黄德和
【宋史】10/仁宗纪 2/208；325/刘平传/10502
【涑水记闻】11/12 上
【汇编】中二 1886、1896、1996

鄜延路驻泊部署 曹利用
【长编标】82/1869
【长编影】82/8 上
【汇编】中一 1519

鄜延路承受 卢鉴
【长编标】72/1623
【长编影】72/2 上
【汇编】中一 1485

鄜延路经略 令保安军移牒宥州
【宋会要】兵 8 之 36/6905

鄜延路经略 吕惠卿
【宋会要】方域 18 之 22/7620

鄜延路经略司 刘昌祚
【宋会要】兵 28 之 29/7284

鄜延路经略司 沈括
【长编标】305/7426
【长编影】305/10 下
【汇编】中四 4111

鄜延路经略司 赵卨
【长编标】259/6320
【长编影】259/9 下
【汇编】中四 3978

鄜延路经略司 吕惠卿
【长编标】298/7258
【长编影】298/17 上
【宋会要】食货 39 之 31/5504
【汇编】中四 4099

鄜延路经略司
【宋史】175/食货志上 3·漕运 4256；190/兵志 4·河东陕西弓箭手/4716
【长编标】219/5330；222/5399；226/5515；228/5547；237/5763；241/5887；244/5935、5942；245/5952；246/5985、5998；247/6026、6032；248/6044；250/6094；252/6173；258/6298、6300；259/6320；266/6536；267/6548；274/6713；275/6730；280/6860、6867；284/6964；287/7033；289/7068；291/7125；299/7280；303/7387；305/7426；307/7451；311/7547；312/7571；314/7599、7608；315/7621、7630；316/7643、7644；317/7656；318/7694；319/7703、7704；320/7731；321/7742；322/7758；323/7788；324/7806、326/7855、7856；327/7871、7886；328/7897；329/7920；330/7949；331/7971、7978；333/8017；334/8051、8056；335/8071；336/8092；351/8404；354/8475；356/8517；364/8708；368/8879、8880；370/8956；384/9369；387/9419；395/9635；403/9807；407/9898；409/9977；414/10062；419/10159；429/10370；432/10425、10426；434/10467；442/10636；445/10718；449/10786；452/10843；458/10971；461/11027；464/11085、11091；471/11249；480/11421；485/11518；11519；486/11548；487/11570；489/11601、11607；493/11719；496/11806；498/11850、11858；499/11888；503/11979；509/12125；511/12165、12169；515/12260；518/12339
【长编影】219/9 上；222/1 下；228/7 下；237/7 上；244/5 上；244/9 下；245/3 上；246/9 上、20 下；250/13 上；252/22 下；258/10 上、10 下；265/13 下；267/7 下；274/12 上；275/10 上；280/10 上、15 下；284/17 上；287/19 上；288/5 下；289/8 下；311/15 上；312/11 下；314/1 上、9 上；315/5 下、14 上；316/5 下；317/1 上；318/12 下；319/4 上；320/10 下；321/6 下；322/1 上；323/12 上、13 下；324/10 上；326/15 下、16 下；327/20 上；328/6 下；329/7 上、13 上；330/4 下；331/5 上、10 上；333/5 上；335/9 下；339/11 上；340/1 上；341/10 上；342/8 上；343/2 下、14 上；345/4 上、10 下；346/13 上、9 下；347/4 上；348/2 上、13 上；351/2 上；354/6 上；356/9 上；364/1 上；368/27 下；370/20 下；373/1 下；384/19 上；387/5 上；395/17 上；397/1 下；403/7 上；407/3 下；409/23 上；414/8 下；432/2 上；434/12 上；439/12 下；442/6 上；449/8 下；452/3 上；458/17 下；461/11 下；464/12 下、17 下；480/6 上；485/1 上；

486/8 下；487/8 上；489/5 上、9 下；493/
23 下；496/14 上；498/9 上、15 下；499/15
下；509/11 下；511/10 下、14 下

【宋大诏令集】235/答夏国主秉常诏（熙宁四
年九月庚子）/917；236/赐夏国主诏（元祐
五年七月乙酉）/920；237/赐夏国诏（元祐
四年六月戊申）/920

【宋会要】礼 41 之 12/1384、41 之 13/1384、62
之 46/1717；食货 39 之 30/5503、40 之 2/
5509；刑法 7 之 18/6742；兵 2 之 21/6782、4
之 5/6822、4 之 10/6825、4 之 12/6826、5 之
4/6841、5 之 9/6844、5 之 10/6844、8 之 23/
6898、24 之 19/7188、24 之 23/7190、26 之
33/7243、27 之 40/7266、28 之 19/7279、28
之 30/7284、28 之 33/7286、28 之 34/7286、
8 之 33/6903；方域 8 之 6/7443、19 之 10/
7630、19 之 11/7631、19 之 7/7629、19 之
16/7633、19 之 18/7634、20 之 19/7660；

【范文正公集】年谱补遗/14 下

【栾城后集】14/4 上

【潞公文集】18/奏议/5 上

【长编纪事本末】140/11 上

【汇编】中二 2674；中三 3473、3652、3693、
3723、3727；中四 3790、3863、3865、3869、
3879、3884、3923、3944、3972、3973、
3995、3998、4019、4020、4034、4035、
4049、4067、4069、4071、4081、4118、
4126、4137、4149、4158、4166、4180、
4191、4222、4231、4232、4262、4274、
4296、4297、4317、4318、4324、4326、
4358、4359、4381、4388、4400、4411、
4434、4449、4452、4466、4487、4525、
4526、4528、4537、4542、4543；中五 4552、
4558、4563、4570、4575、4584、4585、
4587、4593、4594、4599、4618、4624、
4631、4660、4690、4694、4710、4778、
4783、4810、4812、4838、4900、4924、
4940、4960、4968、4969、4972、4973、
4974、4975、4988、4991、5027、5043、
5046、5056、5064、5080、5086、5087、
5209、5254；中六 5272、5277、5278、5296、
5302、5309、5315、5348、5380、5393、
5397、5409、5534、5535、5556、5558、

5792；补遗 7322

鄜延路经略安抚司

【长编标】279/6845；511/12155

【长编影】279/23 上；511/2 上

【宋会要】兵 8 之 29/6901；兵 28 之 1/7270

【汇编】中四 4031；中六 5553

鄜延路经略安抚判官　钱忠定公

【龟山集】33/钱忠定公（即字忠道）墓志铭/
10 下

【汇编】补遗 7411

鄜延路经略安抚使　王博闻

【宋会要】职官 68 之 6/3911

【汇编】中六 5723

鄜延路经略安抚使　刑恕

【宋史】471/刑恕传/13704

【汇编】中六 5762

鄜延路经略安抚使　延安府置

【宋史】87/地理志 3/2146

【汇编】中六 5827

鄜延路经略安抚使　李承之

【宋会要】方域 13 之 23/7541

【汇编】中四 4020

鄜延路经略安抚使　赵卨

【长编标】382/9303

【长编影】382/5 下

鄜延路经略安抚使　钱忠定公

【龟山集】33/钱忠定公（即，字中道）墓志铭
/13 上

【汇编】补遗 7415

鄜延路经略安抚使　李昭亮

【长编标】166/4000

【长编影】166/17 下

【汇编】中三 3142

鄜延路经略安抚使　吴育

【宋史】291/吴育传/9731；292/程戡传/9756

【欧阳文忠公全集】32/资政殿大学士尚书左丞
赠吏部尚书正肃吴公墓志铭/9 下

【汇编】中三 3241、3308

鄜延路经略安抚使　王庶

【三朝北盟会编】118/3 下

【鸿庆居士集】26/王庶除直龙图阁权发遣鄜延
路经略安抚使制/6 上

【汇编】下 6104、6128

鄜延路经略安抚使　吕惠卿
【长编标】495/11771；507/12075
【长编影】495/8 上；507/3 上
【宋会要】方域 19 之 17/7634
【名臣碑传琬琰集】下集/吕参政惠卿传/1477
【汇编】中四 4037；中六 5369、5491

鄜延路经略安抚使兼知延安府　吕惠卿
【长编标】514/12230
【长编影】514/19 下
【宋会要】方域 19 之 17/7634
【汇编】中六 5548、5591

鄜延路经略安抚使兼知延安府　郭浩
【系年要录】130/2099
【汇编】下 6512

鄜延路经略安抚副使　种谔
【长编标】313/7593；316/7652；322/7769
【长编影】313/11 上；316/14 上；322/10 下
【宋会要】兵 8 之 22/6898、28 之 24/7281
【汇编】中四 4132、4133、4189、4306

鄜延路经略招讨使　庞籍
【涑水记闻】11/17 上
【汇编】中二 2661

鄜延路经略转运司
【长编标】347/8337
【长编影】347/15 下
【汇编】中五 4592

鄜延路经略使　吕惠卿
【宋会要】兵 28 之 39/7289

鄜延路经略使　狄青
【宋会要】兵 4 之 4/6822

鄜延路经略使　张深
【长编纪事本末】150/5 上
【汇编】下 6098

鄜延路经略使　陆诜
【宋会要】兵 21 之 7/7128
【汇编】中三 3452

鄜延路经略使　程琳
【长编标】160/3874
【长编影】160/14 上

鄜延路经略使　程戬
【司马文正公集】14/言程戬第二札子/7 上；

17/章奏 15/5 下
【汇编】中三 3314、3320

鄜延路经略使　路诜
【宋会要】职官 23 之 13/2889
【汇编】下 7015

鄜延路经略使
【宋大诏令集】214/赐陕西河东经略使司诏/815
【宋会要】方域 19 之 5/7628
【汇编】中三 3542

鄜延路经略使　刘昌祚
【长编标】336/8093；338/8155
【长编影】336/2 下；338/15 上
【宋会要】兵 28 之 29/7284
【汇编】中四 4495、4521

鄜延路经略使　沈括
【长编标】314/7611；315/7633；316/7640；319/7709
【长编影】314/11 上；315/16 上；316/3 上；319/9 下
【宋会要】兵 14 之 4/6994、28 之 24/7281；方域 19 之 47/7649
【汇编】中四 4151、4170、4176、4241

鄜延路经略使　范纯粹
【长编标】368/11188；466/11135；468/11188；470/11234；471/11249；476/11343、11348
【长编影】368/33 上；466/1 上、9 上；468/19 下；470/16 上；471/12 上；476/11 下
【宋会要】职官 67 之 10/3892、67 之 11/3893
【汇编】中五 4691、5095、5103、5120、5142、5148、5174、5235

鄜延路经略使　赵禼
【长编标】229/5565；401/9767；402/9777；409/9976；437/10546；439/10581；454/10882；456/10922
【长编影】229/1 上；401/6 下；402/1 下；409/23 上；437/18 下；439/12 下；454/4 下；456/5 上
【宋会要】兵 28 之 33/7286
【汇编】中四 3737；中五 4828、4830、4923、4982、4988、5057、5059

鄜延路经略使　吕惠卿
【长编标】284/6948；288/7046、7054；289/

7065、7077；293/7152；295/7181；299/
7277；300/7300、7302；301/7331；303/
7375；304/7411；354/8470；489/11612；
490/11623；491/11659；494/11742、11746；
494/11753；497/11816、11831、11833；498/
11847、11849；503/11973；504/12004；506/
12054、12058；508/12102；510/12134；511/
12154、12155、12160

【长编影】284/3 下；288/5 下、12 下；289/6
下、15 下；293/7 下；295/4 下；299/12 上；
300/1 上、3 下、5 下；301/11 下；303/10
上；304/17 上；354/1 下；489/14 下；490/6
下；491/12 上；494/14 下、17 下、24 上；
497/1 上、14 上、15 下；498/6 下、7 下；
503/4 上、4 下、7 上；506/5 上、9 上；508/
7 下；510/3 上；511/1 下、2 上、6 下

【宋会要】礼 20 之 144/836、62 之 49/1719；兵
2 之 39/6791、8 之 32/6903、8 之 34/6904、
14 之 4/6994、14 之 20/7002、28 之 19/7279、
28 之 38/7288、28 之 39/7289；职官 41 之
76/3204；蕃夷 6 之 15/7826、6 之 29/7833

【汇编】中四 4046、4069、4070、4071、4072、
4083、4084、4101、4103、4104、4107、
4109、4110；中五 4624、5250、5251、5254、
5257；中六 5269、5317、5319、5325、5359、
5360、5362、5385、5387、5388、5391、
5393、5435、5439、5447、5480、5485、
5513、5539、5551、5552、5553、5554、5810

鄜延路经略副使　种谔
【长编标】316/7646；321/7744、7745；332/7998
【长编影】316/9 上；321/8 上、8 下；332/3 下
【宋会要】职官 66 之 21/3878；方域 19 之 47/
7649
【汇编】中四 4184、4277、4461

鄜延路指使　高守忠
【长编标】127/3007
【长编影】127/4 下
【汇编】中二 1998

鄜延路钤辖　卢守勤
【宋会要】职官 64 之 4/3840
【汇编】中二 2000

鄜延路钤辖　曲珍
【宋史】350/曲珍传/11083

【汇编】中四 4180

鄜延路钤辖　任守信
【范文正公集】政府奏议·荐举/21 下
【汇编】中二 2386

鄜延路钤辖　张亢
【安阳集】47/故客省使眉州防御使赠遂州观察
　　使张公（亢）墓志铭/13 下
【汇编】中二 1990

鄜延路钤辖　郭谘
【长编标】172/4140
【长编影】172/10 上

鄜延路钤辖　王憼
【长编标】411/10009；480/11427
【长编影】411/13 下；480/11 下
【汇编】中五 4929、5212

鄜延路钤辖　张继能
【长编标】83/1890、1902
【长编影】83/14 下
【汇编】中一 1528

鄜延路钤辖　周文质
【长编标】95/2199
【长编影】95/19 下
【汇编】中一 1601

鄜延路钤辖　种谔
【长编标】216/5254
【长编影】216/3 上
【汇编】中三 3610

鄜延路钤辖　高继勋
【宋史】289/高继勋传/9695
【宋会要】职官 48 之 108/3509
【汇编】中一 1596、1612

鄜延路钤辖
【长编标】68/1522；96/2207；467/11148
【长编影】68/4 下；96/4 上；467/3 上
【宋会要】食货 38 之 28/5480、38 之 29/5481
【汇编】中一 1473、1543、1601；中五 5112

鄜延路钤辖　李继昌
【宋史】257/李继昌传/8955
【长编标】71/1599
【长编影】71/10 下
【汇编】中一 1454、1482

鄜延路钤辖　张崇贵

【长编标】60/1346；74/1680

【长编影】60/12 下；74/1 上

【宋会要】食货 23 之 30/5189

【宋大诏令集】233/赐赵德明诏（景德元年正月丁巳）/906

【汇编】中一 1377、1424、1494

鄜延路钤辖司

【长编标】103/2387；114/2678；122/2880

【长编影】103/13 上；114/17 下；122/10 下

【宋会要】兵 27 之 21/7257

【汇编】中一 1611、1640、1701、1749

鄜延路钤辖兼第一将　吕真

【长编标】401/9769

【长编影】401/8 下

【汇编】中五 4829

鄜延路总管　石普

【宋会要】方域 21 之 22/7672

鄜延路总管　曹利用

【宋会要】兵 4 之 1/6820

鄜延路总管　曲珍

【长编标】326/7844、7855；329/7917

【长编影】326/6 上、14 上；329/4 上

【汇编】中四 4350、4356、4399

鄜延路总管　刘永年

【长编标】219/5331

【长编影】219/10 下

【汇编】中三 3652

鄜延路总管司

【宋史】196/兵志 10·屯戍之制/4901

【宋会要】兵 18 之 2/7058、27 之 26/7259

【奏议标】132/田况·上仁宗论攻策七不可事/1466

【奏议影】132/田况·上仁宗论攻策七不可事/4509

【汇编】中二 2338；下 5270

鄜延路统制官　韩升

【长编标】507/12076

【长编影】507/4 下

【汇编】中六 5494

鄜延路都钤辖　李继昌

【长编标】74/1681

【长编影】74/1 下

鄜延路都钤辖　阎士良

【长编标】190/4602

【长编影】190/23 上

鄜延路都钤辖　张亢

【奏议标】133/张亢·上仁宗论边机军政所疑十事/1474

【奏议影】133/张亢·上仁宗论边机军政所疑十事/4537

鄜延路都钤辖　王湛

【长编标】502/11959；503/11989

【长编影】502/10 上；503/17 上

【汇编】中六 5432

鄜延路都钤辖　张崇贵

【长编标】72/1644

【长编影】72/20 上

【汇编】中一 1488

鄜延路都钤辖司

【涑水记闻】12/1 下

【汇编】中一 1747

鄜延路都总管　向敏中

【宋史】324/石普传/10474

【汇编】中一 1446

鄜延路都总管　陆诜

【长编标】208/5049

【长编影】208/2 上

鄜延路都总管司

【宋史】187/兵志 1/4580；196/兵志 10·屯戍之制/4901

【长编标】245/5961；358/8569；511/12168

【长编影】245/11 上；358/9 下；511/13 下

【宋会要】兵 5 之 13/6846；方域 19 之 2/7626

【汇编】中四 3871；中五 4635；中六 5270、5557、5558

鄜延路都监　曲珍

【长编标】272/6659

【长编影】272/3 下

鄜延路都监　刘政

【河南先生文集】20/奏为到庆州闻贼马寇泾原路牒刘政同起发赴镇戎军策应事/8 上

【汇编】中二 2212

鄜延路都监　李仪

【宋史】17/哲宗纪 1/333

【汇编】中五 5086

鄜延路都监　张宗武

【范文正公集】政府奏议·荐举/21 下

【汇编】中二 2386

鄜延路都监　周美

【范文正公集】政府奏议·荐举/21 下

【汇编】中二 2385

鄜延路都监　谭嘉震

【范文正公集】政府奏议·荐举/21 下

【汇编】中二 2385

鄜延路都监　张之谦

【长编标】356/8515

【长编影】356/7 上

【汇编】中五 4631

鄜延路都监　张若讷

【长编标】473/11288

【长编影】473/8 上

【汇编】中五 5156

鄜延路都监　苗履

【长编标】491/11656

【长编影】491/9 下

【汇编】中六 5325

鄜延路都监　黄德和

【长编标】127/3007

【长编影】127/4 下

【汇编】中二 1997

鄜延路都监　燕达

【长编标】221/5369；223/5417

【长编影】221/2 上；223/2 上

【汇编】中三 3675、3699

鄜延路都监兼本路第六将　李仪

【长编标】464/11091

【长编影】464/17 下

【汇编】中五 5086

鄜延路都监兼副将　吕真

【长编标】272/6659

【长编影】272/3 下

鄜延路都部署　向敏中

【宋史】7/真宗纪 2/129

【汇编】中一 1427

鄜延路都部署　庞籍

【长编标】138/3312

【长编影】138/2 下

【汇编】中二 2576

鄜延路都部署　范雍

【长编标】122/2888

【长编影】122/15 下

【涑水记闻】11/12 上

【汇编】中二 1896

鄜延路都部署经略安抚招讨使　庞籍

【长编标】138/3312

【长编影】138/4 上

鄜延路都部署兼知延州　向敏中

【宋史】282/向敏中传/9555

【汇编】中一 1427

鄜延路部署　李允正

【长编标】75/1708

【长编影】75/2 下

鄜延路部署　王信

【长编标】151/3665

【长编影】151/1 上

【汇编】中三 2948

鄜延路部署　石普

【长编标】63/1413

【长编影】63/14 上

【汇编】中一 1443

鄜延路部署　张遵

【长编标】105/2438

【长编影】105/4 上

【汇编】中一 1653

鄜延路部署　曹利用

【长编标】78/1779

【长编影】78/9 下

【汇编】中一 1509

鄜延路部署　得赵德明牒，请蕃部指挥使色木
　　结皆以等还本道

【长编标】64/1425

【长编影】64/2 上

【汇编】中一 1446

鄜延路部署　葛怀敏

【奏议标】132/范仲淹·上仁宗乞先修诸寨未宜
　　进讨/1464、田况·上仁宗兵策十四事/1468

【奏议影】132/范仲淹·上仁宗乞先修诸寨未宜
　　进讨/4504、田况·上仁宗兵策十四事/4519

【汇编】中二 2221

鄜延路部署司

【长编标】102/2355；104/2426；131/3096

【长编影】102/7 上；104/24 下；131/3 下

【汇编】中一 1629、1651

鄜延路部署司指使　狄青

【长编标】129/3056

【长编影】129/6 下

鄜延路准备差使　向怀德

【长编标】475/11322

【长编影】475/3 上

【汇编】中五 5167

鄜延路副总管　石元孙

【宋会要】职官 64 之 49/3845

【汇编】中三 3051

鄜延路副总管　任福

【宋史】325/任福传/10506

【汇编】中二 1810

鄜延路副总管　刘平

【宋史】325/刘平传/10500

【汇编】中二 1774

鄜延路副总管　吕真

【长编标】411/10001

【长编影】411/6 上

【汇编】中五 4926

鄜延路副总管　张守约

【长编标】411/10002

【长编影】411/6 上

【汇编】中五 4926

鄜延路副总管　曲珍

【宋史】16/神宗纪 3/306、308

【长编标】324/7806；329/7927

【长编影】324/10 上；329/12 下

【宋会要】兵 8 之 27/6900

【汇编】中四 4325、4326、4411、4433

鄜延路副都总管　刘平

【宋会要】兵 8 之 21/6897

鄜延路副都总管　吴真

【宋会要】兵 28 之 39/7289

鄜延路副都总管　石元孙

【宋会要】兵 8 之 21/6897

鄜延路副都总管　马怀德

【宋史】323/马怀德传/10467

【汇编】中三 3054

鄜延路副都总管　吕真

【长编标】453/10870

【长编影】453/11 下

鄜延路副都总管　杨遂

【长编标】282/6903

【长编影】282/3 下

鄜延路副都总管　赵振

【宋史】323/赵振传/10462

【汇编】中二 1941

鄜延路副都总管　夏随

【宋史】290/夏随传/9717

【汇编】中二 1787

鄜延路副都总管　曹玮

【宋史】258/曹玮传/8987

【汇编】中一 1595

鄜延路副都总管　葛怀敏

【宋史】289/葛怀敏传/9701

【汇编】中二 1955

鄜延路副都总管　燕达

【长编标】281/6886

【长编影】281/5 上

鄜延路副都总管　曲珍

【长编标】330/7948；405/9871

【长编影】330/3 下；405/9 下

【宋会要】职官 66 之 19/3877

【汇编】中四 4433；中五 4885

鄜延路副都部署　任福

【长编标】129/3052

【长编影】129/3 上

【汇编】中二 2104

鄜延路副都部署　曹玮

【长编标】93/2139

【长编影】93/4 下

【汇编】中一 1595

鄜延路副都部署　曹璨

【宋史】258/曹璨传/8983

【长编标】45/962

【长编影】45/7 上

【汇编】中一 1211、1244

鄜延路副都部署　石元孙

【长编标】123/2909

【长编影】123/16 上

【涑水记闻】11/12 上

【汇编】中二 1896

鄜延路副部署　刘平

【长编标】122/2887

【长编影】122/15 上

鄜延路第一将　刘昌祚

【宋会要】兵 28 之 24/7281

鄜延路第一将　张若讷

【长编标】473/11288

【长编影】473/8 上

【汇编】中五 5156

鄜延路第二将　李浦

【长编标】339/8165

【长编影】339/5 下

【汇编】中四 4423

鄜延路第二将　张禧

【长编标】344/8266

【长编影】344/12

【宋会要】职官 66 之 28/3882

【汇编】中五 4568

鄜延路第七将　李师古

【长编影】338/3 下

【汇编】中四 4516

鄜延路第九将　郝贵

【长编标】401/9768

【长编影】401/8 下

【汇编】中五 4828

鄜延路第三将

【宋会要】礼 62 之 48/1718

鄜延路第五将

【宋会要】兵 28 之 39/7289

鄜延路第五将　米赟

【长编标】409/9976、9977

【长编影】409/23 上

【汇编】中五 4923

鄜延路第六将

【宋会要】礼 62 之 48/1718

鄜延路第四将　向怀德

【长编标】475/11322

【长编影】475/3 上

【汇编】中五 5167

鄜延路掌机宜　景思谊

【长编标】318/7692

【长编影】318/11 上

【汇编】中四 4219

鄜延路缘边安抚使　向敏中

【宋史】282/向敏中传/9555

【长编标】56/1236

【长编影】56/11 上

【汇编】中一 1386、1387

鄜延熙河兰岷路经略司　言西人侵界作过

【宋会要】兵 8 之 31/6902

鄜延麟府路行营经略措置司

【长编标】321/7743

【长编影】321/7 上

【汇编】中四 4276

鄜州招讨使　范仲淹

【司马文正公集】79/殿中丞薛府君墓志铭/7 下

【汇编】中二 1990

鄜州制勘公事

【长编标】327/7865

【长编影】327/1 上

【汇编】中四 4365

鄜州制勘院

【长编标】325/7816

【长编影】325/3 上

【汇编】中四 4329

鄜州副都部署　赵振

【长编标】128/3029

【长编影】128/4 下

【汇编】中二 2046

鄜州防御使　何灌

【宋史】357/何灌传/11226

【汇编】中六 5895

塞门寨主　高延德

【长编标】128/3029；129/3055；130/3089；131/3095

【长编影】128/4 下；129/5 下；130/10 上；131/3 上

【宋会要】职官 64 之 41/3841

【河南先生文集】20/奏为近差赴鄜延路行营其兵马乞移拨往环庆路事/5 上

【范文正公集】年谱补遗/22 上

【涑水记闻】12/1 下、9 下

【汇编】中二 1928、2045、2046、2108、2168、
　　2181、2210、2247

塞安寨钤辖

【宋会要】礼 62 之 49/1719

群牧判官提举买马　郭茂恂

【宋史】167/职官志 7/3969

【汇编】中六 5697

十四画

静边寨主　田璟

【长编标】273/6696

【长编影】273/19 下

静边寨主　刘沪

【宋史】292/郑戬传/9768

【长编标】144/3486

【长编影】144/9 下

【安阳集】家传 4/6 上；47/故崇信军节度副使
　　检校尚书工部员外郎尹公墓表/2 上

【汇编】中二 2785、2813；中三 2855、2905

静难节度使　邠宁节度

【陕西通志】21/职官 2·邠宁/2 下

【汇编】补遗 7226

静难节度使　李继隆

【宋史】257/李继隆传/8967

【汇编】中一 1079

静难节度使　冯继业

【长编标】10/231

【长编影】10/13 上

【汇编】中一 950

静难军节度使

【金史】26/地理志下/650

【汇编】下 6971

静难军节度使　李继隆

【宋会要】兵 8 之 19/6896

【汇编】中一 1120

静难军节度使　种师道

【三朝北盟会编】60/4 下

【汇编】中六 6046

静难军节度使　悬赏能斩李元昊者

【涑水记闻】9/4 下

【汇编】中二 1807

熙兰经略司

【宋会要】蕃夷 6 之 31/7834

熙宁寨硝坑堡巡检　王世隆

【长编标】335/8062

【长编影】335/1 上

【汇编】中四 4482

熙延渭秦四路钤辖　苗履

【宋史】350/苗履传/11068

【汇编】中四 3946

熙河勾当公事　李宪

【长编标】250/6101

【长编影】250/19 上

【汇编】中四 3927

熙河北关守把兼制置司译语　米安

【长编标】352/8448

【长编影】352/21 下

【汇编】中五 4621

熙河帅臣

【系年要录】6/166

【奏议标】141/苏轼·上哲宗乞约鬼章讨阿里骨
　　/1593

【奏议影】141/苏轼·上哲宗乞约鬼章讨阿里骨
　　/4900

【汇编】下 6115

熙河兰巩路马步军副都总管　王德

【系年要录】140/2254

【汇编】下 6546

熙河兰巩路经略安抚使　杨政

【宋史】367/杨政传/11444

【系年要录】130/2099

【汇编】下 6511、6512

熙河兰巩路经略安抚使兼知熙州　杨政

【系年要录】130/2099

【汇编】下 6512

熙河兰会勾当公事　游师雄

【长编标】402/9778

【长编影】402/1 下

【汇编】中五 4831

熙河兰会安抚副使　李浩

【长编标】316/7641；322/7770

【长编影】316/4 上；322/10 下

【汇编】中四 4178、4305

熙河兰会经略　王厚

【宋史】167/职官志 7/3961

【汇编】中六 5753

熙河兰会经略司

【长编标】330/7963；339/8167；342/8227；345/
8287；517/12306

【长编影】330/13 上；339/8 上；342/7 上；
345/14 上；517/10 上

【宋会要】兵 8 之 34/6904；蕃夷 6 之 18/7827

【栾城集】45/贺擒鬼章表/2 上

【汇编】中四 4442、4524；中五 4551、4860

熙河兰会经略安抚司

【长编标】342/8227；348/8349

【长编影】342/7 下；348/8 下

【汇编】中五 4552、4595

熙河兰会经略安抚制置司

【长编标】334/8035

【长编影】334/5 上

【汇编】中四 4472

熙河兰会经略安抚制置司勾当公事　李毅

【长编标】343/8248

【长编影】343/12 下

【汇编】中五 4561

熙河兰会经略安抚制置使　李宪

【长编标】337/8126

【长编影】337/10 下

【汇编】中四 4509

熙河兰会经略制置司

【宋史】175/食货志上 3·漕运 4257

【长编标】333/8017

【长编影】333/4 下

【汇编】中四 4465、4542

熙河兰会经略使　胡宗回

【长编标】520/12384

【长编影】520/24 上

【汇编】中六 5670

熙河兰会钤辖　种朴

【宋史】335/种朴传/10749

【汇编】中六 5548

熙河兰会都监　王赡

【长编标】516/12268

【长编影】516/5 上

【汇编】中六 5610

熙河兰会副总管　王愍

【长编标】503/11987

【长编影】503/15 下

【汇编】中六 5445

熙河兰会措置边事司

【长编纪事本末】139/20 下

【汇编】中六 5757

熙河兰会路干当公事　童贯

【奏议影】141/冯澥·上徽宗论湟廓西宁三州/
4909

【汇编】中六 5819

熙河兰会路勾当公事　童贯

【宋会要】兵 9 之 5/6908；食货 30 之 33 茶法杂
录/5335

【奏议标】141/冯澥·上徽宗论湟廓西宁三州/
1597

【长编纪事本末】139/14 上、20 下

【汇编】中六 5742、5747、5757

熙河兰会路勾当公事　游师雄

【长编标】402/9782；406/9890

【长编影】402/5 上；406/14 上

【陇右金石录】3/平洮州诗碑/41 下

【汇编】中五 4833、4897；补遗 7363

熙河兰会路司　言定西城遣驿语彭保六人入界
刺事得实

【长编标】329/7932

【长编影】329/16 上

【汇编】中四 4413

熙河兰会路边防财用司

【长编标】350/8385

【长编影】350/4 下

【宋会要】职官 43 之 67/3307；食货 39 之 38/
5507

【汇编】中五 4598、4611、4615

熙河兰会路同措置边事　童贯

【长编纪事本末】139/20 下；140/7 下

【汇编】中六 5749、5771

熙河兰会路安抚司　遣杨吉等出界讨贼，冒
险过河

【长编标】336/8094

【长编影】336/2 下

【汇编】中四 4496

熙河兰会路安抚副使　李浩

【长编标】322/7770

【长编影】322/10 下

【汇编】中四 4305

熙河兰会路安抚副使兼知兰州　李浩

【长编标】316/7641

【长编影】316/4 上

【汇编】中四 4178

熙河兰会路走马承受公事　乐士宣

【长编标】330/7950

【长编影】330/5 下

【宋会要】方域 20 之 12/7656

【汇编】中四 4434、4455

熙河兰会路财用事所

【长编标】371/8991

【长编影】371/20 上

【汇编】中五 4699

熙河兰会路兵马都监　姚雄

【长编标】514/12220

【长编影】514/11 上

【宋会要】兵 9 之 3/6907、14 之 20/7002

【汇编】中六 5581

熙河兰会路兵马都监兼知河州　姚雄

【宋会要】兵 9 之 3/6907；兵 14 之 20/7002

【奏议标】141/任伯雨·上徽宗论湟鄯/1595

【奏议影】141/任伯雨·上徽宗论湟鄯/4907

【汇编】中六 5675、5680、5693

熙河兰会路制置司

【长编标】334/8051；336/8091、8102；337/8119；345/8275；349/8376；350/8384

【长编影】334/19 上；336/1 下、10 上；337/3 下；345/4 上；349/9 下；350/3 下

【宋会要】职官 49 之 5/3532、66 之 22/3879；方域 18 之 30/7624；蕃夷 6 之 18/7827

【汇编】中四 4460、4479、4485、4495、4499、4506；中五 4570、4606、4610

熙河兰会路制置使　李宪

【长编标】351/8408

【长编影】351/5 上

【汇编】中五 4620

熙河兰会路制置使司

【长编标】335/8071；336/8094、8098

【长编影】335/9 上；336/3 下、6 下

【宋会要】方域 8 之 22/7451

【汇编】中四 4486、4496、4498

熙河兰会路经制司

【长编标】327/7869；335/8070；348/8341

【长编影】327/4 上；335/8 上；348/1 上

【汇编】中四 4370

熙河兰会路经制财用司　元祐元年罢

【宋史】17/哲宗纪 1/321

【长编标】372/9017

【长编影】372/14 上

【汇编】中五 4709、4710

熙河兰会路经略司

【长编标】325/7821；327/7877；330/7956；331/7966；341/8207；343/8240、8249；347/8334；348/8344；372/9012；380/9238；401/9766；402/9781、9783、9792；404/9851；412/10031；501/11931；502/11966；503/11978、11987；504/12013；506/12053、12058；514/12223；515/12244、12247；516/12263、12267、12288；517/12297、12299、12306；518/12337、12340；519/12348

【长编影】325/7 上；327/12 上；330/10 上；331/1 上、11 下；341/18 下；343/6 下；348/3 下；372/10 上；380/17 上；401/6 下；402/5 上、6 下、14 上；404/20 上；412/12 下；501/3 上、15 上、15 下；502/15 下；503/8 下；504/8 上；506/5 上、8 下；511/10 上；514/13 上；515/9 上、9 下、12 下；516/1 上；517/2 下、4 下；518/18 下；519/6 上

【宋会要】礼 9 之 36/547、14 之 59/616、62 之 49/1719；职官 67 之 24/3899；食货 2 之 6/4828、63 之 81/6027；兵 4 之 13/6826、5 之 9/6844、28 之 31/7285、28 之 32/7285；蕃夷 6 之 21/7829、6 之 32/7834、6 之 34/7835、6 之 35/7836

【汇编】中四 4334、4379、4438、4445、4539、4542；中五 4559、4593、4709、4739、4795、4827、4832、4834、4836、4851、4859、

4935；中六 5425、5434、5438、5444、5453、
5479、5485、5556、5584

熙河兰会路经略司勾当公事　陈中夫

【长编标】507/12085

【长编影】507/12 上

【汇编】中六 5500

熙河兰会路经略司勾当公事　董采

【长编标】507/12085

【长编影】507/12 上

【汇编】中六 5500

熙河兰会路经略安抚　王厚

【宋会要】蕃夷 6 之 41/7839

熙河兰会路经略安抚司

【长编标】335/8071；403/9820；413/10038

【长编影】335/9 上；403/19 上；413/5 下

【宋会要】兵 28 之/7292；蕃夷 4 之 17/7722

【汇编】中四 4838、4487

熙河兰会路经略安抚制置司

【长编标】338/8155；343/8241

【长编影】338/16 上；343/6 下

【汇编】中四 4488；中五 4559

熙河兰会路经略安抚制置使　李宪

【长编标】333/8018；334/8047；341/8204；345/
8293；352/8448；356/8515；357/8537

【长编影】333/5 上；334/12 下、15 下；341/8
下；352/21 下；356/8 上；357/8 上

【宋会要】职官 66 之 22/3879、66 之 30/3882

【汇编】中四 4467、4475、4477、4535；中五
4620、4631、4633

熙河兰会路经略安抚制置使司

【长编标】335/8076；336/8094；338/8155；341/
8196、8213

【长编影】335/14 上；336/3 下；338/15 上；
341/1 下、16 下

【汇编】中四 4496、4521、4533、4541

熙河兰会路经略安抚使　王厚

【宋史】19/徽宗纪 1/370

【宋会要】职官 68 之 10/3913；兵 14 之 20/
7002；方域 5 之 44/7405

【长编纪事本末】140/7 下

【汇编】中六 5771、5772、5780、5781

熙河兰会路经略安抚使　胡宗回

【长编标】516/12265

【长编影】516/2 上

【宋会要】兵 14 之 20/7002；蕃夷 6 之 33/7835

【汇编】中六 5607

熙河兰会路经略安抚使勾当公事　王厚

【长编标】516/12268

【长编影】516/5 上

【汇编】中六 5610

熙河兰会路经略安抚副使　李浩

【长编标】332/7770

【长编影】322/10 下

【汇编】中四 4306

熙河兰会路经略判官　钟传，又作钟傅

【长编标】507/12085

【长编影】507/12 上

【宋会要】职官 67 之 24/3899

【汇编】中六 5500

熙河兰会路经略制置司

【长编标】338/8141；339/8167

【长编影】338/4 上；339/8 上

【汇编】中四 4517、4524

熙河兰会路经略制置使　李宪

【宋史】191/兵志 5·蕃兵/4760

【长编标】334/8054；337/8130

【长编影】334/21 上；337/10 下

【宋会要】兵 18 之 13/7064

【汇编】中四 4479、4507、4509、4512

熙河兰会路经略使　刘舜卿

【长编标】398/9699

【长编影】398/2 下

【汇编】中五 4818

熙河兰会路经略使　孙路

【长编标】505/12028；506/12052、12054、12058；
510/12132；511/12163；513/12202；514/12223

【长编影】505/2 下；506/3 下、5 上、8 下；
510/1 下；511/9 下；513/9 上；514/13 上

【汇编】中六 5465、5478、5480、5485、5538、
5555、5570、5584

熙河兰会路经略使　言谍报西贼集九监军司
入马，欲犯兰州

【长编标】362/8671

【长编影】362/15 上

【汇编】中五 4651

熙河兰会路经略使 苗授

【长编标】333/8013

【长编影】333/1 下

【汇编】中四 4464

熙河兰会路经略使 刘舜卿

【长编标】398/9699；399/9721；441/10061

【长编影】398/2 下；399/1 上；414/8 上

【汇编】中五 4811、4818、4819、4820、4824、4940

【宋会要】兵 9 之 1/6906、28 之 32/7285；蕃夷 6 之 21/7829

熙河兰会路经略使 胡宗回

【长编标】515/12241、12261；516/12272、12274、12284

【长编影】515/22 下；516/8 上、9 下、19 上

【宋会要】兵 28 之 44/7291

【甘肃新通志】13/舆地志·古迹·兰州府·皋兰县/2 上

【汇编】中六 5605、5612、5614、5617；补遗 7395

熙河兰会路钤辖 李忠

【长编纪事本末】139/20 上

【汇编】中六 5754

熙河兰会路钤辖 王舜臣

【长编标】507/12085

【长编影】507/12 上

【汇编】中六 5501

熙河兰会路钤辖 王赡

【长编标】519/12348

【长编影】519/6 上

【汇编】中六 5658

熙河兰会路钤辖 李沂

【长编标】510/12132

【长编影】510/1 下

【汇编】中六 5538

熙河兰会路钤辖 苗履

【长编标】403/9820

【长编影】403/19 上

【汇编】中五 4838

熙河兰会路钤辖 种朴

【长编标】516/12267

【长编影】516/3 下

【汇编】中六 5608

熙河兰会路钤辖 姚麟

【长编标】323/7783

【长编影】323/7 上

【汇编】中四 4313

熙河兰会路钤辖 郭绍忠

【长编标】409/9978

【长编影】409/24 上

【汇编】中五 4924

熙河兰会路钤辖兼陇右沿边安抚都巡检使 王赡

【长编标】519/12348

【长编影】519/6 下

熙河兰会路都大经制司

【长编标】328/7903；329/7916；331/7974

【长编影】328/11 上；329/3 上、3 下；331/7 下

【宋会要】方域 20 之 7/7654；兵 14 之 5/6995

【汇编】中四 4391、4397、4398、4451

熙河兰会路都钤辖 苗履

【宋史】350/苗履传/11069

【汇编】中六 5624

熙河兰会路都钤辖 王愍

【长编标】518/12334

【长编影】518/15 下

【汇编】中六 5650

熙河兰会路都总管司

【宋史】196/兵志十·屯戍之制/4901

【长编标】402/9789

【长编影】402/11 上

【汇编】中五 4834、4835

熙河兰会路都监 王赡

【长编标】507/12085

【长编影】507/12 上

【宋会要】职官 67 之 25/3900

【汇编】中六 5501

熙河兰会路都监兼本路钤辖 王赡

【宋会要】职官 48 之 112/3511

【汇编】中六 5678

熙河兰会路副总管 王愍

【宋会要】职官 67 之 22/3898

熙河兰会路副总管　李浩

【长编标】334/8035

【长编影】334/5 上

【汇编】中四 4472

熙河兰会路副总管　姚兕

【长编标】424/10253

【长编影】424/5 下

【汇编】中五 4957

熙河兰会路措置边事司

【宋会要】方域 6 之 3/7407

【汇编】中六 5777

熙河兰岷经略司

【宋会要】蕃夷 6 之 31/7834

熙河兰岷等路汉蕃弓箭手司

【宋史】193/兵志 7·招募之制/4804

【汇编】中六 5349

熙河兰岷路经略司

【宋史】190/兵志 4·河东陕西弓箭手/4716

【长编标】432/10426；441/10610；442/10636；445/10715；452/10843；458/10971；459/10988；464/11091；476/11350；477/11359；485/11528；487/11570；489/11605、11607；491/11649、11650；492/11678；493/11706；494/11754、11757；496/11812；498/11854、11856；499/11873

【长编影】432/2 上；441/3 上；442/6 上；445/5 下；452/3 上；458/17 下；459/13 下；464/17 下；472/5 上；476/13 上；477/6 下；485/9 上；487/8 上；489/8 下、8 上、10 上；491/3 下、4 下；492/2 上；493/11 下；494/27 下；496/19 上；498/12 下、13 下；499/2 下

【宋会要】礼 62 之 49/1719；职官 67 之 10/3892、67 之 13/3894；兵 4 之 14/6827、5 之 12/6845、8 之 33/6903、28 之 35/7287；方域 20 之 19/7660；蕃夷 6 之 25/7831、6 之 30/7833、6 之 32/7832、6 之 31/7834、6 之 32/7834

【司马文正公集】35/章奏 33/1 上

【潞公文集】37/辞免/9 下

【汇编】中五 4665、4969、4989、4991、5046、5064、5067、5087、5150、5175、5233、5234、5237、5243、5255、5263；中六 5272、

5288、5302、5312、5314、5315、5323、5324、5337、5344、5366、5385、5395、5396、5401；补遗 7372

熙河兰岷路走马承受　周珪

【长编标】495/11770

【长编影】495/8 上

【汇编】中六 5368

熙河兰岷路经略安抚司

【长编影】485/4 下；488/11 下

【宋会要】蕃夷 7 之 41/7860

【汇编】中六 5279、5306

熙河兰岷路经略安抚判官　钟传

【长编标】485/11527；493/11715

【长编影】485/9 上；493/19 下

【宋会要】兵 8 之 34/6904；方域 12 之 5/7522

【汇编】中六 5286、5347

熙河兰岷路经略安抚使　范纯粹

【宋会要】兵 28 之 37/7288

熙河兰岷路经略安抚使　范育

【长编标】454/10886；457/10937；461/11019；475/11321；480/11417

【长编影】454/8 上；457/2 上；461/4 下；475/2 下；480/2 下

【宋会要】蕃夷 6 之 24/7830、6 之 27/7832

【汇编】中五 5057、5060、5079、5166、5207

熙河兰岷路经略安抚使司

【宋会要】蕃夷 7 之 42/7860

熙河兰岷路经略安抚都总管　钟傅，《长编》标点本作钟传

【长编标】495/11782

【长编影】495/17 上

【汇编】中六 5370

熙河兰岷路经略判官　钟傅，《长编》标点本作钟传

【长编标】494/11732

【长编影】494/5 下

【皇宋十朝纲要】14/3 下

【汇编】中六 5346、5356

熙河兰岷路经略使　范纯粹

【宋会要】兵 28 之 37/7288

【汇编】中五 5237

熙河兰岷路经略使

【汇编】中六 5883、5897、5920

熙河兰湟路经略使司书写机宜文字　刘正彦

【宋会要】职官 61 之 21/3764

【汇编】下 6130

熙河兰湟路都转运使　洪中孚

【宋会要】职官 43 之 89/3318

熙河兰湟路第三将部将　王渊

【宋史】369/王渊传/11485

【汇编】中六 5782

熙河兰路制置使司

【宋会要】蕃夷 4 之 17/7722

熙河兰廊路马步军总管　关师古

【系年要录】72/1208

【汇编】下 6352

熙河兰廊路安抚制置使　关师古

【宋史】27/高宗纪 4/509

【汇编】下 6355

熙河兰廊路兵马钤辖　王德

【宋史】368/王德传/11449

【汇编】下 6352

熙河兰廊路经略　关师古

【宋会要】职官 43 之 104/3325

熙河兰廊路经略司

【宋史】448/郑骧传/13202

【汇编】中六 5986

熙河兰廊路经略司属官　郑骧

【宋史】448/郑骧传/13202

【汇编】中六 5986

熙河兰廊路经略安抚使　吴璘

【宋史】366/吴璘传/11415

【系年要录】130/2099

【汇编】下 6361、6512

熙河兰廊路副总管　王德

【宋史】368/王德传/11449

【汇编】下 6463

熙河兰郇路经略安抚使　刘锡，郇，当为廊之误

【北海集】3/熙河兰郇路经略使知熙州刘锡可除捧日天武四厢都指挥使制/10 下

【汇编】补遗 7432

熙河安抚司　赐钱三千万缗，以备边费

【长编标】242/5901

【长编影】242/10 下

【汇编】中四 3846

熙河走马承受　长孙良臣

【长编标】274/6706；277/6786

【长编影】274/6 上；277/16 下

【宋会要】食货 39 之 26/5501

【汇编】中四 4024

熙河运司

【宋史】190/兵志 4·河东陕西弓箭手/4719

【汇编】中六 5823

熙河转运副使　李复先

【宋史】197/兵志 11/4918

【汇编】中六 5785

熙河转运副使　何常

【宋史】354/何常传/11166

【汇编】中六 5881

熙河岷兰经略司

【奏议标】138/司马光·上哲宗乞还西夏六寨/1554

【奏议影】138/司马光·上哲宗乞还西夏六寨/4776

熙河泾原安抚副使　李浩

【宋史】350/李浩传/11079

【汇编】中四 4306

熙河泾原都统　刘仲武

【东都事略】104/刘仲武传/5 上

【汇编】中六 5927

熙河经制

【长编标】323/7777

【长编影】323/3 上

【汇编】中四 4310

熙河经制　李宪

【宋史】16/神宗纪 3/305、306

【长编标】316/7638

【长编影】316/1 上

【甘肃新通志】13/舆地志·古迹·兰州府·皋兰县/2 上

【汇编】中四 4167、4174、4305；补遗 7344

熙河经制司

【长编标】316/7651

【长编影】316/13 上

熙河钤辖　姚雄
【宋史】349/姚雄传/11060
【汇编】中六 5625

熙河钤辖　韩存宝
【宋史】15/神宗纪 2/290
【长编标】273/6695
【长编影】273/18 上
【皇宋十朝纲要】10/3 上
【汇编】中四 4017

熙河将佐　范育
【长编标】452/10848
【长编影】452/7 下
【奏议标】140/苏辙·上哲宗论不可失信夏人/1581
【奏议影】140/苏辙·上哲宗论不可失信夏人/4862

熙河将佐　种谊
【长编标】452/10848
【长编影】452/7 下
【奏议标】140/苏辙·上哲宗论不可失信夏人/1581
【奏议影】140/苏辙·上哲宗论不可失信夏人/4862

熙河统制　王愍
【皇宋十朝纲要】14/6 上
【汇编】中六 5579

熙河统制　张诚
【皇宋十朝纲要】16/11 上
【汇编】中六 5781

熙河统制　何灌
【宋会要】兵 14 之 21/7003
【皇宋十朝纲要】18/4 下
【汇编】中六 5927、5930

熙河秦凤泾原三路应副粮草官
【长编标】504/12011
【长编影】504/8 上
【汇编】中六 5452

熙河秦凤路买马场
【宋会要】兵 22 之 13/7150
【汇编】中五 5231

熙河都大经制司
【长编标】316/7637；322/7766
【长编影】316/1 上；322/7 下
【汇编】中四 4172、4304

熙河都钤辖　王愍
【长编标】516/12288
【长编影】516/20 下
【汇编】中六 5622

熙河都监　刘仲武
【宋史】350/刘仲武传/11081
【汇编】中四 4059

熙河都监第二将　许利见
【宋会要】职官 66 之 13/3874

熙河通远军西路蕃汉都巡检　刘惟吉
【长编标】243/5924
【长编影】243/12 上
【汇编】中四 3855

熙河副将　种谊
【宋史】335/种谊传/10748
【汇编】中四 3898

熙河副总管　高遵裕
【宋会要】兵 14 之 18/7001
【汇编】中四 3853

熙河副都总管　王君万
【长编标】298/7252
【长编影】298/11 下
【汇编】中四 4098

熙河第一将　姚师闵
【长编标】507/12085
【长编影】507/13 上
【宋会要】职官 67 之 25/3900
【汇编】中六 5501

熙河第二副将　秦世章
【宋会要】职官 67 之 25/3900

熙河第二副将　秦世
【长编标】507/12085
【长编影】507/13 上
【汇编】中六 5501

熙河第三将　许良肱
【宋大诏令集】210/熙河第三将许良肱降官制/790
【汇编】中六 5684

熙河第三副将　张论
【宋会要】职官 67 之 25/3900

熙河第五将　　辛叔献
【长编标】507/12085
【长编影】507/13 上
【宋会要】职官 67 之 25/3900
【汇编】中六 5501

熙河第五将　　康渭
【长编标】507/12085
【长编影】507/13 上
【宋会要】职官 67 之 25/3900
【汇编】中六 5501

熙河路马步军总管　　关师古
【宋史】475/刘豫传/13798
【汇编】下 6352

熙河路勾当公事　　李宪
【长编标】250/6094、6101
【长编影】250/13 上
【汇编】中四 3923

熙河路勾当公事　　李毅
【长编标】343/8235
【长编影】343/1 上
【汇编】中五 4557

熙河路市易司
【长编标】269/6602；274/6711
【长编影】269/18 上；274/11 上

熙河路市易司同提举买马　　李杞
【长编标】271/6634
【长编影】271/2 下

熙河路训练军马　　王振
【长编标】263/6436
【长编影】263/16 上

熙河路同统制官　　苗履
【长编标】491/11662
【长编影】491/15 上
【汇编】中六 5329

熙河路同统领岷州蕃兵将佐　　张德
【长编标】485/11528
【长编影】485/9 上
【汇编】中六 5287

熙河路安抚司
【长编标】249/6071；264/6477
【长编影】249/5 下；264/18 下
【汇编】中四 3992

熙河路买马场
【宋会要】兵 22 之 13/7150

熙河路走马承受　　王械
【长编标】486/11557；500/11924
【长编影】486/16 上；500/22 上

熙河路走马承受　　李元凯
【长编标】246/5996；247/6022
【长编影】246/17 上、247/14 上
【汇编】中四 3882、3894

熙河路走马承受　　长孙良臣
【长编标】253/6189；292/7135
【长编影】253/4 上、292/6 上
【宋会要】食货 39 之 25/5501
【汇编】中四 3952、4018、4081

熙河路走马承受公事　　乐士宣
【长编标】306/7438
【长编影】306/2 下
【宋会要】蕃夷 6 之 16/7826
【汇编】中四 4112

熙河路财用司
【长编标】286/7000
【长编影】286/5 上
【汇编】中四 4053

熙河路转运判官　　吴择仁
【宋史】322/吴择仁传/10443
【汇编】中六 5769

熙河路承受公事　　李元凯
【长编标】250/6087
【长编影】250/6 下
【汇编】中四 3922

熙河路经略司
【宋史】191/兵志 5/4738
【长编标】243/5912；244/5931、5937；245/5957；
247/6018、6026、6032；248/6044、6045、6050、
6059；250/6082、6092、6105；251/6112；253/
6191；258/6296、6305；262/6408；263/6420；
266/6536；268/6559；270/6621；271/6641、
6652、6653；273/6676、6687；275/6721；280/
6853；286/7000；288/7052；289/7076；290/
7103；300/7310；302/7350；306/7449；308/
7491；316/7637；404/9840；485/11519；501/
11930；507/12085；513/12199、12203；518/

12318、12331

【长编影】243/1 下；244/1 下、6 下；245/7
下；247/22 上；248/20 下；250/2 下、11
下、23 上；253/5 上；258/16 上；260/3 上；
262/30 下；263/3 下；265/13 下；268/1 上；
270/2 下；271/8 上、17 下、273/2 下、12
下；275/2 上、3 下、6 上；277/15 上；279/
24 上；280//4 上、10 下；286/6 上；288/11
上；289/15 上；290/16 上；302/7 下；306/
12 上；316/1 上、13 下；349/3 下；404/10
下、19 下；421/1 上；474/11 下；477/5 下；
485/1 上；487/8 上；501/1 下；513/6 下、
10 上

【宋会要】兵 4 之 10/6825、4 之 18/6828、28
之 22/7280、蕃夷 6 之 8/7823、6 之 9/7823、
6 之 11/7824、6 之 12/7824、6 之 14/7825、6
之 15/7826、6 之 16/7826、6 之 25/7831、7
之 35/7857

【栾城后集】14/4 上

【汇编】中四 3849、3861、3863、3870、3881、
3892、3903、3910、3921、3923、3930、
3953、3974、3981、3987、3988、3995、
3998、4000、4003、4005、4014、4015、
4019、4020、4023、4032、4033、4034、
4053、4069、4072、4077、4108、4112、
4114、4174；中五 4585、4603、4850、4954、
5056、5163、5178、5246；中六 5278、5302、
5425、5566、5572

熙河路经略司干当公事　种师古
【宋会要】职官 6 之 16/3762
【汇编】中六 5267

熙河路经略司与提举弓箭手司
【宋会要】兵 4 之 7/6823

熙河路经略司勾当公事　王厚
【长编标】507/12085
【长编影】507/12 上
【汇编】中六 5500

熙河路都总管司走马承受公事　长孙良臣
【长编标】289/7068
【长编影】289/8 下
【宋会要】兵 28 之 19/7279
【汇编】中四 4071

熙河路经略司指使　王用臣

【长编标】254/6210
【长编影】254/5 上

熙河路经略司指使　张守荣
【长编标】283/6941
【长编影】283/17 上
【汇编】中四 4044

熙河路经略司管勾机宜文字　李毅
【长编标】507/12085
【长编影】507/12 上
【汇编】中六 5500

熙河路经略安抚司
【长编标】262/6410；279/6820
【长编影】262/32 下；279/2 下
【宋大诏令集】240/赐阿里骨诏（绍圣三年七月
丙辰）/941
【宋会要】职官 41 之 109/3221
【汇编】中四 3988、4025；中五 5249

熙河路经略安抚司干当公事　李宪
【宋史】467/李宪传/13638
【长编标】249/6071
【长编影】249/5 下
【汇编】中四 3919、3935

熙河路经略安抚判官　钟傅，《长编》标点
本作钟传
【长编标】485/11527；494/11732
【长编影】485/9 上；494/5 下
【汇编】中六 5287、5356

熙河路经略安抚制置司
【长编标】348/8353
【长编影】348/11 下
【汇编】中五 4597

熙河路经略安抚使
【宋会要】食货 2 之 4/4827；蕃夷 6 之 8/7822、
6 之 29/7833
【汇编】中四 4013；中五 5249

熙河路经略安抚使　高遵裕
【宋会要】食货 43 之 1/5573
【汇编】中四 4022

熙河路经略制置　李宪
【宋史】188/兵志 2·将兵/4628
【汇编】中四 4516

熙河路经略使　姚古

【三朝北盟会编】30/17 下

【汇编】中六 6007

熙河路经略使　李宪

【长编标】333/8018

【长编影】333/5 上

【汇编】中四 4468

熙河路经略使　赵济

【长编标】362/8662

【长编影】362/7 上

【汇编】中五 4651

熙河路经略使　王韶

【长编标】249/6072；251/6129；254/6209

【长编影】249/5 下；251/19 下；254/4 上

【宋会要】蕃夷 6 之 9/7823

【汇编】中四 3919、3936、3949、3956

熙河路经略使　孙路

【长编标】506/12059

【长编影】506/9 上

【宋会要】兵 9 之 1/6906

【汇编】中六 5486、5507

熙河路经略使　张诜

【长编标】282/6903

【长编影】282/3 下

【宋会要】职官 41 之 76/3204；43 之 4/3275

【汇编】中四 4041

熙河路经略使　慕容洧

【金史】79/张中彦传/1789

【三朝北盟会编】192/5 下

【系年要录】125/2046

【汇编】下 6496、6497

熙河路经略总管司　擒西蕃大首领鬼章以献

【宋会要】礼 14 之 59/616

【汇编】中五 4872

熙河路经略都总管司　诏熙河路经略都总管

　　司至路分都监并加"兰会"二字

【长编标】323/7783

【长编影】323/8 上

【汇编】中四 4314

熙河路相度营田所勾当公事　舒亶

【长编标】258/6298

【长编影】258/10 上

【汇编】中四 3972

熙河路茶马司

【宋会要】兵 24 之 28/7192

熙河路钤辖　李浩

【长编标】272/6659

【长编影】272/3 下

熙河路钤辖　韩存宝

【长编标】285/6988

【长编影】285/15 下

熙河路钤辖　王赡

【长编标】516/12268

【长编影】516/5 上

【汇编】中六 5610

熙河路钤辖　王君万

【宋史】350/王君万传/11070

【长编标】285/6991；286/7000

【长编影】285/18 上；286/6 上

【汇编】中四 3794、4050、4053

熙河路钤辖　种宜，又作种谊

【宋史】335/种谊传/10749

【长编标】480/11427

【长编影】480/11 下

【汇编】中五 5151、5212

熙河路钤辖兼第二将　李浩

【长编标】289/7074

【长编影】289/13 下

熙河路洮西安抚司

【长编标】267/6547

【长编影】267/7 上

【汇编】中四 3997

熙河路总管　李浩

【长编标】322/7770

【长编影】322/10 下

【汇编】中四 4305

熙河路总管　高遵裕

【长编标】245/5971；260/6346

【长编影】245/19 下；260/15 上

【汇编】中四 3874、3982

熙河路都大经制司

【宋史】190/兵志 4·河东陕西弓箭手/4715

【长编标】314/7608；315/7617、7625、7626；

　　316/7638、7639、7640、7641、7646、7652、

　　7653；317/7656；319/7706、7707、7709；

320/7719、7720、7728；321/7748；323/7790；324/7795

【长编影】314/9 上；315/2 上、9 下；316/2 上、2 下、3 下、4 上、8 下、14 上、15 上；317/1 上；319/6 下、9 下；320/1 上、8 上；321/11 下、3 上、13 下；323/14 上；324/1 上

【宋会要】职官 41 之 77/3205；兵 4 之 10/6825、8 之 24/6899、8 之 26/6900、14 之 4/6994、14 之 19/7002；方域 8 之 25/7453；蕃夷 6 之 16/7826

【汇编】中四 4149、4151、4154、4162、4163、4168、4175、4176、4177、4178、4183、4188、4189、4191、4214、4238、4239、4241、4243、4253、4260、4279、4293、4310、4319、4322

熙河路都大经略司
【长编标】318/7683
【长编影】318/3 上

熙河路都巡检
【长编标】241/5879
【长编影】241/5 上
【汇编】中四 3825

熙河路都转运使　郑仅
【宋史】190/兵志 4·河东陕西弓箭手/4718
【汇编】中六 5779

熙河路都转运使　程之邵
【宋会要】蕃夷 6 之 41/7839

熙河路都转运使兼川陕茶马　程之邵
【宋会要】职官 43 之 79/3313

熙河路都总管
【宋会要】蕃夷 6 之 8/7822

熙河路都总管　王韶
【长编影】239/12 上
【长编标】239/5819
【汇编】中四 3814

熙河路都总管司
【宋会要】兵 5 之 8/6843
【汇编】中四 3907

熙河路都监　刘昌祚
【宋史】349/刘昌祚传/11053
【汇编】中三 3522

熙河路都监　姚雄
【皇宋十朝纲要】14/7 下
【汇编】中六 5675

熙河路都监　韩存保
【长编标】253/6195
【长编影】253/8 下
【汇编】中四 3954

熙河路都监　李泽
【长编标】507/12085
【长编影】507/12 上
【宋会要】职官 67 之 25/3900
【汇编】中六 5501

熙河路监牧所指使　张守禁
【长编标】352/8448
【长编影】352/21 下
【汇编】中五 4621

熙河路部将　任安
【系年要录】86/1421
【汇编】下 6396

熙河路准备差使　彭孙
【长编标】321/7744
【长编影】321/8 上
【汇编】中四 4277

熙河路副总管　姚兕
【东坡全集】38/口宣/23 下
【汇编】中五 4883

熙河路副总管　李浩
【长编标】321/7748
【长编影】321/11 下
【宋会要】职官 41 之 77/3205
【汇编】中四 4279

熙河路副都总管　王君万
【宋会要】职官 66 之 7/3871

熙河路副都总管　刘维辅
【金史】80/赤盏晖传/1806
【汇编】下 6259

熙河路副都总管　高遵裕
【长编标】243/5913
【长编影】243/1 下
【汇编】中四 3850

熙河路营田弓箭手公事　郑民宪
【宋会要】食货 2 之 5/4827

熙河路营田司
【长编标】272/6662
【长编影】272/5 下
【汇编】中四 4013

熙河路第一副将　种师古
【宋会要】职官 6 之 16/3762
【汇编】中六 5267

熙河路第七部将　种谊
【东都事略】61/种谊传/6 下
【汇编】中四 4192

熙河路提点刑狱司
【长编标】324/7803
【长编影】324/7 上
【汇编】中四 4323

熙河路照管军马事宜　李宪
【长编标】253/6189
【长编影】253/3 下
【汇编】中四 3952

熙河路蕃汉都巡检　李师古
【长编标】263/6436
【长编影】263/16 下
【汇编】中四 3989

熙河管界巡检　姚麟
【东都事略】104/姚麟传/1 下
【汇编】中四 3847

熙河漕司
【宋史】190/兵志 4・河东陕西弓箭手/4719
【汇编】中六 5824

熙河路察访司干办公事　张浚
【朱文公文集】95 上/少师保信军节度使魏国公
　　致仕赠太保张公（浚）行状上/5 上
【汇编】补遗 7430

熙河镇洮军节度　镇洮军升
【宋史】15/神宗纪 2/282
【汇编】中四 3813

熙州市易司
【宋会要】食货 39 之 25/5501
【汇编】中四 4018

熙州经略使　范龙图
【潞公文集】37/辞免/9 下
【汇编】补遗 7372

熙州推官　种朴

【三朝北盟会编】60/4 下
【汇编】中六 6042

熙州镇洮军节度　镇洮军升
【宋史】15/神宗纪 2/282
【汇编】中四 3813

熙渭都统制　刘仲武
【东都事略】104/刘仲武传/5 上
【汇编】中六 5927

管干尢谷胜如两堡弓箭手公事兼道路巡检
【宋会要】方域 20 之 14/7657
【汇编】中五 5253

管勾二寨弓箭手道路巡检使臣
【栾城集】42/论前后处置夏国乖方札子/7 下
【汇编】中五 5037

管勾永兴军一路都部署安抚使司机宜文字
　　陈湜
【潞公文集】38/举官/1 下
【汇编】补遗 7309

管勾永兴军等路常平等事　张大宁
【长编标】329/7927
【长编影】329/12 上
【汇编】中四 4410

管勾机宜　楚建中
【宋史】323/10457
【汇编】上 233

管勾机宜文字　游师雄
【画墁集】补遗/游公（师雄）墓志铭/3 上
【汇编】中四 4432

管勾机宜文字　汲光
【长编标】332/7998
【长编影】332/3 下
【汇编】中四 4461

管勾机宜文字　钟傅，《长编》标点本作钟传
【长编标】352/8448
【长编影】352/21 下
【汇编】中五 4620

管勾机密文字　李清臣
【长编标】465/11105
【长编影】465/7 下
【汇编】中五 5090

管勾邠宁环州驻泊兵马　阎日新
【宋史】309/阎日新传/10167

【汇编】中一 1411

管勾延州东路蕃部事　任福

【宋史】325/任福传/10506

【汇编】中二 1810

管勾军马　张若讷

【长编标】473/11288；475/11322

【长编影】473/8 上；475/3 上

【汇编】中五 5155、5167

管勾来远驿　诏都亭西驿监官兼

【宋会要】方域 10 之 11/7479

【汇编】中四 3990

管勾冶坊堡供奉官　王讷

【长编标】340/8188

【长编影】340/10 下

【汇编】中四 4530

管勾环庆军马　许怀德

【宋史】324/张亢传/10486

【长编标】132/3147

【长编影】132/23 上

【奏议标】133/张亢·上仁宗论边机军政所疑十事/1474

【奏议影】133/张亢·上仁宗论边机军政所疑十事/4535

【汇编】中二 2305

管勾环庆路机宜文字　张舜民

【长编标】326/7843

【长编影】326/6 上

【汇编】中四 4350

管勾环庆路部署司事兼知庆州　范仲淹

【长编标】134/3191

【长编影】134/4 上

管勾招抚属户　苗继宣

【长编标】132/3122

【长编影】132/1 上

【汇编】中二 2262

管勾河州西原堡　李震

【潞公文集】37/辞免/9 下

【汇编】补遗 7373

管勾河州农田水利　李浩

【长编标】272/6662

【长编影】272/5 下

管勾河东沿边安抚司事　常希古

【宋会要】职官 41 之 87/3210

管勾河东沿边安抚司事　王崇极

【长编标】485/11520

【长编影】485/2 下

【汇编】中六 5278

管勾沿边安抚使　姚雄

【长编标】514/12220

【长编影】514/11 上

【汇编】中六 5581

管勾河东缘边安抚司　王世文

【宋会要】职官 49 之 3/3531

【汇编】中一 1646

管勾河东缘边安抚司　李宗师

【长编标】339/8167

【长编影】339/8 上

【汇编】中四 4524

管勾泾原路军马事　曹琮

【长编标】127/3014

【长编影】127/10 下

管勾泾原路兵马　刘平

【宋史】325/刘平传/10500

【长编标】124/2918

【长编影】124/1 上

【汇编】中二 1774、1811

管勾泾原路兵马公事　曹琮

【长编标】126/2997

【长编影】126/27 下

【安阳集】家传 1/15 下

【汇编】中二 1983

管勾泾原路沿边安抚司公事　镇戎军知军兼任

【长编标】486/11547

【长编影】486/6 上

【汇编】中六 5295

管勾泾原路沿边安抚司公事兼第五将　姚古

【长编标】514/12220

【长编影】514/11 上

【汇编】中六 5582

管勾泾原路经略安抚部署司　尹洙

【河南先生文集】21/奉诏及四路司指挥分擘本路兵马弓箭手把截贼马来路状/1 上

【汇编】中三 2859

管勾泾原路经略部署司事　尹洙

【安阳集】47/故崇信军节度副使检校尚书工部员外郎尹公墓志表/2 上

【汇编】中三 2905

管勾泾原路部署司事　王沿

【长编标】134/3191

【长编影】134/4 上

【汇编】中二 2373

管勾屈野河西北界　张安世

【长编标】181/4384

【长编影】181/13 下

管勾陕西转运司　郑戬

【长编标】138/3325

【长编影】138/15 下

管勾陕西转运司　范雍

【长编标】132/3150

【长编影】132/25 下

【汇编】中二 2312

管勾陕西路营田　宋回

【长编标】134/3206

【长编影】134/18 上

【汇编】中二 2411

管勾起发鞍马事

【宋会要】兵 24 之 15/7186

管勾洮东沿边安抚司公事　种谊

【长编标】409/9978

【长编影】409/24 上

【汇编】中五 4924

管勾洮东沿边安抚使司公事兼第四将　郭绍忠

【长编标】409/9978

【长编影】409/24 上

【汇编】中五 4924

管勾洮西安抚司公事　种朴

【长编标】517/12306

【长编影】517/10 上

【甘肃新通志】13/舆地志·古迹·兰州府·河州/8 下

【汇编】中四 3782、3784、3790；中六 5638；补遗 7394

管勾洮西沿边安抚司公事　姚雄

【宋会要】兵 14 之 20/7002

【汇编】中六 5681

管勾洮西沿边安抚司公事　种朴

【长编标】516/12267；517/12303

【长编影】516/3 下；517/8 上、10 上

【汇编】中六 5608、5636、5638

管勾洮西沿边安抚司公事　姚古

【长编标】514/12220

【长编影】514/11 上

【汇编】中六 5582

管勾洮西沿边安抚司公事兼第三将　王赡

【长编标】494/11736

【长编影】494/10 上

【汇编】中六 5358

管勾秦凤缘边安抚司　王韶

【长编标】235/5705

【长编影】235/9 下

管勾秦凤缘边安抚司

【长编标】235/5719

【长编影】235/21 下

【汇编】中四 3784

管勾秦凤路军马事　王仲宝

【宋史】325/王仲宝传/10514

【汇编】中二 2082

管勾秦凤路军马事　葛怀敏

【长编标】127/3013

【长编影】127/9 下

【汇编】中二 2008

管勾秦凤路沿边安抚司　王韶

【宋会要】兵 9 之 6/6908

【汇编】中三 3715

管勾秦凤路部署司事　韩琦

【长编标】134/3191

【长编影】134/4 上

【汇编】中二 2373

管勾秦凤路缘边安抚司　王韶

【长编标】226/5501；237/5763

【长编影】226/2 上；237/7 下

【汇编】中四 3790

管勾秦凤路经略机宜文字　王韶

【宋会要】食货 37 之 14/5455

【汇编】中四 3757

管勾秦凤路沿边安抚司公事　王韶

【宋会要】兵 4 之 5/6822、28 之 12/7275

【汇编】中四 3789

管勾秦凤路经略司机宜文字　任允孚
【潞公文集】38/举官/2 上
【汇编】补遗 7310

管勾秦凤路部署司事兼知秦州　韩琦
【长编标】134/3191
【长编影】134/4 上

管勾秦州路行营都总管　向敏中
【宋会要】兵 14 之 1/6993

管勾都亭西驿
【宋大诏令集】234/赐夏国主乞买物诏/912

管勾随军粮料　夏守赟
【宋史】303/田京传/10051
【汇编】中二 1920

管界缘边都巡检使　李及
【长编标】79/1811
【长编影】79/16 下
【汇编】中一 1512

管勾鄜延屯兵　张崇贵
【宋史】466/张崇贵传/13617、13618
【汇编】中一 1065、1203

管勾鄜延经略司机宜文字　楚建中
【长编标】159/3850
【长编影】159/11 上

管勾鄜延总管安抚司机宜文字　赵禼
【长编标】217/5273
【长编影】217/3 上
【汇编】中三 3620

管勾鄜延等路经略安抚招讨司机宜文字
何涉
【宋史】432/何涉传/12842
【汇编】中二 2821

管勾鄜延路军马公事　张若讷
【宋会要】职官 67 之 6/3890
【汇编】中五 5116

管勾鄜延路经略司　赵禼
【长编标】247/6008
【长编影】247/2 下
【汇编】中四 3887

管勾鄜延路部署司事　庞籍
【长编标】134/3191
【长编影】134/4 上

【汇编】中二 2373

管勾鄜延路蕃部公事　王昭明
【长编标】203/4925
【长编影】203/14 上

管勾静边寨弓箭手巡检　李文庾
【长编标】155/3772
【长编影】155/13 下
【汇编】中三 3051

管勾熙州北关堡　张从
【陇右金石录】3/张从墓志铭/59 下
【汇编】补遗 7361

管勾熙河兰会经略司机宜文字　穆衍
【长编标】350/8383
【长编影】350/3 上
【汇编】中五 4610

管勾熙河兰会路经略司　赵济
【长编标】344/8261
【长编影】344/8 上
【汇编】中五 4564

管勾蕃部司公事　任怀政
【长编标】234/5674
【长编影】234/3 下
【汇编】中四 3776

管勾镇戎军蕃汉都指挥使事　向进
【长编标】131/3113
【长编影】131/18 下
【汇编】中二 2240

管勾麟府军马　王凯
【长编标】156/3788
【长编影】156/10 上

管勾麟府马军　赵宗本
【长编标】437/10546
【长编影】437/18 下
【汇编】中五 4983

管勾麟府军马　宋思恭
【长编标】52/1136
【长编影】52/6 上
【汇编】中一 1317

管勾麟府军马　张之谦
【长编标】379/9202
【长编影】379/4 下
【汇编】中五 4728

管勾麟府军马 张若讷
【长编标】468/11170
【长编影】468/3 下
【汇编】中五 5116

管勾麟府军马 訾虎
【长编标】478/11392
【长编影】478/9 下
【汇编】中五 5188

管勾麟府军马 郭恩
【长编标】185/4476
【长编影】185/5 上
【稽古录】20/93 上
【汇编】中三 3227

管勾麟府军马公事 张亢
【宋史】324/张亢传/10488
【安阳集】47/故客省使眉州防御使赠遂州观察使张公墓志铭/14 上
【汇编】中二 2338、2339

管勾麟府军马公事 郭恩
【宋史】12/仁宗纪 4/241
【涑水记闻】8/13 下
【汇编】中三 3227

管勾麟府军马事 王凯
【宋史】255/王凯传/8925
【汇编】中二 2561

管勾麟府军马事 郭恩
【宋史】326/郭恩传/10521
【司马文正公集】78/太子太保庞公墓志铭 8 下
【汇编】中三 3228、3238

管勾麟府州军马司 郭恩
【宋大诏令集】188/赐昭德军节度使检校太傅知并州庞籍抚谕戒勖诏/688
【汇编】中三 3242

管勾麟府路马军司 訾虎
【长编标】408/9920
【长编影】408/2 上
【汇编】中五 4912

管勾麟府路军马 王应昌
【宋会要】方域 21 之 5/7663
【汇编】上 37

管勾麟府路军马 王庆民
【长编标】217/5280；219/5324
【长编影】217/8 下；219/4 下
【汇编】中三 3623、3650

管勾麟府路军马 张亢
【宋会要】方域 21 之 1/7661、方域 21 之 6/7664、方域 21 之 8/7665
【汇编】上 38

管勾麟府路军马 张世矩
【长编标】327/7867；329/7930；330/7952；334/8038
【长编影】327/2 下；329/15 上；330/6 下；334/7 下
【汇编】中四 4368、4412、4435、4474

管勾麟府路军马 高遵一
【长编标】290/7093
【长编影】290/7 下
【汇编】中四 4075

管勾麟府路军马公事 张世矩
【文昌杂录】2/9 上
【汇编】补遗 7344

管勾麟府路军马公事 康德舆
【涑水记闻】12/8 上
【汇编】中二 2333

管勾麟府路军马公事 吕惠卿
【长编标】354/8478
【长编影】354/8 上
【汇编】中五 4625

管勾麟府路军马公事 高继忠
【长编标】102/2365
【长编影】102/15 下
【汇编】中一 1630

管勾麟府路兵马公事 张之谦
【长编标】379/9207
【长编影】379/10 上
【汇编】中五 4733

管勾麟府路军马司 王凯
【长编标】138/3309
【长编影】138/1 上

管勾麟府路军马事 康德舆
【宋史】326/康德舆传/10536
【汇编】中二 2358

管勾麟府路军马事 朱观
【长编标】135/3241

【长编影】135/23 下

【汇编】中二 2470

管勾麟府路军马事　张之谦

【长编标】356/8515

【长编影】356/7 上

【汇编】中五 4630

管勾麟府路军马事　张世永

【长编标】485/11520

【长编影】485/2 下

【汇编】中六 5279

管勾麟府路军马事　韩守英

【长编标】78/1770；79/1808

【长编影】78/1 下；79/14 下

【汇编】中一 1508、1511

管洮西沿边安抚司公事　姚雄

【宋会要】兵 14 之 20/7002

【汇编】中六 5680

彰武军节度使

【金史】26/地理志下/644

【汇编】下 6965

鄯湟等州都护　王赡

【长编标】519/12348

【长编影】519/6 上

【汇编】中六 5658

寨主　好水寨

【宋会要】方域 19 之 44/7647

寨主　升副将

【宋会要】方域 19 之 6/7628

【汇编】中六 5292

寨主　灵州河外寨主李琼

【宋朝事实类苑】16/兵刑/3 下

【汇编】中一 1116

寨主　陇城寨尹宝

【潞公文集】38/举官/3 上

【汇编】补遗 7292

寨主　胡永锡

【宋会要】兵 14 之 17/7001

【汇编】中二 2095

寨主　通渭县复为寨，置一员

【宋会要】方域 19 之 19/7635

【汇编】中六 5822

寨主　塞门寨高延德

【宋会要】职官 64 之 40/3840

【汇编】中二 2074

寨主

【长编影】84/10 上

【宋会要】职官 49 之 3/3531；方域 19 之 6/7628、19 之 20/7635

【汇编】中一 1535、1668

寨主　仪州制胜关寨主郝勋

【长编标】60/1337

【长编影】60/4 下

【汇编】中一 1421

寨主　洒水平、秋韦川每寨置一员

【长编标】508/12097

【长编影】508/1 上

【汇编】中六 5510

寨主　缘边诸寨监押两员处，以官高者为寨主

【长编标】113/2637

【长编影】113/6 上

【汇编】中一 1695

寨主　好水寨置一员

【长编标】486/11547

【长编影】486/6 上

【宋会要】方域 19 之 6/7628

【汇编】中六 5291、5295

寨主　麟州宁远寨王世亶

【宋史】川仁宗纪 3/212

【长编标】133/3163

【长编影】133/3 下

【汇编】中二 2320、2330

寨主簿

【宋会要】方域 19 之 6/7628、19 之 44/7647

寨官　石门寨置八员

【宋会要】方域 19 之 6/7628

【汇编】中六 5291

十五画

蕃兵总领权知洮州　李进

【系年要录】197/3319

【汇编】下 6678

蕃译院

【宋会要】职官 25 之 6/2917

【汇编】下 7016

蕃部巡检　李继义
【长编标】97/2245
【长编影】97/5 下
【汇编】中一 1607

蕃部指挥使　马贵
【宋史】486/夏国传下/14007
【汇编】上 78

蕃部指挥使　赵明
【范文正公集】西夏堡寨/6
【汇编】中二 2640

蕃部都指挥使　郑荣
【延安府志】1/肤施县·陵墓/20 下
【汇编】补遗 7320

蕃部都虞侯
【宋史】191/兵志 5/4751
【汇编】中二 2442

蕃落马军十指挥　陕西路添设
【宋史】18/哲宗纪 2/347
【长编标】487/11569
【长编影】487/7 上
【汇编】中六 5301

蕃落指挥　刘全、李寔、魏进
【系年要录】197/3319
【汇编】下 6679

镇戎西路巡检　常鼎
【隆德县志】4/考证/64 上
【汇编】补遗 7272

镇戎军节度使兼太尉　赠葛怀敏
【宋史】289/葛怀敏传/9760
【汇编】中二 2547

镇戎军西路巡检　李良臣
【宋史】289/葛怀敏传/9701
【汇编】中二 2546

镇戎军驻泊都监　高遵裕
【宋史】464/高遵裕传/13575
【汇编】中三 3410

镇戎军西路都巡检　刘沪
【宋史】324/刘沪传/10495
【汇编】中三 2857

镇戎军西路都巡检　杨保吉
【长编标】128/3042

【长编影】128/15 下
【汇编】中二 2077

镇戎军西路都巡检　常鼎
【长编标】131/3100
【长编影】131/7 下
【安阳集】家传 2/4 上
【汇编】中二 2201

镇戎军西路都巡检使　杨保吉
【长编标】129/3057
【长编影】129/7 上
【汇编】中二 2112

镇戎军巡检　李良臣
【长编标】152/3703
【长编影】152/7 上
【汇编】中三 2989

镇戎军沿边安抚司
【长编标】508/12109
【长编影】508/12 上
【汇编】中六 5519

镇戎军沿边都巡检使　李祥
【宋史】468/李祥传/13649
【汇编】中四 4197

镇戎军定川寨弓箭手巡检　赵普
【长编标】235/5717
【长编影】235/20 下
【宋会要】兵 28 之 12/7275
【汇编】中四 3783

镇戎军定川寨都监　王用臣
【长编标】254/6210
【长编影】254/5 上

镇戎军指使　王贵
【长编标】131/3103
【长编影】131/9 上
【汇编】中二 2216

镇戎军都监　李岳
【宋史】289/葛怀敏传/9701
【长编标】138/3314
【长编影】138/5 上
【汇编】中二 2546、2578

镇戎军监押　李禹亨
【长编标】131/3101
【长编影】131/8 上

【汇编】中一 1220

麟州管勾军马司 贾逵

【宋会要】兵 27 之 43/7268

麟州横阳堡兵马监押 孙贵

【斜川集】5/孙团练墓志铭/30 上

【汇编】中五 5097

麟府丰州都巡检 张保

【长编标】245/5968

【长编影】245/17 上

【汇编】中四 3873

麟府州驻泊 石之颙

【宋会要】礼 62 之 35/1712

【汇编】中一 1590

麟府州钤辖 高继勋

【宋史】289/高继勋传/9695

【汇编】中一 1612

麟府州钤辖 康德舆

【涑水记闻】12/8 上

【汇编】中二 2332

麟府州浊轮砦路都部署 李重贵

【宋史】279/李重贵传/9487

【汇编】中一 1144

麟府州道路巡检 王凯

【长编影】133/17 上

【长编标】133/3180

麟府州缘边都巡检使 李兴

【长编标】134/3197

【长编影】134/9 下

麟府并旧丰州缘边同巡检 张安世

【长编影】181/13 下

【长编标】181/4384

麟府军马司

【宋史】323/孟元传/10460；334/萧注传/10733

【长编标】132/3130；137/3277；218/5303、5304；
226/5503；325/7831；329/7933；474/11302

【长编影】132/8 上；137/1 下；218/11 上、11
下；226/3 下；325/16 上；329/16 下；474/3
上

【汇编】中二 2514；中三 3221、3593、3630；
中四 4337、4414

麟府走马承受 全惟几

【宋会要】兵 4 之 6/6823

【汇编】中四 3893

麟府兵马钤辖 刘文质

【苏学士集】14/内园使连州刺史知代州刘公
（文质）墓志/8 上

【汇编】中一 1214

麟府驻泊 韩守英

【长编标】67/1510

【长编影】67/17 上

【汇编】中一 1469

麟府钤辖 贾逵

【长编标】183/4440

【长编影】183/16 下

麟府钤辖

【宋史】491/党项传/14147

【长编标】55/1213；71/1615

【长编影】55/11 下；71/24 上

【汇编】上 30；中一 1366

麟府钤辖司 诏自今蕃部归投，不须发兵接
引

【长编标】60/1340

【长编影】60/7 上

【汇编】中一 1424

麟府浊轮部署 曹璨

【长编标】52/1136

【长编影】52/6 上

【汇编】中一 1317

麟府浊轮副部署 曹璨

【宋史】258/曹璨传/8983

【长编标】49/1074

【长编影】49/10 上

【汇编】中一 1244

麟府浊轮寨兵马钤辖 刘文质

【宋史】324/刘文质传/10492

【汇编】中一 1213

麟府总管

【宋会要】方域 21 之 10/7666

【汇编】上 42

麟府都监 王吉

【长编标】146/3535

【长编影】146/8 下

【汇编】中三 2842

麟府部署　曹璨

【长编标】52/1152；53/1158

【长编影】52/10 上；53/3 下

【汇编】中一 1329、1331

麟府部署钤辖司

【宋大诏令集】233/答西平王赵德明诏（大中祥符九年十月）/906

麟府副部署　曹璨

【宋史】485/夏国传上/13981

【长编标】51/1108

【长编影】51/1 下

【汇编】上 55；中一 1293

麟府等州浊轮寨钤辖　曹璨

【长编标】45/962

【长编影】45/7 上

【汇编】中一 1211

麟府路军马　来承庆

【苕溪集】48/宋故武功大夫魏国公杨公（宗闵）墓碑/2 上

【汇编】补遗 7423

麟府路军马　党万

【苕溪集】48/宋故武功大夫魏国公杨公（宗闵）墓碑/4 上

【汇编】补遗 7433

麟府路军马　张世永

【长编标】501/11937

【长编影】501/7 下

【汇编】中六 5426

麟府路军马司

【宋史】86/地理志 2/2136

【长编标】101/2344；304/7406；324/7806；385/9379；466/11126；474/11302；479/1 下；511/12167；514/12224

【长编影】101/12 上；304/12 下；324/10 上；385/7 上；466/1 上；474/2 下；479/1 下；511/13 上；514/13 上

【宋会要】兵 8 之 31/6902、17 之 5/7040、27 之 21/7257

【涑水记闻】12/1 下

【潞公文集】18/奏议/5 上；22/奏议/6 下

【汇编】中一 1627、1747；中四 4326；中五 4780、5095、5157、5189、5191；中六 5556、

5585、5826；补遗 7321、7336

麟府路军马司指挥

【长编标】290/7101；338/8143

【长编影】290/14 上；338/5 下

【汇编】中四 4077、4518

麟府路军马事　李昭亮

【宋史】464/李昭亮传/13563

【汇编】中二 2392

麟府路走马承受　全惟几

【长编标】248/6040

【长编影】248/4 上

【汇编】中四 3905

麟府路走马承受　贾宗元

【长编标】340/8185

【长编影】340/7 下

【汇编】中四 4529

麟府路走马承受公事　皇祐元年复置内臣一员

【长编标】166/4000

【长编影】166/17 下

【汇编】中三 3142

麟府路走马承受公事　杨延中

【宋会要】职官 41 之 129/3231

【汇编】中六 5895

麟府路走马承受公事　樊玉

【涑水记闻】12/7 下

【汇编】中二 2343

麟府路兵马钤辖　王仲宝

【宋史】325/王仲宝传/10514

【汇编】中一 1664

麟府路兵马都监　张岊

【长编标】152/3709

【长编影】152/12 上

【汇编】中三 3001

麟府路体量安抚　刘忱

【长编标】468/11185

【长编影】468/16 下

【汇编】中五 5119

麟府路体量安抚司

【长编标】473/11288；480/11429

【长编影】473/8 上；480/12 下

【宋会要】兵 4 之 15/6827

（四）金朝与党项西夏相关的职官

四画

五画

六画

巩州提控　尼厖古三郎
【金史】16/宣宗纪下/363
【汇编】下 6879

权发遣泾原路兵马钤辖　庞迪
【金史】91/庞迪传/2012
【汇编】下 6255

权陕西东路行台都元帅　石天应
【蒙兀儿史记】27/木合黎传/5 下
【汇编】下 6875

西北西南两路都统　宗翰
【金史】134/西夏传/2865
【汇编】上 126

西北路招讨司　白彦敬
【金史】84/白彦敬传/1891
【汇编】下 6689

西南招讨司
【金史】76/杲（斜也）盏传/1739
【汇编】中六 5948

西南路招讨司　耶律坦
【金史】2/太祖纪/37
【汇编】中六 5946

吊祭夏国使　完颜履信
【金史】17/哀宗纪上/378
【汇编】下 6908

同知兰州事　张宸
【金史】15/章宗纪中/330
【汇编】下 6849

同知平凉府事　禄大
【金史】124/郭蝦蟆传/2708
【汇编】下 6851

同知平凉府事　蒲察秉铉
【金史】98/完颜纲传/2175
【汇编】下 6817

同知临洮尹　曹佛留
【金史】98/完颜纲传/2175
【汇编】下 6815

同知临洮府事　术虎高琪
【金史】98/完颜纲传/2175
【汇编】下 6817

同知临洮府事　赤盏合喜
【金史】113/赤盏合喜传/2493

同知临洮府事　郭蝦蟆
【金史】124/郭蝦蟆传/2709
【汇编】下 6875

同知洮州事　曹普贤
【金史】98/完颜纲传/2175
【汇编】下 6815、6816

同知通远军节度使　乌古论长寿
【金史】113/白撒传/2485
【汇编】下 6869

同知通远军节度使　刘德基
【金史】121/刘德基传/2651
【汇编】下 6835

延安总管　古里甲石伦
【金史】134/西夏传/2865
【汇编】上 133

延安路兵马总管　完颜奴婢
【金史】13/卫绍王纪/295
【汇编】下 6832

会州刺史　郭蝦蟆
【金史】124/郭蝦蟆传/2708
【汇编】下 6851

庆阳总管　庆山奴
【金史】134/西夏传/2865
【汇编】上 133

安定定西保川西宁军马都弹压　乌古论长寿
【金史】103/乌古论长寿传/2271
【汇编】下 6834

七画

报成使　奥敦良弼、裴满钦甫、乌古孙弘毅
【金史】62/交聘表下/1487
【汇编】下 6903

怀羌巡检使　曹普贤
【金史】98/完颜纲传/2175
【汇编】下 6815

陇安军节度使　完颜阿邻
【金史】134/西夏传/2865
【汇编】上 135

八画

环州刺史　乌古论延寿
【金史】14/宣宗纪上/306
【汇编】下 6838

环州刺史　完颜胡鲁
【金史】134/西夏传/2865
【汇编】上 133

知临洮府事　石抹仲温
【金史】98/完颜纲传/2175
【汇编】下 6817

知临洮府事　承裔
【金史】101/仆散端传/2232
【汇编】下 6851

知临洮府兼本路兵马都总管　陀满胡土门
【金史】123/陀满胡土门传/2687
【汇编】下 6841

河州提控　曹记僧
【金史】134/西夏传/2865
【汇编】上 132

河州防御使　纳哈塔富拉塔
【畿辅通志】77/忠节·大名府/14 上
【汇编】下 6855

定难军节度使　乌林答琳
【金史】120/乌林答琳传/2627
【汇编】下 6835

陕西东路行省
【金史】16/宣宗纪下/359
【汇编】下 6875

陕西行省
【金史】15/宣宗纪中/334
【蒙兀儿史记】3/成吉思可汗本纪下/19 上
【汇编】下 6854

陕西西路行省
【金史】16/章宗纪下/361
【汇编】下 6878

陕西安抚司
【金史】110/韩玉传/2429
【汇编】下 6830

陕西经略使　萨里干
【系年要录】52/919
【汇编】下 6295

陕西按察副使　庐庸
【金史】92/庐庸传/2042
【汇编】下 6833

陕西宣抚司
【金史】14/宣宗纪上/313
【汇编】下 6840

陕西宣抚副使　完颜胡失剌
【金史】14/宣宗纪上/314
【汇编】下 6840

陕西统军使　乌古论庆寿
【金史】101/乌古论庆寿传/2239
【汇编】下 6843

陕西都统　完颜忠
【金史】98/完颜纲传/2175
【汇编】下 6817

陕西诸路都统　洛索
【系年要录】30/595
【汇编】下 6204

陕西路都统副使　斡勒牙剌
【金史】98/完颜纲传/2175
【汇编】下 6817

陕州总帅　完颜讹可
【金史】17/哀宗纪上/378
【汇编】下 6908

九画

临洮尹　移剌成
【金史】91/移剌成传/2016
【汇编】下 6699

临洮路总管　女奚烈古里
【金史】113/白撒传/2486
【汇编】下 6871

保大军节度使　以保安军置
【金史】26/地理志下/644
【汇编】下 6966

保大军节度使　庆山奴
【金史】116/承立传/2550
【汇编】下 6848

保静军节度使　杨天吉
【系年要录】9/211
【汇编】下 6120

保静军节度使　萧庆

【大金吊伐录】3/与宋主书/98；4/天会四年冬
元帅伐宋师次高平先遣乌凌噶思谋天使人汴
致书至五年二月废宋少主桓为庶人实录/149、
4/行府与楚书/133

【汇编】中六 6063、6064；下 6093

洮州刺史　曹佛留

【金史】98/完颜纲传/2175

【汇编】下 6815

洮州管内巡检使　曹普贤

【金史】98/完颜纲传/2175

【汇编】下 6815

宣差巩州规措官　乌古论长寿

【金史】103/乌古论长寿传/2272

【汇编】下 6851

十画

秦州防御使　完颜璘

【金史】98/完颜纲传/2175

【汇编】下 6817

都统　纥石烈猪狗

【金史】134/西夏传/2865

【汇编】上 133

都统　党世昌

【金史】134/西夏传/2865

【汇编】上 134

都统　徒单丑儿

【金史】134/西夏传/2865

【汇编】上 131

夏主生日使　完颜纲

【金史】134/完颜纲传/2174

【汇编】下 6804

夏国生日使　大磐

【金史】10/章宗纪 2/230

【汇编】下 6792

夏国生日使　仆散习尼列

【金史】6/世宗纪上/132

【汇编】下 6722

夏国生日使　仆散乌里黑

【金史】5/海陵王纪/108

【汇编】下 6602

夏国生日使　仆散守中

【金史】6/世宗纪上/145

【汇编】下 6736

夏国生日使　仆散曷速罕

【金史】8/世宗纪下/182

【汇编】下 6774

夏国生日使　乌古论达吉不

【金史】10/章宗纪 2/239

【汇编】下 6798

夏国生日使　乌古论福龄

【金史】12/章宗纪 2/281

【汇编】下 6819

夏国生日使　乌里雅

【金史】6/世宗纪上/135

【汇编】下 6724

夏国生日使　乌林答谋甲

【金史】9/章宗纪 1/216

【汇编】下 6787

夏国生日使　术虎蒲查

【金史】6/世宗纪上/136

【汇编】下 6727

夏国生日使　石抹忽土

【金史】7/世宗纪中/168

【汇编】下 6763

夏国生日使　白琬

【金史】9/章宗纪 1/219

【汇编】下 6790

夏国生日使　夹谷阿里补

【金史】6/世宗纪上/147

【汇编】下 6742

夏国生日使　刘玩

【金史】6/世宗纪上/149

【汇编】下 6750

夏国生日使　纥石烈毅

【金史】11/章宗纪 3/259

【汇编】下 6805

夏国生日使　李达可

【金史】8/世宗纪下/194

【汇编】下 6781

夏国生日使　把思忠

【金史】9/章宗纪 1/211

【汇编】下 6785

夏国生日使 完颜
【金史】7/世宗纪中/165
【汇编】下 6760

夏国生日使 完颜太平
【金史】11/章宗纪 3/261
【汇编】下 6807

夏国生日使 完颜正臣
【金史】6/世宗纪上/129
【汇编】下 6692

夏国生日使 完颜纲
【金史】11/章宗纪 3/257；98/完颜纲传/2174
【汇编】下 6804

夏国生日使 完颜衮
【金史】10/章宗纪 2/234
【汇编】下 6795

夏国生日使 完颜斜里虎
【金史】8/世宗纪下/184
【汇编】下 6775

夏国生日使 完颜蒲鲁虎
【金史】7/世宗纪中/171
【汇编】下 6766

夏国生日使 完颜撒里合
【金史】11/章宗纪 3/250
【汇编】下 6801

夏国生日使 完颜燮
【金史】12/章宗纪 4/270
【汇编】下 6810

夏国生日使 阿鲁保
【金史】5/海陵王纪/109
【汇编】下 6604

夏国生日使 胡什赉
【金史】7/世宗纪中/160
【汇编】下 6756

夏国生日使 奚胡失海
【金史】8/世宗纪下/181
【汇编】下 6774

夏国生日使 高希甫
【金史】6/世宗纪上/142
【汇编】下 6733

夏国生日使 唐括合达
【金史】9/章宗纪 1/224
【汇编】下 6791

夏国生日使 唐括鹘鲁
【金史】6/世宗纪上/140
【汇编】下 6731

夏国生日使 萧中立
【金史】5/海陵王纪/99
【汇编】下 6591

夏国生日使 萧谊忠
【金史】5/海陵王纪/115
【汇编】下 6621

夏国生日使 萧彭哥
【金史】5/海陵王纪/98
【汇编】下 6588

夏国生日使 崇肃
【金史】7/世宗纪中/161
【汇编】下 6756

夏国生日使 崇爱
【金史】8/世宗纪下/201
【汇编】下 6783

夏国生日使 移剌郁
【金史】11/章宗纪 3/248
【汇编】下 6800

夏国生日使 移剌熙载
【金史】6/世宗纪上/138
【汇编】下 6730

夏国生日使 斜卯阿土
【金史】8/世宗纪下/198
【汇编】下 6782

夏国生日使 斜卯和尚
【金史】7/世宗纪中/163
【汇编】下 6758

夏国生日使 粘割胡上
【金史】10/章宗纪 2/237
【汇编】下 6795

夏国生日使 粘割斡特剌
【金史】7/世宗纪中/157；95/粘割斡特剌传/2108
【汇编】下 6753

夏国生日使 谋良虎
【金史】5/海陵王纪/101
【汇编】下 6595

夏国生日使 蒙括仁本
【金史】10/章宗纪 2/243

【汇编】下 6799

夏国生日使　遥里特末哥

【金史】8/世宗纪下/187

【汇编】下 6776

夏国生日使　裴满胡剌

【金史】7/世宗纪中/173

【汇编】下 6768

夏国生日使　赛补

【金史】7/世宗纪中/175

【汇编】下 6770

夏国报成使　奥敦良弼

【蒙兀儿史记】3/成吉思可汗本纪下/30 上

【汇编】下 6898

夏国报成使　奥敦良弼、裴满钦甫、乌古论孙
　　弘毅

【金史】17/哀宗纪上/376

【汇编】下 6900

夏国敕祭慰问使　大磐

【金史】10/章宗纪 2/230

【汇编】下 6792

夏国鞑靼沿边招讨

【大金国志】13/海陵炀王纪上/1 下

【汇编】下 6584

积石州刺史　徒单牙武

【金史】113/白撒传/2486

【汇编】下 6877

通远军节度使　完颜狗儿

【金史】134/西夏传/2865

【汇编】上 132

通远军节度使　承裕

【金史】98/完颜纲传/2175

【汇编】下 6817

通远军节度使　郭蝦蟆

【金史】124/郭蝦蟆传/2709

【汇编】下 6882

通远军节度副使　乌古论长寿

【金史】103/乌古论长寿传/2272

【汇编】下 6842

通远军节度副使　温敦永昌

【金史】113/白撒传/2485

【汇编】下 6869

十一画

乾州刺史　完颜思忠

【金史】98/完颜纲传/2175

【汇编】下 6817

第四将营　怀宁砦置

【陕西通志】17/关梁 2·绥德州·清涧县/48 下

【汇编】补遗 7280

冕谷副统　包孝成

【金史】134/西夏传/2865

【汇编】上 134

冕谷提控　夹谷瑞

【金史】15/宣宗纪中/340

【汇编】下 6856

十二画

提点夏国鞑靼两国市场　呼喇美

【系年要录】133/2142

【汇编】下 6520

提控　李师林

【金史】134/西夏传/2865

【汇编】上 135

提控　纳合买住

【金史】134/西夏传/2865

【汇编】上 134

十三画

鄜延帅臣　完颜合达

【金史】110/杨云翼传/2422

【汇编】下 6867

鄜州元帅　承立

【金史】111/古里甲石伦传/2443

【汇编】下 6860

十四画

静难军节度使　郭蝦蟆

【金史】124/忠义 4·郭蝦蟆传/2709

【汇编】下 6882

熙秦路总管府
【金史】26/地理志下/653
【汇编】下 6974

彰化军节度使
【金史】26/地理志下/650
【汇编】下 6971

彰化军节度使　蒲剌都
【金史】122/纳合蒲剌都传/2664
【汇编】下 6842

彰化军节度副使　把回海
【金史】98/完颜纲传/2175
【汇编】下 6817

彰武军总管府
【金史】26/地理志下/644
【汇编】下 6965

十五画

横赐使　独吉温
【金史】11/章宗纪 3/259
【汇编】下 6805

横赐夏国使　石末贞
【金史】10/章宗纪 2/229
【汇编】下 6791

横赐夏国使　把德固
【金史】8/世宗纪下/180
【汇编】下 6773

横赐夏国使　完颜赛也
【金史】6/世宗纪上/144
【汇编】下 6735

横赐夏国使　阿不罕德甫
【金史】7/世宗纪中/170
【汇编】下 6765

横赐夏国使　阿勒根和衍
【金史】6/世宗纪上/132
【汇编】下 6720

横赐夏国使　耶律福
【金史】60/交聘表上/1402
【汇编】下 6574

横赐夏国使　徒单仲华
【金史】11/章宗纪 3/251
【汇编】下 6801

横赐夏国使　唐括阿忽里
【金史】7/世宗纪中/156
【汇编】下 6753

横赐夏国使　移剌宁
【金史】9/章宗纪 1/214
【汇编】下 6786

横赐夏国使　斜卯掴
【金史】6/世宗纪上/137
【汇编】下 6729

横赐夏国使　粘割忠
【金史】10/章宗纪 2/238
【汇编】下 6798

横赐夏国使　温敦斡喝
【金史】5/海陵王纪/107
【汇编】下 6601

横赐夏国使　器物局使
【金史】8/世宗纪下/186
【汇编】下 6776

横赐高丽夏国使　哥鲁葛波古
【金史】4/熙宗纪/84
【汇编】下 6580

六、首领、大首领、小首领、蕃官、弓箭手等名号

二画

二十一族大首领　湟州钦奖
【长编纪事本末】139/4 下
【汇编】中六 5729

十二府大首领　名波族浪买
【宋史】491/党项传/14140
【汇编】上 22

十二府首领　内属蕃部罗崖，《长编》影印本
作罗阿
【宋史】491/党项传/14138
【长编标】9/213
【长编影】9/13 下
【汇编】上 21；中一 948

十六府大首领　勒浪鬼女儿门马尾
【宋史】491/党项传/14141
【汇编】上 24

十六府大首领　咸平元年勒浪十六府大首领入
员
【宋史】275/真宗纪 1/108
【汇编】中一 1205

十六府大首领　啰朗吹裕勒
【长编标】20/465
【长编影】20/20 上
【汇编】中一 984

十六府大首领　党项勒浪鬼族十六府大首领马
尾，《长编》影印本作啰朗族十六府大首领
马斡
【长编标】37/807
【长编影】37/2 上
【东都事略】123/辽国/3 下
【汇编】中一 1098、1099

十六府大首领　勒浪族十六府大首领马泥，

《长编》影印本作啰朗族十六府大首领玛斡
【宋史】491/党项传/14143
【长编标】45/966
【长编影】45/11 上
【汇编】上 26；中一 1212

十六府大首领　勒浪族十六府大首领屈遇，
《长编》影印本作吹裕勒
【宋史】491/党项传/14138、14140
【长编标】9/213
【长编影】9/13 下
【汇编】上 21、22；中一 948

三画

三族大首领　西使城界归顺西蕃厮多罗潘
【长编标】319/7716
【长编影】319/16 上
【汇编】中四 4251

三族首领　银州折八军
【宋史】257/李继隆传/8965
【汇编】中一 1024

三砦都首领　秦州野儿和尚族
【宋史】491/党项传/14137
【汇编】上 30

土兵
【长编标】93/2146；125/2954；126/2967；127/
3016；128/3033；132/3135、3143；133/3178；
134/3188；135/3216、3217、3222；137/3282；
138/3311、3316、3317、3318、3319；145/3519；
147/3566；149/3598、3599；150/3623、3647；
3648；154/3739；161/3895；163/3927；166/
3997；172/4140；174/4193；192/4652；204/
4937；213/5172；216/5253；231/5610、5611；
242/5904；245/5960；246/5982；247/6026；

250/6081; 266/6531; 271/6640; 274/6710; 290/7095; 291/7110; 298/7254; 312/7572、7574; 320/7727; 323/7790; 326/7858; 335/8074、8076; 337/8129; 340/8183; 342/8226; 345/8287; 347/8335; 366/8802; 371/8991; 381/9280; 382/9308; 395/9639; 402/9782; 448/10775; 449/10787; 453/10859; 471/11250、11251; 474/11310; 485/11525; 487/11569; 491/11656; 492/11681; 496/11812; 508/12105; 511/12168; 516/12285

【长编影】93/10 下; 125/14 下、15 上、18 上、18 下、19 下、20 上、20 下; 126/2 上、16 下; 127/12 上; 128/8 上; 132/12 下、19 下; 133/15 下; 134/1 下、14 下、15 上; 135/4 上、4 下、8 下、9 上; 137/5 下; 138/3 上、7 上、8 下、10 上; 145/23 上; 149/2 下、3 上; 150/2 上、22 下、23 上; 161/13 上; 170/4 下; 172/10 上; 192/16 下; 204/3 下; 213/7 上; 216/3 上; 231/2 下; 242/12 下、13 上; 245/10 上; 247/18 下; 250/2 上; 271/8 上; 290/9 上; 291/1 下; 323/13 下; 326/18 下; 335/13 上; 342/7 上; 343/6 下; 345/14 上; 347/14 上; 366/23 下; 371/20 上; 381/28 上; 382/9 下; 385/3 下; 393/28 下; 395/20 下; 402/5 下、6 上; 474/10 下; 485/7 下; 487/7 上; 492/5 上; 508/9 上、11 上; 511/13 下

大小首领 吐蕃

【长编标】500/11906; 514/12216、12228; 517/12297; 519/12348

【长编影】500/6 下; 514/7 下、17 上、17 下; 517/2 下; 519/6 下

大小首领 阿里骨并温溪心下软驴脚四等

【长编标】436/10499

【长编影】436/1 上

【汇编】中五 4977

大小首领 西夏

【长编标】341/8213; 471/11254; 496/11808; 504/12017、12018; 505/12026; 512/12187

【长编影】341/16 下; 471/16 下; 496/15 下; 504/18 上、18 下; 505/1 上、1 下; 512/11 上

【宋会要】兵 8 之 32/6903

【汇编】中五 5150、5250

大酋

【宋史】82/王厚传/6 上; 350/郭成传/11085

【长编标】404/9851; 507/12091; 511/12171; 513/12202; 514/12217; 519/12352

【长编影】404/20 下; 507/17 下; 511/16 下; 513/9 上; 514/12 上、16 上、19 下; 514/8 下; 519/9 上

【皇宋十朝纲要】14/6 上

【汇编】中五 4862; 中六 5456、5505、5559、5570、5576、5579、5581、5583、5588、5592、5660、5769

大首领 吐蕃心牟钦毡

【长编标】516/12289

大首领 吐蕃蔺逋叱

【长编标】516/12287

大首领 宋人将西夏首领分为大次小三种，大首领为正监军、伪置郡守之类，次首领为副监军及贼中所遣伪天使之类，小首领为铃辖、都头、正副寨主之类

【宋会要】兵 18 之 7/7061

大首领 谓正监军、伪置郡守之类

【宋会要】礼 9 之 36/547、14 之 59/616; 兵 8 之 25/6899、8 之 26/6900、14 之 19/7002、18 之 7/7061; 蕃夷 6 之 32/7834、7 之 17/7848

大首领 兀泥族黄罗

【宋史】491/党项传/14143

【汇编】上 25

大首领 山南鸡丁朴令骨

【长编纪事本末】140/4 下

【汇编】中六 5767

大首领 子河汉马一

【宋史】491/党项传/14141

【汇编】上 23

大首领 丰州直荡族鬼嗖尾

【宋会要】食货 37 之 2/5449

【汇编】中一 1202

大首领 叶市族艳奴

【宋史】491/党项传/14147

【汇编】上 30

大首领 兰州招到西使城界归顺西蕃注丁擦令归等三族大首领厮多罗潘等三百余户

【长编标】319/7716

【长编影】319/16 上

大首领　西夏叶示归埋

【长编标】319/7714

【长编影】319/14 上

大首领　西夏李讹嗉

【皇宋十朝纲要】14/4 上

【汇编】中六 5370

大首领　西蕃三十八族赵继忠

【宋史】486/夏国传下/14007

【汇编】上 89

大首领　吐蕃瞎吴叱，又作辖乌察

【长编标】247/6013

【长编影】247/7 下

大首领　苏南抹令吭

【长编纪事本末】139/9 上

【汇编】中六 5734

大首领　连香、八萨王

【五代会要】29/353

【汇编】上 18

大首领　余奘

【长编纪事本末】139/9 上

【汇编】中六 5735

大首领　宋朝收复湟州，招纳到大首领五十余
　　人，小首领四百余人，总计户口十万余

【长编纪事本末】139/9 上

【汇编】中六 5735

大首领　青唐六心等族青归兀邪

【长编纪事本末】140/4 下

【汇编】中六 5767

大首领　直荡族鬼啜尾，诏其于金家堡置渡，
　　令诸族互市

【宋史】491/党项传/14137

【汇编】上 25

大首领　直荡族啜尾

【宋史】491/党项传/14141

【汇编】上 23

大首领　抹征兼钱

【彭城集】20/阿里骨大首领抹征兼钱并充本族
　　副军主制/281

【汇编】中五 5055

大首领　府州泥也族拓拔山

【五代会要】29/353

【汇编】上 19

大首领　泥巾族名悉俄

【宋史】491/党项传/14142

【汇编】上 25

大首领　泾原叶施族艳般，叶族又作叶市族

【宋史】8/真宗纪3/156

【汇编】中一 1520

大首领　宗哥甘遵

【宋史】258/曹玮传/8986

【汇编】中一 1555

大首领　宗哥族温逋

【宋史】492/吐蕃传/14159

【汇编】中一 1479

大首领　郎家等族角四瞎令结

【长编纪事本末】139/17 上

【汇编】中六 5749

大首领　洗纳等族阿厮结

【长编纪事本末】140/6 上

【汇编】中六 5770

大首领　洮州青宜结

【皇宋十朝纲要】12/5 上

【汇编】中五 4845、4846

大首领　郭州洛施军令结

【皇宋十朝纲要】16/12 下

【汇编】中六 5790

大首领　湟州丹波秃令结

【长编纪事本末】139/9 上

【汇编】中六 5733、5735

大首领　湟州郎家族

【长编纪事本末】139/18 下

【汇编】中六 5750

大首领　湟州鬼驴等族斯鸡彪龙哥令

【长编纪事本末】139/17 上

【汇编】中六 5749

大首领　静边州拓拔朝光

【新唐书】221 上/党项传/6217

【汇编】上 12

大首领　熙州掌年杓捞遵厮鸡

【长编纪事本末】139/19 下

【汇编】中六 5753

大首领　熙河吐蕃驴彪，又作罗巴

【长编标】476/11350

【长编影】476/13 上

大首领 熙河吐蕃溪论儿，又作溪鲁尔

【长编标】476/11350

【长编影】476/13 上

大首领 熙河穆楞川东抹邦一带温布察克，东抹邦又作东玛尔巴

【长编标】240/5834

【长编影】240/10 上

大首领 鄯州草白乙俄族阿撒四

【长编纪事本末】140/6 上

【汇编】中六 5770

大首领 瞎里结

【宋大诏令集】240/瞎里结等拜官制/942

【汇编】中六 5683

大首领 邈二族崖罗

【宋史】491/党项传/14141

【汇编】上 24

大首领 邈川东齐暖城兀征声延，又作乌戬新雅克

【长编标】407/9905

【长编影】407/10 上

大首领 兀泥族突厥罗，兀泥族又作兀泥巾族

【宋史】491/党项传/14142

【宋会要】方域 21 之 3/7662

【汇编】上 25、35

大首领 女女杀族越都

【宋史】491/党项传/14142

【宋会要】方域 21 之 3/7662

【汇编】上 25、35

大首领 女女忙族越置

【宋史】491/党项传/14142

【宋会要】方域 21 之 3/7662

【汇编】上 25、35

大首领 女女梦勒族越移

【宋史】491/党项传/14142

【宋会要】方域 21 之 3/7662

【汇编】上 25、35

大首领 女女夔儿族党移

【宋史】491/党项传/14142

【宋会要】方域 21 之 3/7662

【汇编】上 25、35

大首领 丰州乞党族岁移

【长编标】24/543

【长编影】24/6 上

【汇编】中一 1002

大首领 归附大首领优加职任

【长编标】503/11978

【长编影】503/8 下

【汇编】中六 5438

大首领 西夏威明阿乌

【长编标】402/9779；404/9840、9842

【长编影】402/1 下；404/10 下

【汇编】中五 4832、4846、4848

大首领 西蕃进贡人

【长编标】497/11834

【长编影】497/17 上

【汇编】中六 5389

大首领 吐蕃

【长编标】402/9779；404/9841、9842；465/11109

【长编影】402/3 下；404/10 下；465/11 下

【汇编】中五 4831、4848、5090

大首领 吐蕃进奉人纳玛密戬、又作纳麻抹毡

【长编标】498/11848

【长编影】498/7 下

【汇编】中六 5392

大首领 吐蕃李赊啰抹、沈阿当令，又作李沙勒玛、沈鄂特凌

【长编标】374/9077

【长编影】374/22 下

【汇编】中五 4717

大首领 吐蕃结斡磋、森摩乾展

【长编标】516/12265、12287

【长编影】516/2 上、21 上

【汇编】中六 5607、5620

大首领 进奉人刘勇丹济古，又作刘勇丹结古

【长编标】297/7221

【长编影】297/4 下

【汇编】中四 4091

大首领 进奉人经沁伊达木凌节

【长编标】297/7221；298/7256

【长编影】297/4 下；15 下

【汇编】中四 4091、4098

大首领 李楞占讷芝

【长编标】238/5786

【长编影】238/1 上

【汇编】中四 3803

大首领　连香、李八萨王

【旧五代史】138/外国传/1845

【新五代史】74/党项传/912

【汇编】上 15

大首领　吹斯缴王阿噶，又作曲撒四王阿珂

【长编标】237/5764

【长编影】237/7 下

【汇编】中四 3791

大首领　青唐

【长编标】514/12231

【长编影】514/19 下

【汇编】中六 5591

大首领　青唐溪鲁尔、罗巴

【长编标】476/11350

【长编影】476/13 上

【汇编】中五 5175

大首领　果庄进奉人李沙勒玛，又作李赊罗抹

【长编标】380/9235

【长编影】380/14 下

【汇编】中五 4739

大首领　府州没儿族莫末移

【宋史】491/党项传/14142

【宋会要】方域 21 之 3/7662

【汇编】上 25、35

大首领　府州界五族折突厮移

【宋史】491/党项传/14142

【宋会要】方域 21 之 3/7662

【汇编】上 24、35

大首领　泾原路格埒克

【长编标】516/12275

【长编影】516/10 下

【汇编】中六 5614

大首领　细乜族庆元

【宋史】491/党项传/14142

【宋会要】方域 21 之 3/7662

【汇编】上 25、35

大首领　细母族罗保保也，又作杂保也

【宋史】491/党项传/14142

【宋会要】方域 21 之 3/7662

【汇编】上 25、35

大首领　契丹罗美

【长编标】10/234

【长编影】10/16 下

【汇编】中一 952

大首领　总噶尔，又作宗哥

【长编标】514/12223

【长编影】514/13 上

【汇编】中六 5584

大首领　总噶尔斯多正，又作宗哥厮铎正

【长编标】102/2370

【长编影】102/19 下

【汇编】中一 1632

大首领　洮州

【宋史】332/游师雄传/10689

【画墁集】补遗/游公（师雄）墓志铭/4 上

【汇编】中五 4852、4854

大首领　洮州属户经斡穆

【长编标】398/9699；400/9743；404/9842

【长编影】398/2 下；400/5 下；404/12 下

【汇编】中五 4818、4825、4846、4847

大首领　洛才族罗保，洛才族又作路才族

【宋史】491/党项传/14142

【宋会要】方域 21 之 3/7662

【汇编】上 25、35

大首领　秦州永宁、小洛门、威远寨大首领四十七人内附

【长编标】88/2013

【长编影】88/3 上

【汇编】中一 1567

大首领　党项汪家等族

【长编标】319/7707

【长编影】319/7 下

【汇编】中四 4239

大首领　董毡进奉人萨卜赛

【长编标】350/8395；427/10334

【长编影】350/12 下；427/18 下

【汇编】中五 4616

大首领　渭州吹荠城雅克沁，又作吹麻城张族叶籛

【长编标】88/2013

【长编影】88/3 上

【汇编】中一1567

大首领 路乜族越移
【宋史】491/党项传/14142
【宋会要】方域21之3/7662
【汇编】上25、35

大首领 廓州洛施军令结
【宋会要】兵14之20/7002
【长编纪事本末】140/4下；6上
【汇编】中六5767、5770、5772

大首领 叠、宕一带部族彭布锡卜萨，又作彭布锡卜撒
【长编标】516/12284
【长编影】516/7上、18上
【汇编】中六5610、5616

大首领 熙河吐蕃结呿颠，又作结斡磋
【长编标】516/12265、12287、12289；517/12297
【长编影】516/20下；517/2下
【汇编】中六5620、5630

大首领 藏才西族罗妹
【宋史】491/党项传/14141
【宋会要】方域21之10/7666
【汇编】上24、41

大首领 邈川巴勒藏达尔结
【长编标】285/6991
【长编影】285/18下
【汇编】中四4050

大首领 西夏
【长编标】320/7720；345/8282；498/11849
【长编影】320/1下；345/10上；498/8上
【东坡全集】25/奏议/9上
【汇编】中五4574、4893；中六5393

大首领 西夏咸明约默，又作鬼名姚麦
【长编标】498/11856
【长编影】498/14上
【宋会要】蕃夷6之32/7834
【汇编】中六5395、5396

大首领 府州兀泥族名崖，兀泥族又作威尼族、瓦泥族，名崖又作明叶
【宋史】491/党项传/14146、14147
【长编标】63/1401；71/1615
【宋会要】方域21之4/7663

【汇编】上29、30、37；中一1432、1485

大首领 鬼章青宜结，又作鬼章、果庄
【长编标】372/9013
【长编影】372/10下
【东坡全集】18/司马温公神道碑/46上；21/3马图赞/10上
【汇编】中五4904、5273

大首领 蕃部
【宋史】265/张齐贤传/9155
【长编标】132/3144
【长编影】132/20下
【汇编】中一1235

大首领 丰州没细族越移
【宋史】253/王承美传/8869
【长编标】24/543
【长编影】24/6上
【宋会要】方域21之9/7665
【汇编】上41、220；中一1002

大首领 丰州河北藏才八族皆赏罗
【宋史】491/党项传/14141
【长编标】45/969
【长编影】45/13上
【宋会要】方域21之10/7666
【汇编】上26、42；中一1212

大首领 丰州黄罗
【宋史】491/党项传/14138、14143
【长编标】23/512
【长编影】23/1上
【宋会要】方域21之9/7665
【汇编】上21、41；中一992

大首领 西夏没啰卧沙
【宋史】16/神宗纪晓岚3/305
【长编标】317/7678
【长编影】317/20上
【宋会要】兵14之19/7002
【汇编】中四4210、4212、4220

大首领 党项
【宋史】486/夏国传下/14007；491/党项传/14147
【长编标】505/12032
【长编影】505/6下
【武经总要】前集18上/34上

【汇编】上30、73；中二2298

大蕃官 河州近城川地招汉弓箭手，山坡地招
蕃弓箭手，人给地一顷，蕃官两顷，大蕃官
三顷

【宋史】176/食货志上4·屯田/4268；190/兵志
4·河东陕西弓箭手/4714；191/兵志5·蕃
兵/4757

【长编影】251/22下

【宋会要】兵4之7/6823；食货63之76/6024

【汇编】中四3936、3937、3938、3939

义勇

【长编标】131/3104；135/3225、3237；137/3276、
3278、3288、3295；138/3312、3327；141/3374；
149/3601、3602；150/3624；156/3787；158/
3832；159/3851；161/3897；163/3923；166/
3986；167/4020；172/4136；189/4558、4559；
201/4861；203/4914、4914、4916、4918、4919、
4920、4921、4922；208/5053；212/5158；213/
5171、5172；215/5248；216/5257、5267；217/
5273；218/5299、5304、5313；219/5323；220/
5339；221/5368、5373、5376、5380、5391；222/
5412；223/5417、5420；225/5494；229/5577；
231/5610、5611；233/5664；234/5690；235/
5698、5705、5706、5707；236/5743、5744、
5746、5750、5751；237/5768、5774、5776；238/
5795、5796；240/5825、5831；241/5876、5878；
243/5923；244/5942、5946；246/5999；247/
6018；248/6045、6046、6048、6052、6063；249/
6066、6070、6071；250/6091；251/6109、6115、
6123；253/6086；254/6207、6225、6226；255/
6242、6243；256/6247、6258、6266；257/6269、
6270、6271、6272、6275、6278；259/6316；260/
6329、6332、6333；261/6355、6359；262/6387、
6401、6405、6406、6407；263/6418、6419；264/
6470；265/6484；266/6522、6526、6535；267/
6546；268/6561；269/6602；270/6624；271/
6635、6637；274/6713、6714；275/6725；276/
6747；277/6784；278/6799、6801；279/6834、
6838；280/6852、6862；283/6937；288/7046；
289/7071；295/7189；298/7260；300/7301、
7304；304/7406；305/7416、7424；306/7436；
307/7452、7467、7472；309/7506、7509；310/
7512、7513、7515；311/7534、7540；312/7571；

313/7595；314/7602、7605；315/7615、7617；
316/7638；317/7674；318/7694；319/7699；
321/7738、7742、7743；322/7761；323/7776；
324/7803；326/7852；327/7875；328/7906；
329/7929；330/7954；333/8017；334/8043；
337/8123、8124；375/9085；376/9116；382/
9299、9300、9314、9315；394/9591；398/9716；
402/9793

【长编影】131/11上；135/12上、13上；137/1
上、3上、11下、17上；138/3下、17上；
141/2下；149/5上、6上；150/2下；156/
10上；158/14上；159/13上；161/15上；
163/7下；166/5下、12下；167/13上；
172/7上；189/11下、12上；201/1上；
203/4下、5上、5下、7上、7下、8上、8
下、9上、9下、10上、10下、11上、11
下；208/5下；212/14下；213/6下、7上；
215/17上；216/6下、15上；217/2下、3
上；218/7下、8上、11下、19下、20下；
219/3下；220/5上；221/2下、6下、8下、
12上、22下、23上；222/13上；223/2上、
4下；225/21下、23上；229/11下；231/2
下；233/18下；234/18上；235/2下、10
上、10下；236/17下、18上、18下、19上、
20上、24下；237/11上、16下、17上；
238/9上、9下、10上、10下；240/2上、7
下；241/3上、4下；243/11下；244/11上、
14下；246/20下、21下；247/11上、11下；
248/8上、9上、10上、23下、24上；249/1
下、4下、5下；250/11上；251/1下、6下、
14上、27下；253/1上；254/18上；255/11
上、11下；256/17下；257/1下、3上、3
下、4上；259/7上；260/1上、3下、4上；
261/1下、4下；262/13下、25上、28上、
29上、29下；263/1下、2上、2下；265/1
上；266/1下；267/7上；268/2上；269/18
上；270/5上；271/3下、5上；274/12下；
277/15下；278/6上、6下；279/13下、17
下；280/3下、12上；283/14下；288/6上；
289/11上；295/11下；298/18下；300/4
上、7上；304/12下；305/1下、8下、9上；
306/1上；307/18上；309/12上；310/1下；
311/3下、9上、9下；312/11下；313/12

下；314/6 上；315/1 上、3 上；316/2 上；
317/16 下；318/13 上；319/1 上；321/2 下、
3 上、6 下、7 下；322/3 上；323/2 上、14
上；324/7 下、8 上；325/3 下、7 下；326/
13 下、19 上；327/10 上；328/14 下；329/
14 上、22 下；330/9 上；333/4 下、10 下；
334/12 上；337/8 下、8 上；375/1 上、1 下；
376/3 下；382/15 下、16 上；394/5 下；
398/8 上、8 下；402/15 上

【奏议标】137/司马光·上神宗谏西师/1540

【奏议影】137/司马光·上神宗谏西师/4734

弓手

【宋史】10/仁宗纪 2/208；190/兵志 4/4706、
4710；197/兵志 11/4911；258/曹琮传；283/
夏竦传/9572；294/苏绅传/9813；318/张方
平传/10354；363/李光传/11337

【长编标】127/3004、3017、3020；128/3041；133/
3165；138/3311

【长编影】127/2 上、13 上、15 下；128/15 上；
133/5 下；138/2 下

【宋会要】兵 1 之 4/6755

【奏议标】123/张方平·上仁宗论刺四路弓手充
保捷宣毅/1350、1351、1352、张方平·上仁
宗论刺四路弓手充保捷宣毅（系第二状）/
1352；136/吕诲·上仁宗论边备弛废/1521

【奏议影】123/张方平·上仁宗论刺四路弓手充
保捷宣毅/4181、4182、4186、张方平·上仁
宗论刺四路弓手充保捷宣毅（系第二状）/
4186；136/吕诲·上仁宗论边备弛废/4678

【文庄集】14/陈边事十策/1 上

【安阳集】家传 1/15 下；2/8 上

【东坡全集】15/张文定公墓志铭/14 上

【范文正公集】年谱补遗/8 上；5/13 下

【涑水记闻】9/5 下；12/5 下

【稽古录】20/90 上

【汇编】中二 1795、1801、1802、1861、1980、
1989、1990、2022、2030、2031、2076、
2115、2116、2255、2317、2323、2324、
2328、2349、2369、2370、2388、2400、
2417、2440、2468、2509、2566；补遗 7452

弓弩手

【宋会要】职官 6 之 14/2503、44 之 53/3390、
43 之 58/3302；食货 2 之 3/4826、2 之 4/
4827、2 之 5/4827、2 之 6/4828、63 之 74/
6023、63 之 75/6024、63 之 76/6024、63 之
80/6026、63 之 81/6027、63 之 82/6027；兵
1 之 20/6763、4 之 1/6820、4 之 3/6821、4
之 4/6822、4 之 6/6823、4 之 7/6823、4 之
8/6824、4 之 9/6824、4 之 10/6825、4 之 11/
6825、4 之 12/6826、4 之 13/6826、4 之 14/
6827、4 之 15/6827、4 之 16/6828、4 之 19/
682、4 之 20/6830、4 之 21/6830、4 之 22/
6831、4 之 28/6834、18 之 12/7063、22 之 9/
7148、22 之 13/7150、27 之 18/7255、27 之
24/7258、27 之 30/7261、27 之 33/7263、27
之 36/7264、27 之 45/7269、28 之 1/7270、
28 之 2/7270、28 之 4/7271、28 之 6/7272、
28 之 7/7273、28 之 10/7274、28 之 12/7275、
28 之 24/7281、28 之 33/7286、28 之 36/
7287；方域 6 之 2/7406、8 之 23/7452、8 之
24/7452、18 之 3/7611、19 之 3/7627、19 之
7/7629、20 之 1/7651、20 之 7/7654、20 之
14/7657、20 之 17/7659；蕃夷 6 之 6/7821

【系年要录】190/3180

【河南先生文集】20/奏阅习短兵状/3 上

【范文正公集】年谱补遗/4 上

【汇编】中二 2035、2044；下 6485、6617

弓弩手指挥 缘边所居归明人户防遏立功者，
署弓弩手指挥

【长编标】78/1779

【长编影】78/9 下

【汇编】中一 1509

弓箭手

【宋史】10/仁宗纪 2/201、208；11/仁宗纪 3/
212；17/哲宗纪 1/331；167/职官志 7/3972；
167/食货志上 4/4268；172/职官志 12·职田
/4149；175/食货志上 3·和籴/4242、4244；
176/食货志上 4·屯田/4267、4268、4269、
4270；190/兵志 4/4713、4715；190/兵志 4
·河东陕西弓箭手/4709、4712、4713、
4714、4715、4716、4717、4718、4720、
4721、4722、4723、4725；191/兵志 5/4733、
4735、4738、4755、4759；283/夏安期传/
9577；192/兵志 6/4790；196/兵志 10·屯戍
/4901、4902；198/兵志 12/4954；257/李继
和传/8969；258/曹玮传/8984、8987；285/

109/2 上；111/10 上；116/7 上；122/11 上；124/4 上；125/14 下；126/15 下、20 上；127/15 下；128/11 上；130/4 上；131/15 下；132/17 上；133/8 下；134/12 上、19 上；135/21 上；141/16 下；138/2 下、11 下；144/9 下；145/17 上；149/3 上、3 下；151/1 下；155/13 下；157/12 下；158/4 上；159/6 下；167/3 下；170/4 下；171/15 下；172/8 下；174/17 下；175/6 上；202/15 下；203/14 上；204/1 上；212/1 上、4 下；214/5 下；216/9 下；218/11 下；225/23 上；226/2 上；227/6 上；230/6 下、15 上；232/1 上；235/21 下；237/2 上、7 上、10 上；238/16 上；239/2 下、11 上；240/2 上；241/2 上、5 上；242/12 下；243/1 下；244/5 上、5 下、8 下、9 下、13 下；245/1 上、3 上、6 上、11 上、15 下、16 上、18 上；246/7 上、20 下；247/4 上、247/13 下；248/4 上、4 下、11 上；249/5 下；250/1 上、6 下、23 上、18 上；251/22 下；252/8 下、22 下；253/1 上、5 上；254/6 上、18 上；255/1 上、4 下；257/10 下；258/1 上、4 下、8 下、10 下；261/1 上、9 上；262/11 下；263/8 下、16 下；265/1 上；266/13 下、14 上；267/7 下；272/5 下；273/12 下、19 上；274/2 上；276/11 上；278/5 下；279/23 上；280/15 下；281/3 上、10 下；283/3 上；286/3 下、5 上、6 下；287/20 下、21 上；288/4 上；292/6 上；294/7 下；297/4 下；304/15 下；312/13 上、15 上；316/14 上；317/4 下；320/8 下；321/8 上；323/9 上、11 下、13 下；325/7 上；326/3 下；327/4 上；328/6 下；329/7 上；331/1 下、14 上；332/3 上；333/5 上、11 上；335/1 上；336/6 下；338/4 上；339/8 上；340/10 下；343/12 下；343/2 下；356/11 上；357/17 下；364/10 上、25 上；375/4 上；382/5 下；397/15 下；403/19 上；406/1 上；409/4 下；414/11 下；421/2 上；425/13 上；434/12 上；434/12 上；435/4 上、14 上；438/1 下；441/3 上；443/7 下；444/4 上；445/4 下、11 上；446/1 上；447/12 下；452/3 上、3 下；460/1 上；466/9 上；467/17 下；473/1 上、6 下；474/

8 上；476/10 下；478/9 上；480/12 下；485/4 下；486/6 上、8 下；487/6 下、9 上；489/3 下、5 下、12 下；49/11 下；490/17 下；491/15 上；495/17 上；496/4 上；499/19 下；504/8 上；505/7 下、14 下、17 上；506/10 上；507/1 下；508/1 上、12 上；509/10 下、11 下；510/2 下、8 下；514/13 上、17 下；516/3 下、17 上；518/1 上、9 下、14 上；519/8 下

【东都事略】82/蔡挺传/2 上

【隆平集】9/枢密曹仪传/13 下

【宋会要】礼9 之 8/532、25 之 9/959；职官 48 之 127/3519、58 之 14/3708；食货 2 之 4/4827、2 之 5/4827、2 之 6/4828、68 之 39/6273、70 之 180/6460；兵 4 之 1/6820、4 之 2/6821、4 之 3/6821、4 之 4/6822、4 之 5/6822、4 之 6/6823、4 之 9/6824、6 之 15/6862、4 之 10/6825、4 之 16/6828、4 之 17/6828、4 之 18/6829、4 之 19/6829、4 之 21/6821、4 之 27/6833、4 之 28/6834、24 之 23/7190、24 之 30/7193、27 之 22/7257、27 之 29/7261、27 之 36/7264、27 之 45/7269、28 之 1/7270、28 之 2/7270、28 之 24/7281、28 之 36/7287、28 之 6/7273；方域 19 之 6/7628、20 之 7/7654、20 之 14/7657、8 之 23/7452、8 之 24/7452；蕃夷 6 之 6/7821

【系年要录】131/2107

【奏议标】45/王襄·上钦宗论彗星/481；130/张齐贤·上真宗论陕西事宜/1438；132/范仲淹·上仁宗乞先修诸寨未宜进讨/1464；134/范仲淹等·上仁宗论和守攻备四策/1497；136/吕海·上仁宗论边备弛废/1521；136/司马光·上英宗乞留意边事/1523；139/苏辙·上哲宗乞因夏人纳款给还其地/1565、1566、1567、范育·上哲宗论御戎之要/1573；140/范纯粹·上徽宗论进筑非便/1583

【奏议影】45/王襄·上钦宗论彗星/1709；130/张齐贤·上真宗论陕西事宜/4419；132/范仲淹·上仁宗乞先修诸寨未宜进讨/4505、4506；134/范仲淹等·上仁宗和守攻备四策/4604；136/吕海·上仁宗论边备弛废/4679；139/苏辙·上哲宗乞因夏人纳款还其地/4810、范育·上哲宗论御戎之要/4836、

4837；140／范纯粹·上徽宗论进筑非便／4868

【元宪集】32／方略／341

【公是集】51／宋故推忠佐理功臣赠尚书左仆射王公行状／611

【文庄集】14／陈边事十策／1 上

【文恭集】36／宋故宣徽北院使赠太尉文肃郑公墓志铭／436

【长编纪事本末】83／8 下；140／8 下、11 上

【北山集】13／西征道里记并序／23 上

【司马文正公集】18／章奏 16／9 上；20／章奏 18／5 上

【玉海】139／咸平初置振武指挥／15 下

【龟山集】33／钱忠定公（即，字中道）墓志铭／10 下、13 下

【欧阳文忠公全集】32／尚书户部侍郎参知政事赠右仆射文安王公墓志铭／2 下

【武经总要】前集 18 上／8 下；18 上／23 下；18 上／27 下；18 上／34 上

【河南先生文集】8／议修堡寨书／5 上、议斩首级赏罚书／5 下；20／奏阅习短兵状／3 上；21／奉诏及西路司指挥分掌本路兵马弓箭手把截贼马来路状／1 下、乞与郑戬下御史台照对水洛事状／4 下；25／申四路招讨司论本路御贼状并书／2 下

【画墁集】补遗／游公（师雄）墓志铭／2 下

【范太史集】40／检校司空左武卫上将军郭公墓志铭／7 上

【范文正公集】9／11 上；年谱补遗／11 上、12 上、24 下；西夏堡寨／6；言行拾遗事录 3／9 下；政府奏议下·边事／8 下、10 上、11 上；

【栾城集】1／诗／1 上；37／论兰州等地状／4 上；39／论西事状／15 上；41／乞罢熙河修质孤、胜如等寨札子／2 下；42／论前后处置夏国乖方札子／7 下

【涑水记闻】10／5 上；11／5 下、8 上

【梁溪集】144 御戎论／1 上；176／建炎进退志总叙 3／4 下

【梅尧臣集编】编年校注 10／164

【鸿庆居士集】35／宋故右中奉大夫致仕赠少师陈公（瓘）神道碑／11 上

【名臣碑传琬琰集】中集 15／吕谏议公绰墓志铭／636、27／王懿敏公素真墓志铭／803、43／曹武穆公玮行状／1034、48／韩忠献公琦行状／

1106

【新安志】7／洪尚书（中孚）／5 下

【稽古录】18／84 上

【潞公文集】18／奏议／1 下、4 下

【宋会要】兵 18 之 2／7058

【龙川别志】下／94

【龙川略志】635

【三朝北盟会编】60／4 下

【安阳集】家传 1／15 下、2／8 上、3／10 上、4／6 上、7／4 上、5 上

【宋大诏令集】234／谕夏国泾原秦凤熟户弓箭手不可更行侵扰掠过生口并须发还诏（治平二年正月丁卯）／913

【汇编】上 69；中一 931、940、958、959、984、1246、1257、1336、1421、1422、1423、1466、1495、1498、1502、1526、1527、1549、1551、1631、1632、1644、1655、1656、1659、1663、1667、1668、1669、1670、1673、1682、1709、1715、1752；中二 2517、2579、2669、2671、1798、1819、1842、1863、1866、1949、1983、2018、2032、2037、2038、2044、2067、2069、2148、2156、2222、2223、2228、2269、2294、2299、2332、2338、2349、2391、2396、2412、2433、2461、2476、2566、2580、2591、2607、2621、2642、2648、2651、2665、2729、2785、2788、2813、2816、2817、2835、2836；中三 2859、2884、2896、2908、2923、2946、2948、3005、3051、3056、3067、3070、3081、3089、3135、3136、3143、3144、3166、3171、3172、3174、3176、3190、3192、3262、3265、3284、3285、3303、3322、3329、3346、3347、3353、3354、3373、3382、3392、3418、3422、3424、3427、3464、3465、3467、3471、3475、3487、3490、3492、3499、3504、3510、3520、3545、3550、3556、3558、3561、3562、3567、3568、3571、3582、3615、3616、3631、3643、3685、3712、3716、3724、3735；中四 3744、3752、3758、3759、3760、3785、3788、3789、3790、3795、3796、3808、3809、3810、3812、3818、3825、3848、3849、3863、3864、3865、3867、3868、3869、3870、3871、3872、3873、3874、3877、3884、3885、3888、3892、3893、3905、3906、3908、3914、3919、3920、3921、3922、

3926、3930、3936、3937、3938、3939、3942、
3944、3951、3953、3957、3961、3962、3963、
3967、3968、3969、3971、3972、3973、3974、
3982、3984、3986、3988、3989、3990、3993、
3996、3997、3998、4007、4012、4013、4016、
4017、4018、4021、4024、4031、4032、4035、
4036、4038、4043、4052、4053、4054、4060、
4068、4081、4083、4088、4090、4091、4093、
4110、4114、4116、4127、4151、4152、4168、
4186、4202、4260、4277、4293、4294、4314、
4315、4319、4333、4334、4343、4367、4369、
4385、4388、4400、4445、4454、4458、4461、
4466、4470、4482、4498、4517、4524、4530、
4543；中五 4558、4561、4588、4594、4631、
4633、4634、4647、4655、4660、4717、4745、
4747、4748、4753、4795、4838、4864、4891、
4918、4944、4952、4955、4957、4973、4974、
4976、4980、4985、4989、4998、5006、5014、
5023、5024、5029、5034、5036、5040、5041、
5046、5048、5055、5068、5069、5070、5105、
5114、5152、5154、5155、5162、5173、5187、
5201、5213、5233、5234、5235、5243、5246、
5248、5253、5264；中六 5270、5271、5282、
5291、5295、5296、5300、5303、5308、5310、
5317、5321、5329、5350、5363、5371、5376、
5378、5379、5380、5411、5423、5451、5452、
5454、5471、5475、5477、5488、5491、5509、
5511、5519、5532、5533、5534、5538、5540、
5586、5590、5609、5615、5643、5645、5648、
5649、5660、5687、5692、5708、5720、5756、
5775、5776、5779、5793、5813、5814、5825、
5856、5874、5880、5885、5886、5889、5890、
5891、5892、5893、5894、5907、5912、5924、
5935、5945、5985、5987、6029、6043；下 6110、
6114、6515、6839、6841、6847、7020；补遗
7246、7318、7321、7408、7412、7414、7417、
7448、7451

弓箭手 兰州及定西城新招，乞贷种粮、牛具
【宋会要】兵 4 之 11/6825

弓箭手寨户 赐古渭州军士及弓箭手寨户缗钱
【长编标】174/4210
【长编影】174/17 上

弓箭司 以度牒回易现钱，支借蕃兵收买战马

【宋会要】兵 22 之 13/7150
【汇编】中六 5268

小首领 宋人将西夏首领分为大次小三种，大
首领为正监军、伪置郡守之类，次首领为副
监军及贼中所遣伪天使之类，小首领为铃辖、
都头、正副寨主之类
【宋会要】兵 18 之 7/7061

小首领 西界把口小首领
【长编标】339/8171
【长编影】339/11 上

小首领 阿里骨进奉人
【长编标】465/11109
【长编影】465/11 下

小首领 湟州管下小首领把班
【长编纪事本末】139/9 上
【汇编】中六 5735

小首领 吐蕃
【长编标】285/6991；297/7221；380/9235；514/
12231
【长编影】285/18 下；297/4 下；380/14 下；
514/19 下
【长编纪事本末】139/4 下
【汇编】中四 4050、4212；中五 4739；中六
5591、5729

小首领 湟州斯多展，又作厮铎毡
【长编标】520/12356
【长编影】520/2 下
【汇编】中六 5668

小首领 辖正进奉人阿鲁，又作阿驴
【长编标】498/11848
【长编影】498/7 下
【汇编】中六 5392

小首领 西夏
【长编标】317/7678；347/8337
【长编影】317/19 下；347/15 下
【汇编】中五 4592

小蕃 辽朝属国
【辽史】36/兵卫志下·属国军/429
【宋会要】蕃夷 2 之 37/7710
【汇编】中六 5984、5997

乡弓手
【长编标】127/3020；203/4916；216/5267

【长编影】127/15 下；203/5 下、6 下；216/14
　　下

四画

牙将　天禧元年禁延州民与夏州牙将互市违禁物
【宋会要】食货 38 之 29/5481
贝威　额森，又作讹山，西夏大首领亲随得力
　　贝威
【长编影】500/1 下
六谷十八族首领　厮铎督
【长编标】65/1457
【长编影】65/13 下
【汇编】中一 1463
六谷大首领　西凉府结布伊朗布，又作折逋游
　　龙钵
【长编标】47/1029
【长编影】47/18 上
【汇编】中一 1222
六谷大首领　厮铎督
【宋史】7/真宗纪 2/125
【东都事略】129/附录 7·西蕃/1 下
【汇编】中一 1394、1406
六谷大首领　潘罗支
【宋史】279/陈兴传/9483
【武经总要】前集 18 下/9 下
【汇编】中一 1401、1718
六谷首领　西凉府潘罗支，又作博啰齐
【宋史】6/真宗纪 1/118；7/真宗纪 2/12
【长编标】341/8206
【长编影】341/11 上
【汇编】中一 1331、1349
心白首领　即向宋的河湟首领
【宋会要】蕃夷 6 之 37/7837

五画

正副军主　永宁、大小洛门、威远等寨见管蕃
　　官正副军主未给廪禄
【长编标】90/2084
【长编影】90/15 下
正副首领　西夏

【长编标】471/11245
【长编影】471/8 上
【汇编】中五 5146
甘沙首领　宋夏景德约和，遣人赍书至西凉
　　府，晓谕诸蕃，转告甘沙首领
【长编标】64/1428
【长编影】64/4 下
【汇编】中一 1449
甘凉首领　河西大族
【文庄集】14/陈边事十策/1 上
【汇编】中二 1799
归正　元系宋朝人，陷蕃后又归宋朝
【宋会要】兵 15 之 12/7022
【系年要录】132/2118
【朝野类要】3/2 下
【汇编】下 6517、6692、7022
归明　陇右郡王怀恩系纳土归明忠义之人
【宋会要】兵 17 之 17/7046、17 之 27/7051、17
　　之 29/7052
【朝野类要】3/2 下
【汇编】下 6148、6609、6741、7022
归明人　赐西界归明人李崇贵在开封府界屋租
　　钱，统计北界、西界归明人所在并原归明年
　　月、现今职位、姓名
【长编标】243/5925；296/7212
【长编影】243/13 下；296/17 上
【宋会要】食货 61 之 61/5904
【系年要录】185/3096
【汇编】中四 3856、4088、4106；下 6610
归明弓箭手　青涧城管归明弓箭手八指挥
【宋会要】兵 4 之 5/6822
归顺　夏国归顺蕃官因罪犯发遣诸州军羁管
【宋会要】兵 17 之 17/7046
【朝野类要】3/2 下
【汇编】下 6148、7022
归顺人　知府州折克行捉到西界伪铃辖令王皆
　　保，系是先归顺人移屄亲兄
【长编标】507/12080
【长编影】507/7 下
归朝　河湟吐蕃大首领陇拶纳土归朝，李世辅
　　自夏国归朝
【宋史】380/楼炤传/11717

【宋会要】食货 61 之 49/5898；兵 17 之 21/7048、17 之 27/7051

【三朝北盟会编】183/5 下；213/1 上

【系年要录】129/2090；132/2115

【中兴小纪】26/301

【朱文公集】95 上/少师保信军节度使魏国公致仕赠太保张公（浚）行状上/9 上

【朝野类要】3/2 下

【汇编】下 6163、6377、6486、6506、6509、6516、6572、6585、6599、7022

归朝官　李宗闵

【系年要录】181/3015

【汇编】下 6605

北界首领　麟府北界

【长编标】507/12080

【长编影】507/8 上

四十二族首领　盟于杨家族，武装反抗宋朝禁止青白盐贸易

【太平治迹统类】2/太祖太宗经制西夏

【汇编】中一 1063

汉人弓箭手　充甲头

【宋会要】兵 4 之 7/6823

汉户弓箭手　汉户弓箭手百姓不得典买蕃部地土

【宋会要】兵 27 之 23/7258

汉户及归明界弓箭手　鄜延路经略司言，汉户及归明界弓箭手买马，依蕃弓箭手例，每匹给抚养库绢五匹

【宋会要】兵 22 之 10/7148、24 之 23/7190

【汇编】中五 4588、4598、5162、5243、5260、5261、5263

汉弓箭手　汉弓箭手出战及病羸不能自还支借，并依军例赐其家

【宋会要】兵 4 之 11/6825

汉蕃弓箭手　各支马一匹并给马口分田

【宋会要】兵 4 之 11/6825

汉蕃弓箭手

【宋史】189/兵志 2・将兵/4628；192/兵志 6/4790；193/兵志 7・召募之制/4802

【长编标】238/5802；246/5998；254/6211；255/6244；258/6304；283/6941；296/7206；299/7278；305/7423；320/7730；321/7738、7741；322/7758；324/7805；329/7931；330/7957；335/8071、8083；338/8154；339/8168；340/8188、8191；469/11212

【长编影】238/16 上；246/20 下；254/6 上；255/12 上；258/15 上；283/17 上；296/11 上；299/13 下；305/7 下；320/10 上；321/2 下、5 下；322/1 上；324/9 上；329/15 上；330/10 上；335/9 下、19 下；338/15 上；339/9 上；340/10 下、12 下；374/5 上；348/13 上；469/8 上；474/9 下

【宋会要】兵 4 之 9/6824、4 之 10/6825、4 之 12/6826、4 之 29/6834、4 之 30/6835、18 之 17/7066、22 之 13/7150；方域 19 之 6/7628、19 之 7/7629、19 之 11/7631

【三朝北盟会编】95/1 上

【汇编】中四 3808、3845、3884、3957、3964、3973、4044、4087、4102、4111、4262、4267、4271、4293、4296、4297、4324、4412、4438、4487、4491、4504、4521、4525、4530、4531；中五 5127；下 6100、6110、6134、6149

汉蕃弓箭兵　蕃兵并汉蕃弓箭兵分擘于近里有粮草州军屯泊

【长编标】320/7727

【长编影】320/7 下

【汇编】中四 4257

汉蕃勇敢　赐熙河弓箭手、蕃兵、寨户、汉蕃勇敢特支钱，战殁者赐绢，免夏秋税支移、折变

【长编标】281/6892

【长编影】281/10 下

头首　西界右厢把边头首耀密楚美以下三十余人乞纳土归顺

【长编标】234/5679；273/6688；315/7631；335/8066

【长编影】234/6 下；273/12 下；315/15 上；335/5 上

【汇编】中四 3778、4016、4168、4485

边寨弓箭手　夏毅宗李谅祚数出兵侵扰边寨弓箭手

【长编标】202/4905

【长编影】202/15 下

六画

戎首
【长编标】234/5673
【长编影】234/3 上
【汇编】中四 3776

西羌首领　温溪心
【宋史】313/文彦博传/10263
【汇编】中五 5079

西界首领　伊特香遇
【长编标】471/11238
【长编影】471/2 上

西界首领　约遇
【范文正公集】年谱补遗/2 上
【汇编】中二 1882

西界首领　杨守素
【长编标】157/3812
【长编影】157/15 上

西界首领　没兀
【范文正公集】年谱补遗/2 上
【汇编】中二 1882

西界首领　茂名特克济沙，又作威明特克济沙
【长编标】511/12169
【长编影】511/14 下

西界首领　额勒齐乌楚肯偻伊
【长编标】510/12140
【长编影】510/9 上

西界首领　讹麦
【长编标】315/7624
【长编影】315/9 上
【汇编】中四 4161

西界首领　拉旺
【长编标】134/3197
【长编影】134/10 上
【汇编】中二 2394

西界首领　昌宁
【长编标】297/7218
【长编影】297/2 下
【汇编】中四 4090

西界首领　禹臧结逋药
【长编标】306/7449
【长编影】306/12 上

【汇编】中四 4112

西界首领　遇讹
【长编标】117/2745
【长编影】117/1 上
【汇编】中一 1709

西界首领　策木多伊克
【长编标】328/7897
【长编影】328/6 下
【汇编】中四 4388

西界首领　河东路与西界首领分定地界
【长编标】294/7169；389/9470
【长编影】294/8 上；389/20 上
【宋会要】兵 4 之 8/6824
【汇编】中四 4083

西界蕃官首领　宋朝大军出击，捉到西界蕃官首领诘问，得韦州界守御空虚
【长编标】471/11244
【长编影】471/7 上
【汇编】中五 5146

西夏首领　乞砂
【挥麈后录】1/宰相枢密分合因革/27 上
【汇编】中二 2523

西夏首领　投降宋朝
【宋史】313/富弼传/10250
【汇编】中二 1912

西夏首领　玛克密巴勒，又作磨美勃儿
【长编标】335/8083
【长编影】335/19 下
【汇编】中四 4492

西夏首领　策多克新，又作乞哆香
【长编标】335/8083
【长编影】335/19 下
【汇编】中四 4492

西贼首领　西贼首领各将种落之兵
【长编标】132/3136
【长编影】132/7 下
【汇编】中二 2279

西贼首领　星多哩鼎，又作人多唛丁
【长编标】341/8207
【长编影】341/10 上
【汇编】中四 4537

西凉首领　厮铎督，又作斯多特

【长编标】85/1953

【长编影】85/16 下

【汇编】中一 1540

西凉府六谷大首领 折逋游龙钵，又作结布伊朗布

【长编标】47/1029

【长编影】47/18 上

西凉府六谷大首领 潘罗支

【宋会要】仪制 13 之 7/2052

【汇编】中一 1408

西凉府六谷大首领 厮铎督，又作斯多特

【宋史】7/真宗纪 2/125；492/吐蕃传/14156

【长编标】58/1278

【长编影】58/5 上

【东都事略】129/附录 7·西蕃/1 下

【汇编】中一 1391、1392、1394

西凉府六谷首领 议立潘罗支弟厮铎督

【宋会要】方域 21 之 20/7671

【汇编】中一 1406

西凉府六谷首领 厮铎督，又作斯多特

【长编标】59/1317

【长编影】59/9 下

【宋会要】蕃夷 7 之 19/7849

【汇编】中一 1416、1525

西凉府六谷首领 潘啰支，又作博啰齐

【宋史】7/真宗纪 2/12

【长编标】53/1155；54/1180

【宋会要】蕃夷 7 之 15/7847

【汇编】中一 1348、1349、1398

西凉府六谷都大首领 厮铎督，潘罗支弟

【宋大诏令集】240/厮铎督朔方节度制（景德元年十月癸卯）/944

【汇编】中一 1407

西凉府六谷都大首领 潘罗支

【宋大诏令集】240/潘罗支追封武威郡王制（景祐元年十月丁酉）/944

【宋会要】方域 21 之 20/7671

【汇编】中一 1405、1406

西凉府六谷都首领 厮铎督，又作斯多特

【长编标】71/1595；76/1739

【长编影】71/7 下；76/12 上

【汇编】中一 1482、1503

西凉府六谷都首领 潘罗支

【宋史】492/吐蕃传/14155

【宋会要】蕃夷 7 之 15/7847

【汇编】中一 1251、1398

西域般擦 出兵讨伐蕃部蒙罗觉，以其抢夺西域般擦

【长编标】235/5703

【长编影】235/8 上

【汇编】中四 3781

西蕃大首领 阿雅卜，又作李诋嗦

【长编标】495/11784

【长编影】495/17 上

【汇编】中六 5372

西蕃大首领 经沁伊达木凌节

【长编标】314/7611

【长编影】314/11 上

【汇编】中四 4151

西蕃大首领 鬼章，又作果庄、鬼章青宜结、果庄青宜结

【长编标】404/9851；413/10042、10043

【长编影】404/20 上；413/9 上

【宋会要】礼 14 之 59/616；蕃夷 6 之 21/7829

【东坡全集】41/祝文/18 下

【彭城集】22/西蕃大首领鬼章可陪戎校尉制/311

【宋会要】蕃夷 6 之 21/7829

【汇编】中五 4851、4859、4872、4874、4937、4938

西蕃首领

【宋史】8/真宗纪 3/159

【长编标】252/6160；503/11974

【长编影】252/11 下；503/5 下

【汇编】中一 1544；中四 3944

西蕃首领 李遵

【儒林公议】上/4 上

【汇编】中一 1604

西蕃首领 陇拶

【宋大诏令集】240/西蕃首领陇拶河西节度制（元符三年三月）/941

【汇编】中六 567

西蕃首领 帕克巴

【文庄集】2/西蕃首领帕克巴充本族军主制/22

下

【汇编】中一 1596

西蕃首领　辖戬，又作瞎毡

【长编标】185/4468

【长编影】185/2 上

西蕃首领　钦彪阿成，以城投降

【宋史】18/哲宗纪 2/352

【长编标】513/12203

【汇编】中六 5568

西蕃首领　埒克遵，又作立遵

【长编标】84/1917

【长编影】84/6 上

【汇编】中一 1533

西蕃首领　唃厮啰，又作嘉勒斯赍

【长编标】84/1917

【长编影】84/6 上

【汇编】中一 1533

西蕃首领　策卜腾沁沙克，又作吹同乞砂

【长编标】126/2975、2976

【长编影】126/9 上、10 上

【汇编】中二 1924、1926

西蕃首领　温布且，又作温逋奇

【长编标】84/1917

【长编影】84/6 上

【汇编】中一 1533

西蕃首领　摩罗木丹，又作木罗丹

【长编标】84/1917

【长编影】84/6 上

【汇编】中一 1533

西蕃首领　青唐鬼章

【长编标】404/9850

【栾城集】45/贺擒鬼章表/2 上

【梁溪漫志】6/蜀中石刻东坡文字稿/2 上

【汇编】中五 4861、4873

西蕃首领　董毡

【长编标】346/8307

【长编影】346/6 上

【皇宋十朝纲要】10 下/4 上

【汇编】中二 2470；中五 4543、4581

西蕃首领　森摩乾展，又作心牟钦毡

【宋史】17/哲宗纪 1/325

【长编标】404/9843

【长编影】404/13 下

【汇编】中五 4849

西蕃邈川首领　吐蕃溪赊罗撒

【宋大诏令集】240/西蕃溪赊啰撒西平节度西蕃
　　邈川首领制（崇宁元年十一月丙戌）/942

【东都事略】129/附录 7·西蕃/4 下

【汇编】中六 5721

西蕃邈川首领　唃厮啰，又作嘉勒斯赍

【长编标】117/2765；130/3083

【长编影】117/17 下；130/4 下

【宋大诏令集】239/唃厮啰保顺河西等军节度使
　　制（康定二年正月乙未）/936

【汇编】中一 1713；中二 1921

西蕃邈川首领　董戬，又作董毡

【长编标】285/6991；286/6997；309/7494；
　　323/7789；354/8473；365/8771；366/8798

【长编影】285/18 下；286/3 下；309/2 上；
　　323/12 下；354/5 上；365/24 下；366/20 上

【宋大诏令集】239/赐西蕃邈川首领保顺军节度
　　洮州管内观察处置押蕃落等使董毡依唃厮啰
　　例支请奉诏/937、董毡特进诏（熙宁三
　　年）/937、西蕃邈川首领董毡移镇西平节度
　　制/937、938、西蕃邈川首领董毡进奉回诏/
　　938

【汇编】中四 4051、4052、4114、4318、4533；
　　中五 4624、4672、4685、686

西蕃邈川首领　瞎征，又作辖正

【长编标】505/12037、12038

【长编影】505/11 上

【宋大诏令集】240/瞎征怀远节度使制/942

【汇编】中六 5474、5677

西蕃邈川首领　青唐阿里骨，又作鄂特凌古，
　　董毡养子

【长编标】366/8798；380/9220；479/11401

【长编影】366/20 上；380/1 下；479/1 下

【宋大诏令集】239/西蕃阿里骨起复河西节度制
　　（元祐元年二月丁丑）/939、戒约西蕃邈川
　　首领河西军节度使阿里骨诏（元祐元年六月
　　壬寅）/939、西蕃邈川首领阿里骨落起复制
　　（元祐三年十月乙丑）/939、940；240/阿里
　　骨检校太尉依前河西节度仍旧西蕃邈川首领
　　加恩制/941

【宋会要】蕃夷 6 之 30/7833

【东坡全集】37/赦文/30 上、31 下

【宋文鉴】36/赵郡王墓志铭/6 下

【汇编】中五 4685、4686、4734、4920、4935、4941、5190、5252

吐浑首领 太保

【宋会要】兵 4 之 12/6998

【汇编】中一 1101

吐浑首领 党项勒浪族乘乱攻击契丹大将韩德威，杀突厥太尉，俘吐浑首领，韩德威仅以身免

【宋史】5/太宗纪 2/96

【长编标】37/808

【长编影】37/2 上

【汇编】中一 1097、1099

回鹘首领 龟兹国辉和尔琳布智，又作林布智

【长编标】80/1831

【长编影】80/15 下

【汇编】中一 1514

回鹘、鞑靼首领 李察尔节

【长编标】341/8208

【长编影】341/11 下

【汇编】中四 4539

伪首领 西夏俄易儿

【长编标】133/3180

【长编影】133/17 下

名波族十二府大首领 浪买

【宋史】491/党项传/14140

【汇编】上 22

衣彪族首领 岷州党征结

【宋会要】蕃夷 6 之 30/7833

【汇编】中五 5264

次首领 宋人将西夏首领分为大次小三种，大首领为正监军、伪置郡守之类，次首领为副监军及贼中所遣伪天使之类，小首领为钤辖、都头、正副寨主之类

【宋会要】兵 18 之 7/7061

次首领 温溪心并兀征齐延等以次首领，皆有向汉之心

【长编标】402/9781

次首领 温溪沁并乌戢新雅克等以次首领，皆有向汉之心

【长编影】402/5 上

次首领 乞党族弗香克浪买

【宋史】253/王承美传/8869

【汇编】上 220

次首领 青唐吐蕃

【长编标】404/9843、9851

【长编影】404/13 上、20 下

次首领 西凉府六谷兀佐，又作乌磋

【宋史】492/吐蕃传/14156

【长编标】54/1189

【长编影】54/13 下

【汇编】中一 1348、1357

次首领 邈川和尔阿木都，又作华儿阿笃

【长编标】247/6026

【长编影】247/18 上

【宋会要】蕃夷 6 之 9/7823

【汇编】中四 3901

七画

玛尔巴一带大首领 熙州穆楞川东玛尔巴一带大首领温布察克置

【长编影】240/10 上

【汇编】中四 3820

吴堡两寨弓箭手 所贷钱斛随二税送纳

【宋会要】兵 4 之 14/6827

羌酋

【旧唐书】198/党项传/5290

【宋史】278/马知节传/9451；328/王韶传/10580、王厚传/10582；335/种朴传/10749；350 张守约传/11072；491/党项传/14137

【金史】12/章宗纪 4/277

【长编标】49/1075；153/3728；172/4147；282/6928；287/7033；349/8376；444/10680；482/11471；505/12038；517/12299；518/12333

【长编影】49/11 上；153/13 下；172/16 上；282/16 下；287/19 下；349/10 上；444/2 上；482/9 上；505/12 上；517/4 上、8 上；518/15 上

【皇宋十朝纲要】16/7 下

【宋会要】兵 28 之 41/7290

【元刊梦溪笔谈】笔谈/19/5

【画墁集】补遗/游公（师雄）墓志铭/10 下

【名臣碑传琬琰集】中集 52/曾肇曾太师公亮行
　　状/1183
【汇编】上 4、24；中一 1203、1245；中三
　　3182、3450、3517、3609；中四 3857、4042；
　　中六 5316、5569、5632、5635、5636、5649、
　　5751；下 6814
陇山一带弓箭手　泾原路第十二将
【宋会要】兵 4 之 14/6827

八画

环州弓箭手　多相勾扇逃走
【宋会要】兵 4 之 5/6822
青丹大首领　阿撒四
【长编纪事本末】140/6 上
【汇编】中六 5770
青唐大首领　俞龙珂，又作裕啰格勒，赐名包
　　顺
【宋史】15/神宗纪 2/281
【长编标】233/5653
【长编影】233/7 下
【汇编】中四 3767、3768
青唐王子　溪赊罗撒
【长编纪事本末】139/11 下
【汇编】中六 5739
青唐王子　辖正，又作瞎征
【长编标】514/12231
【长编影】514/12 上
【汇编】中六 5583
抹邦一带大首领　熙州穆楞川东抹邦一带大
　　首领温布察克置
【长编标】240/5834
拓拔首领　遣所部酋长拓拔王林沁来贡
【长编标】20/465
【长编影】20/20 上
押队首领　沿边蕃兵
【长编标】203/4926
【长编影】203/15 上
忠义人　谓元系诸军人，现在宋朝内，或在蕃
　　地，心怀忠义，一时立功者
【朝野类要】3/2 下
【汇编】下 7022

泾原路弓箭手　泾原路正兵、汉蕃弓箭手为十
　　一将
【宋会要】兵 4 之 9/6824、4 之 14/6827
宗哥大首领　甘遵
【宋史】258/曹玮传/8986
【汇编】中一 1555
宗哥首领　嘉沁扎实，宗哥又作总噶尔
【长编标】516/12287
【长编影】516/21 上、23 上
宗哥首领　熙河溪鼎谱邦，宗哥又作总噶尔
【长编标】260/6345
【长编影】260/14 下
宗哥首领　阿星
【长编标】309/7496
【长编影】309/3 上
【汇编】中四 4115
宗哥首领　宗哥，又作总噶尔
【长编标】280/6861
【长编影】280/11 上
【汇编】中四 4034
宗哥首领　鬼章，又作果庄，宗哥又作总噶尔
【宋史】15/神宗纪 2/290
【长编标】273/6676
【长编影】273/2 下
【皇宋十朝纲要】10/3 上
【汇编】中四 4014、4017
陕西诸路缘边蕃部使臣首领　诏陕诸路缘边
　　蕃部使臣首领人员，自今作过犯合断罪罚羊，
　　由蕃部使臣首领人员亲自送纳，不得于族下
　　户上非理科敛
【宋会要】兵 27 之 24/7258
陕西路弓箭手　允许阙马者于官价外添钱收买
【宋会要】兵 24 之 27/7192

九画

南市归顺蕃部都首领　郭厮敦
【宋会要】兵 27 之 19/7256
背嵬　讹山，又作额森，西夏大首领亲随得力
　　背嵬
【长编标】500/11900
【长编影】510/8 上

背嵬　麻也族蕃官移屎，又作伊锡，原是西夏衙头背嵬，投宋后为向导
【长编标】510/12139
【长编影】510/8 上

保安军蕃族贫阙单丁弓箭手　刺充捉生指挥
【宋会要】兵 4 之 12/6826

亲兵首领　董戬遣亲兵首抹征遵等将三万人击夏国
【长编标】316/7637
【长编影】316/1 上
【汇编】中四 4174

酋
【新唐书】221 上/党项传/6214
【宋史】328/安焘传/10566；332/赵卨传/10685、10686；334/高永能传/10726；350/李浩传/11079；426/叶康直传/12707；453/忠义 8/13315；492/阿里骨传/14165
【长编标】238/5803；389/9471；407/9916；409/9976；444/10680
【长编影】238/16 上；389/19 下；407/19 下；409/23 上；444/1 上
【东都事略】9/哲宗纪/3 下
【宋会要】蕃夷 6 之 30/7833
【玉壶清话】2/9 下
【朱文公集】95 下/少师保信军节度使魏国公致仕赠太保张公（浚）行状下/28 上
【鸡肋集】29/庆州新修帅府记/12 下
【姑溪居士后集】20/折渭州墓志铭/1 上
【临川集】73/与王子醇书（三）/6 上
【程史】4/乾道受书礼/48
【汇编】上 10、208、229；中一 935；中四 3792、3807、3808、4040、4188、4531；中五 4626、4787、4824、4902、4910、4923、4942、4950、5004、5252；下 6714、6741

酋长
【旧唐书】198/党项传/5290
【新唐书】221 上/党项传/6214
【辽史】10/圣宗纪 1/110；16/圣宗纪 7/189；19/兴宗纪 2/230；20/兴宗纪 3/241
【宋史】15/神宗纪 2/285；190/兵志 4·河东陕西弓箭手/4718；257/吴廷祚传/8948；273/董遵诲传/9343；275/田仁朗传/9379、9380；277/郑文宝传/9425、9427；279/周仁美传/

9491；308/张煦传/10149；314/范仲淹传/10271；335/种世衡传/10741；341/孙固传/10875；349/刘昌祚传/11053、姚兕传/11057；446/刘锜传/13162；491/党项传/14137；492/吐蕃传/14152、董毡传/14164
【金史】79/张中彦传/1790；80/赤盏晖传/1806；80/阿离补传/1810；84/昂传/1886
【长编标】3/68；9/204；15/318；20/463；23/521；24/553；43/920；51/1122；54/1175；120/2845；132/3129、3152；144/3486；153/3728；185/4469；208/5068；209/5084；252/6179；313/7596；315/7617；317/7657；402/9778；404/9840、9870；405/9870；444/10682、10685、10693；514/12222
【长编影】3/7 上；9/13 下；15/2 上；20/20 上；23/8 下；24/15 上；43/13 上；51/14 下；54/1 上；120/23 上；132/26 下；144/9 下；153/13 下；185/3 上；208/19 上；209/11 上；252/27 下；313/13 下；315/2 上、16 下；317/2 上；402/1 下；404/10 下；405/8 上；444/1 上、4 上、13 上；514/12 上
【东都事略】61/种谔传/4 下；115/文艺郑文宝传/2 上
【宋会要】职官 25 之 6/2917；蕃夷 6 之 9/7823
【长编纪事本末】139/5 下、19 下；140/3 上
【奏议标】138/吕陶·请以兰州二寨封其酋长/1558
【奏议影】138/吕陶·请以兰州二寨封其酋长/4789
【元宪集】33/宋故推诚翊戴功臣彰武军节度延州管内观察处置等使曹公行状/345
【武经总要】前集 17/20 上；18 下/西蕃地界/1 上；18 上/27 下；18 上/34 上
【画墁集】补遗/游公（师雄）墓志铭/4 上
【范文正公集】13/东染院使种君墓志铭 5 下、18 上
【涑水记闻】9/12 下；11/20 上
【续资治通鉴】65/1601
【名臣碑传琬琰集】上集 3/丁文简公度儒之碑/51；中集/卷 22/张文定公方平墓志铭/724
【靖康要录】11/687
【稽古录】18/82 下
【汇编】上 4、5、10、22、24、27、29、30；中

一 928、932、934、936、946、948、952、957、958、984、994、1002、1021、1063、1109、1110、1116、1251、1309、1324、1338、1399、1482、1611、1729、1737；中二 2033、2084、2271、2298、2313、2314、2449、2785；中三 2924、3020、3030、3155、3425、3429、3446、3448、3516、3578；中四 3943、3948、3950、3979、4135、4150、4154、4171、4193；中五 4687、4694、4696、4832、4846、4853、4854、4885、5004、5008、5020；中六 5583、5730、5738、5753、5765、5814、6032；下 6258、6259、6725

酋帅

【辽史】11/圣宗纪 2/119

【宋史】270/高防传/9261；280/田绍斌传/9497；308/张佶传/10151；466/秦翰传/13613；492/吐蕃传/14155

【金史】91/杨仲武传/2019

【长编标】30/672；49/1079；83/1887；88/2018；125/2956；138/3319

【长编影】30/7 上；49/14 下；83/1 上；88/6 下；125/17 下；138/10 上

【汇编】中一 936、1029、1194、1251、1337、1400、1523；下 6675

酋首

【宋史】16/神宗纪 3/305；190/兵志 4/4715

【长编标】262/6408；273/6696；305/7417；312/7569；319/7709；356/8519；366/8800；389/9470、9471；444/10682；513/12202；514/12223；515/12248

【长编影】262/30 下；273/19 下；305/2 下；312/10 上；319/9 下；356/11 上；366/22 上；389/19 下；444/3 下；513/9 下；514/13 上；515/12 下

【长编纪事本末】139/4 上、5 下；140/3 上

【宋会要】兵 8 之 24/6899、8 之 26/6900

【奏议标】139/范育·上哲宗论御戎之要/1574

【奏议影】139/范育·上哲宗论御戎之要/4840

【汇编】中四 3987、4018、4110、4114、4123、4167、4168、4241、4243；中五 4631、4786；中六 5584、5602、5727、5730、5765

酋领

【宋史】466/张崇贵传/13617；492/阿里骨传/14165、492/赵思忠传/14168

【长编标】120/2836；214/5206；233/5659；314/7601；327/2 下；341/8197；389/9473

【长编影】120/15 上；214/9 下；233/14 上；314/2 上；327/2 上；341/3 上；389/22 下

【皇宋十朝纲要】13/3 下

【忠肃集】7/殿前副都指挥使建武军节度使贾逵谥武恪谥议/102

【汇编】中一 1065；中三 3586；中四 3770、3944、4085、4141、4366、4531、4534；中五 5145

酋豪

【宋史】263/刘熙古传/9100；318/张方平传/10357；325/刘平传/10501

【长编标】5/128；25/575；103/2390；115/2704；119/2814；120/2845；122/2880；123/2899；125/2956；128/3035；139/3352；150/3624；153/3728；188/4527；207/5021；259/6320；312/7569；319/7707；345/8282；381/9281；389/9470；390/9493；404/9844；405/9874；407/9916；452/10850

【长编影】5/10 上；25/4 下；103/15 上；115/14 下；119/17 上、17 下；120/23 上；122/8 下；123/6 上；125/17 上；128/9 下；139/15 上；150/3 上；153/14 上；188/3 上；207/2 下；259/10 下；312/10 下；319/6 下；345/10 上、14 下、19 下；389/19 下；390/14 下；404/20 下；405/12 下；407/19 下；452/9 上

【东都事略】28/冯继业传/1 上

【宋会要】兵 28 之 31/7285

【奏议标】97/常安民·上哲宗奏为种谊生擒鬼章赏未称功/1049

【奏议影】97/常安民·上哲宗奏为种谊生擒鬼章赏未称功/3278

【宋大诏令集】239/赐阿里骨诏（元祐三年七月辛亥）/939

【宋太宗实录】29/17 上

【皇宋十朝纲要】9/2 上

【玉壶清话】8/9 上

【华阳集】38/李君丕旦墓志铭/524

【东坡全集】25/奏议/6 上；37/敕文/30 上

【栾城集】39/论西事状/15 上

【汇编】中一 944、995、1009、1009、1091、

1642、1737、1750；中二 1785、1866、1878；
中三 3508；中四 3978、4239；中五 4574、
4576、4577、4693、4786、4787、4796、
4863、4866、4888、4910、4921、4930、5265

首领
【宋会要】食货 2 之 3/4826、38 之 31/5482、63
之 50/6011、63 之 75/6024；兵 8 之 24/6899、
8 之 33/6903、14 之 17/7001、14 之 20/7002、
27 之 39/7266、28 之 7/7273、28 之 22/7280；
方域 8 之 23/7452、8 之 34/7457；蕃夷 6 之
11/7824

首领 嘩逋
【宋史】491/党项传/14142
【汇编】上 24

首领 入西界作过
【长编标】284/6949
【长编影】284/4 上

首领 兀征声延部族，兀征声延又作乌戬新雅
克
【长编标】407/9907
【长编影】407/11 下

首领 兀泥三族佶移
【宋史】491/党项传/14140
【汇编】上 22

首领 兀泥族黄罗
【宋史】491/党项传/14141
【汇编】上 24

首领 与继迁有仇蕃部
【长编标】49/1075
【长编影】49/11 下

首领 乞党族岁移
【宋会要】方域 21 之 9/7665
【汇编】上 41

首领 女真
【长编标】350/8395
【长编影】350/12 下

首领 丰州王承美
【宋会要】方域 8 之 34/7457
【汇编】中四 4444

首领 丰州藏才族
【宋史】253/王承美传/8869
【汇编】上 220

首领 丰州藏才族王余庆，藏才族又作藏擦勒
族
【长编标】124/2920
【长编影】124/2 下

首领 内附首领香布
【长编标】152/3709
【长编影】152/12 上

首领 仡党族迎罗佶
【宋会要】蕃夷 1 之 23/7684 引玉海
【汇编】中一 1130

首领 边厮波结兄弟三人及首领来降
【长编标】512/12188
【长编影】512/11 下

首领 西界分画首领
【奏议标】139/范育·上哲宗论御戎之要/1574
【奏议影】139/范育·上哲宗论御戎之要/4839

首领 西界归顺密乌成尾
【长编标】504/12004
【长编影】504/7 上

首领 西界用事首领妹勒都逋，又作穆费多卜
【长编标】504/12017
【长编影】504/18 上

首领 西界用事首领蒐名阿埋，又作威明阿迈
【长编标】504/12017
【长编影】504/18 上

首领 西界逐族首领管三五百人者，便伪置观
察、团练之名
【范文正公集】16/第二表/4 下
【汇编】中二 2475

首领 西夏扎实
【长编标】513/12202
【长编影】513/8 下

首领 西夏允稜举特且
【长编标】452/10844
【长编影】452/3 下

首领 西夏右厢一带首领
【长编标】485/11533
【长编影】485/14 上

首领 西夏归附带牌天使穆纳僧格
【长编标】491/11650
【长编影】491/4 下

首领 西夏叶石悖七，又作伊实巴特玛

【长编标】511/12154

【长编影】511/1 下

首领　西夏李叶

【长编标】507/12076

【长编影】507/4 下

首领　西夏投降首领

【长编标】316/7643

【长编影】316/5 下

首领　西夏赵德明

【元刊梦溪笔谈】25/3

【汇编】中一 1692

首领　西夏首领出使青唐

【长编标】348/8353

【长编影】348/11 下

首领　西夏宥州咩兀十族遇乜布

【宋史】491/党项传/14140

【汇编】上 22

首领　西夏珪布默玛

【长编标】506/12055；508/12103

【长编影】506/6 下；508/8 上

首领　西夏凌吉讹遇，又作凌结鄂遇

【长编标】490/11624；506/12055；508/12103

【长编影】490/7 上；506/6 下；508/8 上

首领　西夏移卜淖，又作伊实诺尔

【长编标】490/11624

【长编影】490/7 上

首领　西凉吐蕃厮铎督，又作斯多特

【长编标】56/1241 ；103/2383

【长编影】56/15 上；103/9 上

首领　西凉府马家族渴东

【宋会要】方域 21 之 18/7670

【汇编】中一 1358

首领　西凉府日姜族铎论

【宋会要】方域 21 之 18/7670

【汇编】中一 1358

首领　西凉府的流族箇罗

【宋会要】方域 21 之 18/7670

【汇编】中一 1358

首领　西凉府觅诺族温逋，又作密诺尔族温布

【长编标】73/1670

【长编影】73/18 上

首领　西凉府周家族厮郁叱

首领　西凉府厮邦族兀佐

【宋会要】方域 21 之 18/7670

【汇编】中一 1358

首领　西蕃阿里骨使人结厮鸡

【长编标】363/8676

【长编影】363/2 下

首领　西蕃钦彪阿成

【长编标】513/12202

【长编影】513/9 上、9 下

首领　西蕃磨毡角，又作默觉戬

【长编标】182/4397

【长编影】182/3 下

首领　吐蕃乔家族首领

【长编标】444/10685

【长编影】444/6 下

首领　吐蕃李波逋

【宋史】492/吐蕃传/14156

【汇编】中一 1438

首领　吐蕃经沁伊达木凌节

【长编标】346/8302

【长编影】346/2 上

首领　吐蕃郢成俞龙

【儒林公议】卷上/73 下

【汇编】中二 1789

首领　吐蕃钦厮鸡

【长编纪事本末】140/3 上

【汇编】中六 5765

首领　吐蕃鬼章

【长编标】402/9777

【长编影】402/2 上

首领　吐蕃鬼章青宜结

【宋史】336/吕公著传/10776

【汇编】中五 4859

首领　吐蕃萨卜赛置

【长编标】346/8302

【长编影】346/2 上

首领　伏羌厮鸡波

【宋史】258/曹纬传/8986

【汇编】中一 1555

首领　会州熟仓族咩㗱

【宋史】491/党项传/14140

【汇编】上 23

首领　庆州界李奉明

【宋史】491/党项传/14141

【汇编】上 24

首领　庆州界李顺忠

【宋史】491/党项传/14141

【汇编】上 24

首领　庆州界李彦咩

【宋史】491/党项传/14141

【汇编】上 24

首领　庆州界巢延渭

【宋史】491/党项传/14141

【汇编】上 24

首领　折平族

【宋史】492/吐蕃传/14154

【汇编】中一 1119

首领　把扬族

【长编标】309/7496

【长编影】309/3 上

首领　张小哥

【乐全集】22/秦州奏唃厮啰事/21 上

【汇编】中一 1587

首领　阿里骨亲信，阿里骨又作鄂特凌古

【长编标】346/8301

【长编影】346/1 下

首领　陇山外王家、狸家、延家三族

【长编标】56/1225

【长编影】56/1 下

首领　环庆路

【宋史】314/范仲淹传/10271

【汇编】中一 1351；中二 2271

首领　环庆蕃部

【长编标】132/3129；139/3340；195/4729

【长编影】54/6 下；132/7 下、18 下

首领　环州界乜遇

【宋史】491/党项传/14137

【汇编】上 24

首领　环州洪德寨蕃部罗尼天王族

【长编标】56/1242

【长编影】56/16 上

首领　武胜军药厮逋

【宋史】350/王君万传/11070

【汇编】中四 3794

首领　青宜结鬼章

【宋史】492/董毡传/14164

【汇编】中四 3924

首领　青唐吐蕃边厮波结，又作毕斯布结

【长编标】518/12323

【长编影】518/6 上

首领　青唐吐蕃角蝉，又作居戬

【长编标】518/12323

【长编影】518/6 上

首领　青唐吐蕃陇拶，又作隆赞

【长编标】518/12323

【长编影】518/6 上

首领　青唐吐蕃诸族首领

【长编标】405/9868

【长编影】405/7 上

首领　青唐吐蕃瞎征，又作瞎正

【长编标】518/12323

【长编影】518/6 上

首领　青唐鬼章部下卦斯敦什宁

【长编标】404/9840

【长编影】404/10 下

首领　青唐撒结逋厥鸡

【宋大诏令集】240/青唐首领撒结逋厥鸡归顺补
　　内殿承制制（元符三年五月）/942

【汇编】中六 5683

首领　青唐曪哥堡罗巴

【长编纪事本末】139/5 下

【汇编】中六 5730

首领　者龙族

【宋史】492/吐蕃传/14156、14157

【汇编】中一 1364、1417

首领　者龙蕃部厮铎督

【宋会要】蕃夷 7 之 23/7851

【汇编】中一 1643

首领　耶保、移邀二族

【宋会要】方域 21 之 9/7665

【汇编】上 41

首领　岷州

【宋史】350/张守约传/11073

【汇编】中四 3938

首领 岷州衣彪族当征结
【宋会要】蕃夷 6 之 30/7833
【汇编】中五 5264

首领 府州外浪族来都
【宋会要】方域 21 之 2/7662
【汇编】上 33

首领 河西三族折遇乜
【宋史】274/王侁传/9364
【汇编】中一 1027

首领 河西赵元昊
【元刊梦溪笔谈】9/31
【汇编】中二 1962

首领 河西蕃部四十五族
【宋史】7/真宗纪 2/123
【汇编】中一 1375

首领 河西蕃部四十五族李尚默
【长编标】56/1227
【长编影】56/3 下

首领 河州吐蕃叱逋巴角，又作察卜巴觉
【长编标】272/6658
【长编影】272/3 上

首领 河州吐蕃鬼驴，又作古勒
【长编标】272/6658
【长编影】272/3 上

首领 河州吐蕃结毡，又作朗格占
【长编标】272/6658
【长编影】272/3 上

首领 河州总噶尔果庄
【宋史】15/神宗纪 2/290
【汇编】中四 4014

首领 河湟吐蕃洛施军令结
【长编纪事本末】139/17 下
【汇编】中六 5749

首领 赵家族阿斯铎
【宋会要】方域 21 之 18/7670
【汇编】中一 1358

首领 秦凤路樊诸族阿裕尔
【长编标】171/4118
【长编影】171/14 上

首领 秦州蕃族
【宋会要】兵 24 之 9/7183
【汇编】中一 1504

首领 秦州熟户
【宋史】492/吐蕃传/14159
【汇编】中一 1560

首领 原州野狸族厮多逋丹
【宋史】491/党项传/14145
【汇编】上 29

首领 原州熟户蕃部
【长编标】82/1872
【长编影】82/10 上

首领 党项归汉
【长编标】512/12188
【长编影】512/11 下

首领 党项白豹寨李家妹
【范文正公集】言行拾遗事录 3/5 下
【汇编】中二 2096

首领 党项来有行
【五代会要】29/353
【汇编】上 18

首领 党项折家族折七移
【五代会要】29/353
【汇编】上 18

首领 党项折遇明
【五代会要】29/353
【汇编】上 18

首领 党项直荡族首领啜吉，又作结唐族多尔济
【长编标】9/213
【长编影】9/14 上

首领 党项明珠族
【元刊梦溪笔谈】13/20
【汇编】中二 2084

首领 党项薄备香
【五代会要】29/353
【汇编】上 17

首领 唃厮啰进奉首领，唃厮啰又作嘉勒斯赉
【长编标】190/4601
【长编影】190/22 下

首领 高昌
【挥麈前录】4/王延德历叙使高昌行程所见/3 下
【汇编】中一 1013

首领 勒浪树李儿门没崖

【宋史】491/党项传/14141
【汇编】上 24

首领　黄罗
【宋史】491/党项传/14140
【汇编】上 23

首领　董毡首领
【长编标】348/8353
【长编影】348/11 下

首领　董毡首领结凌
【长编标】323/7782
【长编影】323/7 上

首领　董毡朝贡人，董毡又作董戬
【长编标】290/7103
【长编影】290/16 上

首领　葭芦城蕃部
【长编标】326/7852
【长编影】326/13 下

首领　温溪心部族首领，温溪心又作温溪沁
【长编标】402/9779
【长编影】402/3 下

首领　湟州青丹谷阿丹
【长编纪事本末】140/1 上
【汇编】中六 5759

首领　湟州宗哥城结毡
【长编纪事本末】140/1 上
【汇编】中六 5759

首领　属户蕃部
【长编标】132/3144
【长编影】132/20 上、20 下

首领　睡泥族你乜逋
【宋史】491/党项传/14142
【汇编】上 24

首领　鄜延牛羊、苏家族
【长编标】54/1181
【长编影】54/6 下

首领　新附羌人
【长编标】236/5730
【长编影】236/5 下

首领　熙河兰会路蕃官
【宋史】191/兵志 5・蕃兵/4760
【汇编】中四 4507

首领　熙河吐蕃包顺

【长编标】402/9782
【长编影】402/5 下

首领　熙河吐蕃包顺、包诚
【宋会要】职官 43 之 59/3303
【汇编】中四 4316

首领　熙河吐蕃李奇尔华
【长编标】402/9782
【长编影】402/5 下

首领　熙河吐蕃结彪
【宋史】15/神宗纪 2/289
【汇编】中四 4005

首领　熙河路赵醇忠
【长编标】402/9782
【长编影】402/5 下

首领　镇戎军康奴族
【宋史】325/王仲宝传/10513
【汇编】中一 1643

首领　橐驼路熟藏族乜遇
【宋史】491/党项传/14141
【汇编】上 24

首领　藏才西族罗妹
【宋史】5/太宗纪 2/91；491/党项传/14141
【汇编】中一 1059

首领　邈川亚然家温逋奇，又作雅仁结温布且
【长编标】111/2587
【长编影】111/10 下

首领　邈川南山下首领
【长编标】501/11943
【长编影】501/12 下

首领　邈川溪心手下首领作般擦到熙州
【长编标】487/11570
【长编影】487/8 上

首领　邈川管下新归顺布证族青宜睒罗
【长编标】518/12337
【长编影】518/18 下

首领　邈川管下新归顺朴心族巴把呃，又作布证族巴尔瓜
【长编标】518/12337
【长编影】518/18 下

首领　麟府路
【长编标】325/7832
【长编影】325/16 上

首领　于阗大首领
【长编标】335/8063
【长编影】335/2 上
【汇编】中四 4483

首领　丰州耶保、移邈二族弗香克浪买
【长编标】24/543
【长编影】24/6 上
【汇编】中一 1002

首领　丰州雅尔鼎族巴罕，又作言泥族拔黄
【长编标】56/1224
【长编影】56/1 上
【汇编】中一 1374

首领　丰州蕃官
【长编标】102/2365
【长编影】102/15 下
【汇编】中一 1630

首领　丰州藏擦勒族王承美
【长编标】124/2920
【长编影】124/2 下
【汇编】中二 1817

首领　甘州李吉
【长编标】87/1992
【长编影】87/4 上
【汇编】中一 1553

首领　龙川罗结
【奏议标】141/文彦博·上神宗论进筑河州/
1590
【奏议影】141/文彦博·上神宗论进筑河州/
4891
【汇编】中四 3821

首领　兰州准觉斯
【长编标】474/11308
【长编影】474/8 上
【汇编】中五 5159

首领　西夏仁多喹丁
【长编标】319/7704
【长编影】319/4 上
【汇编】中四 4232

首领　西夏议地界杨巴凌
【长编标】230/5591
【长编影】230/6 上
【汇编】中四 3743

首领　西夏明叶示、扑咩讹猪等首领，又作瑚
　　叶实、普密额珠等首领内附
【长编标】50/1101
【长编影】50/18 上
【汇编】中一 1286

首领　西夏龛波给家等二十二族
【长编标】316/7641
【长编影】316/4 上
【汇编】中四 4177

首领　西凉吐蕃
【宋史】492/吐蕃传/14157
【东都事略】129/附录7 西蕃/1 下
【汇编】中一 1391、1394

首领　西凉者龙七族，者龙又作咱隆
【长编标】59/1317
【长编影】59/9 下
【汇编】中一 1416

首领　西凉府乞党族厮铎督，又作策丹族斯多
　　特
【长编标】76/1735；85/1953
【长编影】76/8 下；85/16 下
【汇编】中一 1503

首领　西凉府六谷吐蕃督六族褚下箕，又作多
　　啰族褚实奇
【长编标】49/1079
【长编影】49/15 上
【汇编】中一 1252

首领　西凉府蕃族阎藏，又作雅尔藏
【长编标】56/1231
【长编影】56/7 上
【汇编】中一 1381

首领　西蕃齐暖城兀征声延，又作乌戬新雅克
【长编标】407/9905
【长编影】407/9 下
【汇编】中五 4901

首领　吐蕃
【长编标】63/1403；83/1902；184/4449；230/
5598；233/5648；237/5764；272/6658；285/
6991；315/7624；323/7785；329/7939；330/
7948；331/7966；340/8192；348/8353；350/
8395；368/8862；372/9013；404/9851；444/
10682、10685；472/11268；477/11358；500/

11906；501/11943；511/12172；513/12199、
12204；515/12248；516/12265；517/12295；
518/12323、12325；519/12348；520/12377

【长编影】63/5 下；83/14 上；184/5 上；230/
11 上；233/3 下；237/7 上；272/3 上；277/
15 上；285/18 下；315/9 上；329/22 下；
330/4 上；331/1 上；340/14 上；341/12 上；
348/11 下；372/11 上；404/13 上；444/2
下、3 上；472/9 下；477/6 上；500/6 下；
501/12 下；511/17 上；513/6 下、11 上；
516/2 下；518/6 上、8 下

【汇编】中一 1528、1615；中四 3749、3766、
3791、4023、4161、4427、4433、4445、
4532、4540；中五 4580

首领 吐蕃阿里骨，又作鄂特凌古
【长编标】254/6213
【长编影】254/7 上
【汇编】中四 3958

首领 吐蕃温逋其，又作温布且
【长编标】132/3134
【长编影】132/7 下
【汇编】中二 2278

首领 回鹘、鞑靼
【长编标】341/8207；346/8302；352/8449
【长编影】341/12 上；346/2 上；352/22 上
【汇编】中五 4621

首领 沈千族常丑丹波
【奏议标】141/文彦博·上神宗论进筑河州/
1590
【奏议影】141/文彦博·上神宗论进筑河州/
4891
【汇编】中四 3821

首领 附契丹戎人言泥族拔黄太尉，又作雅尔
羆族巴罕
【长编标】56/1224
【长编影】56/1 上
【汇编】中一 1374

首领 环庆降羌
【长编标】234/5680
【长编影】234/9 下
【汇编】中四 3779

首领 环庆路年尼轧布

【长编标】277/6781
【长编影】277/12 下
【汇编】中四 4022

首领 环州属羌慕家族迎逋
【长编标】312/7569
【长编影】312/10 上
【汇编】中四 4125

首领 环州熟户七臼族慈都，又作日木多
【长编标】95/2193
【长编影】95/14 下
【汇编】中一 1600

首领 青唐族首领
【奏议标】141/文彦博·上神宗论进筑河州/
1591
【奏议影】141/文彦博·上神宗论进筑河州/
4892
【汇编】中四 3822

首领 果庄部下卦斯顿什宁
【长编标】404/9841
【长编影】404/10 下
【汇编】中五 4846

首领 固密族
【长编标】248/6059
【长编影】248/20 上
【汇编】中四 3910

首领 岷州
【长编标】249/6076
【长编影】249/9 下
【汇编】中四 3919

首领 岷州木令征
【宋史】15/神宗纪 2/284
【皇宋十朝纲要】9 下/7 上
【汇编】中四 3890

首领 岷州归顺本令征，又作本琳沁
【长编标】248/6047
【长编影】248/10 上
【汇编】中四 3907

首领 岷州归顺固云沁巴
【长编标】248/6047
【长编影】248/10 上
【汇编】中四 3907

首领 府州女乜族来母崖

【宋史】491/党项传/14140
【宋会要】方域 21 之 2/7662
【汇编】上 22、33

首领　府州蕃官
【长编标】102/2365
【长编影】102/15 下
【汇编】中一 1630

首领　河西蕃部
【长编标】72/1637
【长编影】72/14 上
【汇编】中一 1487

首领　河州归顺蕃部蔺毡纳支，又作楞占讷芝
【长编标】241/5876
【长编影】241/2 下
【汇编】中四 3825

首领　河州吐蕃瞎药
【奏议标】141/文彦博·上神宗论进筑河州/1590
【奏议影】141/文彦博·上神宗论进筑河州/4891
【汇编】中四 3821

首领　泾原
【长编标】132/3141、3144、3145
【长编影】132/18 上、20 下
【汇编】中一 1375；中二 2294

首领　泾原巴沟布阿
【长编标】104/2400
【长编影】104/1 下
【汇编】中一 1643

首领　保安军蕃部
【长编标】79/1793
【长编影】79/2 上
【汇编】中一 1510

首领　总噶尔族斡尊
【长编标】89/2046
【长编影】89/9 上
【汇编】中一 1579

首领　总噶溪鼎谙邦
【长编标】260/6345
【长编影】260/14 下
【汇编】中四 3982

首领　秦州隆中族默星族郢城斯纳

【长编标】85/1945
【长编影】85/9 下
【汇编】中一 1536

首领　原州野狸族阿宜父
【长编标】55/1206
【长编影】55/5 上
【汇编】中一 1363

首领　党项首领内附受封
【旧唐书】198/党项传/5290
【新唐书】221 上/党项传/6214
【汇编】上 4、10

首领　党项蕃官
【长编标】337/8128；340/8192
【长编影】337/10 下；340/12 下
【汇编】中四 4511、4531

首领　唐龙镇来守顺
【长编标】134/3197
【长编影】134/10 上
【汇编】中二 2394

首领　绥州裕勒沁族李继福
【长编标】45/966
【长编影】45/11 上
【汇编】中一 1212

首领　清远军裕勒邦族多拉
【长编标】45/957
【长编影】45/2 下
【汇编】中一 1211

首领　黑山北庄郎族龙移，又作隆伊克
【长编标】52/1136
【长编影】52/6 上
【汇编】中一 1316

首领　渭州蕃族唒厮啰，又作嘉勒斯赉
【长编标】82/1877
【长编影】82/14 下
【汇编】中一 1521

首领　缘边蕃部使臣
【长编标】106/2484
【长编影】106/20 下
【汇编】中一 1663

首领　熙河州效顺蕃部
【长编标】243/5918
【长编影】243/7 上

【汇编】中四 3854

首领 熙河结成抹，又作结赤木
【长编标】254/6213
【长编影】254/7 上
【汇编】中四 3958

首领 熙河郭荞寺哲不尊
【长编标】275/6726
【长编影】275/6 上
【汇编】中四 4020

首领 蕃部
【长编标】49/1075
【长编影】49/11 下
【汇编】中一 1246

首领 镇戎军伊普才迭三族
【长编标】64/1425
【长编影】64/1 下
【汇编】中一 1446

首领 摩宗城结布
【长编标】271/6653
【长编影】271/17 下
【汇编】中四 4005

首领 藏才东族岁啰嗳克
【宋史】491/党项传/14141
【宋会要】方域 21 之 10/7666
【汇编】上 24、41、42

首领 邀川李叱纳钦，又作李察勒沁
【长编标】316/7637
【长编影】316/1 上
【汇编】中四 4174

首领 邀川阿笃
【长编标】302/7350
【长编影】302/7 下
【汇编】中四 4108

首领 丰州北藏才西族、中族奴移、横全等，又作藏擦西族、中族弩伊、亨全
【宋史】491/党项传/14147
【长编标】75/1707
【长编影】75/1 下
【汇编】上 30；中一 1499

首领 兰州新归顺首领巴令渴，又作巴令谒
【宋史】16/神宗纪 3/305
【长编标】316/7646

【长编影】316/8 下
【汇编】中四 4176、4183

首领 西夏仁多唛丁，又作人多唛丁、星多哩鼎
【宋史】486/夏国传下/14007
【长编标】349/8377、8378；350/8382
【长编影】349/11 上、11 下；350/1 下
【汇编】上 80

首领 西夏泪丁讹遇，又作泪丁讹裕、埒丹鄂特裕勒
【宋史】486/夏国传下/14007
【长编标】513/12202
【长编影】513/8 下、9 上
【汇编】上 84

首领 西夏统军姪讹多埋，又作吃多理、吃多埋
【宋史】16/神宗纪 3/305
【长编标】317/7678
【长编影】317/19 下、20 下
【汇编】中四 4210、4212

首领 西凉府六谷吐蕃潘罗支，又作博罗齐
【长编标】53/1155；54/1180
【长编影】53/7 上
【乐全集】22/秦州奏人唃厮啰事/20 上
【汇编】中一 1394

首领 吐蕃者龙移卑陵山厮敦琶，又作咱隆吉布琳山斯巴敦
【宋史】491/党项传/14144
【长编标】54/1180
【长编影】54/5 下
【汇编】上 27；中一 1347

首领 沙州
【宋史】258/曹琮传/8989
【长编标】131/3115
【长编影】131/20 下
【汇编】中二 2255

首领 陇山西延家山图卜，图卜又作秃逋
【宋史】7/真宗纪 2/122；492 吐蕃传/14156
【长编标】55/1203
【长编影】55/2 下
【汇编】中一 1361、1362

首领 环州旺家族都子，又作都贤

【宋史】491/党项传/14147

【长编标】81/1847

【长编影】81/9 下

【汇编】上 31；中一 1516

首领　者龙族合穹波，又作和尔沁博

【宋史】492/吐蕃传/14158

【长编标】62/1385

【长编影】62/3 上

【汇编】中一 1430

首领　河州吐蕃瞎药，赐名包约

【宋史】15/神宗纪 2/282

【长编标】240/5825

【长编影】240/1 下

【汇编】中四 3817、3818

首领　泾原路生户六族潘征

【宋史】9/仁宗纪 1/181

【长编标】103/2390

【长编影】103/15 上

【汇编】中一 1642

首领　陕西蕃部

【长编标】211/5123

【长编影】211/4 上

【宋会要】兵 27 之 24/7258

【汇编】中一 1663

首领　咩逋族泥埋，又作密本族尼玛

【宋史】491/党项传/14144

【长编标】54/1183

【长编影】54/8 下

【汇编】上 27；中一 1351

首领　党宗族业罗，又作伊朗

【宋史】492/吐蕃传/14158

【长编标】62/1385

【长编影】62/3 上

【汇编】中一 1430

首领　西夏

【宋史】16/神宗纪 3/305、306；332/赵禼传/10686；486/夏国传下/14007；491/党项传/14137

【长编标】128/3044；129/3054；172/4133；220/5350；229/5569；230/5604；244/5943；266/6536；316/7637、7650；319/7714；320/7731；321/7749；322/7764；325/7832；326/7852；

329/7914；336/8112；341/8213；349/8375、362/8658；384/9369；404/9837；407/9916；408/9924；444/10684、456/10922；458/10954、10971、10972；471/11245；474/11314；490/11623、493/11715；494/11730；495/11784、11785；503/11976；506/12057、508/12104；509/12125；517/12303

【长编影】128/17 下；129/4 下；172/4 上；229/4 上；230/17 下；244/11 下；266/13 下；284/3 下；315/9 上、11 上、15 上；316/1 上、5 下、12 下；317/2 上、20 下；319/7 下、14 下；320/10 下；321/12 上；322/6 上；325/16 上；326/13 下；329/1 下；336/19 上；341/16 下；349/9 下；354/8 上；458/2 下、17 下、18 上；471/8 上；485/16 上；490/6 下；505/6 下；508/9 上；513/8 下、9 上

【宋大诏令集】235/招谕夏国敕牓（元丰四年九月丙午）/917

【宋会要】兵 14 之 17/7001、8 之 24/6899、8 之 25/6899

【汇编】上 26、76；中二 2095、2096、2106；中四 3740、3753、3866、3996、4046、4161、4163、4167、4168、4169、4172、4180、4185、4193、4217、4238、4263、4303、4313、4337、4354、4396、4541；中五 4625、4626

首领　凉州卑宁族喝邻半祝，又作格坪班珠尔

【宋史】491/党项传/14143

【长编标】50/1102

【长编影】50/18 下

【汇编】上 26；中一 1287

首领　夋谷懒家族便嘱，又作兰家族便粗克

【长编标】64/1437

【长编影】64/12 下

【宋会要】方域 21 之 20/7671

【汇编】中一 1406、1454

首领　夋谷懒家族尊毡磨壁余龙，又作康古懒家族遵锥满丕伊胡

【宋史】492/吐蕃传/14157

【长编标】56/1226

【长编影】56/2 下

【汇编】中一 1375、1391、1392

首领 渭州折平族撒逋格，折平族又作结彭族，
撒逋格又作实布格、撒逋渴

【宋史】492/吐蕃传/14158

【长编标】63/1404；103/2383

【长编影】63/6 上；103/9 上

【汇编】中一 1439

首领 邈川洛施军笃乔阿公

【宋史】16/神宗纪 3/305

【长编标】316/7637

【长编影】316/1 上

【汇编】中四 4173、4174

首领 麟州三部族勒厮麻

【长编标】53/1171

【长编影】53/15 上

【宋会要】职官 41 之 81/3207

【汇编】中一 1333、1334

首领 党项

【宋史】7/真宗纪 2/124；197/兵志 5·蕃兵/
4757；198/兵志 12/933；490/回鹘传/14116

【长编标】98/2278；99/2297；136/3266；236/
5730；241/5880；281/6881；314/7605；317/
7676；319/7707；321/7749；327/7874；487/
11571

【长编影】98/9 上；99/6 上；136/18 下；236/5
下；241/6 上；281/1 上；314/6 下；317/16
下；319/11 下；321/11 下；327/9 上；487/9
下

【姑溪居士后集】20/折渭州墓志铭/1 上

【范文正公集】16/让观察使第一表（庆历二年
四月）/1 上

【涑水记闻】12/1 下

【汇编】上 207；中一 1004、1390、1504、
1747；中二 2474、2510；中四 3785、3827、
3844、4036、4148、4209、4248、4279、
4378；中五 5170

勇敢

【宋史】190/兵志 4/4724、4725

【长编标】217/5278；229/5582；230/5592、5593；
233/5655；244/5940、5941；245/5955；253/
6201；302/7349；305/7422；311/7551；336/
8098；354/8469；469/11200

【长编影】217/7 上；229/16 下、17 上；230/6
下；233/9 下；244/8 下、9 下；245/6 上；

253/13 上；302/6 下；305/7 下；311/18 上；
336/6 下；354/1 下；469/1 上

【净德集】21/枢密刘公墓志铭/233

【汇编】中四 3744、3753、3770、3845、3864、
3865、3869、3914、4116、4498

十画

秦州沿边弓箭手 同社助钱买马

【宋会要】兵 4 之 3/6821

都大首领 六谷潘罗支

【宋会要】方域 21 之 20/7671

【汇编】中一 1406

都军主

【长编标】63/1404；88/2026；90/2084、2085；
91/2102；96/2220；132/3144；137/3278；
176/4255、4258；188/4529；217/5278；329/
7939；341/8207；421/10183；430/10396

【长编影】63/6 上；88/14 下；90/15 下、16
下；91/5 下；96/15 上；132/20 下；137/3
上；176/9 下；188/4 下；217/7 上；329/22
下；341/12 上；421/1 上；430/15 上

都首领 丰州藏才族王承美

【宋史】253/王承美传/8869

【汇编】上 219

都首领 吐蕃者龙族舍钦波

【宋史】492/吐蕃传/14159

【汇编】中一 1510、1512

都首领 泾原生户纳隆

【长编标】168/4039

【长编影】168/8 上

都首领 秦州野儿和尚族

【长编标】64/1428

【长编影】64/4 上

都首领 龛谷懒家族

【宋会要】方域 21 之 20/7671

【汇编】中一 1406

都首领 董毡

【宋会要】兵 9 之 1/6906

【汇编】中四 4039

都首领 三阳、定西、伏羌、静戎、冶坊、三
门、席穰等七寨熟户蕃部

【长编标】88/2026
【长编影】88/14 上
【汇编】中一 1572

都首领　包顺
【长编标】476/11340
【长编影】476/4 下
【汇编】中五 5170

都首领　西夏管押蕃部瞎吴叱，又作辖乌察
【长编标】248/6063；249/6066
【长编影】248/23 下；249/1 上
【汇编】中四 3917

都首领　西凉府六谷厮铎督，又作斯多特
【长编标】71/1595；76/1739
【长编影】71/7 下；76/12 上
【汇编】中一 1482、1503

都首领　西凉府咱隆族首领，咱隆族又作者龙族
【长编标】55/1210
【长编影】55/8 下
【汇编】中一 1364

都首领　洪德寨庆桑
【长编标】54/1188
【长编影】54/12 上
【汇编】中一 1356

都首领　洮州巴毡角，又作巴珍觉
【长编标】248/6063
【长编影】248/23 下
【汇编】中四 3911

都首领　丰州藏才族王甲
【长编标】10/233
【长编影】10/15 下
【宋会要】方域 21 之 9/7665
【汇编】上 40

都首领　冶坊砦郭厮敦，又作郭干苏都
【宋史】492/吐蕃传/141610
【长编标】90/2068
【长编影】90/1 下
【汇编】中一 1581、1582

都首领　青宜结鬼章
【宋史】15/神宗纪 2/294
【长编标】285/6991
【长编影】285/18 下

【汇编】中四 4050

都首领　泾原路樊家族九门客厮铎，又作开斯多卜
【宋史】491/党项传/14148
【长编标】91/2102
【长编影】91/5 下
【汇编】上 31；中一 1589

都首领　西凉府六谷潘罗支，又作博啰齐
【宋史】485/夏国传上/13989
【宋会要】蕃夷 7 之 15/7847
【长编标】49/1079；56/1228、1240
【长编影】56/4 上
【汇编】上 56；中一 1376、1398

晋州清边弩手　依例支给
【范文正公集】年谱补遗/7 下
【汇编】中二 2114

夏国首领　人多保忠
【长编标】467/11153
【长编影】467/8 上

夏国首领　梁乙逋，又作梁叶普
【长编标】465/11101
【长编影】465/4 下

夏国首领　卧勃哆
【长编标】316/7651
【长编影】316/13 上
【汇编】中四 4187

夏国首领　德靖寨蕃官劫略西界财富，差官还夏国首领
【长编标】229/5579；267/6548；348/8354；467/11153
【长编影】229/13 上；267/7 下；348/12 上；467/8 上
【汇编】中四 3742、3998

夏酋　张元、吴昊闻夏酋有意窥中国，遂叛往之
【宋史】331/卢秉传/10671
【桯史】1/6
【汇编】中二 1937；中五 4608

捉生
【长编标】104/2409；123/2902；127/3017；147/3565；154/3740；217/5278；221/5368；245/5955；311/7551；336/8098；342/8223；343/

8236；385/9379；514/12225

【长编影】104/10 上；123/10 上；127/13 上；
147/11 上；154/5 上；217/7 上；221/2 上；
245/6 上；311/18 上；336/6 下；342/5 上；
343/2 下；385/7 下；514/15 上、15 下

【宋会要】兵 18 之 12/7063

【汇编】中四 4498

唃厮啰首领 又作嘉勒斯赉

【长编标】190/4601

【长编影】190/22 下

般擦 吐蕃

【长编标】277/6784；285/6991；286/7000；412/
10020、10025、10026、444/10680、10682

【长编影】277/15 上；285/18 上；286/6 上；
412/3 上、7 上、7 下；444/2 上、3 下

【汇编】中四 4023、4050、4053

般擦 吐蕃朱智用

【长编标】487/11570

【长编影】487/8 上

【汇编】中六 5302

般擦首领 吐蕃

【长编标】277/6784

【长编影】277/15 上

部长 夏景宗李元昊每举兵，必率部长与猎，
发兵召部长面受约束

【宋史】485/夏国传上/13987、13993、13995

【汇编】上 61、62

部酋 边人习俗，部酋首领世代承袭

【长编标】389/9472

【长编影】389/19 下

【汇编】中五 4788

部首领 吹麻城张族张小哥，吹麻城又作吹莽
城，张小哥又作张硕噶

【宋史】492/吐蕃传/14159

【长编标】88/2013

【长编影】88/3 上

【汇编】中一 1560、1567

十一画

副军主 宋朝封授

【长编标】101/2344；137/3278；188/4529；240/

5834；285/3991；302/7351；380/9235；421/
10183；465/11109；466/11135；497/11834

【长编影】101/12 下；137/3 上；188/4 下；240/
10 上；285/18 下；302/8 上；380/147 下；
421/1 上；465/11 下；466/9 上；497/17 上

副首领 西夏斯允中

【东原录】34 下

【汇编】补遗 7314

副首领 勒浪树李儿门遇兀

【宋史】491/党项传/14141

【汇编】上 24

副首领 勒浪族遇兀

【宋史】491/党项传/14142

【宋会要】方域 21 之 3/7662

【汇编】上 25、35

族长 委河湟部落族长催促租课

【宋会要】食货 63 之 50/6011

【汇编】中六 5853

族长 吐蕃

【长编标】237/5769

【长编影】237/11 下

【汇编】中四 3798

族首领 龛谷便嗢

【宋会要】方域 21 之 20/7671

【汇编】中一 1406

渠帅

【宋史】271/石曦传/6 下/9289；466/窦神宝传/
13600

【临川集】87/检校太尉赠侍中正惠马公神道碑/
7 下

【香溪集】21/徐忠壮（徽言）传/1 下

【汇编】中一 938、1052、1057；下 6089

敢勇

【长编标】131/3100；138/3322；293/7146；297/
7227；334/8035；402/9790；403/9820；419/
10154；438/10554；466/11138；469/11213；472/
11269；501/11939；505/12045；516/12290；518/
12340

【长编影】131/7 上；138/13 上；293/1 下；
297/10 上；305/7 下；334/5 下；402/12 下；
403/19 上；419/10 上；438/1 下；466/11
下；469/12 上；472/10 上；501/9 下；505/

17 上；516/24 上、24 下、25 上；518/21 上
【宋会要】兵 18 之 12/7063
【汇编】中四 4094、4111

十二画

番官 令征揽哥赵令京
【乐城集】29/西掖告词/16 上
【汇编】补遗 7157
强酋
【长编标】404/9837
【长编影】404/8 上
【东坡全集】37/赦文/30 上
【汇编】中五 4844、4920、4930
强首
【宋大诏令集】239/赐阿里骨诏（元祐三年七
月辛亥）/939

十四画

辖征首领 瞎药
【宋史】328/王韶传/10580
【汇编】中四 3793
豪酋 王韶用熙河归顺豪酋
【奏议标】139/范纯粹·上哲宗乞不妄动以观成
败之变/1569
【奏议影】139/范纯粹·上哲宗乞不妄动以观成
败之变/4827
【东坡全集】25/奏议/6 上
【汇编】中五 4887
豪首 出界招纳
【长编标】324/7811
【长编影】324/14 上
【汇编】中四 4327
寨户
【长编标】74/1697；85/1941；86/1982；87/1992；
90/2072；174/4210；212/5162；246/5999；253/
6186；261/6355；263/6435；279/6846；281/
6892；375/9089；412/10030
【长编影】74/15 下；85/6 上；86/16 上；87/4
上；90/5 上、16 下；174/17 下；212/18 上；
246/21 上；253/1 上；261/1 上；263/16 上；

279/24 下；281/10 下；375/4 上；412/12 上
寨主
【长编标】301/7326；332/8005
【长编影】301/6 下；332/9 下
【宋会要】方域 12 之 3/7521
【汇编】中四 4106、4463

十五画

蕃丁 立陕西蕃丁法
【宋史】15/神宗纪 2/289
【汇编】中四 4000
蕃弓箭手
【宋史】190/兵志 4·河东陕西弓箭手/4714、
4715
【长编标】251/6133；297/7222；308/7491；313/
7592；314/7604；323/7791；325/7821；329/
7920；356/8519；372/9020；479/11411；505/
12045
【长编影】251/22 下；297/5 下；308/14 下、15
上；313/10 上；314/4 下；323/14 下；325/7
上；329/7 上；356/11 上；372/17 上；479/
10 上；505/17 上
【宋会要】食货 39 之 32/5504；兵 4 之 10/6825、
4 之 11/6825、8 之 22/6898、8 之 27/6900、
17 之 24/7049、24 之 30/7193；方域 8 之 27/
7454
【东都事略】86/徐禧传/5 上
【汇编】中四 3937、3938、4092、4093、4099、
4114、4130、4131、4143、4258、4320、
4333、4334、4400；中五 4631、5198；下
6485
蕃中管兵首领 蕃中管兵首领惟结吴捉最为雄
盛
【宋会要】蕃夷 6 之 30/7833
【汇编】中五 5264
蕃汉弓箭手
【宋史】29/高宗纪 6/542
【金史】98/完颜纲传/2175
【长编标】125/2957；225/5494、5495；279/6845；
280/6866；331/7982；357/8549；434/10469；
466/11132；472/11268；508/12096、10109

【长编影】125/17 上；225/24 上；279/23 上；280/15 下；331/14 上；357/17 下；434/12 上；466/3 上；472/9 下；508/2 上、2 下、12 下、13 上

【宋会要】兵 28 志 33/7286

【汇编】中五 4634、4972、4973、4974、4975、5101、5151、5161；下 6523、6817

蕃汉贼员 诏李元昊界蕃汉贼员能率族归顺者，等第推恩

【长编标】23/2913

【长编影】23/19 下

蕃汉职员 诏陕经略司遣人谕李元昊界蕃汉职员首领能率部族归来者，并不次第迁擢之

【长编标】129/3054

【长编影】129/4 下

蕃汉熟户弓箭手 范仲淹、刘沪、种世衡专务整辑蕃汉熟户弓箭手

【宋史】190/兵志 4·弓箭手/4726

【东坡全集】33/奏议·乞增修弓箭社条约状/24 上

【汇编】中五 5222、5223

蕃臣 指李元昊

【宋史】291/吴育传/9728

【汇编】中二 1781

蕃兵 熙宁八年诏李承之参定蕃兵法

【宋史】191/兵志 5/4759

【宋会要】食货 2 之 4/4827；兵 27 之 37/7265、28 之 11/7275、28 之 27/7283、28 之 41/7290

【汇编】中四 4000

蕃兵将

【长编标】331/7982；335/8076；341/8207；348/8341；351/8408；401/9768；485/11528；494/11744；499/11875；507/12072；508/12097；510/12146；514/12218；517/12304

蕃官

【宋史】7/真宗纪 2/121；8/真宗纪 3/60；14/神宗纪 1/272；15/神宗纪 2/290；17/哲宗纪 1/319；18/哲宗纪 2/348；176/食货志上 4·屯田/4268；190/兵志 4·河东陕西弓箭手/4714；190/兵志 5/4757；191/兵志 5·蕃兵/4755、4757、4759、4760、4761；185/食货志下 7/4529；198/兵志 12/4935；286/蔡延

庆传/9638；292/程戡传/9756；323/马怀德传/10467；330/傅求传/10622；332/赵卨传/10686；334/刘沪/10495；350/王君万传/11070；452/高敏传/13285；467/卢守懃传/13637；492/吐蕃传/14156、14157

【长编标】20/465；52/1135；53/1158；54/1178；55/1211；57/1255；64/1432；71/1589；87/1990；88/2027；90/2084、2085；91/2109；95/2193；102/2365；103/2390；115/2691；120/2832；125/2941；126/2966；127/3008；128/3044；131/3093；132/3142、3154；134/3197；152/3698；154/3748；156/3787；157/3797；160/3875；167/4022；173/4139；208/5066；212/5158；221/5386、5390；224/5450；228/5557；238/5803；242/5906；244/5942；247/6012、6014；248/6059；249/6069；251/6118；253/6198、6194；255/6232；259/6316；260/6332、6345；262/6403、6407；264/6477；267/6547、6548；268/6559；272/6659；273/6676、6687、6695；275/6723、6726；277/6781；280/6866；281/6894；282/6904、6907、6918；283/6924；284/6960；289/7078；291/7111；296/7204；297/7218；298/7240、7252、7257；299/7279；311/7547；316/7645；354/8480；317/7691；319/7700；321/7749；325/7816；326/7848、7856；327/7864、7876；329/7916；331/7970、7980；332/7998；339/8167；341/8206、8215；343/8250；345/8271、8284；346/8314；347/8337；348/8344；349/8369、8377；350/8389、8390；351/8404、8408；354/8480、8485；357/8531；359/8586；371/8985；372/9020；375/9091；378/9174；384/9349；389/9467；398/9699；406/9877；407/9897、9916；408/9924、9942；409/9977；417/10127；434/10467；444/10693；457/10944；467/11154；470/11220；471/11244；474/11307；476/11343；486/11544；487/11570；492/11678；493/11706；495/11771；496/11806；501/11931；506/12051；510/12133；511/12167；514/12218；516/12275；517/12301；518/12332；520/12354

【长编影】20/20 上；52/5 上；53/3 下；54/3 上、3 下、5 下、12 上；55/9 下；64/8 上；71/3 上；87/2 下；88/14 上；90/15 下、16

下；91/11 下；95/14 下；102/15 下；103/15
上；115/4 上；120/12 上；125/3 下；126/1
下；127/5 上；128/17 下；131/1 下；132/17
上、28 下；133/10 上；134/10 上；147/11
下；152/2 上；154/12 上；156/9 下；157/1
下；159/11 上；172/9 上；183/6 上；192/2
下；195/11 下；208/14 上、17 下；212/14
下；213/5 下；216/9 上；217/7 上；221/13
下、18 上；224/11 上；228/15 下；233/16
下；234/3 下；235/13 上；238/16 上；239/3
下；242/15 上；244/9 下、14 下；245/17
下；247/6 上；248/20 上；249/3 下、9 下；
251/22 下；253/7 下、10 上；259/7 上；
260/14 下；262/30 上；267/7 下；268/1 上；
273/2 下、12 下、18 上；275/3 下、6 上；
280/15 上；281/12 上；282/17 上；289/16
下；291/2 上；296/9 上；297/2 下；298/11
下、15 下；309/10 下；311/15 上；316/6
下；318/11 上；321/11 下；326/9 下、16
下；327/1 上、10 下；329/15 上；332/3 下；
334/5 上；335/19 下；337/10 下；337/4 下；
339/8 上；340/12 下；341/10 上、11 下、18
下；342/5 上；343/14 上；345/1 上、11 下；
346/12 上；347/12 下、15 下；348/3 下、16
下；349/3 下、9 下；350/8 上；351/3 上、5
上；353/5 下；354/10 上、14 上；357/2 下；
359/6 下；370/6 上；371/15 上；372/17 上；
375/5 上；378/1 上；384/1 上；389/17 上；
398/2 下；406/1 上、10 上；407/3 下、19
下；408/20 下；409/23 上；412/9 上；417/6
下；419/10 上；434/12 上；444/13 上；457/
7 下；466/8 上、13 上；467/9 上；470/2 下；
471/7 下；474/8 上；479/4 上、7 上；480/
11 下；485/9 上；486/5 下；487/8 上；489/
8 下；493/11 下、26 下；495/8 上；496/14
上、18 上；498/20 上；499/9 上、19 下；
501/3 上；503/1 下；504/8 上、17 下、20
下；505/10 下；506/3 上、11 下；509/10
下；510/2 下、8 上、17 下；514/8 下、13
上、19 下；516/10 下、20 下；517/7 下；
518/14 上；520/2 下

【宋会要】礼 9 之 10/533；仪制 5 之 19/1925、9
之 9/1992、10 之 16/2012、10 之 26/2017、
10 之 37/2022；职官 43 之 59/3303、43 之
85/3316、56 之 18/3634、57 之 13/3658、57
之 49/3676、65 之 22/3857、66 之 6/3871、
66 之 7/3871、66 之 21/3878、66 之 37/3886；
选举 25 之 13/4639；食货 2 之 4/4827、63 之
76/6024；兵 4 之 7/6823、4 之 26/6833、4 之
27/6833、4 之 28/6834、8 之 28/6901、14 之
15/7000、17 之 2/7038、17 之 4/7039、17 之
5/7040、17 之 5/7040、17 之 17/7046、18 之
3/7059、18 之 19/7067、24 之 21/7189、27
之 20/7256、27 之 34/7263、27 之 38/7265、
28 之 1/7270、28 之 2/7270、28 之 6/7272、
28 之 12/7275、28 之 27/7283、28 之 37/
7288；方域 18 之 10/7614、19 之 1/7626、19
之 2/7626、21 之 17/7669；蕃夷 6 之 28/
7832、6 之 32/7834、6 之 33/7835、6 之 37/
7837

【宋大诏令集】218/延州保安军德音（康定元年
二月丙午）/835

【奏议标】125/范仲淹·上仁宗乞令陕西主帅并
带押蕃部使/1378、吕海·上英宗请重造蕃部
兵帐/1379、范纯仁·上哲宗论蕃官久例在汉
官之下/1380、范纯粹·上哲宗乞不许蕃官自
改汉姓/1381、范纯粹·上徽宗乞令蕃官不得
换授汉官差遣/1381、1382；138/范纯仁·上
哲宗答诏论西事/1556

【奏议影】125/范仲淹·上仁宗乞令陕西主帅并
带押蕃落使/4254、吕海·上英宗请重造蕃部
兵帐/4255、范纯仁·上哲宗论蕃官酒例在汉
官之下/4258、4259、范纯粹·上哲宗乞不许
蕃官自改汉姓/4260、范纯粹·上徽宗乞令蕃
官不得换授汉官差遣/4261、4262、4263、
4264；138/范纯仁·上哲宗答诏论西事/4783

【长编纪事本末】139/9 上

【三朝北盟会编】95/1 上

【系年要录】2/37；66/1125；198/3351

【东都事略】58/韩绛传/3 下；86/沈括传/4 上

【东坡全集】21/3 马图赞并引页/10 上；35/制
救/8 上；38/救书/3 上

【乐全集】22/奏第二状/22 下；28/西掖告祠/6 下

【册府元龟】976/11469 上

【汉滨集】15/故客省使雄州防御使泾原路兵马
钤辖兼第十一将郭公（成）行状/19 上

330/李参传/10619

【长编标】47/1016；56/1230；127/3008；164/3945；241/5886；255/6231；261/6357；375/9091；508/12102；520/12356

【长编影】47/6 下；56/6 上；127/5 上；164/3 上；241/11 下；255/2 上；375/5 上；498/13 下；508/7 下；520/2 下

【宋大诏令集】181/给地养马御笔（大观元年十月二日）/655

【奏议标】125/范纯仁·上哲宗论蕃官久例在汉官之下/1380

【奏议影】125/范纯仁·上哲宗论蕃官久例在汉官之下/4259

【中吴纪闻】2/2 上、7 下

【元刊梦溪笔谈】13/21

【鸡肋集】29/庆州新修帅府记/12 下

【范文正公集】年谱/25 下；范公神道碑/3 上

【名臣碑传琬琰集】中集 15/吕谏议公绰墓志铭/636

【汇编】中一 1213、1475；中二 1999、2611、2626、2674、2704、2710；中三 3171、3418、3538；中四 3797、3830、3962、3983；中五 4719、4724、4851、4943；中六 5396、5513、5668、5842

蕃勇敢

【长编标】228/5557；230/5592；245/5968；246/5998；252/6156；265/6485；273/6687；281/6892

【长编影】228/16 下；230/6 下；245/17 下；246/20 下；252/8 下；265/1 上；273/12 下；281/10 下

【汇编】中四 3744、3874、3885、3942、3993、4016、4038

蕃捉生

【宋史】190/兵志 4/4715

【长编标】147/3565；222/5399；281/6883；308/7491；330/7946；438/10554；512/12187；519/12350

【长编影】147/11 上；222/2 上；281/3 上；308/14 下、15 上；330/1 下；438/1 下；512/11 上；519/8 下

【宋会要】兵 4 之 17/6828

【汇编】中四 4036、4114、4432

蕃部首领　延州

【范文正公集】年谱补遗/8 下

【汇编】中二 2140

蕃部首领　鄜延曹守贵

【宋史】9/仁宗纪 1/181

【汇编】中一 1647

蕃部首领　厮铎论，又作斯多伦

【长编标】103/2383

【长编影】103/8 下

【宋会要】兵 27 之 21/7257；职官 46 之 27/3834

【汇编】中一 1635、1638、1639

蕃部首领

【长编标】5/136；45/972；123/2907；212/5143；364/8725

【长编影】5/17 下；45/15 下；123/13 下；212/1 上；364/25 上

【宋会要】兵 27 之 22/7257；职官 27 之 35/2954

【范文正公集】9/答赵元昊书/6 下

【汇编】中一 1214、1225；中二 1792、2172、2295；中五 4660

蕃敢勇

【宋史】190/兵志 4/4715

【长编标】245/5964；308/7491；320/7731；335/8071；336/8102

【长编影】245/13 下；308/14 下、320/10 下；335/9 下；336/10 上

【汇编】中四 3872、4114、4262、4263、4487、4499

镇戎军弓箭手　凡五十四指挥，并为三指挥

【宋会要】兵 4 之 2/6821

十六画

赞普　唃厮啰

【宋会要】蕃夷 4 之 6/7716

赞普　钱道，又作嘉木布、沁布

【长编标】82/1877；85/1949；86/1979

【长编影】82/14 下；85/13 下；86/13 下

【宋会要】蕃夷 6 之 2/7819

十七画

戴金环大首领　西夏

【长编标】494/11730

【长编影】494/4 上

【汇编】中六 5354

邈川大首领 温溪心，又作温锡沁

【宋史】18/哲宗纪 2/351

【长编标】360/8608；493/11706；501/11931；
506/12058

【长编影】360/2 上；493/11 下；501/3 上；
506/8 下

【汇编】中五 4640；中六 5344、5425、5485

邈川大首领 唃厮啰，又作嘉勒斯赍

【宋史】492/唃厮啰传/14162

【长编标】123/2901；111/2587

【长编影】123/9 上

【乐全集】19/平戎十策及表/13 下

【宋朝事实类苑】56/杨文公谈苑/743

【汇编】中一 1759；中二 1780、1788、2235

邈川酋长 王瞻等领兵入青唐，邈川酋长封库
藏赍簿书笼钥请以献

【宋会要】职官 67 之 34/3904

邈川首领 西蕃赊罗撒

【宋史】19/徽宗纪 1/362

【汇编】中六 5711

邈川首领 温逋

【元刊梦溪笔谈】25/31

【汇编】中一 1564

邈川首领 温逋奇

【乐全集】22/秦州奏人唃厮啰事/20 上

【汇编】中一 1394

邈川首领 瞎征，阿里骨子

【宋史】18/哲宗纪 2/346；19/徽宗纪 1/358；
121/礼志 24・受降献俘/2838

【汇编】中六 5267、5676、5677

邈川首领 瞎毡，又作辖戬

【长编标】153/3726

【长编影】153/12 上

邈川首领 阿里骨，董毡养子

【宋史】17/哲宗纪 1/321；18/哲宗纪 2/345

【东坡全集】37/敕文/30 上

【汇编】中五 4671、4920、5252

邈川首领 结药，又作结约特

【长编标】402/9789

【长编影】402/12 上

【汇编】中五 4835

邈川首领 温溪心，又作温溪沁

【长编标】455/10912；467/11153

【长编影】455/10 下；467/8 上

【汇编】中五 5058、5113

邈川首领

【宋史】492/唃厮啰传/14162

【长编标】487/11570；512/12188

【长编影】487/8 上；512/11 下

【欧阳文忠公全集】102/奏议/1 下

【汇编】中一 1759；中二 2804；中六 5302、
5562

邈川首领 唃厮啰，又作嘉斯斯赍

【长编标】122/2887；127/3008；158/3823；169/
4073；197/4774；202/4891、4896

【长编影】127/5 上

【宋大诏令集】239/谕邈川首领唃厮啰诏（康定
元年二月庚□）/935

【东都事略】129/附录 7・西蕃/2 上

【涑水记闻】12/5 下

【汇编】中一 1684；中二 1917、1992、1999

十八画

藩臣 赵德明、赵元昊

【宋史】325/刘平传/10501

【长编标】123/2898

【长编影】123/6 下

【欧阳文忠公全集】32/资政殿大学士尚书左丞
赠吏部尚书正肃吴公墓志铭/8 上

【汇编】中二 1785、1866

二十三画

麟州弓箭手

【宋会要】兵 4 之 15/6827

国名、纪年与社会风俗卷

一、国名

（一）西夏的各种称谓（如大夏、夏、西夏、大白高国、西朝等）

三画

大夏　西夏国在汉文公文、碑刻中的自称，辽金宋对西夏平等的称谓

【宋史】485/夏国传上/13990、13996

【金史】38/礼志 11/873；62/交聘表下/1487；124/乌古孙仲端传/2701

【长编标】122/2882

【长编影】122/10 下

【奏议标】131/富弼・上仁宗论西夏八事/1447

【奏议影】131/富弼・上仁宗论西夏八事/4445

【东都事略】127、128/附录 5、6

【皇宋十朝纲要】5/9 下

【元刊梦溪笔谈】25/3

【范文正公集】年谱/20 上

【涑水记闻】9/3 下

【北京图书馆善本室藏拓片】重修护国寺感通塔碑

【陇右金石录】4/黑河建桥敕碑/62 上

【嘉靖宁夏新志】2/寺观・大夏国葬舍利碣铭/44 下

【中国藏西夏文献】18/黑水河建桥敕碑汉文铭文/10031、武威西郊西夏墓汉文朱书木牍/267

【汇编】上 63、103、142、147、151；中一 1751、1752、1756、1757；下 6876、6890、6954

大夏国　西夏国自称

【长编标】119/2814

【长编影】119/17 上

五画

宁夏　当为西夏之误

【归潜志】10/6 下

【汇编】下 6830

六画

邦泥定国　又作邦泥鼎国，大白高国西夏语称

【宋史】485/夏国传上/13998

【长编标】139/3343

【奏议标】133/范仲淹等・上仁宗论元昊请和不可许者三大可防者三/1487

【奏议影】133/范仲淹等・上仁宗论元昊请和不可许者三大可防者三/4574

【安阳集】家传 3/14 下

【汇编】上 65；中二 2750

邦泥鼎国　又作邦泥定国，大白高国西夏语称

【长编影】139/6 下

【汇编】中二 2667

西界　宋朝对西夏的称谓

【宋史】9/仁宗 1/181；11/仁宗 3/219；12/仁宗 4/239；15/神宗纪 2/278、279；17/哲宗纪 1/318；35/孝宗 3/667；86/地理志 2・河北路/2137；87/地理志 3・陕西路/2151；162/职官志 2・枢密院/3798；186/食货志下 8・互市/4564；196/兵志 10/4901

【金史】50/食货志 5・榷场/1114

【长编标】35/768；84/1922；99/2297、2302；100/2316；101/2342；117/2745；124/2920；130/3079；138/3310；140/3358；145/3502；146/3536、3537；149/3600、3608、3613；152/3698、3708、3709；153/3728；154/

3740；155/3768、3769、3773；156/3787；157/3805、3807、3811、3812、3813；158/3821、3827；168/4039；177/4282；179/4323；183/4431；192/4636；193/4679、4680；216/5251、5255、5260；220/5337；221/5368、5386；224/5457；228/5541、5542、5552；232/5636、5637；234/5674、5679；235/5919；242/5906；243/5925；245/5968；257/6272；267/6548；270/6621；271/6636；273/6688、6696、6697；275/6723；277/6781；280/6860、6867；284/6949、6960、6964；287/7033；290/7086、7101；294/7169；295/7181；296/7213；297/7218；298/7240；299/7277；300/7297、7300；301/7330；306/7449；312/7578；315/7624、7628、7630；316/7642；318/7680、7691、7694；319/7700、7703、7707；320/7729、7731；321/7749；327/7875；328/7892、7897、7908；329/7915；330/7947、7956；333/8017、8024；334/8046、8057；335/8066、8071；336/8094；339/8171；341/8214；346/8315；349/8367；354/8475、8478；356/8507、8517、8519；357/8531；360/8608；366/8795；368/8862、8874；378/9174、9175；379/9201、9204、9206；380/9225、9227、9238、9241；382/9307；385/9376；389/9468、9470；405/9871；406/9877；407/9916；408/9939；409/9977；413/10037；421/10188；434/10469；437/10546；442/10636；444/10684；452/10846；462/11042；464/11091、11092；465/11105；468/11188；470/11227；471/11238、11244、11245；474/11310；479/11401、11407；485/11518；487/11570；489/11603、11607；491/11650、11663；493/11716；494/11754、11756；495/11763、11784；497/11833；498/11849、11850；499/11873、11885；501/11929；503/11977、11984；504/12004、12005、12017；505/12029、12030、12031、12032、12035、12041；506/12051、12054、12061；507/12077、12080、12081；508/12099；510/12138、12140；511/12154、12155、12160、12165、12167、12169、12170；512/12187；513/12200、12202；515/12260；516/12272、12275；518/12327

【长编影】35/3 下；84/10 下；99/6 上、11 上；100/7 上；101/11 上；117/1 上；124/3 上；130/1 上；138/1 下；140/1 上；145/8 下；146/9 上；149/3 下、10 下、15 上；152/2 上、11 上、12 上；153/13 下；154/5 上；155/10 下、11 上、14 下；156/9 下；157/8 下、9 上、10 下、14 上、14 下、15 上、15 下；158/4 上、10 上；168/8 上；177/5 上；179/1 下；183/8 上；192/3 上；193/17 上、17 下；216/1 上、4 下、9 上；220/13 上；221/2 上、18 上；224/17 上；228/2 下、3 下；232/8 下；234/4 上；235/21 下；242/15 上；243/13 下；245/17 上；257/3 下；267/8 上；270/2 下；271/4 下；273/12 下、19 下；280/10 上；284/4 上、14 上、16 下；287/19 下；290/1 下、14 下；294/8 上；295/5 上；296/17 上；297/2 下；298/1 下；299/12 上；300/1 上、3 下；301/10 下；306/12 上；312/17 下；315/9 上、12 上、14 上；316/5 下、6 上；318/1 上、11 上、13 上；319/2 上、4 上；320/10 上、10 下；321/12 上；327/11 上；328/2 上、6 下、16 上；329/2 下；330/3 上、10 上；333/4 上、11 上；334/14 上、24 上；335/5 上、9 下；336/3 下；339/11 上；341/18 上；346/12 下；349/2 下；354/6 上、8 上；356/1 上、9 上、11 上；357/2 下；360/3 下；368/12 下、22 下；378/2 上；379/5 上、7 下、10 上、10 下；380/6 上、7 上、17 上；382/9 下；385/3 下；389/18 上、19 下；405/9 下；407/19 下；408/18 上；409/23 上；413/5 上；421/5 下；444/4 上；452/3 上；464/17 下；465/7 下；468/19 下；470/9 下；471/1 下、7 上；474/10 上；479/1 下、7 上；485/1 上、16 上；487/8 下；489/6 下、10 上；491/4 下；493/20 上；494/24 下、26 上；495/1 上、18 下；497/15 下；498/8 上、9 上；499/2 下、13 下；501/1 下；503/8 上、13 上；504/7 上、18 上；505/4 上、5 上、5 下、6 上、6 下；506/3 上、5 上、11 下；507/4 下、7 下、8 下；508/4 下；510/7 下、9 上；511/1 下、6

下、10 下、13 上、14 下、15 上；512/11 上；
513/7 下、9 上；515/22 下；516/8 上、10
下；518/9 下
【长编纪事本末】83/8 下
【宋会要】职官 66 之 6/3871；食货 23 之 38/
5193、38 之 31/5482、49 之 20/5643；兵 4 之
4/6822、14 之 20/7002、17 之 5/7040、21 之
7/7128、22 之 6/7146、27 之 34/7263、27 之
38/7265、27 之 39/7266、27 之 41/7267、28
之 1/7270、28 之 6/7272、28 之 38/7288；方
域 12 之 5/7522、19 之 20/7635、21 之 8/
7665；蕃夷 2 之 30/7707、6 之 7/7822、6 之
28/7832、7 之 38/7858
【奏议标】125/吕海·上英宗请重造蕃部兵帐/
1379；137/刘述·上神宗论种谔擅入西界/
1532；138/范纯仁·上哲宗答诏论西事/
1556；139/孙觉·上哲宗乞弃兰州/1568、范
纯粹·上哲宗乞不妄动以观成败之变/1569、
范育·上哲宗论御戎之要
【奏议影】125/吕海·上英宗请重造蕃部兵帐/
4255；137/刘述·上神宗论种谔擅入西界/
4709；138/范纯仁·上哲宗答诏论西事/
4782；139/孙觉·上哲宗乞弃兰州/4818、范
纯粹·上哲宗乞不妄动以观成败之变/4823、
范育·上哲宗论御戎之要/4838
【安阳集】35/奏状/5 下；家传/6/17 上
【乐全集】22/奏第二状/22 下
【武经总要】前集 17/18 下、17/19 上
【范文正公集】遗文/又奏牵制西夏事/9 上
【栾城后集】13/颍滨遗老传下/7 上
【涑水记闻】11/8 上
【汇编】上 40；中三 2843、2846、2899、2915、
2954、2988、3001、3039、3065、3070、
3078、3088、3094、3133、3217、3268、
3292、3315、3344、3383、3431、3446、
3453、3462、3468、3472、3475、3492、
3501、3507、3545、3609、3611、3614、
3635、3650、3660、3661、3674、3686、
3705、3725；中四 3762、3784、3849、3856、
3873、4003、4016、4018、4034、4046、
4047、4067、4088、4090、4095、4101、
4103、4104、4107、4182、4212、4218、
4222、4227、4231、4261、4263、4280、
4281、4382、4388、4397、4432、4438、
4470、4475、4485、4487、4496、4526、
4527、4542；中五 4585、4602、4624、4625、
4629、4631、4633、4640、4689、4725、
4726、4727、4732、4737、4738、4739、
4762、4779、4786、4786、4885、4908、
4909、4910、4915、4924、4936、4955、
5006、5048、5078、5087、5090、5120、
5144、5146、5189、5191、5245、5257

西夏　宋朝对党项夏国的称谓
【宋史】6/真宗纪 1/116；14/神宗纪 1/266；
15/神宗纪 2/279；17/哲宗纪 1/323；32/高
宗纪 9/603；34/孝宗纪 2/643、644；67/五
行志 5/1483；87/地理志 3/2149、2150；92/
河渠志 2/2292；186/食货志下 8·互市舶法/
4563；191/兵志 5·蕃兵/4755、4757、4761；
246/信王榛传/8728；251/慕容德丰传/8836；
253/李继周传/8870；257/吴廷祚传/8948；
259/郭守文传/8999；266/王诏传/9189；
268/周莹传/9226；273/姚内斌传/9341、
9343、马仁瑀传/9346；276/张从吉传/9406；
277/张鉴传/9416；281/寇准传/9534；282/
王旦传/9545、9547、李沆传/9539、向敏中
传/9557、9558；285/陈执中传/9603；288/
任布传/9683；295/尹洙传/9835、谢景温传/
9848、叶清臣传/9852；302/鱼周询传/
10013；303/范育传/10050；308/张煦传/
10149；309/谢德权传/10165；310/李肃之传
/10177；311/吕夷简传/10210；312/王珪传/
10242、韩忠彦传/10230；313/富弼传/
10250；314/范纯祐传/10276、范纯粹传/
10279、10281、范纯仁传/10287、10293；
320/王素传/10402；326/张昷传/10523；
327/王雱传/10551；328/王韶传/10579；
330/任颛传/10618；331/沈括传/10656；
332/李师中传/10678、10692；333/朱光庭传
/10710；334/林广传/10739；336/司马光传/
10760；339/苏辙传/10821、10830、10834；
340/吕大防传/10841、吕大钧传/10847、刘
挚传/10852；341/王存传/10873、孙固传/
10874、赵瞻传/10878、10880；344/孙览传/
10929、孔文仲传/10932、李周传/10935、马
默传/10947；347/张舜民传/11004、11005、

韩川传/11011；348/陶节夫传/11039；349/
郝质传/11049；350/贾岩传/11086、杨应询
传/11089；351/林摅传/11110，355/虞策传/
11193；356/任谅传/11221；364/韩世忠传/
11355；366/吴玠传/11413、吴璘传/11418；
391/留正传/11972；403/张威传/12215；
447/唐重传/13186、徐徽言传/13190、
13191；448/郑骧传/13202；449/曹友闻传/
13235；452/高敏传/13285；456/侯可传/
13406；467/王中正传/13643；471/章惇传/
13712；485/夏国传上/13999；486/夏国传下
/14022、14023、14025；494/西南溪峒诸蛮
下/14190

【辽史】11/圣宗纪2/119；14/圣宗纪5/159；
15/圣宗纪6/173；19/兴宗纪2/229、230；
20/兴宗纪3/248；27/天祚帝纪1/317；36/
兵卫志下·属国军/433；41/地理志5·西京
道/506、515；46/百官志2·北面边防官/
742、748；51/礼志4·宾礼/855；60/食货志
下/932；69/部族表/1104；75/耶律铎臻传/
1239；85/萧塔列葛传/1318；92/萧普达传/
1368、耶律侯哂传/1368、耶律古昱传/1369；
93/耶律铎轸传/1379；95/耶律大悲奴传/
1393；102/耶律余覩传/1443；115/西夏记/
1523、1524、1526、1529

【金史】3/太宗纪/50；8/世宗纪下/191；12/章
宗纪4/281；14/宣宗纪上/309、322；16/宣
宗纪下/355；17/哀宗纪上/378、380；18/哀
宗纪下/400；24/地理志上/549；26/地理志
下/632；50/食货志5/1114；74/宗翰传/
1698；91/结什角传/2017；96/李愈传/2129；
103/完颜仲元传/2266、2299；106/术虎高琪
传/2341、移剌塔不也传/2347；110/杨云翼
传/2421；111/撒合辇传/2448、纥石烈牙吾
塔传/2459；113/白撒传/2485、2486、赤盏
合喜传/2498；123/杨沃衍传/2684、2685；
134/西夏传/2865、2873

【元史】1/太祖纪/5、7、11、13、14、19、20、
23、25；4/忽必烈/72、75；5/世祖纪2/97；
6/世祖纪3/110、111、116；7/世祖纪4/
130、130、135、137、139；8/世祖纪5/152、
165；58/地理志·1中书省·大同路/1386；
60/地理志3/1450、1452；67/礼乐志1/

1664；68/礼乐志2·制乐始末/1691；83/选
举志3/2061；118/李秃传/2922、特薛禅传/
2915；119/木华黎传/2934、孙塔思传/2939；
120/察罕传/2956；122/雪不台传/3009、昔
里钤部传/3011、槊直腯鲁华传/3013；123/
阿术鲁传/3025；124/李祯传/3051；129/李
惟忠传/3155；131/奥鲁赤传/3190、阿术鲁
传/3196；132/昂吉儿传/3213；133/业仙蒲
传/3227、失里伯传/3234；134/刘容传/
3259、朵儿赤传/3254、朵罗台传/3264；
145/亦怜真班传3445；147/史天祥传/3488；
149/刘黑马传/3516、石天应传/3526；150/
耶律阿海传/3549、何实传/3551；152/杨杰
只哥传/3593；153/王檝传/3612；157/张文
谦传/3696、郝经传/3699、3700；167/张立
道传/3915；169/谢仲温传/3977；170/袁裕
传/3999

【长编标】50/1088；68/1538；123/2905；126/
2966；128/3028；137/3285、3296；141/
3382；152/3707；155/3761；156/3781；157/
3805；163/3932；166/3999；192/4639；204/
4936、4949；205/4966；214/5204、5217；
218/5315；220/5345；221/5373；222/5401；
235/5701；247/6025；250/6080、6092；260/
6335；262/6393、6396；264/6466、6477；
273/6683；291/7116；299/7273；312/7566、
7568；313/7584；316/7650；319/7712；323/
7792；329/7923、7926；334/8047；335/
8083；338/8145；345/8280；347/8337；348/
8362；349/8367；351/8405；352/8450；353/
8461；356/8526；360/8608；365/8752；366/
8792、8795；367/8842；368/8885；372/
9009；400/9753；402/9777、9779；404/
9852、9853；405/9864；407/9897；408/
9943；409/9967；443/10658、10659、10660、
10662、10673；444/10687、10688；452/
10848；458/10952；465/11105、11116、
11117；466/11126、11127、11128、11130；
469/11210；474/11313；476/11350；483/
11484、11485；485/11533；487/11570；491/
11665；492/11685；500/11911；501/11943；
503/11974、11984；504/12018；505/12026；
507/12075；509/12113、12124、12125、

12126；510/12142；513/12204；514/12222、12229；516/12289；518/12227；520/12377

【长编影】50/5 下；68/18 下；123/12 上；126/1 下；128/3 下；137/8 下、18 下；141/9 下；152/2 下；155/4 上；156/4 下；157/8 下；163/15 下；166/17 上；192/5 下；204/3 上、14 上；205/4 上；214/22 下；218/21 上；220/10 下；221/6 上；222/3 上；247/17 上；250/1 上、11 下；260/5 上；262/11 下；264/8 下、18 下；273/8 下；291/4 下；299/8 下；312/7 上、9 上；313/3 上；316/12 下；319/11 下；323/15 上；329/8 下、11 上；334/15 上；335/19 下；338/6 下；345/8 下；347/15 下；348/18 下；349/2 上、11 下；351/3 上；352/22 下；353/5 下；356/15 下；360/2 上；365/8 下；366/14 下、17 上；367/21 上；368/33 上；372/4 上、5 上；400/14 下；402/1 下；404/20 下；405/3 下；407/3 下；408/21 上；409/13 下；443/4 下、7 下；444/8 上、8 下；452/6 上；458/1 上；465/7 下、16 下；466/1 上、2 上、3 上；469/8 上；474/11 下；476/13 上；483/5 下、6 上；485/14 上；487/8 上；491/15 上；492/8 下；500/10 下；501/11 上；503/5 上、12 上；504/18 下；505/1 上；507/3 下；509/10 上、11 下；510/10 上；513/10 上；514/12 下、17 下；516/20 下；518/9 下；520/18 下

【东都事略】28/折德扆传/1 上；76/刘奉世传/3 下；82/王韶传/3 上；84/刘昌祚传/4 上；94/吕陶传/6 上；104/折可适传/3 上

【隆平集】20/夷狄传/3 下

【宋会要】礼 50 之 3/1534、58 之 51/1637；职官 1 之 2/2330、1 之 73/2367、1 之 75/2367、47 之 36/3436、66 之 37/3886、68 之 6/3911；选举 16 之 34/4528、16 之 35/4529；刑法 7 之 22/6744；兵 8 之 33/6903、17 之 27/7051、17 之 36/7055、28 之 42/7290；方域 8 之 27/7454；蕃夷 2 之 30/7707、2 之 37/7710、6 之 25/7831、6 之 28/7832

【长编纪事本末】83/8 下、10 上；139/9 上；140/6 上

【蒙兀儿史记】2/木合黎传/5 上、成吉思可汗本纪上/26 下、31 上；3/成吉思可汗本纪下/6 下、8 下、19 上、28 下、29 上、30 上、31 下；4/斡歌歹可汗本纪/2 上；20/王罕传/1 下、20 上、20 下；23/不秃传/8 下；25/乞失里黑传/3 下；28/孛斡儿出传/4 上、纳图儿传/15 上；29/速别额台传/11 上；33/拖雷传/1 上；34/拙赤传/1 下；37/合失传/1 上；40/薛赤兀儿传/10 下；44/脱栾传/1 下、2 下；46/本传/1 上；47/按竺迩传/5 下；48/王德真传/14 上；49/耶律阿海传/1 上；57/蒙古不花传/5 下、阔阔不花传/1 上；60/周献臣传/5 上；76/安西王忙哥剌传/4 下；122/铁迈赤传/3003；154/34 下

【系年要录】4/109；12/271；15/311；16/332；26/519；75/1247；96/1595；125/2046；153/2468；181/3015；191/3202

【奏议标】62/赵瞻·上英宗论差中官为陕西钤辖/686；97/常安民·上哲宗奏为种谊生擒鬼章未称功/1049；134/欧阳修·上仁宗论西鄙议和先防北虏/1490、范仲淹等·上仁宗论和守攻备四策/1496；136/欧阳修·上英宗论西边可攻四事/1525；137/杨绘·上神宗论种谔擅入西界/1533、富弼·上神宗谏西师/1539、富弼·上神宗答诏问北边事宜/1545；138/司马光·上哲宗乞还西夏六寨/1552、1554、吕大防·上哲宗答诏论西事/1557、吕陶·上哲宗请以兰州二寨封其酋长/1559、滕甫·上神宗谏伐西夏/1549、1550；139/苏轼·上哲宗论前后致寇之由及当今待敌之要/1572、范纯粹·上哲宗乞以弃地易被虏之人/1561、1562；140/上官均·上哲宗论弃地非便/1576、1577、苏辙·上哲宗论不可失信夏人/1581

【奏议影】62/赵瞻·上英宗论差中官为陕西钤辖/2276；97/常安民·上哲宗奏为种谊生擒鬼章未称功/3276；134/欧阳修·上仁宗论西鄙议和先防北虏/4581、范仲淹等·上仁宗论和守攻备四策/4599；136/欧阳修·上英宗论西边可攻四事/4689；137/杨绘·上神宗论种谔擅入西界/4711、富弼·上神宗谏西师/4731、富弼·上神宗答诏问北边事宜/4750；138/司马光·上哲宗乞还西夏六寨/4778、吕大防·上哲宗答诏论西事/4785、吕陶·请以

下；35/归田稿·正议大夫江南湖北道肃政廉
访使特赠宣忠效力翊戴功臣大司徒金紫光禄
大夫上柱国夏国公谥襄敏杨公神道碑/6 上

【靖康要录】16/1019

【潞公文集】18/奏议·论夏国册命/5 下；19/
奏议·奏西夏誓诏事/5 下；26/奏议·缴进
元丰答诏/3 下；27/奏议·答奏/6 下

【民族研究】1979 年第 1 期/大元肃州路也可达
鲁花赤世袭之碑/69

【金石萃编】147/折克行神道碑/1 上

【陇右金石录】4/［附录］重修护国寺感通塔
碑考释/56 上、［附录］黑河建桥敕牒考释/
62 下、［附录］大夏国葬舍利碣铭考释/64
下

【稽古录】20/93 上

【万历宁夏志】上/名僧/23 下

【宁夏府志】2/沿革/18 下、19 上、20 上；3/
山川·宁夏·宁朔县/1 上；4/古迹·平罗县
/15 下、古迹·灵州/17 上、17 下、陵墓/19
下

【平远县志】10/文艺·预旺城城隍庙记/51 下

【弘治宁夏新志】2/永济和尚、黑禅和尚/36 上

【正德大名府志】10/38 上、40 下

【甘肃新通志】6/舆地志·山川上·平凉府·静
宁州/19 上；8/舆地志·形胜·兰州府·狄
道州/2 下；9/舆地志·关梁·甘州府·张掖
县/92 下、舆地志·关梁·庆阳府·合水县/
59 上；13/舆地志·古迹·兰州府·皋兰县/
2 上、2 下、舆地志·古迹·平凉府·静宁州
/10 下、舆地志·古迹·固原直隶州·平远
县/12 下、舆地志·古迹·宁夏府·灵州/35
下；14/建置志·城池/43 上、建置志·城池
/45 上；29/祠祀志·祠宇下·甘州府·张掖
县/52 上、53 上、53 下/祠祀志·祠宇下·
西宁府·西宁县/31 下；97/轶事/16 上

【吴堡县志】序/1 上

【河南通志】55/名宦中·卫辉府/87 下

【陕西通志】7/疆域 2/40 上

【榆林府志】5/建置志·沿革/1 下、2 上、2
下、4 上、4 下

【横山县志】1/地理志·古迹/13 上；1/地理志
·古迹/14 下；2（柬顺斋石印本）/26 上

【中国藏西夏文献】18/元代西夏僧人墨书题记/
254

【汇编】上 66、88、89、91、117、118、119、
120、122、133、144、145、148、152、179、
180、195、221、234、239、243、260、269、
271、289、299、301、323、326、338、356、
365、368、370、376、384、390、394、398、
400、405、478、504、508、513、515、553、
558、559、562、564、565、567、569、570、
571、574、575、583、592、860；中一 936、
946、957、962、971、1018、1029、1056、
1143、1160、1164、1192、1254、1286、
1323、1324、1337、1382、1407、1411、
1456、1470、1472、1515、1580、1601、
1678、1693、1709、1727、1762；中二 1791、
1858、1891、1912、1914、1934、1936、
2009、2023、2320、2372、2433、2478、
2520、2523、2533、2535、2639、2692、
2701、2722、2727、2767、2775、2801、
2833；中三 2880、2950、2965、2973、2988、
2989、3010、3033、3045、3049、3074、
3114、3116、3127、3138、3149、3201、
3210、3227、3257、3275、3277、3294、
3295、3314、3324、3328、3360、3377、
3380、3381、3403、3418、3431、3451、
3457、3466、3467、3470、3485、3486、
3490、3492、3510、3513、3514、3519、
3523、3527、3533、3541、3544、3587、
3592、3593、3640、3653、3654、3659、
3694、3695、3720；中四 3835、3901、3912、
3920、3923、3981、3985、3986、3992、
4015、4079、4100、4120、4123、4124、
4128、4158、4185、4194、4206、4211、
4229、4233、4247、4291、4292、4302、
4305、4321、4343、4344、4401、4402、
4403、4407、4419、4424、4444、4492、
4519；中五 4572、4592、4601、4602、4607、
4618、4623、4632、4637、4640、4648、
4662、4665、4679、4681、4687、4691、
4693、4695、4699、4703、4708、4794、
4808、4820、4821、4830、4831、4853、
4857、4861、4863、4864、4876、4900、
4907、4916、4919、4929、4946、4962、
4979、4992、4993、4995、4997、4998、

4999、5000、5001、5012、5013、5044、
5049、5055、5062、5090、5092、5094、
5095、5096、5098、5099、5100、5125、
5163、5168、5175、5201、5225、5229、
5231、5232、5239、5258、5262、5265、
5266；中六 5273、5275、5289、5296、5302、
5331、5341、5421、5430、5436、5442、
5461、5464、5485、5492、5521、5532、
5533、5534、5543、5545、5572、5583、
5590、5595、5622、5648、5669、5700、
5724、5735、5743、5770、5774、5777、
5779、5787、5794、5798、5799、5812、
5830、5831、5868、5885、5909、5910、
5917、5928、5931、5951、5952、5973、
5978、5982、5983、5985、5986、5997、
5998、5999、6001、6003、6005、6011、
6016、6041、6042、6043、6070、6079、
6080；下 6087、6088、6089、6091、6093、
6094、6095、6097、6105、6123、6126、
6128、6132、6133、6136、6193、6314、
6358、6365、6408、6496、6503、6510、
6536、6575、6578、6582、6585、6588、
6589、6606、6619、6621、6627、6632、
6722、6733、6734、6735、6738、6739、
6741、6745、6755、6760、6761、6767、
6772、6779、6787、6789、6790、6796、
6797、6802、6803、6807、6808、6809、
6811、6812、6813、6816、6818、6819、
6820、6821、6823、6824、6825、6826、
6827、6828、6829、6831、6832、6835、
6839、6841、6844、6845、6851、6852、
6853、6854、6857、6858、6861、6868、
6871、6873、6877、6879、6881、6882、
6883、6884、6885、6886、6897、6898、
6899、6900、6901、6903、6904、6905、
6906、6907、6908、6909、6910、6912、
6914、6917、6818、6922、6925、6926、
6927、6928、6929、6930、6931、6932、
6933、6934、6935、6936、6937、6939、
6942、6944、6946、6947、6950、6951、
6952、6953、6955、6956、6957、6958、
6960、6961、6962、6976、6989、6991、
7080、7085、7086、7089；补遗 7121、7172、

7174、7196、7221、7228、7238、7245、
7255、7286、7290、7291、7293、7295、
7301、7314、7315、7322、7327、7328、
7352、7356、7359、7392、7415、7421、
7422、7435、7447、7461、7465、7473、
7476、7483、7487、7491

西夏国

【辽史】51/礼志 4·宾礼/855

【元史】119/木华黎传/2934；124/李桢传/3051

【元朝秘史】5/21 下

【契丹国志】21/外国贡进礼物/5 上

【汇编】中六 6003；下 6796、6872

西朝　西夏自称

【长编标】139/3349

【长编影】139/12 上

合申　又名合失，蒙古称西夏，由河西音转

【元史译文证补】1 上/15 上、29 上；1 下/1
　　下、21 下、22 下；15/海都补传/1 上

【元朝秘史】5/16 下；7/9 上；13/1 上

【蒙兀儿史记】2/成吉思可汗本纪上/31 上；3/
　　成吉思可汗本纪下/30 上、31 下；37/漠北三
　　大汗诸子·合失传/1 上

【蒙古源流笺证】4/3 下

【汇编】下 6588、6590、6806、6811、6812、
　　6819、6829、6898、6899、6911、6917、
　　6921、6924、6928

合失　又名合申，蒙古称西夏，由河西音转

【元史译文证补】15/海都补传/1 上

【蒙兀儿史记】37/漠北三大汗诸子·合失传/1
　　上

【汇编】下 6928

七画

李氏　西夏

【宋史】328/王韶传/10579

【长编标】335/8061；389/9472

【长编影】335/1 上；389/19 下

【奏议标】139/范纯粹·上哲宗乞不妄动以观成
　　败之变/1570；141/文彦博·上神宗论进筑河
　　州/1590

【奏议影】139/范纯粹·上哲宗乞不妄动以观成

败之变/4827；141/文彦博·上神宗论进筑河州/4890

【朝野杂记】乙集19/边防/1180

【宁夏府志】4/陵墓/19 下

【汇编】中三 3311、3513；中四 3821、4482；中五 4788、4789；下 6936、6951

十画

夏　即西夏

【宋史】1/太祖纪 1/14；12/仁宗纪 4/229；15/神宗纪 2/277、278、280；16/神宗纪 3/305；119/礼志 22/2808；122/礼志 25/2853；123/礼志 26/2870；167/职官志 7/3957；274/翟守素传/9363；290/狄青传/9721；314/范纯祐传/10276、范纯粹传/10280；327/王安礼传/10556；328/章楶传/10589、10590、薛向传/10586；329/王广渊传/10609、邓绾传/10597；331/卢秉传/10671；332/孙路传/10687、赵卨传/10686、滕元发传/10676；333/俞充传/10702；334/徐禧传/10723、10724；335/种谔传/10745、10746、10775；336/司马光传/10768；339/苏辙传/10824、10832；340/吕大防传/10840、10842；342/王岩叟传/10894、10895；345/刘安世传/10951；348/钟传传/11037；349/刘昌祚传/11054；350/王文郁传/11075、王赡传/11072、周永清传/11075、曲珍传/11083；351/林摅传/11110；367/郭浩传/11441；402/安丙传/12194；446/刘锜传/13162；485/夏国传上/13981、13999；486/夏国传下/14007、14009、14014、14017、14018、14019、14022、14024、14026、14030；490/回鹘传/14117；491/党项传/14137；492/董毡传/14164

【辽史】14/圣宗纪 5/64；16/圣宗纪 7/189；18/兴宗纪 1/211、222；19/兴宗纪 2/227、230、231、232；20/兴宗纪 2/231、兴宗纪 3/239、241、243；21/道宗纪 1/251、256；23/道宗纪 3/277；26/道宗纪 6/310；27/天祚帝纪 1/321、322；28/天祚帝纪 2/336、337；30/天祚帝纪 4/354；39/地理志 3/481；60/食货志下/931；86/牛温舒传/1325、杜防传/1325；87/萧孝友传/1334；90/耶律信先传/1357；91/耶律仆里笃传/1365、耶律唐古传/1362；92/耶律独撌传/1369、萧夺剌传/1367；94/耶律那也传/1384；96/耶律仁先传/1395、1396、萧韩家奴传/1399；98/耶律俨传/1415；114/古迭里传/1515、萧迭里传/1514、萧特烈传/1517；115/西夏记/1523、1526、1527、1528、高丽外记/1522

【金史】2/太祖纪/37；3/太宗纪/51、52、53、55、56、58、59、60、61、62、63、64、65、65、66；4/熙宗纪/70、71、72、73、75、76、78、79、80、81、82、84、85；5/海陵王纪/94、96、98、100、102、103、105、107、108、109、110、111、112；6/世宗纪上/130、133、135、136、137、138、139、141、143、144、146、148；7/世宗纪中/155、156、158、160、163、166、169、170、172、174；8/世宗纪下/179、180、181、183、186、191、197、200、203；9/章宗纪 1/209、210、211、213、216、217、219、220、223、225；10/章宗纪 2/230、231、233、234、237、238、239、240、242；11/章宗纪 3/247、248、249、251、252、255、257、258、259、260、261；12/章宗纪 4/267、270、272、273、279、281、282、285；13/卫绍王纪/293、295；14/宣宗纪上/318；16/宣宗纪下/356、363、367、370；17/哀宗纪上/378；18/哀宗纪下/400；26/地理志下/650、653；38/礼志 11/868、870；60/交聘表上/1392、1404、1410；61/交聘表中/1418、1419、1420、1422、1423、1424、1425、1427、1430、1434、1437、1438、1440、1447；62/交聘表下/1457、1458、1459、1460、1462、1463、1464、1465、1466、1467、1468、1470、1471、1472、1473、1474、1477、1478、1480、1486、1487、1489；68/冶骨被传/1599；70/习室传/1623；71/斡鲁传/1634；72/娄室传/1652；73/完颜希尹传/1685；74/宗翰传/1698；76/充传/1746、杲传/1739；78/刘筈传/1771、1772；79/张中彦传/1789；81/耶律怀义传/1826、蒲察胡盏传/1819；83/张汝弼传/1870；91/结什角传/2016；92/庐庸传/2042；95/粘割

2/16 上

【玉海】172/35 上

【龙川略志】635

【名臣碑传琬琰集】中集 48/韩忠献公琦行状/
1105；下集 14/吕参政惠卿传/1478、24/故太
尉威武军节度使李公行状/1617

【后山谈丛】4/5 上

【夷坚志支庚】3/1153

【安阳集】家传/6/7 下

【朱文公文集】60/答王南卿/9 上

【至正集】31/宣政使杨公行实序 11 上

【吴文正公集】42/元故荣禄大夫江西等处行中
书省平章政事李公墓志铭/2 下

【系年要录】15/320；96/1595；129/2090

【苏学士集】16/推诚保德功臣正奉大夫守太子
少傅致仕上柱国开国公食邑三千三百户食实
封八百户赐紫金鱼袋赠太子太保韩公（亿）
行状/5 下

【宗忠简集】1/奏乞回銮仍以六月进兵渡河疏/
44 上

【忠惠集】6/贺破夏贼界捷表/3 下

【松漠纪闻】上/3、4 下

【欧阳文忠公全集】20/资政殿学士户部侍郎文
正范公神道碑铭/15 上；23/赠刑部尚书余襄
公神道碑铭/8 下

【河南先生文集】17/故金紫光禄大夫秘书监致
仕上柱国清河县开国子食邑六百户食实封一
百户张公（宗海）墓志铭/3 下

【牧庵集】19/资德大夫云南行中书省右丞赠秉
忠执德威远功臣开府仪同三司太师上柱国魏
国公谥忠节李公神道碑/8 下；26/开府仪同
三司太尉太保太子太师中书省右丞相史公先
德碑 1 上

【画墁集】补遗/游公（师雄）墓志铭/11 上

【范太史集】40/检校司空左武卫上将军郭公墓
志铭/3 下

【范文正公集】富郑公祭文/1 下；诸贤赞颂论
疏/24 下

【金文雅】4/4 下

【青阳先生文集】4/送归彦温赴河西廉使序/1
上

【临川集】56/百寮贺复熙河路表/1 下

【南迁录】4

【挥麈后录】4/夏人沮粘罕之气/15 上

【柳待制文集】2/题苏长公书曹侍中与王省副论
赵元昊事/22 上

【秋涧先生大全文集】51/大元故大名路宣差李
公神道碑铭并序 5 下

【栾城集】44/乞裁损待高丽事件札子/1 上

【浮溪文粹】14/朝散大夫直龙图阁张公（根）
行状/12 上

【涑水记闻】2/2 上；8/13 下；9/12 下；9/14
上；11/21 上；14/10 上

【桯史】1/张元吴昊/6；4/乾道受书礼/48

【梁溪集】35/拟制诏 1・节度使殿前都指挥使
除检校少保移镇充鄜延路经略安抚使
（制）/12 上

【鸿庆居士集】2/泾原路经略使席贡降授朝请大
夫/22 上；25/陕西五路制置使钱盖降授朝奉
郎（制）/21 下；33/宋故左朝请大夫直龙图
阁章公（综）墓志铭/17 上

【景文集】55/回夏州大王启/731

【雍虞先生道园类稿】25/重建高文忠公祠记/18
下；42/彭城郡侯刘公神道碑/1 上、立智理
威忠惠公神道碑/25 下

【遗山先生集】20/通奉大夫钧州刺史行尚书省
参议张君（汝翼，字季云）神道碑/10 上

【滏水集】10/论陕西东西两路行省诏/2 下

【蒙斋笔谈】上/4 上

【虞文靖公道园全集】17/西夏相斡公画像赞/8
下；35/归田稿・正议大夫江南湖北道肃政廉
访使特赠宣忠效力翊戴功臣大司徒金紫光禄
大夫上柱国夏国公谥襄敏杨公神道碑/6 上

【儒林公议】上/2 上；下/3 上

【北京大学学报哲学社会科学版】1978 年 8 月
份第 2 期/宋故武功大夫河东第二将折公
（可存）墓志铭/68

【北京图书馆善本室藏拓片】重修护国寺感通塔
碑

【金石萃编】147/折克行神道碑考释/1 上

【万历固原州志】上/城堡/140

【宁夏志】上/古迹/11 下；寺观/13 下

【宁夏府志】4/古迹・宁夏・宁朔县/10 上、10
下、12 上、13 上、古迹・灵州/18 上、陵墓
/19 下；5/建置・城池/8 上；6/坛庙・府城/
32 下；22/纪事/50 下

【甘肃新通志】6/舆地志·山川上·固原直隶州·海城县/26 上；7/舆地志·山川下·宁夏府·灵州/21 下；9/舆地志·关梁·固原直隶州/26 上、舆地志·关梁·固原直隶州·平远县/27 上；13/舆地志·古迹·兰州府·皋兰县/2 上、舆地志·古迹·宁夏府·宁夏县·宁朔县/33 上、舆地志·古迹·凉州府·平番县/47 上；29/祠祀志·祠宇下·甘州府·张掖县/53 上、祠祀志·祠宇下·庆州府·安化县/8 下；97/轶事/16 上

【延安府志】7/绥德州·古迹/8 上、绥德州·关梁/7 上；8/葭州·神木县·古迹/18 下、19 上

【延绥镇志】1/地理志/1 上

【吴堡县志】1/沿革/1 上

【陕西通志】5/建置 4/32 下；11/山川 4·榆林府·榆林县/48 下、49 上；13/山川 6·葭州·神木县/63 上；14/城池/15 上；71/陵墓 2·榆林府·榆林县/16 上

【朔方新志】3/寺观/78 下；古迹/80 下

【海城县志】1/沿革/5 下

【隆德县志】3/表传/2 下

【榆林府志】47/10 上

【嘉靖固原州志】1/文武衙门/22

【汇编】上 29、48、59、64、65、67、73、75、76、77、78、80、81、82、83、84、85、86、87、86、90、91、92、94、96、106、107、108、109、111、112、121、122、126、127、131、132、133、134、136、140、141、199、202、238、242、243、266、282、287、311、324、370、377、394、401、507、508、544、545、576、577、577、590、592、586、588、766；中一 939、1033、1049、1076、1151、1207、1208、1209、1210、1456、1470、1488、1611、1630、1631、1662、1679、1694、1710、1726、1737、1738、1752、1752、1770；中二 1859、1903、1937、2042、2043、2419、2507、2626；中三 2903、2924、2950、2973、2975、3005、3008、3009、3010、3016、3017、3019、3045、3046、3086、3105、3112、3135、3143、3149、3150、3156、3157、3158、3161、3162、3168、3177、3192、3197、3204、3212、3227、3234、3238、3247、3292、3307、3313、3346、3346、3378、3386、3413、3418、3444、3445、3483、3531、3536、3544、3598、3609、3646、3667、3731；中四 3855、3872、3897、3917、3928、4017、4035、4069、4123、4150、4154、4171、4176、4178、4181、4186、4187、4188、4210、4226、4302、4332、4336、4372、4405、4405、4417、4421、4424、4430、4471、4537；中五 4559、4570、4577、4579、4596、4647、4659、4677、4688、4699、4708、4714、4743、4757、4782、4883、4921、4928、4963、4969、4991、4995、4999、5000、5045、5062、5074、5083、5181、5183、5201、5235、5257；中六 5285、5300、5311、5317、5370、5446、5455、5497、5543、5581、5623、5661、5689、5742、5787、5791、5792、5799、5806、5811、5812、5822、5870、5896、5903、5911、5916、5932、5946、5948、5973、5976、5977、5981、5987、5995、5996、5997、6006、6015、6019、6034、6080；下 6084、6094、6103、6112、6120、6123、6125、6134、6137、6148、6150、6151、6160、6200、6212、6244、6257、6285、6291、6317、6323、6349、6352、6368、6391、6404、6408、6457、6483、6494、6495、6497、6506、6507、6509、6522、6536、6551、6552、6553、6568、6571、6572、6574、6577、6578、6579、6580、6582、6583、6585、6591、6592、6595、6596、6597、6599、6601、6602、6603、6604、6608、6609、6614、6693、6700、6722、6723、6724、6725、6726、6727、6728、6729、6730、6731、6732、6733、6735、6738、6739、6740、6741、6742、6744、6746、6747、6752、6754、6755、6756、6756、6758、6759、6761、6762、6763、6765、6767、6768、6769、6772、6773、6774、6775、6776、6779、6780、6781、6782、6783、6784、6785、6786、6787、6788、6789、6790、6791、6792、6794、6795、6797、6798、6799、6800、

6801、6802、6803、6804、6805、6806、
6807、6809、6810、6811、6812、6813、
6815、6817、6818、6819、6820、6821、
6822、6823、6826、6828、6829、6830、
6831、6833、6835、6836、6837、6838、
6841、6842、6843、6846、6851、6852、
6863、6866、6868、6869、6870、6871、
6872、6873、6877、6879、6880、6882、
6884、6890、6898、6900、6901、6908、
6909、6910、6911、6917、6818、6921、
6926、6934、6936、6940、6941、6945、
6946、6947、6948、6950、6951、6954、
6960、6975、6976、6977、7006、7024、
7026、7028、7030、7086；补遗 7125、7126、
7131、7132、7133、7243、7250、7253、
7254、7255、7270、7296、7306、7312、
7315、7326、7335、7347、7348、7353、
7382、7386、7388、7390、7391、7396、
7406、7426、7428、7444、7466、7467、7472

夏台　西夏

【宋史】254/侯延广传/8884；256/赵普传/
8938；268/王显传/9230；293/王禹偁传/
9795；466/阎承翰传/13611；485/夏国传上/
13986

【金史】134/西夏传/2866

【长编标】29/653；42/897；67/1506；125/2950；
142/3408

【长编影】29/7 上；42/15 上；67/10 上；125/
11 下；142/12 下

【宋会要】兵 8 之 34/6904；蕃夷 2 之 30/7707

【宋太宗实录】76/35 上

【宋大诏令集】159/废夏州旧城诏/599；218/曲
赦夏州管内德音/834；239/嵬厮啰保顺河西
等军节度使制/936

【大藏经】佛祖历代通载 32/41 下

【小畜集】29/故商州团练使翟公（守素）墓志
铭并序/3 上

【玉壶清话】6/2 下

【涑水记闻】3/3 上

【名臣碑传琬琰集】中集 44/张忠定公詠行状/
1046

【景文集】62/张尚书行状/831

【文恭集】38/李公墓志铭/455

【汇编】中一 998、1033、1034、1035、1046、
1048、1052、1079、1086、1113、1190、
1191、1193；中二 1876、1909、1921；下
6934

夏国

【宋史】11/仁宗纪 3/215、218、221、222、225、
226、291、215；12/仁宗纪 4/237、248；13/
英宗纪/256、260；14/神宗纪 1/265、268、
271；16/神宗纪 3/305；17/哲宗纪 1/320、
325、329、330；18/哲宗纪 2/347、352；19/
徽宗纪 1/360；20/徽宗纪 2/379、381、383、
387；21/徽宗纪 3/395、397；22/徽宗纪 4/
404、407、415；25/高宗纪 2/453、467；26/
高宗纪 3/476、483、492；27/高宗纪 4/511；
29/高宗纪 6/540、541、542；40/宁宗纪 4/
773；87/地理志 3·陕西路/2159、2160；
119/礼志 22/2808；121/礼制 24/2838；124/
礼志 27/2900；173/食货志上 1·序文/4156；
190/兵志 4·河东、陕西弓箭手/4718；253/
折德扆传/8861、折克行传/8865；258/曹玮
传/8987；288/范坦传/9680；295/孙甫传/
9840；304/曹颖叔传/10070；312/韩忠彦传/
10230；320/余靖传/10409；321/丰稷传/
10424；327/王安礼传/10556；328/王韶传/
10581；330/杜纮传/10634；335/种谔传/
10746、种师道传/10750；339/苏辙传/
10824；342/梁焘传/10889、10890；350/王
文郁传/11074、张守约传/11073；367/李显
忠传/11427；368/王彦传/11451；369/王渊
传/11485；371/王伦传/11522；380/楼炤传/
11717；391/周必大传/11970；447/唐重传/
13186；452/刘惟辅传/13298；453/高永年传/
13315；464/高遵裕传/13576；467/李宪传/
13639；468/童贯传/13658；471/刑恕传/
13704；485/夏国传上/13981；486/夏国传下
/14007；487/高丽传/14046、14049；490/于
阗传/14109、回鹘传/14117、大食传/14121；
492/吐蕃传/14167

【辽史】13/圣宗纪 4/141、142、146、147、
149、150；14/圣宗纪 5/153、156、157、
158、159、161；15/圣宗纪 6/170、171、
174；16/圣宗纪 7/183；17/圣宗纪 8/200；
18/兴宗纪 1/212、213、214、215、220；19/

8549；358/8560、8563、8566；360/8605、8607、8608、8609、8617、8621、8623、8624、8625、8626、8627；362/8657；364/8708、9725；365/8751、8769；366/8791、8792、8793、9794、8795、8796；368/8880；372/9002、9004、9006、9007；372/9009；373/9025；374/9063、9064；377/9151；380/9221；381/9278；382/9304、9310、9311、9313、9317、9318；383/9327；384/9369；388/9440、9441；389/9473；390/9493、9496；391/9513、9515、9516；392/9532、9540；393/9552、9554、9577；395/9626、396/9653；399/9723；400/9743、9749、9757；401/9762、9766、9767；402/9777、403/9807、9825、9837；404/9841、9842、9855；405/9870；406/9876、9877、9881、9884；407/9916；413/10037、10038；414/10059、10061；415/10070、10084；421/10183、10188、10221；429/10362、10367；430/10387；431/10419；432/10425；433/10468、10469；434/10468；435/10489；436/10499；437/10546；438/10553；443/10662；444/10680、10685、10689、10690、10692、10693、10694；445/10715、10716、10717、10718、10719、10724；446/10736；449/10786；452/10843、10844、10849、10850；453/10872；454/10882；456/10922；457/10939；458/10971；460/10995、10998；461/11025；465/11101、11116；466/11127、11129、11135；467/11146、11147、11150、11153；469/11212、11210；470/11225、11234；471/11238、11239、11249；474/11308、11309、11312、11314；476/11347、11350；480/11421、11422、11423；481/11442；482/11471；483/11480、11483、11484、11485；485/11527；486/11546；487/11570；489/11605；490/11627；496/11798、11809；498/11854；501/11943、11973；503/11973；504/12012；505/12029、12032、12044；506/12058、12059；507/12075、12082、12083、12084、12092；508/12102；509/12114、12115、12116、12117、12120、12122、12126；510/12134、12142；511/12160、12164、12172；514/12212、12231、12232；515/12234、12240、12247、12248；516/12263、12265、12271、12272、12286、12287、12288；517/12299、12301、12313；518/12318、12319、12324；519/12343、12344、12349

【长编影】38/7 下；49/13 下；71/17 上；109/1 下；137/9 下、14 上；152/8 下；154/11 上；155/12 下；156/9 下；157/3 上、4 上、13 上、15 上；158/1 下、4 上、10 下；159/7 下、11 上；160/15 上；163/3 上、5 下；165/7 下、16 下；167/13 下；168/4 上、7 上；172/4 上；174/18 上；177/4 下；179/7 下；184/15 下；185/5 下；186/7 上；188/2 下；190/22 下；193/18 上；196/23 下；197/6 上；198/12 上；199/2 上；200/1 上；202/15 下；203/4 下；204/19 下；205/8 上；208/15 上；209/11 上；212/2 上；213/20 下、22 上；214/9 下；217/3 上、9 下；218/14 下；220/14 上、16 下、24 上；223/1 上；224/13 上、15 上；226/2 上、5 上；228/3 下、7 下、11 下、15 下；229/1 上、4 上、9 上、13 上；230/8 上、17 下、18 下；231/1 下、5 上；232/5 上、8 下；233/3 下、9 下、16 下、19 上；236/9 上、25 下；237/3 下、11 下、12 下、14 下、16 下；238/6 下、11 下、13 下；240/6 下；241/5 上、9 下；242/15 上；243/1 下、3 下、15 上；244/11 下；247/18 上；248/23 下；250/1 上、21 上；251/2 上；252/27 下；254/5 下；262/10 上、18 上；263/16 下；266/13 下；267/7 下；270/8 上；271/14 下；272/6 下；273/12 下；274/2 上；276/3 下；277/9 下；281/13 上；283/11 上；284/3 下；291/4 下；295/4 下；296/8 下；306/12 上；308/5 上；311/15 上；312/9 上、7 上、10 上；313/10 上、11 上；314/6 下、11 上；315/5 下、9 下、11 上；316/1 上、13 上；317/2 上；319/6 下；320/1 上；322/6 上；323/9 上；325/7 上；326/10 下；327/5 下、19 上；328/9 上；329/8 下、22 下；330/4 上；331/1 上、10 下；334/23 上；335/5 上；336/2 下、8 上；337/3 下、16 下；338/2 下、6 下；340/9 上；

341/12 上、13 下、18 上；342/2 上；348/11
下、12 上；349/2 上、9 下；350/3 下、12
上；352/22 下；357/16 下；358/1 下、3 下；
360/1 上、2 上、11 下、15 下；362/3 上；
364/10 上；365/23 上、25 上；366/14 上、
14 下、17 上；368/27 下；372/5 上；373/1
下；374/10 下；377/4 上；382/11 下、13
下；383/4 下；384/19 上；388/8 下；389/19
下；390/1 下、14 下、18 上；391/8 下、10
下；392/9 上、16 上；393/1 下、3 下、24
上；395/9 下；396/7 下；399/1 下、2 下；
400/5 下、10 上；401/6 下；403/7 上、21
下；404/8 上、10 上；405/8 上；406/1 上、
8 下；407/19 下；413/5 上；414/6 上、8 上；
415/1 下、13 上；421/1 上、5 下；429/4 下、
9 上；430/7 上；431/11 下；432/2 上；434/
12 上；435/14 下；436/1 上；437/18 下；
438/1 下；443/7 下；444/1 上、4 上、13 上；
445/7 上、13 上；449/8 下；452/3 上、6 上、
9 下；453/13 上；454/4 下；456/5 上；458/
17 下；460/1 上；461/101 上；465/4 下、16
下；466/1 上、3 上、9 上；467/1 下、5 上、
8 上；469/8 上；470/7 下、11 上；471/1 下、
12 上；474/8 上、11 下、12 下；476/10 下、
13 上；480/6 上、7 下；482/8 下；485/9 上；
486/6 上；487/8 上；489/8 上；490/10 上；
496/4 上、15 下；498/12 下；501/11 上；
503/4 上；504/8 上；505/2 下、16 下；506/
8 下、9 上；507/3 下、8 下、17 下；508/7
下；509/4 上、7 下、11 下；510/3 上、10
上；511/6 下、10 上、16 下；514/4 下、12
上；515/1 上、12 上、13 下；516/7 上、20
下；517/4 上、5 下、15 下；518/1 上、7 上；
519/1 下、6 上

【东都事略】93 下/苏辙传/2 上；127、128/附
　录 5、6

【隆平集】20/夷狄传/3 下

【长编拾补】26/17 上

【长编纪事本末】83/8 上、8 下、9 下、11 上；
　139/9 上、11 下；140/1 下、6 上、8 上、12
　下；143/2 上

【系年要录】1/16；5/125；9/211；12/279；16/
　332；38/726；40/744；46/838；47/848；52/

920；58/1006；118/1902；125/1046；125/
2041；127/2062；129/2090；132/2126；133/
2142；134/2159；139/2243；199/3373

【宋会要】礼 8 之 11/523、8 之 13/524、8 之
15/525、29 之 61/1094、29 之 64/1095、29
之 65/1096、33 之 8/1241、37 之 14/1326、
41 之 12/1383、43 之 17/1424、45 之 12/
1453、45 之 15/1455、56 之 7/1588、57 之 1/
1592、57 之 18/1601、57 之 23/1603、62 之
40/1714；仪制 6 之 1/1934、10 之 26/2017、
10 之 33/2020、11 之 28/2038；职官 1 之 2/
2330、6 之 52/2522、25 之 2/2915、25 之 5/
2916、35 之 2/3061、35 之 3/3061、35 之 4/
3062、35 之 5/3062、35 之 7/3063、35 之 8/
3064、51 之 7/3539、60 之 21/3743、65 之
27/3860、65 之 28/3860、65 之 35/3864；食
货 38 之 30/5481、38 之 31/5482、52 之 2/
5700、55 之 1/5748、61 之 49/5898；兵 5 之
8/6843、8 之 20/6897、8 之 23/6898、8 之
30/6902、8 之 31/6902、8 之 32/6903、8 之
34/6904、9 之 1/6906、9 之 2/6906、9 之 3/
6907、17 之 17/7046、27 之 34/7263、27 之
35/7264、27 之 37/7265、27 之 39/7266、27
之 45/7269、28 之 1/7270、28 之 2/7270、28
之 12/7275、28 之 19/7279、28 之 22/7280、
28 之 24/7281、28 之 29/7284、28 之 30/
7284、28 之 31/7285、28 之 33/7286、28 之
34/7286、28 之 38/7288、28 之 41/7290、28
之 42/7290、28 之 45/7292、29 之 11/7298、
29 之 29/7307；方域 6 之 1/7406、19 之 11/
7631、19 之 13/7632、20 之 13/7657；蕃夷 2
之 30/7707、4 之 9/7718、6 之 8/7823、6 之
9/7823、6 之 12/7824、6 之 16/7826、6 之
17/7827、6 之 30/7833、6 之 31/7834、7 之
26/7852、7 之 37/7858、7 之 38/7858、7 之
40/7859、7 之 41/7860、7 之 43/7861

【奏议标】125/吕海·上英宗请重造蕃部兵帐/
1379；127/范纯仁·上哲宗论回河/1399；
134/欧阳修·上仁宗论西贼议和利害/1492；
135/余靖·上仁宗论元昊所上誓书/1514；
136/韩琦·上仁宗论西北议和有大忧者三大
利者一/1516、司马光·上英宗乞戒边臣阔略
细故/1522；137/刘述·上神宗论不可伐丧/

【陇右金石录】3/怀戎堡碑记/65 下；4/程俊札子石刻/8 下

【万历宁夏志】上/古迹/12 下

【延安府志】1/诗文/49

【甘肃新通志】7/舆地志·山川下·宁夏府·灵州/21 下；13/舆地志·古迹·兰州府·皋兰县/2 上、舆地志·古迹·甘州府·山丹县/49 下、舆地志·古迹·甘州府·张掖县/48 上、舆地志·古迹·固原直隶州·海城县/13 上；30/祠祀志·寺观·甘州府·张掖县/56 下

【嘉靖宁夏新志】2/寺观·承天寺碑/44 上

【三朝北盟会编】9/4 下、7 下、10 下；10/4 下；14/11 下；15/7 下；25/5 上；48/13 上；58/6 下；60/4 下；74/1 上；118/3 下；163/10 上；181/8 上；183/5 下；192/5 下；197/12 下；198/1 上；231/5 上

【汇编】上 48、49、70、76、77、78、79、82、85、87、88、89、90、91、110、112、120、127、128、130、131、135、136、149、173、224、229、238、261、283、311、393、548、582、586；中一 941、973、1049、1051、1054、1102、1108、1112、1119、1167、1173、1189、1198、1229、1231、1297、1320、1366、1397、1414、1418、1469、1507、1510、1515、1591、1617、1649、1670、1680、1687、1693、1697、1728、1731、1740；中二 2673、1790、1935、2169、2351、2371、2529、2538、2539、2622、2650、2667、2673、2703、2748、2795；中三 2875、2949、2954、2988、2991、3009、3032、3039、3042、3048、3049、3057、3058、3059、3060、3061、3063、3064、3069、3070、3079、3080、3081、3083、3085、3090、3091、3093、3095、3096、3107、3108、3109、3110、3125、3126、3135、3142、3143、3148、3155、3157、3158、3165、3166、3168、3176、3181、3190、3199、3202、3204、3206、3210、3211、3212、3227、3243、3248、3249、3253、3276、3279、3284、3285、3289、3290、3291、3307、3310、3312、3315、3318、3320、3321、3322、3327、3328、3344、3368、3372、3382、3384、3406、3412、3416、3417、3418、3421、3425、3431、3446、3448、3452、3453、3465、3466、3475、3480、3481、3483、3484、3488、3490、3508、3509、3516、3519、3531、3533、3534、3535、3542、3544、3546、3558、3577、3585、3620、3623、3633、3644、3662、3664、3670、3697、3699、3704、3705、3716、3719、3723、3725、3729、3731、3733；中四 3737、3738、3740、3741、3742、3747、3753、3755、3756、3761、3762、3763、3766、3770、3771、3772、3773、3786、3787、3789、3790、3796、3798、3799、3800、3801、3804、3805、3806、3807、3819、3826、3829、3831、3849、3850、3851、3852、3866、3881、3889、3901、3911、3920、3928、3929、3931、3946、3948、3957、3990、3995、3998、4001、4005、4014、4016、4019、4021、4038、4044、4046、4078、4084、4087、4105、4112、4113、4119、4120、4122、4125、4131、4132、4133、4148、4151、4158、4162、4163、4173、4174、4185、4187、4193、4194、4224、4238、4253、4303、4314、4315、4333、4367、4373、4377、4380、4389、4401、4402、4424、4427、4433、4445、4446、4447、4453、4480、4485、4494、4495、4499、4506、4514、4515、4518、4527、4529、4530、4540、4542；中五 4548、4597、4598、4602、4605、4610、4611、4615、4633、4634、4635、4638、4639、4640、4641、4642、4643、4644、4645、4646、4650、4660、4664、4671、4675、4676、4677、4678、4681、4682、4690、4693、4697、4700、4701、4703、4710、4714、4725、4735、4742、4743、4744、4752、4754、4755、4757、4758、4765、4766、4767、4771、4773、4776、4778、4780、4784、4789、4794、4796、4797、4798、4799、4800、4801、4804、4808、4810、4811、4812、4820、4821、4822、4823、4825、4826、4827、4828、4837、

4840、4843、4844、4847、4866、4884、
4890、4891、4893、4895、4908、4910、
4936、4940、4945、4951、4954、4959、
4960、4965、4968、4972、4973、4974、
4975、4977、4978、4979、4982、4985、
5001、5002、5007、5015、5016、5017、
5019、5020、5025、5026、5027、5028、
5029、5035、5037、5043、5046、5050、
5051、5054、5056、5057、5059、5064、
5068、5070、5080、5089、5092、5096、
5098、5103、5110、5111、5112、5113、
5124、5127、5128、5135、5142、5144、
5145、5148、5159、5160、5163、5165、
5174、5175、5176、5197、5209、5210、
5211、5214、5217、5218、5220、5222、
5225、5237、5247、5250、5251、5252、
5259、5262、5263；中六 5287、5290、5293、
5302、5312、5320、5378、5382、5383、
5395、5430、5439、5453、5466、5473、
5476、5485、5486、5492、5495、5497、
5498、5499、5506、5513、5521、5523、
5524、5527、5530、5531、5534、5539、
5543、5554、5556、5560、5567、5571、
5576、5583、5594、5595、5600、5604、
5606、5611、5617、5620、5621、5622、
5632、5633、5639、5641、5646、5650、
5654、5655、5656、5658、5677、5689、
5694、5696、5709、5710、5712、5727、
5734、5739、5740、5754、5760、5762、
5763、5764、5770、5773、5776、5777、
5782、5786、5789、5790、5801、5806、
5815、5816、5817、5843、5846、5853、
5857、5858、5860、5861、5865、5866、
5867、5869、5870、5871、5873、5876、
5882、5888、5891、5902、5905、5920、
5934、5940、5945、5946、5949、5951、
5952、5953、5954、5955、5957、5970、
5971、5972、5974、5975、5977、5978、
5980、5981、5982、5983、5988、5993、
5995、5996、5997、5998、6002、6003、
6011、6015、6016、6019、6035、6043、
6044、6067、6078、6081；下 6084、6092、
6093、6106、6107、6108、6118、6119、

6120、6124、6125、6127、6128、6129、
6144、6148、6150、6169、6192、6215、
6245、6247、6252、6255、6262、6279、
6282、6287、6295、6312、6313、6361、
6365、6392、6407、6425、6455、6456、
6482、6484、6487、6491、6495、6497、
6498、6500、6505、6507、6508、6509、
6513、6514、6515、6517、6518、6519、
6520、6523、6524、6535、6536、6537、
6544、6551、6552、6553、6569、6578、
6583、6585、6599、6601、6603、6605、
6608、6616、6621、6685、6686、6688、
6689、6690、6691、6721、6740、6741、
6743、6744、6745、6746、6763、6764、
6767、6772、6773、6777、6778、6779、
6780、6784、6786、6789、6792、6799、
6804、6822、6824、6825、6826、6835、
6837、6859、6860、6882、6884、6886、
6887、6898、6900、6903、6905、6933、
6935、6938、6948、6976、7017、7018、
7019、7029、7086、7087；补遗 7124、7131、
7133、7255、7290、7296、7309、7313、
7316、7322、7328、7331、7344、7355、
7365、7370、7371、7394、7395、7411、
7412、7415、7419、7439、7453、7455

十二画

缅药　吐蕃对西夏称谓
【长编标】475/11321；477/11358
缅药家　吐蕃对西夏称谓
【宋史】490/于阗传/14109
【长编标】343/8241；363/8676；369/8905；475/
　11321；477/11358
【长编影】363/2 下；369/12 下
【宋会要】蕃夷 4 之 18/7722、6 之 20/7828

十三画

满裕克　又作缅药家，吐蕃对西夏称谓
【长编标】444/10682
【长编影】444/3 下；475/2 下；477/6 上

【汇编】中五 4651、5166、5179

满裕克家 又作缅药家，吐蕃对党项夏国称谓
【长编影】343/6 下
【汇编】中五 4559

（二）和党项西夏有关的魏、周、隋、唐、五代、辽、宋、金、元、明、吐蕃、回鹘等国家和政权的称谓

二画

九姓回纥
【宋史】324/张亢传/10485
【长编标】128/3028
【长编影】128/3 下

三画

于阗
【宋史】18/哲宗纪 2/346；20/徽宗纪 2/379、381；22/徽宗纪 4/415；165/职官志 5·鸿胪寺/3903；317/钱明逸传/10347；265/张齐贤传/9157；350/王君万传/11070；485/夏国传上/13981；486/夏国传下/14013；490/于阗传/14109；492/阿里骨传/14165
【长编标】335/8061、8063、8071；340/8192；347/8320；402/9777；475/11321；481/11442
【长编影】335/1 上、2 上、9 上；340/13 下；347/1 上、1 下；402/2 上；475/2 下；481/7 下
【宋会要】方域 10 之 12/7479、7 之 1/7840、7 之 17/7848、7 之 23/7851、7 之 30/7854、7 之 31/7855、7 之 32/7855、7 之 33/7856、7 之 35/7857、7 之 36/7857、7 之 37/7858、7 之 38/7858、7 之 39/7859、7 之 40/7859、7 之 41/7860、7 之 42/7860、7 之 43/7861、7 之 44/7861
【长编纪事本末】140/4 下

【涑水记闻】14/12 上
【汇编】中一 1454、1476；中三 3222；中四 3794、4322、4446、4482、4483、4486、4532；中五 4586、4830、5166；中六 5268、5766、5843、5853、6076

土蕃 吐蕃
【元史】60/地理志 3/1450
【长编标】158/3828
【长编影】158/10 下
【系年要录】6/166
【邵氏闻见录】13/144
【汇编】中五 5163；中六 5774；下 6115、7087

大元
【宋史】486/夏国传下/14028
【金史】15/宣宗纪中/334；134/西夏传/2875
【汇编】上 94、135

大石 耶律大石建立的西辽国
【辽史】进辽史表/1555
【金史】3/吴乞买纪/51；7/世宗纪中/165；50/食货志 5·榷场/1114；73/完颜希尹/1685；88/唐括安礼传/1964；94/完颜安国/2094；120/石家奴传 2614；121/粘割韩奴传 2637、2638；132/仆散师恭/2825；133/移剌窝斡传/2850
【宋会要】方域 10 之 12/7479；蕃夷 7 之 26/7852
【攻媿集】94/少傅观文殿大学士致仕益周公赠太师谥文忠周公（必大）神道碑/1307
【汇编】中一 1454；下 6764、6778

大辽
【宋史】485/夏国传上/14000
【宋会要】职官 35 之 5/3062
【奏议标】138/吕大防·上哲宗答诏论西事/1559
【奏议影】138/吕大防·上哲宗答诏论西事/4786
【东京梦华录】9/宰执亲王宗室百官入内上寿/17
【挥麈后录】4/夏人沮粘罕之气/15 上
【三朝北盟会编】58/6 下
【汇编】中六 5873、6019、6035、6077

大辽国
【宋会要】职官 6 之 52/2522

考证/64 上

【榆林府志】5/建置志·沿革/2 上、4 下；6/建置志·关隘/5 上

【嘉靖固原州志】1/古迹/16

【中国藏西夏文献】18/元赐故顺天路达鲁花赤河西老索神道碑铭/150；19/M182 碑亭出土汉文残碑（106－49）/321

【汇编】上 323；下 6581、6761、6845、6848、6854、6908、6911、6914、6919、6935、6940、6941、6944、6948、6955、6960、7085、7086、7087；补遗 7174、7178、7190、7198、7204、7208、7210、7211、7215、7220、7221、7252、7253、7254、7259、7272、7276、7305、7315、7327、7333、7337、7338、7396、7466、7472、7478、7482、7486、7487、7490、7492、7493

五代

【宋史】87/地理志 3·陕西路/2150；302/鱼周询传/10011；486/夏国传下/14030；491/党项传/14138

【辽史】115/西夏记/1523

【金史】134/西夏传/2865、2877

【东都事略】127、128/附录 5、6

【宋会要】方域 5 之 4/7385

【奏议标】44/陈并·上哲宗答诏论彗星陈四说/461；123/韩琦·上英宗乞募陕西义勇/1355

【奏议影】44/陈并·上哲宗答诏论彗星陈四说/1641；123/韩琦·上英宗乞募陕西义勇/4193

【宁夏府志】2/沿革/18 上、18 下、19 上

【延安府志】2/葭州/20 上

【隆德县志】1/沿革表/11 上

【榆林府志】5/建置志·沿革/4 上

【嘉靖宁夏新志】2/古迹/56 上

【汇编】上 20、96、100、117、125、137；中三 3113、3327；中六 5336；下 6581、6938、6939、6941、7004；补遗 7251、7487

中国　宋朝

【宋史】92/河渠志 2/2292；180/食货志下 2·钱币/4383；185/食货志下 7·坑冶/4529；190/兵志 4·河东陕西弓箭手/4718、4721；191/兵志 5·蕃兵/4758、4761；258/曹玮传/8984、8985；285/陈执中传/9602、9616；288/程琳传/9675、任布传/9683、孙沔传/

9688；291/吴育传/9728；292/郑戬传/9765、田况传/9779、9781；295/孙甫传/9840；297/郭劝传/9893；302/鱼周询传/10011、李京传/10018；303/范育传/10050；311/庞籍传/10200；312/韩忠彦传/10230；313/富弼传/10250；314/范纯仁传/10293；317/邵亢传/10337；320/余靖传/10409；322/刘庠传/10451；325/刘平传/10501、10502、王仲宝传/10514；326/卢鉴传/10528；328/安焘传/10566；332/李师中传/10677、陆诜传/10680、10681、赵禼传/10683、游师雄传/10689；334/林广传/10739；335/种世衡传/10744、种古传/10747；336/司马光传/10768；337/范百禄传/10793；340/吕大防传/10842；341/赵瞻传/10880；344/王觌传/10942；386/范成大传/11869；446/刘韐传/13162；485/夏国传上/14001；486/夏国传下/14009、14012、14015；492/董毡传/14164

【金史】98/完颜纲传/2175

【长编标】60/1337；63/1402；72/1623；111/2893；115/2708；119/2813；122/2881；123/2893、2897、2898、2909；125/2956；126/2979、2930；131/3096；132/3137；135/3218、3221；137/3284；138/3310、3318、3319；139/3344、3349、3353；140/3361、3362；142/3406、3410；145/3500、3507、3508、3514；150/3640、3641、3655；151/3668、3675、3681、3692；152/3705；153/3730；154/3738、3742；163/3921；164/3942、3956；185/4469；220/5350；226/5502；228/5547、5548；229/5566；230/5598；231/5610；232/5628；233/5646、5651；235/5699、5702；236/5751；237/5760、5762；241/5883；248/6047；283/6929；297/7218；317/7676；326/7848、7856；327/7868；328/7894、7900；329/7923；341/8206；346/8302；352/8449；360/8624；363/8690；365/8749、8752、8753、366/8787、8794、8795；368/8867、8885；372/9007、9008；375/9091；379/9206；380/9222；381/9280、9283；382/9311、9312、9313、9319；389/9470、9471；390/9496；393/9561；402/9779、9781；403/9823；404/

9855；405/9864、9873、9874；407/9916；
410/9992；414/10059；421/10194；443/
10658、10659、10660；444/10680、10682、
10687；445/10726；452/10846、10848；458/
10953；460/10998；466/11129；467/11165；
469/11209；471/11250；474/11309、11313、
11315；480/11422；482/11471；483/11483；
486/11546；500/11899；505/12036；510/
12151；515/12248；517/12301

【长编影】60/5 上；63/4 上；72/2 上；111/16
下；115/17 下；119/17 上；122/9 下；123/2
上、5 上、5 下、6 上；125/11 上；126/13
上；131/10 上；132/1 上；135/3 下、15 上；
137/15 下；138/20 上；139/6 下、10 下、16
上；140/3 下、8 下；142/11 下、21 下；
145/18 下；150/16 上；151/3 下、14 下；
152/8 上；153/9 上；154/6 下；163/5 下；
164/1 上；185/2 下；220/14 上；226/2 上；
228/7 下；229/1 上；230/11 上；231/1 下；
232/1 上；233/6 下、235/3 下；236/9 上；
237/3 下、14 下；241/9 下；248/1 下、8 上；
283/16 上；297/2 下；317/16 下；326/9 下、
16 下；327/4 上；328/3 下、9 上；329/8 下；
341/10 上；346/1 上；352/22 下；360/17
上；363/14 上；365/5 下、6 上、8 上、8 下、
9 上；366/14 下、17 上；368/16 上、33 上；
372/5 上；375/5 上、7 上；379/10 上；380/
13 下；381/30 上；382/7 下、11 下、13 上、
13 下、19 上；389/19 下；390/18 上；393/7
下；397/4 上；402/1 下、5 上；403/21 下；
404/10 下；407/19 下；410/11 上；414/6
上；421/2 上；443/4 下、7 下；444/1 上、
13 上；445/13 上；452/3 上、6 上；458/1
上；460/1 上；466/3 上、9 上；467/17 下；
469/8 上；471/12 上；474/8 上、11 下、12
上；480/6 上；482/8 下；483/4 上；486/6
上；500/1 上；505/9 下；510/17 下；515/12
下；517/5 下

【东都事略】59 下/范纯粹传/7 上；78/吕诲传/
3 上

【长编纪事本末】83/8 上；101/18 下；139/2
上、3 上、4 上；143/17 上

【长编拾补】26/引九朝编年备要/14 上；26/17

上

【系年要录】181/3015

【续资治通鉴】66/1632；67/1658

【宋会要】礼 20 之 95/812；瑞异 2 之 18/2090；
职官 43 之 53/3300；选举 16 之 34/4528；刑
法 2 之 40/6515；兵 9 之 5/6908、17 之 8/
7041、27 之 41/7267、29 之 5/7295

【奏议标】45/任伯雨·上徽宗论月晕围昂毕/
470、王襄·上钦宗论彗星/481；46/孙沔·
上仁宗论宰相不进贤者为将来之资/488；62/
赵瞻·上英宗论差中官为陕西钤辖/686；97/
常安民·上哲宗奏为种谊生擒鬼章赏未称功/
1050；125/范纯仁·上哲宗论蕃官久例在汉
官之下/1380、范纯粹·上徽宗乞令蕃官不得
换授汉官差遣/1381、范纯粹·上哲宗乞不许
蕃官自改汉姓/1381、余靖·上仁宗论马政修
之由人不在于地/1383、宋祁·上仁宗乞收还
牧地罢民间马禁/1384、陈次升·上徽宗论西
蕃市马/1386；133/孙沔·上仁宗论范仲淹答
元昊书/1472；134/富弼·上仁宗不可待西使
太过/1489；136/刘敞·上仁宗论城古渭州有
四不可/1520；137/杨绘·上神宗论种谔擅入
西界/1533、孙觉·上神宗自治以胜夷狄之患
/1535、孙觉·上神宗论治边之略/1537；
138/吕陶·上哲宗请以兰州二寨封其酋长/
1558；139/孙觉·上哲宗乞弃兰州/1567、韩
维·上哲宗论息兵弃地/1564；140/张舜民·
上徽宗论进筑非便/1584；141/文彦博·上神
宗论进筑河州/1590、任伯雨·上徽宗论湟鄯
/1594、龚夬·上徽宗乞诱青唐/1594

【奏议影】45/任伯雨·上徽宗论月晕围昂毕/
1671、王襄·上钦宗论彗星/1709；46/孙沔
·上仁宗论宰相不进贤者为将来之资/1731；
62/赵瞻·上英宗论差中官为陕西钤辖/2277；
97/常安民·上哲宗奏为种谊生擒鬼章赏未称
功/3280；125/陈次升·上徽宗论西蕃市马/
4276、范纯仁·上哲宗论蕃官久例在汉官之
下/4258、范纯粹·上哲宗乞不许蕃官自改汉
姓/4261、范纯粹·上徽宗乞令蕃官不得换授
汉官差遣/4262、余靖·上仁宗论马政修之由
人不在于地/4268、宋祁·上仁宗乞收还牧地
罢民间马禁/4270；133/孙沔·上仁宗论范仲
淹答元昊书/4530；134/富弼·上仁宗不可待

西使太过/4578；136/刘敞·上仁宗论城古渭州有四不可/4675；137/杨绘·上神宗论种谔擅入西界/4713、孙觉·上神宗自治以胜夷狄之患/4722、孙觉·上神宗论治边之略/4726；138/吕陶·上哲宗请以兰州二寨封其酋长/4789；139/韩维·上哲宗论息兵弃地/4807、孙觉·上哲宗乞弃兰州/4818；140/张舜民·上徽宗论进筑非便/4874；141/文彦博·上神宗论进筑河州/4890、袭夬·上徽宗乞诱青唐/4900、任伯雨·上徽宗论湟鄯/4902

【宋大诏令集】8/神宗谥议/36；212/韩忠彦降磁州团副制/804；236/赐夏国诏/921；239/西蕃邀川首领董毡移镇西平节制/932、阿里骨加恩制/939、董毡加恩制/938；240/赵怀德赠开府仪同三司追封怀化郡王制/945

【大金国志】21/章宗纪/4 上

【元朝秘史】14/1 上

【太平治迹统类】26/15 上

【皇宋十朝纲要】12/3 上

【蒙兀儿史记】46/本传/1 上

【元刊梦溪笔谈】9/31；25/6、25/7、25/31

【元宪集】32/答手诏询略/335；32/答内降手诏垂询西陲方略/336

【公是集】5/贺范龙图兼知延安/49；30/龙图阁直学士兵部郎中泾原路经略使王素可谏议大夫/355；43/拟朝廷报契丹书/505

【文忠集】61/资政殿大学士赠银青光禄大夫范公成大神道碑（庆历元年）/21 上

【文恭集】8/95；36/宋故宣徽北院使…上柱国…赠太尉文肃郑公（戬）墓志铭/436

【方舟集】15/范元功墓志铭/19 上

【东轩笔录】3/4 上

【东坡全集】18/司马温公神道碑/46 上；25/奏议·因擒鬼章论西羌夏人事宜札子/2 上、奏议/乞诏边吏无进取及言鬼章事宜札子/6 上；63/书/27 上

【司马文正公集】20/章奏 18/5 上、12 上；25/章奏 23/3 上；27/章奏 25/8 下；31/乞罢保甲状/15 上；34/请革弊札子/6 下；35/章奏 33/1 上、7 上、8 下；37/章奏 35/3 下；38/章奏 36/8 下；77/书启 6/21 下；78/太子太保庞公墓志铭/4 上、4 下、8 下

【石林燕语】8/4 下、78 下

【后山谈丛】3/2 上

【安阳集】家传 3/2 上、3/4 下、3/6 下、4/17 下

【鸡肋集】46/7 下

【宋文鉴】37/7 下；119/8 下

【苏学士文集】1/庆州败/3 上、9/上范希文书/4 上

【鸡肋编】上/33；29/庆州新修帅府记/12 下；66/李氏墓志铭/2 下

【忠惠集】5/代贺受降表/4 下

【忠穆集】2 上/上边事善后十策·论机会不可失/11 下

【欧阳文忠公全集】20/资政殿学士户部侍郎范文正公神道碑/12 下；23/赠刑部尚书余襄公神道碑铭/8 下；24/石曼卿表/2 上；32/吴正肃公墓志铭/8 上；46/上书/1 上；99/奏议·论乞不遣张子奭使元昊札子/9 上、奏议·论元昊不可称吾祖札子/4 上、奏议·论西贼议和利害状/下；102/奏议·论西贼议和请以五问诘大臣状/1 下；104/奏议·论乞与元昊约不攻唃厮啰札子/8 上；105/奏议·论与西贼大斤茶札子/14 下、奏议·论西贼占延州侵地札子/16 上；118/河北奉使奏草/18 上；160/奏议·论乞放还蕃官胡继谔札子/3 下

【三朝北盟会编】10/4 下；25/5 上；48/13 上；62/5 下；70/8 上；77/6 上；107/7 下；109/4 上；12/4 上；214/1 下；231/5 上

【河南先生文集】4/秦州新筑东西城记/7 上；8/论西夏臣伏诚伪书/1 下；15/李公墓志铭/13 下；23/用属国/1 上

【画墁集】补遗/游公（师雄）墓志铭/3 下、4 上

【范太史集】44/资政殿学士范公（百禄）墓志铭/14 下

【范文正公集】诸贤赞颂论疏/4、12 下；5/上攻守二策状/13 下；15/耀州谢上表/6 下；政府奏议下/9 下；年谱/24 上；政府奏议下/边事/12 上、13 下；16/让枢密直学士右谏议大夫表/9 下

【容斋三笔】11/5 上

【栾城集】37/论兰州等地状/4 上；39/论西事状/15 上；41/乞罢熙河修质孤、胜如等寨札子/2 下、再论熙河边事札子/9 下、三论熙河

边事札子/17 下；42/论前后处置夏国乖方札
　子/7 下

【栾城后集】14/拟答西夏诏书/4 上

【浮溪集】24/朝散大夫直龙图阁张公根行状/16
　上

【涑水记闻】9/5 下、13 上；10/7 上；11/5 上、
　8 上、17 上；14/12 上

【桯史】1/张元吴昊/6

【梁溪集】176/建炎进退志总叙 3/4 下

【梁溪漫志】2/10 下

【彭城集】35/宋故朝散大夫给事中集贤院学士
　权判南京留司御史台刘公行状/467

【愧郯录】13/冷端甲/16 上

【景文集】28/减边兵议/353；29/议西人札子/
　370；49/上两府书三首/629

【名臣碑传琬琰集】上集 6/司马文正公光忠清
　粹德之碑/94、上集 22/庞庄敏公籍神道碑/
　348；中集 48/李清臣韩忠献公琦行状/1094、
　中集 50/韩仪公丞相忠彦行状/1137

【豫章文集】7/遵尧录 6/15 上

【儒林公议】下/3 下

【潞公文集】18/奏议·论夏国册命/5 下；18/
　奏议·奏乞刘怤早过界/9 上

【默记】47 上

【陇右金石录】3/平洮州诗碑/41 下

【甘肃新通志】30/祠祀志·寺观·甘州府·张
　掖县/56 下

【汇编】上 78、79；中二 1775、1776、1777、
　1778、1781、1783、1784、1786、1793、
　1858、1865、1866、1867、1935、1937、
　1939、1943、1949、1962、1966、1988、
　2056、2057、2066、2067、2164、2183、
　2199、2217、2249、2251、2262、2388、
　2399、2400、2425、2444、2494、2509、
　2525、2530、2534、2541、2558、2572、
　2575、2592、2604、2624、2631、2632、
　2633、2658、2659、2660、2662、2664、
　2668、2671、2675、2677、2678、2679、
　2680、2681、2682、2687、2694、2699、
　2700、2701、2717、2748、2753、2754、
　2759、2763、2766、2771、2795、2801、
　2802、2803、2804、2818、2822；中三 2845、
　2898、2916、2917、2919、2936、2943、
2949、2951、2974、2975、2977、2984、
2986、2990、2995、2997、3004、3005、
3016、3023、3025、3026、3033、3034、
3041、3073、3074、3083、3110、3113、
3117、3118、3119、3189、3194、3195、
3224、3238、3264、3266、3273、3357、
3367、3377、3383、3391、3418、3432、
3451、3453、3455、3470、3471、3478、
3483、3494、3496、3515、3532、3540、
3593、3662、3717、3727、3730；中四 3738、
3749、3756、3759、3764、3767、3780、
3786、3789、3800、3821、3823、3830、
3905、3907、3913、4044、4051、4090、
4139、4145、4158、4209、4323、4351、
4359、4369、4383、4384、4389、4401、
4402、4403、4424、4446、4447、4534、
4537；中五 4580、4629、4637、4643、4644、
4645、4650、4652、4656、4662、4663、
4666、4670、4672、4674、4679、4682、
4689、4691、4694、4695、4696、4701、
4702、4703、4708、4709、4715、4718、
4719、4720、4724、4732、4736、4739、
4743、4744、4745、4746、4747、4751、
4758、4759、4760、4767、4768、4769、
4770、4771、4772、4775、4781、4782、
4783、4787、4788、4789、4796、4803、
4806、4816、4832、4833、4838、4846、
4851、4854、4865、4866、4875、4876、
4877、4886、4887、4888、4904、4910、
4925、4929、4939、4943、4955、4979、
4993、4995、4998、4999、5000、5003、
5004、5012、5013、5016、5020、5025、
5031、5037、5048、5050、5056、5063、
5070、5071、5099、5104、5115、5125、
5148、5160、5163、5166、5172、5186、
5196、5197、5210、5217、5218、5230、
5243、5266；中六 5293、5412、5473、5549、
5550、5602、5611、5633、5665、5666、
5688、5692、5693、5699、5703、5713、
5714、5723、5725、5727、5728、5813、
5814、5816、5862、5866、5868、5874、
5881、5900、5926、5931、5953、5966、
5972、5982、5992、6019、6029、6058、

6071；下 6089、6109、6113、6114、6483、
6510、6520、6578、6607、6621、6757、
6815、6820、6820、6877、6913、6952、
7025；补遗 7224、7294、7298、7322、7323、
7362、7392、7464

勿巡国　大食国
【宋史】8/真宗 3/149；489/占城传/14084
【宋会要】蕃夷 7 之 32/7855

六谷　西凉六谷吐蕃
【宋史】7/真宗 2/121、123、135；257/李继和
　传/8970；265/张齐贤传/9155；279 陈兴传/
　9484；485/夏国传上/13989；492/吐蕃传/
　14154、14155、14156
【宋会要】方域 21 之 15/7668

五画

甘州　指甘州回纥
【宋史】113/礼志 16·嘉礼 4·宴飨条/2688；
　485/夏国传上/13992、13995；490/回鹘传/
　14115、14116；258/曹玮传/8986
【宋会要】方域 10 之 12/7479；蕃夷 4 之 5/7716
【武经总要】前集 18 下/9 下
【汇编】中一 1454、1501、1555、1718

甘州回纥　又作甘州回鹘，河西回鹘政权
【长编标】88/2031；100/2323；102/2356
【长编影】88/18 下；100/12 下；102/7 下
【汇编】中一 1629

甘州回鹘　又作甘州回纥，河西回鹘政权
【长编标】6/161；21/474；47/1021；57/1261；
　67/1501；69/1546；70/1576；71/1587；74/
　1695；75/1712；76/1733；85/1951；89/
　2049；91/2098；95/2184
【长编影】6/16 上；21/4 上；47/11 上；57/9
　下；67/6 上；69/4 下；70/15 上；71/1 上；
　74/14 上；75/5 下；76/7 上；85/15 上；89/
　12 下；91/3 上；95/6 上
【宋会要】方域 10 之 12/7479；蕃夷 7 之 18/
　7848、7 之 19/7849、7 之 21/7850、7 之 22/
　7850

东晋　李元昊言其祖所出
【宋史】485/夏国传上/13995

【汇编】上 62

归义军　沙州地方政权
【宋朝事实类苑】75/引东斋纪事/994
【汇编】中一 1626

北汉
【宋史】1/太祖纪 1/5、16；2/太祖/2；4/太宗
　1/61；485/夏国传上/13982、13983
【长编标】1/11；9/213；10/220；17/376、377、
　383；20/448
【长编影】1/14 上；9/13 下；10/16 上；17/13
　下、18 下；20/6 上
【资治通鉴】290/9461、9474
【皇宋十朝纲要】1/12 下
【汇编】上 909；中一 923、924、940、948、
　949、959、960、980、981

北朝　辽国
【宋史】351/林摅传/11110；355/郭知章传/
　11197
【长编标】135/3230；138/3331；139/3344；142/
　3408；151/3682、3683；154/3737；177/
　4282；315/7626；329/7923；372/9009；480/
　11421；496/11809；507/12075；509/12114、
　12116、12119、12120
【长编影】135/15 下；138/20 下；139/7 上；
　142/13 上；151/5 上、16 下、17 上；154/2
　下；177/5 上；315/10 上；329/9 上；372/5
　上；476/10 下；480/6 上；496/16 上；507/3
　下；509/2 上、2 下、3 上、3 下
【宋会要】兵 8 之 32/6903；8 之 34/6904
【栾城集】37/论兰州等地状/4 上
【汇编】中五 4703、4748、5173

卢甘　河陇地方政权
【宋史】448/郑骧传/13203
【汇编】中六 5909

瓜沙门　汉敦煌故地的地方政权
【文昌杂录】1/3 上
【汇编】补遗 7355

辽
【宋史】14/神宗纪 1/264；16/神宗纪 3/308；
　18/哲宗纪 2/352；20/徽宗纪 2/374、375、
　386；23/钦宗纪/431；35/孝宗纪 3/683；
　122/礼志 25·凶礼 1·山陵/2853；123/礼志
　26/2870；192/兵志 6·乡兵 3·保甲/4766；

285/陈执中传/9612；303/范育传/10050；306/谢泌传/10095；312/韩忠彦传/10230；313/富弼传/10252；328/蔡挺传/10575；336/司马光传/10768；340/吕大防传/10840；341/孙固传/10875；349/刘昌祚传/11053；351/林摅传/11110、管师仁传/11112；353/张近传/11146；355/郭知章传/11197；468/童贯传/13659；485/夏国传上/13981、13986、13990、13992、13999、14000；486/夏国传下/14011、14018、14019、14021、14026；487/高丽传/14049

【辽史】19/兴宗纪2/227；20/兴宗纪3/240；36/兵卫志下·属国军/433；41/地理志5·西京道/515；46/百官志2·北面边防官/742；36/兵卫志下·属国军/429；93/萧惠传/1379；109/罗衣轻传/1479；95/耶律大悲奴传/1393；115/西夏记/1524、1529

【金史】3/太宗纪/47、50；60/交聘表上/1388、1391；70/石习室传/1623；71/斡鲁传/1634；72/娄室传/1650；73/宗雄传/1680、完颜希尹/1685；74/宗翰传/1696、宗望传1703；81/耶律怀义/1826；83/张汝弼传/1870；97/裴满亨/2143；104/纳坦谋嘉传/2299；120/乌谷论粘没喝传/2619；121/粘割韩奴传/2636；132/完颜元宜/2829；134/西夏传/2865、2866；135/高丽传/2885

【长编标】168/4035；291/7119；315/7625；317/7676；329/7923；331/7985；336/8107；505/12043

【长编影】168/4 上；291/8 上；315/5 下、9 下；317/16 下；329/8 下；331/17 上；336/11 上、11 下；505/15 下

【东都事略】102/林摅传/2 下

【长编拾补】26/引九朝编年备要/14 上

【宋会要】礼57之18/1601、1610；蕃夷2之30/7707

【奏议标】139/韩维·上哲宗论息兵弃地/1564

【奏议影】139/韩维·上哲宗论息兵弃地/4807

【宋大诏令集】232/答契丹劝和西夏书/901

【大金吊伐录】1/回札子/27

【契丹国志】2/太宗嗣圣皇帝纪上/11 下；10/天祚帝纪上/11 上

【皇宋十朝纲要】16/11 上

【旧闻证误】2/30

【初寮集】6/定功继伐碑/1 上

【邵氏闻见录】3/26；5/41；9/90

【闻见近录】21 下

【豫章文集】2/遵尧录1/3 上

【朝野杂记】乙集19/边防/1180

【名臣碑传琬琰集】中集50/韩仪公丞相忠彦行状/1137

【靖康稗史】瓮中人语/22

【三朝北盟会编】29/6 上；48/13 上

【汇编】上 48、53、57、59、67、77、84、85、87、118、123、125、137；中一1193、1694；中二2531、2532、2536、2764；中三2954、3009、3010、3143、3158、3307、3346、3386、3420、3519、3657；中四3983、4080、4135、4159、4162、4209、4401、4402、4455、4501、4539；中六5475、5492、5521、5530、5689、5779、5795、5798、5799、5800、5805、5812、5813、5864、5866、5888、5924、5940、5946、5947、5949、5965、5974、5975、5978、5997、5998、6005、6006、6019、6034；下 6725、6778、6938；补遗7100、7236、7238、7435、7443

辽国

【宋史】336/司马光传/10768；486/夏国传下/14026

【金史】134/西夏传/2865、2866；135/高丽传/2885

【长编标】360/8624；366/8793；476/11347；507/12075、12081；509/12124

【长编影】360/15 下；366/14 下；476/10 下；507/3 下、8 下；509/4 上、10 上

【东都事略】127、128/附录5、6

【宋会要】礼33之8/1241

【奏议标】139/韩维·上哲宗论息兵弃地/1564

【奏议影】139/韩维·上哲宗论息兵弃地/4807

【皇宋十朝纲要】16/13 上、15 下

【栾城集】44/乞裁损待高丽事件札子/1 上

【三朝北盟会编】9/7 下

【汇编】上 92、111；中五4643、4677、4743、4782、5044、5173、5222；中六5492、5496、5529、5532、5797、5813、5940、5954

达怛国　即鞑靼，甘州回鹘附其贡宋方物
【宋会要】蕃夷 4 之 2/7714；7 之 13/7846
达实契丹　耶律大石建立的西辽
【文忠集】148/奉诏录 3/13 上；149/奉诏录 4/16 上
【汇编】下 6777、6780
达靼　鞑靼
【长编标】54/1178；123/2894；260/6335；262/6393；317/7661；335/8061；341/8207、8208；346/8301、8302
【长编影】54/3 下；123/2 下；260/6 上；262/11 下；317/5 下；335/1 上、2 上；341/7 下；346/1 上、1 下
【系年要录】40/744
【宋会要】蕃夷 4 之 2/7714；4 之 9/7718；方域 21 之 10/7666
【汇编】中一 1183；中四 4482、4483、4535；中五 5217；下 6252
吐谷浑　又作吐浑
【旧唐书】58/柴绍传/2314；198/党项羌传/5290、5291、5292
【新唐书】221/党项传/6210、6213、6214
【汇编】上 4、9
吐浑　即吐谷浑
【旧唐书】18 上/武宗纪/593；161/刘沔传/4234
【新唐书】218/沙陀传/6154
【新五代史】4/唐本纪第 4/32
【宋史】5/太宗 2/96；253/折御卿传/8862
【辽史】1/太祖纪上 11；2/太祖纪下/19；19/兴宗纪 2/228；34/兵卫志上·序/396；37 地理志 1·上京道/443；46/百官志 2·北面边防官/742；60/食货志下/932；70/属国表/1160；115/西夏记/1526
【奏议标】141/文彦博·上神宗论进筑河州/1591
【奏议影】141/文彦博·上神宗论进筑河州/4892
吐蕃
【旧唐书】11/代宗纪/279；12/德宗纪上/355、359；15 下/宪宗纪下/465、470；120/郭子仪传/3459、3461；134/马燧传/3700；138/韦伦传/3781；147/杜佑传/3979；161/李光颜传/4221；178/郑畋传/4636；184/程元振传/4762；196/吐蕃传上/5224、5237；196 下/吐蕃传下/5259、5262、5265；198/党项羌传/5292
【新唐书】6/肃宗纪/171、172；7/德宗帝纪/194；43 下/地理志 7 下/1121；137/郭子仪传/4602、4603；171/李光颜传/5183；172/王宰传/5201；200/郑钦说传/5702；207/程元振传/5858；216 上/吐蕃传上/6075、6081、6084、6085；218/沙陀传/6153；221 上/党项传/6210、6213、6214；224/周智光传/6370
【旧五代史】138/吐蕃传/1837
【新五代史】74/四夷附录第 3/914、917
【宋史】85/地理志 1·序/2095；87/地理志 3/2169；165/职官志 5/3903；258/曹琮传/8989；264/宋琪传/9129；312/韩琦传/10227；332/游师雄传/10689；336/吕公著传/10776；344/李周传/10935；350/刘仲武传/11081；449/曹友闻传/13235；485/夏国传上/13981；492/吐蕃传/14154
【辽史】16/圣宗纪 7/183
【金史】80/赤盏晖/1806；84/昂传/1886；98/完颜纲传/2175
【长编标】24/553；35/768、776；39/835；43/922；50/1103；56/1229；74/1684；75/1717；119/2813、2814；123/2894；127/3004；131/3115；138/3320；139/3338、3350；153/3726；176/4258；233/5645；262/6387；346/8301、8302；364/8707；402/9778、9779；444/10680；474/11312；487/11570；507/12092；513/12203；514/12217、12232
【长编影】24/15 上；35/3 上、10 上；39/7 上；43/14 上；50/11 上；56/5 上；74/4 上；75/5 下；119/17 上、17 下；123/2 上；127/1 下；131/20 下；138/10 下；139/10 下；153/12 上；176/9 下；233/1 上；262/11 下；346/1 上；364/10 上；402/1 下；444/1 上；474/11 下；487/8 上；507/17 下；513/9 上；514/8 下、19 下
【东都事略】82/王韶传/3 上
【宋会要】职官 25 之 2/2915；25 之 6/2917；食货 4 之 1/4846、63 之 39/6006；兵 9 之 1/6906、9 之 2/6906、9 之 3/6907；17 之 17/7046；方域 6 之 3/7407、21 之 14/7668；蕃

/4688

【九国志】7/8 下

【文昌杂录】1/3 上

【安阳集】家传 7/5 上

【初寮集】6/定功继伐碑/1 上

【欧阳文忠公全集】114/政府奏议/1 上

【靖康稗史】宣和奉使录/13

【汇编】上 62、665、680、682、692、695、
696、699、700、701、702、703；中三 3298、
3360、3486；中五 5163、5479、5766、5984；
补遗 7235、7355、7437、7441

回鹘　　又作回纥

【新唐书】9/僖宗皇帝纪/262；172/王宰传/
5201；182/李德裕传/5333；218/沙陀传/
6153

【旧五代史】43/明宗纪第 9/589；66/药彦稠传
/880；138/吐蕃传/1837

【新五代史】27/药彦稠传/299；53/王景崇传/
604；74/党项传/912、914、917

【宋史】6/真宗纪 1/115；165/职官志 5/3903；
442/石延年传/13071；448/郑骧传/13202；
485/夏国传上/13981

【辽史】1/太祖纪上/12；2/太祖纪下/22；3/太
宗纪上/27；22/道宗纪 2/267；37/地理志 1/
440；46/百官志 2·北面边防官/742；115/西
夏记/1523

【元史】1/太祖纪/6；119/塔思传/2939

【长编标】5/117；6/153、159；10/235；50/
1089、1090、1092；56/1240；66/1490；68/
1520、1528；69/1554；70/1580；71/1598；
72/1646；74/1680；85/1951；87/1992；95/
2185；127/3004；139/3349；150/3650；151/
3680；188/4527；340/8192；341/8205、8207、
8208；346/8301、8302；347/3825；352/8449；
364/8707；446/10728；507/12092；514/12222；
515/12248；516/12265；518/12333

【长编影】5/1 上；6/9 上、14 上；10/17 上；
50/8 上、9 下；56/14 下；66/19 下；68/3
上、9 下；69/4 下；70/15 上；71/10 上；
72/22 上；74/1 上；85/15 上；87/4 下；95/
7 上；127/1 下；139/10 下；150/25 下；
151/13 上；188/2 下；340/13 下；341/10
上、11 下、12 上；346/1 上；347/5 下；

352/22 上；364/10 上；446/1 上；507/17
下；514/12 上；516/2 上；518/1 上

【宋会要】职官 66 之 29/3882；兵 27 之 17/
7255；方域 21 之 14/7668、21 之 19/7670；
蕃夷 4 之 3/7715、4 之 9/7718、4 之 12/
7719、4 之 13/7720、7 之 2/7840、7 之 3/
7841、7 之 11/7845、7 之 15/7847、7 之 17/
7848、7 之 19/7849

【奏议标】133/范仲淹等·上仁宗论元昊请和不
可许者三大可防者三/1485

【奏议影】133/范仲淹等·上仁宗论元昊请和不
可许者三大可防者三/4567

【大金国志】25/宣宗纪/5 下

【大藏经】佛祖历代通载 32/40 下

【东轩笔录】3/4 上

【松漠纪闻】4 下

【河南先生文集】3/攻守策头问耿传一首/3 下；
22/用属国/2 上

【新安志】7/洪尚书（中孚）/6 上

【文庄集】14/陈边事十策/1 上

【文昌杂录】1/3 上

【汇编】上 15、48、57、60、121；中一 1229；
中二 1799、1987、1988、2057、2163、2165、
2679；中三 2976、3249、3453；中四 4532、
4537、4539、4540；中五 4579、4580、4589、
4621、4660、5035；中六 5506、5583、5607、
5642、5909、5945、5998、6076、6080；下
6796、6879、6934、6960；补遗 7355、7405

回鹘国　　甘州回鹘

【长编标】85/1951

【长编影】85/15 上

【汇编】中一 1539

伪齐　　金立刘豫政权

【宋史】486/夏国传下/14023

【宋会要】方域 12 之 20/7529

【系年要录】122/1971；124/2030；125/1046

【中兴小纪】26/301

【朝野杂记】甲集 18/兵马·御前诸军/561；乙
集 13/官制 1 都统制/1031

【汇编】下 6472、6473、6489、6492、6498、
6509

后汉

【中国藏西夏文献】18/后汉沛国郡夫人里氏墓

志铭文/50

【延安府志】2/葭州/20 上

【汇编】下 6581

后周

【宋史】491/党项传/14137

【中国藏西夏文献】18/后周绥州刺史李彝谨墓志铭文/55、后周绥州太保夫人祁氏神道志铭文/58、宋定难军节度使李光睿墓志铭文/73

【宁夏府志】4/古迹·宁夏·宁朔县/10 上

【汇编】上 20；下 6940

后唐

【旧五代史】132/李仁福传/1746

【五代会要】29/353

【元丰九域志】10/474

【册府元龟】436/518 下

【武经总要】前集 17/14 上、18 上/27 上

【金石萃编】119/刺史折嗣祚碑考释

【陕西通志】16/关梁 1·延安府·安塞县/25 下

【中国藏西夏文献】18/后唐永定破丑夫人墓志铭文/31、后晋定难军节度副使刘敬瑭墓志铭文/42

【汇编】上 17、160、166、182；中一 924、974；补遗 7235

后梁

【朝野杂记】乙集 19/边防/1180

【中国藏西夏文献】18/后晋夏银绥宥等州观察支使何德璘墓志铭文/39、后晋定难军节度副使刘敬瑭墓志铭文/42

【汇编】下 6936

后魏 北魏

【宋史】485/夏国传上/13995

【长编标】35/777；123/2893

【长编影】35/11 下；123/2 上

【宋会要】方域 5 之 3/7384、5 之 4/7385、5 之 8/7387

【奏议标】130/杨亿·上真宗论弃灵州为便/1440

【奏议影】130/杨亿·上真宗论弃灵州为便/4426

【武经总要】前集 18/1 下、18 上/27 上

【宁夏府志】2/沿革/19 上

【嘉靖宁夏新志】2/古迹/56 上

【中国藏西夏文献】18/后周绥州刺史李彝谨墓志铭文/55

【汇编】上 62；中一 974、1078；中二 1775；中三 3131；下 6939、6941、7003、7004、7005

齐 刘豫伪齐政权

【宋史】486/夏国传下/14023

【金史】72/彀英传/1661；91/庞迪传/2012

【大金集礼】23/御名/648

【汇编】下 6255、6425、6493

交河 指高昌，即西州回鹘

【宋史】485/夏国传上/13995

【长编标】123/2894

【长编影】123/2 上

【汇编】中二 1776

七画

龟兹

【宋史】9/仁宗纪 1/18、190；10/仁宗纪 2/203；113/礼志 16·宴飨/2688；165/职官志 5/3903；485/夏国传上/13981

【长编标】80/1831、1832；103/2376；110/2552；120/2819；135/3221

【长编影】80/15 下；103/3 上；110/1 上；120/1 上；135/7 下

【宋会要】方域 10 之 12/7479；蕃夷 4 之 5/7716、4 之 13/7720、7 之 11/7845、7 之 14/7846、7 之 15/7847、7 之 18/7848、7 之 19/7849、7 之 20/7849、7 之 21/7850、7 之 22/7850、7 之 25/7852

【长编纪事本末】140/4 下、6 上

【汇编】中一 1454、1514、1632、1633、1679、1681、1735、1738；中五 4952；中六 5767、5770、6076

龟兹师王国 遣使贡玉佛

【宋史】18/哲宗纪 2/345

【宋会要】蕃夷 7 之 42/7860

龟兹国

【宋史】6/真宗纪 1/116；2/真宗纪 2/127；3/真宗纪 3/163；490/回鹘传/14116、14117

【元史】1/太祖纪/12

【汇编】下 6807

沙州 归义军

【宋会要】蕃夷5之1/7767

沙州　指沙州回鹘

【宋史】258/曹琮传/8990；490/大食传/14121

【长编标】6/161；21/474；110/2552；120/2819；
138/3319

【长编影】6/16 上；21/4 上；110/1 上；120/1
上；138/9 下

【宋会要】蕃夷4之91/7759；5之3/7768；7
之3/7841；7之16/7847；7之20/7849；7
之22/7850；7之24/7851；7之25/7852；7之
28/7853；7之29/7854

【奏议标】133/贾昌朝·上仁宗备边六事/1483

【奏议影】133/贾昌朝·上仁宗备边六事/4561

宋

【宋史】198/兵志12·马政/4932；253/折德扆
传/8861、8863；254/赵赞传/8891；273/马
仁瑀传/9346；276/张从吉传/9406；282/向
敏中传/9555；331/卢秉传/10671；348/陶节
夫传/11038；357/刘延庆传/11237；402/安
丙传/12194；446/朱昭传/13170；453/孙昭
远传/13318；485/夏国传上/13981、13986、
14000；486/夏国传下/14011、14012、14023、
14025、14028

【辽史】11/圣宗纪2/119；13/圣宗纪4/140、
141、142、147、149；14/圣宗纪5/156、
161；16/圣宗纪七/190；17/圣宗纪8/200；
18/兴宗纪1/211、222；19/兴宗纪2/227、
228、229、230、231、232；20/兴宗纪3/
239、241、243、248；21/天祚帝纪1/317、
319；21/道宗纪1/251、256；23/道宗纪3/
277、278；25/道宗纪5/300；26/道宗纪6/
309、310、312；27/天祚帝纪1/321、322、
324；28/天祚帝纪2/336、337；36/兵卫志下
·属国军/433；37/地理志1/437；39/地理志
3·中京道/482；50/礼志2·凶仪/841；60/
食货志下/932；70/属国表/1160、1180、
1185、1196；82/耶律德威传/1291；85/萧塔
烈葛传/1318；86/牛温舒传/1325、杜防传/
1325、耶律合里只传/1327、萧特末传/1327；
91/耶律唐古传/1362、萧术哲传附佺/1364、
萧术哲传附佺/1364；93/耶律铎轸传/1379、
萧惠传/1374；96/耶律仁先传/1395；98/耶
律俨传/1415；100/耶律棠古传/1428；115/

西夏记/1524、1425、1426

【金史】3/太宗纪/51、52、53、56、60；16/宣
宗纪下/354、370；17/哀宗守绪纪/上 376；
18/哀宗纪下/400、403；26/地理志下/631、
644、650、653；31/礼志4·宝玉/765；38/
礼志11·朝辞仪/868；60/交聘表上/1396、
1403；61/交聘表中/1418、1426；71/斡鲁传
/1634；72/娄室传/1652；74/宗翰传/1698；
78/刘筈传/1771；79/张中彦传/1789；81/耶
律怀义传/1827、1835；91/结什角传/2017、
2018；94/来谷清臣传/2084；95/粘割斡特剌
传/2108；98/完颜纲传/2175；101/仆散端传
/2232；102/必兰阿鲁带传/2262；104/纳坦
谋嘉传/2299；110/李献甫传/2434、程震传/
2436；113/白撒传/2485；123/杨沃衍传/2684；
129/张仲轲传/2782；133/移剌窝斡传/2860；
134/西 夏 传/2865、2867、2868、2870、
1873；135/高丽传/2888

【元史】60/地理志3/1450、1451

【长编标】111/2594；125/2950；135/3229；137/
3284；139/3343；186/4486；214/5203；471/
11239；505/12029；507/12082、12083

【长编影】111/16 下；125/11 上；135/15 上；
137/15 下；139/6 下；186/4 上；214/9 下；
471/1 下；505/2 下；507/8 下；516/2 上

【东都事略】102/林摅传/2 下；127、128/附录
5、6

【系年要录】15/320；129/2090

【宋大诏令集】229/回谢契丹皇帝书/886；234/
册夏国主谅祚文/911；236/册夏国主乾顺文
（元祐二年正月乙丑）/920

【大金吊伐录】2/宋宣抚司牒/79

【大金国志】4/太宗纪/3 下、6 上；13/海陵炀
王纪上/1 下；25/宣宗纪/4 上

【元朝秘史】14/1 上、9 上

【契丹国志】7/圣宗天辅皇帝纪/3 下；8/兴宗
文成皇帝纪/4 上、4 下、兴宗文成皇帝纪/8
上；10/天祚帝纪上/1 下、11 上；18/刘六符
传/5 上

【蒙兀儿史记】3/成吉思可汗本纪下/31 下

【山居新话】45 上

【元丰类稿】19/本朝政要策·添兵/2 下；30/
14 上

古迹·兰州府·金县/3 下、4 上、舆地志·
古迹·兰州府·皋兰县/2 上、2 下、舆地志
·古迹·宁夏府·宁夏县·宁朔县/33 下、33 上、
舆地志·古迹·平凉府·平凉县/10 上、舆
地志·古迹·平凉府·隆德县/11 下、舆地
志·古迹·平凉府·静宁州/10 下、11 上、
舆地志·古迹·甘州府·山丹县/49 下、舆
地志·古迹·巩昌府·会宁县/17 下、舆地
志·古迹·巩昌府·安定县/17 上、舆地志
·古迹·巩昌府·陇西县/17 上、舆地志·
古迹·巩昌府·岷州/19 下、舆地志·古迹
·巩昌府·通渭县/17 下、18 上、舆地志·
古迹·庆阳府·安化县/29 下、30 上、30
下、舆地志·古迹·庆阳府·环县/31 上、
31 下、舆地志·古迹·固原直隶州/11 下、
12 上、舆地志·古迹·固原直隶州·平远县
/12 下、舆地志·古迹·固原直隶州·海城
县/13 上、舆地志·古迹·凉州府·平番县/
47 上、舆地志·古迹·秦州直隶州/20 下、
舆地志·古迹·秦州直隶州·礼县/24 下、
舆地志·古迹·秦州直隶州·两当县/25 上、
舆地志·古迹·秦州直隶州·秦安县/23 下、
舆地志·古迹·秦州直隶州·清水县/24 上；
14/建置志·城池/4 下、6 上、9 上、10 下、
11 下、13 下、18 上、20 上、21 下、38 上、
1404、舆地志·建置制·城池/1 下；15/建
置志·官廨/6 下、7 上、10 下、13 上、15
上、17 下；16/关梁 1·延安府·安塞县/27
上；29/祠祀志·祠宇下·庆州府·安化县/8
下、祠祀志·祠宇下·西宁府·西宁县/31
下；30/祠寺志·寺观·巩昌府·岷州/23
下；42/兵防志·塞防·庆阳府/6 上、兵防
志·塞防·泾州直隶州/4 下；91/艺文志·
碑记/5 下

【延安府志】1/肤施县·山川/5 下、诗文/47
上、49 上；2/1 上、5 上、12 上、保安县·
关梁/8 下、葭州/20 上；4/11 下；5/1 上；
7/1 上、诗文/22 下、绥德州/15 上、24 下、
绥德州·山川/2 下、绥德州·古迹/8 上、绥
德州·关梁/6 上、7 上、绥德州·米脂县·
古迹/28 下、绥德州·清涧县·山川/16 下；
8/1 上、葭州/10 下、葭州·城池/3 下、葭

州·神木县·古迹/18 下、19 上

【延绥镇志】1/地理志/1 上、6 上、6 下、8 下、
10 下

【吴堡县志】序/1 上；1/沿革/1 上；1/山川/3
上；3/秩官/1 上

【陕西通志】10/山川 3·延安府·甘泉县/9 上、
山川 3·延安府·肤施县/1 上、1 下、山川 3
·延安府·甘泉县/6 下；11/山川 4·榆林府
·怀远县/51 下、山川 4·榆林府·靖边县/
54 上；13/山川 6·绥德州·米脂县/53 下、
山川 6·绥德州·清涧县/54 上、56 上、山
川 6·绥德州·葭州/56 下、57 上、57 下、58 下、59
上、山川 6·葭州·吴堡县/62 上、山川 6·
葭州·神木县/63 上、63 下；14/延安府·城
池/6 上、城池/14 下、15 上、27 上、27 下、
28 上、28 下、葭州·城池/28 上；16/关梁 1
·延安府·安塞县/25 下、26 上、27 下、关
梁 1·延安府·安定县/29 上、关梁 1·延安
府·延川县/33 上、关梁 1·延安府·肤施县
/25 下、关梁 1·延安府·保安县/28 下、29
下、关梁 1·榆林府·定边县/67 下、68 下、
关梁 1·榆林府·靖边县/68 上、69 上、69
下、70 上、70 下；17/关梁 2·绥德州/45
上、45 下、关梁 2·绥德州·米脂县/46 上、
关梁 2·绥德州·清涧县/47 下、48 上、48
下、关梁 2·葭州/50 下、51 上、关梁 2·葭
州·吴堡县/52 下、关梁 2·葭州·府谷县/
57 上；28/祠祀 1·延安府·安塞县/63 上、
祠祀 1·延安府志·保安县/66 上；71/陵墓
2/3 下

【朔方广志】上/茔墓/28 下

【朔方新志】1/山川·中卫/21 下；3/古迹/80
下

【海城厅志】城图/6 上；山川/19 下

【海城县志】1/沿革/5 下；6/古迹志/2 上、2
下

【隆德县志】1/古迹/24 下、25 上、坛庙祠宇寺
观表/40 上、建置/31 上、沿革表/11 上；3/
表传/2 下；4/考证/64 上

【榆林府志】4/古迹/22 上、22 下、府谷县·山
/9 上、9 下、10 上、府谷县·水/12 上、神
木县·水/7 上、葭州·山/14 下、15 下；5/
建置志·沿革/1 下、4 上、建置志·沿革/2

上、2 下；6/建置志·关隘/3 上、5 上、7 下、8 上；8/建置制·祠祀/8 上；21/兵志·边防/3 上

【嘉靖宁夏新志】2/古迹/56 上

【嘉靖固原州志】1/古迹/14、15、16、1/文武衙门/21、22

【横山县志】1/地理志·山脉/6 下、7 上、7 下、地理志·古迹/13 上、13 下、14 下

【三朝北盟会编】25/1 下；63/2 下；183/5 下；233/9 下

【中国藏西夏文献】18/宋定难军管内都指挥使康成墓志铭文/61、宋摄夏州观察支使何公墓志铭文/67、宋定难军节度使李光睿墓志铭文/73、宋定难军节度观察留后李继筠墓志铭文/80、宋管内蕃部都指挥使李光遂墓志铭文/84、元赠敦武校尉军民万户府百夫长唐兀公碑铭文/157；19/M182 碑亭出土汉文残碑（106－93）/329

【汇编】上 48、49、53、55、60、61、62、64、66、67、69、76、77、78、87、89、90、91、94、96、100、117、118、119、120、122、125、126、127、128、129、137、144、152、170、200、219、301、323、356；中一 938、962、1029、1031、1047、1049、1051、1052、1112、1167、1215、1231、1379、1418、1456、1649、1673、1679、1688、1690、1755；中二 1858、2042、2043、2171、2215、2413、2419、2431、2433、2443、2458、2507、2514、2535、2536、2540、2542、2543、2544、2622、2650、2658、2667、2673、2748；中三 2924、2950、2984、2988、3010、3023、3045、3090、3116、3135、3143、3161、3168、3210、3212、3243、3247、3523、3544、3583；中四 4017、4021、4341；中五 4607、4608、4809、5145、5159、5263；中六 5311、5446、5467、5497、5607、5650、5700、5717、5762、5787、5799、5800、5811、5813、5822、5857、5911、5916、5976、5981、5987、5988、5997、5998、6001、6009、6011、6012、6024、6027、6031、6051、6060；下 6092、6103、6123、6134、6134、6159、6160、6487、6497、6508、6581、6582、6583、6584、6603、6632、6693、6706、6742、6744、6745、6746、6793、6815、6836、6851、6858、6866、6868、6869、6882、6886、6914、6925、6926、6938、6939、6940、6941、6942、6943、6944、6945、6946、6947、6948、6951、6954、6955、6956、6960、6961、6962、6963、6964、6965、6966、6970、6971、6974、6975、6976、6977、7085、7086、7087；补遗 7095、7097、7101、7103、7121、7122、7123、7124、7127、7129、7130、7154、7155、7156、7161、7166、7175、7188、7208、7210、7219、7228、7237、7238、7239、7240、7241、7242、7243、7248、7249、7250、7251、7252、7253、7254、7255、7257、7258、7259、7260、7262、7264、7266、7267、7270、7271、7272、7274、7275、7276、7277、7278、7279、7280、7281、7283、7284、7286、7287、7288、7289、7290、7291、7293、7295、7301、7302、7305、7312、7314、7315、7317、7319、7320、7321、7326、7327、7328、7331、7332、7333、7334、7335、7336、7337、7338、7339、7340、7341、7344、7345、7347、7348、7350、7351、7352、7353、7354、7355、7360、7361、7364、7366、7368、7373、7375、7376、7378、7379、7380、7381、7382、7386、7387、7390、7391、7394、7395、7396、7397、7399、7400、7401、7404、7406、7407、7408、7409、7410、7414、7416、7419、7425、7440、7446、7456、7463、7466、7467、7472、7474、7475、7476、7477、7478、7479、7481、7482、7485、7486、7487、7490、7491、7492、7493、7494

张掖　指甘州回鹘

【新五代史】四夷附录 3/914

【宋史】485/夏国传上/13995

【金史】134/西夏传/2876

【长编标】123/2894

【长编影】123/2 上

【汇编】上 63

八画

青唐　青唐吐蕃

【宋史】175/食货志上3·和籴条/4247；175/食货表上·和籴/4244；318/张昇传/10362；328/王韶传/10579；331/马仲甫传/10647；332/李师中传/10679；339/苏辙传/10830；340/吕大防传/10842；341/赵瞻传/10880；350/王赡传/11071；447/唐重传/13186；448/郑骧传/13202；471/章惇传/13712；486/夏国传下/14018；490/于阗传/14109；492/唃厮啰传/14167

【长编标】117/2765；175/4226；188/4529；265/6484；269/6584；279/6827；280/6861；322/7762；325/7820；346/8302；348/8353；349/8378；350/8382；353/8459；365/8771；366/8794、8800；372/9012、9013；402/9777；404/9840；407/9905；443/10673；455/10912；474/11312、11313；476/11350、11351；477/11358、11359；500/11911；501/11943、11944；505/12029；518/12318

【长编影】117/17 下；175/6 上、6 下；188/4 下、5 上；265/1 上；269/2 下；279/8 下；280/11 上；322/4 下；325/7 上；346/1 上；348/11 下；349/11 上；365/24 下；366/14 下、22 上；372/10 上；402/1 下；404/10 下；407/9 下；443/19 下；444/1 上；455/10 下；474/11 下；476/13 上；477/5 下、6 下、20 上；500/10 下；501/11 上；505/3 下；518/2 上

【东都事略】129/附录7·西蕃/2 上

【宋会要】兵 14 之 20/7002；蕃夷 6 之 19/7828；6 之 26/7831；6 之 27/7832；6 之 30/7833；6 之 36/7836

【系年要录】6/166；125/2046

【中兴小纪】1/14

【玉照新志】1/1

【画墁集】补遗/游公（师雄）墓志铭/4 上

【范太史集】44/资政殿学士范公（百禄）墓志铭/14 下

【栾城集】41/再论熙河札子/9 下

【铁围山丛谈】2/12 上

【梁溪集】176/建炎进退志总叙 3/4 下

【三朝北盟会编】109/4 上

【汇编】中一 1683、1684、1713；中四 4482、4580、4607、4672、4679、4687、4697、4709、4830、4831、4832、4846、4847、4848、4851、4854、4860、4901、4979、5001、5002、5003、5004、5005、5007、5008、5015、5017、5058、5059、5163、5175、5178、5179、5181、5197、5253、5263；中六 5421、5429、5430、5823、5825；下 6102、6108、6113、6114、6115、6496

明

【元朝秘史】14/1 上

【陇右金石录】3/65 下

【宁夏府志】4/古迹·宁夏·宁朔县/12 下；6/坛庙·府城/32 下

【甘肃新通志】9/舆地志·关梁·兰州府·狄道州/15 下；16/关梁 1·延安府·安塞县/27 上；29/祠祀志·祠宇下·甘州府·张掖县/53 上；30/祠祀志·寺观·甘州府·张掖县/56 下

【陕西通志】14/延安府·城池/6 上；14/城池/14 下；16/关梁 1·榆林府·定边县/67 下

【汇编】下 6520、6761、6914、6942、6943、6954；补遗 7275、7303、7306、7340、7348、7419

金

【宋史】23/钦宗纪/434；30/高宗纪 7/568；35/孝宗纪 3/683；39/宁宗纪 3/760；40/宁宗纪 4/771、773、774；349/姚古传/11061；358/李纲传/11245；366/吴玠传/11413；367/郭浩传/11441；369/刘光世传/11479；372/王庶传/11546；383/虞允文传/11797；391/周必大传/11970；402/安丙传/12194；403/张威传/12215；406/崔与之传/12260；446/朱昭传/13170；447/徐徽言传/13191、13192；448/李彦仙传/13211；452/刘惟辅传/13298；485/夏国传上/13981、13986；486/夏国传下/14021、14022、14023、14025、14026

【辽史】28/天祚帝纪 2/336、337；29/天祚帝纪 3/345；30/天祚帝纪 4/351；70/属国表/1190；115/西夏记/1529

【金史】17/哀宗纪上/376；24/地理志上/549；38/礼志 11/869、870；62/交聘表下/1487；

110/李献甫传/2433；116/石盏女鲁欢传/2542；121/粘割韩奴传/2636；123/陀满胡土门传/2687；134/西夏传/2865、2871、2874

【元史】58/地理志1·中书省·大同路/1376；60/地理志3/1450；149/石天应传/3526；157/郝经传/3700

【长编拾补】54/11上

【东都事略】127、128/附录5、6

【系年要录】2/61戊子目注；6/166；12/279；16/332；38/726；40/744；58/1006；94/1560；107/1750；124/2030；125/2037、2046；127/2066；129/2090；131/2107；157/2557；181/3015；197/3319；198/3331、3351

【大金吊伐录】2/宋宣抚判官书/80；4/与楚计会陕西地书/139

【大金国志】5/太宗纪/4上；9/太宗纪/4上；13/海陵炀王纪上/1下；22/东海郡侯纪/2上；25/宣宗纪/5下

【元史译文补正】1下/21下

【蒙兀儿史记】3/成吉思可汗本纪下/6下、30上、31下；60/周献臣传/5上

【大藏经】佛祖历代通载32/40下

【中兴小纪】2/28；4/52；9/115；13/158；20/242；26/301

【双溪醉隐集】5/济黄河/11下

【文忠集】148/奉诏录3/13上

【汉滨集】6/论诸军见攻德顺独王彦未到状/7上

【名臣碑传琬琰集】下集24/故太尉威武军节度使李公行状/1617

【庄简集】9/论刘延庆等札子/4上

【朱文公文集】60/答王南卿/9上

【老学丛谈】中下/8上

【攻媿集】94/少傅观文殿大学士周公（必大）神道碑/1307

【松漠纪闻】1上/5

【欧阳修撰集】1上/皇帝万言书/11上

【牧庵集】3/资善大夫中书左丞赠银青荣禄大夫平章政事谥武愍公李公家庙碑/5上

【苕溪集】48/宋故武功大夫贵州刺史永兴军路马步军副都总管杨公（宗闵）墓碑/5上；48/宋故恩平郡夫人刘氏墓碑/17下

【宁夏社会科学】1987年第1期/大元赠敦武校尉军民万户府万夫长唐兀公碑铭/88

【闻过斋集】1/送王潮州叙/22上

【香溪集】21/徐忠壮（徽言）传/1下

【梁溪集】33/赐夏国主诏书/5下；54/奏知令折彦质扼守备札子/6上、奏知发去生兵等事札子/7下；172/靖康传信录/中/7上

【续宋通鉴】15/194

【鸿庆居士集】33/宋故左朝请大夫直龙图阁章公（综）墓志铭/17上

【朝野杂记】乙集19/边防/1180；19/边防·鞑靼款塞/1187

【靖康要录】12/731

【靖康稗史】宣和奉使录/13；瓮中人语/22、25；呻吟语/111

【北京大学学报哲学社会科学版】1978年第2期/宋故武功大夫河东第二将折公墓志铭考释/68

【金石萃编】147/折克行神道碑考释

【甘肃新通志】9/舆地志·关梁·兰州府·河州/20上、舆地志·关梁·兰州府·渭源县/18上、舆地志·关梁·兰州府·靖远县/18上；13/舆地志·古迹·兰州府·河州/8下、舆地志·古迹·平凉府·平凉县/11上、舆地志·古迹·平凉府·隆德县/11上、舆地志·古迹·平凉府·静宁州/11上、舆地志·古迹·巩昌府·安定县/17上、舆地志·古迹·庆阳府·安化县/29下、舆地志·古迹·固原直隶州/12上、舆地志·古迹·秦州直隶州·秦安县/23下；14/建置志·城池/4下、建置志·城池/24上；29/祠祀志·祠宇下·庆州府·安化县/8下

【延安府志】2/安定县·关梁/15下；5/1上；7/1上；7/绥德州/15上、绥德州·米脂县·古迹/28下、绥德州·清涧县·关梁/18下/8/1上；8/葭州/10下、葭州·神木县·古迹/18下、葭州·神木县·古迹/19上

【延绥镇志】1/地理志/1上

【陕西通志】5/建置4/39上；10/山川3·延安府·肤施县/1下；13/山川6·鄜州·洛川县/42上；14/城池/27上、28下、葭州·城池/28上；16/关梁1·延安府·保安县/29下；17/关梁2·绥德州·米脂县/46下、关梁2·绥德州·清涧县/48下；66/人物/12/12下

【隆德县志】1/沿革表/11 上、古迹/24 下、建置/31 上；3/表传/2 下；4/考证/64 上

【榆林府志】5/建置志・沿革/1 下、2 上、2 下、4 上、4 下

【嘉靖固原州志】1/古迹/14

【三朝北盟会编】11/14 下；36/8 下；60/4 下；77/6 上；118/3 下；143/2 上；181/8 上；183/5 下

【中国藏西夏文献】18/闽宁村西夏墓3、4 号碑亭残碑（202－130）/123、大元赠敦武校尉军民万户府百夫长唐兀公碑铭文/157

【汇编】上 49、87、88、89、91、92、93、111、122、123、125、131、137、200、204、218、219、222、223、225、226、227、228、356；中六 5911、5916、5946、5964、5965、5982、5983、6006、6008、6012、6015、6026、6032、6033、6048、6060、6062、6066；下 6088、6089、6092、6094、6115、6118、6124、6126、6127、6128、6129、6135、6150、6213、6243、6245、6246、6252、6253、6262、6312、6313、6401、6455、6456、6480、6482、6487、6491、6494、6496、6498、6500、6505、6506、6507、6508、6509、6514、6551、6571、6580、6582、6583、6584、6606、6678、6679、6682、6683、6694、6734、6777、6778、6819、6828、6829、6836、6841、6858、6859、6860、6862、6863、6868、6873、6876、6886、6887、6890、6898、6906、6912、6921、6934、6937、6938、6944、6953、6955、6961、6976、6977、7030、7086；补遗 7102、7103、7104、7105、7106、7107、7108、7109、7110、7129、7131、7132、7133、7155、7161、7166、7210、7228、7242、7251、7252、7254、7257、7259、7270、7272、7273、7274、7280、7291、7300、7303、7304、7320、7327、7332、7333、7337、7347、7354、7386、7394、7408、7410、7434、7444、7453、7454、7457、7461、7462、7463、7464、7466、7472、7475、7482、7486、7487、7490、7492

金国

【宋史】22/徽宗纪 4/414

【辽史】拾遗 12/32 下

【长编纪事本末】143/2 上

【大金吊伐录】2/宋宣抚司牒/79

【靖康稗史】瓮中人语/25

【挥麈后录】4/夏人沮粘罕之气/15 上

【三朝北盟会编】9/7 下、10 下；11/14 下；16/10 下

【汇编】中六 5954、5955、5956、5657、5964、5972、5979、6001、6019、6031、6032

周　后周

【隋书】83/党项传/1845

【旧唐书】198/党项羌传/5209

【新唐书】221 上/党项传 6214

【旧五代史】132/李彝兴传/1748

【新五代史】40/李仁福传/437

【宋史】190/兵志 4/4709；253/折德扆/8861、253/冯继业传/8868；485/夏国传上/13982、13985

【东都事略】28/1 上

【宁夏府志】2/沿革/18 下、19 上、20 上

【延安府志】2/葭州/20 上

【中国藏西夏文献】18/后周绥州刺史李彝谨墓志铭文/55、后周绥州太保夫人祁氏神道志铭文/58、宋定难军节度使李光睿墓志铭文/73

【汇编】上 2、3、9、49、52、163、166、170、178；中一 924、958、959；下 6581、6939、6947

河西　河西吐蕃

【宋史】198/兵志 12・马政/4932；264/宋琪传/9129；266/孙诏传/9189；318/张方平传/10357；324/刘涣传/10493

【金史】98/完颜纲传/2175

【元史】86/百官志・2/2168；103/刑法志・2/户婚/2641

【宋会要】蕃夷 7 之 16/7847；蕃夷 7 之 24/7851

【黑鞑事略】12、17

【汇编】下 7088、7089

河西回鹘

【旧五代史】138/外国传/1844

【新五代史】74/四夷附录 3/912

【汇编】上 15

宗哥唃厮罗　河湟吐蕃政权

【宋会要】职官 41 之 85/3209

宗歌　宗哥吐蕃
【宋会要】方域 10 之 12/7479
【汇编】中一 1454

九画

契丹

【旧五代史】82/少帝纪第 2/1087；125/王饶传/1647

【新五代史】40/李仁福传/436

【宋史】4/太宗纪 1/68、69；5/太宗纪 2/96、98、101；6/真宗纪 1/110；7/真宗纪 2/123；11/仁宗纪 3/218、219、221、226、291；12/仁宗纪 4/229、237、250；113/礼志 16·宴飨/2688；121/礼志 24·受降献俘/2838；124/礼志 27/2899、2900；173/食货志上 1·序文 4156；180/食货志下 2/4381；194/兵志 8·拣选之制/4826；253/折御卿传/8861、8864、8869；268/王显传/9233；277/郑文宝传/9429；282/王旦传/9545；285/陈执中传/9612、9614、9616、9619；288/程琳传/9676、288/任布传/9683；291/吴育传/9729；292/田况传/9781、郑戬传/9768；293/王禹偁传/9795；295/叶清臣传/9852；300/杨偕传/9955；304/王济传/10067；306/朱台符传/10102；310/杜衍传/10191；311/李及之传/10179；312/韩琦传/10227；313/富弼传/10253；317/邵亢传/10337、钱彦远传/10345；318/张方平传/10357；320/余靖传/10409；323/周美传/10457；324/张亢传/10489、刘文质传/10492；326/郭谘传/10531；334/沈起传/10728、林广传/10739；337/范镇传/10784；339/苏辙传/10822；350/杨应询传 11075；357/刘延庆传/11237；366/吴璘传/11418；426/张纶传/12694；440/柳开传 13025；458/张愈传/13440；466/窦神宝传/13600；467/韩守英传/13632；485/夏国传上/13981；490/于阗传/14109、高昌传/14110；491/党项传/14137

【辽史】17/圣宗纪 8/199；64/皇子表/990

【金史】134/西夏传/2868

【元史】82/选举志 2/2052；120/镇海传/2964

【长编标】10/233；20/464；23/521、531；24/540；37/807；42/896；43/923；49/1077；51/1122；54/1181；58/1274；63/1420；67/1505；68/1535；78/1770；91/2100；113/2643；120/2845；123/2914；124/2927；125/2957；126/2985；128/3029；134/3189；135/3220；136/3267、3270；138/3320；139/3355；140/3360、3361；142/3409、3413；145/3508；147/3568；148/3574；149/3614；150/3625、3626、3636、3638、3639、3652；151/3668、3669、3674、3675、3677、3678、3679、3681、3691；152/3705、3706、3709；153/3724；154/3737、3742、3747；157/3802；161/3884；164/3956；166/4014；167/4014；168/4034、4035、4039；171/4116；177/4281；188/4527；197/4774；198/4796；220/5350；229/5574；230/5596；236/5730、5752；237/5773；241/5883；248/8 上；250/6104；259/6321、6322；262/11 下；277/6788；312/7568；314/7601、7603；315/7616；317/7656；319/7706；325/7820、7822；326/7847、7857；328/7897；335/8061、8081；337/8118；338/8139；339/8163；340/8192；363/3689；389/9473；465/11117；500/11916；514/12231；516/12265

【长编影】10/15 下、16 下；20/19 上；23/8 下、17 上；24/3 下、6 上；37/2 上；42/15 上；43/15 下；49/11 下；54/5 下；56/1 上；58/1 下；63/20 下；67/9 上；68/16 上；78/1 下；91/4 下；113/10 下；120/23 上；123/20 上；124/8 下；125/11 下；126/13 下；128/4 上；134/2 下；135/7 上、7 下；136/19 上、21 下；138/10 下、20 下；139/7 上、11 上；140/2 下、3 下；142/12 下、13 上、17 上；145/6 上；147/14 上；148/1 上；149/16 下；150/3 下、4 上、16 上；151/3 下、9 下、11 下、13 上、14 下、24 下；152/2 下、8 上、8 下、12 上、13 下；153/9 上、9 下；154/2 上、6 下、11 上；157/6 下；161/3 下；167/7 下；168/4 上、4 下、8 上；171/13 上；177/4 下；188/2 下；197/6 上；198/7 上；220/14 上；229/9 上；230/8 上；236/9 上、25 下；237/14 下；241/9 下；

248/8 上；250/19 上、21 上；259/11 上、11
下；262/11 下；277/18 下；312/9 上；314/2
上、4 上；315/1 下；317/1 上；319/6 下；
325/7 上、8 上；326/9 下、16 下；328/7 下；
335/1 上；337/3 上；338/2 下；339/4 下；
340/14 上；363/14 上；389/19 下；465/16
下；500/15 下；514/12 上、20 下；516/2 下
【东都事略】28/1 上；127、128/附录 5、6
【隆平集】20/夷狄传/3 下
【宋会要】礼 45 之 12/1453、45 之 13/1454；职
官 35 之 4/3062；兵 7 之 34/6886、14 之 12/
6998、24 之 1/7179、24 之 14/7185、27 之 4/
7248、27 之 27/7260、27 之 28/7260、27 之
34/7263；方域 18 之 8/7613、19 之 47/7649、
21 之 2/7662、21 之 9/7665、21 之 18/7660；
蕃夷 1 之 9/7677、1 之 13/7679、1 之 28/
7686、1 之 39/7692、2 之 17/7700、4 之 6/
7716、4 之 8/7717、6 之 17/7827、6 之 18/
7827、7 之 13/7684 引玉海
【资治通鉴】282/9222；284/9266、9273、9283
【奏议标】49/余靖·上仁宗乞侍从与闻边事/
527；130/张齐贤·上真宗论陕西事宜/1438；
131/富弼·上仁宗论西夏八事/1448；132/刘
平·上仁宗乞选用酋豪各守边郡/1455、
1456；133/范仲淹等·上仁宗论元昊请和不
可许者三大可防者三/1484、1485、1486、
1487；136/韩琦·上仁宗论西北议和有大忧
者三大利者一/1516、司马光·上英宗乞戒边
臣阔略细故/1522；137/富弼·上神宗答诏问
北边事宜/1545；139/范纯粹·上哲宗乞不妄
动以观成败之变/1570
【奏议影】49/余靖·上仁宗乞侍从与闻边事/
1839；130/张齐贤·上真宗论陕西事宜/
4421；131/富弼·上仁宗论西夏八事/4447；；
132/刘平·上仁宗乞选用酋豪各守边郡/
4480；133/家昌朝·上仁宗备边六事/4561；
133/范仲淹等·上仁宗论元昊请和不可许者
三大可防者三/4565；136/韩琦·上仁宗论西
北议和有大忧者三大利者一/4664、司马光·
上英宗乞戒边臣阔略细故/4682；137/富弼·
上神宗答诏问北边事宜/4751；139/范纯粹·
上哲宗乞不妄动以观成败之变/4828
【宋大诏令集】229/回谢契丹皇帝书/886

【契丹国志】7/圣宗天辅皇帝纪/3 下；8/兴宗
文成皇帝纪 8 上；236/兵马制度/3 上
【中兴小纪】4/52
【元刊梦溪笔谈】25/4
【元宪集】32/答内降手诏垂询西陲方略/336、
339
【公是集】43/拟朝廷报契丹书/505
【文忠集】148/奉诏录 3/13 上；149/奉诏录 4/
16 上
【文恭集】36/宋故宣徽北院使赠太尉文肃郑公
（戬）墓志铭/438；37/宋故奉职郎守侍御史
王公（平）墓志铭/444、445
【东坡全集】15/张文定公（方平）墓志铭/15
上；18/富郑公神道碑/32 上
【东原录】34 下
【乐全集】18/对诏策/2 上；19/议西北边事/24
下；22/奏第二状/22 下；23/奏夏州事宜/1
上
【司马文正公集】7/章奏 5/12 上；20/章奏 18/
12 上；34/请革弊札子/6 下
【玉壶清话】3/6 上
【石林燕语】8/4 下、78 下
【安阳集】47/2 上；47/故客省使眉州防御使赠
遂州观察使张公（亢）墓志铭/16 上；家传
4/17 下、10/2 下
【庄简集】9/论刘延庆等札子/4 上
【攻媿集】94/少傅观文殿大学士致仕益周公赠
太师谥文忠周公（必大）神道碑/1307
【净德集】19/虑边论二/205
【松漠纪闻】1 上/5
【欧阳文忠公全集】21/镇安军节度使同中书门
下平章事赠太师中书令程公神道碑铭/15 上；
23/碑铭太尉文正王公神道碑铭/3 上；23/赠
刑部尚书余襄公神道碑铭/8 下、31/太子太
师致祁公墓志铭/4 下；99/奏议·论孙抃不
可使契丹札子/11 上；105/奏议·论与西贼
大斤茶札子/14 下；114/奏议政府/1 上；
115/河东奉使奏草/21 下；118/河北奉使奏
草/18 上；年谱/7 下
【武经总要】前集 17/14 上、17/20 上、18 下/9
下
【河南先生文集】15/故金紫光禄大夫检校右散
骑常侍降授右监门卫将军持节惠州诸军事惠

州刺史兼御史大夫轻车都尉陇西郡开国侯食邑一千七百户李公墓志铭/12 上

【茗溪集】48/宋故武功大夫贵州刺史永兴军路马步军副都总管特赠右武大夫光州防御使累赠太师魏国公杨公（宗闵）墓碑/4 下；48/宋故恩平郡夫人刘氏墓碑/17 下

【范文正公集】政府奏议下/边事/12 上、13 下、14 下；19/陈乞邠州状/1 上；年谱补遗/16 下、16/23 上；褒览集/富弼撰墓志铭/10 上

【挥麈前录】4/王延德历叙使高昌行程所见/3 下

【太平治迹统类】2/太祖经略幽燕/2 上

【栾城集】20/上神宗皇帝书/18 下

【浮溪文粹】14/朝散大夫直龙图阁张公（根）行状/12 下

【涑水记闻】10/7 上；12/16 下

【梁溪集】33/赐夏国主诏书/5 下

【景文集】29/议西人札子/370

【名臣碑传琬琰集】上集 6/贾文元公昌朝神道碑/103、26/吕惠穆公公弼神道碑/402；中集 22/张文定公方平墓志铭/724、48/韩忠献公琦行状/1101

【稽古录】18/82 上

【豫章文集】7/遵尧录 6/14 上

【儒林公议】下/3 下

【金石萃编】147/折克行神道碑/1 上；147/折克行神道碑考释

【中国藏西夏文献】19/M161 西碑亭出土汉文残碑（18－10）/333

【畿辅通志】109/司马光撰礼部尚书张公墓志铭/14 下

【汇编】上 25、28、29、35、36、40、41、42、62、105、106、115、126、127、165、169、171、172、173、178、196、200、219、220、231、238、895、896、898、899；中一 925、951、952、980、983、993、994、997、1001、1002、1011、1013、1031、1036、1096、1097、1098、1099、1100、1112、1130、1169、1190、1193、1202、1206、1213、1214、1215、1219、1228、1247、1349、1366、1374、1404、1405、1410、1411、1428、1429、1468、1469、1475、1588、1597、1645、1664、1689、1696、1709、1737、1738、1768；中三 2864、2880、2905、2916、2924、2925、2926、2935、2937、2940、2941、2942、2948、2949、2950、2952、2954、2955、2956、2957、2958、2959、2960、2961、2962、2964、2966、2967、2973、2974、2975、2977、2983、2985、2988、2990、2995、2996、3001、3003、3004、3005、3007、3011、3015、3022、3033、3038、3039、3041、3042、3048、3062、3063、3064、3072、3088、3090、3097、3112、3119、3123、3126、3136、3137、3138、3142、3144、3157、3158、3159、3167、3173、3178、3183、3206、3207、3249、3256、3275、3276、3289、3290、3292、3297、3307、3310、3343、3349、3360、3384、3453、3527、3662、3723；中四 3741、3747、3786、3787、3799、3800、3801、3829、3830、3833、3907、3927、3929、3979、3984、3985、4123、4141、4143、4191、4238、4333、4335、4351、4360、4388、4482、4515；中五 4650、4652、4653、4789、4952、5093；下 6150、6571、6777、6778、6780、6933、6990；补遗 7101、7102、7236、7269、7290、7291、7298、7313、7391、7442、7454、7462

南宋
【辽史】20/兴宗纪 3/248

【系年要录】181/3015

【大金国志】25/宣宗纪/4 上、5 下

【靖康要录】12/731

【汇编】中六 6060；下 6607、6858、6934

南朝　辽夏对宋朝的称谓，西夏以自己为西朝，宋为南朝，辽为北朝
【宋史】486/夏国传下/14014、14025

【长编标】122/2880；137/3284、3285；138/3331；140/3362；151/3669；168/4035；177/4282；218/5315；322/7764；350/8384；476/11347；480/11421；492/11685；496/11809；507/12082、12083

【长编影】122/9 上；137/7 上、8 上；138/20 下；140/4 上；151/4 下；168/4 下；177/5 上；218/21 下；322/6 下；350/3 下；476/10 下；480/6 上；492/8 下；496/16 上；507/3

下、10 上、10 下、11 上

【宋会要】兵 8 之 32/6903

【汇编】上 79、80；中五 4610、4611、5173、5174

草头达靼　于阗进奉使道由

【长编标】335/8061

【长编影】335/1 上

【宋会要】蕃夷 4 之 17/7722

【汇编】中四 4482

畏吾儿

【元圣武亲征录】23

【汇编】下 6797

钦察　钦察部落

【元史】120/镇海传/2964；151/薛塔剌海传/3563

【汇编】下 6932、6933

室韦

【旧唐书】151/范希朝传/4058

【新唐书】170/范希朝传/5164

【宋史】264/宋琪传/9126

【辽史】60/食货志下/932；71/太祖淳钦皇后述律氏传/1199

【契丹国志】23/兵马制度/3 上

【汇编】中三 3544；补遗 7236

突厥

【新唐书】43 下/地理志 7 下/1113

【新五代史】51/安重荣传/584

【契丹国志】2/太宗嗣圣皇帝纪上/11 下

【初寮集】6/定功继伐碑/1 上

【汇编】补遗 7236、7440

十画

秦州回鹘　献玉带贺宋祀汾阴

【宋史】490/回鹘传/14116

【长编标】75/1719

晋　东晋

【旧唐书】198/党项羌传/5290

【新唐书】221/党项羌传/6209

【宋史】485/夏国传上/13985

晋　后晋

【旧五代史】132/李彝兴传/1748

【新五代史】74/四夷附录 3/917

【宋史】253/折德扆/8861；485/夏国传上/13981、13982、13985

【东都事略】28/1 上

【契丹国志】2/太宗嗣圣皇帝纪上/11 下；236/兵马制度 3 上

【中国藏西夏文献】18/后晋虢王李仁福妻濆氏墓志铭文/33、后晋定难军摄节度判官毛汝墓志铭文/36、后晋夏银绥宥等州观察支使何德璘墓志铭文/39、后晋定难军节度副使刘敬瑭墓志铭文/42、后晋绥州刺史李仁宝墓志铭文/46

【汇编】上 3、9、49、52、162、170、178；补遗 7236

铁不得国　吐蕃

【辽史】20/兴宗纪 23/238；36/兵卫志下·属国军/429；70/属国表/1163；115/西夏记/1527

【汇编】上 120；中三 3110

高昌　高昌回鹘

【宋史】309/王延德传/10157；485/夏国传上/13981；490/高昌传/14110；492/唃厮啰传/14160

【辽史】60/食货志下/929

【长编标】25/578；82/1877

【长编影】25/8 上；82/14 下

【宋会要】蕃夷 7 之 10/7844、7 之 15/7847

【挥麈前录】4/王延德历叙使高昌行程所见/3 下

【汇编】上 48；中一 989、1010、1011、1012、1013

高昌国　高昌回鹘

【长编标】24/566；25/578

【长编影】24/26 下；25/8 上

【汇编】中一 1007

高昌磨榆国　唃厮啰出生地

【宋史】492/唃厮啰传/14160

【长编标】82/1877

【长编影】82/14 下

唐

【新唐书】221 上/党项传/6214

【旧五代史】138/党项传/1844

【新五代史】40/436；74/四夷附录第 3/912

【宋史】87/地理志 3/2149、2157；191/兵志 5

· 蕃 兵/4755；198/兵 志 13 · 马 政/4937；
258/曹 琮 传/8990；266/温 仲 舒 传/9182；
277/郑 文 宝 传/9426；281/寇 准 传/9528；
302/鱼 周 询 传/10011；313/文 彦 博 传/10258；
321/吕 诲 传/10428；331/孙 长 卿 传/10642；
332/李 师 中 传/10679、穆 衍 传/10691；340/
吕 大 忠 传/10844；341/赵 瞻 传/10878；367/
李 显 忠 传/11427；467/蓝 继 宗 传/13633；
485/夏 国 传 上/13982；486/夏 国 传 下/14007

【辽史】115/西夏记/1523

【金史】134/西夏传/2865、2876

【元史】60/地理志 3/1451

【长编标】68/1538；88/2011；123/2894；151/
3680；203/4925；215/5241；346/8301；367/
8842；444/10680、10689；446/10728

【长编影】68/18 上；88/1 上；123/2 上；151/
13 上；203/14 上；215/10 上；346/1 上、10
上；367/21 上；444/1 上、4 上；446/1 上

【东都事略】82/王韶传/3 上；127、128/附录
5、6

【宋会要】方域 5 之 4/7385、5 之 8/7387、5 之
41/7403、5 之 42/7404、6 之 3/7407、21 之
14/7668

【奏议标】62/赵瞻·上英宗论差中官为陕西钤
辖/686；123/韩琦·上英宗乞募陕西义勇/
1355；138/吕陶·请以兰州二寨封其酋长/
1559

【奏议影】62/赵瞻·上英宗论差中官为陕西钤
辖/2277；123/韩琦·上英宗乞募陕西义勇/
4193；138/吕陶·请以兰州二寨封其酋长/
4791

【五代史纂误补】3/李仁福/12 上

【元史译文证补】15/海都补传/1 上

【元朝秘史】14/1 上

【武经总要】前集 17/17 上；18 上/1 下、8 下、
18 上、27 上、27 下、32 下

【蒙兀儿史记】3/成吉思可汗本纪下/8 下；37/
合失传/1 上

【太平广记】105/西阳杂俎/20 下

【文昌杂录】1/3 上

【东轩笔录】2/1 上

【东坡全集】25/奏议·乞诏边吏无进取及言鬼
章事宜札子/6 上

【司马文正公集】20/章奏 18/5 上

【名臣碑传琬琰集】下集 24/故太尉威武军节度
使李公行状/1617

【安阳集】家传 3/10 上

【朱文公文集】95 上/少师保信军节度使魏国公
致仕赠太保张公（浚）行状上/1 下

【鸡肋集】46/7 下

【吴文正公集】42/元故荣禄大夫江西等处行中
书省平章政事李公墓志铭/2 下

【栾城集】41/乞罢熙河修质孤、胜如等寨札子/
2 下；42/论前后处置夏国乖方札子/7 下

【豫章文集】4/遵尧录/3/13 下

【朝野杂记】乙集 19/边防/1180

【潞公文集】18/奏议·奏乞刘怘早过界/9 上

【中国考古学会第一次年会论文集】折继闵神道
碑/455

【陇右金石录】4/［附录］重修护国寺感通塔
碑考释/56 上

【金石萃编】119/刺史折嗣祚碑/7 上、刺史折
嗣祚碑考释；147/折克行神道碑/1 上

【宁夏志】上/古迹/11 下、12 下

【宁夏府志】2/沿革/18 上、18 下、19 上、20
上；4/古迹·宁夏·宁朔县/12 上、10 上、
13 上、古迹·灵州/16 上

【甘肃新通志】6/舆地志·山川上·兰州府·渭
源县/10 上；7/舆地志·山川下·庆阳府·
合水县/15 下、舆地志·山川下·庆阳府·
环县/16 上；8/形胜·兰州府·皋兰县/1 下、
舆地志·形胜·泾州直隶州/6 下；9/舆地志
·关梁秦州直隶州·清水县/45 下、舆地志
·关梁·庆阳府·安化县/57 下；13/舆地志
·古迹·兰州府·狄道州/5 上、舆地志·古
迹·兰州府·河州/7 下、舆地志·古迹·秦
州直隶州/20 下

【延安府志】2/12 上、葭州/20 上；4/11 下；
7/1 上、诗文/22 下、绥德州·关梁/6 上、
绥德州·清涧县·山川/16 上；8/1 上、葭州
/10 下、葭州·神木县·古迹/18 下、19 上

【延绥镇志】1/地理志/6 上、6 下

【陕西通志】10/山川 3·延安府·肤施县/1 下；
14/延安府·城池/6 上、城池/15 上；17/关
梁 2·绥德州·清涧县/47 下、关梁 2·神木
县·古关隘/54 上

【朔方新志】3/古迹/80 下

【隆德县志】1/沿革表/11 上、古迹/24 下

【榆林府志】5/建置志·沿革/1 下、2 下、4 上；6/建置志·关隘/3 上；47/折武恭公克行神道碑阴/7 上

【嘉靖宁夏新志】2/古迹/56 上

【横山县志】1/地理志·古迹/13 上

【中国藏西夏文献】18/唐静边州都督拓跋守寂墓志铭并盖背面/24、唐延州安塞军防御使白敬立墓志铭文/27、后晋定难军节度副使刘敬瑭墓志铭文/42；19/7 号陵东碑亭出土汉文残碑（357－176）/247

【汇编】上 12、49、52、62、94、99、117、125、137、145、165、181、183、187、196、200、370；中一 931、932、940、967、968、974、1038、1065、1066、1090、1559、1562；中二 1775、2319；中三 2886、2976、3075、3113、3129、3131、3263、3327、3372、3375、3376、3381、3392、3496、3510、3514、3546、3558、3600、3605；中五 4579、4659、4660、4688、4695、4887、5003、5008、5014、5035、5037；下 6581、6582、6826、6913、6914、6928、6936、6938、6939、6940、6941、6942、6945、6946、6947、6948、6976、6977、7004、7005、7006、7007、7009、7014、7085、7086、7087；补遗 7093、7128、7154、7224、7225、7226、7228、7233、7239、7243、7245、7251、7252、7256、7268、7274、7275、7278、7286、7287、7288、7289、7323、7334、7335、7345、7355、7360、7379、7481、7482、7486、7487、7490、7492、7493

十一画

黄头回纥

【宋史】490/于阗传/14109

【长编标】317/7661；335/8061

【长编影】317/5 下；335/1 上

【宋会要】蕃夷 4 之 17/7722

【汇编】中四 4482

梁　后梁

【旧五代史】132/李仁福传/1745、1746

【新五代史】40/李仁福传/436、40/韩逊传/438

【宋史】485/夏国传上/13982

【五代史纂误补】3/李仁福/12 上

【中国藏西夏文献】18/后晋夏银绥宥等州观察支使何德璘墓志铭文/39、后晋定难军节度副使刘敬瑭墓志铭文/42

【汇编】上 49、160、165；补遗 7233

隋

【元史】60/地理志 3/1451

【宋会要】方域 5 之 4/7385

【武经总要】前集 18 上/1 下、8 下

【文恭集】36/宋故宣徽北院使赠太尉文肃郑公（戬）墓志铭/436

【宁夏志】上/古迹/12 下

【宁夏府志】2/沿革/18 下、19 上、20 上；4/古迹·灵州/17 上

【甘肃新通志】9/舆地志·关梁·兰州府·皋兰县/1 上

【延安府志】2/1 上

【陕西通志】16/关梁 1 延安府·肤施县/25 下；17/关梁 2 绥德州·清涧县/47 下

【银川小志】古迹/19 上

【中国藏西夏文献】18/唐静边州都督拓跋守寂墓志铭并盖背面/24

【汇编】中一 940、941；中三 3005、3131；下 6939、6946、6947、6948、7004、7086；补遗 7257、7314、7378、7482

十二画

塔坦　鞑靼

【长编标】123/2894

【长编影】123/2 上

【系年要录】107/1750

【汇编】中二 1776；下 6455

塔坦国

【长编标】10/237；24/566；471/11238

【长编影】10/19 下；24/26 下；471/1 下

【汇编】中一 1007；中五 5144

塔塔　当指塔坦

【宋史】485/夏国传上/13995

【汇编】上 63

黑水女真

【宋史】285/贾昌朝传/9614

【长编标】262/6393

【长编影】262/11 下

【汇编】中二 2592

疏勒

【宋史】490/于阗传/14106、14107

【宋会要】蕃夷 7 之 3/7841

十三画

蒙古

【元史】32/文宗纪 1/712；82/选举志 2/2052；
122/槊直腯鲁华传/3013；123/阿术鲁传/
3024；133/失里伯传/3234；135/塔海铁木儿
传/3276；146/耶律楚材传/3457

【元史译文证补】15/海都补传/1 上

【蒙兀儿史记】3/成吉思可汗本纪下/31 下

【蒙古源流笺证】4/1 上

【元朝名臣事略】5 之 1/中书耶律文正王（楚
材）传/4 下

【宁夏社会科学】1987 年第 1 期/大元赠敦武校
尉军民万户府百夫长唐兀公碑铭文/88

【闻过斋集】1/王氏家谱叙/22 上

【平远县志】4/山川/16 下

【隆德县志】1/古迹/24 下

【中国藏西夏文献】18/元赠敦武校尉军民万户
府百夫长唐兀公碑铭文/157

【汇编】下 6825、6917、6924、6928、6930、
6931、6949、6958、6990、7061；补遗 7161、
7162、7164、7165、7210、7252

楚　张邦昌所建楚政权

【金史】3/太宗纪/56；26/地理志下/650

【大金吊伐录】4/册大楚皇帝文/129、4/行府与
楚书/133、4/古楚计会陕西地书/139、楚回
书/140、元帅右监军与楚书/142

【挥麈后录】4/张邦昌僭伪事迹－张思聪撰立张
伪诏/12 下

【桯史】7/79

【汇编】下 6091、6092、6093、6094、6103、6118

十四画

赫连　赫连勃勃建立的大夏

【辽史】41/地理志 5/508；115/西夏记/1523

【奏议标】130/杨亿·上真宗论弃灵州为便/
1440

【奏议影】130/杨亿·上真宗论弃灵州为便/
4426

十五画

鞑靼

【长编标】150/3650；346/8301、8302；352/8449

【长编影】150/25 下；346/1 上、5 下、21 下；
352/22 上

【宋会要】方域 21 之 1/7661、21 之 8/7665；蕃
夷 4 之 12/7719、21 之 10/7666

【大金国志】9/太宗纪/4 上

【中兴小纪】9/115；20/242

【武经总要】前集 17/20 上

【挥麈前录】4/王延德历叙使高昌行程所见/3
下

【续宋通鉴】14/186

【朝野杂记】乙集 19/边防/1180、19/边防·鞑
靼款塞/1187

【汇编】上 42；中一 952、1013；中五 4579、
4580、4589、4621；下 6253、6455、6456、
6845、6938、6976

鞑靼国

【宋会要】蕃夷 7 之 11/7845

鞑靼蕃

【宋会要】职官 66 之 29/3882

十六画

燕

【临川集】56/百寮贺复熙河路表/1 下

【汇编】中四 3896、4424

十七画

魏　北魏

【隋书】83/党项传/1845

【新唐书】221 上/党项传/6214

【辽史】115/西夏记/1523

【金史】134/西夏传/2865

【金石萃编】119/刺史折嗣祚碑考释；119/刺史折嗣祚碑/7 上

【汇编】上 2、9、117、136、181、183

逊川　　逊川吐蕃

【宋史】350/王赡传/11071；486/夏国传下/14018；492/董毡传/14165、14167

【长编标】82/1877；91/2110；111/2587；117/2765；122/2887；123/2901；127/3008；128/3035；130/3083；138/3323；153/3726；158/3823；169/4073；197/4774；202/4891；247/6026；272/6663；285/6991；286/6997；302/7343、7350；305/7417；309/7494；314/7603；323/7789；338/8147；346/8307；354/8473；360/8608；365/8771；366/8798；380/9220；381/9274；398/9699；402/9781、9789；407/9905；421/10183；444/10680、10681、10682、10685；454/10886；455/10912；467/11153；471/11238、11239；476/11350、11351；477/11374；479/11401；487/11570；492/11678；493/11706；501/11931、11943；505/12037、12038；506/12058；507/12092、12093；509/12124；511/12172、12173；512/12188；513/12194；517/12295、12296；518/12337；519/12344；520/12356、12377

【长编影】82/14 下；91/12 下；111/10 下；117/17 下；122/15 上；123/9 上；127/5 下；128/9 下；130/4 下；138/13 下；153/12 上；158/5 下；169/18 上；197/6 上；202/2 下；247/18 上；272/7 下；285/18 下；302/1 下；305/2 下；309/2 上；314/5 上；323/12 下；338/9 下；346/6 上；354/5 上；360/3 上；365/24 下；366/20 上；380/1 下；381/23 上；398/3 上；402/5 上；407/10 上；421/1 上；444/1 下；454/8 上；455/10 下、11 上；467/8 上；471/2 上、2 下；476/13 下、14 上；477/20 上；479/1 下；487/8 上、8 下；492/3 上；493/12 上；501/3 上、13 下；505/11 上；506/8 下；507/18 下；509/10 下；511/17 上、17 下；512/11 下；513/1 下；517/1 上、1 下、6 上；518/1 上、1 下；519/2 下；520/2 下、19 上

二、纪年

（一）西夏纪年

夏景宗显道　宋天圣十年改元明道，夏景宗李
　　元昊以避父名讳为由，改明道为显道
【宋史】485/夏国传上/13993
【长编标】111/2594；113/2654
【长编影】111/17 上；113/21 上
【东都事略】127、128/附录5、6
【隆平集】20/夷狄传/3 下
【汇编】上 61、102、114；中一 1691

夏景宗开运　夏景宗李元昊年号
【宋史】485/夏国传上/13994、14000
【长编标】115/2704
【长编影】115/14 下
【东都事略】127、128/附录5、6
【隆平集】20/夷狄传/3 下
【汇编】上 61、67、102、114；中一 1706

夏景宗广运　夏景宗李元昊年号
【宋史】485/夏国传上/13994、14000
【长编标】115/2704
【长编影】115/14 下
【东都事略】127、128/附录5、6
【汇编】上 61、67、102；中一 1706

夏景宗广运三年　改元大庆元年
【长编影】119/16 下
【汇编】中一 1733

夏景宗大庆　夏景宗李元昊年号
【宋史】485/夏国传上/14000
【东都事略】127、128/附录5、6
【汇编】上 62、67、102

夏景宗大庆元年　夏景宗李元昊改广运三年
　　为大庆元年
【长编标】119/2813
【长编影】119/16 下

【汇编】中一 1733

夏景宗大庆二年　夏景宗李元昊筑坛受册，
　　改年号天授礼法延祚
【长编标】119/2814；122/2882
【长编影】119/17 上；122/10 下
【汇编】中一 1751

夏景宗天授　即天授礼法延祚
【皇宋十朝纲要】5/9 下
【汇编】中一 1751

夏景宗天授礼法延祚　夏景宗李元昊称帝后
　　所改年号
【宋史】485/夏国传上/13996、14000
【长编标】122/2883
【长编影】122/10 下
【东都事略】127、128/附录5、6
【涑水记闻】9/3 下
【范文正公集】年谱/20 上
【汇编】上 63、67、103；中一 1751、1756、
　　1757

夏景宗天授礼法延祚元年　夏景宗李元昊使
　　人牒称"天授礼法延祚元年"
【安阳集】家传3/14 下
【汇编】中二 2750

夏景宗天授礼法延祚元年　夏景宗李元昊筑
　　坛受册
【长编标】119/2814；122/2882
【长编影】119/17 上；122/10 下

夏景宗天授礼法延祚二年十二月　夏景宗
　　李元昊遣贺九言赍宋嫚书
【长编标】125/2950
【长编影】125/11 上
【汇编】中二 1858

夏毅宗延嗣宁国　夏毅宗李谅祚年号
【宋史】485/夏国传上/14003
【汇编】上 70

夏毅宗天祐　即夏毅宗天祐垂圣年号

【嘉靖宁夏新志】2/寺观·承天寺碑/44 上、寺
　观·大夏国葬舍利碣铭/44 下

【汇编】上 149、151

夏毅宗天祐垂圣　夏毅宗李谅祚年号

【宋史】485/夏国传上/14003

【嘉靖宁夏新志】2/寺观·大夏国葬舍利碣铭/
　44 下

【汇编】上 70、151

夏毅宗福圣承道　夏毅宗李谅祚年号

【宋史】485/夏国传上/14003

【汇编】上 70

夏毅宗奲都　夏毅宗李谅祚年号

【宋史】485/夏国传上/14003

【汇编】上 70

夏毅宗拱化　夏毅宗李谅祚年号

【宋史】485/夏国传上/14003

【汇编】上 70

夏惠宗乾道　夏惠宗李秉常年号

【宋史】486/夏国传下/14015

【汇编】上 81

夏惠宗天赐礼盛国庆　夏惠宗李秉常年号

【宋史】486/夏国传下/14015

【汇编】上 81

夏惠宗天赐礼盛国庆五年　榆林窟 16 窟题
　记年款

【中国藏西夏文献】18/安西榆林窟 16 窟汉文题
　记/253

夏惠宗大安　夏惠宗李秉常年号

【宋史】486/夏国传下/14015

【汇编】上 81

夏惠宗大安二年　西夏牒宋所称年号

【宋史】486/夏国传下/14009

【长编标】266/6536

【长编影】266/13 下

【汇编】上 75；中四 3995

夏惠宗大安八年　元符二年蔡京在奏折中称，
　"大安八年夏国主乾顺状奏"，大安为夏惠宗
　秉常年号，乾顺当为秉常之误

【长编标】507/12082

【长编影】507/9 下

夏惠宗天安礼定　夏惠宗李秉常年号

【宋史】486/夏国传下/14015

【汇编】上 81

夏崇宗天仪治平　夏崇宗李乾顺年号

【宋史】486/夏国传下/14024

【汇编】上 90

夏崇宗天祐民安　夏崇宗李乾顺年号

【宋史】486/夏国传下/14024

【汇编】上 90

夏崇宗天祐民安五年　立重修护国寺感通塔
　碑

【北京图书馆善本室藏拓片】重修护国寺感通塔
　碑

【陇右金石录】4/〔附录〕重修护国寺感通塔
　碑考释/56 上

【中国藏西夏文献】18/凉州重修护国寺感通塔
　碑铭文/93

【汇编】上 142、144

夏崇宗永安　夏崇宗李乾顺年号

【宋史】486/夏国传下/14024

【汇编】上 90

夏崇宗永安二年　莫高窟第 444 窟题记

【中国藏西夏文献】18/敦煌莫高窟第 444 窟西
　夏文题记/217

夏崇宗贞观　汉文残碑所记

【中国藏西夏文献】19/M182 碑亭出土汉文残碑
　（106 - 49）/321

夏崇宗贞观　夏崇宗李乾顺年号

【宋史】486/夏国传下/14024

【汇编】上 90

夏崇宗贞观癸巳十三年　拜寺沟方塔木牌题
　记

【中国藏西夏文献】18/拜寺沟方塔西夏文木牌
　题记/259

夏崇宗雍宁　夏崇宗李乾顺年号

【宋史】486/夏国传下/14024

【汇编】上 90

夏崇宗元德　夏崇宗李乾顺年号

【宋史】486/夏国传下/14024

【汇编】上 90

夏崇宗正德　夏崇宗李乾顺年号

【宋史】486/夏国传下/14021、14024

【中国藏西夏文献】19/M182 碑亭出土汉文残碑
　（106 - 16）/315

【中国藏西夏文献】18/西夏六面木缘塔题记之
二/264

夏桓宗天庆九年　莫高窟第 205 窟题记
【中国藏西夏文献】18/敦煌莫高窟第 205 窟汉
文题记/233

夏襄宗皇建　夏襄宗李安全年号
【宋史】486/夏国传下/14026
【汇编】上 92

夏神宗光定　夏神宗李遵顼年号
【宋史】486/夏国传下/14027
【大金国志】22/东海郡侯纪/2 上
【朝野杂记】乙集 19/边防·西夏扣关/1180
【大藏经】佛祖历代通载 32/40 下
【甘肃新通志】97/轶事/16 上
【汇编】上 93；下 6828、6829、6831、6938

夏神宗光定　夏人牒报用其国光定年号
【金史】134/西夏传/2873
【汇编】上 133

夏神宗光定己卯　莫高窟第 443 窟题记
【中国藏西夏文献】18/敦煌莫高窟第 443 窟题
记/234

夏献宗乾定　夏献宗李德旺年号
【宋史】486/夏国传下/14028
【大藏经】佛祖历代通载 32/40 下
【汇编】上 93；下 6881

（二）与党项西夏有关的魏周隋唐五代辽宋金元明纪年

北魏孝明帝孝昌中　改薄骨律镇为灵州
【宁夏府志】2/沿革/19 上
【汇编】下 6939

隋文帝开皇四年　千余党项归化
【隋书】83/党项传/1846
【汇编】上 2

隋文帝开皇五年　拓拔宁从等率众诣旭州内
附，授大将军
【隋书】83/党项传/1846
【汇编】上 2

隋文帝开皇十六年　党项寇会州

【隋书】83/党项传/1846
【汇编】上 2

隋炀帝大业三年　改灵州为灵武郡
【宁夏府志】2/沿革/19 上
【汇编】下 6939

唐高祖武德元年　析会州左封等置翼州临翼
郡
【新唐书】42/地理志 6/1084
【汇编】上 677

唐高祖武德元年　析雅州置邛州临邛郡
【新唐书】42/地理志 6/1082
【汇编】上 637

唐高祖武德元年　于定边置都督府
【陕西通志】14/城池/15 上
【汇编】补遗 7243

唐高祖武德元年　置松州交川郡
【新唐书】42/地理志 6/1086
【汇编】上 690

唐高祖武德元年　置洮州
【旧唐书】40/地理志 3/1636
【汇编】上 671

唐高祖武德元年　置维州维川郡
【新唐书】42/地理志 6/1085
【汇编】上 810

唐高祖武德二年　置叠州羁縻党项
【旧唐书】40/地理志 3/1638
【汇编】上 614

唐高祖武德六年　白兰羌使者入朝
【新唐书】221 上/党项传/6215
【汇编】上 11

唐高祖武德七年　以白兰羌地为维、恭二州
【新唐书】221 上/党项传/6215
【汇编】上 11

唐太宗贞观初　拓拔赤辞赐姓李
【宋史】485/夏国传上/13982
【汇编】上 49

唐太宗贞观初　诸羌归附，而拓拔赤辞不至
【旧唐书】148/党项传/5291
【汇编】上 4

唐太宗贞观二年　置银州
【旧唐书】38/地理志 1/1413
【汇编】上 665、666

唐太宗贞观二年　置松州都督府等羁縻党项
【旧唐书】41/地理志 4/1699
【汇编】上 671

唐太宗贞观二年　置银城
【榆林府志】5/建置志・沿革/2 下
【汇编】下 6582

唐太宗贞观三年　党项首领细封步赖内附
【旧唐书】198/党项羌传/5291
【新唐书】221 上/党项传/6210
【汇编】上 4、10

唐太宗贞观四年　置丰州以安置突厥
【旧唐书】38/地理志 1/1417
【新唐书】37/地理志 1/976
【汇编】上 668

唐太宗贞观五年　诏开河曲地为十六州,党
项内附者三十万口
【册府元龟】996/11697 上
【汇编】上 800

唐太宗贞观六年　白兰羌与契苾内属
【新唐书】221 上/党项传/6215
【汇编】上 11

唐太宗贞观年间　置羁縻州以处党项
【旧唐书】41/地理志 4/1706
【汇编】上 629、630、631、632、633

唐太宗贞观至高宗上元间　党项内附,散居
西北边
【宋史】491/党项传/14137
【汇编】上 20

唐高宗永徽　特浪生羌卜楼大首领率众来属,
以其地为剑州
【新唐书】221 上/党项传/6216
【汇编】上 11

唐高宗永徽后　松州羌渐叛
【旧唐书】41/地理志 4/1699、1706
【汇编】上 633、671

唐高宗显庆元年　置悉州归诚郡羁縻党项
【新唐书】42/地理志 6/1087
【汇编】上 638

唐高宗龙朔后　雪山党项臣属吐蕃
【旧唐书】198/党项羌传/5292
【新唐书】221 上/党项传/6216
【汇编】上 5、11

唐高宗麟德中　崔知温转任灵州都督府司马
【旧唐书】185/崔知温传/4791
【汇编】上 640

唐高宗麟德二年　升羁縻维州为正州
【新唐书】42/地理志 6/1085
【汇编】上 810

唐高宗仪凤二年　整顿松州都督府所辖羁縻
州
【旧唐书】41/地理志 4/1699
【汇编】上 671

唐高宗仪凤二年　河水泛损怀远城
【宁夏府志】4/古迹・宁夏・宁朔县/10 上
【汇编】下 6940

唐高宗仪凤二年　复以维州为羁縻州
【新唐书】42/地理志 6/1085
【汇编】上 810

武周天授二年　悉唐羁縻州更名静州
【新唐书】42/地理志 6/1087
【汇编】上 641

武周天授中　西北党项内附者以其地为朝、吴
等十州,散居灵、夏间
【新唐书】221 上/党项传/6216
【汇编】上 11

武周天授三年　西北党项内附
【旧唐书】198/党项羌传/5292
【新唐书】221 上/党项传/6213
【汇编】上 5、11

唐中宗神龙三年　置兰池都督府
【旧唐书】38/地理志 1/1418
【汇编】上 767

唐中宗景龙三年　置白池县
【宁夏府志】4/古迹・灵州/17 下
【汇编】下 6947

唐玄宗开元十年　置庆州淮安县
【旧唐书】38/地理志 1/1409
【汇编】上 664

唐玄宗开元十二年　置麟州新秦郡
【新唐书】37/地理志 1/975
【汇编】上 670

唐玄宗开元中　置宥州以领降户
【旧唐书】148/李吉甫传/3996
【新唐书】146/李吉甫传/4742;210/王缙传/

9535

【资治通鉴】239/7703

【汇编】上 752、754、755

唐玄宗开元二十四年　以静州广平置恭州恭化郡

【新唐书】42/地理志 6/1087

【汇编】上 661

唐玄宗开元二十八年　置保州天保郡

【新唐书】42/地理志 6/1087

【汇编】上 672

唐玄宗天宝初　改灵州为灵武郡

【宁夏府志】4/古迹·灵州/16 上

【汇编】下 6940

唐玄宗天宝初　改雕阴县为甘泉县，隶鄜州

【延安府志】4/甘泉县/11 下

【汇编】补遗 7482

唐玄宗天宝初　复改灵州为灵武

【宁夏府志】2/沿革/19 上

【汇编】下 6939

唐玄宗天宝元年　改丰州为九原郡

【旧唐书】38/地理志 1/1417

【汇编】上 668

唐玄宗天宝元年　改松州为交川郡

【旧唐书】41/地理志 4/1699

【汇编】上 671、672

唐玄宗天宝元年　改宥州为宁朔郡

【旧唐书】38/地理志 1/1418

【宁夏府志】4/古迹·宁夏·宁朔县/10 下

【汇编】上 768；下 6941

唐玄宗天宝元年　改洮州为临洮郡，管党项

【旧唐书】40/地理志 3/1636

【汇编】上 671

唐玄宗天宝元年　改夏州为朔方郡

【旧唐书】38/地理志 1/1413

【汇编】上 666

唐玄宗天宝元年　改麟州为新秦郡

【旧唐书】38/地理志 1/1419

【新唐书】37/地理志 1/975

【汇编】上 669、670

唐玄宗天宝元年　招附生羌置静戎郡

【新唐书】42/地理志 6/108

【汇编】上 663

唐玄宗天宝二年　以银城、连谷二县置麟州

【榆林府志】5/建置志·沿革/2 下

【汇编】下 6582

唐玄宗天宝中　改绥州为上郡

【延安府志】7/绥德州/1 上

【汇编】补遗 7481

唐玄宗天宝中　宥州寄理于经略军

【唐大诏令集】99/置宥州敕/500

【资治通鉴】239/7703

【汇编】上 751、754

唐玄宗天宝中　筑天德军

【元和郡县图志】4/关内道 4/16 下

【汇编】上 748

唐玄宗天宝末　平夏拓拔部首领因战功授官

【新唐书】221 上/党项传/6218

【宋史】486/夏国传下/14030

【汇编】上 13、95

唐肃宗至德元年　安静县改名保靖

【宁夏府志】4/古迹·宁夏·宁朔/12 上

【汇编】下 6948

唐肃宗至德二年　改宁朔郡为怀德军都督府

【旧唐书】38/地理志 1/1418

【汇编】上 768

唐肃宗至德中　吐蕃陷古渭州

【长编标】233/5645

【长编影】233/1 上

【汇编】中四 3764

唐肃宗至德后　吐蕃陷秦州陇城寨

【武经总要】前集 18 上/32 下

【汇编】中三 3075

唐肃宗至德后　吐蕃诱西北党项为向导抄略边郡

【旧唐书】198/党项羌传/5292

【新唐书】221 上/党项传/6213

【汇编】上 5、11

唐肃宗至德后　以泾州为节镇抗吐蕃

【甘肃新通志】8/舆地志·形胜·泾州直隶州/6 下

【汇编】补遗 7289

唐肃宗至德后　吐蕃陷隆德

【隆德县志】1/沿革表/11 上

【汇编】补遗 7251

唐肃宗至德末 西北党项为吐蕃所诱
【新唐书】221 上/党项传/6216
【汇编】上 11

唐肃宗乾元初 复改上郡为绥州
【延安府志】7/绥德州/1 上
【汇编】补遗 7481

唐肃宗乾元元年 改怀德郡都督府为宥州
【旧唐书】38/地理志 1/1418
【汇编】上 768

唐肃宗乾元元年 复改九原郡为丰州
【旧唐书】38/地理志 1/1417
【汇编】上 668

唐肃宗乾元元年 复改交川郡为松州
【旧唐书】41/地理志 4/1699
【汇编】上 671

唐肃宗乾元元年 复改合川郡为叠州
【旧唐书】40/地理志 3/1638
【汇编】上 615

唐肃宗乾元元年 复改临洮郡为洮州
【旧唐书】40/地理志 3/1636
【汇编】上 671

唐肃宗乾元元年 复改朔方郡为夏州
【旧唐书】38/地理志 1/1413
【汇编】上 666

唐肃宗乾元元年 复改银川郡为复银州
【旧唐书】38/地理志 1/1413
【汇编】上 665

唐肃宗乾元元年 复改新秦郡为麟州
【旧唐书】38/地理志 1/1419
【汇编】上 669

唐肃宗乾元二年 复改榆林府为夏州
【榆林府志】5/建置志·沿革/1 下
【汇编】补遗 7228

唐肃宗乾元三年 党项等寇秦州
【旧唐书】138/韦伦传/3781
【汇编】上 676

唐肃宗乾元间 党项寇邠宁
【新唐书】221 上/党项传/6216
【汇编】上 11

唐肃宗上元元年 泾、陇等州党项十万众诣
凤翔节度使崔光远请降
【旧唐书】198/党项羌传/5292

【新唐书】221 上/党项传/6216
【汇编】上 5、11

唐肃宗上元元年 凤翔节度使崔光远于普润
县界破党项四千余
【册府元龟】359/4254 上
【汇编】上 675

唐肃宗上元元年冬 土贼郭愔潜连党项、奴
刺、突厥等败唐军
【旧唐书】111/崔光远传/3319
【汇编】上 676

唐肃宗上元二年 党项与浑、奴刺联合寇宝
鸡
【新唐书】221 上/党项传/6216
【汇编】上 11

唐肃宗上元三年 党项攻梁州，进寇奉天
【新唐书】221 上/党项传/6216
【汇编】上 11

唐肃宗上元间 西宁州没于吐蕃，号青唐城
【元史】60/地理志 3/1450
【汇编】下 7087

唐肃宗上元间 党项内附
【宋史】491/党项传/14137
【汇编】上 20

唐代宗宝应初 党项首领请助国供灵州军粮
【旧唐书】198/党项羌传/5292
【汇编】上 5

唐代宗宝应元年十二月 归顺州、保善州等
部落诣山南西道臧希让请州印
【旧唐书】148/党项传/5292
【汇编】上 5

唐代宗宝应后 党项率族附唐
【五代会要】29/党项羌传/353
【汇编】上 17

唐代宗广德初 吐蕃占据贺兰山
【元朝秘史】14/1 上
【汇编】下 6914

唐代宗广德元年 吐蕃犯长安
【旧唐书】184/鱼朝恩传/4763
【汇编】上 685

唐代宗广德元年 吐蕃陷松州
【新唐书】42/地理志 6/1086
【汇编】上 690

唐代宗广德元年　吐蕃陷保州
【新唐书】42/地理志6/1087
【汇编】上672

唐代宗广德元年　郭子仪败党项
【陕西通志】12/山川5·同州/55上
【汇编】补遗7225

唐代宗广德元年九月　吐蕃寇陷泾州
【旧唐书】196上/吐蕃传上/5237
【汇编】上685

唐代宗广德元年十月　吐蕃犯长安
【册府元龟】367/4363上
【汇编】上683

唐代宗广德二年九月　吐蕃犯奉天县
【旧唐书】195/回纥传/5205
【汇编】上693

唐代宗永泰初　丰州蜂子被党项缚入西蕃养马
【太平广记】105/20下
【汇编】补遗7225

唐代宗永泰元年　党项等族寇奉天
【旧唐书】114/周智光传/3369；121/仆固怀恩传/3488；152/郝廷玉传/4068
【新唐书】136/白孝德传/4593；217/回鹘传上/6120
【汇编】上696、698、699、700、701

唐代宗永泰元年三月　吐蕃请与唐和
【旧唐书】196上/吐蕃传上/5239
【汇编】上702

唐代宗永泰后　党项居石州
【旧唐书】198/党项羌传/5293
【新唐书】221上/党项传/6214
【资治通鉴】235/7585
【汇编】上6、12、734

唐代宗大历三年　置乾州
【新唐书】42/地理志6/1088
【汇编】上708

唐代宗大历末　郭子仪击野利秃罗都与吐蕃叛族
【新唐书】221上/党项传/6217
【汇编】上12

唐德宗贞元二年　吐蕃入寇
【甘肃新通志】7/舆地志·山川下·庆阳府·合水县/15下

【汇编】补遗7288

唐德宗贞元三年　吐蕃劫盟
【旧唐书】144/杜希全传/3923
【汇编】上725

唐德宗贞元三年　吐蕃寇泾、邠州
【河东先生集】26/邠宁进奏院记/54
【汇编】上729

唐德宗贞元三年　吐蕃毁盐州城
【旧唐书】13/德宗纪下/376
【宁夏府志】4/古迹·灵州/17上
【汇编】上728；下6946

唐德宗贞元三年十二月　禁商贾以马牛、器械于党项部落贸易
【旧唐书】198/党项羌传/5293
【汇编】上6

唐德宗贞元十三年　筑庆州方渠三城
【甘肃新通志】7/舆地志·山川下·庆阳府·环县/16上
【汇编】补遗7225

唐德宗贞元十五年二月　六州党项自石州奔过河西
【旧唐书】148/党项传/5293
【汇编】上6

唐宪宗元和九年　党项屡扰边
【韩昌黎集】9/律诗/32
【汇编】上754

唐宪宗元和九年五月　复置宥州，以护党项
【旧唐书】38/地理志1/1418；198/党项羌传/5293
【新唐书】221上/党项传/6214
【汇编】上6、12、768

唐宪宗元和十五年七月　唐朝送还劫掠池盐女子拓拔三娘等
【册府元龟】41/468下
【汇编】上759

唐宪宗元和十五年十一月　命李寮为宣抚党项使
【旧唐书】148/党项传/5293
【汇编】上6

唐宪宗元和后　党项相率为盗
【宋史】491/党项传/14137
【汇编】上20

唐穆宗长庆二年六月 党项寇灵州等地
【册府元龟】977/11483 上
【汇编】上 765

唐敬宗宝历初 擢牛良弼为夏绥银节度使
【新唐书】148/牛良弼传/4789
【汇编】上 769

唐文宗大和中 党项寇边
【旧唐书】198/党项羌传/5293
【新唐书】221 上/党项传/6217
【汇编】上 6、12

唐文宗大和中 河西党项扰边
【旧唐书】161/石雄传/4235
【资治通鉴】246/7961
【汇编】上 773、786

唐文宗大和、开成之际 藩镇统领无绪，部
落苦之，相率为盗，灵盐路小梗
【旧唐书】148/党项传/5293
【汇编】上 6

唐文宗大和末 河西党项叛
【旧唐书】161/刘沔传/4233
【汇编】上 772

唐文宗开成元年五月 敕边州置译语学官
【册府元龟】996/11691 下
【汇编】上 773

唐文宗开成元年六月 重禁以铁铜等物品与
诸蕃互市
【册府元龟】999/11727 下
【汇编】上 773

唐文宗开成元年中 刘沔率吐浑等兵讨银夏
党项
【旧唐书】161/刘沔传/4234
【汇编】上 775

唐文宗开成之际 党项部落频乱
【旧唐书】198/党项羌传/5293
【新唐书】221 上/党项传/6214
【汇编】上 6、12

唐文宗开成末 藩镇统领无绪，部落相率为
乱，至灵盐道不通
【新唐书】221 上/党项传/6217
【汇编】上 12

唐武宗会昌初 置三使以治党项
【宋史】491/党项传/14137

【旧唐书】198/党项羌传/5293
【五代会要】29/党项羌传/353
【汇编】上 6、17、20

唐宣宗大中三年 南山、平夏部落叛，邠宁
节度徒治宁州
【陕西通志】21/职官 2·邠宁/2 下
【汇编】补遗 7226

唐宣宗大中四年 南山党项反
【文苑英华】795/蔡袭传/4207
【汇编】上 813

唐宣宗大中四年 党项内掠邠宁
【新唐书】221 上/党项传/6218
【汇编】上 13

唐宣宗大中五年 白敏中帅邠宁以平党项
【玉海】86/唐赐通天御带/19 上
【甘肃新通志】9/舆地志·关梁·固原直隶州/
24 上
【汇编】补遗 7226、7227

唐宣宗大中五年 白敏中充讨党项行营都统
制置使
【玉海】132/绍兴制置使/26 下
【汇编】补遗 7227

唐宣宗大中年间 瓜州刺史张义潮以州归顺，
诏建瓜州为归义军
【宋会要】蕃夷 5 之 1/7767

唐宣宗大中时 议党项扰边
【旧唐书】177/毕 传/4609
【新唐书】131/李福传/4517
【汇编】上 824、826

唐懿宗咸通末 拓拔思恭称宥州刺史
【新唐书】221 上/党项传/6215
【汇编】上 13

唐僖宗乾符年 黄巢陷长安
【中国藏西夏文献】18/唐延州安塞军防御使白
敬立墓志铭文/27

唐僖宗中和元年四月 拓拔思恭屯武功
【旧唐书】200/黄巢传/5394
【汇编】上 836

唐僖宗中和二年 诏拓拔思恭为京城西面都
统
【新唐书】221 上/党项传/6218
【汇编】上 13

唐僖宗光启初　拓跋氏得夏州节钺
【册府元龟】166/2010 下
【汇编】上 907

唐昭宗乾宁二年　唐以李思谏为节度使
【新五代史】40/李仁福传/436
【五代史纂误补】3/李仁福/12 上
【汇编】上 165；补遗 7233

唐昭宗乾宁二年　安塞军防御史白敬立葬于
夏州朔方县
【中国藏西夏文献】18/唐延州安塞军防御使白
敬立墓志铭文/28

唐昭宗天祐中　置麟州横阳寨
【武经总要】前集 17/17 上
【汇编】中一 1038

唐哀帝天祐二年　夏州刘敬瑭改补门枪节院
军使
【中国藏西夏文献】18/后晋定难军节度副使刘
敬瑭墓志铭文/42

唐昭宣帝天祐七年　周德威援灵、夏，党项
阻道
【旧五代史】50/唐书·嗣肱传/684
【汇编】上 854

后梁太祖开平二年　夏州节度使拓拔思恭卒
【五代史纂误补】3/李仁福/12 上
【汇编】补遗 7233

后梁太祖开平二年　夏州何德璘补衙前虞侯
【中国藏西夏文献】18/后晋夏银绥宥等州观察
支使何德璘墓志铭文/39

后梁太祖开平二年　夏州刘敬瑭署四州马步
都虞侯
【中国藏西夏文献】18/后晋定难军节度副使刘
敬瑭墓志铭文/42

后梁太祖开平中　夏州李仁福为蕃部指挥使
【宋史】485/夏国传上/13982
【新五代史】40/李仁福传/436
【册府元龟】436/518 下
【汇编】上 49、165、166

后梁太祖开平四年　夏州刘敬瑭被补充左都
押衙官
【中国藏西夏文献】18/后晋定难军节度副使刘
敬瑭墓志铭文/42

后梁太祖乾化元年　夏州刘敬瑭重修城垒

【中国藏西夏文献】18/后晋定难军节度副使刘
敬瑭墓志铭文/42

后梁末帝贞明三年　夏州毛汶任节度推官
【中国藏西夏文献】18/后晋定难军摄节度判官
毛汶墓志铭文/36

后梁末帝贞明五年　授夏州刘敬瑭彭县开国
男
【中国藏西夏文献】18/后晋定难军节度副使刘
敬瑭墓志铭文/42

后梁末帝贞明、龙德及后唐同光中　夏州
节度使李仁福累官至检校太师兼中书令，封
朔方王
【旧五代史】132/李仁福传/1746
【汇编】上 160

后唐同光二年　党项道使朝贡
【五代会要】29/党项羌传/353
【汇编】上 17

后唐庄宗同光三年　特署夏州何德璘州衙推
【中国藏西夏文献】18/后晋夏银绥宥等州观察
支使何德璘墓志铭文/39

后唐庄宗同光中　授折从阮府州刺史
【旧五代史】125/折从阮传/1647
【金石萃编】119/刺史折嗣祚碑考释
【汇编】上 169、183

后唐庄宗同光后　党项大姓各自来朝贡
【旧五代史】138/党项传/1845
【新五代史】74/四夷附录 3/912
【五代会要】29/党项羌传/353
【汇编】上 15、17

后唐明宗天成二年九月　河西党项如连山等
来朝贡
【五代会要】29/党项羌传/353
【汇编】上 17

后唐明宗天成四年　夏州何德璘改署观察衙
推
【中国藏西夏文献】18/后晋夏银绥宥等州观察
支使何德璘墓志铭文/39

后唐明宗天成中　西凉使宋朝贡
【宋会要】方域 21 之 14/7668
【汇编】下 7014

后唐明宗长兴初　授折从阮检校工部尚书、
府州刺史

【旧五代史】125/折从阮传/1647

【汇编】上169

后唐明宗长兴元年正月　授党项折家族五镇
都知兵马使折之正等首领官职

【五代会要】29/党项羌传/353

【汇编】上18

**后唐明宗长兴元年岁次庚寅拾月辛卯朔拾
玖日己酉**　永定破丑夫人墓志文立石

【中国藏西夏文献】18/后唐永定破丑夫人墓志
铭文/31

后唐明宗长兴四年　夏州节度留后李彝超拒
绝和鄜延节度使对调

【宋史】264/宋琪传/9129

【陕西通志】16/关梁1·延安府·安塞县/25下

【河南先生文集】26/五代春秋/5上

【汇编】中一1069；补遗7234、7235

后唐明宗长兴四年　唐明宗讨伐夏州

【中国藏西夏文献】18/后晋定难军节度副使刘
敬瑭墓志铭文/42

后唐明宗长兴四年八月　夏州自署李彝殷为
绥州刺史

【册府元龟】178/2148下

【汇编】上886

后唐明宗长兴四年十月　李彝超进马

【册府元龟】169/2037上

【汇编】上886

后唐末帝清泰元年　何德璘迁署节度衙推兼
银州长史

【中国藏西夏文献】18/后晋夏银绥宥等州观察
支使何德璘墓志铭文/39

后唐末帝清泰元年九月二十三日　夏州观
察支使何公授文林郎

【中国藏西夏文献】18/宋摄夏州观察支使何公
墓志铭文/67

后唐末帝清泰二年　夏州刘敬瑭同参王事

【中国藏西夏文献】18/后晋定难军节度副使刘
敬瑭墓志铭文/42

后唐末帝清泰二年　夏州李彝兴袭位

【旧五代史】132/李仁福传/1746

【新五代史】40/李仁福传/436

【宋史】485/夏国传上/13982

【册府元龟】436/李仁福传/5181下

【汇编】上49、162、166

后唐末帝清泰二年　援送灵武军衣副都部署
潘环言，与党项杀牛族战于马岭

【册府元龟】987/11595上

【汇编】上888

后唐末帝清泰二年七月　诏邠宁节度出兵接
应回鹘贡使至灵武

【册府元龟】170/2059上

【汇编】上888

后唐末帝清泰二年十月十日　夏州观察支使
何公授仕郎、试太常寺协律郎

【中国藏西夏文献】18/宋摄夏州观察支使何公
墓志铭文/67

后晋高祖天福初　李彝兴加检校太尉同平章
事

【旧五代史】132/李仁福传/1746

【汇编】上162

后晋高祖天福中　冯晖出任灵州节度使

【册府元龟】485/5803下

【汇编】上892

后晋高祖天福六年三月五日　李仁福妻渎氏
终于府城私第

【中国藏西夏文献】18/后晋虢王李仁福妻渎氏
墓志铭文/33

后晋高祖天福七年二月　李仁福妻渎氏祔葬
乌水河之北隅，端正树之东侧

【中国藏西夏文献】18/后晋虢王李仁福妻渎氏
墓志铭文/33

后晋高祖天福七年七月十四日　后晋定难
军摄节度判官毛汶卒于私第

【中国藏西夏文献】18/后晋定难军摄节度判官
毛汶墓志铭文/36

后晋高祖天福八年二月二十四日　后晋夏
银绥宥等州观察支使何德璘逝于私第

【中国藏西夏文献】18/后晋夏银绥宥等州观察
支使何德璘墓志铭文/39

后晋出帝天福六年九月五日　夏州观察支使
何公授府衙推、守绥州长史

【中国藏西夏文献】18/宋摄夏州观察支使何公
墓志铭文/67

后晋出帝天福八年三月五日　后晋定难军节
度副使刘敬瑭终于私第

【中国藏西夏文献】18/后晋定难军节度副使刘敬瑭墓志铭文/42

后晋出帝天福九年二月八日　夏州观察支使何公授观察衙推

【中国藏西夏文献】18/宋摄夏州观察支使何公墓志铭文/67

后晋出帝开运初　折从阮加检校太保、本州团练使

【旧五代史】125/折从阮传/1647

【汇编】上169

后晋出帝开运初　授李彝兴契丹西南招讨使

【旧五代史】132/李仁福传/1746

【宋史】485/夏国传上/13982

【汇编】上49、162

后晋出帝开运二年十月二十八日　后晋绥州刺史李仁宝薨于坂井旧庄

【中国藏西夏文献】18/后晋绥州刺史李仁宝墓志铭文/46

后晋出帝开运三年二月五日　后晋绥州刺史李仁宝葬于先祖陵阙之侧

【中国藏西夏文献】18/后晋绥州刺史李仁宝墓志铭文/46

后汉高祖天福十二年四月　折从阮为永安节度

【五代史记纂误补】3/25下

【汇编】补遗7091

后汉高祖乾祐元年　加折从阮特进、检校太师

【旧五代史】125/折从阮传/1647

【汇编】上169

后汉高祖乾祐元年　授李彝兴侍中

【旧五代史】132/李仁福传/1746

【汇编】上163

后汉隐帝乾祐二年九月十五日　沛国郡夫人薨于绥州私第

【中国藏西夏文献】18/后汉沛国郡夫人里氏墓志铭文/50

后汉隐帝乾祐三年八月十九日　沛国郡夫人葬于夏州朔方县仪凤乡奉政里乌水之原

【中国藏西夏文献】18/后汉沛国郡夫人里氏墓志铭文/50

后周太祖广顺初　冯继业代父任朔方军留后

【宋史】253/冯继业传/8868

【汇编】中一924

后周太祖广顺元年　李光睿补夏州管内蕃部越名都指挥使

【中国藏西夏文献】18/宋定难军节度使李光睿墓志铭文/73

后周太祖广顺元年正月二十五日　夏州观察支使何公授银州长史

【中国藏西夏文献】18/宋摄夏州观察支使何公墓志铭文/67

后周太祖广顺二年壬子岁正月十七日　李彝谨薨于绥州

【中国藏西夏文献】18/后周绥州刺史李彝谨墓志铭文/55

后周太祖广顺二年　河西节度使申师厚擅还朝廷

【宋会要】方域21之14/7668

后周太祖广顺二年六月　封府州党项

【五代会要】29/党项羌传/353

【汇编】上19

后周太祖广顺二年十一月　禁杀牛羊货卖与蕃人

【册府元龟】160/1938上

【汇编】上910

后周太祖广顺三年　庆州刺史郭彦钦侵扰党项诸部

【旧五代史】138/外国传/1845

【新五代史】74/党项/912

【汇编】上16

后周太祖广顺三年正月　夏州李彝殷上言

【册府元龟】167/2014下

【汇编】上914

后周太祖广顺三年三月　折从阮掩袭叶落镇蕃部

【册府元龟】420/5009上

【汇编】上913

后周太祖广顺三年六月　延州言所属蕃部侵盗汉户

【册府元龟】397/4725上

【汇编】上917

后周太祖广顺三年十一月　授延州党项首领为怀化将军

【册府元龟】170/2059 下

【汇编】上 918

后周太祖广顺间 折德扆为永安军节度使

【宋史】253/折德扆传/8881

【汇编】上 170

后周世宗显德初 授李彝兴西平王

【宋史】485/夏国传上/13982

【汇编】上 49

后周世宗显德元年 后周升府州为节镇

【太平寰宇记】38/16 上

【汇编】上 920

后周世宗显德元年三月 后周诏沿边州府勿
扰外界

【册府元龟】167/2015 下

【汇编】上 918

后周世宗显德二年 授曹元忠归义军节度使、
太尉、同中书门下平章事

【宋会要】蕃夷 5 之 1/7767

后周世宗显德二年 折德扆战守府州

【宋朝事实类苑】20/经略幽燕/2 下

【汇编】补遗 7237

后周世宗显德中 折德扆率军攻取河市镇

【宋史】253/折德扆传/8881

【汇编】上 170

后周世宗显德中 李彝兴累加官至太傅兼中
书令，封西平王

【旧五代史】132/李仁福传/1746

【汇编】上 163

后周世宗显德四年丁巳 夏州节度使李继筠
生

【中国藏西夏文献】18/宋定难军节度观察留后
李继筠墓志铭文/80

后周世宗显德四年五月 折德愿言败河东军
五百余众

【册府元龟】435/5174 下

【汇编】上 922

辽太祖神册元年 置西南面都招讨司，亦曰
西南路招讨司

【辽史】46/百官志 2·北面边防官/747

【汇编】中六 5998

辽太宗天显十年三月戊午 党项来贡

【辽史】3/太宗纪上/36

【汇编】上 888

辽太宗会同五年 党项约晋攻辽

【契丹国志】2/太宗嗣圣皇帝纪上/11 下

【汇编】补遗 7236

辽景宗保宁中 耶律勃古哲伐党项

【辽史】82/耶律勃古哲/1293

【汇编】中一 956

辽景宗保宁四年 耶律速撒伐党项

【辽史】82/耶律速撒传/383

【汇编】中一 956

辽景宗保宁五年春正月甲子 休哥伐党项

【辽史】8/景宗纪上/93

【汇编】中一 956

辽景宗保宁九年冬十月甲子 党项降酋来见

【辽史】9/景宗纪下/100

【汇编】中一 970

辽景宗乾亨二年三月丁亥 辽西南招讨副使
遣人献党项俘

【辽史】9/景宗纪 2/103

【汇编】中一 986

辽圣宗统和初 党项寇边

【辽史】28/韩德威传/1291

【汇编】中一 1003

辽圣宗统和元年春正月甲申 辽西南面招讨
使奏党项十五部侵边，以兵击破之

【辽史】10/圣宗纪 1/108

【汇编】中一 1000

辽圣宗统和四年 辽置夏州管内蕃落使并授
李继迁

【辽史】46/百官志 2·北面边防官/751

【汇编】中一 1030

辽圣宗统和四年 李继迁叛宋附辽

【辽史】115/西夏记/1524

【汇编】上 118

辽圣宗统和四年二月癸卯 辽授李继迁定难
军节度使

【辽史】11/圣宗纪 2/119

【汇编】中一 1029

辽圣宗统和四年十月 李继迁遣使来贡

【辽史】115/西夏记/1525

【汇编】上 118

辽圣宗统和六年 夏使来贡

【辽史】115/西夏记/1525

【汇编】上 118

辽圣宗统和七年 　义成公主下嫁李继迁

【辽史】115/西夏记/1525

【汇编】上 118

辽圣宗统和七年春正月 　辽主不许李继迁与
李继捧通好

【辽史】11/圣宗纪 3/133

【汇编】中—1041

辽圣宗统和八年正月 　夏使来谢

【辽史】115/西夏记/1525

【汇编】上 118

辽圣宗统和八年三月 　夏使又来贡

【辽史】115/西夏记/1525

【汇编】上 118

辽圣宗统和八年九月 　李继迁遣使献宋俘

【辽史】115/西夏记/1525

【汇编】上 118

辽圣宗统和八年十月 　李继迁以败宋军来告

【辽史】115/西夏记/1525

【汇编】上 118

辽圣宗统和八年十二月 　封李继迁为夏国王

【辽史】115/西夏记/1525

【汇编】上 118

辽圣宗统和九年二月丙午 　夏国遣使告辽伐
宋捷

【辽史】13/圣宗纪 4/141；115/西夏记/1525

【汇编】上 118；中—1049

辽圣宗统和九年四月 　夏遣使李知白谢封册

【辽史】115/西夏记/1525

【汇编】上 119

辽圣宗统和九年七月 　夏以复绥、银二州来
告

【辽史】115/西夏记/1525

【汇编】上 119

辽圣宗统和九年十月 　李继迁遣使来上宋授
敕命

【辽史】115/西夏记/1525

【汇编】上 119

辽圣宗统和九年十二月 　辽以李继迁潜附于
宋，遣韩德威持诏谕之

【辽史】115/西夏记/1525

【汇编】上 119

辽圣宗统和十年二月乙丑 　辽朝兵至灵州俘
掠以还

【辽史】13/圣宗纪 4/142；115/西夏记/1525

【汇编】上 119；中—1053

辽圣宗统和十年十月 　夏使来贡

【辽史】115/西夏记/1525

【汇编】上 119

辽圣宗统和十二年 　夏人梗边，辽太妃分兵
讨之

【辽史】85/萧挞凛传/1313

【汇编】中—1093

辽圣宗统和十二年 　夏使入贡

【辽史】115/西夏记/1525

【汇编】上 119

辽圣宗统和十二年九月壬子 　党项等来贡

【辽史】13/圣宗纪 4/145；115/西夏记/1525

【汇编】上 119；中—1087

辽圣宗统和十三年 　夏败宋师，遣使告辽

【辽史】115/西夏记/1525

【汇编】上 119

辽圣宗统和十四年春正月丙寅 　夏国遣使
来贡

【辽史】13/圣宗纪 4/147

【汇编】中—1119

辽圣宗统和十五年春正月 　河西党项叛，诏
韩德咸讨之

【辽史】13/圣宗纪 4/149

【汇编】中—1164

辽圣宗统和十五年三月 　封李继迁为西平王

【辽史】115/西夏记/1525

【汇编】上 119

辽圣宗统和十五年六月 　夏遣使谢封册

【辽史】115/西夏记/1525

【汇编】上 119

辽圣宗统和十六年 　夏使来贡

【辽史】115/西夏记/1525

【汇编】上 119

辽圣宗统和十六年春二月庚子 　夏国遣使
来贡

【辽史】14/圣宗纪 5/153

【汇编】中—1198

辽圣宗统和十八年冬十一月甲戌　授西平王李继迁子李德昭朔方军节度使
【辽史】14/圣宗纪5/155；115/西夏记/1525
【汇编】上119；中一1224

辽圣宗统和十九年三月乙亥　夏国遣李文贵来贡
【辽史】14/圣宗纪5/156；115/西夏记/1525
【汇编】上119；中一1229

辽圣宗统和十九年六月　夏奏下宋恒、环、庆三州，赐诏褒美
【辽史】115/西夏记/1525
【汇编】上119

辽圣宗统和二十年　夏使进马驼
【辽史】115/西夏记/1525
【汇编】上119

辽圣宗统和二十年春正月甲寅　夏国遣使贡马驼
【辽史】14/圣宗纪5/157；115/西夏记/1525
【汇编】上119；中一1297

辽圣宗统和二十年六月　夏遣刘仁勖来告下灵州
【辽史】115/西夏记/1525
【汇编】上119

辽圣宗统和二十一年五月丁巳　西平王李继迁薨，其子李德昭遣使告哀
【辽史】14/圣宗纪4/158
【汇编】上119；中一1360

辽圣宗统和二十一年六月　赠李继迁尚书令，遣使吊祭
【辽史】115/西夏记/1525
【汇编】上119

辽圣宗统和二十一年八月　李德昭遣使谢吊赠
【辽史】115/西夏记/1525
【汇编】上119

辽圣宗统和二十二年三月　李德昭遣使上李继迁遗留物
【辽史】115/西夏记/1525
【汇编】上119

辽圣宗统和二十二年七月　封李德昭为西平王
【辽史】115/西夏记/1525
【汇编】上119

辽圣宗统和二十二年十月　夏遣使谢封册
【辽史】115/西夏记/1525
【汇编】上119

辽圣宗统和二十三年　夏以下宋青城来告
【辽史】115/西夏记/1525
【汇编】上119

辽圣宗统和二十四年　辽诏禁止民贩马于宋夏界
【辽史】91/耶律唐古传/1362；115/西夏记/1525
【汇编】上119；中一1456

辽圣宗统和二十五年七月壬申　辽遣使吊祭李德昭母薨
【辽史】14/圣宗纪5/163；115/西夏记/1525
【汇编】上119；中一1465

辽圣宗统和二十七年十二月　皇太后崩，遣使告哀夏国
【辽史】14/圣宗纪5/64；115/西夏记/1525
【汇编】上119；中一1488

辽圣宗统和二十八年九月乙酉　册李德昭为夏国王
【辽史】15/圣宗纪6/168；115/西夏记/1525
【汇编】上119；中一1497

辽圣宗开泰元年　李德昭遣使进良马
【辽史】115/西夏记/1525
【汇编】上119

辽圣宗开泰二年　遣使赐李德昭及义成公主车马
【辽史】115/西夏记/1525
【汇编】上119

辽圣宗开泰二年秋七月　辽西南招讨使言党项叛
【辽史】15/圣宗纪6/173
【汇编】中一1515

辽圣宗开泰五年三月　党项酋长魁可降辽
【辽史】15/圣宗纪6/178
【汇编】中一1551

辽圣宗开泰七年闰四月　吐蕃王并里尊乞假道夏国贡辽
【辽史】16/圣宗纪7/183
【汇编】中一1591

辽圣宗开泰九年冬十月　辽西南招讨奏党项
　宋犀族输贡不时
【辽史】16/圣宗纪7/188
【汇编】中一1602

辽圣宗开泰中　平定党项隆益答叛乱
【辽史】74/韩德凝传/1235
【汇编】中一1518

辽圣宗太平元年　西夏来贡
【辽史】115/西夏记/1523
【汇编】上119

辽圣宗太平元年十月壬子　党项酋长来贡
【辽史】16/圣宗纪7/189
【汇编】中一1611

辽圣宗太平二年十月壬寅　辽遣使贺夏国王
　李德昭生日
【辽史】16/圣宗纪7/190
【汇编】中一1616

辽圣宗太平六年二月庚午　辽于塌西党项设
　节度使以治
【辽史】17/圣宗纪8/199
【汇编】中一1645

辽圣宗太平八年春正月　党项侵边
【辽史】17/圣宗纪8/201
【汇编】中一1658

辽圣宗太平十一年六月甲申　辽以圣宗崩，
　遣使告哀于西夏
【辽史】18/兴宗纪1/211；115/西夏记/1526
【汇编】上119；中一1679

辽兴宗重熙初　耶律独攧伐夏有功授官
【辽史】92/耶律独攧传/1369
【汇编】中三3008

辽兴宗重熙元年　辽以兴平公主嫁夏崇宗李
　元昊
【辽史】115/西夏记/1526
【汇编】上119

辽兴宗重熙元年　辽册李元昊为王
【辽史】115/西夏记/1526
【汇编】上120

辽兴宗重熙元年　夏国遣使来贺
【辽史】115/西夏记/1526
【汇编】上119

辽兴宗重熙元年十一月丙戌　夏国遣使来贡

**辽史】18/兴宗纪1/214
【汇编】中一1687

辽兴宗重熙元年十一月辛卯　辽册李元昊为
　夏国王
【辽史】18/兴宗纪1/214
【汇编】中一1687

辽兴宗重熙二年　夏国遣使来贡
【辽史】115/西夏记/1526
【汇编】上120

辽兴宗重熙二年正月乙酉　夏国遣使来贡
【辽史】18/兴宗纪1/214
【汇编】中一1693

辽兴宗重熙二年十二月　禁夏使沿路私市金
　铁
【辽史】115/西夏记/1526
【汇编】上120

辽兴宗重熙七年　夏国遣使来贡
【辽史】115/西夏记/1526
【汇编】上120

辽兴宗重熙七年三月辛亥　夏国遣使来贡
【辽史】18/兴宗纪1/220
【汇编】中一1740

辽兴宗重熙九年　宋以伐夏遣使告辽
【辽史】18/兴宗纪1/222；86/杜防传/1325；
　115/西夏记/1526
【汇编】上120；中二2042、2043

辽兴宗重熙十年　夏献所俘宋将及生口
【辽史】115/西夏记/1526
【汇编】上120

辽兴宗重熙十一年　诏建城堡以防党项部落
　入西夏
【辽史】92/耶律侯晒传/1368
【汇编】中二2639

辽兴宗重熙十一年　萧塔烈葛使西夏约联合
　伐宋
【辽史】85/萧塔烈葛传/1318
【汇编】中二2433

辽兴宗重熙十一年　遣使问宋兴师伐夏之由
【辽史】115/西夏记/1526
【汇编】上120

辽兴宗重熙十一年十二月　禁吐浑鬻马于
　夏，沿边筑障塞以防之

【辽史】115/西夏记/1526

【汇编】上 120

辽兴宗重熙十二年　辽以伐西夏置金肃州

【辽史】41/地理志5·西京道/515

【汇编】中二 2833

辽兴宗重熙十二年正月　辽遣使谕夏国与宋和

【辽史】19/兴宗纪2/228；115/西夏记/1526

【汇编】上 120；中二 2650

辽兴宗重熙十二年二月　夏景宗李元昊遣使来贺加尊号

【辽史】115/西夏记/1526

【汇编】上 120

辽兴宗重熙十二年四月　夏遣使进马驼

【辽史】115/西夏记/1526

【汇编】上 120

辽兴宗重熙十二年七月　契丹使宋告伐西夏

【契丹国志】8/兴宗文成皇帝纪8 上

【汇编】中三 2950

辽兴宗重熙十二年七月　夏景宗李元昊上表请伐宋，不从

【辽史】115/西夏记/1526

【汇编】上 120

辽兴宗重熙十二年十月　夏人侵党项，辽遣使诘之

【辽史】115/西夏记/1526

【汇编】上 120

辽兴宗重熙十三年　古迭伐西夏

【辽史】114/古迭传/1515

【汇编】中三 3008

辽兴宗重熙十三年　夏景宗李元昊诱山南党项诸部

【辽史】93/萧惠传/1374

【汇编】中三 3009

辽兴宗重熙十三年　耶律仁先伐夏

【辽史】96/耶律仁先传/1395

【汇编】中三 3009

辽兴宗重熙十三年　萧术哲伐西夏，因功授兴圣宫使

【辽史】91/萧术哲传/1363

【汇编】中三 3008

辽兴宗重熙十三年　萧迭里得将偏师伐西夏

【辽史】114/萧迭里得传/1514

【汇编】中三 3008

辽兴宗重熙十三年四月　南院大王耶律高十奏党项等部叛附夏国

【辽史】19/兴宗纪2/230

【汇编】中三 2875

辽兴宗重熙十三年六月　阻卜酋长乌八遣其子执李元昊所遣求援使宓邑改来

【辽史】115/西夏记/1526

【汇编】上 120

辽兴宗重熙十三年八月　夏使对不以情，羁之

【辽史】115/西夏记/1526

【汇编】上 120

辽兴宗重熙十三年十月　夏景宗李元昊上表谢罪，欲收集叛党以献

【辽史】115/西夏记/1526

【汇编】上 120

辽兴宗重熙十三年十二月　萧胡覩来归，夏又遣使来贡

【辽史】115/西夏记/1526

【汇编】上 120

辽兴宗重熙十四年正月甲申　夏国遣使进鹘

【辽史】19/兴宗纪2/232

【汇编】中三 3039

辽兴宗重熙十五年　西南面招讨使萧蒲奴西征夏国

【辽史】87/萧蒲奴传/1335

【汇编】中三 3093

辽兴宗重熙十七年　置大同县

【辽史】41/地理志5/506

【汇编】中三 3127

辽兴宗重熙十七年　夏景宗李元昊薨，子李谅祚遣使告哀

【辽史】115/西夏记/1527

【汇编】上 120

辽兴宗重熙十八年　复议伐夏

【辽史】115/西夏记/1527

【汇编】上 120

辽兴宗重熙十八年　辽伐夏国

【辽史】90/耶律信先传/1357；91/耶律仆里笃传/1365；93/萧惠传/1375；96/耶律仁先传/

1396；114/萧迭里得传/1514

【汇编】中三 3148、3149、3150

辽兴宗重熙十八年正月戊戌　留夏国贺正使
不遣
【辽史】20/兴宗纪 23/239
【汇编】中三 3135

辽兴宗重熙十八年正月己亥　辽使告宋伐夏
【辽史】20/兴宗纪 23/239
【汇编】中三 3135

辽兴宗重熙十八年六月　夏遣使来贡，留之
【辽史】115/西夏记/1527
【汇编】上 120

辽兴宗重熙十八年七月　辽兴宗亲征西夏
【辽史】115/西夏记/1527
【汇编】上 120

辽兴宗重熙十八年八月　辽渡河，夏人遁
【辽史】115/西夏记/1527
【汇编】上 120

辽兴宗重熙十八年九月　萧惠为夏人所败
【辽史】115/西夏记/1527
【汇编】上 120

辽兴宗重熙十八年十月　耶律敌古率阻卜军
至贺兰山，获李元昊妻及其官属
【辽史】115/西夏记/1527
【汇编】上 120

辽兴宗重熙十九年　夏人侵辽金肃军
【辽史】91/耶律仆里笃传/1365；114/萧迭里得
传/1515
【汇编】中三 3156、3157

辽兴宗重熙十九年正月辛丑　辽遣使问罪于
夏国
【辽史】20/兴宗纪 3/241；115/西夏记/1527
【汇编】上 121；中三 3155

辽兴宗重熙十九年三月　萧迭里得与夏军战
于三角川，败之
【辽史】115/西夏记/1527
【汇编】上 121

辽兴宗重熙十九年五月　萧蒲奴等入夏，不
遇敌，俘掠而还
【辽史】115/西夏记/1527
【汇编】上 121

辽兴宗重熙十九年六月　高丽遣使贺辽伐夏

之捷
【辽史】115/高丽外记/1522
【汇编】中三 3162

辽兴宗重熙十九年十月　夏毅宗李谅祚母遣
使乞依旧称臣
【辽史】115/西夏记/1527
【汇编】上 121

辽兴宗重熙十九年十二月　夏毅宗李谅祚上
表如母训
【辽史】115/西夏记/1527
【汇编】上 121

辽兴宗重熙二十年二月甲申　辽遣使夏国索
党项叛户
【辽史】20/兴宗纪 3/243；115/西夏记/1527
【汇编】上 121；中三 3166

辽兴宗重熙二十年五月　萧爻括使夏回，进
夏毅宗李谅祚母表
【辽史】115/西夏记/1527
【汇编】上 121

辽兴宗重熙二十年六月　将俘虏李元昊妻及
夏人置于苏州
【辽史】115/西夏记/1527
【汇编】上 121

辽兴宗重熙二十一年十月丁亥　夏毅宗李
谅祚遣使乞辽弛备边
【辽史】20/兴宗纪 3/245；115/西夏记/1527
【汇编】上 121；中三 3181

辽兴宗重熙二十二年三月癸亥　夏毅宗李
谅祚以赐诏许降，遣使来谢
【辽史】20/兴宗纪 3/245
【汇编】中三 3189

辽兴宗重熙二十二年七月　夏毅宗李谅祚进
降表
【辽史】115/西夏记/1527
【汇编】上 121

辽兴宗重熙二十三年正月戊子　夏国遣使
贡方物
【辽史】20/兴宗纪 3/246；115/西夏记/1527
【汇编】上 121；中三 3202

辽兴宗重熙二十三年五月　西夏乞进马驼，
诏岁贡之
【辽史】115/西夏记/1527

【汇编】上 121

辽兴宗重熙二十三年七月 夏毅宗李谅祚遣
使求婚
【辽史】115/西夏记/1527
【汇编】上 121

辽兴宗重熙二十三年十月 西夏进誓表
【辽史】115/西夏记/1527
【汇编】上 121

辽兴宗重熙二十四年 辽兴宗崩，遣使报哀
于夏
【辽史】115/西夏记/1527
【汇编】上 121

辽兴宗重熙二十四年二月甲寅 夏国遣使
来贺
【辽史】20/兴宗纪 3/247
【汇编】中三 3210

辽兴宗重熙间 夏人攻金肃军，败之
【辽史】99/耶律挞不也传/1421
【汇编】中三 3156

辽道宗清宁元年 夏遣使来贡
【辽史】115/西夏记/1527
【汇编】上 121

辽道宗清宁元年九月 以先帝遗物赐西夏
【辽史】115/西夏记/1527
【汇编】上 121

辽道宗清宁四年正月壬申 遣使报哀于夏
【辽史】21/道宗纪 1/256
【汇编】中三 3247

辽道宗清宁四年四月 夏遣使会葬
【辽史】115/西夏记/1527
【汇编】上 121

辽道宗清宁九年正月 禁民鬻铜于夏
【辽史】115/西夏记/1527
【汇编】上 121

辽道宗咸雍元年五月辛巳 夏国使来贡
【辽史】22/道宗纪 2/264；115/西夏记/1527
【汇编】上 121；中三 3382

辽道宗咸雍三年十一月壬辰 夏国使进回鹘
僧、金佛、梵觉经
【辽史】22/道宗纪 2/267；115/西夏记/1527
【汇编】上 121；中三 3453

辽道宗咸雍三年十二月 夏毅宗李谅祚薨

【辽史】115/西夏记/1528
【汇编】上 121

辽道宗咸雍四年二月 夏毅宗李谅祚子李秉
常遣使报哀，即遣使吊祭
【辽史】115/西夏记/1528
【汇编】上 121

辽道宗咸雍四年十月 册李秉常为夏国王
【辽史】115/西夏记/1528
【汇编】上 121

辽道宗咸雍四年十二月 夏使来贡
【辽史】115/西夏记/1528
【汇编】上 121

辽道宗咸雍五年七月 夏遣使谢封册
【辽史】115/西夏记/1528
【汇编】上 121

辽道宗咸雍五年闰十一月 夏惠宗李秉常乞
赐印绶
【辽史】115/西夏记/1528
【汇编】上 121

辽道宗咸雍九年 夏使来贡
【辽史】115/西夏记/1528
【汇编】上 122

辽道宗大康二年正月 辽遣使夏国报仁懿皇
后崩
【辽史】115/西夏记/1528
【汇编】上 122

辽道宗大康五年 夏使来贡
【辽史】115/西夏记/1528
【汇编】上 122

辽道宗大康八年二月 夏遣使以所获宋将张
天益来献
【辽史】115/西夏记/1528
【汇编】上 122

辽道宗大安元年十月 夏惠宗李秉常遣使报
其母丧
【辽史】115/西夏记/1528
【汇编】上 122

辽道宗大安二年十月 夏惠宗李秉常薨，遣
使诏其子李乾顺知国事
【辽史】115/西夏记/1528
【汇编】上 122

辽道宗大安二年十二月 夏崇宗李乾顺遣使

上其父李秉常遗物

【辽史】115/西夏记/1528

【汇编】上 122

辽道宗大安四年七月　册夏崇宗李乾顺为夏
国王

【辽史】115/西夏记/1528

【汇编】上 122

辽道宗大安五年六月　夏使来谢封册

【辽史】115/西夏记/1528

【汇编】上 122

辽道宗大安八年六月　夏为宋所侵，遣使乞
援

【辽史】115/西夏记/1528

【汇编】上 122

辽道宗寿隆三年六月　宋人置壁垒于要地，
遣使告辽

【辽史】115/西夏记/1528

【汇编】上 122

辽道宗寿隆四年六月　夏遣使求援

【辽史】115/西夏记/1528

【汇编】上 122

辽道宗寿隆四年十一月　遣枢密直学士耶律
俨使宋，讽与夏和

【辽史】115/西夏记/1528

【汇编】上 122

辽道宗寿隆五年正月　诏夏崇宗李乾顺伐拔
思母等部

【辽史】115/西夏记/1528

【汇编】上 122

辽道宗寿隆五年十一月　夏以宋人罢兵，遣
使来谢

【辽史】115/西夏记/1528

【汇编】上 122

辽道宗寿隆六年十一月　夏遣使请尚公主

【辽史】115/西夏记/1528

【汇编】上 122

辽道宗寿隆七年　辽道宗崩，遣使告哀于夏

【辽史】115/西夏记/1528

【汇编】上 122

辽天祚帝乾统元年　夏遣使贺天祚帝即位

【辽史】115/西夏记/1523

【汇编】上 122

辽天祚帝乾统二年　夏遣使复请尚公主

【辽史】115/西夏记/1528

【汇编】上 122

辽天祚帝乾统三年　夏复遣使请尚公主

【辽史】115/西夏记/1528

【汇编】上 122

辽天祚帝乾统三年十月　夏遣使复来求援

【辽史】115/西夏记/1528

【汇编】上 122

辽天祚帝乾统四年　李造福等至，乞援

【辽史】115/西夏记/1528

【汇编】上 122

辽天祚帝乾统五年　李造福等至，乞援

【辽史】115/西夏记/1528

【汇编】上 122

辽天祚帝乾统五年　辽和解夏宋

【辽史】86/牛温舒传/1325

【汇编】中六 5811

辽天祚帝乾统六年正月　遣牛温舒使宋，命
还所侵夏地

【辽史】115/西夏记/1528

【汇编】上 122

辽天祚帝乾统六年三月　辽遣使为西夏请元
符讲和后宋朝侵占的夏地

【契丹国志】10/天祚帝纪上/11 上

【长编拾补】26/引九朝编年备要/14 上

【汇编】中六 5812、5813

辽天祚帝乾统六年六月　夏遣李造福来谢

【辽史】115/西夏记/1528

【汇编】上 122

辽天祚帝乾统八年　夏崇宗李乾顺以成安公
主生子，遣使来告

【辽史】115/西夏记/1528

【汇编】上 122

辽天祚帝乾统九年　夏以宋不归地来告

【辽史】115/西夏记/1528

【汇编】上 122

辽天祚帝乾统十年　夏遣李造福来贡

【辽史】115/西夏记/1528

【汇编】上 122

辽天祚帝天庆三年六月　夏使来贡

【辽史】115/西夏记/1528

【汇编】上 122

辽天祚帝保大二年 夏崇宗李乾顺援辽为金所败

【辽史】115/西夏记/1528

【汇编】上 122

辽天祚帝保大二年六月 遣使册崇宗李乾顺为夏国皇帝

【辽史】115/西夏记/1529

【汇编】上 122

辽天祚帝保大三年 辽天祚帝渡河奔夏

【辽史】30/天祚帝纪 3/354

【汇编】中六 5973

宋太祖建隆以来 骆驼会至盐州路蕃族并为熟户

【武经总要】前集 18 上/15 上

【汇编】中一 1142

宋太祖建隆初 夏州节度使李彝兴献马，太祖赐赠玉带

【宋史】485/夏国传上/13983

【汇编】上 50

宋太祖建隆初 宋采伐秦亭西北夕阳镇巨材

【玉壶清话】2/9 下

【汇编】中一 935

宋太祖建隆元年 升庆州安化郡为团练

【宋史】87/地理志 3/2150

【元丰九域志】3/115

【汇编】中一 941、943

宋太祖建隆元年 夏州节度李彝殷改名李彝兴

【旧五代史】132/李仁福传/1746

【汇编】上 163

宋太祖建隆元年正月 加折德扆检校太师

【宋会要】方域 21 之 1/7661

宋太祖建隆元年六月 折德扆破河东沙谷寨

【宋会要】方域 21 之 1/7661

宋太祖建隆元年八月 禁商人不得贵箭笴等物于河东境上贩易

【宋会要】食货 37 之 1/5448

【汇编】中一 924

宋太祖建隆元年十一月十三日 沙州节度使曹元忠、瓜州团练使曹延继遣使贡玉鞍勒马

【宋会要】蕃夷 7 之 1/7840

宋太祖建隆元年十二月四日 于阗国王李圣文遣使贡玉圭

【宋会要】蕃夷 7 之 1/7840

宋太祖建隆二年 折德扆来朝

【宋史】253/折德扆传/8881

【东都事略】28/1 上

【中国考古学会第一次年会论文集】折继闵神道碑/455

【汇编】上 170、178、187

宋太祖建隆二年 来离等八族酋长护送灵武五部入界朝贡

【宋史】492/吐蕃传/14152

【汇编】中一 928

宋太祖建隆二年 代州刺史折乜埋来朝

【宋史】491/党项传/14137

【汇编】上 20

宋太祖建隆二年 党项来朝

【宋朝事实类苑】12/仪注 2/13 上

【汇编】中一 928

宋太祖建隆二年 置秦州定西寨

【宋会要】方域 18 之 30/7624

【甘肃新通志】9/舆地志·关梁·秦州直隶州/43 上

【汇编】中一 929；补遗 7237

宋太祖建隆二年 置通远军永宁寨

【宋会要】方域 18 之 14/7616

宋太祖建隆二年 高防建议筑秦州堡寨

【宋史】270/高防传/9261

【汇编】中一 928

宋太祖建隆二年 置秦州

【宋朝事实类苑】18/升降州县/12 下

【汇编】中一 933

宋太祖建隆二年 置秦州伏羌城

【元丰九域志】3/122

【玉海】174/熙宁绥德城/41 上

【汇编】中一 930；补遗 7327

宋太祖建隆二年 置通远军永宁寨

【宋会要】方域 18 之 14/7616

【汇编】中一 933

宋太祖建隆二年 折德扆来朝，复遣赴镇

【宋会要】方域 21 之 1/7661

宋太祖建隆二年十一月　曹延敬为瓜州团练使
【宋会要】蕃夷 5 之 1/7767

宋太祖建隆中　置秦州伏羌寨
【武经总要】前集 18 上/27 下
【汇编】中一 932

宋太祖建隆间　麟、府内属
【隆平集】17/翟守素传/112 上
【汇编】中一 933

宋太祖建隆三年正月　归义军节度使曹元忠依前检校太傅兼中书令、使持节沙州诸军事、行沙州刺史、充归义军节度使、瓜沙等州观察处置管勾营田押蕃落等使,瓜州团练使曹延敬为本州防御使、检校司徒
【宋会要】蕃夷 5 之 1/7767

宋太祖建隆三年　置秦州伏羌城
【汇编】中三 3552
【宋会要】方域 8 之 22/7451

宋太祖建隆三年　石曦斩西人渠帅
【宋史】271/石曦传/9289
【汇编】中一 938

宋太祖建隆三年　宋于秦州置银冶
【甘肃新通志】13/舆地志・古迹・秦州直隶州・两当县/25 上
【汇编】补遗 7238

宋太祖建隆三年秋　夏人以伏羌地来献
【宋史】257/吴廷祚传/8948
【汇编】中一 936

宋太祖建隆四年　宋调关西道乡兵赴庆州
【宋史】190/兵志 4/4705
【汇编】中一 939

宋太祖建隆四年　李继迁生于银州无定河
【宋史】485/夏国传上/13986
【汇编】上 53

宋太祖建隆四年九月九日　夏州李光遂补管内蕃部都指挥使
【中国藏西夏文献】18/宋管内蕃部都指挥使李光遂墓志铭文/84

宋太祖乾德元年　庆阳府复为军事
【宋史】87/地理志 3/2150
【汇编】中一 943

宋太祖乾德元年　折德扆败太原军于城下

【宋史】253/折德扆传/8881
【汇编】上 170

宋太祖乾德元年　置秦州大潭县
【甘肃新通志】13/舆地志・古迹・秦州直隶州・礼县/24 下
【汇编】补遗 7238

宋太祖乾德元年八月　宋赠李彝兴太师,封夏王
【宋会要】仪制 13 之 7/2052
【汇编】中一 939

宋太祖乾德元年冬　折德扆生擒杨璘
【宋会要】方域 21 之 1/7661

宋太祖乾德二年　庆州复为安化郡
【宋朝事实类苑】18/升降州县/11 上
【汇编】中一 945

宋太祖乾德二年　置安化县
【甘肃新通志】13/舆地志・古迹・化平直隶厅/13 下
【汇编】补遗 7338

宋太祖乾德二年正月　回鹘遣使贡方物
【宋会要】蕃夷 7 之 2/7840

宋太祖乾德二年四月五日　回鹘遣使贡方物
【宋会要】蕃夷 7 之 3/7841

宋太祖乾德二年九月　折德扆卒,诏赠侍中,以其子权知府州事
【宋会要】方域 21 之 1/7661

宋太祖乾德二年十一月七日　西州回鹘可汗遣僧贡物
【宋会要】蕃夷 7 之 3/7841

宋太祖乾德二年十二月十二日　甘州、于阗王及瓜、沙州皆遣使来贡物
【宋会要】蕃夷 7 之 3/7841

宋太祖乾德三年　加折御勋府州防御使
【宋会要】方域 21 之 1/7661

宋太祖乾德三年三月　奏授夏州李光遂检校工部尚书
【中国藏西夏文献】18/宋管内蕃部都指挥使李光遂墓志铭文/84

宋太祖乾德四年三月二十八日　定难军管内都指挥使康成卒于私第
【中国藏西夏文献】18/宋定难军管内都指挥使康成墓志铭文/61

宋太祖乾德四年闰八月十三日 康成归葬
于夏州张继堡北
【中国藏西夏文献】18/宋定难军管内都指挥使
康成墓志铭文/61

宋太祖乾德五年 西平王李彝兴薨
【中国藏西夏文献】18/宋定难军节度使李光睿
墓志铭文/73

宋太祖乾德五年 宋赠李彝兴太师,追封夏
王
【旧五代史】132/李仁福传/1746
【宋史】485/夏国传上/13983
【汇编】上50、163

宋太祖乾德五年 夏州李光睿袭位
【宋史】485/夏国传上/13983
【册府元龟】436/518下
【汇编】上166

宋太祖开宝初 契丹立藏才酋长
【武经总要】前集17/20上
【汇编】中一952

宋太祖开宝元年 折御勋拜泰宁军节度使
【东都事略】28/1上
【汇编】上178

宋太祖开宝元年 直荡族入寇府州
【宋史】491/党项传/14137
【汇编】上21

宋太祖开宝元年 置秦州三阳寨
【元丰九域志】3/124
【甘肃新通志】9/舆地志·关梁·秦州直隶州/
43上
【汇编】中一948;补遗7237

宋太祖开宝元年二月二十二日 大食国遣
使贡方物
【宋会要】蕃夷7之3/7841

宋太祖开宝元年十二月二十七日 夏州观
察支使何公卒于私第
【中国藏西夏文献】18/宋摄夏州观察支使何公
墓志铭文/67

宋太祖开宝二年 丰州党项王甲归顺
【宋史】253/王承美传/8869
【宋会要】方域21之8/7665
【汇编】上40、219

宋太祖开宝二年 建平凉府署

【甘肃新通志】15/建置志·官廨/6下
【汇编】补遗7238

宋太祖开宝二年十一月二十二日 回鹘、
于阗皆遣使贡方物
【宋会要】蕃夷7之3/7841

宋太祖开宝三年 诏禁铜钱出界
【宋史】185/食货志下·坑冶/4524
【汇编】中一954

宋太祖开宝三年二月 以折御勋为永安军节
度观察留后
【宋会要】方域21之1/7661

宋太祖开宝三年三月 夏州李光遂加检校礼
部尚书
【中国藏西夏文献】18/宋管内蕃部都指挥使李
光遂墓志铭文/84

宋太祖开宝四年七月 授王承美天德军蕃汉
都指挥使、知丰州
【宋会要】方域21之9/7665

宋太祖开宝五年 授王承美丰州刺史
【宋会要】方域21之9/7665

宋太祖开宝五年十二月 麟州升为建宁军节
镇
【宋会要】方域6之5/7408

宋太祖开宝六年 诏泾州令牙将至凉州慰抚
官僧咨毡声、遇胜拉蹋
【宋会要】方域21之14/7668

宋太祖开宝七年 以西北边内侵,选派田仁
朗知庆州
【宋史】275/田仁朗传/9379
【汇编】中一957

宋太祖开宝七年 授李继迁定难军管内都知
蕃落使
【宋史】485/夏国传上/13986
【汇编】上53

宋太祖开宝七年 渭州平凉置小卢新寨
【宋会要】方域18之4/7652

宋太祖开宝七年 李继筠补衙前厅直指挥使
【中国藏西夏文献】18/宋定难军节度观察留后
李继筠墓志铭文/80

宋太祖开宝七年十一月 大食遣使贡方物
【宋会要】蕃夷7之4/7841

宋太祖开宝八年 于渭州平凉、潘源二县立

保毅弓箭手，分成镇砦

【宋史】190/兵志4/4709

【汇编】中一959

宋太祖开宝九年　以府州马步军都指挥使折
御卿为闲厩副使

【宋会要】方域21之1/7661

宋太祖开宝九年　授折御勖泰宁军节度使

【隆平集】17/折御卿传/11下

【汇编】上179

宋太祖开宝九年　置秦州床穰寨

【宋会要】方域20之13/7657

【元丰九域志】3/124

【武经总要】前集18上/29下

【甘肃新通志】9/舆地志·关梁·秦州直隶州·
清水县/45上

【汇编】中一964；中四4061；补遗7239

宋太祖开宝九年　李继筠加银青阶、左散骑
常侍卫骑都尉

【中国藏西夏文献】18/宋定难军节度观察留后
李继筠墓志铭文/80

宋太祖开宝九年　夏州节度使李光睿率兵破
北汉吴堡砦，加检校太尉

【宋史】485/夏国传上/13983

【汇编】上50

宋太祖开宝中　重修秦州静戎寨

【武经总要】前集18上/30上

【汇编】中一985

宋太祖开宝中　筑秦州三阳寨

【武经总要】前集18上/30上

【汇编】中一959

宋太祖开宝中　置渭州新寨

【武经总要】前集18/16上

【汇编】中一1372

宋太祖开宝中　麟府内属戎人争地致乱

【宋史】274/翟守素传/9362

【小畜集】29/故商州团练使翟公（守素）墓志
铭并序/1下

【汇编】中一954、955

宋太祖开宝间　置秦州白崖堡，即白石城

【甘肃新通志】13/舆地志·古迹·秦州直隶州
·清水县/24上

【汇编】补遗7238

宋太祖开宝间　得吴堡地

【吴堡县志】序/1上

【汇编】补遗7491

宋太宗太平兴国初　改旧丰义为彭阳县

【宋史】87/地理志3/2158

【宋会要】方域5之42/7404

【汇编】中一968

宋太宗太平兴国初　王侁使灵州、通远军

【宋史】274/王侁传/9364

【汇编】中一972

宋太宗太平兴国之际　夏州节度使李继捧入
朝献地，李继迁起兵抗宋

【净德集】19/虑边论二/205

【汇编】中四3833

宋太宗太平兴国元年　泾州改彰化军

【宋会要】方域5之3/7384

宋太宗太平兴国元年　置原州截原寨

【宋会要】方域18之29/7624

【汇编】中一966

宋太宗太平兴国元年　置秦州弓门寨

【宋会要】方域18之25/7622

【元丰九域志】3/124

【武经总要】前集18上/29上

【汇编】中一964

宋太宗太平兴国元年五月　西州龟兹遣使与
婆罗门波厮外道来贡

【宋会要】蕃夷4之13/7720

宋太宗太平兴国二年　以延州永安镇为保安
军

【宋朝事实类苑】18/升降州县/10下

【元丰九域志】3/120

【汇编】中一972、973

宋太宗太平兴国二年　府州折御勖卒

【宋史】253/折德扆传/8881

【汇编】上171、172

宋太宗太平兴国二年　置秦州冶坊堡

【宋会要】方域20之16/7658

【汇编】中四3843

宋太宗太平兴国二年二月　灵州部送岁市官
马，略所过族帐物粗恶

【宋史】491/党项传/14138

【汇编】上21

宋太宗太平兴国二年三月 大食遣使蒲思
 郝、副使摩呵末、判官蒲罗来贡
【宋会要】蕃夷 7 之 7/7843

宋太宗太平兴国二年七月 赠府州折御勋侍
 中
【宋会要】仪制 11 之 19/2034
【汇编】中一 970

宋太宗太平兴国三年 秦州银冶升为太平监
【甘肃新通志】9/舆地志·关梁·秦州直隶州·
 清水县/45 下
【汇编】补遗 7239

宋太宗太平兴国三年 定难军节度使李克睿
 卒，子李继筠立
【宋史】485/夏国传上/13983
【汇编】上 50

宋太宗太平兴国三年 李继周与寇清化寨东
 山部落战
【宋史】253/李继周传/8870
【汇编】上 221

宋太宗太平兴国三年 秦州诸族寇三阳、弓
 门等寨
【宋史】492/吐蕃传/14153
【汇编】中一 979

宋太宗太平兴国三年二月 宋禁蕃商阑出铜
 钱
【宋会要】兵 27 之 1/7247
【汇编】中一 976

宋太宗太平兴国三年五月 宋赠定难节度使
 李克睿太尉
【宋会要】仪制 11 之 19/2034
【汇编】中一 978

宋太宗太平兴国三年六月 授李继筠定难军
 节度观察留后
【中国藏西夏文献】18/宋定难军节度观察留后
 李继筠墓志铭文/80

宋太宗太平兴国三年十一月 授李继筠陇西
 县开国子
【中国藏西夏文献】18/宋定难军节度观察留后
 李继筠墓志铭文/80

宋太宗太平兴国四年 太原府降为军事州
【宋会要】方域 5 之 4/7385；方域 6 之 3/7407

宋太宗太平兴国四年 以唐龙镇隶麟州

【宋会要】方域 12 之 14/7526
【汇编】中一 984

宋太宗太平兴国四年 平晋军改为县
【宋会要】方域 6 之 4/7407

宋太宗太平兴国四年 置秦州冶坊寨
【武经总要】前集 18 上/29 下
【汇编】中一 985

宋太宗太平兴国四年 置秦州静戎寨
【元丰九域志】3/124
【武经总要】前集 18 上/30 上
【甘肃新通志】9/舆地志·关梁·秦州直隶州·
 清水县/45 下
【汇编】中一 985；补遗 7240

宋太宗太平兴国□年三月 李继筠授检校工
 部尚书
【中国藏西夏文献】18/宋定难军节度观察留后
 李继筠墓志铭文/80

宋太宗太平兴国四年三月 折御卿以功迁崇
 仪使
【宋会要】方域 21 之 8/7665
【汇编】上 33

宋太宗太平兴国四年六月十九日 李继筠
 薨于正衙
【中国藏西夏文献】18/宋定难军节度观察留后
 李继筠墓志铭文/80

**宋太宗太平兴国四年岁次己卯八月二十一
 日** 定难军节度使李光睿墓志铭立石
【中国藏西夏文献】18/宋定难军节度使李光睿
 墓志铭文/75

宋太宗太平兴国五年 夏州节度使李继筠卒，
 弟李继捧立
【宋史】485/夏国传上/13983
【汇编】上 50

宋太宗太平兴国五年 以岚州岚谷县置岢岚
 军
【宋会要】方域 6 之 7/7409
【元丰九域志】4/177
【汇编】中一 989

宋太宗太平兴国五年 归义军节度使曹元忠
 卒
【宋会要】蕃夷 5 之 1/7767

宋太宗太平兴国五年三月 归义军曹延禄遣

使来贡

【宋会要】蕃夷 5 之 1/7767

宋太宗太平兴国五年闰三月　丰州藏才族首

领王承美上言勾招市马

【宋会要】方域 21 之 9/7665

【汇编】上 41

宋太宗太平兴国五年闰三月二十六日

甘、沙州回鹘遣使来贡

【宋会要】蕃夷 7 之 10/7844

宋太宗太平兴国五年四月　赠曹元忠、曹延

晟、曹延瑞等官

【宋会要】蕃夷 5 之 1/7767

宋太宗太平兴国五年十一月己酉　宋太宗

降幸边陲诏

【宋大诏令集】144/幸边陲诏/527

【汇编】中—988

宋太宗太平兴国五年十一月十三日　李光

遂墓志铭立石

【中国藏西夏文献】18/宋管内蕃部都指挥使李
光遂墓志铭文/84

宋太宗太平兴国六年　王延德撰《西州程

记》

【宋史】309/王延德传/10157

【汇编】中—989

宋太宗太平兴国六年　西州遣使来贡

【宋史】490/高昌传/14110

【汇编】中—1011

宋太宗太平兴国六年　宋禁富民私市贡马

【宋史】198/兵志 12/4933

【汇编】中—1004

宋太宗太平兴国六年　府州外浪族首领来都

等来贡马

【宋史】491/党项传/14138

【宋会要】方域 21 之 2/7662

【汇编】上 21

宋太宗太平兴国六年　置鄜延路延水县南峰

寨

【宋会要】方域 18 之 22/7620

【汇编】中—992

宋太宗太平兴国六年　置鄜延路延州延水县

贺家寨

【宋会要】方域 18 之 3/7652、18 之 17/7611

【汇编】中—991

宋太宗太平兴国六年　置鄜延路延州延水县

毬场寨

【宋会要】方域 18 之 29/7624

【汇编】中—992

宋太宗太平兴国六年　置鄜延路延水县麻谷

寨

【宋会要】方域 18 之 24/7621

【汇编】中—992

宋太宗太平兴国六年　置鄜延路延州延水县

黑泊寨

【宋会要】方域 18 之 32/7625

【汇编】中—992

宋太宗太平兴国六年　置鄜延路延州延水县

蒿平寨

【宋会要】方域 18 之 17/7618

【汇编】中—991

宋太宗太平兴国六年三月　高昌国王遣使来

贡方物

【宋会要】蕃夷 7 之 10/7844

宋太宗太平兴国六年八月　鞑靼国来贡

【宋会要】蕃夷 7 之 11/7845

宋太宗太平兴国壬午　李继迁起兵夏台

【大藏经】佛祖历代通载 32/41 下

【汇编】下 6934

宋太宗太平兴国七年　王承美与契丹战胜

【宋史】253/王承美传/8869

【汇编】上 220

宋太宗太平兴国七年　以岚州雄勇镇置火山

军

【元丰九域志】4/178

【汇编】中—999

宋太宗太平兴国七年　李继迁寇边

【宋史】274/梁迥传/9356

【汇编】中—998

宋太宗太平兴国七年　李继捧率族归宋

【宋史】485/夏国传上/13984

【东都事略】127、128/附录 5、6

【陕西通志】13/山川 6·葭州边外/73 下

【汇编】上 50、51、100；补遗 7240

宋太宗太平兴国七年　侯赟知灵州

【宋史】274/侯赟传/9361

【汇编】中一 999

宋太宗太平兴国七年二月　丰州大首领黄罗、外弟乙蚌等以良马来贡

【宋史】491/党项传/14138

【宋会要】方域 21 之 9/7665；蕃夷 7 之 11/7845

【汇编】上 21

宋太宗太平兴国七年闰十二月辛亥　宋太宗曲赦夏州管内

【宋大诏令集】218/曲赦夏州管内德音/834

【汇编】中一 998

宋太宗太平兴国八年　延州丰林县合领关改为合岭镇

【宋会要】方域 12 之 15/7527

宋太宗太平兴国八年　重修延州青化寨

【宋会要】方域 18 之 13/7616

【汇编】中一 1007

宋太宗太平兴国八年　重修丰林县骆家寨

【宋会要】方域 18 之 3/7652

宋太宗太平兴国八年　知夏州尹宪等俘获李继迁母

【宋史】485/夏国传上/13986

【汇编】上 53

宋太宗太平兴国八年　安首卢与达靶使来贡

【宋会要】蕃夷 4 之 12/7719

宋太宗太平兴国八年　延州丰林县上追镇改定蕃镇，仍置县城

【宋会要】方域 12 之 15/7527

【汇编】中一 1007

宋太宗太平兴国八年　有司言戎人得钱销铸为器

【宋史】198/兵志 12/4933

【汇编】中一 1004

宋太宗太平兴国八年　李继迁寇边

【宋史】272/荆嗣传/9312

【汇编】中一 1006

宋太宗太平兴国八年　归义军曹延禄遣令狐愿德入贡

【宋会要】蕃夷 5 之 2/7767

宋太宗太平兴国八年　置渭州平凉县定川寨

【宋会要】方域 18 之 27/7623

宋太宗太平兴国八年二月　诏私市女口与贼人者弃市

【宋会要】方域 12 之 3/7152

宋太宗太平兴国八年三月　丰州王承美上言破契丹万余众

【宋会要】方域 21 之 9/7665

宋太宗太平兴国八年秋七月　授宥州刺史李继瑗为右清道率府副率

【宋太宗实录】26/3 下

【汇编】中一 1002

宋太宗太平兴国八年九月十八日　吐蕃戎人来贡名马

【宋会要】蕃夷 7 之 11/7845

宋太宗太平兴国八年十二月　绥、银、夏等州民多流入藩部，诏令州县吏招诱复业

【宋太宗实录】27/9 下

【汇编】中一 1003

宋太宗太平兴国九年　西州、龟兹遣使来贡

【宋会要】蕃夷 7 之 11/7845

宋太宗太平兴国九年　窦神宝破夏州叛族

【宋史】466/窦神宝传/1360

【汇编】中一 1016

宋太宗太平兴国九年三月丁巳　宋太宗议夏州归附

【宋太宗实录】29/17 上

【汇编】中一 1009

宋太宗太平兴国九年五月　西州回鹘与波罗门及波斯外道阿里烟朝贡

【宋会要】蕃夷 4 之 12/7719；7 之 11/7845

宋太宗太平兴国九年五月癸丑　命李克文知夏州事

【宋太宗实录】30/23 下

【汇编】中一 1013

宋太宗太平兴国九年六月　李克文献唐僖宗赐夏州节度使拓拔思恭铁券朱书御札

【宋太宗实录】30/24 上

【汇编】中一 1013

宋太宗太平兴国中　张义潮孙承袭归义军节度使

【武经总要】前集 18 下/9 下

【汇编】中一 1720

宋太宗太平兴国中　李继迁起兵抗宋

【文庄集】14/陈边事十策/1 上

【司马文正公集】35/章奏 33/8 下

【武经总要】前集 18 下/西蕃地界/1 上

【名臣碑传琬琰集】上集 22/夏文庄公竦神道碑/342

【汇编】中一 1727；中二 1796；中五 4674

宋太宗太平兴国中　李继捧归宋献地

【武经总要】前集 18 下/西蕃地界/1 上

【朝野杂记】乙集 19/边防/1180

【汇编】中一 1726、1728；汇编下 6936

宋太宗太平兴国中　筑延安新兴堡，即新寨

【武经总要】前集 18 上/5 上

【陕西通志】16/关梁 1·延安府·安塞县/26 下

【汇编】中一 991；补遗 7239

宋太宗太平兴国中　筑延州青化寨

【陕西通志】16/关梁 1·延安府·肤施县/25 下

【武经总要】前集 18/1 下

【汇编】中三 3131；补遗 7240

宋太宗太平兴国中　筑秦州定西寨

【武经总要】前集 18 上/30 下

【汇编】中一 1008

宋太宗太平兴国中　筑秦州陷山岩

【武经总要】前集 18 上/31 上

【汇编】中一 1008

宋太宗太平兴国间　筑秦州弓门寨

【甘肃新通志】9/舆地志·关梁·秦州直隶州·清水县/45 下；13/舆地志·古迹·秦州直隶州·清水县/24 上

【汇编】补遗 7240、7477

宋太宗雍熙初　李继迁扰边

【宋史】250/石保兴传/8811

【汇编】中一 1017

宋太宗雍熙初　尹宪破李继迁众于地斤泽

【宋史】276/尹宪传/9409

【汇编】中一 1027

宋太宗雍熙初　诸族附李继迁为寇

【宋史】491/党项传/14137

【汇编】上 21

宋太宗雍熙初　李继隆屡破李继迁

【隆平集】9/李继隆传/3 下

【汇编】中一 1025

宋太宗雍熙元年四月　王延德言使高昌还，叙其行程来献

【宋史】490/高昌传/14110

宋太宗雍熙二年　天都山陷于西夏

【甘肃新通志】6/舆地志·山川上·固原直隶州·海城县/26 上

【汇编】补遗 7388

宋太宗雍熙二年　王延德使高昌还，撰《西州程记》以献。返还时间与他书所载不同

【宋史】309/王延德传/10157

【汇编】中一 989

宋太宗雍熙二年　李继迁诱杀曹光实

【宋史】274/梁迥传/9356

【汇编】中一 1023

宋太宗雍熙二年　李继迁破会宁

【甘肃新通志】13/舆地志·古迹·兰州府·靖远县/6 下

【汇编】补遗 7408

宋太宗雍熙二年　临江寨属秦州

【甘肃新通志】9/舆地志·关梁·巩昌府·岷州/38 下

【汇编】补遗 7335

宋太宗雍熙二年　秦州置临江寨

【武经总要】前集 18 上/31 上

【宋会要】方域 18 之 22/7620

【汇编】中一 1008

宋太宗雍熙二年二月　李继迁据银州

【宋史】485/夏国传上/13986

【汇编】上 53

宋太宗雍熙二年三月　李继迁破会州，焚城而去

【宋史】485/夏国传上/13986

【汇编】上 53

宋太宗雍熙二年四月　王侁等于银州北破悉利等族

【宋史】491/党项传/14139

【汇编】上 21

宋太宗雍熙二年五月　王侁等于开光谷西杏子平破保寺、保香族，又破保、洗两族

【宋史】491/党项传/14139

【汇编】上 21

宋太宗雍熙二年六月　夏州尹宪等兵至盐城，

吴移、越移等族来降
【宋史】491/党项传/14139
【汇编】上 22

宋太宗雍熙二年六月　府州女乜族首领男社
正等内附
【宋会要】方域 21 之 2/7662
【汇编】上 33

宋太宗雍熙二年七月　赐宥州界首领等九人
敕书
【宋史】491/党项传/14140
【汇编】上 22

宋太宗雍熙二年九月　折御卿领成州刺史
【宋会要】方域 21 之 2/7662

宋太宗雍熙二年十一月　赐勒浪族十六府大
首领敕书
【宋史】491/党项传/14140
【汇编】上 22

宋太宗雍熙三年　火山军置横谷寨
【宋会要】方域 18 之 4/7621
【汇编】中一 1031

宋太宗雍熙三年　河东路火山军置董家寨
【宋会要】方域 18 之 3/7611
【汇编】中一 1031

宋太宗雍熙三年　辽册李继迁为夏国王，以
义成公主嫁之
【宋史】485/夏国传上/13986
【汇编】上 53

宋太宗雍熙四年　李继迁败知夏州安守忠于
王亭镇
【宋史】485/夏国传上/13986
【汇编】上 53

宋太宗雍熙四年八月二十一日　合罗川回
鹘等四族遣使朝贡
【宋会要】蕃夷 7 之 12/7845

宋太宗雍熙六年　定远军置军城寨
【宋会要】方域 18 之 25/7622

宋太宗雍熙六年　秦州马务堡改隶岷州
【宋会要】方域 20 之 2/7651

宋太宗雍熙六年　置熙州当川堡
【宋会要】方域 20 之 2/7651
【汇编】中四 3916

宋太宗雍熙七年　置岷州遮羊堡、谷藏堡

【宋会要】方域 20 之 1/7651

宋太宗雍熙七年　置宕昌寨
【甘肃新通志】9/舆地志·关梁·巩昌府·岷州
/39 上
【汇编】补遗 7337

宋太宗雍熙中　李继周败末藏等族于浑州西山
【宋史】253/李继周传/8870
【汇编】上 221

宋太宗雍熙中　李继隆为银夏都部署
【宋史】466/张继能传/13620
【汇编】中一 1027

宋太宗雍熙中　废夏州
【武经总要】前集 18 下/西蕃地界/1 上
【汇编】中一 1726

宋太宗雍熙、端拱间　沿边置场市马
【宋史】198/兵志 12·马政/4932
【长编】104/2421
【长编影】104/20 上
【汇编】中一 1649、1690

宋太宗端拱初　张继能从赵保忠讨李继迁
【宋史】466/张继能传/13620
【汇编】中一 1037

宋太宗端拱初　改李继捧为感德军节度使
【宋史】485/夏国传上/13984
【汇编】上 51

宋太宗端拱初　改麟州为镇西军节度
【宋史】86/地理志 2/2135
【汇编】中一 946

宋太宗端拱初　耿全斌击宥州蕃部
【宋史】279/耿全斌传/9490
【汇编】中一 1037

宋太宗端拱初　遣使河朔治方田，大发兵
【宋史】267/丁惟清传/9216
【汇编】中一 1037

宋太宗端拱元年　折御卿迁府州观察使
【宋会要】方域 21 之 2/7662
【汇编】上 33

宋太宗端拱元年　改建宁军节度为镇西军
【宋会要】方域 5 之 4/7385
【汇编】下 7004

宋太宗端拱元年　改麟州为镇西军
【元丰九域志】4/166

【汇编】中一1040

宋太宗端拱元年　李继捧节制夏台
【宋史】485/夏国传上/13986
【汇编】上53

宋太宗端拱元年　复李继捧官职及赐姓
【朝野杂记】乙集19/边防/1180
【汇编】下6937

宋太宗端拱元年　原州置西壕寨
【宋会要】方域18之27/7623
【元丰九域志】3/132
【汇编】中一1038、1040

宋太宗端拱元年三月　火山军言河西直荡族内附
【宋史】491/党项传/14137
【汇编】上23

宋太宗端拱元年九月　贺兰山下回鹘石仁政等四族有内附意
【宋会要】蕃夷4之2/7714
【汇编】中一1036

宋太宗端拱元年十月　王承美上言击退契丹
【宋会要】蕃夷1之13/7679
【汇编】中一1036

宋太宗端拱二年　郭载知秦州
【宋史】276/郭载传/9397
【汇编】中一1045

宋太宗端拱二年　李继捧加同中书门下平章事
【宋史】485/夏国传上/13984
【汇编】上51

宋太宗端拱二年四月　夏州赵保忠言掩杀宥州御泥布等族
【宋史】491/党项传/14140
【汇编】上23

宋太宗端拱二年十月　李继迁寇会州熟仓族
【宋史】491/党项传/14140
【汇编】上23

宋太宗端拱、淳化时　宋太祖、太宗西讨灵夏
【长编标】165/3976
【长编影】165/14下
【中三】3125

宋太宗淳化

【中国藏西夏文献】18/闽宁村西夏墓3、4号碑亭残碑（202－30）/108；19/6号陵西碑亭出土汉文残碑（153－6）/84

宋太宗淳化初　李继迁与李继捧战于安庆泽
【宋史】485/夏国传上/13984
【陕西通志】13/山川6·葭州边外/73下
【汇编】上51、53；补遗7240

宋太宗淳化初　勒浪族迁至府州界
【宋会要】方域21之3/7662
【汇编】上35

宋太宗淳化元年七月　藏才族都判啜尾卒，其子啜香请命，诏以父官授之
【宋会要】方域21之10/7666
【汇编】上41

宋太宗淳化二年　丰州王承美来贡
【宋史】253/王承美传/8869
【汇编】上220

宋太宗淳化二年　西凉折逋阿喻丹来贡
【宋史】492/吐蕃传/14154
【宋会要】方域21之15/7668
【汇编】中一1053

宋太宗淳化二年　沙州僧惠崇等以良玉、舍利来献
【宋会要】蕃夷5之2/7767

宋太宗淳化二年　知灵州侯延广护李继隆大军攻夏
【宋史】254/侯延广传/8884
【汇编】中一1052

宋太宗淳化二年正月　以夏州用兵，上元节不观灯
【宋会要】帝系10之3/210
【汇编】中一1049

宋太宗淳化二年正月　用兵夏州
【宋会要】帝系10之3/210

宋太宗淳化二年正月　翟守素帅兵援赵保忠于夏州
【宋史】5/太宗纪2/86；274/翟守素传/9363
【汇编】中一1048、1049

宋太宗淳化二年六月　宋太宗诏不得贩人口入蕃
【宋会要】兵27之3/7248
【汇编】中一1049

宋太宗淳化二年七月　以黄乜族降户散于银、
夏旧地
【宋史】491/党项传/14140
【汇编】上 23

宋太宗淳化二年七月丙午　宋赐李继迁姓名
并授银州观察使
【宋大诏令集】233/赵保吉赐姓名除银州观察使
诏（淳化二年）/905

宋太宗淳化二年八月　赵保忠击李继迁于王
庭镇，继迁奔铁斤泽，赵保忠即李继捧
【宋史】491/党项传/14140
【汇编】上 23

宋太宗淳化二年秋　赐李继迁姓名赵保吉
【朝野杂记】乙集 19/边防·西夏扣关/1180
【汇编】下 6937

宋太宗淳化二年十一月　李继迁寇熟仓族
【宋史】491/党项传/14140
【汇编】上 23

宋太宗淳化二年十二月　丰州王承美来朝，
诏遣复还本任
【宋会要】方域 21 之 10/7666

宋太宗淳化三年　授折御卿府州观察使
【宋会要】方域 21 之 1/7661、21 之 8/7665
【宋史】253/折御卿传/8881
【汇编】上 33、171

宋太宗淳化三年　张继能护粮入灵武
【宋史】466/张继能传/13620
【汇编】中一 1055

宋太宗淳化四年　议青白盐事
【太平治迹统类】2/太祖太宗经制西夏
【汇编】中一 1063

宋太宗淳化四年　宋赐李继周介胄、戎器、
茶绢
【宋史】253/李继周传/8870
【汇编】上 221

宋太宗淳化四年　张崇贵往延州招抚蕃部
【宋史】466/张崇贵传/13617
【汇编】中一 1065

宋太宗淳化四年　析岚州地置定羌军
【元丰九域志】4/179
【武经总要】前集 17/12 下
【汇编】中一 1412

宋太宗淳化四年　郑文宝议禁盐池
【宋史】485/夏国传上/13987
【汇编】上 54

宋太宗淳化四年正月　藏才西族大首领罗妹
等来朝贡马
【宋会要】方域 21 之 10/7666

宋太宗淳化四年三月　党项来贡马
【宋朝事实类苑】12/仪注 2/13 上
【汇编】中一 1066

宋太宗淳化四年三月　直荡族大首领等来贡
【宋史】491/党项传/14141
【汇编】上 23

宋太宗淳化四年五月二十三日　以延州石
堡寨为威塞军
【宋会要】方域 5 之 39/7402

宋太宗淳化四年夏　李继隆改领静难军节度
【宋史】257/李继隆传/8967
【汇编】中一 1079

宋太宗淳化四年八月　宋诏禁青白盐
【宋会要】食货 23 之 22/5185
【汇编】中一 1062

宋太宗淳化四年闰十二月　以西凉府都总管
权知军府事俞龙波为保顺郎将
【宋会要】方域 21 之 15/7668

宋太宗淳化四年十二月　延州戎人贡马
【宋会要】蕃夷 7 之 133/7846 引玉海
【汇编】中一 1066

宋太宗淳化四年十二月　党项来贡马
【宋朝事实类苑】12/仪注 2/13 上
【汇编】中一 1066

宋太宗淳化四年十二月　以盐州羌人酋长巢
延渭为本州刺史
【宋史】491/党项传/14141
【汇编】上 23

宋太宗淳化五年　丁罕与李继迁战
【宋史】275/丁罕传/9377
【汇编】中一 1086

宋太宗淳化五年　孙全照与李继隆克绥州
【宋史】253/孙全照传/8873
【汇编】中一 1085

宋太宗淳化五年　宋授折御卿永安军节度使
【金石萃编】147/折克行神道碑考释/1 上

【汇编】上 200

宋太宗淳化五年　折逋俞龙波来贡马
【宋会要】方域 21 之 15/7668

宋太宗淳化五年　李继迁寇灵武
【宋史】264/宋琪传/9129
【汇编】中一 1068

宋太宗淳化五年　李继周修塞门等寨
【甘肃新通志】16/关梁 1 延安府·安塞县/27 下
【陕西通志】16/关梁 1 延安府·安塞县/25 下
【汇编】补遗 7235、7348

宋太宗淳化五年　李继隆奉诏讨西夏
【宋史】275/尹继伦传/9376
【汇编】中一 1080

宋太宗淳化五年　复设环州
【元丰九域志】3/119 上
【汇编】中一 1095

宋太宗淳化五年　党项来朝贡
【宋朝事实类苑】12/仪注 2/13 上
【汇编】中一 1094

宋太宗淳化五年　定难节度使李继捧封宥罪侯，赐第京师
【宋史】485/夏国传上/13985
【汇编】上 52

宋太宗淳化五年正月　以绥州苏移、母耿香等为怀化将军，野利、嵬名乜屈为归德郎将
【宋史】491/党项传/14141
【汇编】上 24

宋太宗淳化五年正月　李继迁徙绥州民于平夏
【宋史】485/夏国传上/13987
【汇编】上 54

宋太宗淳化五年三月　李继隆等平夏州
【宋会要】兵 8 之 18/6896

宋太宗淳化五年四月　河西行营言擒获夏州节度使赵保忠
【宋会要】兵 14 之 10/6997
【汇编】中一 1079

宋太宗淳化五年四月　藏才东族首领岁罗啜先道其子弟朝贡
【宋会要】方域 21 之 10/7666

宋太宗淳化五年四月　诏废夏州旧城

【宋大诏令集】159/废夏州旧城诏/599
【宋会要】方域 8 之 32/7456
【汇编】中一 1079

宋太宗淳化五年四月　府州折御卿言银夏生户八千帐来归附
【宋史】491/党项传/14141
【汇编】上 24

宋太宗淳化五年五月六日　以府州观察使折御卿为永安军节度使、加检校太保
【宋会要】礼 59 之 2/1670
【汇编】中一 1081

宋太宗淳化五年六月　宋授橐驼路熟藏族首领乜遇检校司空、会州刺史
【宋史】491/党项传/14141
【汇编】上 24

宋太宗淳化五年七月　李继迁遣弟献马、橐驼，太宗赐茶药、器币、衣物
【宋史】485/夏国传上/13987
【汇编】上 54

宋太宗淳化五年十一月　宋赐李继迁茶叶衣物等
【宋大诏令集】233/答银州观察使赵保吉诏（淳化五年）/905

宋太宗淳化中　授折御卿永安节度使、麟府总管
【玉壶清话】3/6 上
【汇编】中一 1097

宋太宗淳化中　李继隆讨夏州
【元刊梦溪笔谈】13/15
【武经总要】前集 17/9 上
【汇编】中一 1077；1147

宋太宗淳化中　诏废夏州，迁居民于绥、银州
【武经总要】前集 18 下/西蕃地界/1 上
【汇编】中一 1726

宋太宗至道　宋对夏用兵
【奏议标】136/欧阳修·上英宗论西边可攻四事/1526
【奏议影】136/欧阳修·上英宗论西边可攻四事/4693
【净德集】19/虑边论二/205
【汇编】中四 3833

宋太宗至道初　刘用任乌白池铃辖

【宋史】279/刘用传/9489

【汇编】中—1116

宋太宗至道初　李继迁遣左都押衙张浦以骆
　驼、良马来献

【宋史】485/夏国传上/13987

【汇编】上54

宋太宗至道初　郑文宝议城清远军

【宋史】277/卢之翰传/9424

【汇编】中—1092

宋太宗至道初　李神福护粮运至朔方

【宋史】466/李神祐传/13607

【汇编】中—1115

宋太宗至道初　李继迁寇灵武

【宋史】466/窦神宝传/13600

【汇编】中—1123

宋太宗至道元年初　王禹偁草拟李继迁制

【宋史】293/王禹偁传/9795

【汇编】中—1106

宋太宗至道元年　以原州高平县置镇戎军

【元丰九域志】3/135

【宋会要】方域5之42/7404

【汇编】中—1117；下7007

宋太宗至道元年　田绍斌入讨西夏

【宋史】280/田绍斌传/9508

【汇编】中—1115

宋太宗至道元年　李继迁于浦洛河劫宋刍馈，
　《宋史·夏国传》记浦洛河劫粮事在至道二
　年春

【宋史】466/张崇贵传/13618

【汇编】中—1116

宋太宗至道元年　置河中府永和镇

【宋会要】方域12之15/7527

宋太宗至道元年正月　辽将韩德威诱党项勒
　浪嵬族入寇

【东都事略】123/附录1/辽国/3下

【宋朝事实类苑】20/经略幽燕/16下

【汇编】中—1098

宋太宗至道元年正月　凉州吐蕃献马

【宋史】5/太宗纪2/96

【宋会要】方域21之15/7668

【汇编】中—1097

宋太宗至道元年正月　折御卿击退入寇契丹

【宋会要】兵4之12/6998

【汇编】中—1100

宋太宗至道元年正月二十八日　赵保吉遣
　张浦献马，赵保吉即李继迁

【宋会要】蕃夷7之13/7846

【汇编】中—1102

宋太宗至道元年三月　曹延禄遣使朝贡，加
　特进、检校太尉

【宋会要】蕃夷5之2/7767

宋太宗至道元年四月　十六府大首领马尾等
　内附

【宋史】491/党项传/14137

【汇编】上24

宋太宗至道元年五月　曹延禄遣使来贡方物，
　请赐生药、供帐、什物、弓箭、佛经等

【宋会要】蕃夷5之2/7767

宋太宗至道元年五月二十日　诏灵州定远镇
　改建威远军

【宋会要】方域6之3/7407

【汇编】中—1106

宋太宗至道元年六月　勒浪族贡马

【宋会要】蕃夷7之13/7846

宋太宗至道元年六月　赐敕书慰抚庆州界熟
　户首领李奉明等

【宋史】491/党项传/14142

【汇编】上24

宋太宗至道元年七月　睡泥族首领男诣灵州，
　言族帐为李继迁劫略

【宋史】491/党项传/14142

【汇编】上24

宋太宗至道元年十月　曹延禄遣使上表，请
　以圣朝新译诸经降赐

【宋会要】蕃夷5之2/7767

宋太宗至道元年十二月　折御卿卒

【宋会要】方域21之3/7662

宋太宗至道元年十二月　宋授李继迁定难军
　节度使

【宋大诏令集】233/银州观察使赵保吉除定难军
　节度使制（至道元年）/905

宋太宗至道二年　宋五路讨李继迁

【宋史】250/石保兴传/8811；275/尹继伦传/
　9376；278/王德用传/9466；279/李重贵传/

9487；289/范廷召传/9698

【隆平集】18/李重贵传/12 上

【欧阳文忠公全集】23/碑铭·忠武军节度使同
中书门下平章事武恭王公神道碑铭/1 上

【范文正公集】12/兵部侍郎致仕胡公墓志铭/9
上

【临川集】90/鲁国公赠太尉中书令王公行状/6
上

【汇编】中一 1143、1144、1145、1146、1148、
1150、1160

宋太宗至道二年 授李继周西京作坊副使

【宋史】253/李继周传/8870

【汇编】上 221

宋太宗至道二年 张崇贵往议灵州弃守

【宋史】466/张崇贵传/13618

【汇编】中一 1147

宋太宗至道二年 李继迁于浦洛河劫宋粮运

【宋史】257/李继隆传/8967

【汇编】中一 1141

宋太宗至道二年 李继隆由青冈峡趋平夏

【甘肃新通志】7/舆地志·山川下·庆阳府·环
县/16 上

【汇编】补遗 7241

宋太宗至道二年 皇甫继明受诏护送辎重赴
灵州

【宋史】259/皇甫继明传/9008

【汇编】中一 1136

宋太宗至道二年 宋五路伐继迁，李继隆擅
出赤柽路无功

【宋史】304/梁鼎传/10058

【宋会要】方域18 之 25/7622

【汇编】中一 1150

宋太宗至道二年 原州置新门寨

【宋会要】方域18 之 25/7622

【汇编】中三 3644

宋太宗至道二年 裴庄请加恩李继迁

【宋史】277/裴庄传/9438

【汇编】中一 1150

宋太宗至道二年春 李继迁于浦洛河邀击宋
朝粮运

【宋史】485/夏国传上/13987

【汇编】上 54

宋太宗至道二年三月 以府州界突厥移为安
远大将军

【宋史】491/党项传/14142

【汇编】上 24

宋太宗至道二年三月 诏授府州五族大首领
折突厥安远大将军

【宋会要】方域21 之 3/7662

宋太宗至道二年四月 丰州藏才东族蕃部首
领嘅啛等遣使进奉

【宋会要】方域21 之 10/7666

【汇编】上 42

宋太宗至道二年四月 李继隆等讨李继迁

【宋史】485/夏国传上/13987

【宋会要】兵 8 之 19/6896

【汇编】上 54；中一 1120

宋太宗至道二年四月 吐蕃折平族首领言部
落为李继迁所侵，愿会兵灵州讨击

【宋史】492/吐蕃传/14154

【汇编】中一 1119

宋太宗至道二年五月 李继迁寇灵州

【宋史】267/张洎传/9214

【汇编】中一 1124

宋太宗至道二年六月 伀党族首领迎罗佶及
长嗟、黄屯三人诣府州内附

【宋会要】蕃夷 1 之 23/7684

宋太宗至道二年六月 府州勒浪族副首领遇
兀等百九十三人归附

【宋史】491/党项传/14142

【宋会要】方域21 之 3/7662

【汇编】上 24

宋太宗至道二年七月 李继隆讨李继迁，赐
麟府州诸族首领敕书招怀之

【宋史】491/党项传/14142

【宋会要】方域21 之 3/7662

【汇编】上 25

宋太宗至道二年九月 五路攻讨继迁

【宋会要】兵 8 之 19/6896

宋太宗至道二年九月 范廷召等奏讨李继迁

【宋会要】兵 14 之 14/6999

【汇编】中一 1153

宋太宗至道二年九月 夏绥延行营言破西夏
于乌池

【宋太宗实录】79/38 上

【汇编】中一 1140

宋太宗至道三年 以原州平高县置镇戎军

【宋史】87/地理志 3/2158

【汇编】中一 1170

宋太宗至道三年 改秦州尚书寨为永宁寨

【宋会要】方域 18 之 14/7616

【武经总要】前集 18 上/27 下

【汇编】中一 932、1195

宋太宗至道三年 宁州彭阳县改隶原州

【宋史】87/地理志 3/2158

【元丰九域志】3/132

【汇编】中一 968、1196

宋太宗至道三年 运粮草入灵州

【宋会要】食货 42 之 3/5563

【汇编】中一 1239

宋太宗至道三年 党项贡马

【宋朝事实类苑】12/仪注 2/13 上

【汇编】中一 1193

宋太宗至道三年 窦神宝使灵武还

【宋史】466/窦神宝传/13601

【汇编】中一 1181

宋太宗至道三年二月 泥巾族首领来贡马

【宋史】491/党项传/14142

【汇编】上 25

宋太宗至道三年三月 杨守斌上府州地图

【宋会要】兵 27 之 4/7248

【汇编】中一 1169

宋太宗至道三年八月 诏府州折惟正归明，以其弟折惟昌代知州事兼麟府浊轮寨都巡检使

【宋会要】方域 21 之 3/7662

宋太宗至道三年十月 甘州可汗愿与达靼同率兵助讨继迁

【宋会要】蕃夷 4 之 2/7714

【汇编】中一 1183

宋太宗至道五年六月二日 赐丰州团练使王承美银器百两、绢百匹

【宋会要】方域 21 之 10/7666

宋太宗至道中 五路伐夏，其中丁罕由车箱峡路进军

【武经总要】前集 18 上/12 上

【汇编】中一 1148

宋太宗至道中 王昭远护灵州粮道

【宋史】276/王昭远传/9408

【汇编】中一 1136

宋太宗至道中 以定远镇置威远军

【武经总要】前集 18 下/西蕃地界/1 上

【汇编】中一 1729

宋太宗至道中 石堡镇陷于夏，改为龙州

【武经总要】前集 18 下/西蕃地界/1 上

【宁夏府志】4/古迹·平罗县/15 下

【汇编】中一 1726；下 6945

宋太宗至道中 讨灵州致陕西民怨

【涑水记闻】2/2 上

【汇编】中一 1151

宋太宗至道中 宋五路伐夏，其中一路由窟野河路进军

【武经总要】前集 17/19 下

【汇编】中一 1141

宋太宗至道中 张佶送刍粮赴灵州

【宋史】308/张佶传/10151

【汇编】中一 1150

宋太宗至道中 张思钧出任鄜延巡检使

【宋史】280/张思钧传/9508

【汇编】中一 1115

宋太宗至道中 宋五路伐夏，其中李继隆所部由灵盐路进军

【武经总要】前集 17/9 上、18 上/15 上、18 上/23 上

【汇编】中一 1142、1143、1147

宋太宗至道中 李继隆出青岗峡追击夏人

【宋史】275/丁罕传/9377

【汇编】中一 1147

宋太宗至道中 杨琼经略灵州

【武经总要】前集 18 下/西蕃地界/1 上

【汇编】中一 1728

宋太宗至道中 陈并言李继迁叛

【奏议标】44/陈并·上哲宗答诏论彗星陈四说/461

【奏议影】44/陈并·上哲宗答诏论彗星陈四说/1628

【汇编】中六 5336

宋太宗至道中 范廷召出延州路伐夏

【武经总要】前集 18 上/6 下
【汇编】中一 1148

宋太宗至道中　曹玮讨李继迁
【元宪集】34/宋故推诚翊戴功臣彰武军节度延
　州管内观察处置等使曹公墓志铭/352
【名臣碑传琬琰集】中集 43/曹武穆公玮行状/
　1031
【汇编】中一 1161、1163

宋太宗至道中　曹璨出讨李继迁
【宋史】258/曹璨传/8983
【汇编】中一 1149

宋太宗至道中　置镇戎军
【宋史】257/李继和传/8969
【汇编】中一 1257

宋太宗至道间　侯延广知灵州
【宋史】254/侯延广传/8885
【汇编】中一 1114

宋太宗至道后　以高平县置城
【甘肃新通志】13/舆地志·古迹·固原直隶州/
　11 下
【汇编】补遗 7241

宋太宗至道后　五路伐夏，卒无成功
【宋史】466/张崇贵传/13618
【汇编】中一 1188

宋太宗至道后　废芦关
【陕西通志】16/关梁 1 延安府·安塞县/25 下
【汇编】补遗 7235

宋太宗至道后　废塞门寨
【宋史】87/地理志 3/2146
【陕西新通志】16/关梁 1 延安府·安塞县/27
　上
【汇编】中六 5828；补遗 7348

宋真宗咸平初　王陟屡与张崇贵裁边事
【宋史】307/王陟传/10119
【汇编】中一 1189

宋真宗咸平初　张佶擢任陕西转运副使
【宋史】308/张佶传/10151
【汇编】中一 1204

宋真宗咸平初　李继迁叛
【宋史】308/裴济传/10144
【汇编】中一 1302

宋真宗咸平初　李继周改西京左藏库副使
【宋史】253/李继周传/8870
【汇编】上 221

宋真宗咸平初　押送刍粮至灵州
【宋史】275/常恩德传/9375
【汇编】中一 1204

宋真宗咸平初　筑镇戎军
【武经总要】18 上/20 下
【汇编】中一 1118

宋真宗咸平初　韩崇训追袭李继迁至贺兰山
【宋史】250/韩崇训传/8824
【汇编】中一 1204

宋真宗咸平初　潘罗支来贡
【武经总要】前集 18 下/9 下
【汇编】中一 1718

宋真宗咸平元年　朱台符言经略西夏
【宋史】306/朱台符传/10102
【汇编】中一 1206

宋真宗咸平元年　张崇贵管勾鄜延屯兵
【宋史】466/张崇贵传/13618
【汇编】中一 1203

宋真宗咸平元年　置原州开平寨
【宋会要】方域 18 之 9/7614

宋真宗咸平元年　置开边寨
【元丰九域志】3/132
【甘肃新通志】9/舆地志·关梁·泾州直隶州·
　镇原县/31 下
【汇编】中一 1205；补遗 7327

宋真宗咸平元年　置镇戎军开远堡
【元丰九域志】3/137
【宋会要】方域 20 之 15/7658
【甘肃新通志】13/舆地志·古迹·固原直隶州/
　11 下
【汇编】中一 1205；补遗 7242

宋真宗咸平元年三月　熟仓族乩遇来朝
【宋史】491/党项传/14143
【汇编】上 25

宋真宗咸平元年三月　党项来朝
【宋朝事实类苑】12/仪注 2/13 上
【汇编】中一 1199

宋真宗咸平元年四月　甘州回鹘可汗王遣僧
　法胜等来贡
【宋会要】蕃夷 4 之 2/7714；7 之 13/7846

宋真宗咸平元年四月十四日 赵保吉遣李继瑗来贡橐马，赵保吉即李继迁
【宋会要】蕃夷 7 之 13/7846

宋真宗咸平元年十月 兀泥族首领对于崇德殿
【宋史】491/党项传/14143
【汇编】上 25

宋真宗咸平元年十一月一日 西凉吐蕃首领折逋游龙钵来朝马
【宋史】492/吐蕃传/14154
【宋会要】方域 21 之 15/7668；蕃夷 7 之 14/7846
【汇编】中一 1199

宋真宗咸平元年十一月六日 诏以折逋游龙钵为安远大将军
【宋会要】方域 21 之 15/7668

宋真宗咸平元年十一月十三日 诏置估马司，估蕃部及诸色进贡马价
【宋会要】职官 25 之 6/2917；兵 21 之 18/7133
【汇编】中一 1201

宋真宗咸平元年十二月 诏府州直荡族置渡津以通互市
【宋史】491/党项传/14143
【宋会要】食货 37 之 2/5449
【汇编】上 25；中一 1202

宋真宗咸平二年 弃镇戎军
【宋史】257/李继和传/8969
【汇编】中一 1258

宋真宗咸平二年 葛霸改任邠宁、泾原、环庆三路都部署
【宋史】289/葛霸传/9699
【汇编】中一 1220

宋真宗咸平二年 杨琼任泾原仪渭邠宁环庆清远军灵州路副都部署
【宋史】280/杨琼传/9501
【汇编】中一 1216

宋真宗咸平二年 党项来贡
【宋朝事实类苑】12/仪注 2/13 上
【汇编】中一 1217

宋真宗咸平二年 知麟州韩崇训败李继迁于城下
【宋史】250/韩崇训传/8825

【汇编】中一 1215

宋真宗咸平二年 置镇戎军东山寨
【宋会要】方域 18 之 21/7620
【元丰九域志】3/136
【甘肃新通志】13/舆地志·古迹·固原直隶州/12 上
【汇编】中一 1217；补遗 7242

宋真宗咸平二年正月 以咩逋族开道使泥埋为贵州刺史
【宋史】491/党项传/14143
【汇编】上 26

宋真宗咸平二年二月 归义军曹延禄遣人贡美玉、良马
【宋会要】蕃夷 5 之 2/7767；7 之 14/7846

宋真宗咸平二年八月 河西蕃族蒙异保及府州嘬讹引继迁寇麟州
【宋会要】方域 21 之 4/7663

宋真宗咸平二年八月 赵保吉等寇麟州
【宋史】253/折德扆传/8881
【宋会要】方域 21 之 4/7663
【汇编】上 35、172

宋真宗咸平二年九月 李继迁部下万保移埋没入寇府州埋井寨
【宋会要】方域 21 之 4/7663

宋真宗咸平二年十月 以勒浪族大首领马泥领本州刺史
【宋史】491/党项传/14143
【汇编】上 26

宋真宗咸平二年十一月十五日 丰州河北藏才八族大首领皆赏罗等来贡名马
【宋史】491/党项传/14143
【宋会要】蕃夷 7 之 14/7846；方域 21 之 4/7663
【汇编】上 42

宋真宗咸平春 李继迁奉表归顺，真宗授其定难军节度使
【宋史】485/夏国传上/13988
【汇编】上 55

宋真宗咸平三年 张禹珪讨西人
【宋史】261/张禹珪传/9048
【汇编】中一 1227

宋真宗咸平三年 曹玮筑镇戎军
【甘肃新通志】14/建置志·城池/11 下

宋真宗咸平三年　置渭州平凉县菏店寨

【宋会要】方域 18 之 26/7622

宋真宗咸平三年　置群牧司掌马政

【宋会要】兵 24 之 1/7179

【汇编】中一 1227

宋真宗咸平三年五月　以白万进为怀化司戈

【宋会要】蕃夷 4 之 14/7720

宋真宗咸平三年十月　授六谷大首领折逋遊
龙钵等将军、郎将、司戈

【宋会要】方域 21 之 16/7669

宋真宗咸平四年　升泾州长武镇为县

【宋会要】方域 5 之 42/7404

【元丰九域志】3/125

【汇编】中一 1336；下 7006

宋真宗咸平四年　议置镇戎军屯田

【宋史】176/食货志 4 屯田/4265

【汇编】中一 1265

宋真宗咸平四年　回鹘可汗王禄胜遣曹万通
使宋

【宋史】490/回鹘传/14115

【长编影】48/13 上

【宋会要】蕃夷 4 之 2/7714；4 之 13/7720；7
之 14/7846

【汇编】中一 1230

宋真宗咸平四年　李继迁改保靖为怀远县

【宁夏府志】4/古迹・宁夏・宁朔/12 上

【汇编】下 6948

宋真宗咸平四年　李继迁陷怀远、保静

【甘肃新通志】13/舆地志・古迹・宁夏府・宁
夏县・宁朔县/33 下

【汇编】补遗 7243

宋真宗咸平四年　李继迁陷清远军

【宋史】265/张齐贤传/9155

【名臣碑传琬琰集】下集 2/张文定公齐贤传/
1301

【甘肃新通志】13/舆地志・古迹・宁夏府・灵
州/36 下

【汇编】中一 1233、1234；补遗 7243

宋真宗咸平四年　进封曹延禄谯郡王

【宋会要】蕃夷 5 之 2/7767

宋真宗咸平四年　制置沿边青白盐事

【宋史】466/张崇贵传/13618

【汇编】中一 1289

宋真宗咸平四年　定边县陷西夏

【陕西通志】14/城池/15 上

【汇编】补遗 7243

宋真宗咸平四年　党项贡马

【宋朝事实类苑】12/仪注 2/13 上

【汇编】中一 1289

宋真宗咸平四年　授西凉六谷潘罗支官以讨
继迁

【宋史】492/吐蕃传/14155

【汇编】中一 1251

宋真宗咸平四年　置保德军

【元丰九域志】4/179

【汇编】中一 1290

宋真宗咸平四年　麟府部署曹璨率熟户邀击
李继迁辎重于柳拨川，杀获甚众

【宋史】485/夏国传上/13988

【汇编】上 55

宋真宗咸平四年七月　以会州刺史舭遇为保
顺郎将，苏家族屈尾等人为安化郎将

【宋史】491/党项传/14143

【汇编】上 26

宋真宗咸平四年八月　李继迁遣牙将来贡马，
然寇抄边郡益甚

【奏议标】130/张齐贤・上真宗论陕西事宜/
1439

【奏议影】130/张齐贤・上真宗论陕西事宜/
4423

宋真宗咸平四年九月　李继迁所掠羌族魁遁
等徙帐来归

【宋史】491/党项传/14143

【汇编】上 26

宋真宗咸平四年九月　李继迁攻破定州、怀
远县及保静、永州，陷清远军

【宋史】485/夏国传上/13988

【汇编】上 55

宋真宗咸平四年九月　李继迁陷清远

【奏议标】130/张齐贤・上真宗论陕西事宜/
1439

【奏议影】130/张齐贤・上真宗论陕西事宜/
4423

宋真宗咸平四年十月 　张齐贤论陕西事宜

【奏议标】130/张齐贤·上真宗论陕西事宜/1439

【奏议影】130/张齐贤·上真宗论陕西事宜/4423

宋真宗咸平四年闰十月 　筑绥州城

【玉海】174/明道怀远城/38 下

【汇编】补遗 7255

宋真宗咸平四年十月 　以六谷大首领潘罗支为盐州防御使兼灵州西南都巡检使

【宋会要】方域 21 之 16/7669

宋真宗咸平四年十一月 　以六谷首领折通游龙钵领宥州刺史

【宋会要】方域 21 之 16/7669

宋真宗咸平四年十一月二十八日 　龟兹遣使来贡

【宋会要】蕃夷 7 之 14/7846

宋真宗咸平四年十二月 　朝议灵州弃守

【奏议标】130/张齐贤·上真宗乞进兵解灵州之危/1439、杨亿·上真宗论弃灵州为便/1442

【奏议影】130/张齐贤·上真宗乞进兵解灵州之危/4425、杨亿·上真宗论弃灵州为便/4433

宋真宗咸平四年闰十二月 　凉州卑宁族首领喝邻半祝贡名马

【宋会要】蕃夷 7 之 14/7846

宋真宗咸平五年 　泾州废县置长武寨

【宋会要】方域 18 之 13/7616

宋真宗咸平五年 　长武镇废为寨

【宋会要】方域 5 之 42/7404

宋真宗咸平五年 　合泾原仪渭、邠宁环庆两路为一界

【宋史】273/李允正传/9340

【汇编】中一 1305

宋真宗咸平五年 　李继迁围麟州，陷军马等寨

【长编标】185/4469

【长编影】185/2 下

【汇编】中三 3224、3266

宋真宗咸平五年 　李继迁叛

【长编标】216/5267

【长编影】216/15 上

【汇编】中三 3617

宋真宗咸平五年 　陇山外蕃族于要害处置砦栅戍守

【宋史】257/李继和传/8973

【汇编】中一 1299

宋真宗咸平五年 　李继迁陷浊轮、军马等寨

【宋会要】兵 27 之 41/7267

宋真宗咸平五年 　咩逋族开道使泥埋道子入贡

【宋史】491/党项传/14143

【汇编】上 26

宋真宗咸平五年三月 　李继迁大集蕃部攻陷灵州，以为西平府

【宋史】485/夏国传上/13988

【奏议标】130/杨亿·上真宗论弃灵州为便/1442

【奏议影】130/杨亿·上真宗论弃灵州为便/4433

【汇编】上 55

宋真宗咸平五年四月 　党项来贡

【宋朝事实类苑】12/仪注 2/13 上

【汇编】中一 1334

宋真宗咸平五年四月七日 　诏详度重修绥州利害

【宋会要】方域 8 之 31/7456

宋真宗咸平五年六月八日 　以黑山北庄郎族首领龙移为安远大将军，昧克为怀化将军

【宋会要】方域 21 之 10/7666

宋真宗咸平五年八月 　授曹宗寿、曹宗久、曹贤顺等官

【宋会要】蕃夷 5 之 2/7767

宋真宗咸平五年八月 　河西教练使李荣等向化

【宋史】491/党项传/14144

【汇编】上 26

宋真宗咸平五年八月十一日 　曹宗寿遣使来贡

【宋会要】蕃夷 7 之 14/7846

宋真宗咸平五年十月 　潘罗支言李继迁送铁箭诱其部族

【宋史】492/吐蕃传/14155

【汇编】中一 1329

宋真宗咸平五年十月　诏河西戎人归投迁内
地，给以闲田
【宋史】491/党项传/14144
【汇编】上 26

宋真宗咸平五年十一月　潘罗支贡马
【宋会要】方域 21 之 17/7669；蕃夷 7 之 14/
7846

宋真宗咸平五年十二月　西凉府与哞逋族各
遣使来贡
【宋史】491/党项传/14144
【宋会要】方域 21 之 17/7669；蕃夷 7 之 15/
7847
【汇编】上 26

宋真宗咸平六年　李继迁死，子李德明求保
塞
【名臣碑传琬琰集】中集 43/曹武穆公玮公行状
/1031
【汇编】中一 1433

宋真宗咸平六年　党项贡马
【宋朝事实类苑】12/仪注 2/13 上
【汇编】中一 1370

宋真宗咸平六年　置镇戎军
【元丰九域志】3/13 下
【汇编】中一 1373

宋真宗咸平六年　置镇戎军彭阳城
【甘肃新通志】13/舆地志·古迹·固原直隶州/
12 上
【汇编】补遗 7245

宋真宗咸平六年　蕃官成逋请讨贼
【宋史】492/吐蕃传/14156
【汇编】中一 1345

宋真宗咸平六年　黄河北龙移、昧克族颇勤
外御，降诏褒奖
【宋史】491/党项传/14144
【汇编】上 27

宋真宗咸平六年正月　诏赐丰州龙移、昧乞
族
【宋会要】方域 21 之 10/7666

宋真宗咸平六年二月　以潘罗支为朔方军节
度使，充灵州西南都巡检使
【宋会要】方域 21 之 17/7669

宋真宗咸平六年二月　叶示族啰埋等持李继

迁伪署牒率众来归；邠宁部署言牛羊等族杀
李继迁族帐有功
【宋史】491/党项传/14144
【汇编】上 27

宋真宗咸平六年二月二日　议废镇戎军市马
务
【宋会要】兵 22 之 1/7144
【汇编】中一 1347

宋真宗咸平六年春　李继迁都于灵州
【宋史】485/夏国传上/13988
【汇编】上 55

宋真宗咸平六年三月　以哞逋族首领泥埋为
锦州防御使，充灵州河外五镇都巡检使
【宋史】491/党项传/14144
【宋会要】方域 21 之 18/7670

宋真宗咸平六年四月　李继迁寇洪德砦，蕃
部合击大败之
【宋史】491/党项传/14145
【汇编】上 27

宋真宗咸平六年四月十四日　潘罗支遣使铎
论来贡
【宋会要】方域 21 之 18/7670

宋真宗咸平六年四月二十四日　以西凉厮
邦族首领兀佐等并为怀化郎将
【宋会要】方域 21 之 18/7670

宋真宗咸平六年五月　诏府州自今许互市
【宋史】491/党项传/14145
【汇编】上 28

宋真宗咸平六年六月　瓦窑等族济河击败李
继迁
【宋史】491/党项传/14145
【汇编】上 28

宋真宗咸平六年六月　李继迁攻取西凉府，
潘罗支伪降
【宋史】485/夏国传上/13988
【汇编】上 55

宋真宗咸平六年六月　赐环州大名乾川新寨
肃远
【玉海】174/雍熙筑河北城垒/37 上
【汇编】补遗 7247

宋真宗咸平六年六月六日　龟兹国僧义修来
献梵夹菩提印叶、念珠、舍利

【宋会要】蕃夷 4 之 14/7720

宋真宗咸平六年八月 者龙族都首领遣使贡
名马
【宋会要】方域 21 之 18/7670；藩夷 7 之 15/
7847

宋真宗咸平六年八月 原、渭等州言本界戎
人来附者八部二十五族
【宋史】491/党项传/14145
【汇编】上 28

宋真宗咸平六年八月 李继迁聚兵浦洛河，
声言攻环州
【宋史】485/夏国传上/13989
【汇编】上 56

宋真宗咸平六年九月五日 大食贡方物
【宋会要】蕃夷 7 之 15/7847

宋真宗咸平六年十一月 李继迁中流矢死
【宋会要】方域 21 之 19/7670

宋真宗咸平六年十一月 李继迁攻西蕃，入
西凉府
【宋史】492/吐蕃传/14156

宋真宗咸平中 李继迁相继攻陷清远军和灵州
【净德集】19/虑边论二/205
【武经总要】前集 18 上/15 上
【汇编】中一 1142；中四 3833

宋真宗咸平中 刘文质权泾原仪渭四郡之兵
【苏学士文集】14/内园使连州刺史知代州刘公
（文质）墓志/8 上
【汇编】中一 1221

宋真宗咸平中 张从吉率兵袭西夏
【宋史】276/张从吉传/9406
【汇编】中一 1323

宋真宗咸平中 折惟昌屡破赵保吉
【东都事略】28/折德扆传/1 上
【汇编】上 178

宋真宗咸平中 李继迁叛
【欧阳文忠公全集】29/墓志·少府监分司西京
裴公（济）墓志铭/14 上
【汇编】中一 1303

宋真宗咸平中 窦神宝奉诏定蕃部经界
【宋史】466/窦神宝传/13601
【汇编】中一 1289

宋真宗咸平中 废麟州神树堡

【武经总要】前集 17/18 下、19 上
【汇编】中三 3133、3078

宋真宗咸平中 版筑镇戎军城
【宋史】257/李继和传/8969
【汇编】中一 1257

宋真宗咸平中 李继迁攻陷怀远镇
【武经总要】前集 18 下/西蕃地界/1 上
【汇编】中一 1729

宋真宗咸平中 赵保吉由凤凰山入麟州
【陕西通志】13/山川 6·葭州/56 下
【汇编】补遗 7242

宋真宗咸平中 重修环州木波镇
【武经总要】前集 18 上/14 下
【汇编】中一 1371

宋真宗咸平中 徐兴为泾原环庆十州部署
【宋史】280/徐兴传/9504
【汇编】中一 1223

宋真宗咸平中 清远军陷西夏
【宋史】324/刘文质传/10492
【汇编】中一 1242

宋真宗咸平中 筑庆州淮安镇
【武经总要】前集 18 上/9 下
【汇编】中一 1370

宋真宗咸平中 置东山寨
【嘉靖固原州志】1/古迹/14
【汇编】补遗 7472

宋真宗咸平中 增筑环州肃远寨并赐名
【武经总要】前集 18 上/13 上
【汇编】中一 1370

宋真宗咸平中 麟州尝被继迁围困
【宋史】300/杨偕传/9955
【汇编】中二 2364

宋真宗咸平中 李继捧丁内艰，起复，判岳
州，移复州
【宋史】485/夏国传上/13985
【汇编】上 52

宋真宗咸平末 西夏破西凉府
【宋会要】蕃夷 4 之 6/7716
【汇编】中一 1540

宋真宗咸平末 李继迁死
【武经总要】前集 18 下/西蕃地界/1 上
【汇编】中一 1726

宋真宗咸平时　灵州入西夏，改西平府
【宁夏府志】2/沿革/19 上
【汇编】下 6939

宋真宗咸平时　盐州入西夏
【宁夏府志】4/古迹·灵州/17 上
【汇编】下 6946

宋真宗景德初　王承美来朝
【宋史】253/王承美传/8869
【汇编】上 220

宋真宗景德初　李德明奉誓书归顺
【奏议标】137/刘述·上神宗论不可伐丧/1535
【奏议影】137/刘述·上神宗论不可伐丧/4719
【汇编】中三 3480

宋真宗景德初　夏宋议和
【长编标】130/3085
【长编影】130/6 下

宋真宗景德初　潘罗支部族讨李继迁
【净德集】19/虑边论二/205
【汇编】中四 3835

宋真宗景德元年　张崇贵移书与西夏议和
【宋史】466/张崇贵传/13618
【汇编】中一 1387

宋真宗景德元年　李继迁中流矢
【东都事略】127、128/附录 5、6
【汇编】上 102

宋真宗景德元年　赵保忠病
【宋史】485/夏国传上/13985
【汇编】上 52

宋真宗景德元年　夏人围麟州
【宋史】253/李继周传/8870
【汇编】上 221

宋真宗景德元年正月　西凉吐蕃厮陀完押衙郑延美以六谷蕃马来贡
【宋会要】方域 21 之 19/7670

宋真宗景德元年正月　潘罗支来贡马
【宋会要】方域 21 之 19/7670
【汇编】中一 1380

宋真宗景德元年正月　麟府路言依附契丹言泥族内属
【宋史】7/真宗纪 2/123；491/党项传/14137
【汇编】上 28；中一 1374

宋真宗景德元年正月丁巳　赐诏赵德明

【宋大诏令集】233/赐赵德明诏（景德元年）/906

宋真宗景德元年正月二日　李继迁卒，子李德明立
【宋史】485/夏国传上/13989
【汇编】上 56

宋真宗景德元年二月　赵德明请降宋
【玉海】153/景德河西内属、夏州入贡/40 上
【汇编】补遗 7246

宋真宗景德元年三月　宋师恭破羌贼于柳谷川
【宋史】491/党项传/14146
【汇编】上 28

宋真宗景德元年四月　曹宗寿遣使以良玉、名马来贡
【宋会要】蕃夷 5 之 2/7767

宋真宗景德元年四月　丰州王承美请朝觐
【宋会要】方域 21 之 10/7666
【汇编】上 42

宋真宗景德元年五月二十四日　曹宗寿遣使来贡
【宋会要】蕃夷 7 之 15/7847

宋真宗景德元年五月十日　西州龟兹回纥白万进来贡
【宋会要】蕃夷 7 之 15/7847

宋真宗景德元年六月　西州回鹘延金福来贡
【宋会要】蕃夷 4 之 12/7719；7 之 15/7847

宋真宗景德元年六月　洪德砦言羌部罗泥天王等首领率众来附
【宋史】491/党项传/14146
【汇编】上 28

宋真宗景德元年七月十三日　潘罗支遣使贡良马
【宋会要】蕃夷 7 之 15/7847

宋真宗景德元年八月　以王承美为本州防御使
【宋会要】方域 21 之 10/7666

宋真宗景德元年八月　野鸡族侵掠环庆界，诏边臣和断
【宋史】491/党项传/14146
【汇编】上 28

宋真宗景德元年九月　镇戎军言先叛去熟魏

族酋长等应诏抚谕，各率属来归
【宋史】491/党项传/14146
【汇编】上 29

宋真宗景德元年九月 甘州回鹘可汗王夜落
纥遣使来贡
【宋会要】蕃夷 4 之 3/7715

宋真宗景德元年闰九月 甘州夜落纥及没孤
宰相以方物战马来贡
【宋会要】蕃夷 4 之 3/7715

宋真宗景德元年闰九月 诏府州自今勿擅发
兵入唐龙镇
【宋会要】方域 21 之 5/7663

宋真宗景德元年十月 宋赠潘罗支武威郡王
【宋会要】仪制 13 之 7/2052；方域 21 之 20/
7671
【汇编】中一 1408

宋真宗景德二年 定羌军改保德军
【元丰九域志】4/179
【武经总要】前集 17/12 下
【汇编】中一 1412

宋真宗景德二年 党项贡马
【宋朝事实类苑】12/仪注 2/13 上
【汇编】中一 1429

宋真宗景德二年 西凉吐蕃厮铎督上与赵德
明战斗功状
【宋史】492/吐蕃传/14157
【长编影】59/9 下
【宋会要】方域 21 之 21/7671
【汇编】中一 1417

宋真宗景德二年 熟户旺家族击夏兵
【宋史】491/党项传/14146
【汇编】上 29

宋真宗景德二年二月二十日 西凉府六谷首
厮铎督遣使来贡
【宋会要】蕃夷 7 之 16/7847

宋真宗景德二年三月二十四日 西凉蕃部
样丹求市弓矢
【宋会要】方域 21 之 21/7671

宋真宗景德二年三月二十五日 授潘罗支
子男潘失吉为归德将军
【宋会要】方域 21 之 21/7671

宋真宗景德二年三月二十五日 厮铎督又

贡马，求易金绿修洪元佛寺
【宋会要】方域 21 之 21/7671

宋真宗景德二年春 召张崇贵赴阙面谕赵德
明归顺事
【宋史】466/张崇贵传/13619
【汇编】中一 1425

宋真宗景德二年四月 西凉府蕃部州斯郁支
为六谷都巡检使
【宋会要】方域 21 之 21/7671

宋真宗景德二年五月 曹玮言给弓箭手田
【宋史】190/兵志 4·河东陕西弓箭手/4712
【宋会要】兵 4 之 1/6820
【玉海】139/咸平初置振武指挥/15 下
【汇编】中一 1422；补遗 7246

宋真宗景德二年九月八日 夏州赵德明遣都
知兵马使白文寿来贡
【宋会要】蕃夷 7 之 16/7847

宋真宗景德二年十二月 环庆二族贡马
【宋会要】蕃夷 7 之 16/7847

宋真宗景德三年 授者龙等族首领为检校太
子宾客
【宋史】492/吐蕃传/14158
【宋会要】方域 21 之 21/7671
【汇编】中一 1430

宋真宗景德三年 宋禁沿边榷场博易非《九
经》书籍
【宋史】186/食货志下 8、互市/4562
【汇编】中一 1455

宋真宗景德三年 封赵德明为西平王
【朝野杂记】乙集 19/边防/1180
【汇编】下 6937

宋真宗景德三年 赵德明纳款
【宋史】253/孙全照传/8874
【汇编】中一 1452

宋真宗景德三年 党项贡方物
【宋朝事实类苑】12/仪注 2/13 上
【汇编】中一 1456

宋真宗景德三年 置怀远驿
【宋会要】方域 10 之 12/7479
【汇编】中一 1454

宋真宗景德三年 蕃译院并入礼宾院
【宋会要】职官 25 之 6/2917

【汇编】下 7016

宋真宗景德三年　府州折惟昌言兀泥族盛恬
为赵德明军主

【宋史】491/党项传/14146

【汇编】上 29

宋真宗景德三年　赵德明道使奉誓表，宋授
德明定难节度使、西平王，并赐钱帛

【宋史】485/夏国传上/13989

【汇编】上 56

宋真宗景德三年正月　诏知府州折惟昌为兴
州刺史

【宋会要】方域 21 之 5/7663

宋真宗景德三年五月　西凉府龛谷、懒家、
宗家、者龙、当宗、章迷等十族朝见进马

【宋会要】方域 21 之 21/7671

宋真宗景德三年五月　诏加厮铎督检校太傅，
部下四十九人马家心山王家者龙诸族及李波
逋等并为检校太子宾客、兼监察御史、充本
族首领并郎将

【宋会要】方域 21 之 22/7672

宋真宗景德三年五月　厮铎督道路黎奴来贡

【宋会要】方域 21 之 21/7671

宋真宗景德三年五月一日　夏州赵德明道贺
永珍、贺守文来贡

【宋会要】蕃夷 7 之 16/7847

宋真宗景德三年六月　厮铎督道蕃部波机进
马

【宋会要】方域 21 之 22/7672

宋真宗景德三年六月七日　赵德明道兵马使
贺永珍来贡

【宋会要】蕃夷 7 之 16/7847

宋真宗景德三年九月　张崇贵持旌节诰命授
赵德明

【宋史】466/张崇贵传/13619

【长编影】64/5 上

【汇编】中一 1450

宋真宗景德三年九月　秦州言野儿和尚部落
尤大，请加旌别

【宋史】491/党项传/14146

【汇编】上 29

宋真宗景德三年九月乙丑　宋诏西面诸州编
遣纳质院戎人

【玉海】168/天禧纳质院/31 上

【汇编】补遗 7251

宋真宗景德三年九月丁卯　答赵德明誓表诏

【宋大诏令集】233/答赵德明誓表诏（景德三
年）/906

宋真宗景德三年十月庚午　宋封赵德明西平
王

【宋大诏令集】233/赵德明拜官封西平王制（景
德三年）/906

宋真宗景德三年十一月　镇戎军曹玮言叛去
酋长苏尚娘求归附

【宋史】491/党项传/14146

【汇编】上 29

宋真宗景德三年十一月十三日　赵德明道
使贡御马、散马、橐

【宋会要】蕃夷 7 之 16/7847

宋真宗景德三年十二月　厮铎督道吐蕃左右
厢副使来贡马

【宋会要】方域 21 之 22/7672

宋真宗景德三年十二月十一日　六谷大首
领厮铎督道使来贡

【宋会要】蕃夷 7 之 16/7847

宋真宗景德四年　张崇贵使西夏还

【宋史】466/张崇贵传/13619

【汇编】中一 1458

宋真宗景德四年　赵德明献马、橐驼，赐袭
衣、金带、器带

【宋史】485/夏国传上/13990

【汇编】上 57

宋真宗景德四年　唐龙镇来美族依府州

【宋史】491/党项传/14146

【汇编】上 29

宋真宗景德四年　边臣言赵德明谋劫西凉，
袭回鹘

【宋史】492/吐蕃传/14158

宋真宗景德四年三月十六日　夏州赵德明道
牙吏贡马、橐

【宋会要】蕃夷 7 之 16/7847

宋真宗景德四年五月　渭州通事何忠至西凉
府得厮铎督印纸

【宋会要】方域 21 之 22/7672

宋真宗景德四年五月　曹宗寿遣孔目官阴会

迁等三十五人诣阙朝贡

【宋会要】蕃夷5之3/7768

宋真宗景德四年五月　厮铎督遣首领兰逋赤
等来贡

【宋会要】方域21之22/7672

宋真宗景德四年五月　赵德明请修供五台山
十寺

【宋史】485/夏国传上/13990

【汇编】上57

宋真宗景德四年闰五月　沙州僧正会请诣
阙，以延禄表乞赐金字经一藏

【宋会要】蕃夷5之3/7768

宋真宗景德四年六月二十一日　夏州赵德
明遣使贡马，助修庄穆皇后园陵

【宋会要】蕃夷7之16/7847

宋神宗景德四年七月　起怀远驿

【宋会要】方域10之12/7479

宋真宗景德四年十月　甘州夜落纥遣尼法仙
等来朝献马

【宋会要】蕃夷4之3/7715

宋真宗景德四年十二月　厮铎督遣使来贡

【宋会要】方域21之22/7672

宋真宗景德中　宋辽澶渊之盟

【长编标】150/3625；151/3679

【长编影】150/19上；151/13下

宋真宗景德中　西夏攻占西凉

【元史】60/地理志3/1450

【汇编】下7085

宋真宗景德中　宋不许赵德明青盐交易

【武经总要】前集18下/西蕃地界/1上

【汇编】中一1730

宋真宗景德中　西夏占据贺兰山

【元朝秘史】14/1上

【汇编】下6914

宋真宗景德中　赵德明进纳誓表

【宋史】280/李重诲传/9506

【长编标】88/2022；382/9310

【长编影】88/10上；382/12上

【武经总要】前集18下/西蕃地界/1上

【汇编】中一1426、1569、1726

宋真宗景德中　西夏进誓表

【宋史】485/夏国传上/13991

【汇编】上58

宋真宗景德间　李继迁复据灵州

【宁夏府志】2/沿革/18上

【汇编】下6938

宋真宗景德间　赵德明筑兴州城

【宁夏府志】5/建置·城池/1下

【汇编】下6939

宋真宗大中祥符　张齐贤言李继迁吞并灵夏

【名臣碑传琬琰集】下集2/张文定公齐贤传/
1304

【汇编】中一1478

宋真宗（大中）祥符

【中国藏西夏文献】18/闽宁村西夏墓3、4号碑
亭残碑（202－35）/108

宋真宗大中祥符初　阎承翰任赵德明加恩官
告使

【宋史】466/阎承翰传/13611

【汇编】中一1481

宋真宗大中祥符元年　辽册李德明为大夏国
王

【宋史】485/夏国传上/13990

【汇编】上57

宋真宗大中祥符元年　宋加赐赵德明

【宋史】485/夏国传上/13990

【汇编】上57

宋真宗大中祥符元年　三司使丁谓言西夏、
回鹘市易入蕃致金银价贵

【宋会要】刑法2之162/6576

【汇编】中一1481

宋真宗大中祥符元年　诏补鄜延小湖卧浪族
军主为侍禁

【宋史】491/党项传/14137

【汇编】上29

宋真宗大中祥符元年　夏州万子军主与回鹘
战

【宋史】490/回鹘传/14115

【汇编】中一1473

宋真宗大中祥符元年　夏国大旱，诏榷场勿
禁粮食贸易

【宋史】485/夏国传上/13990

【汇编】上57

宋真宗大中祥符元年　筑庆州耳朵城

【宋会要】方域 8 之 27/7454

宋真宗大中祥符元年二月　诏陕西等转运使
遣官和市军粮

【宋会要】食货 39 之 5/5491

【汇编】中一 1473

宋真宗大中祥符元年四月　夜落纥遣使来贡

【宋会要】蕃夷 4 之 4/7715

宋真宗大中祥符元年六月　赐西凉府进奉僧
法满紫方袍

【宋会要】方域 21 之 23/7672

宋真宗大中祥符元年十月十九日　大食遣
使贡方物

【宋会要】蕃夷 7 之 17/7848

宋真宗大中祥符元年十一月　甘州回鹘可汗
夜落纥、宝物公主、没孤公主、婆温宰相各
遣使来贡

【宋会要】蕃夷 4 之 4/7715；7 之 17/7848

宋真宗大中祥符元年十一月　宗哥族首领温
逋奇来贡

【宋史】492/吐蕃传/14159

【宋会要】蕃夷 7 之 17/7848

【汇编】中一 1479

宋真宗大中祥符元年十一月壬申　唃厮罗
族贡名马

【宋会要】蕃夷 7 之 18/7848

宋真宗大中祥符元年十二月　以夜落纥为特
进忠顺保德可汗王，宝物公主为贤明宝物公
主

【宋会要】蕃夷 4 之 4/7715

宋真宗大中祥符元年十二月二十三日　厮
铎督遣厮铎奴等贡马，制加厮铎督检校太尉

【宋会要】方域 21 之 23/7672

宋真宗大中祥符二年　折惟昌表求赴阙

【宋史】253/折德扆传/8881

【宋会要】方域 21 之 5/7663

【汇编】上 37；172

宋真宗大中祥符二年　李继周卒

【宋史】253/李继周传/8870

【汇编】上 221

宋真宗大中祥符二年　都钤辖张崇贵提举榷
场

【宋史】466/张崇贵传/13619

【汇编】中一 1489

宋真宗大中祥符二年　置屈野河横阳、神堂、
银城三寨

【宋会要】兵 27 之 41/7267

【长编标】185/4469

【长编影】185/2 下

【汇编】中三 3224、3266

宋真宗大中祥符二年　赵德明侵回鹘，恒星
昼见，惧而还

【宋史】485/夏国传上/13990

【汇编】上 57

宋真宗大中祥符二年正月　诏丰州王承美月
别给钱五万

【宋会要】方域 21 之 10/7666

【汇编】上 42

宋真宗大中祥符二年二月　因蕃戎忿争留官
一员于礼宾院宿值

【宋会要】职官 25 之 6/2917

【汇编】中一 1482

宋真宗大中祥符二年二月　厮铎督遣使来贡

【宋会要】方域 21 之 23/7672；蕃夷 7 之 18/
7848

宋真宗大中祥符二年三月二十五日　诏罢
开挖庆州界壕堑

【宋会要】方域 18 之 1/7610

宋真宗大中祥符二年四月　党项贡方物

【宋朝事实类苑】12/仪注 2/13 上

【汇编】中一 1483

宋真宗大中祥符二年六月　折惟昌率名崖等
来朝贡名马

【宋会要】方域 21 之 5/7663

宋真宗大中祥符二年六月　张佶言于大洛门
各子口及弓袋口置水寨二

【宋会要】方域 18 之 21/7620

宋真宗大中祥符二年六月　麟府钤辖言杜庆
族依援唐龙镇，数侵别帐，请发熟户兵击之

【宋史】491/党项传/14147

【汇编】上 30

宋真宗大中祥符二年六月二十七日　诏见
折惟昌等并赐物

【宋会要】仪制 9 之 9/1992

【汇编】中一 1485

宋真宗大中祥符二年十一月 厮铎督遣使贡
马
【宋会要】方域 21 之 23/7672

宋真宗大中祥符三年 别画泾原、环庆两路
山川城寨图，一付本路，一留枢密院
【玉海】174/雍熙筑河北城垒、祥符山川城寨图
/37 上
【汇编】补遗 7247

宋真宗大中祥符三年 回鹘遣使来贡
【宋史】490/回鹘传/14116
【汇编】中一 1497

宋真宗大中祥符三年 置镇戎军宁远堡
【宋会要】方域 20 之 15/7658
【汇编】中一 1498

宋真宗大中祥符三年 夏境内饥，赵德明上
表求粟百万
【宋史】485/夏国传上/13990
【汇编】上 57

宋真宗大中祥符三年 赵德明大起宫室于鏊
子山，攻河州、甘州宗哥族及秦州熟户
【宋史】485/夏国传上/13990
【汇编】上 57

宋真宗大中祥符三年闰二月 龟兹国王可汗
遣使李延胜、安福等贡
【宋会要】蕃夷 4 之 14/7720；7 之 18/7848

宋真宗大中祥符三年闰二月 令西北缘边不
得法外行刑
【宋大诏令集】201/令西北缘边不得法外行刑诏
/747
【汇编】中一 1490

宋真宗大中祥符三年五月 赐觅诺族首领温
迩药
【宋会要】方域 21 之 23/7672

宋真宗大中祥符三年十一月六日 甘州回
鹘僧法光来贡
【宋会要】蕃夷 4 之 4/7715

宋真宗大中祥符三年十一月十八日 以甘
州进奉使苏兀罗为怀化司戈，安进为怀化郎
将
【宋会要】蕃夷 4 之 4/7715

宋真宗大中祥符三年十一月二十日 夜落
纥遣宰相何居绿越、枢密使翟守荣来贡

【宋会要】蕃夷 4 之 4/7715；7 之 18/7848

宋真宗大中祥符三年十二月 补秦州牙校杨
知进为三班借职，以其累入蕃接送甘州使故
也
【宋会要】蕃夷 4 之 5/7716

宋真宗大中祥符三年十二月五日 补甘州
孔目官张伦为供奉官
【宋会要】蕃夷 4 之 4/7715

宋真宗大中祥符四年 张佶充赵德明官告使
【宋史】308/张佶传/10151
【汇编】中一 1504

宋真宗大中祥符四年 厮铎督遣使来贡
【宋史】492/吐蕃传/14159
【汇编】中一 1505

宋真宗大中祥符四年 藏才等族首领遣子来
贡
【宋史】491/党项传/14147
【汇编】上 30

宋真宗大中祥符四年 赵德明进中书令
【宋史】485/夏国传上/13990
【汇编】上 58

宋真宗大中祥符四年正月 诏授甘州回鹘贡
使翟符守荣左神武军大将军，安殿民保顺郎
将
【宋会要】蕃夷 4 之 5/7716

宋真宗大中祥符四年正月 藏才西族、中族
首领奴移、横全等遣其子罗儿、埋保来贡马
【宋会要】方域 21 之 11/7666

宋真宗大中祥符四年二月 回鹘夜落纥遣使
贡方物
【宋会要】蕃夷 4 之 5/7716；7 之 18/7848

宋真宗大中祥符四年三月 西凉府吐蕃潘毒
石鸡等来贡
【宋会要】方域 21 之 23/7672

宋真宗大中祥符四年四月 夏州赵德明遣使
来贡，秦州回鹘安密等贡玉带并贺汾阴礼毕
【宋会要】蕃夷 7 之 18/7848

宋真宗大中祥符四年六月 甘州进奉回纥安
进上言
【宋会要】蕃夷 4 之 5/7716

宋真宗大中祥符四年七月一日 群牧制置
司言西路沿边州军买马

【宋会要】兵 22 之 2/7144

【汇编】中一 1502

宋真宗大中祥符四年八月　夜落纥遣使奉表
诣阙

【宋史】8 真宗纪 3/149

【宋会要】蕃夷 4 之 5/7716

【汇编】中一 1502

宋真宗大中祥符四年十月　厮铎督遣兰毡单
来贡，赐紫方袍

【宋会要】方域 21 之 23/7672；蕃夷 7 之 18/
7848

宋真宗大中祥符四年十一月　以厮铎督子为
怀化郎将

【宋会要】方域 21 之 23/7672

宋真宗大中祥符五年　丰州王承美卒

【宋史】253/王承美传/8869

【汇编】上 220

宋真宗大中祥符五年　厮铎督又遣子来贡

【宋史】492/吐蕃传/14159

【汇编】中一 1512

宋真宗大中祥符五年　环庆熟户有酗酒夺使
臣马缨者，令重罚之

【宋史】491/党项传/14147

【汇编】上 30

宋真宗大中祥符五年　赵德明追尊李继迁为
应运法天神智仁圣至道广德孝光皇帝，庙号
武宗，李元昊追谥曰"神武"，庙号太祖

【宋史】485/夏国传上/13989、13991

【汇编】上 56、58

宋真宗大中祥符五年　赵德明加守太保

【宋史】485/夏国传上/13991

【汇编】上 58

宋真宗大中祥符五年正月　译人郭敏等伴送
回纥使人翟守荣赴甘州

【宋会要】蕃夷 4 之 7/7717

宋真宗大中祥符五年五月　内藏库籴军粮以
实边郡

【宋会要】食货 39 之 6/5491

【汇编】中一 1508

宋真宗大中祥符五年五月八日　夜落纥、
宝物公主遣使来贡

【宋会要】蕃夷 4 之 5/7716、7 之 19/7849

宋真宗大中祥符五年十一月　西凉府厮铎督
遣子来贡马及求赐药物

【宋会要】方域 21 之 23/7672；蕃夷 7 之 19/
7849

宋真宗大中祥符五年十二月　诏以王承美子
文玉为防御，代知州事

【宋会要】方域 21 之/7666

宋真宗大中祥符六年　北界剋山军主过大里
河侵熟户，为罗勒族都啰击走之

【宋史】491/党项传/14147

【汇编】上 30

宋真宗大中祥符六年二月　回纥宝物公主疾
亡

【宋会要】蕃夷 4 之 6/7716

【汇编】中一 1540

宋真宗大中祥符六年九月　夏州略去熟户旺
家族首领等来归

【宋史】491/党项传/14147

【汇编】上 30

宋真宗大中祥符六年十一月二十七日　龟
兹遣使李延庆等来朝贡

【宋会要】蕃夷 7 之 19/7849

宋真宗大中祥符六年十二月　回鹘遣使来贡
御马

【宋会要】蕃夷 4 之 5/7716；7 之 19/7849

宋真宗大中祥符七年　张继能严惩寇境之西
人

【宋史】466/张继能传/13623

【汇编】中一 1524

宋真宗大中祥符七年　改秦州橐篼为肃远寨

【宋会要】方域 18 之 9/7614

【汇编】中一 1531

宋真宗大中祥符七年　筑陇竿城

【宋会要】方域 8 之 32/7456

【玉海】174/明道怀远城/38 下

【汇编】补遗 7255

宋真宗大中祥符七年　置秦州大落门新寨

【宋史】492/吐蕃传/14159

【宋会要】蕃夷 6 之 1/7819

【汇编】中一 1529

宋真宗大中祥符七年　置通远军威远寨

【元丰九域志】3/138

【汇编】中一1525

宋真宗大中祥符七年　曹玮请署熟户百帐以
上大首领为本族军主
【宋史】491/党项传/14147
【汇编】上30

宋真宗大中祥符七年　甘露降夏国中
【宋史】485/夏国传上/13991
【汇编】上58

宋真宗大中祥符七年二月　赵德明遣使来献
方物，加宣德功臣
【宋史】485/夏国传上/13991
【汇编】上58

宋真宗大中祥符七年四月　以归义军留后曹
贤顺为本军节度使，弟曹贤惠知瓜州
【宋会要】蕃夷5之3/7768

宋真宗大中祥符七年四月　厮铎督遣使来贡
【宋会要】方域21之23/7672

宋真宗大中祥符七年四月　自永宁寨西城掘
壕至拶啰呃，凡五十五里
【宋会要】方域19之1/7626

宋真宗大中祥符七年五月　知府州折惟昌
卒，诏令折惟忠知府州
【宋会要】方域21之5/7663

宋真宗大中祥符七年五月　曹玮言叶市族首
领艳奴归顺
【宋史】491/党项传/14147
【汇编】上30

宋真宗大中祥符七年五月二十五日　以唃
厮啰为殿直，充巡检使
【宋会要】蕃夷6之1/7819

宋真宗大中祥符七年五月丁巳　西凉府六
谷首领厮铎督遣使来贡
【宋会要】蕃夷7之19/7849

宋真宗大中祥符七年七月　曹玮言北界万子
族谋抄略，大败于天麻川
【宋史】491/党项传/14147
【汇编】上30

宋真宗大中祥符七年十一月　西凉六谷蕃部
来贡
【宋会要】方域21之23/7672；蕃夷7之19/
7849

宋真宗大中祥符七年十二月二十二日　张

佶上大洛门新寨图
【宋会要】方域19之1/7626

宋真宗大中祥符八年　唃厮啰请讨西夏
【宋史】492/唃厮啰传/14161
【汇编】中一1544

宋真宗大中祥符八年　改通远军威远寨为镇
【元丰九域志】3/138
【汇编】中一1525

宋真宗大中祥符八年　北界酋长浪梅娘等来
投
【宋史】491/党项传/14148
【汇编】上30

宋真宗大中祥符八年　夏筑堡于石州浊轮谷，
将建榷场，诏止之
【宋史】485/夏国传上/13991
【汇编】上58

宋真宗大中祥符八年二月　唃厮啰、立遵、
温逋斯、木罗丹并遣使贡马
【宋会要】蕃夷6之1/7819；蕃夷7之19/7849

宋真宗大中祥符八年五月　厮铎督遣钦盘等
来贡马
【宋会要】方域21之23/7672；蕃夷7之19/
7849

宋真宗大中祥符八年七月　西凉府僧鹜讹失
罗来朝，赐紫方袍
【宋会要】方域21之23/7672

宋真宗大中祥符八年九月　礼宾院译语郭敏
自甘州以回纥可汗王表来上
【宋会要】蕃夷4之6/7716

宋真宗大中祥符八年秋　唃厮啰煽动蕃部别
立文法
【乐全集】22/秦州奏唃厮啰事/20下
【汇编】中一1540

宋真宗大中祥符八年十月　西凉府厮铎督遣
使来贡
【宋会要】方域21之23/7672；蕃夷6之2/7819

宋真宗大中祥符八年十一月　回鹘阿啰等来
贡
【宋会要】蕃夷4之6/7716；7之20/7849

宋真宗大中祥符九年　唃厮啰、立遵数使人
求内属
【宋史】492/唃厮啰传/14161

【汇编】中一 1545

宋真宗大中祥符九年　　立遵与唃厮啰引数十
万众寇边

【元刊梦溪笔谈】25/31

【汇编】中一 1564

宋真宗大中祥符九年　　羌兵寇小力族

【宋史】491/党项传/14148

【汇编】上 30

宋真宗大中祥符九年　　赵德明上表言边臣违
约招纳逃亡

【宋史】485/夏国传上/13991

【汇编】上 58

宋真宗大中祥符九年正月二十日　　唃厮啰、
立遵等贡谢恩马

【宋会要】蕃夷 7 之 20/7849

宋真宗大中祥符九年三月　　回鹘可汗遣使送
杨知进归汉境。大中祥符五年，杨知进与礼
宾院译语郭敏伴送回鹘使赴甘州，缘路被浪
家等蕃部劫掠，至是年送还

【宋会要】蕃夷 4 之 7/7717

宋真宗大中祥符九年三月　　唃厮啰、立遵遣
使来献马

【宋会要】蕃夷 6 之 2/7819

宋真宗大中祥符九年三月二十五日　　秦州
请筑南市城

【宋会要】方域 8 之 23/7452

【汇编】中一 1551

宋真宗大中祥符九年四月七日　　以京城西
旧染院为夏州蕃驿

【宋会要】方域 10 之 14/7480

【玉海】172/祥符都亭西驿/35 上

【汇编】补遗 7250

宋真宗大中祥符九年八月十九日　　杨知进
达甘州，行李平安

【宋会要】蕃夷 4 之 7/7717

宋真宗大中祥符九年十月　　诏令蕃部不得辄
相劫夺，擅兴甲兵

【宋大诏令集】233/答西平王赵德明诏（大中
祥符九年）/906

宋真宗大中祥符九年十二月　　夜落隔归化及
宝物公主等遣使瞿福等来贡

【宋会要】蕃夷 4 之 7/7717；7 之 21/7850

宋真宗大中祥符九年十二月　　以宗哥族李遵
为保顺军节度使

【宋会要】蕃夷 6 之 2/7819

宋真宗大中祥符中　　宋宴夏使座次

【宋史】113/礼志 16·宴飨/2688

【汇编】中五 4952

宋真宗大中祥符中　　建静宁州署

【甘肃新通志】15/建置志·官廨/7 上

【汇编】补遗 7251

宋真宗大中祥符中　　重修秦州大落门砦

【武经总要】前集 18 上/29 上

【汇编】中一 1032

宋真宗大中祥符中　　唃厮啰将数十万众入寇

【东轩笔录】2/1 上

【汇编】中一 1562

宋真宗大中祥符中　　曹玮言置德顺军

【武经总要】前集 18 上/23 下

【汇编】中二 2835

宋真宗大中祥符中　　筑庆州业乐镇、柔远砦

【武经总要】前集 18 上/10 下

【汇编】中一 1576、1577

宋真宗大中祥符中　　筑秦州静边寨

【武经总要】前集 18 上/32 上

【汇编】中一 1577

宋真宗大中祥符中　　置开远堡

【武经总要】前集 18 上/23 上

【汇编】中一 1205

宋真宗大中祥符中　　知渭州曹玮筑陇干城

【甘肃新通志】8/舆地志·形胜·平凉府·静宁
州/10 下

【汇编】补遗 7249

宋真宗大中祥符中　　置秦州威远砦

【武经总要】前集 18/30 下

【汇编】中一 1525

宋真宗大中祥符中　　蕃部献南市城地

【武经总要】前集 18 上/24 下

【汇编】中一 1593

宋真宗大中祥符间　　李德明迫其父为帝

【宋史】486/夏国传下/14030

【汇编】上 96

宋真宗大中祥符间　　董戬祖苶沁首领置勒斯
赉求内属

【方舟集】16/赵郡王墓志铭/26 上

【汇编】下 6695

宋真宗大中祥符末　唃厮啰请讨西夏

【宋朝事实类苑】78/引东轩笔录/1022

【汇编】中一 1563

宋真宗天禧初　置渭州隆德寨

【武经总要】前集 18 上、23 下

【汇编】中二 2835

宋真宗天禧元年　筑羊牧隆城

【宋会要】方域 8 之 32/7456；18 之 4/7652

【元丰九域志】3/137

【玉海】174/明道怀远城/38 下

【甘肃新通志】13/舆地志·古迹·平凉府·隆德县/11 上；14/建置志·城池/10 下

【隆德县志】1/古迹/24 下、建置/31 上；4/考证/64 上

【汇编】中一 1588；中二 2834；补遗 7255

宋真宗天禧元年　环州言北界骑兵来剽掠熟户，击走之

【宋史】491/党项传/14148

【汇编】上 30

宋真宗天禧元年　曹玮得胡芦河路

【欧阳文忠公全集】27/翰林侍读学士给事中梅公墓志铭/3 上

【汇编】中一 1587

宋真宗天禧元年　置宁远寨

【甘肃新通志】13/舆地志·古迹·巩昌府·宁远县/18 上

【汇编】补遗 7410

宋真宗天禧元年　置安远寨

【元丰九域志】3/124

【甘肃新通志】13/舆地志·古迹·巩昌府·通渭县/18 上

【汇编】中一 1592；补遗 7253

宋真宗天禧元年　置通远军来远寨

【宋会要】方域 18 之 9/7614

【元丰九域志】3/164

【汇编】中一 1588

宋真宗天禧元年　置德顺军静边寨

【甘肃新通志】13/舆地志·古迹·平凉府·隆德县/11 上

【汇编】补遗 7253

宋真宗天禧元年正月　宋加授赵德明太傅

【宋史】485/夏国传上/13991

【汇编】上 58

宋真宗天禧元年三月　以夜落隔归化为怀宁顺化可汗王

【宋会要】蕃夷 4 之 8/7717

宋真宗天禧元年三月　宋禁延州民与夏州牙将互市违禁物

【宋会要】食货 38 之 29/5481

【汇编】中一 1581

宋真宗天禧元年四月　龟兹克韩王智海遣使张复延贡玉、马、香药

【宋会要】蕃夷 4 之 15/7721；7 之 21/7850

宋真宗天禧元年六月二十九日　龟兹张复延等贡玉鞍勒马

【宋会要】蕃夷 7 之 21/7850

宋真宗天禧元年七月　置府州纳质院

【宋会要】方域 21 之 5/7663

【玉海】168/天禧纳质院/31 上

【汇编】上 37；补遗 7251

宋真宗天禧元年九月　宗哥族、唃厮啰贡名马

【宋会要】蕃夷 7 之 21/7850

宋真宗天禧元年十一月　置秦州清水城

【玉海】168/天禧清水城/31 上

【汇编】补遗 7251

宋真宗天禧二年　秦州部署言吹麻城及河州诸族来附

【宋史】492/吐蕃传/1416

【汇编】中一 1590

宋真宗天禧二年　渭州平凉县修筑静边寨

【宋会要】方域 18 之 10/7614

宋真宗天禧二年　置德顺军静边寨

【元丰九域志】3/137

【武经总要】前集 18 上/24 下

【汇编】中一 1593

宋真宗天禧二年　熙河路岷州长道县置良恭镇

【宋会要】方域 12 之 15/7527

宋真宗天禧二年　泾原路言樊家族首领内属

【宋史】491/党项传/14148

【汇编】上 30

宋真宗天禧二年二月　甘州可汗王夜落隔归
　化遣使入贡
　【宋会要】蕃夷 4 之 8/7717；7 之 21/7850

宋真宗天禧三年　李德明寇柔远寨
　【宋史】258/曹玮传/8987
　【汇编】中一 1595

宋真宗天禧三年　置通远军宁远寨
　【元丰九域志】3/139
　【汇编】中一 1598

宋真宗天禧三年　鄜延路言亡去熟户委乞等
　来归
　【宋史】491/党项传/14148
　【汇编】上 31

宋真宗天禧三年二月　唃厮啰、李遵遣蕃僧
　景遵等来贡
　【宋会要】蕃夷 6 之 2/7819

宋真宗天禧三年春　赵德明丁继立母忧，除
　起复如前制
　【宋史】485/夏国传上/13991
　【汇编】上 58

宋真宗天禧三年三月　赵德明母卒
　【长编标】93/2139
　【长编影】93/4 下

宋真宗天禧三年五月二日　大食大使蒲麻勿
　陀婆离、副使蒲加心来贡
　【宋会要】蕃夷 7 之 21/7850

宋真宗天禧四年　回纥遣使同龟兹国可汗王
　智海使来献
　【宋会要】蕃夷 4 之 8/7717

宋真宗天禧四年　唃厮啰复作文法
　【宋会要】蕃夷 6 之 2/7819

宋真宗天禧四年　置保安军建子城，天圣元
　年改德靖寨
　【宋会要】方域 18 之 4/7611
　【元丰九域志】3/121
　【汇编】中一 1606；1623

宋真宗天禧四年　置麟州横杨寨
　【宋会要】方域 18 之 17/7618
　【汇编】中一 1606

宋真宗天禧四年　录赵保忠孙赵从吉为三班
　奉职
　【宋史】485/夏国传上/13985

宋真宗天禧四年　辽主以狩为言来攻凉甸，
　李德明败之
　【宋史】485/夏国传上/13991
　【汇编】上 59

宋真宗天禧四年正月　宥州羌族腊儿率众劫
　熟户咩魏族，金明李士彬击败之
　【宋史】491/党项传/14148
　【汇编】上 31

宋真宗天禧四年三月　以丰州王文玉为内殿
　崇班
　【宋会要】方域 21 之 11/7666

宋真宗天禧四年三月　诏西凉府回鹘自今贡
　奉并由秦州路
　【宋会要】方域 21 之 23/7672；蕃夷 4 之 8/7717

宋真宗天禧四年三月　授知丰州王文玉内殿
　崇班
　【宋会要】方域 21 之 11/7666
　【汇编】上 43

宋真宗天禧四年三月九日　夜落隔归化遣使
　来贡
　【宋会要】蕃夷 4 之 8/7717

宋真宗天禧四年五月　小湖族都虞侯等击贼
　有功进秩
　【宋史】491/党项传/14148
　【汇编】上 31

宋真宗天禧四年七月　扑咩族马讹等率众来
　附
　【宋史】491/党项传/14148
　【汇编】上 31

宋真宗天禧四年十月　以淮安镇乞埋为三班
　借职
　【宋史】491/党项传/14148
　【汇编】上 31

宋真宗天禧四年十二月　龟兹可汗王智海遣
　使来贡
　【宋会要】蕃夷 4 之 15/7721；7 之 22/7850

宋真宗天禧四年十二月　甘州回纥遣使朝贡
　【宋会要】蕃夷 4 之 8/7717

宋真宗天禧五年　环州通远县置定边、平远
　寨
　【宋会要】方域 18 之 9/7614

宋真宗天禧五年 北界罗骨等劫剽熟户，环
庆田敏击败之
【宋史】491/党项传/14148
【汇编】上 31

宋真宗天禧五年 辽复遣使赍玉册金印，册
李德明为尚书令、大夏国王
【宋史】485/夏国传上/13992
【汇编】上 59

宋真宗天禧中 吐蕃首领李遵迎唃厮啰为主，
以兴文法
【儒林公议】上/4 上
【汇编】中一 1604

宋真宗天禧中 筑安塞寨
【甘肃新通志】13/舆地志·古迹·庆阳府·环
县/31 上
【汇编】补遗 7253

宋真宗天禧中 筑环州平远砦
【武经总要】前集 18/13 下
【汇编】中一 1612

宋真宗天禧中 筑环州团堡砦
【武经总要】前集 18 上/14 上
【汇编】中一 1613

宋真宗天禧中 筑秦州安远砦
【武经总要】前集 18 上/30 下
【汇编】中一 1613

宋真宗天禧中 筑秦州将鸡砦
【武经总要】前集 18 上/32 上
【汇编】中一 1613

宋真宗天禧中 筑乾兴砦
【武经总要】前集 18 上/22 下
【汇编】中一 1619

宋真宗天禧中 筑德顺军静边砦并赐名
【武经总要】前集 18 上/24 下
【汇编】中一 1593

宋真宗天禧后 升蕃落陕西沿边厢兵有马者为
禁军
【宋史】186/兵志 1/4593
【汇编】中三 3134

宋真宗天禧间 李德明领夏州事
【元史】60/地理志 3/1450
【汇编】下 7086

宋真宗天禧间 募置大顺城弓箭手

【宋史】190/兵志 4/4710
【汇编】中二 2509

宋真宗乾兴初 宋禁河东边人犯青白盐
【宋史】181/食货志下 3/4419
【汇编】中一 1617

宋真宗乾兴元年 以庆州柳泉、新城二镇隶
原州
【元丰九域志】3/132
【甘肃新通志】9/舆地志·关梁·泾州直隶州·
镇原县/31 下
【汇编】中一 1619；补遗 7327

宋真宗乾兴元年 宋加李德明纯诚功臣
【宋史】485/夏国传上/13992
【宋会要】礼 59 之 24/1681；蕃夷 4 之 92/大食
进奉/7759
【宋大诏令集】233/赵德明进尚书令加恩制（乾
兴元年仁宗即位）/907
【汇编】上 59；中一 1618

宋真宗乾兴元年 陇州以南栅店置来远镇
【宋会要】方域 12 之 15/7527

宋真宗乾兴元年 置镇戎军乾兴寨
【元丰九域志】3/136
【汇编】中一 1619

宋真宗乾兴元年五月 龟兹国僧华严以佛骨
舍利梵夹来献
【宋会要】蕃夷 4 之 15/7721

宋真宗乾兴元年十一月七日 宗哥唃厮啰、
立遵遣使进马
【宋会要】蕃夷 7 之 22/7850

宋真宗乾兴二年 宋置榷茶务
【宋会要】食货 36 之 8/5435
【汇编】中一 1455

宋真宗乾兴二年 李德明城怀远镇为兴州
【宁夏府志】4/古迹·宁夏·宁朔县/10 上
【甘肃新通志】13/舆地志·古迹·宁夏府·宁
夏县·宁朔县/33 上
【汇编】下 6941；补遗 7253

宋真宗乾兴二年 李德明攻庆州柔远砦
【宋史】485/夏国传上/13992
【汇编】上 59

宋真宗乾兴九年 镇戎军置乾兴寨
【宋会要】方域 18 之 14/7616

宋真宗乾兴年间　赵德明请大食道其国入宋
　　进贡
　　【宋史】490/大食传/14121
　　【长编标】101/2342
　　【长编影】101/11 上
　　【汇编】中一 1617

宋仁宗天圣初　李德明部落寇平凉方渠
　　【宋史】323/周美传/10457
　　【汇编】上 231

宋仁宗天圣初　环庆等路数奏刍粮不给
　　【宋史】184/食货志下 6·茶下/4490
　　【汇编】中一 1652

宋仁宗天圣初　王仲宝破镇戎军康奴族
　　【宋史】325/王仲宝传/10513
　　【汇编】中一 1643

宋仁宗天圣元年　大食恐西人抄略，取海路
　　贡物
　　【宋史】490/大食传/14121
　　【汇编】中一 1626

宋仁宗天圣元年　改通远军为方渠
　　【宋会要】方域 5 之 41/7403

宋仁宗天圣元年　宋行边储新法
　　【宋史】183/食货志下 5·茶上/4484
　　【汇编】中一 1618

宋仁宗天圣元年　改延子城为德靖寨，延子
　　城又作建子城
　　【宋会要】方域 18 之 4/7611
　　【汇编】中一 1606

宋仁宗天圣元年　改建子城为德靖寨
　　【武经总要】前集 18 上/7 上
　　【汇编】中一 1623

宋仁宗天圣元年　改置镇戎军杏林堡为寨
　　【宋会要】方域 18 之 20/7619
　　【武经总要】前集 18 上/22 上
　　【汇编】中一 1628

宋仁宗天圣元年五月　甘州回鹘可汗王夜落
　　隔通顺遣使贡方物
　　【宋会要】蕃夷 4 之 8/7717；7 之 22/7850

宋仁宗天圣元年六月　诏甘州回纥夜落隔通
　　顺特封归忠保顺可汗王
　　【宋会要】蕃夷 4 之 8/7717

宋仁宗天圣元年六月十九日　秦州回鹘赵福
　　献马
　　【宋会要】蕃夷 7 之 22/7850

宋仁宗天圣元年九月十九日　大食国遣使来
　　贡方物
　　【宋会要】蕃夷 7 之 22/7850

宋仁宗天圣元年闰九月　归义军遣人贡方物
　　来谢
　　【宋会要】蕃夷 7 之 22/7850
　　【宋朝事实类苑】75/引东斋纪事/994
　　【汇编】中一 1626

宋仁宗天圣元年闰九月　沙州遣使翟来著等
　　贡方物
　　【宋会要】蕃夷 5 之 3/7768

宋仁宗天圣元年十一月　大食经西夏至宋进
　　奉
　　【宋会要】蕃夷 4 之 91/7759
　　【汇编】中一 1626

宋仁宗天圣二年三月十七日　龟兹国王智海
　　等贡独峰驼、五香药、杂物
　　【宋会要】蕃夷 7 之 22/7850

宋仁宗天圣二年四月　龟兹可汗王智海遣使
　　来贡
　　【宋会要】蕃夷 4 之 15/7721

宋仁宗天圣二年五月　甘州可汗王遣使翟信
　　等来贡方物
　　【宋会要】蕃夷 4 之 8/7717

宋仁宗天圣二年六月　甘州可汗王贡马、胡
　　锦、白叠
　　【宋会要】蕃夷 7 之 22/7850

宋仁宗天圣二年十二月十六日　宗哥唃厮
　　啰、立遵来贡
　　【宋会要】蕃夷 7 之 22/7850

宋仁宗天圣三年二月　回纥赵福贡马
　　【宋会要】蕃夷 4 之 8/7717

宋仁宗天圣三年三月　秦州回纥紫衣僧法会
　　以乾元节贡马
　　【宋会要】蕃夷 4 之 8/7717

宋仁宗天圣三年三月十三日　甘州可汗王来贡
　　乳香、碙砂、琥珀、白玉、马
　　【宋会要】蕃夷 7 之 23/7851

宋仁宗天圣三年三月十八日　诏秦州今后止
　　绝蕃僧进贡，不得发遣

【宋会要】蕃夷 7 之 23/7851

宋仁宗天圣三年四月 甘州可汗王、公主及宰相撒温讹进奉

【宋会要】蕃夷 4 之 9/7718

宋仁宗天圣三年七月 告知赵德明招辑惊扰内属蕃部

【宋大诏令集】233/益屯备内属诸部谕赵德明诏（天圣三年）/907

宋仁宗天圣三年十二月四日 于阗黑韩王遣大首领罗面千多奉表贡物

【宋会要】蕃夷 7 之 23/7851

宋仁宗天圣四年 诏减诸路岁造兵器之半

【宋史】197/兵志 11/4911

【汇编】中一 1652

宋仁宗天圣四年 泾原令弓箭手不得典买租蕃部土地

【宋会要】兵 27 之 22/7257

【汇编】中一 1655

宋仁宗天圣四年正月 者龙族首领厮铎督、舍钦波遣使贡马

【宋会要】方域 21 之 23/7672；蕃夷 7 之 23/7851

宋仁宗天圣五年 原州置平安寨

【宋会要】方域 18 之 5/7612

【甘肃新通志】9/舆地志·关梁·泾州直隶州·镇原县/31 下

【元丰九域志】3/132

【汇编】中一 1656；补遗 7327

宋仁宗天圣五年八月 甘州宝国夜落隔使安万东等来贡方物

【宋会要】蕃夷 4 之 9/7718；7 之 23/7851

宋仁宗天圣六年 李元昊攻甘州

【宋史】485/夏国传上/13992

【汇编】上 59

宋仁宗天圣六年 置丰林县承平寨

【宋会要】方域 18 之 12/7615

【汇编】中三 3076

宋仁宗天圣六年 置德顺军得胜寨

【元丰九域志】3/137

【甘肃新通志】9/舆地志·关梁·平凉府·静宁州/22 下

【武经总要】前集 18 上/24 下

【汇编】中一 1666；补遗 7270

宋仁宗天圣六年二月 甘州宝国夜落隔使遣人贡方物

【宋会要】蕃夷 4 之 9/7718；7 之 23/7851

宋仁宗天圣七年六月二十一日 龟兹遣金乌塔名等来贡方物

【宋会要】蕃夷 7 之 23/7851

宋仁宗天圣八年 赐赵德明翊戴功臣

【宋会要】礼 59 之 24/1681

【汇编】中一 1677

宋仁宗天圣八年 置镇戎军三川寨

【元丰九域志】3/136

【汇编】中一 1678

宋仁宗天圣八年 瓜州王以千骑降夏

【宋史】485/夏国传上/13992

【汇编】上 59

宋仁宗天圣八年十月 诏礼宾院引见蕃部，止近上百人入见，余于本院依例赐食酒

【宋会要】职官 25 之 7/2917

【汇编】中一 1677

宋仁宗天圣八年十一月 龟兹遣使李延庆贡玉带、真珠等，沙州遣使贡方物

【宋会要】蕃夷 7 之 24/7851

宋仁宗天圣九年正月 龟兹国王智海遣使李延庆等贡碙砂、乳香，沙州遣使米兴等贡珠玉、名马

【宋会要】蕃夷 7 之 24/7851

宋仁宗天圣九年十月 夏太宗李德明卒，子李曩霄立

【宋史】485/夏国传上/13992

【汇编】上 59

宋仁宗天圣九年十二月 温逋奇遣使称唃厮啰乞通和

【乐全集】22/秦州奏唃厮啰事/21 下

【汇编】中一 1680

宋仁宗天圣十年 夏景宗李元昊改元明道，后改显道

【隆平集】20/夷狄传/3 下

【汇编】上 114

宋仁宗天圣十年 修赤蒿城堡，改名宁远城，隶河州

【宋会要】方域 8 之 22/7451

宋仁宗天圣中　契丹与夏人会兵府州境上
【宋史】253/折德扆传/8881
【长编标】113/2643
【长编影】113/10 下
【汇编】上 173；中一 1696

宋仁宗天圣中　并代路乞置榷场
【宋史】186/食货志下 8/4563
【汇编】中一 1645

宋仁宗天圣中　西夏观察使阿遇寇麟州
【长编标】133/3180
【长编影】133/17 上

宋仁宗天圣中　西夏观察使阿遇子来归
【宋史】326/张岊传/10523
【汇编】上 234

宋仁宗天圣中　改绥平寨为永平寨
【陕西通志】17/关梁 2·绥德州·清涧县/48 下
【汇编】补遗 7399

宋仁宗天圣中　夏人犯边
【陕西通志】99/拾遗 2/16 下
【汇编】补遗 7254

宋仁宗天圣中　王襄言李元昊之患
【宋史】291/王襄传/9750
【东坡志林】3/曹玮语王襄元昊为中国患/70
【汇编】中一 1660、1661

宋仁宗天圣中　置环州定远寨
【武经总要】前集 18 上/13 下
【汇编】中一 1666

宋仁宗明道初　宋授唃厮啰官
【宋史】492/唃厮啰传/14161
【汇编】中一 1683

宋仁宗明道元年　宋命李元昊承袭父爵
【范文正公集】年谱/20 上
【汇编】中一 1755

宋仁宗明道元年十月　修镇戎军赤葨城，名为怀远城
【宋会要】方域 8 之 27/7454
【玉海】174/38 下
【汇编】补遗 7255

宋仁宗明道元年十一月十九日　延州言赵德明卒
【宋会要】礼 41 之 12/1383
【汇编】中一 1686

宋仁宗明道元年十一月　宋辍朝奠已故夏州节度使赵德明
【宋会要】礼 41 之 54/1404
【汇编】下 7018

宋仁宗明道元年十一月　宋赠夏州节度使赵德明官
【宋会要】仪制 13 之 7/2052
【汇编】中一 1689

宋仁宗明道元年十一月二十四日　宋仁宗辍朝奠已故夏州节度使赵德明
【宋史】124/礼志 27/2899
【汇编】中一 1689

宋仁宗明道元年十一月　授李元昊特进、检校太师兼侍中、持节都督夏州诸军事、夏州刺史、定难军节度使、西平王
【宋大诏令集】233/赵元昊静难军节度西平王制（明道元年）/908

宋仁宗明道二年　遣使除夏景宗李元昊节度使、西平王
【长编标】394/9591
【长编影】394/5 下
【汇编】中五 4808

宋仁宗明道二年四月　宋使西夏讣告真宗章献皇后崩
【宋史】123/礼志 26/2870
【汇编】中一 1694

宋仁宗景祐　置陕西永兴军路京兆府长安县子午镇
【宋会要】方域 12 之 15/7527

宋仁宗景祐初　西夏得河西瓜、沙、肃州
【元史】60/地理志 3/1450
【汇编】下 7086

宋仁宗景祐元年　诏李元昊勿寇环庆
【宋史】485/夏国传上/13994
【东都事略】127、128/附录 5、6
【隆平集】20/夷狄传/3 下
【汇编】上 61、102、114

宋仁宗景祐元年　方渠复为通远县
【宋会要】方域 5 之 41/7403
【汇编】下 7006

宋仁宗景祐元年　富弼进文数轴，内有《阅将》

【奏议标】131/富弼·上仁宗论西夏八事/1448

【奏议影】131/富弼·上仁宗论西夏八事/4449

宋仁宗景祐甲戌　李元昊僭帝号

【大藏经】佛祖历代通载 32/41 下

【汇编】下 6934

宋仁宗景祐元年春　李元昊犯府州

【范文正公集】年谱/20 上

【汇编】中一 1755

宋仁宗景祐元年六月　宋赠赵保忠咸塞军节度使

【宋会要】仪制 11 之 15/2032

【汇编】中一 1701

宋仁宗景祐元年七月　李元昊寇环庆

【范文正公集】年谱/20 上

【汇编】中一 1755

宋仁宗景祐元年十二月一日　陕西言李元昊举兵攻唃厮啰

【宋会要】兵 27 之 25/7259

【汇编】中一 1707

宋仁宗景祐二年　夏景宗李元昊遣令公苏奴儿攻唃厮啰，败绩。李元昊自牵兵攻猫牛城，又攻青唐、安二、宗哥、带星岭诸城，遂取瓜、沙、肃三州，筑城凡川

【宋史】485/夏国传上/13992

【汇编】上 61

宋仁宗景祐二年十二月　赵元昊遣兵击亶勒厮赉

【甘肃新通志】29/祠祀志·祠宇下·西宁府·西宁县/31 下

【汇编】补遗 7121

宋仁宗景祐二年十二月二十一日　除唃厮啰保顺军节度观察留后

【宋会要】蕃夷 6 之 3/7820

宋仁宗景祐四年正月九日　龟兹、沙州各遣使来贡

【宋会要】蕃夷 7 之 25/7852

宋仁宗景祐四年六月　龟兹遣大使李延贵、副使李沙州入贡

【宋会要】蕃夷 4 之 15/7721

宋仁宗景祐四年六月　沙州大使杨骨盖、副使翟延顺入贡

【宋会要】蕃夷 5 之 3/7768

宋仁宗景祐五年　西夏贡职不至，始发衅端

【奏议标】133/张方平·上仁宗因郊禋肆敕招怀西贼/1476

【奏议影】133/张方平·上仁宗因郊禋肆敕招怀西贼/4537

宋仁宗景祐五年二月七日　环庆路言北界于金汤阅兵

【宋会要】兵 27 之 25/7259

【汇编】中一 1739

宋仁宗景祐五年六月　宋赠折惟忠官

【宋会要】仪制 13 之 7/2052

【汇编】中一 1740

宋仁宗景祐中　宋加唃厮啰保顺军节度观察留后

【宋史】492/唃厮啰传/14161

【汇编】中一 1712

宋仁宗景祐中　宋遣使吊祭已故夏州节度使、西平王赵德明

【元刊梦溪笔谈】25/3

【汇编】中一 1692

宋仁宗景祐中　夏国并唐龙镇

【武经总要】前集 18 下/西蕃地界/1 上

【汇编】中一 1731

宋仁宗宝元　宋对西夏用兵

【宋史】303/范育传/10050；332/赵卨传/10685

【长编标】192/4636；238/5803；313/7585

【长编影】192/2 下；238/16 上；313/3 上

【奏议标】121/张方平·上神宗谏用兵/1332；139/苏辙·上哲宗乞因夏人纳款给还其地/1566

【奏议影】121/张方平·上神宗谏用兵/4130；139/苏辙·上哲宗乞因夏人纳款给还其地/4812

【安阳集】家传/6/7 下

【闻过斋集】1/王氏家谱叙/22 上

【名臣碑传琬琰集】中集 48/韩忠献公琦行状/1105

【汇编】中三 3255、3413、3414、3593；中四 3807、3808、4056、4129；补遗 7210

宋仁宗宝元初　夏景宗李元昊叛

【宋史】190/兵志 4·弓箭社/4726；290/狄青传/9718；314/范纯祐传/10276

【长编标】147/3568；471/11238

【长编影】147/14 上；471/1 下

【奏议标】136/欧阳修·上英宗论西边可攻四事/1525

【奏议影】136/欧阳修·上英宗论西边可攻四事/4689

【元刊梦溪笔谈】9/31

【东坡全集】33/奏议·乞增修弓箭社条约状/24

【司马文正公集】35/章奏 33·论西夏札子/1 上、35/章奏 35·乞先赦西人第二札子/8 下

【石林燕语】8/4 下

【龙川别志】下/86

【三朝北盟会编】107/7 下

【安阳集】47/故客省使眉州防御使赠遂州观察使张公（亢）墓志铭/13 下；家传 7/5 上

【宋文鉴】139/富弼撰范纯佑墓志铭/8 下

【邵氏闻见录】3/23

【欧阳文忠公全集】37/墓志·皇从侄右领军卫大将军博平侯（世融）墓志铭/3 下；114/奏议政府/1 上

【范太史集】4/检校司空左武卫上将军郭公墓志铭 1 上

【范文正公集】诸贤赞颂论疏/24 下；褒贤集·富弼撰墓志铭/8 上；2/古诗·阅古堂诗/14 上

【临川集】93/太常博士曾公墓志铭 2 下

【铁围山丛谈】1/4 下

【梅尧臣集编】编年校注 11/寄永兴诏讨夏太尉/179

【净德集】19/虑边论二/205

【朝野杂记】乙集 19/边防/1180

【名臣碑传琬琰集】上集 19/王武恭德用公神道碑/314

【豫章文集】7/遵尧录 6/13 上

【儒林公议】上 2 上

【畿辅通志】109/司马光撰礼部尚书张公墓志/14 上

【中国考古学会第一次年会论文集】折继闵神道碑/455

【汇编】上 192；中二 1786、1858、1860、1879、1903、1958、1962、1965、1990、2009、2432、2507、2647、2704、2727；中

三 2864、3027、3343、3360、3485；中四 3833；中五 4665、4674、5144、5222、5223；下 6109、6937、7026；补遗 7256、7266

宋仁宗宝元初　西夏兵犯延安

【范文正公集】13/试秘书省校书郎知耀州华原县事张君（问字道卿）墓志铭/21 下

【汇编】中二 2414

宋仁宗宝元初　选陕西河东等厢军强健者为清边弩手

【宋史】187/兵志 1/4599

【奏议标】136/吕海·上仁宗论边备弛废/1521

【奏议影】136/吕海·上仁宗论边备弛废/4678

【汇编】中一 1766

宋仁宗宝元初　赵宇言李元昊必反

【长编标】133/3175

【长编影】133/13 上

【汇编】中二 2345

宋仁宗宝元初　夏州始绝朝贡

【涑水记闻】12/12 下

【汇编】中二 2090

宋仁宗宝元元年　李元昊叛

【宋史】492/唃厮啰传/14162

【长编标】150/3640

【长编影】150/16 上

【东都事略】127、128/附录 5、6

【汇编】上 103；中一 1759；中三 2942

宋仁宗宝元元年　夏景宗李元昊部将山遇率族来归

【宋史】326/李渭传/10529

【皇宋十朝纲要】5/9 下

【河南先生文集】15/故金紫光禄大夫检校右散骑常侍、陇西郡开国侯、食邑一千七百户李公墓志铭/13 上

【汇编】中一 1744、1745

宋仁宗宝元元年　李元昊起兵

【奏议标】135/富弼·上仁宗河北守御十三策/1501

【奏议影】135/富弼·上仁宗河北守御十三策/4615

宋仁宗宝元元年　西夏表请诣宋五指山供佛宝

【宋史】485/夏国传上/13995

【汇编】上 62

宋仁宗宝元元年九月十六日 鄜延路言西夏事

【涑水记闻】12/1 下

【汇编】中一 1745

宋仁宗宝元元年十月 庞籍奏论先正内而后制外

【奏议标】131/庞籍·上仁宗论先正内而后制外/1446

【奏议影】131/庞籍·上仁宗论先正内而后制外/4441

宋仁宗宝元元年十二月 韩琦奏论外忧内患

【奏议标】131/韩琦·上仁宗论外忧始于内患/1446

【奏议影】131/韩琦·上仁宗论外忧始于内患/4442

宋仁宗宝元元年冬 夏景宗李元昊称帝

【范文正公集】年谱/20 上

【汇编】中一 1755

宋仁宗宝元二年 夏景宗李元昊叛

【春明退朝录】上/3

【汇编】中一 1388

宋仁宗宝元二年 富弼请举武才

【奏议标】82/富弼·上仁宗乞召陕西等路奏举才武/894

【奏议影】82/富弼·上仁宗乞召陕西等路奏举才武/2856

【汇编】中二 1876

宋仁宗宝元二年 夏景宗李元昊遣使上表

【宋史】485/夏国传上/13995

【汇编】上 62

宋仁宗宝元二年二月七日 宋廷发内藏库钱接济戍边士卒家属

【宋会要】兵 5 之 2/6840

【汇编】中二 1779

宋仁宗宝元二年二月 唃厮啰遣使贡方物,《宋会要》系东三月

【宋朝事实类苑】56/引杨文公谈苑/743

【汇编】中二 1780

宋仁宗宝元二年三月 吴育上奏

【奏议标】131/吴育·上仁宗论建立基本以销未萌之患/1447

【奏议影】131/吴育·上仁宗论建立基本以销未萌之患/4443

宋仁宗宝元二年三月二十三日 唃厮啰遣李波末里瓦等来贡方物

【宋会要】蕃夷 7 之 25/7852

宋仁宗宝元二年四月 指挥陕西诸路兵马总管司加强训练,以备出击

【宋会要】兵 8 之 20/6897

【汇编】中二 1790

宋仁宗宝元二年六月 诏削赵元昊在身官爵,除去属籍

【宋会要】兵 8 之 20/6897

宋仁宗宝元二年六月 诏捕获赵元昊者即授定难节度使

【长编标】123/2913

【长编影】123/19 上

【宋大诏令集】233/削赵元昊官爵除去属籍诏(宝元二年)/908

【涑水记闻】9/4 下

宋仁宗宝元二年六月丙戌 宋以点集河东兵马事牒契丹

【涑水记闻】9/4 下

【汇编】中二 1810

宋仁宗宝元二年七月二十二日 诏臣僚无得于府州买马

【宋会要】兵 24 之 16/7186

【汇编】中二 1811、2338

宋仁宗宝元二年九月 李士彬捕获西夏环州刺史

【涑水记闻】12/4 下

【汇编】中二 1822

宋仁宗宝元二年九月 富弼奏西夏事

【奏议标】131/富弼·上仁宗论西夏八事/1454

【奏议影】131/富弼·上仁宗论西夏八事/4475

宋仁宗宝元二年九月乙巳 府州敕榜

【宋大诏令集】188/府州敕榜/687

【汇编】中二 1822

宋仁宗宝元二年九月丁未 授折继宣诸卫将军

【涑水记闻】9/5 上

【汇编】中二 1822

宋仁宗宝元二年十月十一日 夏景宗李元昊

称帝，国称大夏，年号天授礼法延祚

【宋史】485/夏国传上/13996

【汇编】上 63

宋仁宗宝元二年十二月　鄜延环庆路部署司奏边事

【涑水记闻】8/6 下；9/5 下

【汇编】中二 1855、1856

宋仁宗宝元二年闰十二月　刘平上奏

【奏议标】132/刘平·上仁宗乞选用酋豪各守边郡/1456

【奏议影】132/刘平·上仁宗乞选用酋豪各守边郡/4480

宋仁宗宝元三年　党项围延安七日

【梦溪笔谈校证】2/权智/949

【汇编】中二 1890

宋仁宗宝元三年正月　西夏攻延州

【宋会要】兵 8 之 20/6897

【汇编】中二 1889

宋仁宗宝元三年正月八日　朝旨令边州不得接收西界僭伪文字

【范文正公集】15/耀州谢上表/6 下

【汇编】中二 2251

宋仁宗宝元中　辽兵压宋境

【长编标】500/11911

【长编影】500/10 下

【汇编】中六 5421

宋仁宗宝元中　夏景宗李元昊赍送蜡书

【三朝北盟会编】62/5 下

【汇编】中六 6057

宋仁宗宝元中　宝元用兵后陕西蕃部熟户相继陷没

【奏议标】125/吕海·上英宗请重造蕃部兵帐/1379

【奏议影】125/吕海·上英宗请重造蕃部兵帐/4256

宋仁宗宝元中　党项明珠族犯边

【元刊梦溪笔谈】13/20

【汇编】中二 2084

宋仁宗宝元中　置米脂寨

【延安府志】7/绥德州/24 下

【汇编】补遗 7354

宋仁宗宝元中　陕西四路各置经略安抚招讨使

以备西夏

【欧阳文忠公全集】127/归田录/11 上

【汇编】中二 2582

宋仁宗宝元、康定间　西人犯边

【宋史】350/曲珍传/11083

【闻见近录】21 下

【汇编】中二 2143、2532

宋仁宗康定初　李元昊叛宋

【元丰类稿】48/徐复传 1 上

【玉海】139/庆历万胜军/16 下

【宋朝事实类苑】75/引倦游录/995

【欧阳文忠公全集】37/墓志皇从侄右领军卫大将军博平侯（世融）墓志铭/3 下

【范太史集】4/检校司空左武卫上将军郭公墓志铭 1 上

【武经总要】前集 18 下/西蕃地界/1 上

【甘肃新通志】29/祠祀志·祠宇下·庆州府·安化县·韩范祠/8 下

【汇编】中一 1726；中二 1879、1958、1968、1975；补遗 7276、7466

宋仁宗康定初　夏景宗李元昊寇延安

【宋史】325/王珪传/10508

【范文正公集】13/东染院使君种君墓志铭/14 上

【儒林公议】下/12 上

【东原录】33 上

【延安府志】1/诗文·范文正公庙碑/47 上

【汇编】中二 2079、2082、2087；补遗 7122、7266

宋仁宗康定初　夏人出泾原

【中国考古学会第一次年会论文集】折继闵神道碑/455

【汇编】上 188

宋仁宗康定初　夏人破金明寨

【陕西通志】16/关梁 1·延安府·安塞县/26 下

【汇编】补遗 7261

宋仁宗康定初　夏人寇延州

【宋史】250/石元孙传/8814

【涑水记闻】9/6 上

【汇编】中二 1888、1929

宋仁宗康定初　夏景宗李元昊破安远，塞门、永平诸砦

【陕西通志】17/关梁 2·绥德州·清涧县/48 上

【汇编】补遗 7262

宋仁宗康定元年　夏景宗李元昊攻保安军

【宋史】253/李继周传/8870

【汇编】上 222

宋仁宗康定元年　知庆州任福谋袭西夏白豹城

【宋会要】方域 18 之 19/7619

【涑水记闻】12/6 上

【汇编】中二 2150；2091

宋仁宗康定元年　以郦州城县置康定军

【武经总要】前集 18/8 上

【汇编】中二 2146

宋仁宗康定元年　华州进士张源走投西夏

【清波杂志】2/6 下

【汇编】中二 2372

宋仁宗康定元年　西界投来人杜文广引路破白豹寨及指画制造攻城云梯

【宋会要】方域 18 之 19/7619

宋仁宗康定元年　西夏攻金明寨

【宋史】485/夏国传上/13996

【东都事略】127、128/附录 5、6

【隆平集】20/夷狄传/3 下

【汇编】上 63、103、114

宋仁宗康定元年　李士彬兵败被擒

【涑水记闻】12/1 上

【汇编】中二 1880

宋仁宗康定元年　筑清涧城

【元丰九域志】3/109

【延安府志】7/绥德州/15 上

【陕西通志】14/城池/28 上

【汇编】中二 2145；补遗 7257

宋仁宗康定元年　置丰林县延安寨

【宋会要】方域 18 之 5/7612

【汇编】中二 2150

宋仁宗康定元年　赵元昊寇边，诏近臣陈攻守策

【玉海】141/康定论兵/15 上

【汇编】补遗 7263

宋仁宗康定元年正月　西夏寇安远、塞门等寨

【宋会要】职官 27 之 26/7259

【汇编】中二 2036

宋仁宗康定元年正月十二日　牒环庆相度鄜延用兵

【范文正公集】年谱补遗/2 上

【汇编】中二 1881

宋仁宗康定元年三月　陈执中论边事

【奏议标】132/陈执中·上仁宗论西边事宜/1457

【奏议影】132/陈执中·上仁宗论西边事宜/4483

宋仁宗康定元年三月　韩琦奏夏宋三川口战况

【涑水记闻】12/4 下

【汇编】中二 1949

宋仁宗康定元年春　三川口之战

【宋史】326/王信传/10518

【宋会要】兵 8 之 21/6897

【涑水记闻】11/12 上

【石林燕语】9/3 下

【安阳集】47/故崇信军节度副使检校尚书工部员外郎尹公墓表/2 上

【汇编】中二 1889、1893、1896、2646；中三 2904

宋仁宗康定元年四月　沙州道人入贡

【宋会要】蕃夷 5 之 3/7768

宋仁宗康定元年四月　诏造纸甲三万，给陕西防城弓手

【宋史】197/兵志 11/4911

【汇编】中二 1989

宋仁宗康定元年四月　龟兹道使来贡

【宋会要】蕃夷 4 之 15/7721

宋仁宗康定元年四月　唃厮啰之子摩戬请击夏虏

【涑水记闻】12/5 下

【汇编】中二 1992

宋仁宗康定元年五月　范仲淹上奏

【奏议标】132/范仲淹·上仁宗乞严边城实关内/1457

【奏议影】132/范仲淹·上仁宗乞严边城实关内/4485

宋仁宗康定元年五月　范雍奏与西夏战况

【涑水记闻】12/3 上

【汇编】中二 2003

宋仁宗康定元年七月丁巳　诏给戍边诸军在营家属茶盐
【长编标】128/3025
【长编影】128/1 上
【汇编】中二 2036

宋仁宗康定元年秋　夏景宗李元昊寇保安军、镇戎军
【涑水记闻】12/6 上
【汇编】中二 2091

宋仁宗康定元年九月　赐陕西军士羊裘
【玉海】82/建隆赐锦袍/29 下
【汇编】补遗 7266

宋仁宗康定元年冬　诏鄜延、泾原两路共讨西贼
【宋会要】兵 8 之 21/6897

宋仁宗康定元年十二月　欧阳修上奏
【奏议标】132/欧阳修·上仁宗论庙算三事/1461
【奏议影】132/欧阳修·上仁宗论庙算三事/4500

宋仁宗康定元年十二月　范仲淹奏言不宜进讨夏人
【奏议标】132/范仲淹·上仁宗论夏贼未宜进讨/1462
【奏议影】132/范仲淹·上仁宗论夏贼未宜进讨/4503

宋仁宗康定二年　夏宋好水川之战
【宋史】325/任福传/10506
【汇编】中二 2190

宋仁宗康定二年　保安军置保胜寨
【宋会要】方域 18 之 4/7652
【陕西通志】16/关梁 1·延安府·保安县/29 下
【汇编】补遗 7281

宋仁宗康定二年　赵元昊谋寇渭州
【甘肃新通志】9/舆地志·关梁·平凉府·静宁州/22 下
【汇编】补遗 7270

宋仁宗康定二年　置康定军使于鄜城县
【元丰九域志】3/113
【汇编】中二 2145

宋仁宗康定二年正月　授唃厮啰保顺河西等军节度使
【宋会要】蕃夷 6 之 3/7820
【乐全集】22/秦州奏唃厮啰事/22 上
【汇编】中二 2157

宋仁宗康定二年二月　沙州遣大使安谔支、副使李吉入贡
【宋会要】蕃夷 5 之 3/7768

宋仁宗康定二年二月十日　赵珣父上《聚米图经》
【宋会要】崇儒 5 之 22/2257
【汇编】中二 2188

宋仁宗康定二年四月　赶杀西贼至延州义连铺
【范文正公集】西夏堡寨/6
【汇编】中二 2645

宋仁宗康定二年七月　府州被数万夏兵围困数日
【涑水记闻】12/7 下
【汇编】中二 2316

宋仁宗康定二年秋　任福败于镇戎
【宋会要】兵 8 之 21/6897

宋仁宗康定二年八月　诏泾原兵入界以解丰州之危
【宋会要】方域 21 之 12/7667
【汇编】上 44

宋仁宗康定二年十二月八日　西蕃磨毡角来贡马
【宋会要】蕃夷 7 之 26/7852

宋仁宗康定中　宋夏战于好水川
【忠肃集】12/宫苑使阁门通事舍人王公（易）墓志铭/169
【汇编】中二 2196

宋仁宗康定中　渭州瓦亭寨监押刘沪击破党留等族
【宋史】324/刘沪传/10494
【汇编】中二 2197

宋仁宗康定中　西夏陷丰州
【武经总要】前集 17/14 上
【汇编】中一 925

宋仁宗康定中　西夏陷麟州宁远寨
【武经总要】前集 17/18 上
【汇编】中二 2366

宋仁宗康定中 升并州厢军为禁军

【宋史】187/兵志1/4593

【汇编】中二 2417

宋仁宗康定中 宋弃南安寨

【武经总要】前集 18 上/1 下

【陕西通志】17/关梁 2·绥德州·清涧县/47 下

【汇编】中三 3129；补遗 7281

宋仁宗康定中 夏景宗李元昊约吐蕃勿与宋朝
　　通

【渑水燕谈录】2/6 上

【汇编】中二 2055

宋仁宗康定中 侍禁李贵妻被西夏俘虏

【邻几杂志】2 上

【汇编】中二 2221

宋仁宗康定中 筑府谷县东胜堡

【陕西通志】17/关梁 2·葭州·府谷县/57 上

【榆林府志】6/建置志·关隘/7 上

【汇编】补遗 7277、7280

宋仁宗康定间 省金明县为寨

【延安府志】2/安塞县/1 上

【汇编】补遗 7482

宋仁宗庆历初 夏景宗李元昊叛

【奏议标】137/富弼·上神宗谏西师/1539

【奏议影】137/富弼·上神宗谏西师/4731

宋仁宗庆历初 夏景宗李元昊掠丰州

【司马文正公集】8/章奏 6·论复置丰州札子/
　　12 上

【汇编】中三 3280

宋仁宗庆历初 升麟府州厢兵为禁军

【宋史】187/兵志 1/4593

【汇编】中二 2391

宋仁宗庆历初 募土人充清涧指挥

【宋史】187/兵志 1/4600

【汇编】中二 2417

宋仁宗庆历初 改羊牧隆城为隆德砦

【武经总要】前集 18 上/23 下

【汇编】中二 2835

宋仁宗庆历初 重修延州顺安砦

【武经总要】前集 18/1 下

【汇编】中三 3129

宋仁宗庆历初 筑龙安砦

【陕西通志】16/关梁 1·延安府·安塞县/26 下

【汇编】补遗 7273

宋仁宗庆历初 置火山军下镇寨

【宋史】86/地理志 2/2137

【汇编】中六 5827

宋仁宗庆历元年 丰林县以万安镇为寨

【宋会要】方域 18 之 5/7612

宋仁宗庆历元年 夏景宗李元昊围麟州二十
　　日

【东轩笔录】8/4 上

【涑水记闻】12/14 上

【名臣碑传琬琰集】下集 13/实录/文忠烈公彦
　　博传/1451

【汇编】中二 2319、2320、2355

宋仁宗庆历元年 火山军置下镇寨

【宋会要】方域 18 之 31/7625

宋仁宗庆历元年 任福战败于好水川

【东都事略】127、128/附录 5、6

【隆平集】20/赵保吉传/3 下

【石林燕语】9/3 下

【隆德县志】4/考证/64 上

【汇编】上 103、114；中二 2646；补遗 7271

宋仁宗庆历元年 孙沔上仁宗论范仲淹答赵
　　元昊书

【奏议标】133/孙沔·上仁宗论范仲淹答赵元昊
　　书/1473

【奏议影】133/孙沔·上仁宗论范仲淹答赵元昊
　　书/4533

【汇编】中二 2250

宋仁宗庆历元年 徙边兵不教者于内郡教习

【宋史】195/兵志 9/4854

【汇编】中二 2417

宋仁宗庆历元年 折继闵与夏人战横阳川

【中国考古学会第一次年会论文集】折继闵神道
　　碑/455

【汇编】上 188

宋仁宗庆历元年 宋夏用兵

【朱文公集】95 上/少师保信军节度使魏国公致
　　仕赠太保张公（浚）行状上/1 下

【汇编】补遗 7268

宋仁宗庆历元年 夏景宗李元昊陷丰州

【宋史】86/地理志 2/2136

【汇编】中三 3301

宋仁宗庆历元年　阳曲县主簿杨拯献《龙虎八阵图》等

　　【宋史】197/兵志 11/4911

　　【汇编】中二 2303

宋仁宗庆历元年　募土人善骑射者涅手臂充陕西护塞军

　　【宋史】191/兵志 5/4740

　　【汇编】中二 2411

宋仁宗庆历元年　于三都谷静边堡置寨

　　【玉海】174/雍熙筑河北城垒，祥符山川城寨图/37 上

　　【汇编】补遗 7247

宋仁宗庆历元年正月　范仲淹答赵元昊书

　　【范文正公集】9/答赵元昊书/6 下

　　【汇编】中二 2169

宋仁宗庆历元年正月　泰州筑东西关

　　【宋会要】方域 12 之 2/7520

宋仁宗庆历元年辛巳　范仲淹上疏议出兵西夏事

　　【长编标】130/3079

　　【长编影】130/1 上

　　【范文正公集】年谱/22 上

　　【汇编】中二 2151、2168

宋仁宗庆历元年二月　田况上仁宗论攻策七不可

　　【奏议标】132/田况·上仁宗论攻策七不可/1466

　　【奏议影】132/田况·上仁宗论攻策七不可/4513

宋仁宗庆历元年二月　范仲淹上仁宗乞先修诸寨未宜进讨

　　【奏议标】132/范仲淹·上仁宗乞先修诸寨未宜进讨/1464、1465

　　【奏议影】132/范仲淹·上仁宗乞先修诸寨未宜进讨/4504

　　【汇编】中二 2223

宋仁宗庆历元年二月　夏景宗李元昊攻渭州，逼怀远城

　　【宋史】485/夏国传上/13996

　　【涑水记闻】12/11 下

　　【汇编】上 64；中二 2197

宋仁宗庆历元年二月　夏竦言攻守之议

　　【长编标】131/3093

　　【长编影】131/1 上

　　【汇编】中二 2178

宋仁宗庆历元年五月　田况言兵策

　　【奏议标】132/田况·上仁宗兵策十四事/1471

　　【奏议影】132/田况·上仁宗兵策十四事/4528

宋仁宗庆历元年五月　诏诸路置招抚蕃落司

　　【长编标】132/3122

　　【长编影】132/1 上

　　【汇编】中二 2262

宋仁宗庆历元年六月　王尧臣乞用泾原路熟户

　　【奏议标】125/王尧臣·上仁宗乞用泾原路熟户/1378

　　【奏议影】125/王尧臣·上仁宗乞用泾原路熟户/4254

宋仁宗庆历元年七月　丰州王余庆为李元昊所杀

　　【长编标】124/2920

　　【长编影】124/2 下

　　【汇编】中二 1818

宋仁宗庆历元年七月　张亢论边事

　　【奏议标】133/张亢·上仁宗论边机军政所疑十事/1474

　　【奏议影】133/张亢·上仁宗论边机军政所疑十事/4537

宋仁宗庆历元年八月　夏景宗李元昊围麟州逾月

　　【宋会要】方域 21 之 1/7661；21 之 8/7665

　　【汇编】上 37

宋仁宗庆历元年八月　张方平论剌四路弓手充保捷宣毅

　　【奏议标】123/张方平·上仁宗论剌四路弓手充保捷宣毅/1351

　　【奏议影】123/张方平·上仁宗论剌四路弓手充保捷宣毅/4189

　　【汇编】中二 2329

宋仁宗庆历元年八月十九日　诏毁潼关楼橹

　　【宋会要】方域 12 之 4/7521

　　【汇编】中二 2331

宋仁宗庆历元年秋　西夏兵围麟府

　　【安阳集】47/故客省使眉州防御使赠遂州观察

使张公墓志铭/14 上

【宋会要】兵 8 之 21/6897

【汇编】中二 2338、2353

宋仁宗庆历元年十月　于陕西四路置帅

【安阳集】家传 2/14 上

【汇编】中二 2374

宋仁宗庆历元年十月　诏西界人先隶军籍者，具名以闻

【宋会要】职官 32 之 2/3006

【汇编】中二 2387

宋仁宗庆历元年十月　张方平上奏招抚西人

【奏议标】133/张方平·上仁宗因郊禋肆赦招怀西贼/1476

【奏议影】133/张方平·上仁宗因郊禋肆赦招怀西贼/4542

宋仁宗庆历元年十月　修河东宁远寨

【玉海】174/明道怀远城/38 下

【汇编】补遗 7255

宋仁宗庆历元年十月　诏增筑秦州外城，因韩琦所筑，号韩公城

【宋会要】方域 8 之 22/7451

宋仁宗庆历元年十一月　范仲淹上攻守二策

【奏议标】133/范仲淹·上仁宗攻守二策/1478

【奏议影】133/范仲淹·上仁宗攻守二策/4550

宋仁宗庆历元年十二月　宋禁沿边臣僚私市马

【宋会要】兵 24 之 16/7186

【汇编】中二 2415

宋仁宗庆历元年十二月二十五日　折继闵降职

【宋会要】职官 64 之 41/3841

【汇编】中二 2414

宋仁宗庆历二年　庆州建大顺城

【宋会要】方域 8 之 28/7454

【宋文鉴】81/张载·庆州大顺城记/1 上

【汇编】中二 2507

宋仁宗庆历二年　李元昊寇镇戎军

【宋史】289/葛怀敏传/9710

【汇编】中二 2546

宋仁宗庆历二年　府州厢兵升为禁军

【宋史】187/兵志 1/4600

【汇编】中二 2640

宋仁宗庆历二年　宁远寨为西夏所破

【宋会要】方域 18 之 8/7613

宋仁宗庆历二年　李元昊寇马栏镇

【陕西通志】17/关梁 2·鄜州·宜君县/44 下

【汇编】补遗 7288

宋仁宗庆历二年　镇戎军置高平寨

【宋会要】方域 18 之 12/7615

宋仁宗庆历二年　环州亦募强人弓手

【宋史】190/兵志 4/4710

【汇编】中二 2468

宋仁宗庆历二年　契丹观衅而动，嫚书上闻

【奏议标】135/富弼·上仁宗河北守御十三策/1501

【奏议影】135/富弼·上仁宗河北守御十三策/4615

宋仁宗庆历二年　契丹来宋求地请婚公主

【名臣碑传琬琰集】上集 6/贾文元公昌朝神道碑/101

【汇编】中二 2589

宋仁宗庆历二年　秦凤路阶州置沙滩寨

【宋会要】方域 18 之 23/7621

宋仁宗庆历二年　渭州平凉县废定川寨

【宋会要】方域 18 之 27/7623

宋仁宗庆历二年　韩琦筑秦州东、西关城

【宋会要】方域 12 之 2/7520、12 之 4/7521

【甘肃新通志】13/舆地志·古迹·秦州直隶州/20 下

【汇编】中二 2428；补遗 7287

宋仁宗庆历二年　赏蕃官赵明招到西夏团练使讹乞等

【范文正公集】年谱补遗/10 下

【汇编】中二 2419

宋仁宗庆历二年　置陕西四路经略安抚招讨使

【长编标】135/3213

【长编影】135/1 上

【汇编】中二 2419

宋仁宗庆历二年　置镇戎军定川寨

【甘肃新通志】9/舆地志·关梁·固原直隶州/25 下

【汇编】补遗 7285

宋仁宗庆历二年　置镇戎军高平等寨

【元丰九域志】3/136

【汇编】中二 2639

宋仁宗庆历二年　置麟州镇川堡

【宋会要】方域 20 之 2/7651

【汇编】中二 2640

宋仁宗庆历二年　夏景宗李元昊败宋军于定川

【宋史】485/夏国传上/13998

【汇编】上 65

宋仁宗庆历二年正月　范仲淹再议攻守

【奏议标】133/范仲淹·上仁宗再议攻守/1481

【奏议影】133/范仲淹·上仁宗再议攻守/4554

宋仁宗庆历二年正月　诏麟州兵病弱不任征战者迁近里州军

【宋会要】兵 5 之 3/6841

【汇编】中二 2430

宋仁宗庆历二年二月　沙州北亭可汗王遣大使入贡

【宋会要】蕃夷 5 之 3/7768

宋仁宗庆历二年二月　庞籍奏议范仲淹攻守策

【奏议标】133/庞籍·上仁宗论范仲淹攻守之策/1481

【奏议影】133/庞籍·上仁宗论范仲淹攻守之策/4556

宋仁宗庆历二年二月十六日　环庆泾原路请筑城寨

【宋会要】方域 19 之 3/7627

【汇编】中二 2438

宋仁宗庆历二年春　范仲淹奏徙种世衡知环州

【涑水记闻】9/11 下

【汇编】中二 2451

宋仁宗庆历二年春　招募蕃官慕恩

【范文正公集】13/东染院使君种君墓志铭 5 下

【汇编】中二 2449

宋仁宗庆历二年五月　范仲淹上奏陕西主帅带押蕃部使

【奏议标】125/范仲淹·上仁宗乞令陕西主帅并带押蕃部使/1378

【奏议影】125/范仲淹·上仁宗乞令陕西主帅并带押蕃部使/4254

宋仁宗庆历二年五月二十二日　唃厮啰贡物

【宋会要】蕃夷 7 之 26/7852

【汇编】中二 2510

宋仁宗庆历二年六月二十六日　宋仁宗阅泾原蕃落弓箭手教阵

【宋会要】礼 9 之 8/532

【汇编】中二 2517

宋仁宗庆历二年八月十五日　秦州立新筑东西城记

【河南先生文集】4/秦州新筑东西城记/7 上

【汇编】中二 2534

宋仁宗庆历二年十月　辽使萧偕请为宋夏说和

【忠肃集】拾遗·王开府（拱辰）行状/305

【汇编】中二 2587

宋仁宗庆历二年十月　贾昌朝上奏备边六事

【奏议标】133/贾昌朝·上仁宗备边六事/1483

【奏议影】133/贾昌朝·上仁宗备边六事/4563

宋仁宗庆历二年十月二十五日　诏泾州南置城寨

【宋会要】方域 19 之 3/7627

宋仁宗庆历三年　郑戬代范仲淹为四路都招讨

【中吴纪闻】2/2 上、2/7 下

【汇编】中二 2704、2710

宋仁宗庆历三年　以渭州笼竿城置德顺军

【宋会要】方域 5 之 43/7404

【元丰九域志】3/137

【甘肃新通志】13/舆地志·古迹·平凉府·静宁州/10 下

【汇编】中二 2833；补遗 7291

宋仁宗庆历三年　欧阳修议李元昊通和

【欧阳文忠公全集】99/奏议·论乞廷议元昊通和事状/5 上

【汇编】中二 2739

宋仁宗庆历三年　改羊牧隆城为隆德寨

【宋会要】方域 18 之 4/7652

【隆德县志】1/古迹/24 下

【汇编】补遗 7252

宋仁宗庆历三年　欧阳修乞别议求将法

【奏议标】64/欧阳修·上仁宗乞别议求将之法/

714

【奏议影】64/欧阳修·上仁宗乞别议求将之法/
2348

【汇编】中二 2829

宋仁宗庆历三年　欧阳修上李元昊来人不可
令朝臣管伴札子

【欧阳文忠公全集】99/奏议·论元昊来人不可
令朝臣管伴札子/2 下

【汇编】中二 2745

宋仁宗庆历三年　欧阳修乞与李元昊约不攻
喓厮啰

【欧阳文忠公全集】104/奏议·论乞与元昊约不
攻喓厮啰札子/8 下

【汇编】中三 2844

宋仁宗庆历三年　欧阳修奏乞韩琦经略陕西

【欧阳文忠公全集】102/奏议·论乞令宣抚使韩
琦等经略陕西札子/1 上

【汇编】中二 2797

宋仁宗庆历三年　欧阳修奏论不遣张子奭使
元昊

【欧阳文忠公全集】99/奏议·论乞不遣张子奭
使元昊札子/9 上

【汇编】中二 2771

宋仁宗庆历三年　欧阳修奏论李元昊不可称
吾祖

【欧阳文忠公全集】99/奏议·论元昊不可称吾
祖札子/4 上

【汇编】中二 2753

宋仁宗庆历三年　欧阳修奏论西夏议和

【欧阳文忠公全集】102/奏议·论西贼议和请以
五问诘大臣状/1 下

【汇编】中二 2803

宋仁宗庆历三年　欧阳修奏论西夏议和利害

【欧阳文忠公全集】99/奏议·论西贼议和利害/
6 下

【汇编】中二 2754

宋仁宗庆历三年　欧阳修乞诏谕陕西将官

【欧阳文忠公全集】99/奏议·论乞诏谕陕西将
官札子/2 上

【汇编】中二 2739

宋仁宗庆历三年　置高平寨

【甘肃新通志】13/舆地志·古迹·固原直隶州/

11 下

【汇编】补遗 7241

宋仁宗庆历三年　德顺军置中安堡

【宋会要】方域 20 之 12/7656

宋仁宗庆历三年　夏景宗李元昊遣使与宋议
和

【宋史】485/夏国传上/13998

【汇编】上 65

宋仁宗庆历三年正月　王尧臣言边事

【宋会要】兵 27 之 29/7261

【汇编】中二 2650

宋仁宗庆历三年正月　范仲淹奏论李元昊议
和

【奏议标】133/范仲淹·上仁宗论元昊请和不可
许者三大可防者三/1487

【奏议影】133/范仲淹·上仁宗论元昊请和不可
许者三大可防者三/4574

宋仁宗庆历三年正月　募关中民补振武

【玉海】139/咸平初置振武指挥/16 上

【汇编】补遗 7289

宋仁宗庆历三年正月二十三日　以渭州笼
竿城为德顺军

【宋会要】方域 5 之 43/7404

【汇编】下 7007

宋仁宗庆历三年二月　余靖奏论李元昊议和

【奏议标】134/余靖·上仁宗论元昊请和当令权
在我/1488

【奏议影】134/余靖·上仁宗论元昊请和当令权
在我/4577

宋仁宗庆历三年三月　田况言准西夏持书至
阙

【长编标】140/3358

【长编影】140/1 上

【汇编】中二 2690

宋仁宗庆历三年四月　富弼上奏仁宗不可待
西使太过

【奏议标】134/富弼·上仁宗不可待西使太过/
1489

【奏议影】134/富弼·上仁宗不可待西使太过/
4580

【汇编】中二 2700

宋仁宗庆历三年六月　欧阳修论西夏议和

【奏议标】134/欧阳修·上仁宗论西鄙议和先防
北虏/1490

【奏议影】134/欧阳修·上仁宗论西鄙议和先防
北虏/4584

宋仁宗庆历三年七月　欧阳修奏请廷议李元
昊议和

【奏议标】134/欧阳修·上仁宗论廷议元昊通和
事/1491

【奏议影】134/欧阳修·上仁宗论廷议元昊通和
事/4586

宋仁宗庆历三年七月　韩琦论备御辽夏

【奏议标】134/韩琦·上仁宗论备御七事/1493

【奏议影】134/韩琦·上仁宗论备御七事/4596

宋仁宗庆历三年七月　范仲淹乞救济陕西饥
民

【范文正公集】政府奏议上/乞奏救济陕西饥民/
16 上

【汇编】中二 2731

宋仁宗庆历三年七月　欧阳修奏议夏宋议和

【奏议标】134/欧阳修·上仁宗论元昊来人不可
令朝臣管伴/1492、欧阳修·上仁宗论西贼议
和利害/1493

【奏议影】134/欧阳修·上仁宗论元昊来人不可
令朝臣管伴/4588、欧阳修·上仁宗论西贼议
和利害/4591

宋仁宗庆历三年十一月　余靖奏请韩琦兼领
大帅镇秦州

【奏议标】65/余靖·上仁宗乞韩琦兼领大帅镇
秦州/719

【奏议影】65/余靖·上仁宗乞韩琦兼领大帅镇
秦州/2361

【汇编】中二 2812

宋仁宗庆历三年十二月八日　韩琦奏边事

【涑水记闻】11/5 下

【汇编】中二 2816

宋仁宗庆历四年　丰林县龙田平改龙安寨

【宋会要】方域 18 之 18/7618

宋仁宗庆历四年　夏景宗李元昊上誓书

【宋会要】兵 8 之 21/6897

宋仁宗庆历四年　议废麟州

【欧阳文忠公全集】附录 3/14 上

【汇编】中三 2873

宋仁宗庆历四年　辽兴宗致书宋仁宗言西夏

【宋大诏令集】232/又回札子/901

【汇编】中六 5523

宋仁宗庆历四年　契丹屯兵云州，声言西讨

【安阳集】50/故观文殿学士太子少师致仕赠太
子太师欧阳公墓志/3 上

【汇编】中三 2873

宋仁宗庆历四年　欧阳修奏论西夏占延州侵
地

【欧阳文忠公全集】105/奏议·论西贼占延州侵
地札子/16 上

【汇编】中三 2919

宋仁宗庆历四年　保安军置顺宁寨

【宋会要】方域 18 之 15/7617

【陕西通志】16/关梁 1·延安府·保安县/29 下

【汇编】补遗 7295

宋仁宗庆历四年　原州置绥宁寨

【宋会要】方域 18 之 15/7617

【元丰九域志】3/132

【武经总要】前集 18 上/19 下

【汇编】中三 3028

宋仁宗庆历四年　契丹会夏景宗李元昊伐呆
儿族

【宋史】313/富弼传/10253

【汇编】中三 2956

宋仁宗庆历四年　契丹请宋册与西夏和

【欧阳文忠公全集】23/赠刑部尚书余襄公神道
碑铭/8 下

【汇编】中三 2975

宋仁宗庆历四年　契丹遣使报宋伐西夏

【安阳集】47/故崇信军节度副使检校尚书工部
员外郎尹公墓表/2 上

【汇编】中三 2905

宋仁宗庆历四年　筑细腰城

【甘肃新通志】13/舆地志·古迹·庆阳府·环
县/31 下

【汇编】补遗 7295

宋仁宗庆历四年　筑细腰葫芦峡城

【甘肃新通志】13/舆地志·古迹·固原直隶州
·平远县/12 下

【汇编】补遗 7295

宋仁宗庆历四年　置王家城

【宋会要】方域 8 之 32/7456

宋仁宗庆历四年　置德顺军水洛城
【元丰九域志】3/137
【汇编】中二 2834

宋仁宗庆历四年　夏景宗李元昊上誓表称臣，
　宋赐夏国主印，置榷场
【宋史】485/夏国传上/13999
【汇编】上 66

宋仁宗庆历四年正月　西蕃磨毡角遣使来贡
　方物
【宋会要】蕃夷 7 之 26/7852

宋仁宗庆历四年春正月　诏罢修水洛城
【长编标】146/3527
【长编影】146/1 上
【汇编】中三 2837

宋仁宗庆历四年五月　范仲淹上奏和守攻备
　四策
【奏议标】134/范仲淹等·上仁宗论和守攻备四
　策/1499
【奏议影】134/范仲淹等·上仁宗论和守攻备四
　策/4612

宋仁宗庆历四年七月　诏陕西四路近降夏国
　誓诏，毋得招纳西界蕃户
【宋会要】兵 27 之 34/7263

宋仁宗庆历四年七月　契丹遣使来告将伐李
　元昊
【奏议标】135/丁度等·上仁宗论契丹请绝元昊
　进贡事/1511
【奏议影】135/丁度等·上仁宗论契丹请绝元昊
　进贡事/4649

宋仁宗庆历四年八月　富弼论李元昊所上誓
　书
【奏议标】135/富弼·上仁宗论元昊所上誓书/
　1513
【奏议影】135/富弼·上仁宗论元昊所上誓书/
　4655

宋仁宗庆历四年八月　契丹韩国王自贺兰山
　北与夏景宗李元昊接战
【宋史】485/夏国传上/13999
【汇编】上 67

宋仁宗庆历四年九月　宋廷议册封李元昊
【奏议标】135/余靖·上仁宗论元昊所上誓书/
　1514
【奏议影】135/余靖·上仁宗论元昊所上誓书/
　4657

宋仁宗庆历四年十月　封册李元昊
【宋会要】兵 8 之 22/6898

宋仁宗庆历四年十月　赐西夏誓诏
【宋大诏令集】233/赐西夏诏（庆历四年）/
　908

宋仁宗庆历四年十一月　筑原州细腰城
【范文正公集】年谱补遗/19 上
【汇编】中三 3031

宋仁宗庆历四年十一月十四日　瞎毡等遣
　蕃僧贡名马
【宋会要】蕃夷 7 之 26/7852

宋仁宗庆历四年十二月　遣张子奭为西夏册
　礼使，册封李元昊夏国主
【宋大诏令集】233/册夏国主文/909
【霏雪录】上/22 上
【汇编】中三 3013；补遗 7296

宋仁宗庆历四年冬　宋册李元昊为夏国主
【朝野杂记】乙集 19/边防·西夏扣关/1180
【汇编】下 6937

宋仁宗庆历五年　丰林县修复栲栳砦
【宋会要】方域 18 之 32/7625
【汇编】中三 3077

宋仁宗庆历五年　丰林县修复镰刀砦
【宋会要】方域 18 之 31/7625
【汇编】中三 3077

宋仁宗庆历五年　丰林县复修复南安寨
【宋会要】方域 18 之 29/7624

宋仁宗庆历五年　延州丰林县在马蹄川置安
　定堡
【宋会要】方域 20 之 11/7656
【汇编】中三 3077

宋仁宗庆历五年　置保安军园林堡
【宋会要】方域 20 之 4/7652
【元丰九域志】3/121
【陕西通志】16/关梁 1·延安府·保安县/29 下
【汇编】中三 3074；补遗 7298

宋仁宗庆历五年　复置丰林县承平砦
【宋会要】方域 18 之 12/7615
【汇编】中三 3076

宋仁宗庆历五年 置原州立马城堡、耳朵城堡

【宋会要】方域20之9/7655

宋仁宗庆历五年 置原州靖安堡

【宋会要】方域20之11/7656

宋仁宗庆历五年 秦凤路阶州置武平寨

【宋会要】方域18之11/7615

宋仁宗庆历五年 置秦凤路秦州陇城寨

【宋会要】方域18之25/7622

宋仁宗庆历五年 秦州修陇城川堡

【宋会要】方域20之3/7652

宋仁宗庆历五年 置秦州达隆堡

【宋会要】方域20之10/7655

【元丰九域志】3/124

【甘肃新通志】9/舆地志·关梁·巩昌府·伏羌县/37上

【汇编】中三3074；补遗7298

宋仁宗庆历五年 麟州银城县置银城寨

【宋会要】方域18之25/7622

【武经总要】前集17/19下

【汇编】中三3077

宋仁宗庆历五年 置原州靖安寨

【元丰九域志】3/132

【汇编】中三3075

宋仁宗庆历五年 置秦州陇城

【元丰九域志】3/124

【汇编】中三3074

宋仁宗庆历五年 置麟州肃定、横阳等堡

【宋会要】方域20之11/7656

【汇编】中三3077

宋仁宗庆历五年 麟州银城县置神木堡

【宋会要】方域20之4/7652

【汇编】中三3077

宋仁宗庆历五年 麟州新秦县置惠宁堡

【宋会要】方域20之11/7656

【汇编】中三3077

宋仁宗庆历五年 麟州新秦县置神堂寨

【宋会要】方域18之26/7622

宋仁宗庆历五年正月 枢密副使韩琦言边事

【宋会要】兵27之34/7263

宋仁宗庆历五年正月 宋颁西夏誓诏

【宋大诏令集】214/赐陕西河东经略使司诏/815、赐鄜延等路经略使不得生事诏/815

【汇编】中三3542

宋仁宗庆历五年二月 夏国遣使罔聿则贡御马、长进马、橐驼，自是岁来贡

【宋会要】蕃夷7之26/7852

宋仁宗庆历五年七月 知延州梁适请禁官员于保安军榷场博买物色

【宋会要】食货36之28/5445

【汇编】中三3060

宋仁宗庆历五年七月二十日 禁夏国与唃厮啰进奉使人于沿边收买陕西粮草交抄

【宋会要】蕃夷7之26/7852

【汇编】中三3059

宋仁宗庆历六年 置延州丰林县高头、平安寨堡

【宋会要】方域20之6/7653

宋仁宗庆历六年 复置榷场于保安、镇戎军

【宋史】186/食货志下8/4563

【汇编】中三3092

宋仁宗庆历六年 置河州宁城寨

【宋会要】方域18之25/7622

【汇编】中三3093

宋仁宗庆历六年正月 赐夏国主诏

【宋大诏令集】234/赐夏国主诏/910

宋仁宗庆历六年二月三日 西蕃瞎毡、磨毡角遣使贡方物

【宋会要】蕃夷7之26/7852

宋仁宗庆历六年三月十一日 邈川唃厮啰遣使来贡方物

【宋会要】蕃夷7之26/7852

宋仁宗庆历六年四月 诏夏国不许容纳逃过境属户

【宋大诏令集】234/赐夏国主诏/910

宋仁宗庆历六年四月七日 令冰井务为夏使取冰

【宋会要】食货55之1/5748

【汇编】中三3083

宋仁宗庆历六年四月九日 夏国遣使贡大石样金渡黑银花鞍辔等

【宋会要】蕃夷7之26/7852

【汇编】中三3083

宋仁宗庆历六年五月 京师地震

【宋会要】瑞异 2 之 18/2090

【汇编】中三 3083

宋仁宗庆历六年五月十九日　诏与夏国在后桥蕉蒿堡十二盘画壕为界

【宋会要】方域 20 之 13/7657

宋仁宗庆历六年五月二十一日　诏环庆路经略安抚司，选差晓事之人以本司意与西人划界

【宋会要】兵 27 之 37/7265

【汇编】中三 3085

宋仁宗庆历六年九月　诏差刑部员外郎张子奭至保安军与西人议边界

【宋大诏令集】234/赐夏国主诏/910

宋仁宗庆历六年十月一日　河东经略安抚使郑戬上言沙宁浪等处地界

【宋会要】方域 21 之 12/7667

【汇编】上 44

宋仁宗庆历六年十二月十五日　管勾西驿所言夏国进奉人称贺礼仪

【宋会要】礼 57 之 1/1592

【汇编】中三 3093

宋仁宗庆历七年　宁令哥弑李曩霄

【隆平集】20/赵保吉传/3 下

【汇编】上 115

宋仁宗庆历七年　成纪县旧夕阳镇建为绥远寨

【宋会要】方域 12 之 15/7527

宋仁宗庆历七年二月　诏令沿边齐整军马，常作御备

【宋会要】兵 27 之 39/7266

【汇编】中三 3095

宋仁宗庆历七年二月六日　夏景宗李元昊子李谅祚生

【宋史】485/夏国传上/14000

【汇编】上 67

宋仁宗庆历七年三月　西人朝贡，沿路馆驿不得前期张皇事势

【宋会要】方域 10 之 14/7480

【汇编】中三 3095

宋仁宗庆历七年十月七日　磨毡角遣僧蔺毡等贡方物

【宋会要】蕃夷 7 之 27/7853

宋仁宗庆历七年十二月二十五日　赐夏国主赗赠

【宋大诏令集】234/赐夏国主赗赠诏（庆历七年）/910

宋仁宗庆历八年　宋册封夏毅宗李谅祚

【长编标】395/9626

【长编影】395/9 下

【汇编】中五 4810

宋仁宗庆历八年　宋赐西夏银绢等

【长编标】394/9591

【长编影】394/5 下

【汇编】中五 4808

宋仁宗庆历八年　改隆德寨隶德顺军

【隆德县志】4/考证/64 上

【汇编】补遗 7272

宋仁宗庆历八年　麟州连谷县置神木寨

【宋会要】方域 18 之 16/7617

【汇编】中三 3132

宋仁宗庆历八年　麟州连谷县置静羌寨

【宋会要】方域 18 之 6/7612

【汇编】中三 3132

宋仁宗庆历八年　泾原路德顺军置通边寨

【宋会要】方域 18 之 9/7614

【元丰九域志】3/137

【甘肃新通志】13/舆地志·古迹·平凉府·隆德县/11 上

【汇编】中三 3132；补遗 7300

宋仁宗庆历八年　鱼周询言选将御边

【宋史】鱼周询传/10011

【汇编】中三 3113

宋仁宗庆历八年　夏景宗李元昊少子李谅祚立

【宋朝事实类苑】75/988

【汇编】中三 3106

宋仁宗庆历八年　宋遣使祭奠故夏景宗李元昊

【乐全集】35/祭故夏国主/1 下

【汇编】中三 3108

宋仁宗庆历八年正月　夏景宗李元昊殂

【宋史】485/夏国传上/14000

【汇编】上 67

宋仁宗庆历八年正月　宋辍朝祭奠李元昊

【宋会要】礼41之54/1404

【汇编】下7018

宋仁宗庆历八年正月　夏毅宗李谅祚方期岁即位

【宋史】485/夏国传上/14000

【汇编】上67

宋仁宗庆历八年春正月　夏国主李曩霄卒

【长编标】162/3901

【长编影】162/1上

【涑水记闻】10/14上

【宋会要】礼41之12/1383、1384

【汇编】中三3104、3106、3108、3473

宋仁宗庆历八年夏四月　宋封李谅祚为夏国主

【宋史】485/夏国传上/14000

【长编标】164/3942

【长编影】164/1上

【宋大诏令集】234/册夏国主谅祚文（庆历八年）/911

【汇编】上68；中三3116

宋仁宗庆历十年　废保胜寨

【陕西通志】16/关梁1·延安府·保安县/29下

【汇编】补遗7281

宋仁宗庆历中　令陕西诸路造干粮以出兵讨西夏

【司马文正公集】30/章奏28·申宣抚权住制造干粮皱饭状/2下

【汇编】中三3628

宋仁宗庆历中　宋夏议地界

【宋史】339/苏辙传/10832

【长编标】432/10426；460/10999

【长编影】432/2上；460/1上

【龙川略志】6/西夏请和议定地界/35

【栾城后集】13/颖滨遗老传/7上

【汇编】中五4969、5071、5073、5077、5202

宋仁宗庆历中　置柳泉寨

【甘肃新通志】9/舆地志·关梁·泾州直隶州·镇原县/31下

【汇编】补遗7301

宋仁宗庆历中　夏景宗李元昊屡胜契丹

【元刊梦溪笔谈】25/4

【汇编】中三3005

宋仁宗庆历中　王嵩离间西夏君臣

【长编标】228/5541

【长编影】228/2下

【汇编】中三3725

宋仁宗庆历中　刘舜卿与子战死于好水川

【宋史】349/刘舜卿传/11062

【汇编】中二2196

宋仁宗庆历中　宋不许西夏入中青盐

【宋史】181/食货志下3/4419

【汇编】中二2809

宋仁宗庆历中　宋册封夏国

【文昌杂录】1/3上

【汇编】补遗7355

宋仁宗庆历中　韩琦将四路进兵平夏

【东轩笔录】4/2下

【汇编】中二2188

宋仁宗庆历中　范仲淹议筑横山

【长编标】352/8449

【长编影】352/22下

【汇编】中四4424

宋仁宗庆历中　宋臣欲禁李元昊称兀卒

【长编标】317/7656

【长编影】317/1上

【汇编】中四4191

宋仁宗庆历中　修复延州南安砦，更名顺安砦

【陕西通志】17/关梁2·绥德州·清涧县/47下

【汇编】补遗7281

宋仁宗庆历中　赐绥州长宁砦为怀宁砦

【陕西通志】17/关梁2·绥德州·清涧县/48下

【汇编】补遗7280

宋仁宗庆历中　改大振门为制胜关

【甘肃新通志】9/舆地志·关梁·化平川直隶厅/29下

【汇编】补遗7339

宋仁宗庆历中　李士彬兵败被俘

【长编标】341/8213

【长编影】341/16下

【汇编】中四4541

宋仁宗庆历中　夏景宗李元昊用兵宋朝

【宋史】190/兵志4·弓箭社/4726

【长编标】204/4940、4942；218/5315；466/11131；469/11209

【长编影】204/6 上、7 下；218/21 上；466/3
上；469/8 上

【东坡全集】33/奏议·乞增修弓箭社条约状/24
上

【司马文正公集】20/章奏18·言孙长卿第二札
子/11 上；35/章奏33·论西夏札子/1 上、
章奏35·乞先赦西人第二札子/8 下；114/奏
议政府·言西边事宜第二札子/6 下

【梅溪集】奏议 3/乞审核李显忠等功罪札子/6
下

【汇编】中三 3366、3369、3381、3527、3640；
中五 4665、4674、5100、5125、5222、5223；
下 6718

宋仁宗庆历中　夏景宗李元昊兵围麟州
【宋史】253/折德扆传/8881
【汇编】上 173

宋仁宗庆历中　苗京死守麟州
【宋史】350/苗授传/11067
【汇编】中二 2357

宋仁宗庆历中　延州修丹头镇
【陕西通志】16/关梁 1·延安府·安定县/29 上
【汇编】补遗 7305

宋仁宗庆历中　修原州镇空平堡
【武经总要】前集 18/20 上
【汇编】中三 3076

宋仁宗庆历中　泾州筑佛空坪堡
【甘肃新通志】42/兵防志·塞防·泾州直隶州/
4 下
【汇编】补遗 7287

宋仁宗庆历中　重修麟州神堂堡
【武经总要】前集 17/18 下
【汇编】中三 3078

宋仁宗庆历中　种世衡间离李元昊君臣
【宋史】335/种世衡传/10743
【东轩笔谈】8/4 下
【汇编】中二 2627、2628

宋仁宗庆历中　重修延州怀宁砦
【武经总要】前集 18/1 下
【汇编】中三 3130

宋仁宗庆历中　重修耳朵城
【万历固原州志】上/古迹/138
【汇编】补遗 7259

宋仁宗庆历中　渭州静边寨改隶德顺军
【武经总要】前集 18 上/24 下
【汇编】中一 1593

宋仁宗庆历中　筑保安军保胜寨
【武经总要】前集 18 上/7 下
【汇编】中二 2418

宋仁宗庆历中　筑秦州达龙谷堡
【武经总要】前集 18 上/32 下
【汇编】中三 3075

宋仁宗庆历中　筑秦州陇城砦
【武经总要】前集 18 上/32 下
【汇编】中三 3075

宋仁宗庆历中　筑清水等十一堡
【宋史】323/周美传/10457
【汇编】上 233

宋仁宗庆历中　韩琦与西人商议纳款
【长编标】186/4486
【长编影】186/4 下
【汇编】中三 3243

宋仁宗庆历中　置延州县安定堡
【延安府志】2/12 上
【汇编】补遗 7486

宋仁宗庆历中　置秦州三阳砦
【武经总要】前集 18 上/30 上
【汇编】中一 959

宋仁宗庆历中　置绥平砦
【陕西通志】17/关梁 2·绥德州·清涧县/48 下
【汇编】补遗 7399

宋仁宗庆历中　知麟州张继勋奉诏定疆界
【长编标】185/4469
【长编影】185/2 下
【宋会要】兵 27 之 41/7267
【汇编】中三 3224、3266

宋仁宗庆历间　修复府州府谷县西安堡
【宋会要】方域 20 之 11/7656
【汇编】中三 3133

宋仁宗庆历间　修复府州宁府砦
【宋会要】方域 18 之 25/7622
【汇编】中三 3133

宋仁宗庆历间　修复府州安丰砦
【宋会要】方域 18 之 10/7614
【汇编】中三 3133

宋仁宗庆历间　修复府州百胜砦
【宋会要】方域 18 之 4/7611
【汇编】中三 3133

宋仁宗庆历间　修复府州靖化堡
【宋会要】方域 20 之 11/7656
【汇编】中三 3133

宋仁宗庆历间　修复麟州神树堡
【武经总要】前集 17/19 上
【汇编】中三 3133

宋仁宗庆历间　募大顺城强人弓手
【宋史】190/兵志 4/4710
【汇编】中二 2509

宋仁宗庆历间　陕西乡兵刺为禁军
【宋史】336/司马光传/10761
【龙川别志】下/92
【司马文正公集】首卷/司马温公行状/34 下
【汇编】中三 3340、3341、3343

宋仁宗庆历后　夏国主以宾礼见宋使
【宋史】486/夏国传下/14022
【汇编】上 88

宋仁宗庆历以后　庆历以后蕃部兵帐未尝改造
【奏议标】125/吕海・上英宗请重造蕃部兵帐/
　1379
【奏议影】125/吕海・上英宗请重造蕃部兵帐/
　4256

宋仁宗皇祐初　筑熟羊城
【甘肃新通志】13/舆地志・古迹・巩昌府・陇
　西县/17 上
【汇编】补遗 7305

宋仁宗皇祐元年　辽告宋征西夏
【宋大诏令集】232/又回札子/901
【汇编】中六 5523

宋仁宗皇祐元年十月　遣包拯往陕西议盐法
【宋会要】食货 23 之 39/5194
【汇编】中三 3147

宋仁宗皇祐二年　立承天寺碑
【陇右金石录】4/［附录］承天寺碑考释/53 下
【汇编】上 150

宋仁宗皇祐二年　辽告宋征西夏返
【宋大诏令集】232/又回札子/901
【汇编】中六 5524

宋仁宗皇祐二年　折继闵弟折继祖嗣州事
【宋史】253/折德扆传/8881
【金石萃编】147/折克行神道碑考释
【中国考古学会第一次年会论文集】折继闵神道
　碑/455
【汇编】上 173、186、200

宋仁宗皇祐二年　置通远军哑儿堡
【宋会要】方域 20 之 12/7656
【汇编】中三 3165

宋仁宗皇祐二年四月　沙州符骨笃末似婆温
　等来贡玉
【宋会要】蕃夷 5 之 3/7768；7 之 28/7853

宋仁宗皇祐二年十月　沙州遣人来贡方物
【宋会要】蕃夷 5 之 3/7768

宋仁宗皇祐二年闰十一月二十八日　西蕃
　瞎毡遣使来贡方物
【宋会要】蕃夷 7 之 28/7853

宋仁宗皇祐二年十二月十五日　唃厮啰遣
　使来贡方物
【宋会要】蕃夷 7 之 28/7853

宋仁宗皇祐四年　置渭州古渭寨
【宋会要】方域 5 之 42/7404
【元丰九域志】3/183
【汇编】中三 3184；下 7007

宋仁宗皇祐四年正月　龟兹、沙州并遣使贡
　物
【宋会要】蕃夷 7 之 29/7854

宋仁宗皇祐四年十月十二日　沙州遣使来贡
　方物
【宋会要】蕃夷 7 之 29/7854

宋仁宗皇祐五年　置通远军广吴堡
【宋会要】方域 20 之 14/7657
【汇编】中三 3188

宋仁宗皇祐五年闰七月二十三日　诏修古
　渭寨城
【宋会要】方域 18 之 22/7620

宋仁宗皇祐末　古渭州熟户反
【长编标】197/4774
【长编影】197/6 上
【涑水记闻】12/17 上
【汇编】中三 3288、3290

宋仁宗至和元年　诏陕西等完备器甲

【宋史】197/兵志 11/4912

【汇编】中三 3208

宋仁宗至和元年二月 陕西军衣不足

【宋会要】食货 64 之 24/6111

【汇编】中三 3202

宋仁宗至和元年六月 诏馆驿据实祗应夏国使人

【宋会要】食货 52 之 2/5700

【汇编】中三 3204

宋仁宗至和二年七月十九日 诏沿边犯青白盐者刺配沙门岛

【宋史】181/食货志下 3/4419

【宋会要】食货 24 之 1/5195

【汇编】中三 3211

宋仁宗至和二年十月二十六日 大食首领来贡方物

【宋会要】蕃夷 7 之 29/7854

宋仁宗至和三年 宋酌岁课以助边费

【宋史】181/食货志下 3·盐上/4418

【汇编】中三 3223

宋仁宗至和三年 修复府州府谷县斥候堡

【宋会要】方域 20 之 15/7658

【汇编】中三 3222

宋仁宗嘉祐初 西人侵耕屈野河地

【宋史】186/食货志下 8·互市/4563

【汇编】中三 3244

宋仁宗嘉祐元年 西夏争麟府疆土

【长编标】262/6396

【长编影】262/11 下

【汇编】中四 3986

宋仁宗嘉祐元年 宋支赐夏国

【长编标】360/8621

【长编影】360/14 下

【汇编】中五 4641

宋仁宗嘉祐元年 修复庆州金村堡

【宋会要】方域 20 之 1/7651

【汇编】中四 4107

宋仁宗嘉祐元年 夏毅宗李谅祚母没藏氏薨

【宋史】485/夏国传上/14000

【汇编】上 68

宋仁宗嘉祐元年正月十二日 西蕃磨毡角首领来贡方物

【宋会要】蕃夷 7 之 29/7854

宋仁宗嘉祐元年四月 大食首领来贡方物

【宋会要】蕃夷 7 之 29/7854

宋仁宗嘉祐元年九月 夏国内乱

【宋朝事实类苑】75/990

【汇编】中三 3218

宋仁宗嘉祐元年十二月 加赐知府州折继祖官

【宋会要】方域 21 之 7/7664

【汇编】上 38

宋仁宗嘉祐元年十二月 西夏国丧,宋辍朝祭奠

【宋会要】礼 41 之 54/1404

【汇编】下 7018

宋仁宗嘉祐二年 宋夏争夺窟野河

【宋史】485/夏国传上/14001

【汇编】上 68

宋仁宗嘉祐二年 夏毅宗李谅祚族灭没藏讹庞

【宋史】485/夏国传上/14001

【汇编】上 68

宋仁宗嘉祐二年二月 宋禁河东、陕西沿边和市

【稽古录】20/93 上

【汇编】中三 3227

宋仁宗嘉祐二年五月 郭恩与夏人战于屈野河

【涑水记闻】8/13 下

【汇编】中三 3227

宋仁宗嘉祐三年 唃厮啰与夏毅宗李谅祚战

【宋史】492/唃厮啰传/14162

【汇编】中三 3249

宋仁宗嘉祐三年五月 以磨毡角子乞瞎撒欺丁为顺州刺史

【宋会要】蕃夷 6 之 4/7820

宋仁宗嘉祐三年五月 河湟吐蕃首领磨毡角卒

【长编标】123/2901

【长编影】123/9 上

宋仁宗嘉祐三年十月 以瞎毡子瞎欺丁木征为河州刺史,瞎欺丁兀钱为本族都军主,瞎吴叱为军主

【宋会要】蕃夷 6 之 4/7820

宋仁宗嘉祐四年　太原府复为河东节度

【宋会要】方域 6 之 3/7407

宋仁宗嘉祐四年　宋给付西夏大藏经

【宋大诏令集】234/赐夏国主赎大藏经诏（嘉
祐三年）/911

【欧阳文忠公全集】86/赐夏国主赎大藏经诏/5
下

【汇编】中三 3246

宋仁宗嘉祐四年二月　诏留麟州镇川、府州
中候、百胜、清寨四寨，余皆废之

【玉海】174/雍熙筑河北城垒、祥符山川城寨图
/37 上

【汇编】补遗 7247

宋仁宗嘉祐四年二月十日　诏存府州中候、
百胜寨，麟州镇川寨

【宋会要】方域 18 之 3/7611、20 之 16/7658

【汇编】下 7013

宋仁宗嘉祐四年十二月　王庆民上麟府二州
图

【宋会要】方域 21 之 7/7664

宋仁宗嘉祐四年十二月七日　唃厮啰遣人贡
方物

【宋会要】蕃夷 7 之 30/7854

宋仁宗嘉祐四年冬　夏毅宗李谅祚母为国人
所杀

【东原录】34 下

【汇编】补遗 7313

宋仁宗嘉祐五年正月二十八日　大食国首
领蒲沙乙来贡方物

【宋会要】蕃夷 7 之 30/7854

宋仁宗嘉祐五年八月　诏于原州等处置买马
场

【宋会要】兵 22 之 4/7145

【汇编】中三 3259

宋仁宗嘉祐五年九月　遣中使赍诏抚谕知府
州折继祖

【宋会要】方域 21 之 7/7664

宋仁宗嘉祐六年　废府州府谷县永宁寨

【宋会要】方域 18 之 14/7616

【汇编】中三 3283

宋仁宗嘉祐六年　废府州府谷县宣威寨

【宋会要】方域 18 之 13/7616

【汇编】中三 3283

宋仁宗嘉祐六年　废火山军偏头寨

【宋史】86/地理志 2/2137

【宋会要】方域 18 之 15/7617

【汇编】中三 3283；中六 5827

宋仁宗嘉祐六年　夏人改韦州监军司为祥祐
军，后又改静塞军

【宁夏府志】4/古迹·灵州/17 上

【甘肃新通志】9/舆地志·关梁·固原直隶州·
平远县/27 上；13/舆地志·古迹·宁夏府·
灵州/35 下

【汇编】补遗 7315

宋仁宗嘉祐六年　夏毅宗李谅祚请以中国衣
冠迎宋使

【宋史】485/夏国传上/14001

【东都事略】127、128/附录 5、6

【汇编】上 69、107

宋仁宗嘉祐六年五月　诏令沿边弓箭手专于
防托，不得抽差

【宋会要】兵 4 之 4/6822

【汇编】中三 3265

宋仁宗嘉祐六年六月　代州兵马铃辖苏静安
上《麟州屈野河界图》

【宋会要】兵 27 之 41/7267

【汇编】中三 3265

宋仁宗嘉祐六年秋　令鄜延路勿纳夏毅宗李
谅祚请尚公主使

【涑水记闻】12/16 下

【汇编】中三 3290

宋仁宗嘉祐七年　以府州萝泊川地复置丰州

【宋史】86/地理志 2/2136

【元丰九域志】4/175

【汇编】中三 3301

宋仁宗嘉祐七年　西夏进贡马驼

【宋大诏令集】234/赐夏国主正旦进马驼诏（嘉
祐七年）/911

宋仁宗嘉祐七年　西夏遣首领贺正旦

【东原录】34 下

【汇编】补遗 7314

宋仁宗嘉祐七年　诏赐西夏大藏经

【宋大诏令集】234/赐夏国主赎大藏经诏（嘉祐

三年）/911

宋仁宗嘉祐七年 宋置买马司于原、渭、德顺三州军
【长编标】218/5312
【长编影】218/17 下
【汇编】中三 3634

宋仁宗嘉祐七年 诏令西夏不得侵扰边界
【宋大诏令集】235/赐夏国主令发遣熟户仍不得侵践汉地诏/914

宋仁宗嘉祐七年 夏毅宗李谅祚始请称汉官，又请尚主及乞国子监所印书、释氏经一藏并译经僧及幞头、工人、伶官等
【涑水记闻】9/14 下
【汇编】中三 3286

宋仁宗嘉祐七年 置丰州永安寨
【元丰九域志】4/175
【汇编】中三 3302

宋仁宗嘉祐七年 置丰州保宁寨
【宋会要】方域 18 之 15/7617
【元丰九域志】4/175
【汇编】中三 3302

宋仁宗嘉祐七年 夏毅宗李谅祚更州军名，求九经、唐史等书籍
【宋史】485/夏国传上/14001
【汇编】上 69

宋仁宗嘉祐七年春 夏国人骑侵扰边界
【宋大诏令集】235/赐夏国主令发遣熟户仍不得侵践汉地诏/914
【汇编】中三 3416

宋仁宗嘉祐八年 废龙泉镇
【宋会要】方域 12 之 15/7527

宋仁宗嘉祐八年 吕诲奏请重造蕃部兵帐
【奏议标】125/吕诲·上英宗请重造蕃部兵帐/1379
【奏议影】125/吕诲·上英宗请重造蕃部兵帐/4258

宋仁宗嘉祐八年 修复南平军隆化县七度水寨
【宋会要】方域 18 之 22/7620

宋仁宗嘉祐八年 夏使朝辞诣垂拱殿
【宋史】119/礼志 22/2808
【长编标】358/8560

【长编影】358/1 下
【汇编】中五 4634、4635

宋仁宗嘉祐八年三月 宋仁宗崩，遣使告哀西夏
【宋史】122/礼志 25/2853
【汇编】中三 3307

宋仁宗嘉祐八年四月 英宗即位后，赐夏国《九经》、《正义》、《孟子》及医书
【玉海】154/嘉祐赐夏国九经/62 上
【汇编】补遗 7316

宋仁宗嘉祐八年八月 于阗遣使来贡方物
【宋会要】蕃夷 7 之 31/7855

宋仁宗嘉祐十一年 诏赐西夏大藏经
【宋大诏令集】234/赐夏国主乞赎大藏经诏/912

宋英宗治平初 宋不许西夏复榷场
【宋史】485/夏国传上/14002
【汇编】上 69

宋英宗治平初 命宦官王昭明领四路蕃部事
【宋史】292/程戡传/9756
【汇编】中三 3344

宋英宗治平初 夏人寇静边寨
【宋史】320/王素传/10404
【名臣碑传琬琰集】中集 27/王懿敏公素墓志铭/803
【汇编】中三 3346、3347

宋英宗治平元年 再废麟州新秦县横杨寨
【宋会要】方域 18 之 17/7618
【汇编】中一 1606

宋英宗治平元年 宋赐夏国治平二年历日
【华阳集】18/赐夏国主历日诏/212
【汇编】中三 3351

宋英宗治平元年正月 于阗遣使罗撒温来贡独峰驼，诏还之
【宋会要】蕃夷 7 之 31/7855

宋英宗治平元年六月七日 董毡加防御使
【宋会要】蕃夷 6 之 5/7821

宋英宗治平元年七月 以西蕃瞎毡子瞎欺丁木征为河州刺史
【宋会要】蕃夷 6 之 5/7821

宋英宗治平元年七月二十一日 诏吐蕃首领李波机瞎转本族副都军主
【宋会要】蕃夷 6 之 5/7821

宋英宗治平元年九月庚午　诏西夏精择使宋人员

【宋大诏令集】234/谕夏国精择使人不令妄举诏（治平元年）/912

宋英宗治平元年九月二十六日　诏泾原等路屯军依例抽差替换归营

【宋会要】兵5之5/6842

【汇编】中三3322

宋英宗治平元年十月十九日　诏邈川瞎毡男结瓦那征为副军主

【宋会要】蕃夷6之5/7821

宋英宗治平元年十二月十三日　枢密院言夏国诏诱熟户

【宋会要】兵28之1/7270

【汇编】中三3344

宋英宗治平二年　宋发兵二十指挥分戍邠州等地

【宋史】196/兵志10/4899

【汇编】中三3400

宋英宗治平二年　告谕夏国不许侵扰沿边弓箭手并发还掠过生口

【宋大诏令集】234/谕夏国泾原秦凤熟户弓箭手不可更行侵扰掠过生口并须发还诏（治平二年）/912

宋英宗治平二年　诏陕西四路驻泊钤辖各管勾本路蕃部

【宋史】191/兵志5/752

【汇编】中三3395

宋英宗治平二年夏　叛夏吐蕃溪心等族复归李谅祚

【宋史】492/唃厮啰传/14162

【汇编】中三3385

宋英宗治平二年十月二日　诏责西夏举兵侵掠大顺城

【宋大诏令集】234/赐夏国主取问无名举兵迫大顺城诏（治平二年）/913

宋英宗治平三年　西夏举兵犯庆州

【东都事略】127、128/附录5、6

【汇编】上107

宋英宗治平三年　赐夏国主冬服

【宋史】485/夏国传上/14002

【汇编】上70

宋英宗治平三年　麟州连谷县置栏干堡

【宋会要】方域20之12/7656

【汇编】中三3419

宋英宗治平三年　夏毅宗李谅祚攻大顺城

【宋史】485/夏国传上/14002

【汇编】上69

宋英宗治平三年三月　夏毅宗李谅祚献方物谢罪

【宋史】485/夏国传上/14002

【汇编】上69

宋英宗治平四年　宋废绥德军为绥德城

【宋会要】方域5之41/7403

【汇编】下7006

宋英宗治平四年　种谔复绥州

【陕西通志】13/山川6·绥德州/51下

【汇编】补遗7248

宋英宗治平四年　郭逵请于秦州川南牟谷口置城堡，募弓箭手，通秦州、德顺二州

【宋史】191/兵志5/4755

【汇编】中三3427

宋英宗治平四年　置火山军火山县

【宋史】86/地理志2/2137

【汇编】中六5827

宋英宗治平四年　置吴堡寨，隶麟州

【吴堡县志】1/沿革/1上

【汇编】补遗7353

宋英宗治平四年　始置鸡川寨

【甘肃新通志】13/舆地志·古迹·秦州直隶州·秦安县/23下

【汇编】补遗7320

宋英宗治平四年　置德顺军治平寨

【元丰九域志】3/137

【汇编】中三3472

宋英宗治平四年　置镇戎军信岔堡、凉棚堡

【宋会要】方域20之12/7656

【汇编】中三3472

宋英宗治平四年二月　泾原路言西蕃首领招诱不顺汉蕃部三百余帐归投西界

【宋会要】蕃夷6之6/7821

【汇编】中三3421

宋英宗治平四年二月九日　除西蕃邈川首领董毡检校太保

【宋会要】蕃夷 6 之 6/7821

宋英宗治平四年三月　环庆经略使上言筑堡
事

【宋会要】兵 28 之 2/7270

【汇编】中三 3423

宋英宗治平四年三月　筑环庆荔原堡

【玉海】174/雍熙筑河北城垒、祥符山川城寨图
/37 上

【汇编】补遗 7247

宋英宗治平四年闰三月　诏问西夏侵扰边界
并赐银绢

【宋大诏令集】235/赐夏国主诏（治平四年）/
915

宋英宗治平四年闰三月　筑泾原治平寨

【玉海】174/雍熙筑河北城垒、祥符山川城寨图
/37 上

【汇编】补遗 7247

宋英宗治平四年闰三月　环庆路马兰平筑堡
成，赐名荔原堡

【宋会要】方域 20 之 6/7653

【汇编】中三 3426

宋英宗治平四年闰三月十九日　泾原路揆
吴州新堡障赐名治平寨，青鸡川新堡障赐名
鸡川寨

【汇编】中三 3426

宋英宗治平四年四月　诏德顺军静边寨熟户
角撒等六十人第功迁一资至三资

【宋会要】蕃夷 6 之 6/7821

宋英宗治平四年四月十八日　诏庆州治平等
寨本为防托属户，汉户无令过一百户

【宋会要】方域 19 之 3/7627、20 之 6/7653、20
之 17/7659

【汇编】中三 3428

宋英宗治平四年八月十二日　诏夏国已上表
谢罪，所有和市依旧放行

【宋史】186/食货志下 8・互市/4564

【宋会要】食货 38 之 31/5482

【汇编】中三 3431、3472

宋英宗治平四年十二月　肤施县嘉岭山祠神
威封显公

【宋会要】礼 20 之 88/808

【汇编】中六 5921

宋英宗治平四年十二月二十一日　诏泾原
路经略安抚司常切安恤本路弓箭手

【宋会要】兵 4 之 4/6822

【汇编】中三 3464

宋英宗治平四年冬　夏惠宗李秉常即位

【宋史】486/夏国传下/14007

【汇编】上 73

宋英宗治平中　西夏犯庆州大顺城

【元刊梦溪笔谈】/25/6

【汇编】中三 3407

宋英宗治平中　太常少卿祝谘馆伴夏使

【渑水燕谈录】2/6 下

【汇编】中三 3452

宋英宗治平间　环庆招西人十五户

【长编标】234/5679

【长编影】234/6 下

【汇编】中四 3778

宋英宗治平间　知庆州蔡挺筑荔原砦

【甘肃新通志】9/舆地志・关梁・庆阳府・安化
县/58 上

【汇编】补遗 7317

宋神宗熙宁初　兰州置通谷堡

【甘肃新通志】6/舆地志・山川上・兰州府・狄
道州/8 下

【汇编】补遗 7328

宋神宗熙宁初　宋用王韶复河、陇、洮等州

【宋史】303/范祥传/10049；464/高遵裕传/
13575

【长编标】243/5912

【长编影】243/1 下

【汇编】中四 3765、3849

宋神宗熙宁初　李复圭知庆州

【宋史】291/李复圭传/9743

【汇编】中三 3588

宋神宗熙宁初　废河中府永乐县为镇

【邵氏闻见录】17/187

【汇编】中四 4443

宋神宗熙宁初　夏人诱杀知保安军杨定

【宋史】332/赵尚传/10684

【汇编】中三 3512

宋神宗熙宁初　高遵裕进横山之议

【长编标】322/7762

【长编影】322/4 上

【汇编】中四 4300

宋神宗熙宁初　滕甫言枢密院赏罚西事失措

【宋史】162/职官志 2/3799

【挥麈后录】1/宰相枢密分合因革/28 上

【汇编】中三 3532、3533

宋神宗熙宁初　薛向请于永兴军置场卖盐

【宋史】181/食货志下 3·盐上/4420

【汇编】中三 3516

宋神宗熙宁元年　王韶上《平戎策》三篇

【宋史】328/王韶传/10579

【汇编】中三 3513

宋神宗熙宁元年　改通远军为巩州

【宋会要】方域 18 之 23/7621

宋神宗熙宁元年　议者谓党项首领父死子继，兄死弟袭

【宋史】191/兵志 5 蕃兵/4755

【汇编】中三 3510

宋神宗熙宁元年　夏惠宗李秉常乞进誓文，永遵臣礼

【宋大诏令集】235/夏国秉常乞进誓文永遵臣礼赐诏（熙宁元年）/915

宋神宗熙宁元年　张若水进神臂弓

【宋史】197/兵志 11/4913

【汇编】中三 3517

宋神宗熙宁元年　废火山军桔槔寨

【宋史】86/地理志 2/2137

【宋会要】方域 18 之 32/7625

【汇编】中六 5827

宋神宗熙宁元年　泾原路镇戎军置熙宁寨

【宋会要】方域 18 之 14/7616

宋神宗熙宁元年　省升平县为镇

【元丰九域志】3/118

【宋会要】方域 12 之 15/7527

【汇编】中四 4064

宋神宗熙宁元年　陕西秦凤路秦州并置吹藏、大甘、陇诺等堡

【宋会要】方域 20 之 14/7657

【汇编】中三 3519

宋神宗熙宁元年　夏毅宗李谅祚死，子李秉常立

【宋会要】礼 41 之 54/1404；兵 8 之 22/6898

【汇编】中四 4130；下 7018

宋神宗熙宁元年　置甘谷城

【元丰九域志】3/123

【汇编】中三 3644

宋神宗熙宁元年　置通渭堡

【甘肃新通志】13/舆地志·古迹·巩昌府·通渭县/17 下

【汇编】补遗 7326

宋神宗熙宁元年　置镇戎军东西口堡、硝坑堡

【宋会要】方域 20 之 10/7655

【汇编】中三 3519

宋神宗熙宁元年　置镇戎军熙宁寨

【元丰九域志】3/136

【汇编】中三 3493

宋神宗熙宁元年正月　诏禁冒边功

【宋会要】兵 8 之 3/7059

【汇编】中三 3473

宋神宗熙宁元年正月　鄜延路经略司言夏毅宗李谅祚卒

【宋会要】礼 41 之 12/1384

【汇编】中三 3473

宋神宗熙宁元年二月　知青涧城请赈贷本城所管归明弓箭手

【宋史】191/兵志 5·蕃兵/4757

【宋会要】兵 4 之 4/6822

【汇编】中三 3475

宋神宗熙宁元年二月　封邈州首领董毡母为安康郡太君，子欺丁磨彪苏南兰逋叱为锦州刺史

【宋会要】蕃夷 6 之 7/7822

宋神宗熙宁元年二月　都亭西驿言夏国告哀使人至

【宋会要】职官 25 之 2/2915

【汇编】中三 3475

宋神宗熙宁元年三月　西夏遣使来告哀

【宋史】486/夏国传下/14007

【汇编】上 73

宋神宗熙宁元年六月三日　李师中上言甘谷城蕃部土地事

【宋会要】方域 8 之 23/7452

【汇编】中三 3489

宋神宗熙宁元年六月十四日 诏奖泾原路经
略使蔡挺，以其议筑熙宁寨工毕
【宋会要】方域 18 之 14/7616
【汇编】中三 3492

宋神宗熙宁元年七月 秦州新筑大甘谷口寨
城赐名甘谷城
【宋会要】方域 8 之 24/7452

宋神宗熙宁元年七月 擦珠谷筑堡，赐名通
渭堡
【宋会要】方域 20 之 7/7654
【汇编】中三 3499

宋神宗熙宁元年七月二十九日 回鹘可汗
遣使来贡方物且乞卖金字大般若经
【宋会要】蕃夷 4 之 9/7718、7 之 31/7855

宋神宗熙宁元年八月十三日 秦凤路走马承
受公事王有度乞免修城义勇三年科配
【宋会要】方域 8 之 23/7452
【汇编】中三 3504

宋神宗熙宁元年十月九日 诏回鹘进奉人候
南郊毕进发
【宋会要】蕃夷 4 之 9/7718

宋神宗熙宁元年十二月 兵部上言陕西、河
北、河东三路义勇总四十二万三千五百人
【宋史】191/兵志 5·河北河东陕西义勇/4735
【汇编】中三 3510

宋神宗熙宁元年十二月 夏毅宗李谅祚殂，
子夏惠宗李秉常立
【宋史】485/夏国传上/14003
【汇编】上 70

宋神宗熙宁二年 废宁化县
【宋会要】方域 6 之 7/7409

宋神宗熙宁二年 宋按庆历八年册封李谅祚
例册封秉常，更不赐印
【长编标】395/9626
【长编影】395/9 下
【汇编】中五 4810

宋神宗熙宁二年 宋始议并废陕西马步军营
【宋史】194/兵志 8·拣选之制/4832
【汇编】中三 3548

宋神宗熙宁二年 废绥州置绥德城
【宋史】87/地理志 3/2148
【宋会要】方域 6 之 3/7407、8 之 30/7455

【元丰九域志】3/109
【汇编】中三 3540；中六 5830；下 7009

宋神宗熙宁二年 夏请以塞门、安远二寨易
绥州，宋拒之
【范太史集】40/检校司空左武卫上将军郭公逵
墓志铭/9 上
【陕西通志】16/关梁 1·延安府·安塞县/27 下
【汇编】中三 3536；补遗 7348

宋神宗熙宁二年 置延州
【玉海】174/熙宁绥德城/41 上
【汇编】补遗 7327

宋神宗熙宁二年 薛向言秦凤、泾原保毅军
依地亩数出钱雇役
【长编标】216/5267
【长编影】216/15 上
【汇编】中三 3617

宋神宗熙宁二年二月 赐夏国主给还绥州誓
诏
【宋大诏令集】236/赐夏国主给还绥州誓诏（熙
宁二年）/916

宋神宗熙宁二年二月 宋遣使册李秉常为夏
国主
【宋史】486/夏国传下/14007
【汇编】上 73

宋神宗熙宁二年三月 夏人陷秦州刘沟堡，
既而进誓表请以安远、塞门二砦易绥州
【宋史】486/夏国传下/14008
【汇编】上 73

宋神宗熙宁二年三月 遣使持节册李秉常为
夏国主
【宋大诏令集】235/立夏国主册/916
【华阳集】32/立夏国主册文/407
【宋会要】兵 8 之 22/6898

宋神宗熙宁二年三月 范纯仁奏边事
【奏议标】137/范纯仁·上神宗论小人妄陈边事
/1537
【奏议影】137/范纯仁·上神宗论小人妄陈边事
/4727
【汇编】中三 3523

宋神宗熙宁二年四月 修完邠州城壁楼橹
【宋会要】方域 8 之 30/7455

宋神宗熙宁二年六月 洮州木征进奉使张讷

等辞于崇政殿

【宋会要】蕃夷6之7/7822

宋神宗熙宁二年七月二十五日　泾原路经
略使蔡挺奏禁熟户与夏人私市

【宋会要】食货38之31/5482

【汇编】中三3534

宋神宗熙宁二年八月　诏许夏国主嗣子李秉
常从蕃仪

【宋史】486/夏国传下/14008

【宋大诏令集】235/许夏国主嗣子秉常从旧蕃仪
诏（熙宁二年）/917

【汇编】上74

宋神宗熙宁二年九月　夏羌大入庆州境

【宋名臣言行录】后集10/韩绛/2下

【汇编】补遗7326

宋神宗熙宁二年十月　夏惠宗李秉常遣使谢
册封

【宋史】486/夏国传下/14008

宋神宗熙宁二年十二月　大食遣使奉表来贡

【宋会要】蕃夷7之31/7855

宋神宗熙宁三年　置丹州宜川县汾水镇

【宋会要】方域12之15/7527

宋神宗熙宁三年　以秦州伏羌寨为城

【陕西通志】14/城池/27上

【汇编】补遗7327

宋神宗熙宁三年　火山军置获水寨

【宋会要】方域18之22/7620

宋神宗熙宁三年　王韶言屯田于渭源城至秦
州成纪

【宋史】176/食货志上4·屯田/4267

【汇编】中三3616

宋神宗熙宁三年　王韶倡缘边市易

【宋史】186/食货志下8/4547

【汇编】中三3571

宋神宗熙宁三年　王韶置市易司于古渭寨

【宋史】186/食货志下8·互市/4564

【汇编】中三3572

宋神宗熙宁三年　西夏马兵最盛

【长编标】403/9824

【长编影】403/21下

【汇编】中五4839

宋神宗熙宁三年　西夏犯庆州

【东都事略】127、128/附录5、6

【汇编】上107

宋神宗熙宁三年　彭原县自宁州来隶

【宋会要】方域5之42/7404

宋神宗熙宁三年　诏待高丽使如夏国使

【宋史】487/高丽传/14046

【汇编】中三3644

宋神宗熙宁三年　岚谷县废

【宋会要】方域6之7/7409

宋神宗熙宁三年　改秦州床穰堡为镇

【宋会要】方域20之13/7657

【汇编】中四4061

宋神宗熙宁三年　秦凤路经略使李师中言置
堡屯田

【宋史】190/兵志4·河东陕西弓箭手/4713

【汇编】中三3643

宋神宗熙宁三年　诏陕西就粮禁军额十万人

【宋史】194/兵志8/4836

【汇编】中三3643

宋神宗熙宁三年　废岚州岚谷县

【元丰九域志】4/177

【汇编】中一989

宋神宗熙宁三年　废原州新门寨

【宋会要】方域18之25/7622

【汇编】中三3644

宋神宗熙宁三年　废原州新门寨入原州开远

【元丰九域志】3/132

【汇编】中一1205

宋神宗熙宁三年　废原州截原寨

【宋会要】方域18之29/7624

【元丰九域志】3/132

【汇编】中一966、1619

宋神宗熙宁三年　废原州截原砦入新城镇

【甘肃新通志】9/舆地志·关梁·泾州直隶州·
镇原县/31下

【汇编】补遗7328

宋神宗熙宁三年　废秦州山丹、纳迷、乾川
堡

【宋会要】方域18之25/7622、20之2/7651

【汇编】中三3644

宋神宗熙宁三年　建伏羌寨南城，改寨为城

【宋会要】方域8之22/7451

【汇编】中三 3552

宋神宗熙宁三年 收复银州，寻弃不守

【宋史】87/地理志 3/2148

宋神宗熙宁三年 夏人犯塞

【宋史】315/韩绛传/10303；467/梁从吉传/13645

【汇编】中三 3588、3591

宋神宗熙宁三年 夏人寇环庆，董毡乘虚攻入其境

【宋史】491/董毡传/14164

【汇编】中三 3634

宋神宗熙宁三年 秦州置床穰镇

【宋会要】方域 12 之 15/7527

宋神宗熙宁三年 湟州以堡敦谷置绥平堡

【宋会要】方域 20 之 9/7655

宋神宗熙宁三年 韩绛宣抚陕西

【宋会要】职官 41 之 19/3176

【宋朝事实类苑】78/1021

【汇编】中三 3601、3684

宋神宗熙宁三年二月 诏移巴蜀美财市布帛，于陕西备边

【宋史】175/食货志上 3·布帛/4234

【汇编】中三 3552

宋神宗熙宁三年二月十一日 王韶言置市易务与西蕃市易

【宋会要】职官 27 之 37/2955

【汇编】中三 3549

宋神宗熙宁三年二月二十八日 废山丹纳迷川三堡，增秦州伏羌寨为城

【宋会要】方域 8 之 22/7451、20 之 1/7651

宋神宗熙宁三年三月十八日 诏罗兀城如不可守即毁弃

【宋会要】方域 8 之 27/7454、20 之 13/7657

【汇编】中三 3553

宋神宗熙宁三年五月 于崇化坊置来远驿，以待蕃客

【宋会要】方域 10 之 11/7479

【玉海】172/熙宁来远驿/35 下

【汇编】中三 3555；补遗 7328

宋神宗熙宁三年五月 夏人筑闹讹堡

【宋史】486/夏国传下/14008

【汇编】上 74

宋神宗熙宁三年六月 冯京上言麟府丰所管蕃汉义军

【宋会要】方域 21 之 7/7664

【汇编】上 39、45

宋神宗熙宁三年八月 夏人攻环庆大顺城、柔远等砦

【宋史】486/夏国传下/14008

【汇编】上 74

宋神宗熙宁三年九月 夏人大入庆州

【名臣碑传琬琰集】上集 10/韩献肃公绛忠弼之碑/159

【汇编】中三 3598

宋神宗熙宁三年十一月二十四日 诏敕河外边备

【宋会要】方域 19 之 4/7627

【汇编】中三 3624

宋神宗熙宁三年十二月 董毡讨西界作过人有功，赐诏奖谕

【宋会要】蕃夷 6 之 7/7822

宋神宗熙宁三年十二月二十九日 宋诏准陕西河东添屯军马

【司马文正公集】30/章奏 28·乞不添屯军马/9 上

【汇编】中三 3647

宋神宗熙宁四年 王韶建开河湟之策

【宋史】184/食货志下 6·茶下/4498

【汇编】中四 3959

宋神宗熙宁四年 废平戎镇

【宋会要】方域 12 之 15/7527

宋神宗熙宁四年 废华池县

【宋会要】方域 5 之 42/7404

宋神宗熙宁四年 置合水县

【宋会要】方域 5 之 42/7404

宋神宗熙宁四年 诏蕃官升迁之法

【宋史】191/兵志 5/4757

【汇编】中三 3734

宋神宗熙宁四年 废秦州冶坊堡

【宋会要】方域 20 之 16/7658

【汇编】中四 3843

宋神宗熙宁四年 废镇戎军安边堡入镇戎军开远堡

【元丰九域志】3/137

【汇编】中一 1205

宋神宗熙宁四年　废镇戎军安边寨
【宋会要】方域 18 之 9/7614
【汇编】中三 3736

宋神宗熙宁四年　薛向权三司使
【宋史】328/薛向传/10587
【汇编】中四 3905

宋神宗熙宁四年　置环庆路庆州合水县华池、乐蟠镇
【宋会要】方域 12 之 15/7527

宋神宗熙宁四年　种谔道都监赵璞筑抚宁故城
【陕西通志】17/关梁 2·绥德州/45 上
【汇编】补遗 7378

宋神宗熙宁四年　振恤鄜延路诸军
【宋史】194/兵志 8·廪禄之制/4843
【汇编】中三 3735

宋神宗熙宁四年　罢陕西义勇差役
【宋史】191/兵志 5/4737
【汇编】中三 3735

宋神宗熙宁四年　置开远堡
【甘肃新通志】9/舆地志·关梁·固原直隶州/26 上
【汇编】补遗 7331

宋神宗熙宁四年　置秦凤路秦州尖竿、陇阳二堡
【宋会要】方域 20 之 10/7655
【汇编】中三 3736

宋神宗熙宁四年正月　种谔谋取横山，筑永乐川、赏逋岭二砦
【宋史】486/夏国传下/14008
【汇编】上 74

宋神宗熙宁四年二月　夏人攻顺宁砦，围抚宁
【宋史】486/夏国传下/14009
【汇编】上 74

宋神宗熙宁四年二月　邠州城墙修缮完工
【宋会要】方域 8 之 30/7455
【汇编】中三 3654

宋神宗熙宁四年二月　于阗黑汗王遣瞿进奉表贡方物
【宋会要】蕃夷 7 之 32/7855

宋神宗熙宁四年八月　王韶始经营熙河
【宋会要】兵 9 之 6/6908
【汇编】中三 3715

宋神宗熙宁四年九月　李延庆、曹福等入贡
【宋会要】蕃夷 4 之 15/7721

宋神宗熙宁四年九月　更不令夏国交割塞门、安远二寨易绥州
【宋史】486/夏国传下/14009
【宋大诏令集】235/答夏国主秉常诏（熙宁四年）/917

宋神宗熙宁四年十月　录故西州防御使、知府州折继祖男殿直克静转一资
【宋会要】方域 21 之 7/7664

宋神宗熙宁四年十月　威名沙克降
【长编标】235/5709
【长编影】235/13 上
【汇编】中四 3782

宋神宗熙宁四年十月六日　诏除契丹、夏国外诸国朝贡，令管勾客省官置局取索文字
【宋会要】职官 35 之 4/3062
【汇编】中三 3723

宋神宗熙宁四年十一月　高遵裕言收复清远军与韦州监军司
【宋会要】方域 7 之 26/7437
【汇编】中三 3726

宋神宗熙宁五年　三岔羊渭川堡自秦州来隶通远军
【宋会要】方域 20 之 2/7651

宋神宗熙宁五年　丰林县废为镇，隶鄜施县
【宋会要】方域 5 之 39/7402

宋太宗熙宁五年　置麟州新秦县唐龙镇
【宋会要】方域 12 之 14/7526

宋神宗熙宁五年　王韶引兵破吐蕃于抹邦山
【甘肃新通志】6/舆地志·山川上·兰州府·狄道州/6 下
【汇编】补遗 7334

宋神宗熙宁五年　以古渭寨置通远军
【宋史】87/地理志 3/2164
【宋会要】方域 5 之 42/7404
【元丰九域志】3/138
【汇编】中三 3184；中六 5783；下 7007

宋神宗熙宁五年　通远军置通渭、熟羊寨

【元丰九城志】3/139

【汇编】中三 3519

宋神宗熙宁五年 收复熙州狄道县，复置

【宋会要】方域 6 之 2/7406

宋神宗熙宁五年 废仪州

【元丰九域志】3/130

【汇编】中四 3838

宋神宗熙宁五年 废肤施县置金明寨

【宋会要】方域 18 之 30/7624

【汇编】中四 3844

宋神宗熙宁五年 废秦州者达当七麻等堡

【宋会要】方域 20 之 14/7657

【汇编】中四 3844

宋神宗熙宁五年 置肤施县台林镇

【宋会要】方域 12 之 15/7527

宋神宗熙宁五年 金明县废为寨，隶鄜施县

【宋会要】方域 5 之 39/7402

宋神宗熙宁五年 陕西分为五路

【宋会要】方域 5 之 3/7384、5 之 36/7401

宋神宗熙宁五年 复秦州冶坊堡

【宋会要】方域 20 之 16/7658

宋神宗熙宁五年 收复熙州

【元丰九域志】3/125

【汇编】中四 3836

宋神宗熙宁五年 省丰林县为镇，省金明县为寨，并入肤施县

【宋史】87/地理志 3/2146

【元丰九域志】3/107

【汇编】中四 4009；中六 5827

宋神宗熙宁五年 省金明县为砦

【陕西通志】16/关梁 1·延安府·安塞县/26 下

【汇编】补遗 7261

宋神宗熙宁五年 秦凤路秦州改为通远军

【宋会要】方域 18 之 22/7620

宋神宗熙宁五年 常宁寨自乾州改隶邠州永寿县

【宋会要】方域 18 之 15/7617

宋神宗熙宁五年 赐河东经略安抚司银绢二十万，收本息封椿备边

【宋史】175/食货志上 3·和籴/4241

【汇编】中四 3844

宋神宗熙宁五年 置乞神平堡

【甘肃新通志】9/舆地志·关梁·兰州府·渭源县/18 上

【汇编】补遗 7332

宋神宗熙宁五年 置北关堡

【甘肃新通志】9/舆地志·关梁·兰州府·狄道州/14 下

【汇编】补遗 7332

宋神宗熙宁五年 置庆平堡

【甘肃新通志】9/舆地志·关梁·兰州府·渭源县/18 上

【汇编】补遗 7332

宋神宗熙宁五年 置狄道州

【甘肃新通志】14/建置志·城池/4 下

【汇编】补遗 7333

宋神宗熙宁五年 置通谷堡

【甘肃新通志】9/舆地志·关梁·兰州府·狄道州/15 上

【汇编】补遗 7332

宋神宗熙宁五年 置熙州庆平堡、通谷堡

【宋会要】方域 20 之 9/7655

【汇编】中四 3844

宋神宗熙宁五年 置镇戎军张义堡

【宋会要】方域 20 之 10/7655

【元丰九域志】3/137

【汇编】中四 3841

宋神宗熙宁五年正月 夏钤辖结胜降宋，授供奉官

【宋史】486/夏国传下/14009

【汇编】上 75

宋神宗熙宁五年二月 龟兹遣卢大明、笃都等入贡

【宋会要】蕃夷 4 之 15/7721、7 之 32/7855

宋神宗熙宁五年三月十六日 赵离奏请招置弓箭手营田

【长编标】232/5630

【长编影】232/1 上

【汇编】中四 3760

宋神宗熙宁五年四月 修都亭驿以待夏使

【玉海】172/祥符都亭西驿/35 上

【汇编】补遗 7250

宋神宗熙宁五年四月 大食勿巡国遣使辛毗陀罗奉表贡方物

【宋会要】蕃夷 7 之 32/7855

宋神宗熙宁五年五月九日　以青唐大首领俞龙珂为西头供奉官

【宋会要】蕃夷 6 之 7/7822

宋神宗熙宁五年六月　夏人还荔原堡逃背熟户

【宋史】486/夏国传下/14009

【汇编】上 75

宋神宗熙宁五年闰七月　景思立等与夏人战，得武胜城

【宋史】486/夏国传下/14009

【汇编】上 75

宋神宗熙宁五年八月　熙州武胜军地置镇洮军

【宋会要】方域 5 之 3/7384；6 之 2/7406

宋神宗熙宁五年九月　以唃厮啰孙结吴延征为礼宾副使充镇洮军河西一带蕃部钤辖

【宋会要】蕃夷 6 之 8/7822

宋神宗熙宁五年十月　改熙州临洮郡为镇洮军节度

【宋会要】方域 5 之 3/7384、6 之 2/7406

宋神宗熙宁五年十一月　文彦博论筑河州

【奏议标】141/文彦博·上神宗论进筑河州/1590

【奏议影】141/文彦博·上神宗论进筑河州/4890

宋神宗熙宁五年十二月　夏遣使进马赎大藏经，诏赐之而还其马

【宋史】486/夏国传下/14009

【汇编】上 75

宋神宗熙宁五年十二月十三日　诏分陕西路为永兴军、秦凤两路

【宋会要】方域 5 之 36/7401

【汇编】下 7005

宋神宗熙宁五年十二月二十六日　于阗黑韩王遣使奉表贡方物

【宋会要】蕃夷 7 之 33/7856

宋神宗熙宁六年　王韶克河州

【甘肃新通志】6/舆地志·山川上·兰州府·河州/13 上

【汇编】补遗 7336

宋神宗熙宁六年　收复枪军故城

【甘肃新通志】13/舆地志·古迹·兰州府·河州/7 下

【汇编】补遗 7335

宋神宗熙宁六年　置宕昌寨，属岷州

【甘肃新通志】13/舆地志·古迹·巩昌府·岷州/19 下

【汇编】补遗 7339

宋神宗熙宁六年　置河东县永乐镇

【宋会要】方域 12 之 15/7527

宋神宗熙宁六年　秦州临江寨改属岷州

【宋会要】方域 18 之 22/7620

【甘肃新通志】13/舆地志·古迹·凉州府·平番县/47 上

【汇编】中四 3916；补遗 7335

宋神宗熙宁六年　当川废县置当川堡，属熙州

【甘肃新通志】13/舆地志·古迹·兰州府·狄道州/4 下

【汇编】补遗 7334

宋神宗熙宁六年　置岷州荔子寨

【宋会要】方域 18 之 17/7618

【甘肃新通志】9/舆地志·关梁·巩昌府·岷州/38 下

【汇编】中四 3916；补遗 7335

宋神宗熙宁六年　收复河州

【宋史】87/地理志 3/2163

【元丰九域志】3/133

【汇编】中四 3914；中六 5807

宋神宗熙宁六年　置通远军盐川寨

【元丰九域志】3/139

【汇编】中四 3916

宋神宗熙宁六年　置康乐寨

【甘肃新通志】13/舆地志·古迹·兰州府·狄道州/4 下

【汇编】补遗 7334

宋神宗熙宁六年　置熙州当川堡、南川堡

【宋会要】方域 20 之 2/7651

【汇编】中四 3916

宋徽宗熙宁六年　熙州置马踪寨

【宋会要】方域 18 之 18/7618

宋神宗熙宁六年三月四日　熙河副总管高遵裕上言王韶收复河州

【宋会要】兵 14 之 18/7001

【汇编】中四 3853

宋神宗熙宁六年四月十七日 熙河洮河浮梁
成，赐名永通桥

【宋会要】方域 13 之 22/7541

宋神宗熙宁六年八月八日 诏温讷支郢成四
充邈川一带蕃部都巡检使，并依汉官请受

【宋会要】蕃夷 6 之 9/7823

宋神宗熙宁六年十月三日 诏河州安乡城黄
河渡口置浮桥

【宋会要】方域 13 之 5/7532

宋神宗熙宁六年十月十三日 诏延州永宁关
黄河渡口置浮梁

【宋会要】方域 13 之 22/7541

宋神宗熙宁六年十二月 诏以岷州瞎吴叱、
洮州巴毡角并为崇仪副使，董谷为礼宾副使，
瞎吴叱岷州、巴毡角洮州、董谷河州蕃部钤
辖

【宋会要】蕃夷 6 之 9/7823

宋神宗熙宁七年 三川县废为镇

【宋会要】方域 5 之 41/7403

宋神宗熙宁七年 木征陷踏白城

【东都事略】120/李宪传/5 上

【汇编】中四 3936

宋神宗熙宁七年 王韶克河州，拔吐蕃诃诺
木藏城，改名宁羌城

【甘肃新通志】13/舆地志·古迹·兰州府·河
州/8 上

【汇编】补遗 7338

宋神宗熙宁七年 永宁关宁和桥以河溢而道
绝

【画墁集】补遗/游公（师雄）墓志铭/2 下

【汇编】中四 3972

宋神宗熙宁七年 讨河州踏白城叛羌

【汉滨集】15/故客省使雄州防御使泾原路兵马
钤辖兼第十一将郭公（成）行状/16 上

【汇编】补遗 7336

宋神宗熙宁七年 宋复熙河

【宋史】167/职官志 7/3969

【汇编】中六 5697

宋神宗熙宁七年 改东西华池镇为寨

【甘肃新通志】9/舆地志·关梁·庆阳府·合水

县/58 下

【汇编】补遗 7338

宋神宗熙宁七年 熙河路河州宁城县以香子
城改宁河寨

【宋会要】方域 18 之 22/7620

【汇编】中四 3976

宋神宗熙宁七年 置河州东谷堡

【宋会要】方域 20 之 3/7652

【甘肃新通志】9/舆地志·关梁·兰州府·河州
/20 上

【汇编】中四 3975；补遗 7338

宋神宗熙宁七年 河州置定羌城

【宋会要】方域 8 之 22/7451

宋神宗熙宁七年 置河州阆精谷堡

【宋会要】方域 20 之 3/7652

【汇编】中四 3975

宋神宗熙宁七年 修复阶州峰贴峡寨

【宋会要】方域 18 之 24/7621

【汇编】中四 3976

宋神宗熙宁七年 鬼章诱景思立、王宁会于
踏白城

【甘肃新通志】13/舆地志·古迹·兰州府·河
州/8 下

【汇编】补遗 7339

宋神宗熙宁七年 废秦凤路通远军来远寨

【宋会要】方域 18 之 9/7614

宋神宗熙宁七年 徙安化县治至制胜关

【甘肃新通志】9/舆地志·关梁·化平川直隶厅
/29 下

【汇编】补遗 7339

宋神宗熙宁七年 朝旨选得力人入夏刺探敌
情

【宋会要】兵 28 之 18/7278

【汇编】中四 4036

宋神宗熙宁七年 渭州安化镇，废县置

【宋会要】方域 12 之 15/7527

宋神宗熙宁七年 置宁河寨

【甘肃新通志】13/舆地志·古迹·兰州府·河
州/8 上

【汇编】补遗 7414

宋神宗熙宁七年 置河州通会关

【长编标】498/11858

【长编影】498/15 下

【汇编】中六 5397

宋神宗熙宁七年　置南川寨

　【甘肃新通志】9/舆地志·关梁·兰州府·河州
　　/20 上

　【汇编】补遗 7337

宋神宗熙宁七年　置鄜州三川镇

　【宋会要】方域 12 之 15/7527

　【汇编】中四 3976

宋神宗熙宁七年　置熙州结阿堡

　【宋会要】方域 20 之 15/7658

　【汇编】中四 3975

宋神宗熙宁七年　置遮阳堡

　【甘肃新通志】9/舆地志·关梁·巩昌府·岷州
　　/38 下

　【汇编】补遗 7337

宋神宗熙宁七年　熙河路岷州置宕昌寨

　【宋会要】方域 18 之 32/7625

宋神宗熙宁七年　熙河路岷州置间川寨

　【宋会要】方域 18 之 27/7623

宋神宗熙宁七年　熙河路岷州置麻川寨

　【宋会要】方域 18 之 27/7623

宋神宗熙宁七年　改河州河诺城为定羌城

　【宋史】167/职官志 7/9 上

　【汇编】中六 5807

宋神宗熙宁七年正月十九日　范纯粹言绥德
　　城当西夏之冲

　【宋会要】方域 5 之 14/7403

　【汇编】下 7006

宋神宗熙宁七年二月三日　于阗遣使阿丹一
　　难奉表贡方物

　【宋会要】蕃夷 7 之 33/7856

宋神宗熙宁七年四月十二日　河州瞎木征诣
　　军前乞降

　【宋会要】蕃夷 6 之 10/7823

宋神宗熙宁七年四月十四日　宋师自河州间
　　精谷出踏白城西与蕃贼战

　【宋会要】蕃夷 6 之 10/7823

宋神宗熙宁七年四月十五日　宋军进至银川

　【宋会要】蕃夷 6 之 10/7823

宋神宗熙宁七年四月十六日　宋分兵北至黄
　　河，西至南山，又入踏白城

　【宋会要】蕃夷 6 之 10/7823

宋神宗熙宁七年四月十七日　进筑珂诺城

　【宋会要】蕃夷 6 之 10/7823

宋神宗熙宁七年五月　宋曲赦熙河路

　【长编标】253/6186

　【长编影】253/1 上

　【宋大诏令集】219/曲赦熙河制/837

　【汇编】中四 3951

宋神宗熙宁七年六月二十一日　诏木征为
　　荣州团练使，木征母郢成结为遂宁郡太夫人，
　　木征妻俞龙七为安定郡君，木征妻结施卒为
　　仁和县君

　【宋会要】蕃夷 6 之 10/7823

宋神宗熙宁八年　马务堡改为镇

　【宋会要】方域 12 之 15/7527

宋神宗熙宁八年　绥远寨复为镇

　【宋会要】方域 12 之 15/7527

宋神宗熙宁八年　延水县废为镇，隶延川县

　【宋史】87/地理志 3/2146

　【宋会要】方域 5 之 39/7402、12 之 15/7527

　【元丰九域志】3/107

　【汇编】中四 4009；中六 5828

宋神宗熙宁八年　改秦州床穰镇为堡

　【宋会要】方域 12 之 15/7527

　【甘肃新通志】9/舆地志·关梁·秦州直隶州·
　　清水县/45 上

　【汇编】补遗 7239

宋神宗熙宁八年　改通远军威远寨为镇

　【元丰九域志】3/138

　【汇编】中一 1525

宋神宗熙宁八年　诏泾原路弓箭手事

　【长编标】312/7573

　【长编影】312/13 上

　【汇编】中四 4127

宋神宗熙宁八年　河东弓箭手租佃官田

　【宋史】190/兵志 4·河东陕西弓箭手/4722

　【汇编】中六 5891

宋神宗熙宁八年　董毡部将青宜结鬼章寇边

　【宋会要】兵 9 之 1/6906

　【汇编】中四 4031

宋神宗熙宁八年　湢山寨改湢山镇

　【宋会要】方域 12 之 15/7527

宋神宗熙宁八年三月 准朝旨接济秦州蕃兵、
弓箭手阙食
【长编标】375/9089
【长编影】375/4 上
【汇编】中五 4717

宋神宗熙宁八年三月 夏人牒熙河路经略
司，请高太尉赴三岔堡会议
【宋史】486/夏国传下/14009
【汇编】上 75

宋神宗熙宁八年闰四月 置秦州百家镇、陇
成县铁冶镇、伏羌城、甘谷城、三阳寨、安
宁寨、弓门寨、鸡川寨、陇城寨、永宁寨等
【宋会要】食货 29 之 14/5314
【汇编】中四 3991

宋神宗熙宁八年五月 蕃僧李巴毡补三班长
使、本族蕃巡检
【宋会要】蕃夷 6 之 11/7824

宋神宗熙宁八年七月 置通远军熟羊寨、盐
川寨
【宋会要】食货 29 之 15/5315
【汇编】中四 3997

宋神宗熙宁八年冬 诏废天下养马监
【涑水记闻】16/9 上
【汇编】中四 4009

宋神宗熙宁九年 立与化外人私贸易罪赏法
【宋史】186/食货志下 8 · 互市/4563
【汇编】中四 4033

宋神宗熙宁九年 废熙州狄道县
【宋会要】方域 6 之 2/7406

宋神宗熙宁九年正月 以西蕃首领郎结毡为
内殿承制
【宋会要】蕃夷 6 之 11/7824

宋神宗熙宁九年十月 置德顺军在城及静边
寨、治平寨
【宋会要】食货 29 之 1/5315
【汇编】中四 4024

宋神宗熙宁九年十一月 置镇戎军在城
【宋会要】食货 29 之 15/5315
【汇编】中四 4027

宋神宗熙宁九年十二月 置泾州灵台县、良
原县百理镇等
【宋会要】食货 29 之 14/5314

【汇编】中四 4032

宋神宗熙宁九年十二月 周尹论遣李宪措置
边事
【奏议标】62/周尹 · 上神宗论遣李宪措置边事/
693
【奏议影】62/周尹 · 上神宗论遣李宪措置边事/
2296
【汇编】中四 4029

宋神宗熙宁九年十二月 蔡承禧论遣李宪措
置边事
【奏议标】63/蔡承禧 · 上神宗论遣李宪措置边
事/694
【奏议影】63/蔡承禧 · 上神宗论遣李宪措置边
事/2298、2299、2302
【汇编】中四 4030

宋神宗熙宁十年 升西平郡为西平军节度
【元丰九域志】10/化外州 · 陕西路/479
【汇编】中一 1716

宋神宗熙宁十年 修复平戎镇
【宋会要】方域 12 之 15/7527

宋神宗熙宁十年 张方平谏神宗用兵
【奏议标】121/张方平 · 上神宗谏用兵/1331
【奏议影】121/张方平 · 上神宗谏用兵/4138
【汇编】中四 4058

宋神宗熙宁十年 置陕西熙河路岷州铁城堡
【宋会要】方域 20 之 1/7651

宋神宗熙宁十年 建延州四堡
【玉海】174/雍熙筑河北城垒、祥符山川城寨图
/37 上
【汇编】补遗 7247

宋神宗熙宁十年 陕西差官买马
【宋会要】职官 43 之 67/3307
【汇编】中五 4614

宋神宗熙宁十年 董毡遣使来贡，诏以为和
州刺史
【宋会要】蕃夷 6 之 29/7833、6 之 30/7833
【汇编】中五 5252

宋神宗熙宁十年 延州分团置弓箭手指挥
【宋史】190/兵志 4 · 河东陕西弓箭手/4714
【汇编】中四 4060

宋神宗熙宁十年正月 朝旨弓箭手年老或病
患不任征役者，给公凭放停

【长编标】478/11391

【长编影】478/9 上

【汇编】中五 5187

宋神宗熙宁十年四月八日　于阗黑汗王遣使
罗阿厮难撒温奉金表进贡

【宋会要】蕃夷 7 之 33/7856

宋神宗熙宁十年六月　合州防御使赵思忠卒

【宋会要】蕃夷 6 之 12/7824、6 之 13/7825

宋神宗熙宁十年八月五日　诏严惩擅入西界
不法者

【长编标】298/7240

【长编影】298/1 下

【汇编】中四 4095

宋神宗熙宁十年八月　命李宪及赵济同经制
熙河

【长编标】372/9017

【长编影】372/14 上

【汇编】中五 4710

宋神宗熙宁十年十月　鬼章、董毡使人进贡

【宋会要】蕃夷 6 之 13/7825

宋神宗熙宁十年十一月　以邈川董毡都首领
青宜结鬼章为廓州刺史，阿令骨为松州刺史，
拔藏党令结等四人并为郎将

【宋会要】蕃夷 6 之 13/7825

宋神宗熙宁十年十二月　邈川董毡进珍珠、
乳香、象牙、玉石、马

【宋会要】蕃夷 6 之 13/7825

宋神宗熙宁中　熙州建永通桥，在狄道州西洮
河上

【甘肃新通志】9/舆地志·关梁·兰州府·狄道
州/15 下

【汇编】补遗 7340

宋神宗熙宁中　西夏寇边

【长编标】335/8082

【长编影】335/18 上

【汇编】中四 4490

宋神宗熙宁中　王韶开熙河

【宋史】85/地理志 1·序/2095；175/食货志上
3·和籴/4246

【长编标】465/11124

【长编影】465/25 上

【奏议标】141/任伯雨·上徽宗论湟鄯/1594

【奏议影】141/任伯雨·上徽宗论湟鄯/4901

【涑水记闻】13/17 上

【汇编】中四 3956、4284；中五 5094；中六
5692、5913

宋神宗熙宁中　王韶引兵过竹牛领破蕃酋

【甘肃新通志】6/舆地志·山川上·兰州府·狄
道州/8 上

【汇编】补遗 7333

宋神宗熙宁中　尝令德顺军蕃部养马

【宋史】198/兵志 12/4949

【汇编】中四 4109

宋神宗熙宁中　吕公弼帅河东

【东轩笔录】8/4 上

【汇编】中二 2320

宋神宗熙宁中　庆州卒叛

【宋史】290/张玉传/9722

【汇编】中三 3668

宋神宗熙宁中　西夏围罗兀城

【闻见近录】6 下

【汇编】中三 3682

宋神宗熙宁中　西夏国母梁氏引兵犯庆州大顺
城

【元刊梦溪笔谈】13/16

【汇编】中三 3579

宋神宗熙宁中　议收熙河蕃部包顺盐井

【宋史】183/食货志下·盐下/4471

【汇编】中四 4061

宋神宗熙宁中　始置提举熙河路买马，命知熙
州王韶为之

【宋史】198/兵志 12/4951

【汇编】中四 4061

宋神宗熙宁中　时抚宁县治抚宁城乃旧城

【元刊梦溪笔谈】13/15

【汇编】中一 1077

宋神宗熙宁中　党项降酋李定献神臂弓

【元刊梦溪笔谈】19/5

【汇编】中三 3517

宋神宗熙宁中　果庄犯边

【长编标】291/7111

【长编影】291/2 上

【汇编】中四 4077

宋神宗熙宁中　果庄诱陷景思立

【长编标】404/9851

【长编影】404/20 下

【栾城集】45/贺擒鬼章表/2 上

【汇编】中五 4861、4862、4863

宋神宗熙宁中 河州大雨雹

【元刊梦溪笔谈】21/29

【汇编】中四 3885

宋神宗熙宁中 种谊从高遵裕复洮岷

【宋史】335/种谊传/10748

【汇编】中四 3898

宋神宗熙宁中 种谊破鬼章

【甘肃新通志】13/舆地志·古迹·巩昌府·岷州/19 下

【汇编】补遗 7340

宋神宗熙宁中 种谔克绥德城

【长编标】382/9319

【长编影】382/19 上

【汇编】中五 4774

宋神宗熙宁中 鬼章陷河州踏白城

【画墁集】补遗/游公（师雄）墓志铭/4 上

【汇编】中五 4853

宋神宗熙宁中 夏人为中国患

【奏议标】24/陈次升·上徽宗论西蕃市马/1386

【奏议影】24/陈次升·上徽宗论西蕃市马/4275

【汇编】中六 5714

宋神宗熙宁中 王韶取青唐

【宋史】462/僧智缘传/13524

【汇编】中三 3714

宋神宗熙宁中 筑葭卢寨

【延安府志】8/葭州·城池/3 下

【陕西通志】14/葭州·城池/28 上

【汇编】补遗 7486

宋神宗熙宁中 蒋之奇改狄道州凤台为超然台

【甘肃新通志】13/舆地志·古迹·兰州府·狄道州/5 下

【汇编】补遗 7335

宋神宗熙宁中 韩绛等修罗兀城

【长编标】397/9674

【长编影】397/4 上

【汇编】中五 4815

宋神宗熙宁中 置熟羊寨

【甘肃新通志】9/舆地志·关梁·巩昌府·陇西县/32 下

【汇编】补遗 7333

宋神宗熙宁中 鄜延筑啰兀城

【宋史】327/王安礼传/10553

【汇编】中三 3656

宋神宗元丰初 夏人二万犯当川堡

【陕西通志】17/关梁 2·葭州/51 上

【汇编】补遗 7341

宋神宗元丰初 夏人屯兵大会平取稼

【宋史】334/高永能传/10726

【汇编】中四 4100

宋神宗元丰元年 邕州佛像动摇，知州投之江中，以曾经佛像动而夏人入寇故也

【宋史】67/五行志 4/1485

【汇编】中四 4086

宋神宗元丰元年闰正月 根究到西界作过首领

【长编标】284/6949

【长编影】284/3 下

【汇编】中四 4046

宋神宗元丰元年二月 知府州折克柔领忠州刺史

【宋会要】方域 21 之 8/7665

【汇编】上 39

宋神宗元丰元年六月 论西夏事

【潞公文集】26/奏议·论西边事/1 上

【汇编】补遗 7357

宋神宗元丰元年六月九日 诏提举茶场司，于阗进奉使人买茶免税

【宋会要】蕃夷 4 之 16/7721

宋神宗元丰元年八月 封陇山乱石湫神祠利民侯

【宋会要】礼 20 之 116/828

【汇编】中六 5944

宋神宗元丰元年九月十九日 诏王余庆以麟州都监候满二年，差知丰州

【宋会要】方域 21 之 13/7667

宋神宗元丰元年十月二十八日 于阗贡方物

【宋会要】蕃夷 4 之 16/7721；蕃夷 7 之 35/7857

宋神宗元丰二年 引蕃货赴市易务交易，严禁私市逃税

【宋史】186/食货志下8·市易/4552

【汇编】中四4101

宋神宗元丰二年　再废平戎镇

【宋会要】方域12之15/7527

宋神宗元丰二年　废庆州安化县府城寨

【宋会要】方域18之25/7622

【汇编】中四4108

宋神宗元丰二年　废庆州安化县金村堡

【宋会要】方域20之1/7651

【汇编】中四4107

宋神宗元丰二年　宋出兵西夏

【忠肃集】12/直龙图阁蔡君（奕）墓志铭/164

【汇编】中四4107

宋神宗元丰二年　废环州通远县大拔寨

【宋会要】方域18之12/7615

【汇编】中四4108

宋神宗元丰二年　复置熙州狄道县

【宋会要】方域6之2/7406

【元丰九域志】3/125

【汇编】中四3837

宋神宗元丰二年二月二十九日　经制熙河路边防财用司乞收熙河官员职田募弓箭手

【宋会要】职官58之14/3708

【汇编】中四4088

宋神宗元丰二年三月一日　董毡遣景青宜党令支等来贡方物

【宋会要】蕃夷6之14/7825

宋神宗元丰二年三月二十二日　宋神宗批西驿交易从旧法。除买于官库外，余悉听与牙侩市人交易

【宋会要】食货38之33/5483

【汇编】中四4094

宋神宗元丰二年六月　夏人自满堂川入寇

【宋史】486/夏国传下/14010

【汇编】上76

宋神宗元丰二年七月三日　上批陕西马递铺人马多阙，方军兴飞书遣使，此最为先务

【宋会要】方域10之24/7485

宋神宗元丰二年八月十二日　诏陕西及麟府等路于递铺内可选充急脚递铺兵级，对换不堪走传文字之人

【宋会要】方域10之24/7485

宋神宗元丰二年八月二十九日　诏自京至陕西、河东用兵路分递铺各赐特支钱

【宋会要】方域10之24/7485

宋神宗元丰三年　买马及定额数

【宋会要】职官43之67/3307

【汇编】中五4614

宋神宗元丰三年　诏泾原路募勇敢如鄜延路

【宋史】190/兵志4·河东陕西弓箭手/4725

【汇编】中四4116

宋神宗元丰三年　置河州西原堡、北河堡

【宋史】87/地理志3/2163

【宋会要】方域20之3/7652

【汇编】中四4117；中六5807

宋神宗元丰三年　环州通远县以阿原烽置阿原堡

【宋会要】方域20之8/7654

宋神宗元丰三年正月二十七日　于阗国大首领阿令颠额温等来贡方物

【宋会要】蕃夷4之16/7721

宋神宗元丰三年正月二十九日　诏讷支郡成为邈川蕃部都巡检使，温溪心为内殿崇班，温声腊抹为邈川蕃部同巡检，阿笃为本族副军主，僧禄尊为禄厮结族都虞侯

【宋会要】蕃夷6之15/7826

宋神宗元丰三年三月　贺鄜延路奏米脂川大捷

【范太史集】11/贺鄜延路奏米脂川大捷表/9下

【汇编】中四4200

宋神宗元丰三年四月　环州肃远寨慕家白子等属羌为乱

【长编标】312/7569

【长编影】312/10上

【汇编】中四4125

宋神宗元丰三年六月　诏温溪心弟阿令京为西头供奉官，余皆封官有差

【宋会要】蕃夷6之15/7826

宋神宗元丰三年闰九月二十七日　董毡遣人入贡

【宋会要】蕃夷6之16/7826、7之36/7857

宋神宗元丰三年十月　赐张义堡木硤山湫神祠庙额灵泽

【宋会要】礼20之116/822

【汇编】中六 5342

宋神宗元丰三年十一月二十一 请西北择将东南益兵

【元丰类稿】30/请西北择将东南益兵札子/11 上

【汇编】中四 4116

宋神宗元丰四年 于通远军北置定西城

【宋会要】方域 8 之 22/7451

宋神宗元丰四年 王中正部由河东入界讨夏

【奏议标】63/刘挚·上哲宗弹奏王中正等四宦官之罪/697

【奏议影】63/刘挚·上哲宗弹奏王中正等四宦官之罪/2306

【汇编】中五 4721

宋神宗元丰四年 出讨西夏

【宋史】349/刘昌祚传/11054；349/姚麟传/11058；175/食货志上 3·和籴/4246

【长编标】317/7676；471/11250；474/11314

【长编影】317/16 下；471/12 上；474/12 下

【宋会要】兵 8 之 22/6898

【汉滨集】15/故客省使雄州防御使泾原路兵马钤辖兼第十一将郭公（成）行状/16 上

【初寮集】6/定功继伐碑/1 上

【邵氏闻见录】5/42

【画墁集】补遗/游公（师雄）墓志铭/3 上

【涑水记闻】14/8 上

【谈苑】1/5 下

【汇编】中四 4199、4209、4210、4211、4224、4273、4284、4300；中五 5148、5165；补遗 7435；7346

宋神宗元丰四年 义合寨原为西夏所建，本年收复

【陕西通志】17/关梁 2·绥德州/45 上

【延安府志】7/绥德州·关梁/7 上

【汇编】补遗 7348

宋神宗元丰四年 收复延安塞门寨

【宋史】87/地理志 3/2146

【汇编】中六 5827

宋神宗元丰四年 收复绥德军米脂寨

【宋史】87/地理志 3/2148

【汇编】中六 5830

宋神宗元丰四年 收复葭芦寨

【榆林府志】5/建置志·沿革/4 上

【汇编】补遗 7487

宋神宗元丰四年 收复塞门寨

【陕西通志】16/关梁 1·延安府·安塞县/27 上

【汇编】补遗 7348

宋神宗元丰四年 曲珍败夏人于堡子山

【陕西通志】10/山川 3·延安府·甘泉县/9 上

【汇编】补遗 7345

宋神宗元丰四年 米脂寨隶绥德军

【宋会要】方域 18 之 17/7618

宋神宗元丰四年 以兰州西使城为定西城

【宋史】87/地理志·3/2164

【汇编】中六 5783

宋神宗元丰四年 置通远军定西城

【玉海】174/熙宁绥德城/41 上

【元丰九域志】3/139

【甘肃新通志】13/舆地志·古迹·巩昌府·安定县/17 上

【汇编】中四 4295；补遗 7327、7347

宋神宗元丰四年 李宪自熙河进兵天都山

【甘肃新通志】6/舆地志·山川上·固原直隶州·海城县/26 上

【海城县志】6/古迹志/1 下

【汇编】补遗 7388、7394

宋神宗元丰四年 熙河统制李宪败夏人于西市新城

【甘肃新通志】13/舆地志·古迹·兰州府·皋兰县/2 上

【汇编】补遗 7344

宋神宗元丰四年 芦关复为戍守之所

【陕西通志】16/关梁 1·延安府·安塞县/25 下

【汇编】补遗 7235

宋神宗元丰四年 诏环州蕃落未排定指挥并为禁军

【宋史】189/兵志 3·厢兵/4644

【汇编】中四 4293

宋神宗元丰四年 罢兰州龛谷、吹龙二砦

【宋史】87/地理志 3/2165

【汇编】中六 5840

宋神宗元丰四年 废庆阳府府城砦、金村堡、平戎镇

【宋史】87/地理志 3/2148

【汇编】中六 5832

宋神宗元丰四年　废镇戎军东水口堡

【宋会要】方域 20 之 10/7655

【汇编】中四 4295

宋神宗元丰四年　河东调民夫万一千人随军伐夏

【宋史】175/食货志上 3/4256

【汇编】中四 4244

宋神宗元丰四年　复城兰州

【甘肃新通志】8/形胜·兰州府·皋兰县/1 下

【汇编】补遗 7360

宋神宗元丰四年　种谔败夏人于无定河

【陕西通志】13/山川 6·绥德州·米脂县/53 上

【汇编】补遗 7345

宋神宗元丰四年　重修兰州府

【甘肃新通志】14/舆地志·建置制·城池/1 下

【汇编】补遗 7347

宋神宗元丰四年　罢河东陕西应缘军兴添置官属

【宋会要】职官 41 之 77/3205

【汇编】中五 4807

宋神宗元丰四年　知庆州高遵裕率部伐夏

【宋史】464/高遵裕传/13576

【汇编】中四 4194

宋神宗元丰四年　董毡集兵十二万助宋讨夏

【宋会要】蕃夷 6 之 30/7833

【汇编】中五 5252

宋神宗元丰四年　用兵得西夏城寨

【长编标】390/9496

【长编影】390/18 上

【汇编】中五 4796

宋神宗元丰四年　置东冈镇，后改名东关堡

【甘肃新通志】9/舆地志·关梁·兰州府·皋兰县/2 上

【汇编】补遗 7353

宋神宗元丰四年　置兰州东关堡、皋兰堡

【宋会要】方域 20 之 3/7652

【元丰九域志】3/135 上

【汇编】中四 4294、4295

宋神宗元丰四年　置兰州巩哥关

【宋会要】方域 12 之 2/7520

【汇编】中四 4544

宋神宗元丰四年　置皋兰堡

【甘肃新通志】9/舆地志·关梁·兰州府·皋兰县/2 下

【汇编】补遗 7347

宋神宗元丰四年　置兰州皋兰堡、巩哥关

【宋史】87/地理志 3/2165

【汇编】中六 5840

宋神宗元丰四年　置兰州龛谷寨

【宋会要】方域 18 之 24/7621

【元丰九域志】3/135 上

【甘肃新通志】13/舆地志·古迹·兰州府·金县/3 下

【汇编】中四 4294；补遗 7380

宋神宗元丰四年　置延州嗣武寨，寻废

【宋史】87/地理志 3/2148

【陕西通志】17/关梁 2·绥德州·米脂县/47 上

【汇编】中六 5831；补遗 7410

宋神宗元丰四年正月　于阗又入贡

【宋会要】蕃夷 4 之 16/7721

宋神宗元丰四年三月十七日　诏丹喇关赐名会宁关

【长编标】498/11858

【长编影】498/15 下

【汇编】中六 5396

宋神宗元丰四年四月　李清说夏惠宗李秉常以河南地归宋，夏国母诛李清而夺秉常政，宋趁机五路伐夏

【宋史】486/夏国传下/14010

【汇编】上 76

宋神宗元丰四年四月二十七日　推恩筑平夏城灵平寨主将与提举官

【宋会要】方域 18 之 11/7615

【汇编】中四 4126

宋神宗元丰四年五月　俞充上章讨西夏

【长编标】291/7116

【长编影】291/4 下

【汇编】中四 4079

宋神宗元丰四年七月　吕惠卿言夏国点集人马

【宋会要】兵 28 之 38/7288

【汇编】中五 5251

宋神宗元丰四年七月　董毡遣部赴党龙耳江、

筏南及陇朱、珂诺等处击夏国
【宋会要】蕃夷6之16/7826
宋神宗元丰四年八月 赐李宪手诏
【宋大诏令集】213/赐李宪手诏/810
【汇编】中四4160
宋神宗元丰四年八月 宋五路大军伐夏
【宋史】486/夏国传下/14010
【汇编】上76
宋神宗元丰四年九月 建兰州为帅府，以熙州为列郡
【宋会要】方域5之3/7384、6之2/7406
宋神宗元丰四年九月四日 诏王中正、高遵裕相度乘机进讨
【宋会要】兵8之24/6899
宋神宗元丰四年九月十三日 熙河路都大经制司言收复兰州
【宋会要】方域8之25/7453
宋神宗元丰四年九月十七 诏董毡过河攻取凉州
【宋会要】兵8之24/6899
宋神宗元丰四年九月丙午 诏谕夏国敕牓
【宋大诏令集】235/诏谕夏国敕牓（元丰四年）/917
【汇编】中四4185
宋神宗元丰四年九月二十七日 夏人自无定河川南来，欲救米脂之围
【宋会要】兵8之25/6899
宋神宗元丰四年九月二十八日 种谔大败米脂援军
【宋会要】兵8之25/6899
宋神宗元丰四年十月 夏人坚壁清野，宋军师老粮尽，损兵折将，无功而还
【宋史】486/夏国传下/14010
【汇编】上76
宋神宗元丰四年十月七日 宋军至女遮谷
【宋会要】兵8之25/6899
宋神宗元丰四年十月十二日 宋军至西界堪哥平磨哆隘口
【宋会要】兵8之25/6899
宋神宗元丰四年十月十五日 宋军入夏州
【宋会要】兵8之25/6899
宋神宗元丰四年十月二十日 收复故清远军并韦州
【宋会要】兵8之26/6900
宋神宗元丰四年十月二十四日 宋师次鸣沙城
【宋会要】兵8之26/6900
宋神宗元丰四年十一月三日 宋将曲珍于蒲萄山破敌
【宋会要】兵8之26/6900
宋神宗元丰四年十一月七日 熙河路李宪军行至天都山
【宋会要】兵8之26/6900
宋神宗元丰四年十一月九日 鄜延路第三将杨进等破石堡城
【宋会要】兵8之26/6900
宋神宗元丰四年十一月二十一日 鄜延路种谔军溃
【宋会要】兵8之26/6900
宋神宗元丰四年十二月 文彦博上言五路伐夏
【奏议标】138/文彦博·上神宗论关中事宜/1549
【奏议影】138/文彦博·上神宗论关中事宜/4760
宋神宗元丰四年冬 宋大举讨夏国
【涑水记闻】14/8上
【汇编】中四4224
宋神宗元丰辛酉 张舜民随环庆军至灵州城下，败退后题诗石峡
【东原录】24上
【汇编】补遗7347
宋神宗元丰五年 以庆州安化县礓诈寨改安疆寨
【宋会要】方域18之10/7614
【汇编】中六5310
宋神宗元丰五年 以定西城易置通远军，以汝遮堡为定西城
【宋会要】方域8之22/7451
宋神宗元丰五年 兰州胜如堡、质孤堡并废
【宋会要】方域20之15/7658
宋神宗元丰五年 永洛之败
【挥麈后录】1/神宗置封椿库以为开拓境上之资/11下

【汇编】中四 4426

宋神宗元丰五年　　置石州吴堡寨
【宋会要】方域 18 之 4/7611
【汇编】中四 4459

宋神宗元丰五年　　置石州吴堡、葭芦寨，因置二寨沿边都巡检使
【宋史】6/地理志 2/2134
【汇编】中六 5825

宋神宗元丰五年　　鄜延路置银川寨
【宋会要】方域 18 之 30/7624

宋神宗元丰五年　　曲珍败夏人于明堂川
【陕西通志】13/山川 6·绥德州·米脂县/53 下
【汇编】补遗 7350

宋神宗元丰五年　　改秦凤通西寨为吹东龙堡
【宋会要】方域 18 之 30/7624
【汇编】中四 4460

宋神宗元丰五年　　李宪言罗日、伽罗二堡控遏贼冲
【甘肃新通志】9/舆地志·关梁·兰州府·皋兰县/3 下
【汇编】补遗 7352

宋神宗元丰五年　　李宪请发兵自泾原筑寨，直抵西夏灵州
【涑水记闻】14/9 上
【汇编】中四 4370

宋神宗元丰五年　　种谔言横山之利
【陕西通志】11/山川 4·榆林府·怀远县/51 下；17/关梁 2·绥德州·米脂县/46 上
【横山县志】1/地理志·山脉/6 下
【汇编】补遗 7350、7351

宋神宗元丰五年　　置通远军榆木岔熨斗平堡
【宋会要】方域 20 之 9/7655
【汇编】中四 4460

宋神宗元丰五年　　新复米脂等寨招到弓箭手每名支借农器牛具钱五贯，粮种五石
【长编标】486/11548
【长编影】486/8 下
【汇编】中六 5296

宋神宗元丰五年　　置质孤堡、胜如堡
【甘肃新通志】9/舆地志·关梁·兰州府·皋兰县/3 上
【汇编】补遗 7352

宋神宗元丰五年　　置镇戎军古寨堡
【宋会要】方域 20 之 5/7653
【汇编】中四 4460

宋神宗元丰五年　　折可适率部随鄜延种谔进讨西夏
【姑溪居士后集】20/折渭州墓志铭/1 上
【汇编】上 206

宋神宗元丰五年　　滕甫谏神宗伐西夏
【奏议标】138/滕甫·上神宗谏伐西夏/1550
【奏议影】138/滕甫·上神宗谏伐西夏/4765
【汇编】中四 4345

宋神宗元丰五年正月　　鄜延于新收复的米脂等五寨置弓箭手
【宋会要】方域 19 之 7/7629
【汇编】中四 4296

宋神宗元丰五年正月　　辽使来书称，夏国言宋兵起无名，不测事端
【宋史】486/夏国传下/14011
【汇编】上 77

宋神宗元丰五年二月　　熙河路改熙河兰会路
【宋会要】方域 6 之 1/7406
【汇编】下 7007

宋神宗元丰五年二月二十一日　　诏董毡封武威郡王，阿令骨为肃州团练使，鬼章为甘州团练使，心牟钦毡为伊州刺史
【宋会要】蕃夷 6 之 17/7827

宋神宗元丰五年三月二十一日　　诏胡宗回、王钦臣修葺陕西五路马递铺
【宋会要】方域 10 之 25/7486

宋神宗元丰五年四月十五日　　诏李宪令董毡勿听契丹言与夏国和
【宋会要】蕃夷 6 之 17/7827

宋神宗元丰五年五月　　范纯仁论西师不可再举
【奏议标】138/范纯仁·上神宗论西师不可再举/1551
【奏议影】138/范纯仁·上神宗论西师不可再举/4770

宋神宗元丰五年五月　　沈括请城古乌延城以包横山，遣徐禧等往议
【宋史】486/夏国传下/14011
【汇编】上 77

宋神宗元丰五年五月九日 夏人攻永乐城，
宋军大败

【宋史】486/夏国传下/14012

【汇编】上 77

宋神宗元丰五年六月 上批泾原路进筑城寨
已降朝旨权住兴役

【宋会要】方域 19 之 8/7629

宋神宗元丰五年六月 宋神宗评李宪进置堡
障直抵鸣沙城之攻夏方略

【宋会要】兵 28 之 25/7282

【汇编】中四 4374

宋神宗元丰五年七月二十三日 诏鄜延路
相度进筑城寨

【宋会要】方域 19 之 8/7629、20 之 2/7651

宋神宗元丰五年八月三日 以董毡进奉使人
景青宜党令支为瓜州团练使，阿里骨为静州
刺史

【宋会要】蕃夷 6 之 17/7827

宋神宗元丰五年八月二十五日 兴工城永
乐，旬有二日而城毕，赐名银川寨

【宋会要】兵 8 之 29/6901；方域 18 之 30/7624

宋神宗元丰五年九月 夏人二十万陷永乐城

【奏议标】138/文彦博·上神宗论关中事宜/
1549

【奏议影】138/文彦博·上神宗论关中事宜/
4761

【宋会要】兵 8 之 28/6901

宋神宗元丰五年九月八日 置永乐城，赐名
银川寨，寻废

【宋史】87/地理志 3/2146

【宋会要】方域 18 之 30/7624

【汇编】中六 5828

宋神宗元丰五年九月十四日 鄜延路走马承
受公事杨元孙言新修永乐城毕

【宋会要】方域 19 之 9/7630

宋神宗元丰五年九月二十日 永乐城陷

【宋会要】方域 19 之 9/7630

宋神宗元丰五年十月十一日 宋神宗批示暂
停兰州修筑洛施、乩洛宗二堡

【宋会要】方域 20 之 14/7657

宋神宗元丰五年十月二十九日 丰州言修
城工毕，而城中乏水，欲增筑获水城闸门

【宋会要】方域 8 之 34/7457

【汇编】中四 4444

宋神宗元丰五年十一月十一日 范纯粹奏
边事

【长编标】368/8886；374/9063；395/9639

【长编影】368/33 上；374/8 上；395/20 下

【汇编】中五 4692、4713、4810

宋神宗元丰五年十二月 熙河乞罢修女遮堡

【宋会要】方域 20 之 12/7656

【汇编】中四 4455

宋神宗元丰六年 于火山军界葱凌下流保德
军、岚石州，使十里河面不冻，以限夏兵

【长编标】477/11372

【长编影】477/18 下

【汇编】中五 5180

宋神宗元丰六年 置兰州阿干、西关二堡

【宋会要】方域 20 之 4/7652

宋神宗元丰六年 兰州通西寨隶通远军

【元丰九域志】3/139

【汇编】中四 4543

宋神宗元丰六年 宋神宗诏，宜定蕃汉官序
位

【宋史】191/兵志 5·蕃兵/4760

【汇编】中四 4506

宋神宗元丰六年 改兰州巩哥关为东关堡

【宋会要】方域 12 之 2/7520

【汇编】中四 4544

宋神宗元丰六年 改熙河恭噶关为东关堡

【长编标】321/7749

【长编影】321/11 下

【汇编】中四 4279

宋神宗元丰六年 复置岢岚军岚谷县

【元丰九域志】4/177

【汇编】中一 989

宋神宗元丰六年 夏国主遣使请和

【奏议标】138/文彦博·上神宗论关中事宜/
1549

【奏议影】138/文彦博·上神宗论关中事宜/
4761

【栾城集】37/再论兰州等地状/11 上

【汇编】中五 4755

宋神宗元丰六年 置皋兰县阿干堡

【甘肃新通志】9/舆地志·关梁·兰州府·皋兰
县/2 下
【汇编】补遗 7353

宋神宗元丰六年　增筑兰州定西城
【玉海】174/元祐定远城/41 下
【汇编】补遗 7375

宋神宗元丰六年二月　夏人围兰州
【宋史】486/夏国传下/14013
【汇编】上 79

宋神宗元丰六年五月　宋神宗召见米脂寨所
降西夏乐工四十二人，奏乐于崇政殿
【宋史】142/乐志 17/3362
【玉海】108/元丰崇政殿奏蕃乐/15 下
【汇编】中四 4488；补遗 7354

宋神宗元丰六年五月　夏人复围兰州
【宋史】486/夏国传下/14013
【汇编】上 79

宋神宗元丰六年五月一日　于阗贡物，见于
延和殿
【宋会要】蕃夷 4 之 17/7722、7 之 36/7857

宋神宗元丰六年五月二十日　诏兰州展筑北
城，毕即废南城
【宋会要】方域 8 之 25/7453

宋神宗元丰六年六月十三日　范纯粹奏修延
州城事
【宋会要】方域 8 之 30/7455
【汇编】中四 4491

宋神宗元丰六年闰六月　夏惠宗李秉常奉表
乞修职贡
【宋史】486/夏国传下/14013
【宋会要】兵 8 之 29/6901；蕃夷 7 之 37/7858
【汇编】上 79

宋神宗元丰六年七月　蕃部当支状虚称夏国
与董毡书，欲同入寇
【宋会要】蕃夷 6 之 18/7827

宋神宗元丰六年闰七月　熙河兰会路置制使
司上增筑定西城通四寨文武官功状
【宋会要】方域 8 之 22/7451

宋神宗元丰六年八月六日　诏李宪选使谕董
毡、阿里骨坚守要约，协力攻讨西贼
【宋会要】蕃夷 6 之 18/7827

宋神宗元丰六年十月　夏惠宗李秉常遣使奉

表复修职贡，乞还所侵地
【宋会要】兵 8 之 29/6901

宋神宗元丰六年十月　赐夏国主李秉常诏
【宋大诏令集】236/赐夏国主秉常诏（元丰六
年）/919
【汇编】中四 4527

宋神宗元丰六年十月末　鄂特凌古代董毡领
青唐事
【长编标】365/8771
【长编影】365/24 下
【汇编】中五 4672

宋神宗元丰七年　以延州米脂、义合、浮图、
怀宁、顺安、青涧城、绥平六城砦隶绥德城
【宋史】87/地理志 3/2148
【汇编】中六 5830

宋神宗元丰七年　废秦凤路通远军乜羊、渭
川堡
【宋会要】方域 20 之 2/7651

宋神宗元丰七年　废通远军广吴堡
【宋会要】方域 20 之 14/7657
【汇编】中三 3188

宋神宗元丰七年　废通远军来远寨
【元丰九域志】3/139
【汇编】中一 1588

宋神宗元丰七年　废通远军哑儿堡
【宋会要】方域 20 之 12/7656
【汇编】中三 3165

宋神宗元丰七年　夏人寇清边寨
【陕西通志】17/关梁 2·绥德州·米脂县/46 下
【汇编】补遗 7354

宋神宗元丰七年　陕西熙河路兰州皋栏堡废
【宋会要】方域 20 之 3/7652

宋神宗元丰七年　陕西熙河路置熙州临洮堡
【宋会要】方域 20 之 8/7654
【汇编】中五 4617

宋神宗元丰七年正月　夏人围兰州，李宪战
却之
【宋史】486/夏国传下/14014
【汇编】上 80

宋神宗元丰七年正月二十六日　赐陕西转
运司度僧牒二百修延州城
【宋会要】方域 8 之 30/7455

宋神宗元丰七年正月甲辰　赐李宪诏
【宋大诏令集】214/赐李宪诏/812
【汇编】中五 4545

宋神宗元丰七年二月三日　赐秦州度僧牒百
一十五修城
【宋会要】方域 8 之 23/7452
【汇编】中五 4558

宋神宗元丰七年四月　赐敷政县混牛湫神祠
庙额显惠
【宋会要】礼 20 之 118/823
【汇编】中五 4573

宋神宗元丰七年四月二日　大食贡方物
【宋会要】蕃夷 7 之 38/7858

宋神宗元丰七年六月　夏人攻德顺军
【宋史】486/夏国传下/14014
【汇编】上 80

宋神宗元丰七年九月　夏人围定西城，烧戋
谷族帐
【宋史】486/夏国传下/14014
【汇编】上 80

宋神宗元丰七年十月　围攻静边，被宋军击
退
【宋史】486/夏国传下/14014
【汇编】上 80

宋神宗元丰七年十二月　董毡进奉大首领铺
撒四死于都亭驿
【宋会要】蕃夷 6 之 18/7827

宋神宗元丰八年　计五州军费
【曲洧旧闻】6/5 上
【汇编】中五 4841

宋神宗元丰八年　河东兵马两年更戍一次
【长编标】426/10299
【长编影】426/5 下
【汇编】中五 4957

宋神宗元丰八年　枢密院奏耕种木瓜原收获
不偿所费
【宋史】176/食货志上 4·屯田/4270
【汇编】中五 4655

宋神宗元丰八年　范纯仁上奏
【奏议标】138/范纯仁·上哲宗缴进后汉光武诏
书/1552
【奏议影】138/范纯仁·上哲宗缴进后汉光武诏

书/4771

宋神宗元丰八年　诏斩青唐大首领人多零丁
者授观察使
【铁围山丛谈】2/12 上
【汇编】中五 4860

宋神宗元丰八年　赵怀恩以进讨兰州加官
【方舟集】16/赵郡王墓志铭/26 上
【汇编】下 6696

宋神宗元丰八年　夏国使来，诏见于皇仪殿
门外，朝辞诣垂拱殿
【宋史】119/礼志 22/2808
【汇编】中五 4635

宋神宗元丰八年　授董毡官
【宋大诏令集】239/董毡授检校太尉加恩制/938
【汇编】中五 4654

宋神宗元丰八年　朝旨入西界扰耕
【长编标】379/9206
【长编影】379/10 上
【汇编】中五 4732

宋神宗元丰八年三月　宋神宗崩，赐夏国以
遗留物
【宋史】486/夏国传下/14014
【汇编】上 80

宋神宗元丰八年三月　夏人攻葭芦，宋将王
英战死
【宋史】486/夏国传下/14014
【汇编】上 80

宋神宗元丰八年四月　河东安抚使吕惠卿请
增河东敢勇给养
【宋史】193/兵志 7·召募之制/4803
【汇编】中五 4629

宋神宗元丰八年四月　夏人宿兵贺兰原
【长编标】354/8480
【长编影】354/10 上
【汇编】中五 4627

宋神宗元丰八年四月　检检太傅、河西军节
度使董毡改检校太尉
【宋会要】蕃夷 6 之 18/7827

宋神宗元丰八年七月　夏遣使来奠慰
【宋史】486/夏国传下/14014
【汇编】上 80

宋神宗元丰八年九月十八日　于阗国遣使入

贡

【宋会要】蕃夷 4 之 17/7722、7 之 38/7858

宋神宗元丰八年十月　夏国遣使告哀

【长编标】388/9440

【长编影】388/8 下

【汇编】中五 4784

宋神宗元丰八年十月　夏遣使进助山陵礼物

【宋史】486/夏国传下/14014

【汇编】上 80

宋神宗元丰八年十月　夏国母薨，宋遣使吊慰

【宋史】486/夏国传下/14014

【汇编】上 80

宋神宗元丰八年十二月　司马光言用兵西夏

【司马文正公集】34/请革弊札子/6 下

【汇编】中五 4649

宋神宗元丰八年十二月五日　夏国遣人入贡

【宋会要】蕃夷 7 之 38/7858

宋神宗元丰八年十二月二十一日　大食遣人入贡

【宋会要】蕃夷 7 之 38/7858

宋神宗元丰十年　废寨置威远镇

【宋会要】方域 12 之 15/7527

宋神宗元丰中　用兵西夏

【奏议标】139/孙觉·上哲宗乞弃兰州/1568、范纯粹·上哲宗乞不妄动以观成败之变/1569、1570

【奏议影】139/孙觉·上哲宗乞弃兰州/4818、范纯粹·上哲宗乞不妄动以观成败之变/4824

宋神宗元丰中　苗授出古渭取定西，荡禹藏花麻诸族

【宋史】350/苗授传/11068

【汇编】中四 4173

宋神宗元丰中　刘昌祚勇夺西夏磨齐隘

【宋史】349/姚麟传/11058

【汇编】中四 4211

宋神宗元丰中　收复吴堡

【吴堡县志】序/1 上

【汇编】补遗 7491

宋神宗元丰中　诏蕃官刘绍能诣阙

【宋史】350/刘绍能传/11076

【汇编】上 230

宋神宗元丰中　阿里骨兰州之战有功

【宋史】492/阿里骨传/14165

【汇编】中四 4322

宋神宗元丰中　五路出师讨西夏

【宋史】347/张舜民传/11005；467/李宪传/13639

【蒙斋笔谈】上/4 上

【汇编】中四 4173、4194、4302

宋神宗元丰中　吕惠卿知延州

【安阳集】家传/7/1 上

【汇编】中三 3459

宋神宗元丰中　收复葭芦、米脂等寨

【宋朝事实类苑】75/994

【汇编】中四 4430

宋神宗元丰中　收复细浮图寨

【延安府志】7/绥德州·古迹/8 上

【汇编】补遗 7382

宋神宗元丰中　西夏壅河决水，淹灌灵州城下宋军

【宋名臣言行录】续集 2/钱即/14 下

【龟山集】33/钱忠定公（即，字中道）墓志铭/11 下

【汇编】补遗 7411、7412

宋神宗元丰中　宋颁抚耕朝旨

【宋会要】兵 28 之 37/7288

【汇编】中五 5244

宋神宗元丰中　改米脂寨为城，属绥德军

【延安府志】7/绥德州/24 下

【汇编】补遗 7354

宋神宗元丰中　诏熙河泾原等地官属职田每顷给钞钱十千

【宋史】172/职官志 12·职田/4149

【汇编】中五 4655

宋神宗元丰中　进筑米脂、葭芦、吴堡等寨，以岚、石之人始戍河西

【宋会要】方域 6 之 8/7409

【汇编】下 7008

宋神宗元丰中　洮岷用兵

【鸡肋集】29/庆州新修帅府记/12 下

【汇编】中五 4943

宋神宗元丰中　神宗厌兵

【长编标】352/8450

宋神宗元丰中 种谔西征
- 【长编影】352/22 下
- 【汇编】中四 4424

宋神宗元丰中 种谔西征
- 【宋史】332/穆衍传/10691
- 【汇编】中四 4261

宋神宗元丰中 通渭堡升为县
- 【甘肃新通志】13/舆地志·古迹·巩昌府·通渭县/17 下
- 【汇编】补遗 7326

宋神宗元丰中 高遵裕大败于灵武
- 【长编标】356/8513
- 【长编影】356/6 上
- 【汇编】中五 4630

宋神宗元丰中 西夏国母梁氏引兵围保安军顺宁寨
- 【元刊梦溪笔谈】25/35
- 【汇编】中五 4653

宋神宗元丰中 置榆木岔、熨斗坪二寨
- 【甘肃新通志】9/舆地志·关梁·巩昌府·安定县/33 下
- 【汇编】补遗 7379

宋神宗元丰末 夏人乞还侵疆
- 【长编标】382/9311
- 【长编影】382/13 上
- 【汇编】中五 4768

宋神宗元丰以来 西夏累次犯边
- 【宋大诏令集】232/又回札子/901
- 【汇编】中六 5523

宋神宗元丰以来 宋待青唐尤厚
- 【奏议标】141/袭夬·上徽宗乞诱谕青唐/1594
- 【奏议影】141/袭夬·上徽宗乞诱谕青唐/4900
- 【汇编】中六 5688

宋神宗元丰以来 宋用兵西夏
- 【长编标】491/11665
- 【长编影】491/15 上
- 【汇编】中六 5331

宋神宗元丰间 大饬边备
- 【金石萃编】147/折克行神道碑/1 上
- 【汇编】上 195

宋神宗元丰间 刘昌祚趋灵州
- 【宋史】190/兵志 4/4720
- 【汇编】中六 5881

宋神宗元丰间 陕西五路进兵
- 【奏议标】44/陈并·上哲宗答诏论彗星陈四说/461；140/张舜民·上徽宗论进筑非便/1585
- 【奏议影】44/陈并·上哲宗答诏论彗星陈四说/1641；140/张舜民·上徽宗论进筑非便/4873
- 【汇编】中六 5335、5712

宋神宗元丰间 夏国囚废其主
- 【长编标】319/7706
- 【长编影】319/6 下
- 【汇编】中四 4238

宋哲宗元祐初 朝议守弃河湟熙兰
- 【宋史】332/孙路传/10687、穆衍传/10691
- 【东都事略】127、128/附录 5、6
- 【汇编】上 109、中五 4659

宋哲宗元祐初 曲珍与夏人战于曲律山
- 【宋史】350/曲珍传/11084
- 【汇编】中五 4883

宋哲宗元祐初 杜纮为夏国母祭奠使
- 【宋史】330/杜纮传/10634
- 【汇编】中五 4641

宋哲宗元祐初 建伏羌县
- 【甘肃新通志】15/建置志·官廨/13 上
- 【汇编】补遗 7360

宋哲宗元祐初 范纯粹献议弃地
- 【长编纪事本末】101/18 下
- 【汇编】中五 5242

宋哲宗元祐初 种谔擒鬼章
- 【铁围山丛谈】2/12 上
- 【汇编】中五 4860

宋哲宗元祐初 夏人求兰州，不许
- 【甘肃新通志】8/形胜·兰州府·皋兰县/1 下
- 【汇编】补遗 7360

宋哲宗元祐初 梁乙埋数扰边
- 【宋史】332/赵卨传/10686
- 【汇编】中五 4921

宋哲宗元祐元年 孙觉请弃守兰州
- 【奏议标】139/孙觉·上哲宗乞弃兰州/1568
- 【奏议影】139/孙觉·上哲宗乞弃兰州/4819
- 【汇编】中五 4759

宋哲宗元祐元年 司马光乞不拒西人请地
- 【司马文正公集】38/章奏 36/乞不拒绝西人请地札子/8 下

【汇编】中五 4735

宋哲宗元祐元年　复宁化县
【宋会要】方域 6 之 7/7409

宋哲宗元祐元年　复平戎镇
【宋会要】方域 12 之 15/7527

宋哲宗元祐元年　孙觉乞熙河选将如折氏世守
【奏议标】141/孙觉·上哲宗乞熙河选将如折氏世守/1592

【奏议影】141/孙觉·上哲宗乞熙河选将如折氏世守/4894

【汇编】中五 4807

宋哲宗元祐元年　范纯粹言沿边蕃官例在汉官之下
【宋史】191/兵志 5·蕃兵/4761

【汇编】中五 4806

宋哲宗元祐元年正月　司马光上御夏方略
【司马文正公集】35/章奏 33/乞未禁私市先赦西人札子/7 上、乞先赦西人第二札子/8 下

【汇编】中五 4672、4673

宋哲宗元祐元年正月　司马光论西夏
【司马文正公集】35/章奏 33/论西夏札子/1 上

【汇编】中五 4662

宋哲宗元祐元年正月十八日　诏许西夏首领鄂特凌古承袭
【长编标】346/8308

【长编影】346/6 上

【汇编】中五 4581

宋哲宗元祐元年正月二十五日　董毡遣人入贡
【宋会要】蕃夷 6 之 19/7828、7 之 38/7858

宋哲宗元祐元年二月　范纯仁论西事
【奏议标】138/范纯仁·上哲宗答诏论西事/1555

【奏议影】138/范纯仁·上哲宗答诏论西事/4785

宋哲宗元祐元年二月　吕大防论西事
【奏议标】138/吕大防·上哲宗答诏论西事/1557

【奏议影】138/吕大防·上哲宗答诏论西事/4789

宋哲宗元祐元年二月　文彦博言西夏

【长编标】367/8843

【长编影】367/21 上

【汇编】中五 4688

宋哲宗元祐元年二月　封阿里骨
【宋史】492/阿里骨传/14165

【宋大诏令集】239/西蕃阿里骨起复河西节度制/938

【宋会要】蕃夷 6 之 19/7828

【汇编】中五 4685、4688

宋哲宗元祐元年二月　夏国遣使入贡
【宋史】486/夏国传下/14015

【汇编】上 80

宋哲宗元祐元年二月　宋太皇太后遣使赴西夏吊唁夏国母卒
【宋大诏令集】236/太皇太后赐夏国主嗣子乾顺诏（元祐元年）/919

宋哲宗元祐元年二月　夏惠宗李秉常遣使入贡
【宋会要】蕃夷 7 之 38/7858

宋哲宗元祐元年闰二月　吕陶请以兰州二寨封其酋长
【奏议标】138/吕陶·上哲宗请以兰州二寨封其酋长/1560

【奏议影】138/吕陶·请以兰州二寨封其酋长/4789

【汇编】中五 4697

宋哲宗元祐元年闰二月十一日　范纯粹奏边事
【长编标】374/9063；395/9639

【长编影】374/8 上；395/20 下

【汇编】中五 4713、4810

宋哲宗元祐元年闰二月二十八日　诏边吏毋生事
【宋会要】兵 28 之 31/7285

【汇编】中五 4693

宋哲宗元祐元年三月　司马光乞抚纳西人
【司马文正公集】37/章奏 35·乞抚纳西人札子/3 下、抚纳西人诏意/4 下

【汇编】中五 4714、4715

宋哲宗元祐元年三月　诏罢提举熙河等路弓箭营田蕃部司
【宋会要】兵 4 之 13/6826

宋哲宗元祐元年三月　以葭芦、米脂、浮图、安塞四寨易永乐陷没夏国人口

【奏议标】139/范纯粹・上哲宗乞以弃地易被虏之人/1561

【奏议影】139/范纯粹・上哲宗乞以弃地易被虏之人/4804

宋哲宗元祐元年四月　刘挚弹劾王中正

【奏议标】63/刘挚・上哲宗弹奏王中正等四宦官之罪/698

【奏议影】63/刘挚・上哲宗弹奏王中正等四宦官之罪/2306

【汇编】中五4722

宋哲宗元祐元年四月　范纯仁论蕃官久例在汉官之下

【奏议标】125/范纯仁・上哲宗论蕃官久例在汉官之下/1380

【奏议影】125/范纯仁・上哲宗论蕃官久例在汉官之下/4285

【汇编】中五4724

宋哲宗元祐元年四月　范纯粹言西夏

【长编标】368/8886

【长编影】368/33 上

【汇编】中五4692

宋哲宗元祐元年四月　吕惠卿出兵西界，破六寨，斩首六百余级

【长编标】354/8478

【长编影】354/8 上

【汇编】中五4625

宋哲宗元祐元年五月　夏遣使贺宋哲宗即位

【宋史】486/夏国传下/14015

【汇编】上 80

宋哲宗元祐元年六月　刘挚劾吕惠卿违诏举兵

【长编标】356/8515

【长编影】356/7 上

【汇编】中五4631

宋哲宗元祐元年六月　苏辙乞给还西夏疆土

【奏议标】139/苏辙・上哲宗乞因夏人纳款给还其地/1567

【奏议影】139/苏辙・上哲宗乞因夏人纳款给还其地/4817

宋哲宗元祐元年六月　韩维论息兵弃地

【奏议标】139/韩维・上哲宗论息兵弃地/1564

【奏议影】139/韩维・上哲宗论息兵弃地/4805

【汇编】中五4744

宋哲宗元祐元年六月　夏遣使求所侵兰州、米脂等地

【宋史】486/夏国传下/14015

【汇编】上 80

宋哲宗元祐元年六月　夏国遣使创祜讹啰聿寨进贡

【宋会要】蕃夷 7 之 38/7858

【汇编】中五4735

宋哲宗元祐元年六月　诚约阿里骨

【宋大诏令集】239/诚约西蕃邈川首领河西节度使阿里骨诏/939

【汇编】中五4734

宋哲宗元祐元年六月　杜纮押伴夏国使人

【长编标】362/8658

【长编影】362/3 上

【汇编】中五4650

宋哲宗元祐元年六月八日　西人遣使入贡，计会地界

【宋会要】职官 6 之 9/2501

宋哲宗元祐元年六月二十一日　诏吐蕃首领李赊啰抹充本族副军主

【宋会要】蕃夷 6 之 20/7828

宋哲宗元祐元年七月　王岩叟上哲宗论西人请地

【奏议标】139/王岩叟・上哲宗论西人请地/1568

【奏议影】139/王岩叟・上哲宗论西人请地/4822

宋哲宗元祐元年秋七月　夏惠宗李秉常殂，子李乾顺立

【宋史】486/夏国传下/14015

【汇编】上 81

宋哲宗元祐元年九月　夏国夏惠宗李秉常卒

【宋会要】礼 41 之 54/1404

【汇编】下 7018

宋哲宗元祐元年九月二十七日　赐夏国太皇太后遗留物

【范太史集】30/赐夏国主告谕遗留诏/15 上

【汇编】中五4784

宋哲宗元祐元年十月 夏国遣使告哀

【宋史】486/夏国传下/14015

【汇编】上81

宋哲宗元祐元年十月 西夏梁氏专权

【奏议标】139/范纯粹·上哲宗乞不妄动以观成败之变/1569

【奏议影】139/范纯粹·上哲宗乞不妄动以观成败之变/4829

宋哲宗元祐元年十月十五日 阿里骨加恩

【东坡全集】37/赦文·赐新除检校太保依前河西军节度使阿里骨加恩制告诏/5 上

【汇编】中五4794

宋哲宗元祐元年十月十八日 诏许熙河弓箭手于新复从来已耕占土地内耕种

【宋会要】食货2之6/4828

【汇编】中五4795

宋哲宗元祐元年十月庚子 吊慰夏国嗣子李乾顺

【宋大诏令集】236/吊慰夏国主嗣子乾顺诏（元祐元年）/919

【汇编】中五4794

宋哲宗元祐元年十一月十六日 太皇太后赐诏夏国主嗣子李乾顺

【东坡全集】37/赦文·太皇太后赐故夏国主嗣子乾顺诏二首/5 下

【宋大诏令集】236/太皇太后赐夏国主乾顺诏/919

【汇编】中五4797、4801

宋哲宗元祐元年十一月二十一日 于阗遣使入贡

【宋会要】蕃夷7之38/7858

宋哲宗元祐元年十二月二十四日 赐夏崇宗李乾顺进奉回赐诏

【宋大诏令集】236/赐乾顺进奉贺正旦马驼回赐诏/919、太皇太后同前诏/919

【汇编】中五4804、4805

宋哲宗元祐二年 文彦博言西夏事

【长编标】403/9825

【长编影】403/21 下

【汇编】中五4840

宋哲宗元祐二年 以蕃兵破贼于□摩川

【金石萃编】147/折克行神道碑/1 上

【汇编】上197

宋哲宗元祐二年 边臣上捍御邀截策画

【长编标】469/11207

【长编影】469/7 上

【汇编】中五5123

宋哲宗元祐二年 孙觉奏论帅臣当使便宜行事

【奏议标】65/孙觉·上哲宗论帅臣当使便宜行事/725

【奏议影】65/孙觉·上哲宗论帅臣当使便宜行事/2380

【汇编】中五4911

宋哲宗元祐二年 西夏围镇戎军

【长编标】470/11222

【长编影】470/2 下

【汇编】中五5134

宋哲宗元祐二年 苏轼论西羌夏人事宜

【东坡全集】25/奏议·因擒鬼章论西羌夏人事宜札子/2 上

【汇编】中五4875

宋哲宗元祐二年 遣使册夏崇宗李乾顺为夏国主

【东都事略】127、128/附录5、6

【汇编】上108

宋哲宗元祐二年正月 宋册夏崇宗李乾顺为夏国主

【宋史】486/夏国传下/14015

【宋大诏令集】236/册夏国主乾顺文（元祐二年）/920

【汇编】上81；中五4809

宋哲宗元祐二年三月 吐蕃大首领鬼章复寇洮州

【宋会要】兵9之1/6906

【东都事略】129/附录7·西蕃/3 下

【汇编】中五4816、4817

宋哲宗元祐二年三月 夏使诣太皇太后进驼马，以谢莫慰

【宋史】486/夏国传下/14015

【汇编】上81

宋哲宗元祐二年四月十七日 赐夏崇宗李乾顺进奉回诏

【东坡全集】37/赦文·赐故夏国主嗣子乾顺进

奉谢恩马驼回诏二首/14 上
【汇编】中五 4819

宋哲宗元祐二年五月二十一日 泾原路进
筑南牟会新城，诏以为西安州
【宋会要】方域 5 之 42/7404
【汇编】下 7006

宋哲宗元祐二年五月二十一日 于阗遣使
入贡
【宋会要】蕃夷 4 之 17/7722、7 之 39/7859

宋哲宗元祐二年六月二十六日 诏以邈川
结药为三班奉职
【宋会要】蕃夷 6 之 21/7829

宋哲宗元祐二年七月 夏人攻镇戎军诸堡
【宋史】486/夏国传下/14016
【汇编】上 81

宋哲宗元祐二年八月 诏建葭芦为晋宁军
【宋会要】方域 6 之 8/7409
【汇编】下 7008

宋哲宗元祐二年八月 苏辙论西事状
【栾城集】39/论西事状/15 上
【汇编】中五 4863

宋哲宗元祐二年八月 种谊复洮州，执蕃酋
鬼章青宜结
【陇右金石录】3/41 下
【汇编】补遗 7364

宋哲宗元祐二年八月八日 熙河请建邈川为
湟水军
【宋会要】方域 6 之 1/7406
【汇编】中五 4843

宋哲宗元祐二年八月二十一日 以西蕃首
领心牟钦毡为银州团练使，温溪心为瓜州团
练使
【宋会要】蕃夷 6 之 21/7829

宋哲宗元祐二年八月二十八日 贺生擒鬼
章
【东坡全集】40/批答·生擒鬼章文武百寮称贺
宣答词/20 下
【汇编】中五 4862

宋哲宗元祐二年九月 苏轼乞约鬼章讨阿里
骨
【奏议标】141/苏轼·上哲宗乞约鬼章讨阿里骨
/1593

【奏议影】141/苏轼·上哲宗乞约鬼章讨阿里骨
/4900

宋哲宗元祐二年九月 苏轼撰擒鬼章祝文
【东坡全集】41/祝文·生擒西蕃鬼章奏告永裕
陵祝文/18 下
【汇编】中五 4873

宋哲宗元祐二年九月 擒鬼章论西夏事
【奏议标】139/苏轼·上哲宗论前后致寇之由及
当今待敌之要/1572
【奏议影】139/苏轼·上哲宗论前后致寇之由及
当今待敌之要/4835

宋哲宗元祐二年九月二日 熙河路擒鬼章以
献
【宋会要】礼 14 之 59/616
【汇编】中五 4872

宋哲宗元祐二年九月十二日 诏刘舜卿抚纳
河南生羌
【宋会要】蕃夷 6 之 21/7829

宋哲宗元祐二年闰九月 以青唐为鄯州，邈
川为湟州，宗哥城为龙支城
【宋会要】方域 6 之 1/7406

宋哲宗元祐二年秋 西夏号四十万寇泾原
【长编标】405/9871
【长编影】405/9 下
【汇编】中五 4885

宋哲宗元祐二年十月七日 苏轼乞约鬼章讨
阿里骨
【东坡全集】25/奏议·乞约鬼章讨阿里骨札子/
9 上
【汇编】中五 4892

宋哲宗元祐二年十月十三日 诏于阗国使间
岁一入贡，余令于熙秦州贸易
【宋会要】蕃夷 4 之 17/7722

宋哲宗元祐二年十一月十二日 以鬼章入
献于崇政殿
【宋会要】蕃夷 6 之 21/7829

宋哲宗元祐二年以来 赐夏人米脂、葭芦，
独吴堡不予
【吴堡县志】序/1 上
【汇编】补遗 7491

宋哲宗元祐三年 文彦博奏鬼章事
【潞公文集】29/奏议·奏鬼章事/8 上

【汇编】补遗 7366

宋哲宗元祐三年　夏人不谢册封

【长编标】452/10848

【长编影】452/6 上

【奏议标】140/苏辙·上哲宗论地界/1579、苏辙·上哲宗论不可失信夏人/1581

【奏议影】140/苏辙·上哲宗论地界/4856、苏辙·上哲宗论不可失信夏人/4862

【栾城集】42/论前后处置夏国乖方札子/7 下

【汇编】中五 5049、5035

宋哲宗元祐三年　宴飨外国使节座次

【宋史】113/礼志 16·宴飨/2688

【汇编】中五 4952

宋哲宗元祐三年三月　夏攻德靖砦

【宋史】486/夏国传下/14016

【汇编】上 81

宋哲宗元祐三年三月二十五日　于阗差使入贡

【宋会要】蕃夷 4 之 17/7722

宋哲宗元祐三年四月二十一日　阿里骨遣人入贡

【宋会要】蕃夷 6 之 22/7829、7 之 39/7859

宋哲宗元祐三年四月二十二日　赐阿里骨进奉回诏

【东坡全集】37/赦文·赐河西军节度使西蕃邈川首领阿里骨进奉回诏/30 上

【汇编】中五 4920

宋哲宗元祐三年六月　范纯仁画四不可之说

【宋史】92/河渠志 2/2292

【汇编】中五 4929

宋哲宗元祐三年七月　赐阿里骨诏

【宋大诏令集】239/赐阿里骨诏/939

【汇编】中五 4930

宋哲宗元祐三年八月三日　赐阿里骨进奉回程诏

【东坡全集】37/赦文·赐河西军节度使西蕃邈川首领阿里骨进奉回程诏/31 下

【汇编】中五 4935

宋哲宗元祐三年八月五日　阿里骨遣人入贡

【宋会要】蕃夷 6 之 22/7829、7 之 39/7859

宋哲宗元祐三年八月二十四日　以西蕃大首领鬼章为陪戎校尉

【宋会要】蕃夷 6 之 22/7829

宋哲宗元祐三年九月二十二日　特授阿里骨金紫光禄大夫、检校太保、使持节凉州诸军事、凉州刺史、河西军节度、凉州管内观察处置押蕃落使，仍旧西蕃邈川首领

【宋会要】兵 28 之 33/7286；蕃夷 6 之 22/7829

【宋大诏令集】239/西蕃邈川首领阿里骨落起复制/939

【汇编】中五 4941

宋哲宗元祐三年闰十二月十四日　诏陕西河东蕃官、蕃兵等隶枢密院

【宋会要】职官 56 之 18/3634

【汇编】中五 4980

宋哲宗元祐四年　延安郡升为府

【宋史】87/地理志 3/2146

【汇编】中六 5827

宋哲宗元祐四年　赐西夏安疆寨，本西人疆诈砦

【宋史】87/地理志 3/2148

【汇编】中六 5832

宋哲宗元祐四年　赐西夏米脂寨

【宋史】87/地理志 3/2148

【汇编】中六 5830

宋哲宗元祐四年　赐西夏克戎寨，本西人细浮图砦

【宋史】87/地理志 3/2148

【汇编】中六 5830

宋哲宗元祐四年　章楶合秦凤、熙河四路之师，筑二砦于石门峡口

【甘肃新通志】6/舆地志·山川上·固厚直隶州·海城县/27 上

【汇编】补遗 7380

宋哲宗元祐四年正月　推恩邈川温锡沁男

【长编标】455/10912；458/10959

【长编影】455/10 下；458/7 上

【汇编】中五 5058、5064

宋哲宗元祐四年二月　西夏始遣使谢册封

【宋史】486/夏国传下/14016

【汇编】上 82

宋哲宗元祐四年四月五日　于阗遣使入贡

【宋会要】蕃夷 7 之 40/7859

宋哲宗元祐四年五月二十八日　于阗李养

星、阿点魏哥贡方物

【宋会要】蕃夷 4 之 18/7722、7 之 40/7859

宋哲宗元祐四年六月　赐夏国主诏

【宋大诏令集】236/赐夏国主诏（元祐四年）/
920

【汇编】中五 4963

宋哲宗元祐四年六月　西夏稍归永乐所获人，
得葭芦、米脂等四砦，而划界未定

【宋史】486/夏国传下/14016

【汇编】上 82

宋哲宗元祐四年六月　赐夏国诏

【宋大诏令集】236/赐夏国诏（元祐四年）/
920

【汇编】中五 4960

宋哲宗元祐四年六月八日　夏国遣使入贡

【宋会要】蕃夷 7 之 40/7859

宋哲宗元祐四年六月八日　赐西夏浮图、安
疆等四寨

【长编标】382/9314

【长编影】382/13 下

【宋会要】方域 19 之 11/7631

【汇编】中五 4772、4960

宋哲宗元祐四年七月　夏遣使贺坤成节

【宋史】486/夏国传下/14016

【汇编】上 82

宋哲宗元祐四年八月　改熙河兰会为熙河兰
岷路

【长编标】323/7783

【长编影】323/8 上

【宋会要】方域 6 之 1/7406

【汇编】中四 4314；下 7007

宋哲宗元祐四年十一月十日　鄜延路经略司
牒称，夏国指定十一月十日交付人口，并欲
同日受领四处废砦

【宋会要】兵 28 之 33/7286；方域 19 之 11/7631

宋哲宗元祐四年十二月　夏遣使贺兴龙节

【宋史】486/夏国传下/14016

【汇编】上 82

宋哲宗元祐四年十二月十五日　范祖禹乞
夏国人使只从密院指挥

【范太史集】18/乞夏国人使只从密院指挥状/2
下

【汇编】中五 4978

宋哲宗元祐五年　建陇西县

【宋会要】方域 5 之 43/7404

宋哲宗元祐五年　复修胜如、质孤二堡，寻
废

【宋史】87/地理志 3/2165

【汇编】中六 5840

宋哲宗元祐五年正月　范育奏御戎之要

【奏议标】139/范育·上哲宗论御戎之要/1573

【奏议影】139/范育·上哲宗论御戎之要/4843

宋哲宗元祐五年六月　上官均论弃地非便

【奏议标】140/上官均·上哲宗论弃地非便/
1576

【奏议影】140/上官均·上哲宗论弃地非便/
4850

宋哲宗元祐五年六月　夏人言划界者不依旧
例

【宋史】486/夏国传下/14016

【汇编】上 82

宋哲宗元祐五年七月　范纯粹论息兵失于欲
速

【奏议标】140/范纯粹·上哲宗论息兵失于欲速
/1578

【奏议影】140/范纯粹·上哲宗论息兵失于欲速
/4855

宋哲宗元祐五年七月乙酉　赐夏国主诏

【宋大诏令集】236/赐夏国主诏/920

【汇编】中五 5027

宋哲宗元祐五年八月一日　户部请勿给归明
人瘠薄不堪耕佃田土

【宋会要】兵 17 之 4/7039

【汇编】中五 5034

宋哲宗元祐五年八月　苏辙论西夏地界

【奏议标】140/苏辙·上哲宗论地界/1579

【奏议影】140/苏辙·上哲宗论地界/4860

宋哲宗元祐五年十月四日　西夏宥州牒称欲
于夏界留五里为草地

【宋会要】方域 20 之 19/7660

宋哲宗元祐五年十二月　苏辙论不可失信夏
人

【奏议标】140/苏辙·上哲宗论不可失信夏人/
1581

【奏议影】140/苏辙·上哲宗论不可失信夏人/4866

宋哲宗元祐六年　刘延庆遣蕃部均凌凌诈投西夏

【长编标】487/11570

【长编影】487/8 上

【汇编】中六 5302

宋哲宗元祐六年　华池寨废为华池东、西二寨

【宋会要】方域 18 之 26/7622

宋哲宗元祐六年　苏辙言十万夏人压通远军

【宋史】339/苏辙传/10832

【汇编】中五 5073

宋哲宗元祐六年　梁乙逋兵十五万犯麟府

【斜川集】5/孙团练墓志铭/30 上

【汇编】中五 5097

宋哲宗元祐六年二月二十八日　诏阿里骨男溪邦彪箢为化外庭州团练使，温溪心男巴温为化化外胜州刺史，同管勾邈川部族

【宋会要】蕃夷 6 之 24/7830

宋哲宗元祐六年五月　阿里骨遣温溪心入贡

【宋会要】蕃夷 6 之 24/7830、7 之 41/7860

宋哲宗元祐六年六月二十一日　于阗遣使贡方物

【宋会要】蕃夷 4 之 18/7722

宋哲宗元祐六年六月二十六日　阿里骨进马

【宋会要】蕃夷 6 之 24/7830

宋哲宗元祐六年七月　夏遣使贺坤成节

【宋史】486/夏国传下/14016

【汇编】上 82

宋哲宗元祐六年八月十一日　赐夏国主生日礼物

【范太史集】28/赐夏国主生日礼物诏/7 上

【汇编】中五 5085

宋哲宗元祐六年八月二十三日　诏以隰州为次边

【宋会要】方域 12 之 4/7521

宋哲宗元祐六年九月　夏围麟、府三日，杀掠不计

【宋史】486/夏国传下/14016

【汇编】上 82

宋哲宗元祐六年九月十八日　刑部言磨勘蕃官

【宋会要】兵 17 之 4/7039

【汇编】中五 5109

宋哲宗元祐六年九月二十六日　诏授阿里骨进奉人李阿温等充本族副军主

【宋会要】蕃夷 6 之 24/7830

宋哲宗元祐六年十二月七日　于阗遣使入贡

【宋会要】蕃夷 4 之 18/7722

宋哲宗元祐七年　废龛谷寨

【甘肃新通志】13/舆地志·古迹·兰州府·金县/3 下

【汇编】补遗 7380

宋哲宗元祐七年　河东陕西募敢勇

【宋史】188/兵志 2·步军/4625

【汇编】中五 5206

宋哲宗元祐七年　夏人寇河东

【东都事略】93 下/苏辙传/3 上

【汇编】中五 5136

宋哲宗元祐七年　夏屡攻绥德城，以重兵压泾原境，留五旬，筑垒于没烟峡口

【宋史】486/夏国传下/14016

【汇编】上 82

宋哲宗元祐七年三月十一日　章楶奏边事

【长编标】471/11246

【长编影】471/7 上

【汇编】中五 5147

宋哲宗元祐七年八月　范纯粹乞不许蕃官自改汉姓

【奏议标】125/范纯粹·上哲宗乞不许蕃官自改汉姓/1381

【奏议影】125/范纯粹·上哲宗乞不许蕃官自改汉姓/4260

【汇编】中五 5172

宋哲宗元祐八年　于阗请讨夏国，不许

【宋史】490/于阗传/14109

【汇编】中五 5214

宋哲宗元祐八年　改羊牧隆城为隆德寨，属德顺军

【甘肃新通志】14/建置志·城池/10 下

【隆德县志】1/沿革表/11 上、1/建置/31 上

【汇编】补遗 7251、7252、7376

宋哲宗元祐八年四月 夏崇宗李乾顺遣使谢
罪，献兰州，乞赐塞门寨
【宋史】486/夏国传下/14017
【宋会要】兵8之32/6903
【汇编】上83

宋哲宗元祐八年四月 赐夏国诏
【宋大诏令集】236/赐夏国诏（元祐八年）/
921
【汇编】中五5218

宋哲宗元祐八年九月五日 遣使告哀夏国
【宋会要】礼33之8/1241
【汇编】中五5222

宋哲宗元祐中 阿里骨加恩
【宋大诏令集】239/阿里骨加恩制/939
【汇编】中五4783

宋哲宗元祐中 给赐夏国城寨
【宋史】471/章惇传/13712
【长编标】490/11625
【长编影】490/7下
【宋会要】方域19之5/7628、19之13/7632、
19之14/7632；兵28之41/7290
【汇编】中五5252、5259、5262；中六5276、
5320

宋哲宗元祐中 夏宋议定地界
【龙川略志】635/西夏请和议定地界
【汇编】中五5201

宋哲宗元祐中 用事之臣主弃地
【宋史】355/郭知章传/11196
【长编纪事本末】101/6下、8上
【汇编】中五5226、5227、5229

宋哲宗元祐中 种谊等击鬼章
【甘肃新通志】6/舆地志·山川上·兰州府·狄
道州/9上；9/舆地志·关梁·巩昌府·岷州
/38下
【汇编】补遗7337、7366

宋哲宗元祐中 种谊等言青唐二十三头项兵马
十九头项欲归汉
【长编标】501/11943
【长编影】501/11上
【汇编】中六5430

宋哲宗元祐中 鄜延弃米脂、浮图二寨
【长编标】491/11672

【长编影】491/21下
【汇编】中六5334

宋哲宗元祐中 熙河吐蕃果庄阴连西夏
【长编标】404/9852
【长编影】404/20下
【汇编】中五4863

宋哲宗元祐间 野利大王守天都
【甘肃新通志】6/舆地志·山川上·固原直隶州
·海城县/26上
【汇编】补遗7388

宋哲宗元祐间 宋夏罢兵
【金石萃编】147/折克行神道碑/1上
【汇编】上195

宋哲宗元祐以来 吐蕃大首领果庄青宜结连
夏为乱，谋分据熙河
【长编标】402/9778
【长编影】402/1下
【画墁集】补遗/游公（师雄）墓志铭/4上
【汇编】中五4831、4853

宋哲宗绍圣 绍圣开边
【宋史】85/地理志1·序/2095；187/兵志1/
4580；190/兵志4·河东陕西弓箭手/4722；
314/范纯粹传/10281；348/钟传传/11037
【长编标】519/12350；520/12384
【长编影】519/7上；520/24上
【奏议标】141/文彦博·上神宗论进筑河州/
1591
【奏议影】141/文彦博·上神宗论进筑河州/
4894
【三朝北盟会编】107/7下
【玉照新志】1/1
【汇编】中四3823；中五5228、5257；中六
5558、5660、5672、5886、5913；下6102、
6109

宋哲宗绍圣初 王存尝议还西夏地
【宋史】341/王存传/10873
【汇编】中五5231

宋哲宗绍圣初 陈淬与夏人战于乌原
【宋史】452/陈淬传/13295
【汇编】中五5261

宋哲宗绍圣元年 西夏兵入鄜延，破金明寨
【宋会要】刑法7之22/6744

【汇编】中五 5232

宋哲宗绍圣元年　枢密院言请补充熙河兰岷
　　路弓箭手
【宋史】190/兵志 4・河东陕西弓箭手/4716
【汇编】中五 5233

宋哲宗绍圣元年正月二十四日　夏国遣人
　　入贡
【宋会要】蕃夷 7 之 41/7860

宋哲宗绍圣元年二月　西夏进马助太皇太后
　　山陵
【宋史】486/夏国传下/14017
【汇编】上 83

宋哲宗绍圣元年三月八日　阿里骨遣人贡方
　　物
【宋会要】蕃夷 7 之 41/7860

宋哲宗绍圣元年五月四日　于阗遣使入贡
【宋会要】蕃夷 7 之 41/7860

宋哲宗绍圣元年五月十八日　诏授阿里骨进
　　奉使纳麻抹毡等充本族副军主
【宋会要】蕃夷 6 之 27/7832

宋哲宗绍圣元年八月十五日　蒋之奇言阿里
　　骨执取温溪心
【宋会要】蕃夷 6 之 28/7832
【名臣碑传琬琰集】中集 30/王学士存墓志铭/
　　848
【汇编】中五 5229、5231

宋哲宗绍圣元年十月二十一日　提举陕西
　　等路买马公事陆师闵上言券马贸易
【宋会要】兵 22 之 13/7150
【汇编】中五 5231

宋哲宗绍圣二年　宋朝进筑西鄙
【鸡肋集】65/右朝议大夫梁公墓志铭/18 下
【汇编】中五 5241

宋哲宗绍圣二年　宋与西夏划界
【长编标】520/12386
【长编影】520/27 上
【汇编】中六 5672

宋哲宗绍圣二年　折可适知简州
【姑溪居士后集】20/折渭州墓志铭/1 上
【汇编】上 207

宋哲宗绍圣二年　阿里骨入贡
【宋史】18/哲宗纪 2/343

【汇编】中五 5237

宋哲宗绍圣二年　章粢筑安定县城
【甘肃新通志】14/建置志・城池/18 上
【汇编】补遗 7376

宋哲宗绍圣二年正月十三日　孙路除陕西
【长编标】346/8308
【长编影】346/6 上
【汇编】中五 4581

宋哲宗绍圣二年正月十六日　兵部言招募弓
　　箭手系年十七至四十，堪披带上阵
【宋会要】兵 4 之 16/6828
【汇编】中五 5234

宋哲宗绍圣二年正月十八日　枢密院言沿边
　　城寨依例供馈汉蕃使臣
【宋会要】方域 19 之 13/7632
【汇编】中五 5234

宋哲宗绍圣二年正月二十六日　枢密院言
　　夏人犯镇戎军
【长编标】405/9866
【长编影】405/5 上
【汇编】中五 4881

宋哲宗绍圣二年四月三日　熙河兰岷经略司
　　言，已与西人约日定疆界
【宋会要】方域 20 之 19/7660
【汇编】中五 5234

宋哲宗绍圣二年五月　岷州管下衣彪族首领
　　当征结等四十户投西蕃
【宋会要】蕃夷 6 之 30/7833
【汇编】中五 5263

宋哲宗绍圣二年六月三日　敕令归明人于所
　　住州军置籍
【宋会要】兵 17 之 5/7040
【汇编】中五 5235

宋哲宗绍圣二年十月二十三日　孙路言安
　　疆寨为元祐四年给赐夏国
【长编标】382/9314
【长编影】382/13 下
【汇编】中五 4772

宋哲宗绍圣二年十一月二十七日　阿里骨
　　遣人入贡
【宋会要】蕃夷 7 之 41/7860

宋哲宗绍圣二年十二月二十三日　诏陕西

河东经略司，如遇西夏并兵入寇一路，诸路
牵制策应

【宋会要】兵 28 之 37/7288

【汇编】中五 5239

宋哲宗绍圣三年　陕西、河东用兵

【奏议标】140/张舜民·上徽宗论进筑非便/
1584

【奏议影】140/张舜民·上徽宗论进筑非便/
4872

【汇编】中六 5712

宋哲宗绍圣三年　范纯粹论进筑非便

【奏议标】140/范纯粹·上徽宗论进筑非便/
1583

【奏议影】140/范纯粹·上徽宗论进筑非便/
4868

宋哲宗绍圣三年　西夏寇鄜延

【汉滨集】15/故客省使雄州防御使泾原路兵马
钤辖兼第十一将郭公（成）行状/16 下

【汇编】补遗 7376

宋哲宗绍圣三年　折克行破敌遮没、青冈岭等地

【金石萃编】147/折克行神道碑/1 上

【汇编】上 197

宋哲宗绍圣三年　诏给鄜延、环庆正兵配马

【宋史】198/兵志 12/4954

【汇编】中五 5264

宋哲宗绍圣三年　环、庆州各置捉生军

【宋史】188/兵志 2·步军/4621

【汇编】中五 5264

宋哲宗绍圣三年　复修宽谷废砦为堡

【宋史】87/地理志 3/2165

【汇编】中六 5840

宋哲宗绍圣三年　夏崇宗李乾顺率众入寇大黑水（清水河）

【平远县志】4/山川/18 上

【汇编】补遗 7377

宋哲宗绍圣三年　于阗遣使贡方物

【宋会要】蕃夷 7 之 42/7860

宋哲宗绍圣三年正月六日　诏阿里骨男溪苏南邦彪笺使持节鄯州防御使，阿里骨弟苏南纳支使持节西州刺史

【宋会要】蕃夷 6 之 28/7832

宋哲宗绍圣三年正月二十八日　诏支内藏库绢与度僧牒，激赏汉蕃弓箭手

【宋会要】兵 18 之 17/7066

【汇编】中五 5243

宋哲宗绍圣三年二月二十五日　降统兵作战朝旨

【长编标】500/11902

【长编影】500/2 下

【汇编】中六 5415

宋哲宗绍圣三年三月九日　枢密院言西兵近侵鄜延

【宋会要】兵 28 之 37/7288

【汇编】中五 5244

宋哲宗绍圣三年春　西夏寇延州塞门寨

【画墁集】补遗/游公（师雄）墓志铭/8 下

【汇编】中五 5246

宋哲宗绍圣三年四月二十五日　田良彦言陕西蕃部买马

【宋会要】兵 24 之 27/7192

【汇编】中五 5246

宋哲宗绍圣三年五月　朝廷遣使与熙河、泾原、秦凤三帅合谋以制夏国

【画墁集】补遗/游公（师雄）墓志铭/9 上

【汇编】中五 5247

宋哲宗绍圣三年五月六日　枢密院言西夏虽称欲遣人进贡誓表，却又侵犯鄜延

【宋会要】兵 8 之 32/6903

【汇编】中五 5247

宋哲宗绍圣三年五月六日　游师雄言熙河沿边堡寨地界

【宋会要】方域 20 之 3/7652

【汇编】中五 5247

宋哲宗绍圣三年六月　夏人寇边

【东都事略】9/哲宗纪/6 上

【汇编】中五 5248

宋哲宗绍圣三年七月　宋赐阿里骨诏

【宋大诏令集】240/赐阿里骨诏/941

【汇编】中五 5249

宋哲宗绍圣三年七月十四日　于阗遣人进贡方物

【宋会要】蕃夷 4 之 18/7722、7 之 42/7860

宋哲宗绍圣三年八月　夏倾国入寇

【宋会要】兵 28 之 38/7288

宋哲宗绍圣三年八月一日　河东经略司奏修城堡声援吴堡寨

【宋会要】兵 6 之 15/6862

【汇编】中五 5250

宋哲宗绍圣三年九月　西夏寇鄜延

【长编标】504/12008

【长编影】504/8 上

【汇编】中六 5449

宋哲宗绍圣三年九月　夏人号一百八十万，大举寇鄜延，二百里间相继不绝

【宋史】486/夏国传下/14017

【奏议标】140/张舜民·上徽宗论进筑非便/1585

【奏议影】140/张舜民·上徽宗论进筑非便/4874

【汇编】上 83

宋哲宗绍圣三年九月十三日　西蕃邈川首领阿里骨卒

【宋会要】蕃夷 6 之 29/7833

宋哲宗绍圣三年九月十四日　王文郁上言鸡谷寨

【宋会要】方域 20 之 14/7657

【汇编】中五 5253

宋哲宗绍圣三年秋　西夏寇延安

【长编标】510/12144

【长编影】510/12 下

【汇编】中六 5545

宋哲宗绍圣三年十月　夏国主母子亲自督战，破金明

【宋史】486/夏国传下/14017

【汇编】上 83

宋哲宗绍圣三年十月二十二日　孙路奏修安疆寨

【宋会要】方域 19 之 14/7632

【汇编】中五 5259

宋哲宗绍圣四年　兰州金城关置步军四指挥、马军一指挥

【宋史】193/兵志 7·招募之制/4804

【甘肃新通志】9/舆地志·关梁·兰州府·皋兰县/1 上

【汇编】中六 5349；补遗 7378

宋哲宗绍圣四年　展平夏城为怀德军，与西安、镇戎互为声援，应接萧关

【隆德县志】4/考证/64 上

【汇编】补遗 7271

宋哲宗绍圣四年　河东路石州修复葭芦寨

【宋会要】方域 18 之 18/7618

宋哲宗绍圣四年　吕惠卿言边兵缺额

【宋史】196/兵志 10·屯戍之制/4901

【汇编】中六 5270

宋哲宗绍圣四年　建筑怀德军，本平夏城

【甘肃新通志】13/舆地志·古迹·固原直隶州/12 上

【汇编】补遗 7380

宋哲宗绍圣四年　改石门城为平夏城

【宋会要】方域 8 之 26/7453

【玉海】174/41 下

【汇编】下 7011；补遗 7375

宋哲宗绍圣四年　改德顺军扁江新寨为镇羌寨

【宋会要】方域 18 之 6/7612

【汇编】中六 5275

宋哲宗绍圣四年　克胡山寨赐名平羌寨

【宋史】87/地理志 3/2146

【汇编】中六 5828

宋哲宗绍圣四年　知渭州章粢城葫芦河

【海城县志】6/古迹志/3 上

【汇编】补遗 7381

宋哲宗绍圣四年　陕西增置蕃落马军

【宋史】187/兵志 1/4580

【汇编】中六 5350

宋哲宗绍圣四年　修开光堡

【宋史】87/地理志 3/2148

【延安府志】7/绥德州·关梁/6 上

【汇编】中六 5830；补遗 7379

宋哲宗绍圣四年　以声塔平置威戎寨

【宋会要】方域 18 之 7/7613

宋哲宗绍圣四年　曾布言陕西马政

【宋史】198/兵志 12/4944

【汇编】中六 5350

宋哲宗绍圣四年　筑平夏城

【宋会要】礼 20 之 144/836

【汇编】中六 5806

宋哲宗绍圣四年 鄜延路以旧杏子河新寨改平戎寨

【宋会要】18 之 7/7613

宋哲宗绍圣四年 鄜延路克戎寨，旧浮图寨修复赐名

【宋会要】方域 18 之 7/7613

宋哲宗绍圣四年 镇戎军以旧好水寨改灵平寨

【宋会要】方域 18 之 12/7615

宋哲宗绍圣四年正月 泾原都钤辖王文振破西夏没烟峡新砦

【宋史】486/夏国传下/14017

【汇编】上 83

宋哲宗绍圣四年正月五日 诏阿里骨男瞎征起复为河西军节度，凉州管内观察处置押蕃落使

【宋会要】蕃夷 6 之 30/7833

宋哲宗绍圣四年正月二十四日 通远军蕃市城修筑毕工，赐银绢有差

【宋会要】方域 8 之 27/7454

【汇编】中六 5268

宋哲宗绍圣四年二月 夏以七万众攻绥德

【宋史】486/夏国传下/14017

【汇编】上 83

宋哲宗绍圣四年二月二十八日 章楶言善征泊伯不可筑

【宋会要】方域 19 之 14/7632

【汇编】中六 5271

宋哲宗绍圣四年三月二十七日 枢密院上言修复米脂等寨

【宋会要】方域 19 之 5/7628

【汇编】中六 5276

宋哲宗绍圣四年四月 宋降克西夏九城陕西河东德音

【宋大诏令集】219/克西夏九城陕西河东德音/838

【汇编】中六 5296

宋哲宗绍圣四年四月三日 于阗来贡方物

【宋会要】蕃夷 7 之 42/7860

宋哲宗绍圣四年四月二十一日 章楶奏前石门、好水河新建城寨创置将副各一员，两寨各置酒税务官一员，寨主簿各一员

【宋会要】方域 19 之 6/7628

【汇编】中六 5291

宋哲宗绍圣四年六月十五日 环庆路经略司言修复安疆寨毕工

【宋会要】方域 18 之 10/7614

【汇编】中六 5310

宋哲宗绍圣四年六月二十三日 诏西蕃阿陵特与内殿崇班，充本族巡检，以其父陷夏国故也

【宋会要】蕃夷 6 之 31/7834

宋哲宗绍圣四年七月一日 环庆路谍报夏国七月一日点集

【宋会要】兵 28 之 43/7291

宋哲宗绍圣四年十二月八日 于阗遣使入贡

【宋会要】蕃夷 7 之 42/7860

宋哲宗绍圣四年十二月二十一日 钟传出讨白草原获胜。钟传，《长编》影印本作钟傅

【长编标】493/11792；499/11881；500/11907；507/12088

【长编影】493/19 下；499/9 下；500/8 上；507/15 上

【汇编】中六 5347、5406、5419、5503

宋哲宗绍圣中 于阗王言緬药家作过，已遣兵攻甘、沙、肃州

【宋史】490/于阗传/14109

【汇编】中六 5349

宋哲宗绍圣中 西夏寇鄜延

【宋史】471/吕惠卿传/13709

【榆林府志】47/10 上 8

【汇编】中五 5261；补遗 7125

宋哲宗绍圣中 宋对夏用兵

【宋史】87/地理志 3/2160

【宋会要】职官 68 之 6/3911

【汇编】中六 5724、5849

宋哲宗绍圣中 章楶城平夏

【宋史】349/姚雄传/11059

【汇编】中六 5289

宋哲宗绍圣中 筑青石峡

【甘肃新通志】9/舆地志·关梁·巩昌府·安定县/33 下

【汇编】补遗 7379

宋哲宗绍圣中 赐升平塔为威戎城
【延安府志】7/绥德州·古迹/8 上
【汇编】补遗 7382

宋哲宗元符初 以绥德城置绥德军
【延安府志】7/1 上
【汇编】补遗 7482

宋哲宗元符元年 火山军以旧三交川置三交堡
【宋会要】方域 20 之 16/7658

宋哲宗元符元年 延安平戎寨太平湫神祠赐庙额灵渊
【宋会要】礼 20 之 19/824
【汇编】中六 5821

宋哲宗元符元年 灰家岢新寨改兴平城
【宋会要】方域 8 之 28/7454

宋哲宗元符元年 折克行破敌□□岭
【金石萃编】147/折克行神道碑/1 上
【汇编】上 197

宋哲宗元符元年 赐名那娘山新寨为珍羌寨
【宋会要】方域 18 之 7/7613
【陕西通志】16/关梁 1·延安府·安定县/28 下
【汇编】补遗 7387

宋哲宗元符元年 旧那娘山新寨改殊羌寨，"殊"疑为"珍"误
【宋会要】方域 18 之 6/7612
【汇编】中六 5462

宋哲宗元符元年 改鄜延杏子河新寨为平戎寨
【宋会要】方域 18 之 7/7613
【汇编】中六 5462

宋哲宗元符元年 鄜延路以旧罗密谷岭寨改临夏寨
【宋会要】方域 18 之 21/7620
【陕西通志】17/关梁 2·绥德州/45 下
【汇编】中六 5463；补遗 7387

宋哲宗元符元年 泾原路德顺军以旧没烟后寨改荡羌寨
【宋会要】方域 18 之 6/7612
【汇编】中六 5462

宋哲宗元符元年 德顺军旧没烟前峡改通峡寨
【宋史】87/地理志 3/2160

【宋会要】方域 18 之 24/7621
【汇编】中六 5463、5849

宋哲宗元符元年 诏更不给赐元符元年夏国历日
【长编标】503/11973
【长编影】503/4 上
【汇编】中六 5439

宋哲宗元符元年 进筑庆阳府通塞堡
【宋史】87/地理志 3/2148
【汇编】中六 5832

宋哲宗元符元年 以白洛嘴进筑城寨赐名威羌砦
【宋史】87/地理志 3/2146
【陕西通志】16/关梁 1·延安府·安定县/28 下
【汇编】中六 5828；补遗 7388

宋哲宗元符元年 建通会寨，后改会宁
【甘肃新通志】9/舆地志·关梁·兰州府·靖远县/18 上
【汇编】补遗 7386

宋哲宗元符元年 湟州于李廓坚谷口置通会堡
【宋会要】方域 20 之 15/7658
【汇编】中六 5463

宋哲宗元符元年 以九羊谷筑九羊砦并赐名
【宋史】87/地理志 3/2160
【汇编】中六 5850

宋哲宗元符元年 泾原筑南牟会，赐名西安州
【宋史】187/兵志 1/4580
【汇编】中六 5516

宋哲宗元符元年 德顺军修复古高平堡
【宋史】87/地理志 3/2159
【宋会要】方域 20 之 9/7655
【汇编】中六 5837

宋哲宗元符元年 修筑庆阳府定边城
【宋史】87/地理志 3/2148
【汇编】中六 5832

宋哲宗元符元年 夏人寇平夏城
【海城县志】6/古迹志/1 下
【汇编】补遗 7394

宋哲宗元符元年 于三交峰筑三交堡
【榆林府志】4/葭州山/15 下

【汇编】补遗7390

宋哲宗元符元年　筑石门堡

【甘肃新通志】9/舆地志·关梁·固原直隶州·
　海城县/28 上

【汇编】补遗7386

宋哲宗元符元年　筑兴平城

【甘肃新通志】13/舆地志·古迹·庆阳府·环
　县/31 下

【汇编】补遗7387

宋哲宗元符元年　鄜延路肤施县筑开光堡

【宋会要】方域20 之 15/7658

【汇编】中六5463

宋哲宗元符元年　府州宁川堡赐名

【陕西通志】17/关梁 2·府谷县/57 上

【汇编】补遗7389

宋哲宗元符元年　开光堡赐名

【陕西通志】17/关梁 2·绥德州/45 上

【延安府志】7/绥德州·关梁/6 上

【汇编】补遗7378、7379

宋哲宗元符元年　神泉寨赐名

【陕西通志】17/关梁 2·葭州/50 上

【汇编】补遗7388

宋哲宗元符元年正月十七日　钟傅出塞讨
荡。钟傅，《长编》标点本作钟传

【长编标】496/11792

【长编影】496/1 下

【汇编】中六5375

宋哲宗元符元年二月十五日　诏没细游成宁
特与内殿崇班，差充本族巡检

【宋会要】蕃夷 6 之 31/7834

宋哲宗元符元年三月十七日　筑环庆兴平城

【玉海】174/元祐定远城/41 下

【汇编】补遗7375

宋哲宗元符元年五月九日　诏授西蕃瞎毡进
奉首领纳麻抹毡、阿驴等本族副都军主、军
都指挥使

【宋会要】蕃夷 6 之 32/7834

宋哲宗元符元年五月二十一日　环庆路经
略司言筑横山寨通塞堡毕工

【宋会要】方域20 之 5/7653

宋哲宗元符元年五月辛巳　降陕西河东德音

【宋大诏令集】219/陕西河东德音/838

【汇编】中六5391

宋哲宗元符元年六月二十八日　泾原路经
略使章楶奏边事

【长编标】499/11894

【长编影】499/19 下

【汇编】中六5412

宋哲宗元符元年七月　攻克邈川

【宋史】328/王厚传/10582

【汇编】中六5569

宋哲宗元符元年七月八日　秦州勘验钟傅出
塞讨荡虚报首级，钟傅，又作钟传

【长编标】499/11881

【长编影】499/9 上

【汇编】中六5406

宋哲宗元符元年八月一日　改熙河兰岷路为
熙河兰会路

【宋会要】方域 6 之 1/7406

【汇编】下7007

宋哲宗元符元年八月七日　邈川大首领温溪
心男巴温子巴讷支来归，诏巴讷支为内殿崇
班

【宋会要】蕃夷 6 之 32/7834

宋哲宗元符元年十月三日　诏吕永信为甘州
团练使、凉州一带蕃部都巡检钤辖；细禹轻
丁理为供备库副使、卓罗右厢一带蕃部巡检

【宋会要】蕃夷 6 之 32/7834

宋哲宗元符元年十二月　折可适捕获西夏统
军鬼名阿埋、监军妹勒都逋

【宋史】486/夏国传下/14018

【汇编】上83

宋哲宗元符二年　进筑大和、弥川、通秦、
宁河堡，大和寨堡隶麟府路，通秦、弥川、
宁河寨堡隶岚石路

【宋会要】方域20 之 3/7652

宋哲宗元符二年　王瞻取青唐

【初寮集】6/定功继伐碑/1 上

【汇编】补遗7436

宋哲宗元符二年　以泾原路德顺军旧减隈寨
改定戎寨。减隈，当为碱隈

【宋会要】方域18 之 7/7613

宋哲宗元符二年　以南牟会新城为西安州

【宋史】87/地理志 3/2161

【宋会要】方域 5 之 42/7404、8 之 27/7454

【甘肃新通志】13/舆地志·古迹·固原直隶州·海城县/13 上

【嘉靖固原州志】1/古迹/14、文武衙门/21

【汇编】中六 5517；下 7006；补遗 7394、7396

宋哲宗元符二年　以绥德城为绥德军

【宋会要】方域 5 之 41/7403

【汇编】下 7006

宋哲宗元符二年　以葭芦寨置晋宁军

【榆林府志】5/建置志·沿革/4 上

【汇编】补遗 7487

宋哲宗元符二年　以德顺军秋苇川置临羌寨

【宋会要】方域 18 之 5/7612

【汇编】中六 5541

宋哲宗元符二年　旧金汤新寨改为金汤城

【宋会要】方域 8 之 30/7455

宋哲宗元符二年　旧邈川城建为湟州

【宋会要】方域 5 之 3/7384、6 之 3/7407

宋哲宗元符二年　边厮波结以讲朱等四城来降

【宋史】87/地理志 3/2163

【汇编】中六 5808

宋哲宗元符二年　收复绥德军米脂寨

【宋史】87/地理志 3/2148

【汇编】中六 5830

宋哲宗元符二年　洮西安抚使收复讲朱城，寻弃之

【甘肃新通志】13/舆地志·古迹·兰州府·河州/8 下

【汇编】补遗 7394

宋哲宗元符二年　收复邈川城，建为湟州

【宋史】87/地理志 3/2167

【汇编】中六 5937

宋哲宗元符二年　章楶遣大将折可适伐夏

【海城县志】1/沿革/5 下

【汇编】补遗 7390

宋哲宗元符二年　折可适夺天都

【甘肃新通志】6/舆地志·山川上·固原直隶州·海城县/26 上

【汇编】补遗 7388

宋哲宗元符二年　改宗哥城为龙支城，寻弃之

【宋史】87/地理志 3/2168

【汇编】中六 5854

宋哲宗元符二年　吐蕃王拢拶、邈川首领瞎征降，分别引见拢拶、契丹公主、夏国公主、回鹘公主、瞎征、边厮波结等于后殿，赐酒馔横门外

【宋史】121/礼制 24/2838；492/瞎征传/14167

【宋会要】蕃夷 6 之 37/7837

【汇编】中六 5677、5678

宋哲宗元符二年　枢密院言已诏诸路并废堡寨

【宋史】194/兵志 8·拣选之制/4833

【汇编】中六 5662

宋哲宗元符二年　进筑乌龙砦并赐名

【陕西通志】17/关梁 2·葭州/50 上

【汇编】补遗 7398

宋哲宗元符二年　以麻乜娘进筑太和堡并赐名

【宋史】86/地理志 2/2135

【陕西通志】17/关梁 2·葭州·神木县/54 下

【汇编】中六 5826；补遗 7397

宋哲宗元符二年　进筑白豹城，赐旧名

【宋史】87/地理志 3/2153

【汇编】中六 5493

宋哲宗元符二年　进筑庆阳府绥远寨并赐名

【宋史】87/地理志 3/2148

【汇编】中六 5832

宋哲宗元符二年　进筑府谷宁边砦

【宋史】86/地理志 2/2136

【榆林府志】6/建置志·关隘/8 上

【汇编】中六 5826；补遗 7400

宋哲宗元符二年　进筑保安军金汤城

【宋史】87/地理志 3/2148

【陕西通志】16/关梁 1·延安府·保安县/29 下

【汇编】中六 5829；补遗 7400

宋哲宗元符二年　进筑骆驼巷，赐名绥远寨

【宋史】87/地理志 3/2153

【汇编】中六 5493

宋哲宗元符二年　进筑通秦堡

【榆林府志】4/葭州·山/15 下

【汇编】补遗 7400

宋哲宗元符二年　以大和谷进筑大和砦并赐

名
【宋史】86/地理志 2/2135
【汇编】中六 5826

宋哲宗元符二年 废招安砦为驿，后仍为砦
【陕西通志】16/关梁 1·延安府·安塞县/27 上
【汇编】补遗 7284

宋哲宗元符二年 废绥德军白草、顺安寨，后复置
【宋史】87/地理志 3/2148
【汇编】中六 5831

宋哲宗元符二年 陇拶降，建青唐城为鄯州，仍为陇右节度，三年弃之
【宋史】87/地理志 3/2168
【汇编】中六 5853

宋哲宗元符二年 建颠耳关，赐名通会，未几改会宁关，属秦凤路
【宋史】87/地理志 3/2157
【汇编】中六 5838

宋哲宗元符二年 火山军以旧乌龙川北岭寨改乌龙寨
【宋会要】方域 18 之 18/7618

宋哲宗元符二年 修复庆阳府白豹城
【宋史】87/地理志 3/2148
【汇编】中六 5832

宋哲宗元符二年 鬼章城洮州以居
【甘肃新通志】9/舆地志·关梁·兰州府·河州/20 上
【汇编】补遗 7337

宋哲宗元符二年 以绥德城为绥德军
【宋会要】方域 5 之 41/7403

宋哲宗元符二年 章楶言边事
【宋史】175/食货志上 3·和籴/4247
【汇编】中六 5662

宋哲宗元符二年 筑宁边等寨
【榆林府志】47/修武郎张括墓志铭/10 上
【汇编】补遗 7126

宋哲宗元符二年 筑定边城，后改为军
【甘肃新通志】13/舆地志·古迹·庆阳府·安化县/29 下
【汇编】补遗 7394

宋哲宗元符二年 筑青南纳心，赐名会川城
【宋史】87/地理志 3/2157

**甘肃新通志】13/舆地志·古迹·兰州府·靖远县/6 下
【汇编】中六 5838；补遗 7392

宋哲宗元符二年 筑海喇都城
【海城厅志】城图/6 上
【汇编】补遗 7397

宋哲宗元符二年 筑鄜延路暖泉寨
【陕西通志】17/关梁 2·绥德州·米脂县/46 上
【汇编】补遗 7399

宋哲宗元符二年 以葭芦寨为晋宁军
【宋会要】方域 18 之 18/7618

宋哲宗元符二年 在小红崖筑寨，赐名弥川堡
【陕西通志】17/关梁 2·葭州/51 上
【汇编】补遗 7397

宋哲宗元符二年 筑窟薛岭，赐名宁河寨
【陕西通志】17/关梁 2·葭州/50 下
【汇编】补遗 7399

宋哲宗元符二年 赐神堂寨王吉祠庙额忠佑
【宋会要】礼 20 之 41/785
【汇编】中六 5663

宋哲宗元符二年 赐绥德军宝台神祠庙额灵佑
【宋会要】礼 20 之 139/834
【汇编】中六 5809

宋哲宗元符二年 赐精移堡为通秦堡
【陕西通志】17/关梁 2·葭州/51 上
【汇编】补遗 7397

宋哲宗元符二年 廓州废为城
【宋会要】方域 6 之 3/7407

宋哲宗元符二年 置德顺军高平堡
【宋会要】方域 20 之 9/7655
【汇编】中六 5663

宋哲宗元符二年 洮西安抚司收复河南讲朱、一公、错凿、当標、肜撒、东迎六城，寻弃之
【宋史】87/地理志 3/2163
【汇编】中六 5808

宋哲宗元符二年正月 夏国母梁氏薨
【宋史】486/夏国传下/14018
【汇编】上 84

宋哲宗元符二年正月 辽遣使宋朝为夏人说

和

【宋史】486/夏国传下/14018

【汇编】上 84

宋哲宗元符二年二月二十一日　大食遣使

入贡

【宋会要】蕃夷 7 之 43/7861

宋哲宗元符二年三月　泾原经略使乞蕃兵与

汉兵相兼差使

【宋史】191/兵志 5·蕃兵/4761

【汇编】中六 5506

宋哲宗元符二年三月十二日　辽国遣萧德崇

等为夏国游说

【宋会要】蕃夷 2 之 29/7706

宋哲宗元符二年三月十七日　河东经略司言

折克行捉到西界钤辖

【宋会要】方域 21 之 8/7665

【汇编】上 40

宋哲宗元符二年春　洮西安抚王赡密书取吐

蕃之策，遣举人黄亨上其事于朝

【奏议标】141/任伯雨·上徽宗论湟鄯/1595

【奏议影】141/任伯雨·上徽宗论湟鄯/4906

【宋会要】兵 9 之 1/6906

【汇编】中六 5507

宋哲宗元符二年四月　环庆乞增置住营马军

蕃落与步军保捷

【宋史】187/兵志 1/4580

【汇编】中六 5513

宋哲宗元符二年四月　宋答契丹劝和西夏

【宋大诏令集】232/答契丹劝和西夏书/901

【汇编】中六 5521

宋哲宗元符二年四月十七日　诏赐泾原路新

筑南牟会名西安州，洒水平名天都寨，秋苇

川名临羌寨

【宋会要】方域 18 之 20/7619

宋哲宗元符二年四月十七日　新筑洒水赐名

天都寨

【长编标】500/11912

【长编影】500/10 下

【汇编】中六 5422

宋哲宗元符二年四月二十五日　白落觜筑

寨赐名威羌，那娘山筑寨赐名殄羌

【宋会要】方域 20 之 5/7653

宋哲宗元符二年四月二十五日　环庆路上

言，新筑定边城川原厚远，土地衍沃，西夏

昔日于此贮粮

【宋会要】方域 8 之 27/7454

宋哲宗元符二年四月二十五日　鄜延路经

略司言，进筑白落觜工毕，赐名威羌

【宋会要】方域 19 之 16/7633

【汇编】中六 5535

宋哲宗元符二年五月　封天都山神祠顺应侯，

仍赐庙额顺应

【宋会要】礼 20 之 95/812

【汇编】中六 5550

宋哲宗元符二年五月　西夏兰会正钤辖革瓦

娘以部落来降

【宋史】486/夏国传下/14018

【汇编】上 84

宋哲宗元符二年五月十四日　胡宗回言筑白

豹城寨毕工，诏入役汉蕃兵人赐银有差

【宋会要】方域 8 之 28/7454

宋哲宗元符二年五月二十一日　泾原进筑

南牟会新城为西安州军，毕工，遣官奏告太

庙

【宋会要】礼 14 之 60/9617

【汇编】中六 5545

宋哲宗元符二年五月二十七日　环庆路言

进筑骆驼巷城毕，诏赐工役兵民钱有差

【宋会要】方域 8 之 27/7454

宋哲宗元符二年夏六月　西蕃首领边厮波以

讲朱、一公等城降

【宋会要】兵 9 之 1/6906

宋哲宗元符二年七月　赐肤施县暖泉寨慕奈

神祠庙额灵佑

【宋会要】礼 20 之 144/836

【汇编】中六 5809

宋哲宗元符二年七月　环州种朴擒西夏监军

讹勃啰

【宋史】486/夏国传下/14018

【汇编】上 84

宋哲宗元符二年秋七月二十五日　王赡渡

河取邈川，王厚取宗哥城

【宋会要】兵 9 之 1/6906

【奏议标】141/任伯雨·上徽宗论湟鄯/1595

【奏议影】141/任伯雨·上徽宗论湟鄯/4906

宋哲宗元符二年八月十五日　诏葺新城寨抚纳邈川河南部族
【宋会要】方域 19 之 18/7634

宋哲宗元符二年九月　夏崇宗李乾顺遣使上表谢罪
【宋会要】兵 8 之 35/6904

宋哲宗元符二年九月　夏人告国母哀，并上谢表
【宋史】486/夏国传下/14018
【汇编】上 84

宋哲宗元符二年闰九月　夏钤辖鬼名乞遇被熙河王愍擒获
【宋史】486/夏国传下/14018
【汇编】上 84

宋哲宗元符二年闰九月四日　诏青唐为鄯州，仍为陇右节度
【奏议标】141/任伯雨·上徽宗论湟鄯/1595
【奏议影】141/任伯雨·上徽宗论湟鄯/4906

宋哲宗元符二年闰九月四日　诏鄯州、湟州并河南北新收复城寨并隶陇右，仍属熙河兰会
【宋会要】方域 19 之 18/7634

宋哲宗元符二年秋九月二十日　王赡入青唐，陇拶出降
【奏议标】141/任伯雨·上徽宗论湟鄯/1595
【奏议影】141/任伯雨·上徽宗论湟鄯/4906

宋哲宗元符二年九月丁未　诏夏国戒缘边首领毋得侵犯
【宋大诏令集】236/赐夏国诏（元符二年）/921
【汇编】中六 5595

宋哲宗元符二年九月二十九日　废延安府招安寨为招安驿
【宋会要】方域 10 之 15/7481

宋哲宗元符二年十月五日　苗履、姚雄引兵开路至青唐
【奏议标】141/任伯雨·上徽宗论湟鄯/1595
【奏议影】141/任伯雨·上徽宗论湟鄯/4907

宋哲宗元符二年十二月　夏国遣使上誓表谢恩及进奉御马，诏例回赐银器衣著各五百匹两

【宋会要】兵 8 之 36/6905

宋哲宗元符二年十二月　夏遣使进誓表
【宋史】486/夏国传下/14018
【汇编】上 84

宋哲宗元符二年十二月　诏夏国自今恩礼岁赐并如旧例
【宋大诏令集】236/答夏国诏/921
【汇编】中六 5655

宋哲宗元符二年十二月十六日　诏陇拶授河西节度使、西蕃都护，依府州折氏例世世承袭知鄯州，赵怀义除廓州团练使、同知湟州军州事兼湟州管下部族同都巡检使
【宋会要】蕃夷 6 之 36/7836

宋哲宗元符三年　兰州把拶桥赐名京玉关
【宋史】87/地理志 3/2166
【宋会要】方域 12 之 2/7052
【汇编】中六 5840

宋哲宗元符三年　进筑兰州通川堡
【宋史】87/地理志 3/2165
【汇编】中六 5840

宋哲宗元符三年　进筑清平关
【甘肃新通志】9/舆地志·关梁·庆阳府·环县/59 上
【汇编】补遗 7401

宋哲宗元符三年　会州城桥关赐名安乡关
【宋会要】方域 12 之 2/7052
【甘肃新通志】13/舆地志·古迹·兰州府·河州/8 上
【汇编】补遗 7401

宋哲宗元符三年　以湟鄯廓三州归于青唐
【东都事略】10/徽宗纪/2 下
【汇编】中六 5695

宋哲宗元符三年　赐夏国主银绢
【宋大诏令集】236/登极赐夏国主银绢诏/921
【汇编】中六 5684

宋哲宗元符三年　熙州以臕哥堡改安川堡
【宋会要】方域 20 之 2/7651

宋哲宗元符三年　宋赐西夏日历
【宋大诏令集】236/赐夏国主并南平王李乾德历日诏/922
【汇编】中六 5696

宋哲宗元符三年正月　宋哲宗崩，徽宗即位

【宋史】486/夏国传下/14019

【汇编】上 85

宋哲宗元符三年二月　熙河兰会路兵马都监兼知河州姚雄救援青唐

【奏议标】141/任伯雨·上徽宗论湟鄯/1595

【奏议影】141/任伯雨·上徽宗论湟鄯/4907

宋哲宗元符三年二月二十一日　诏王赡以心白首领分治青唐

【宋会要】蕃夷 6 之 37/7837

宋哲宗元符三年二月二十四日　以西夏大首领鬼名阿埋、昧勒都逋为率府率，充渭州都监

【宋会要】蕃夷 6 之 37/7837

宋哲宗元符三年三月　赐陇拶河西节度使

【宋大诏令集】240/西蕃首领陇拶河西节度使/941

【宋会要】蕃夷 6 之 38/7837

【汇编】中六 5676

宋哲宗元符三年三月四日　以青唐同管国事

青归论征为内藏库使、遥郡刺史，以其助朝廷讨叛故也

【宋会要】蕃夷 6 之 37/7837

宋哲宗元符三年四月六日　赐西蕃王、河西军节度使、知鄯州陇拶姓名赵怀德

【宋会要】蕃夷 6 之 39/7838

宋哲宗元符三年五月五日　蕃官抹令为右侍禁，袭本族巡检

【宋会要】蕃夷 6 之 39/7838

宋哲宗元符三年七月三日　夏崇宗李乾顺遣使进奉山陵

【宋会要】礼 29 之 73/1100

【汇编】中六 5685

宋哲宗元符三年八月二十三日　朝议熙河修筑城寨

【宋会要】方域 19 之 18/7634

【汇编】中六 5686

宋哲宗元符三年九月　龚夬乞诱谕青唐

【奏议标】141/龚夬·上徽宗乞诱谕青唐/1594

【奏议影】141/龚夬·上徽宗乞诱谕青唐/4901

宋哲宗元符三年九月　夏遣使来奠慰及贺即位

【宋史】486/夏国传下/14019

【汇编】上 85

宋哲宗元符三年十月　夏崇宗李乾顺使人贺天宁节

【宋史】486/夏国传下/14019

【宋会要】蕃夷 7 之 43/7861

【汇编】上 85；中六 5689

宋哲宗元符三年十一月十四日　诏诸路不得于近城脚下取土

【宋会要】方域 8 之 7/7444

【汇编】中六 5690

宋哲宗元符三年十二月　任伯雨奏论湟鄯

【奏议标】141/任伯雨·上徽宗论湟鄯/1595

【奏议影】141/任伯雨·上徽宗论湟鄯/4906

宋哲宗元符中　太原帅欲复城葭芦

【东都事略】28/折德扆传/1 上

【汇编】上 179

宋哲宗元符中　王赡乘虚入青唐

【宋史】350/苗履传/11069

【长编标】515/12248

【长编影】515/12 下

【汇编】中六 5602、5624

宋哲宗元符间　收复兰州通湟寨并赐名

【甘肃新通志】9/舆地志·关梁·西宁府·碾伯县/75 上

【汇编】补遗 7408

宋哲宗元符间　筑城宗水之北以护桥

【长编纪事本末】139/9 上

【汇编】中六 5734

宋哲宗元符间　吐蕃溪巴温据溪哥城

【宋史】87/地理志 3/2169

【汇编】中六 5855

宋哲宗元符间　收复并赐名臙哥堡、安川堡

【甘肃新通志】9/舆地志·关梁·西宁府·碾伯县/75 上

【汇编】补遗 7395

宋徽宗建中靖国元年　弃湟州

【宋史】87/地理志 3/2167

【汇编】中六 5937

宋徽宗建中靖国元年　张舜民论备边

【奏议标】140/张舜民·上徽宗论河北备边五事/1587、张舜民·上徽宗论进筑非便/1586

【奏议影】140/张舜民·上徽宗论河北备边五事

/4883、张舜民·上徽宗论进筑非便/4877

【汇编】中六 5714

宋徽宗建中靖国元年　陈次升论西蕃市马

【奏议标】124/陈次升·上徽宗论西蕃市马/1386

【奏议影】124/陈次升·上徽宗论西蕃市马/4277

【汇编】中六 5714

宋徽宗建中靖国元年　夏崇宗李乾顺始建国学

【宋史】486/夏国传下/14019

【汇编】上 85

宋徽宗建中靖国元年二月　宋议弃青唐

【宋史】349/姚雄传/11060

【宋会要】兵 9 之 4/6907

【汇编】中六 5701

宋徽宗建中靖国元年二月　范纯粹乞令蕃官不得换授汉官差遣

【奏议标】125/范纯粹·上徽宗乞令蕃官不得换授汉官差遣/1382

【奏议影】125/范纯粹·上徽宗乞令蕃官不得换授汉官差遣/4261

【汇编】中六 5702

宋徽宗建中靖国元年二月　朝议弃守湟州

【奏议标】141/任伯雨·上徽宗论湟鄯/1595

【奏议影】141/任伯雨·上徽宗论湟鄯/4907

宋徽宗建中靖国元年三月　诏青唐首领河西节度使赵怀德知湟州

【宋会要】兵 9 之 4/6907

【奏议标】141/任伯雨·上徽宗论湟鄯/1595

【奏议影】141/任伯雨·上徽宗论湟鄯/4907

宋徽宗建中靖国元年四月三日　户部状茶马贸易

【宋会要】职官 43 之 75/3311

【汇编】中六 5706

宋徽宗建中靖国元年五月　范纯粹论进筑非便

【奏议标】140/范纯粹·上徽宗论进筑非便/1584

【奏议影】140/范纯粹·上徽宗论进筑非便/4866

【汇编】中六 5708

宋徽宗崇宁元年　改府州为靖康军

【宋会要】方域 5 之 4/7385、6 之 6/7408

【汇编】下 6117、7004

宋徽宗崇宁元年壬午岁　张安泰承筑打绳川

【甘肃新通志】14/建置志·城池/13 下

【陇右金石录】3/怀戎堡碑记/65 下

【汇编】补遗 7404、7418

宋徽宗崇宁元年三月　命筑绥戎、怀戎二堡

【汉滨集】15/故客省使雄州防御使泾原路兵马钤辖兼第十一将郭公（成）行状/19 下

【汇编】补遗 7402

宋徽宗崇宁元年六月二十九日　诏辑捕京师西夏细人

【宋会要】兵 29 之 1/7293

【汇编】中六 5718

宋徽宗崇宁元年十一月五日　西蕃溪赊罗撒特授西平军节度使、鄯州管内观察处置押蕃落等使、西蕃邈川首领、上柱国、特封敦煌郡开国公

【宋会要】蕃夷 6 之 40/7838

宋徽宗崇宁二年　西宁州升为陇西节度，仍置都护

【宋会要】方域 5 之 3/7384、6 之 2/7406

【汇编】中六 5852

宋徽宗崇宁二年　收复乐州

【宋史】87/地理志 3/2167

【汇编】中六 5937

宋徽宗崇宁二年　再复谋朱等城

【甘肃新通志】13/舆地志·古迹·兰州府·河州/8 下

【汇编】补遗 7394

宋徽宗崇宁二年　乐州为副都护

【宋会要】方域 6 之 3/7407

宋徽宗崇宁二年　湟州为副都护

【宋会要】方域 5 之 3/7384、6 之 3/7407

宋徽宗崇宁二年　筑绥远关，俗名小峡口河南河北关

【甘肃新通志】9/舆地志·关梁·西宁府·西宁县/70 下

【汇编】补遗 7406

宋徽宗崇宁二年　赐名保塞寨、绥边砦、清平砦等

【甘肃新通志】9/舆地志·关梁·西宁府·西宁县/72 上

【汇编】补遗 7407

宋徽宗崇宁二年二月七日　青唐大首领赵醇
毡厮鸡贡方物

【宋会要】蕃夷 6 之 40/7838、7 之 43/7861

宋徽宗崇宁二年四月二十二日　令同文馆、
都亭西驿所属曹部准备高丽、夏国来使所需

【宋会要】职官 25 之 5/2916

【汇编】中六 5727

宋徽宗崇宁二年九月二十三日　诏归明人
依条支破职田

【宋会要】兵 17 之 6/7040

【汇编】中六 5752

宋徽宗崇宁二年十二月二十七日　河西节
度使溪赊罗撒特授检校太保

【宋会要】蕃夷 6 之 41/7839

宋徽宗崇宁三年　升宁远为县

【甘肃新通志】13/舆地志·古迹·兰州府·河州/18 上

【汇编】补遗 7410

宋徽宗崇宁三年　升秦州永宁寨为县，又升
宁远砦为县

【宋史】87/地理志 3/2164

【汇编】中六 5783

宋徽宗崇宁三年　王厚诏诱夏国卓啰右厢监
军仁多保忠

【宋史】486/夏国传下/14019

【汇编】上 85

宋徽宗崇宁三年　会州省章峡改为绥远关

【宋会要】方域 12 之 2/7520

【汇编】中六 5784

宋徽宗崇宁三年　以觚当川置来宾城

【宋会要】方域 8 之 21/7451

【汇编】中六 5784

宋徽宗崇宁三年　以湟州南宗置临宗寨

【宋会要】方域 18 之 2/7610

【汇编】中六 5784

宋徽宗崇宁三年　以湟州遏南宗改通津堡

【宋会要】方域 20 之 6/7653

【汇编】中六 5784

宋徽宗崇宁三年　以湟州堡敦谷置绥平堡

【宋会要】方域 20 之 9/7655

【汇编】中六 5784

宋徽宗崇宁三年　废宁化县

【宋会要】方域 6 之 7/7409

宋徽宗崇宁三年　廓州复为州防御

【宋会要】方域 6 之 3/7407

宋徽宗崇宁三年　收复西宁州龙支城

【宋史】87/地理志 3/2168

【汇编】中六 5854

宋徽宗崇宁三年　王厚收复来羌城

【甘肃新通志】13/舆地志·古迹·兰州府·河州/8 下

【汇编】补遗 7408

宋徽宗崇宁三年　西夏复寇泾原

【东都事略】127、128/附录 5、6

【姑溪居士后集】20/折渭州墓志铭/1 上

【汇编】上 110、209

宋徽宗崇宁三年　修复啰兀城，赐名嗣武寨

【陕西通志】17/关梁 2·绥德州·米脂县/47 上

【汇编】补遗 7410

宋徽宗崇宁三年　封延安平戎寨太平湫神祠
灵应公

【宋会要】礼 20 之 119/824

【汇编】中六 5821

宋徽宗崇宁三年　封银川城柏株山部台神祠
为襄顺公庙

【宋会要】礼 20 之 139/834

【汇编】中六 5785

宋徽宗崇宁三年　夏人举国大入

【宋史】367/杨政传/11442

【汇编】中六 5780

宋徽宗崇宁三年　通远军升为巩州

【宋会要】方域 5 之 43/7404

宋徽宗崇宁三年　筑西宁州绥边寨

【宋史】87/地理志 3/2168

【汇编】中六 5854

宋徽宗崇宁三年　赐名安陇砦、德固砦、临
宗砦等

【甘肃新通志】9/舆地志·关梁·西宁府·碾伯县/75 上

【汇编】补遗 7409

宋徽宗崇宁三年　置敷川县

【甘肃新通志】13/舆地志·古迹·兰州府·靖远县/6 下

【汇编】补遗 7408

宋徽宗崇宁三年 辽以成安公主嫁夏崇宗李乾顺

【宋史】486/夏国传下/14019

【汇编】上 85

宋徽宗崇宁三年二月 赐西安州定戎寨漫顶山湫神祠庙额"润泽",封贶侯

【宋会要】礼 20 之 117/823

【汇编】中六 5760

宋徽宗崇宁三年二月 赐原州临泾县白马湫神祠庙额"丰利"

【宋会要】礼 20 之 118/823

【汇编】中六 5759

宋徽宗崇宁三年二月 赐麟州新秦县黑龙泉神祠额"昭贶"

【宋会要】礼 20 之 79/804

【汇编】中六 5785

宋徽宗崇宁三年五月 赐熙州王韶祠庙额"忠烈",以韶有开拓西河之功

【宋会要】礼 20 之 39/784

【汇编】中六 5776

宋徽宗崇宁四年 升宁河为县

【甘肃新通志】13/舆地志·古迹·巩昌府·宁远县/8 上

【汇编】补遗 7414

宋徽宗崇宁四年 升通远军为巩州

【宋会要】方域 5 之 42/7404

【汇编】下 7007

宋徽宗崇宁四年 宋收复银州

【宋会要】方域 5 之 41/7403

【汇编】下 7006

宋徽宗崇宁四年 改湟州当标城为安西城

【宋会要】方域 18 之 10/7614

【汇编】中六 5809

宋徽宗崇宁四年 封延安府绥德军龙川城柏林山宝台神祠"襃顺公"

【宋会要】礼 20 之 139/834

【汇编】中六 5809

宋徽宗崇宁四年 肤施县暖泉寨慕奈神祠封昭顺侯

【宋会要】礼 20 之 144/836

【汇编】中六 5809

宋徽宗崇宁四年 西方多事

【名臣碑传琬琰集】上集 13/韩忠武王世忠中兴佐命定国元勋之碑/193

【汇编】中六 5794

宋徽宗崇宁四年 筑怀德军萧关

【宋史】87/地理志 3/2160

【汇编】中六 5850

宋徽宗崇宁四年 赐延安府西城天王祠庙额"德顺"

【宋会要】礼 20 之 132/830

【汇编】中六 5809

宋徽宗崇宁四年 韩世忠败夏人于银州

【宋史】364/韩世忠传/11355

【汇编】中六 5794

宋徽宗崇宁四年 宋用蔡京计,大肆招诱夏人

【宋史】486/夏国传下/14019

【汇编】上 85

宋徽宗崇宁四年正月一日 改熙河兰会为熙河兰湟路

【宋会要】方域 6 之 1/7406

【汇编】下 7007

宋徽宗崇宁四年二月 镇戎军李继和庙额由"安国公庙"进封为"安国王庙"

【宋会要】礼 20 之 40/784

【汇编】中六 5788

宋徽宗崇宁四年闰二月 赐水洛城刘沪祠庙额"忠勇"

【宋会要】礼 20 之 42/785

【汇编】中六 5843

宋徽宗崇宁四年十一月 赐平夏城三神祠庙额"昭顺",并封其一曰"顺应侯",二曰"顺贶侯",三曰"顺佑侯"

【宋会要】礼 20 之 144/836

【汇编】中六 5806

宋徽宗崇宁四年十二月 赐怀德军九羊寨圣景山金龙湫神祠庙额"灵润"

【宋会要】礼 20 之 117/823

【汇编】中六 5809

宋徽宗崇宁四年十二月 赐定戎寨盐池屈吴

山神祠庙额"灵助"

【宋会要】礼 20 之 100/814

【汇编】中六 5809

宋徽宗崇宁四年十二月　赐定戎寨碧龙泉神

祠额"灵源",封丰利侯

【宋会要】礼 20 之 79/804

【汇编】中六 5809

宋徽宗崇宁五年　以银州改银川城

【宋会要】方域 5 之 41/7403、8 之 32/7456

【玉海】174/元祐定远城/41 下

【汇编】补遗 7375

宋徽宗崇宁五年　西安州乌鸡三岔新寨赐名

通安寨

【宋史】87/地理志 3/2161

【汇编】中六 5518

宋徽宗崇宁五年　西安州峗朱龙山新寨赐名

宁安寨

【宋史】87/地理志 3/2161

【汇编】中六 5517

宋徽宗崇宁五年　通渭以寨升为县

【宋会要】方域 5 之 43/7404

宋徽宗崇宁五年　筑安边城,赐名

【甘肃新通志】13/舆地志·古迹·庆阳府·环

县/31 下

【汇编】补遗 7416

宋徽宗崇宁五年　置环州安边城

【玉海】174/元祐定远城/41 下

【汇编】补遗 7375

宋徽宗崇宁五年七月　冯澥论湟廓西宁三州

【奏议标】141/冯澥·上徽宗论湟廓西宁三州/

1596

【奏议影】141/冯澥·上徽宗论湟廓西宁三州/

4911

宋徽宗崇宁中　改府谷县为靖康军

【延安府志】2/葭州/20 上

【汇编】下 6581

宋徽宗崇宁中　建宁远县署

【甘肃新通志】15/建置志·官廨/13 上

【汇编】补遗 7414

宋徽宗崇宁中　夏人入寇泾原

【宋史】350/赵隆传/11090

【汇编】中六 5780

宋徽宗崇宁中　赐石堡寨为威德军,后复为寨

【延安府志】2/保安县·关梁/8 下

【汇编】补遗 7410

宋徽宗崇宁间　建定戎堡

【甘肃新通志】9/舆地志·关梁·固原直隶州/

26 上

【汇编】补遗 7396

宋徽宗大观元年　太原府升为大都督府

【宋会要】方域 6 之 4/7407

宋徽宗大观元年　临洮城改为洮州

【宋会要】方域 8 之 25/7453

宋徽宗大观元年　秦凤路凤翔府盩厔县清平

镇改为军,隶永兴军

【宋会要】方域 12 之 15/7527

宋徽宗大观元年　夏始遣使修贡

【宋史】486/夏国传下/14019

【汇编】上 85

宋徽宗大观元年四月　赐皋兰山法泉寺五龙

泉神祠额"神源"

【宋会要】礼 20 之 79/804

【汇编】中六 5841

宋徽宗大观元年四月　赠折克行武安军节度

使

【宋会要】仪制 11 之 25/2037

【汇编】中六 5841

宋徽宗大观元年六月　赐临泾县朝那湫神祠

庙额"丽泽"

【宋会要】礼 20 之 119/824

【汇编】中六 5842

宋徽宗大观元年八月　封水洛城刘沪祠"忠

烈侯"

【宋会要】礼 20 之 42/785

【汇编】中六 5843

宋徽宗大观元年八月　赐水洛城陇山乱石湫

神祠庙额"丰泽"

【宋会要】礼 20 之 116/828

【汇编】中六 5944

宋徽宗大观元年八月　泾原四处营建都仓,

其中平夏城都仓赐名"裕财",镇戎军都仓

赐名"裕国",通陕寨都仓赐名"裕兵",西

安州都仓赐名"裕边"

【宋会要】食货 54 之 5/5740、62 之 57/5977

【汇编】中六 5843

宋徽宗大观二年　以临洮城升为州团练

【宋会要】方域 6 之 3/7407

宋徽宗大观二年　平夏城升为威德军

【宋会要】方域 5 之 42/7404、8 之 26/7453

【汇编】下 7007

宋徽宗大观二年　湟州即旧邈川城，赐名向德军节度

【宋会要】方域 5 之 3/7384、6 之 3/7407

宋徽宗大观二年　改西宁州为西平郡，中都督府，寻为陇右节度，加宾德军

【宋会要】方域 5 之 3/7384、6 之 2/7406

【汇编】中六 5852

宋徽宗大观二年　折克行卒

【金石萃编】147/折克行神道碑考释

【汇编】上 199

宋徽宗大观二年　改平夏城为怀德郡

【宋会要】方域 8 之 26/7453

【汇编】下 7011

宋徽宗大观二年　改临洮城为洮州

【宋会要】方域 8 之 25/7453

【汇编】中六 5853

宋徽宗大观二年　置环庆路环州通远县神堂堡

【宋史】87/地理志 3/2153

【宋会要】方域 20 之 14/7657

【汇编】中六 5494、5852

宋徽宗大观二年　展平夏城作怀德军

【宋史】87/地理志 3/2160

【汇编】中六 5849

宋徽宗大观二年　以溪哥城建积石军

【宋史】87/地理志 3/2169

【汇编】中六 5855

宋徽宗大观二年正月　改封赵怀德为顺义郡王，赐姓名赵怀忠

【长编纪事本末】140/12 下

【汇编】中六 5845

宋徽宗大观二年四月□日　县镇官衔内带兼管给地牧马等

【宋大诏令集】181/县镇官衔内带兼管给地牧马等御笔/655

【汇编】中六 5844

宋徽宗大观二年六月　诏陕西除新边外，其余缘边戍兵依元丰罢边事日为额

【宋会要】兵志 1·屯戍之制/4902

【汇编】中六 5850

宋徽宗大观二年九月二十九日　曲赦熙河兰湟秦凤永兴军路

【宋大诏令集】219/曲赦熙河兰湟秦凤永兴军路制/839

【汇编】中六 5851

宋徽宗大观二年十一月　赐平凉府泾州思灵山神祠庙额"广佑"

【宋会要】礼 20 之 102/815

【汇编】中六 5852

宋徽宗大观二年十一月二十四日　于阗遣使入贡

【宋会要】蕃夷 4 之 18/7722

宋徽宗大观三年　湟州即旧邈川城加向德军节度

【宋史】87/地理志 3/2167

【汇编】中六 5937

宋徽宗大观三年　复以定胡县隶晋宁军

【宋史】86/地理志 2/2134

【汇编】中六 5825

宋徽宗大观三年正月二十九日　诏湟州赐名向德军，升为节镇，西宁州为宾德军，廓州为防御，洮州为团练

【宋会要】方域 6 之 1/7406

【汇编】下 7007

宋徽宗大观三年二月　臣僚言熙河入不敷出

【宋史】190/兵志 4·河东陕西弓箭手条/4720

【汇编】中六 5856

宋徽宗大观三年己酉春　废熙河怀戎寨

【甘肃新通志】14/建置志·城池/13 下

【陇右金石录】3/怀戎堡碑记/65 下

【汇编】补遗 7404、7418

宋徽宗大观四年　折可适卒

【姑溪居士后集】20/折渭州墓志铭/1 上

【汇编】上 211

宋徽宗大观四年　赐泾阳县泾水神祠庙额"普贶"

【宋会要】礼 20 之 114/821

【汇编】中六 5862

宋徽宗大观四年正月七日　诏茶马事依元丰法
【宋会要】职官43之94/3320
【汇编】中六5878

宋徽宗大观四年正月二十八日　夏国遣使入贡
【宋会要】蕃夷7之43/7861
【汇编】中六5860

宋徽宗大观四年五月四日　诏西人入贡，诸色人私有交易，编拦使臣不觉察者徒二年，引伴官与同罪，管勾行李马驰使臣减一等
【宋会要】蕃夷7之43
【汇编】中六5860

宋徽宗大观四年八月　赐环州甜水谷神祠庙额"甘泽"
【宋会要】礼20之113/821
【汇编】中六5861

宋徽宗大观四年后　雅州依元丰减茶买马
【宋会要】职官43之93/3320
【汇编】中六5876

宋徽宗大观□年□月□日　川茶博马贸易
【宋大诏令集】181/川茶博马御笔/655
【汇编】中六5862

宋徽宗大观七年七月六日　详定九域图志所言新附州军，除典籍该载可以斟酌外，今西宁州乞以西平郡名，为中都督府，庭州以怀德为郡名，为下州
【宋会要】方域6之3/7407

宋徽宗大观中　龙泉镇改为清泉镇
【宋会要】方域12之15/7527

宋徽宗大观中　羌人假董毡弟益麻党征之名归附
【宋史】448/郑骧传/13202
【汇编】中六5909

宋徽宗大观中　环庆蕃将李遇昌等引夏人入寇
【东都事略】127、128/附录5、6
【汇编】上110

宋徽宗政和初　夏人以盐易铁于边
【宋史】185/食货志下7·阬冶/4529
【汇编】中六5866

宋徽宗政和元年　夏国议划疆界
【三朝北盟会编】60/4下

【汇编】中六6043

宋徽宗政和元年正月十日　令转运司每季具现管归明人姓名申枢密院
【宋会要】兵17之7/7041
【汇编】中六5863

宋徽宗政和元年二月七日　葬折可适于安仁乡武家会领军墓西
【姑溪居士后集】20/折渭州墓志铭/1上
【汇编】上211

宋徽宗政和元年十月　夏国遣使贺天宁节，上寿于紫宸殿，十二日大宴
【宋会要】礼57之18/1601
【汇编】中六5866

宋徽宗政和元年十月十一日　夏国遣使入贡
【宋会要】蕃夷7之43/7861
【汇编】中六5865

宋徽宗政和二年四月　赐隆德寨白马祠额"英贶"
【宋会要】礼20之171/850
【汇编】中六5872

宋徽宗政和二年八月十二日　诏引押夏人者勿致生事
【宋会要】职官51之9/3540
【汇编】中六5872

宋徽宗政和二年十一月十六日　诏客省掌各国信使到阙仪范，伴赐酒食，四方馆掌大辽、夏国、高丽、蕃国贡首立班、进奉人到阙仪范，引进司掌诸蕃国等应干进奉及礼物之事，东上阁门掌大辽国、夏国、高丽、诸蕃国见谢辞班入次序
【宋会要】职官35之5/3062
【汇编】中六5873

宋徽宗政和三年　河东路以旧阿翁寨改仁孝寨
【宋会要】方域18之4/7611

宋徽宗政和三年　改雁头寨为和宁寨
【宋会要】方域18之15/7617
【汇编】中六5880

宋徽宗政和三年　环州通远县以火罗沟置罗沟堡
【宋会要】方域20之9/7655
【汇编】中六5880

宋徽宗政和三年二月　赠折可适检校少保
【宋会要】仪制 11 之 20/2034
【汇编】中六 5875

宋徽宗政和三年三月　封府谷县百胜寨师子神祠为"昭佑侯"
【宋会要】礼 20 之 141/835
【汇编】中六 5875

宋徽宗政和四年　废麟州银城、连谷二县入新秦县
【宋史】86/地理志 2/2135
【宋会要】方域 6 之 5/7408
【汇编】中六 5826、5884

宋徽宗政和四年二月二十五日　诏修葺馆驿
【宋会要】方域 10 之 15/7481
【汇编】中六 5883

宋徽宗政和四年冬　环州定远大首领夏人李讹哆引诱西夏统军梁哆唛入寇
【宋史】486/夏国传下/14019
【汇编】上 85

宋徽宗政和五年　种师道两入夏国，平荡伪洪夏军割踏、骆驼两城
【三朝北盟会编】198/1 上
【汇编】下 6519

宋徽宗政和五年　进筑震武城，以为震武军，自是唃厮啰之地悉为郡县
【宋会要】兵 9 之 5/6908

宋徽宗政和五年　赐丰州郡名宁丰
【宋史】86/地理志 2/2136
【汇编】中六 5827

宋徽宗政和五年　赐府州郡名荣河
【宋史】86/地理志 2/2136
【汇编】中六 5826

宋徽宗政和五年　宋泾原、鄜延、环庆、秦凤之师攻西夏藏底河城，败绩，死者十之四五
【宋史】486/夏国传下/14020
【汇编】上 86

宋徽宗政和五年二月　诏陕西河东逐路复置提举弓箭手司
【宋会要】兵 4 之 19/6829

宋徽宗政和五年三月　折可大以皇太子受册礼成，将己俸进马二十匹，折成马价钱赴州军资库送纳
【宋会要】方域 21 之 8/7665
【汇编】上 40

宋徽宗政和五年八月　诏以府州为荣河郡
【宋会要】方域 6 之 6/7408
【汇编】下 6117

宋徽宗政和五年十月二十三日　夏国遣使入贡
【宋会要】蕃夷 7 之 43/7861

宋徽宗政和六年　会州在清水河置德威城
【宋会要】方域 8 之 22/7451
【玉海】174/元祐定远城/41 下
【汇编】补遗 7375

宋徽宗政和六年　会州以接应堡改静胜堡
【宋会要】方域 20 之 11/7656

宋徽宗政和六年　置定边县
【宋会要】方域 5 之 42/7404
【甘肃新通志】13/舆地志·古迹·庆阳府·安化县/29 下
【汇编】补遗 7394

宋徽宗政和六年　建镇武军
【宋会要】方域 6 之 3/7407

宋徽宗政和六年　夏人屠泾原靖夏城
【甘肃新通志】13/舆地志·古迹·平凉府·平凉县/10 上
【汇编】补遗 7426

宋徽宗政和六年　湟州以丘护改善治堡
【宋会要】方域 20 之 11/7656

宋徽宗政和六年　改湟州古骨龙城为震武城
【宋会要】方域 8 之 25/7453

宋徽宗政和六年　改湟州接应堡为大同堡
【宋会要】方域 20 之 16/7658

宋徽宗政和六年　童贯遣秦凤将刘仲武出会州，至清水河筑城屯守而还，赐名德威城，属秦凤路
【甘肃新通志】13/舆地志·古迹·兰州府·靖远县/6 下
【汇编】补遗 7425

宋徽宗政和六年　筑镇安城等
【甘肃新通志】13/舆地志·古迹·庆阳府·安化县/30 上

【汇编】补遗 7425

宋徽宗政和六年　进筑勒阪台，诏赐名定边
县
【宋史】87/地理志 3/2153
【汇编】中六 5493

宋徽宗政和六年　赐湟州古骨龙城为震武城，
未几改为震武军
【宋史】87/地理志 3/2169
【汇编】中六 5899

宋徽宗政和六年　种师道以十万众复攻西夏
藏底河城
【宋史】486/夏国传下/14020
【汇编】上 86

宋徽宗政和六年春　宋将刘法率熙秦十万之
师攻西夏仁多泉城，屠之
【宋史】486/夏国传下/14020
【汇编】上 86

宋徽宗政和六年六月　修复湟州古骨龙、会
州清水城，赐名震武、德威
【宋会要】方域 8 之 24/7452
【皇宋十朝纲要】17/16 上
【汇编】中六 5898

宋徽宗政和六年十一月　夏人陷泾原靖夏
城，屠之
【宋史】486/夏国传下/14020
【汇编】上 86

宋徽宗政和六年十二月十四日　御笔熙河
版筑诸寨
【宋会要】方域 19 之 20/7635、20 之 18/7659

宋徽宗政和七年　升泾州长武县为平凉军
【宋会要】方域 5 之 42/7404
【汇编】下 7006

宋徽宗政和七年　升庆阳为节度，军额曰庆
阳
【宋史】87/地理志 3/2148
【宋会要】方域 5 之 3/7384、5 之 41/7403
【汇编】中六 5831；下 7006

宋徽宗政和七年　泾原路德顺军以密多台置
威多寨
【宋会要】方域 18 之 4/7611

宋徽宗政和七年　泾原路德顺军以飞井坞置
飞井寨

【宋会要】方域 18 之 27/7623

宋徽宗政和七年　升渭州为平凉军
【宋会要】方域 5 之 3/7384

宋徽宗政和七年　以石子门置环庆石门堡
【宋会要】方域 20 之 8/7654
【汇编】中六 5911

宋徽宗政和七年正月八日　于阗遣使进贡方
物
【宋会要】蕃夷 7 之 44/7861

宋徽宗政和七年六月　泾原路新筑密多台赐
名威多寨，飞井坞赐名飞井寨
【宋会要】方域 20 之 19/7660

宋徽宗政和八年　刘延庆攻藏底河
【三朝北盟会编】70/8 上
【汇编】中六 6070

宋徽宗政和八年　鄜延天降山新城赐名制戎
城
【宋史】87/地理志 3/2146
【汇编】中六 5828

宋徽宗政和八年五月五日　刘延庆加官
【宋大诏令集】102/刘延庆保信军节度使充殿前
副都指挥使制/378
【汇编】中六 5915

宋徽宗政和八年九月　改封肤施县嘉岭山神
祠为徽美显灵王
【宋会要】礼 20 之 88/808
【汇编】中六 5921

宋徽宗政和八年八月八日　于阗遣使入贡
【宋会要】蕃夷 4 之 18/7722、7 之 44/7861

宋徽宗政和中　定夏使进见、朝辞、宴会礼仪
【宋史】119/礼志 22/2808
【汇编】中六 5870

宋徽宗政和中　升高丽使为国信，礼在夏国
上，与辽人皆隶枢密院
【宋史】487/高丽传/14049
【汇编】中六 5888

宋徽宗政和中　吴玠力战夏人有功
【陇右金石录】4/吴玠墓碑/5 上
【汇编】补遗 7425

宋徽宗宣和初　刘法与西夏战死，朝廷厚恤其
家，赐宅于京师
【夷坚乙志】9/260

【汇编】中六 5928

宋徽宗宣和初　张俊从攻西夏仁多泉城。按攻
　　仁多泉城事在政和六年春，"宣和初"误
【宋史】369/张俊传/11469
【汇编】中六 5895

宋徽宗宣和初　夏人寇宋边
【莒溪集】48/宋故武功大夫贵州刺史永兴军路
　　马步军副都总管特赠右武大夫光州防御使累
　　赠太师魏国公杨公（宗闵）墓碑/4 上
【汇编】补遗 7433

宋徽宗宣和初元　折氏因功授官
【北京大学学报哲学社会科学版】1978 年第 2
　　期/宋故武功大夫河东第二将折公（可存）
　　墓志铭/68
【汇编】上 202

宋徽宗宣和元年　升宁州为兴宁军节度
【宋会要】方域 5 之 3/7384、5 之 42/7404
【汇编】中六 5938

宋徽宗宣和元年　升庆阳军为府
【宋会要】方域 5 之 3/7384、5 之 41/7403
【汇编】下 7006

宋徽宗宣和元年　种师道、刘延庆等取夏国
　　永和寨
【长编标】352/8449
【长编影】352/22 下
【汇编】中四 4424

宋徽宗宣和元年　宋夏统安城大战，宋军大
　　败，主帅刘法以下死者十万
【宋史】486/夏国传下/14020
【汇编】上 86

宋徽宗宣和元年　改湟州为乐州
【宋史】87/地理志 3/2167
【宋会要】方域 5 之 3/7384、6 之 3/7407
【汇编】中六 5937

宋徽宗宣和元年四月十五日　蔡京言诸路出
　　界大胜，斩获成百上千，生擒西夏宥州正监
　　军
【宋会要】兵 14 之 20/7002
【汇编】中六 5929

宋徽宗宣和元年六月十七日　加刘延庆检校
　　太保
【宋大诏令集】102/刘延庆检校太保制/378

【汇编】补遗 7101

宋徽宗宣和元年十月　夏遣使来贺天宁节
【宋史】486/夏国传下/14021
【汇编】上 87

宋徽宗宣和元年十一月十三日　赦陕西河
　　东熟户大观元年以前欠贷钱物
【宋会要】食货 70 之 180/6460
【汇编】中六 5935

宋徽宗宣和二年　刘延庆从童贯讨方腊
【三朝北盟会编】70/8 上
【汇编】中六 6070

宋徽宗宣和二年　西夏举国攻宋
【初寮集】6/定功继伐碑/1 上
【汇编】补遗 7439

宋徽宗宣和二年　改龙安寨为德安寨
【陕西通志】16/关梁 1·延安府·安塞县/26 下
【汇编】补遗 7273

宋徽宗宣和二年　改龙泉寨为通泉，寻如故
【陕西通志】17/关梁 2·绥德州·米脂县/46 下
【汇编】补遗 7434

宋徽宗宣和二年　建顺惠大王庙，祀李显忠
【陕西通志】28/祠祀 1·延安府志·保安县/66
　　上
【汇编】补遗 7156

宋徽宗宣和二年三月　永兴军称京兆府
【宋会要】方域 5 之 37/7401、5 之 38/7402

宋徽宗宣和二年三月　改熙河兰湟路为熙河
　　兰廓路
【宋会要】方域 6 之 1/7406
【汇编】下 7007

宋徽宗宣和三年六月　封德顺军陇干县北山
　　乱石湫神祠为"嘉润公"
【宋会要】礼 20 之 116/828
【汇编】中六 5944

宋徽宗宣和四年二月　赵遹乞抚存北虏
【奏议标】140/赵遹·上徽宗乞抚存北虏/1588
【奏议影】140/赵遹·上徽宗乞抚存北虏/4888

宋徽宗宣和五年八月　赐庆阳府种世衡祠庙
　　额"威靖"
【宋会要】礼 20 之 39/784
【汇编】中六 5976

宋徽宗宣和六年　以溢机堡改安羌城

【宋会要】方域 8 之 25/7453

宋徽宗宣和六年 府州独移庄岭建堡，赐名
宁疆
【宋史】86/地理志 2/2136
【汇编】中六 5827

宋徽宗宣和六年 建府谷铁炉骨堆并赐名震
威城
【宋会要】方域 8 之 33/7457
【榆林府志】6/建置志·关隘/8 上
【汇编】中六 5981；补遗 7446

宋徽宗宣和六年九月二十七日 于阗道使
贡方物
【宋会要】蕃夷 4 之 18/7722

宋徽宗宣和七年 改庆州为庆阳府
【宋史】87/地理志 3/2148
【汇编】中六 5831

宋徽宗宣和中 夏人与辽书约夹攻宋朝，辽天
祚帝不听
【东都事略】127、128/附录 5、6
【汇编】上 111

宋钦宗靖康初 丰州宁丰郡入夏地
【陕西通志】5/建置 4/32 下
【汇编】补遗 7467

宋钦宗靖康初 西夏乘间攻取诸城
【苕溪集】48/宋故武功大夫贵州刺史永兴军路
马步军副都总管特赠右武大夫光州防御使累
赠太师魏国公杨公（宗闵）墓碑/5 下
【汇编】补遗 7461

宋钦宗靖康初 吴玠与夏人战于怀德军
【宋史】366/吴玠传/11408
【名臣碑传琬琰集】中集 14/吴武顺王璘安民保
蜀定功同德之碑/230
【汇编】中六 6055

宋钦宗靖康初 折彦质为河东制置使
【系年要录】55/967
【汇编】下 6304

宋钦宗靖康元年 宋割麟、府、丰三州给夏
人
【陕西通志】5/建置 4/32 上
【汇编】补遗 7467

宋钦宗靖康元年 姚古与折彦质、折可求等
勒兵勤王

【宋史】349/姚古传/11061
【汇编】中六 6006

宋钦宗靖康元年 夏人陷西安州
【嘉靖固原州志】1/文武衙门/21
【汇编】补遗 7396

宋钦宗靖康元年 夏人寇杏子堡
【宋史】369/刘光世传/11478、11479
【汇编】中六 6067；补遗 7104

宋钦宗靖康元年 夏人寇震威城
【东都事略】127、128/附录 5、6
【汇编】上 111

宋钦宗靖康元年二月 诏罢陕西、河东提举
弓箭手官，以其人复隶帅司
【宋会要】兵 4 之 29/6834

宋钦宗靖康元年三月 夏人由金肃河清渡河
取天德、云内、武州、河东四州八馆之地
【宋史】486/夏国传下/14021
【汇编】上 87

宋钦宗靖康元年四月 夏攻陷震威城
【宋史】486/夏国传下/14021
【汇编】上 87

宋钦宗靖康元年六月 折彦质言西北边防形
势
【宋史】193/兵志 7/4809
【汇编】中六 6020

宋钦宗靖康元年秋 夏人寇怀德军
【三朝北盟会编】61/1 上
【汇编】中六 6052

宋钦宗靖康元年闰十一月 刘延庆声言护驾
【系年要录】53/947
【三朝北盟会编】151/3 下
【汇编】下 6298、6306

宋钦宗靖康元年冬 西夏裂取陕西沿边城寨
【朝野杂记】乙集 19·边防/1180
【汇编】下 6937

宋钦宗靖康中 陕西制置使钱盖请弃湟鄯
【系年要录】6/166
【梁溪集】176/建炎进退志总叙 3/4 下
【汇编】下 6114、6115

宋钦宗靖康末 折彦质为宣抚使
【中兴小纪】1/13
【汇编】下 6112

宋钦宗靖康末 宣抚副使折彦质退逃入川、陕
【三朝北盟会编】109/3 上
【汇编】下 6111

宋高宗建炎元年 改府州靖康军为保成军
【宋会要】方域 5 之 4/7385、6 之 6/7408
【汇编】下 7004

宋高宗建炎元年 夏崇宗李乾顺改元正德
【宋史】486/夏国传下/14021
【汇编】上 87

宋高宗建炎元年六月十三日 许蕃汉弓箭手
依条陈承袭
【宋史】192/兵志 6/4790
【宋会要】兵 4 之 29/6834
【汇编】下 6110

宋高宗建炎元年七月二十七日 知府州折
可求言府州军额旧系永安军，缘犯陵名，准
改为靖康军，又与年号相碍，乞改称保成军
【宋会要】方域 6 之 6/7408
【汇编】下 6117

宋高宗建炎元年九月 金与夏约侵宋
【宋史】486/夏国传下/14021
【汇编】上 87

宋高宗建炎元年十月 金左监军希尹以夏国
书授宋，为夏国请熙宁以来侵地
【宋史】486/夏国传下/14022
【汇编】上 87

宋高宗建炎二年 折可求以地降金
【金石萃编】147/折克行神道碑考释
【汇编】上 199

宋高宗建炎二年 金人自蒲津涉河围晋宁
【宋史】447/徐徽言传/13192
【香溪集】21/徐忠壮（徽言）传/2 下
【汇编】上 218；下 6147

宋高宗建炎二年 麟州陷于金
【榆林府志】5/建置志·沿革/2 下
【汇编】下 6582

宋高宗建炎二年正月 宋遣使持诏书赐夏崇
宗李乾顺
【宋史】486/夏国传下/14022
【汇编】上 88

宋高宗建炎二年八月 主客员外郎谢亮抚谕
夏国

【三朝北盟会编】118/3 下
【汇编】下 6128

宋高宗建炎三年 谢亮使夏国还行在
【系年要录】16/332
【汇编】下 6128

宋高宗建炎三年 宋欲通夏国谋北伐
【宋史】486/夏国传下/14023
【汇编】上 88

宋高宗建炎三年二月 夏欲取鄜延
【宋史】486/夏国传下/14022
【汇编】上 88

宋高宗建炎三年七月 宋遣谢亮使西夏
【宋史】486/夏国传下/14023
【汇编】上 88

宋高宗建炎四年三月七日 宋臣言大食贡使
至熙州
【挥麈前录】1/7 下
【汇编】下 6220

宋高宗建炎四年十月 宋将慕洧降夏
【宋史】486/夏国传下/14023
【汇编】上 89

宋高宗建炎间 建炎间李显忠与虏战者无虚日
【延安府志】7/诗文/22 下
【汇编】补遗 7154

宋高宗建炎间 修《祖宗兵制》书成，赐名
《枢廷备检》
【挥麈后录】余话 1/281 – 6
【汇编】下 6255

宋高宗绍兴元年八月 宋诏夏本敌国，不复
颁历日
【宋史】486/夏国传下/14023
【汇编】上 89

宋高宗绍兴元年十一月 陕西宣抚使吴玠始
遣使通夏国书
【宋史】486/夏国传下/14023
【汇编】上 89

宋高宗绍兴二年九月 吕颐浩言金夏交恶
【宋史】486/夏国传下/14023
【汇编】上 89

宋高宗绍兴四年十二月 陕西宣抚使吴玠奏
夏国数通书，有不忘本朝意
【宋史】486/夏国传下/14023

【汇编】上 89

宋高宗绍兴五年　夏崇宗李乾顺改元大德

【宋史】486/夏国传下/14023

【汇编】上 89

宋高宗绍兴七年正月　吴璘奏西蕃首领来归

【宋史】486/夏国传下/14023

【汇编】上 89

宋高宗绍兴七年十月　李世辅奔夏

【宋史】486/夏国传下/14023

【汇编】上 89

宋高宗绍兴九年　夏崇宗李乾顺作灵芝歌

【宋史】486/夏国传下/14023

【汇编】上 89

宋高宗绍兴九年　宋收复庆州

【宋会要】方域 5 之 41/7403

【汇编】下 7006

宋高宗绍兴九年　李显忠自西夏归宋

【宋史】486/夏国传下/14024

【系年要录】96/1595

【汇编】上 90；下 6408

宋高宗绍兴九年　李显忠招兵文书署"绍兴九年"

【宋史】367/李显忠传/11427

【汇编】上 224

宋高宗绍兴九年六月　夏崇宗李乾顺殂，子李仁孝即位

【宋史】486/夏国传下/14024

【系年要录】16/332

【汇编】上 90；下 6128

宋高宗绍兴九年六月　熙河兰廓路改为熙河兰巩路

【宋会要】方域 6 之 1/7406、6 之 2/7406

宋高宗绍兴九年十月　宋还王枢及夏国俘

【宋史】486/夏国传下/14024

【汇编】上 90

宋高宗绍兴九年十一月　夏仁宗李仁孝尊其母曹氏为国母

【宋史】486/夏国传下/14024

【汇编】上 90

宋高宗绍兴九年十二月　夏仁宗李仁孝纳后罔氏

【宋史】486/夏国传下/14024

【汇编】上 90

宋高宗绍兴十年　西夏改元大庆

【宋史】486/夏国传下/14024

【汇编】上 90

宋高宗绍兴十年三月　诏胡世将与夏人议入贡，夏人不报

【宋史】486/夏国传下/14024

【汇编】上 90

宋高宗绍兴十一年六月　夏枢密使慕洧弟慕浚谋反，伏诛

【宋史】486/夏国传下/14024

【汇编】上 90

宋高宗绍兴十一年九月　夏国饥

【宋史】486/夏国传下/14024

【汇编】上 90

宋高宗绍兴十一年十二月　全福帝姬嫁夏国李敦复

【靖康稗史】呻吟语/111

【汇编】下 6551

宋高宗绍兴十三年　夏改元人庆

【宋史】486/夏国传下/14024

【汇编】上 90

宋高宗绍兴十三年　始建学校于国中，立小学于禁中，夏仁宗李仁孝亲为训导

【宋史】486/夏国传下/14024

【汇编】上 90

宋高宗绍兴十三年三月　夏国地震，逾月不止

【宋史】486/夏国传下/14024

【汇编】上 90

宋高宗绍兴十四年　彗星见坤宫，五十余日而灭，占其分在夏国

【宋史】486/夏国传下/14024

【汇编】上 90

宋高宗绍兴十四年三月　岷州改为西和州

【宋会要】方域 6 之 3/7407

宋高宗绍兴十五年八月　夏建大汉太学，夏仁宗李仁孝亲释奠

【宋史】486/夏国传下/14025

【汇编】上 90

宋高宗绍兴十六年　夏尊孔子为文宣帝

【宋史】486/夏国传下/14025

【汇编】上 91

宋高宗绍兴十七年 夏改元天盛

【宋史】486/夏国传下/14025

【汇编】上 91

宋高宗绍兴十七年 夏策举人，始立唱名法

【宋史】486/夏国传下/14025

【汇编】上 91

宋高宗绍兴十八年 夏复建内学，选名儒主之

【宋史】486/夏国传下/14025

【汇编】上 91

宋高宗绍兴十八年 夏增修律成，赐名《鼎新》

【宋史】486/夏国传下/14025

【汇编】上 91

宋高宗绍兴二十八年 夏国立通济监铸钱

【宋史】486/夏国传下/14025

【汇编】上 91

宋高宗绍兴二十九年 归宋官李宗闰上言联夏攻金，不报

【宋史】486/夏国传下/14025

【汇编】上 91

宋高宗绍兴三十年 夏仁宗封其相任得敬为楚王

【宋史】486/夏国传下/14025

【汇编】上 91

宋高宗绍兴三十一年 夏立翰林学士院，俾修实录

【宋史】486/夏国传下/14025

【汇编】上 91

宋高宗绍兴三十一年 李显忠兼陕西、河东北、京东西招讨使

【朝野杂记】甲集 11/官制 2·招讨使/318

【汇编】下 6668

宋高宗绍兴三十二年 李显忠任招抚使

【宋史】167/职官志 7/3966

【汇编】下 6690

宋高宗绍兴三十二年 夏国移中书、枢密于内门外

【宋史】486/夏国传下/14025

【汇编】上 91

宋孝宗乾道三年五月 夏国相任得敬约宋攻西蕃

【宋史】486/夏国传下/14026

【汇编】上 91

宋孝宗乾道三年七月 夏国相任得敬再遣使至四川宣抚司，夏人获其帛书，传至金人

【宋史】486/夏国传下/14026

【汇编】上 92

宋孝宗乾道四年 夏改元乾祐

【宋史】486/夏国传下/14026

【汇编】上 92

宋孝宗乾道四年 夏国相任得敬谋篡伏诛

【宋史】486/夏国传下/14026

【汇编】上 92

宋孝宗乾道五年十二月二十九日 北行金国所见夏人贡金礼物

【北行日录】上/33 下

【汇编】下 6737

宋孝宗乾道六年 任得敬欲分夏国

【甘肃新通志】7/舆地志·山川下·宁夏府·灵州/21 下

【汇编】下 6744

宋孝宗乾道六年正月五日 使金夏使入辞

【北行日录】下/5 下

【汇编】下 6739

宋孝宗乾道八年 追封刘光世安城郡王

【宋史】369/刘光世传/11478

【汇编】补遗 7110

宋孝宗淳熙十二年二月 谍报耶律大石西辽国假道西夏伐金

【宋史】486/夏国传下/14026

【汇编】上 92

宋孝宗淳熙十三年四月 复诏吴挺结夏国，夏人从违，史皆失书

【宋史】486/夏国传下/14026

【汇编】上 92

宋光宗绍熙四年癸丑 夏桓宗李纯祐立

【陇右金石录】4/［附录］大夏国葬舍利碣铭考释/64 下

【汇编】上 152

宋光宗绍熙四年九月二十日 夏仁宗李仁孝殂，谥曰圣德皇帝，子李纯祐嗣

【宋史】486/夏国传下/14026

【汇编】上 92

宋宁宗开禧元年　西夏改兴庆府为中兴府

【宁夏府志】2/沿革/18 上

【汇编】下 6938

宋宁宗开禧二年正月二十日　镇夷郡王李安全废其主夏桓宗李纯佑自立

【宋史】486/夏国传下/14026

【汇编】上 92

宋宁宗嘉定二年　夏人为鞑靼所攻，使金求援

【朝野杂记】乙集 19·边防/1180

【汇编】下 6938

宋宁宗嘉定四年七月三日　夏神宗李遵顼立

【宋史】486/夏国传下/14027

【汇编】上 93

宋宁宗嘉定四年八月五日　夏襄宗李安全殂

【宋史】486/夏国传下/14026

【汇编】上 92

宋宁宗嘉定七年夏　夏左枢密使遣二僧赍蜡书至西边，欲与宋共图金人

【宋史】486/夏国传下/14027

【汇编】上 93

宋宁宗嘉定十二年三月　夏遣将赴蜀议夹攻秦巩

【宋史】486/夏国传下/14027

【汇编】上 93

宋宁宗嘉定十二年十二月　夏枢密使都招讨宁子宵遣使复申前说

【宋史】486/夏国传下/14027

【汇编】上 93

宋宁宗嘉定十三年八月　宁子宁以师期来告

【宋史】486/夏国传下/14027

【汇编】上 93

宋宁宗嘉定十四年正月　宋帅安丙回利州

【宋史】486/夏国传下/14027

【汇编】上 93

宋宁宗嘉定十六年　夏神宗李遵顼自号上皇，传位其子李德旺

【宋史】486/夏国传下/14027

【汇编】上 93

宋理宗宝庆二年春　夏神宗李遵顼殂

【宋史】486/夏国传下/14027

【汇编】上 93

宋理宗宝庆三年　西夏国亡

【大藏经】佛祖历代通载 32/41 下

【宁夏府志】22/纪事/50 下

【汇编】下 6934、6954

宋理宗宝庆三年　蒙古主铁木真殂于六盘山

【蒙兀儿史记】3/成吉思可汗本纪下/31 下

【汇编】下 6924

宋理宗宝庆三年丁亥七月己丑　蒙古主铁木真崩于萨里川

【元朝秘史】14/9 上

【汇编】下 6926

宋理宗宝庆丙戌七月　夏献宗李德旺殂

【宋史】486/夏国传下/14028

【汇编】上 93

金太祖天辅六年　娄室拒夏人出陵野岭

【金史】72/拔离速传/1665

【汇编】中六 5948

金太祖天辅六年　夏将李良辅救辽主

【金史】60/交聘表上/1388；134/西夏传/2865

【汇编】上 125

金太祖天辅七年六月　辽主奔夏国

【金史】3/太祖纪/47；132/完颜元宜传/2829

【汇编】中六 5974、5975

金太祖天辅间　夏兵三万出天德路

【金史】81/蒲察胡盏传/1819

【汇编】中六 5948

金太祖天辅间　裴满亨移屯受降城以御夏人

【金史】97/裴满亨传/2143

【汇编】中六 5969

金太宗天会元年　金夏天会议和

【金史】60/交聘表上/1390

金太宗天会二年正月　夏人奉誓表，请以事辽之礼称藩

【金史】60/交聘表上/1391；134/西夏传/2866

【汇编】上 125

金太宗天会二年三月　夏遣把里公亮等上誓表

【金史】60/交聘表上/1391；134/西夏传/2866

【汇编】上 125

金太宗天会二年闰三月　颁赐夏国

【金史】60/交聘表上/391；134/西夏传/2866

【汇编】上 126

金太宗天会二年十月 夏使谢赐誓诏
【金史】60/交聘表上/1391

金太宗天会二年十月 夏使贺天清节
【金史】60/交聘表上/1391

金太宗天会三年 金都统完颜希尹上言，防
西夏与耶律大石联合
【金史】121/粘割韩奴传/2636
【汇编】中六 5995

金太宗天会三年正月 夏使贺正旦
【金史】60/交聘表上/1391

金太宗天会三年正月 夏使奉表致奠
【金史】60/交聘表上/1392

金太宗天会三年十月 夏使贺天清节
【金史】60/交聘表上/1392

金太宗天会四年正月 夏使贺正旦
【金史】60/交聘表上/1392

金太宗天会四年十月 夏使贺天清节
【金史】60/交聘表上/1393

金太宗天会五年 金约西夏伐宋割地
【金史】26/地理志下/650
【汇编】下 6103

金太宗天会五年正月 夏使贺正旦
【金史】60/交聘表上/1395

金太宗天会五年二月辛亥 封张邦昌伪楚政
权
【桯史】7/79
【挥麈后录】4/张邦昌僭伪事迹·张思聪撰立张
伪诏/12 下
【汇编】下 6091

金太宗天会五年七月 金约伪楚以陕西地属
西夏
【大金吊伐录】4/元帅右监军与楚书/142
【汇编】下 6118

金太宗天会五年十月 夏使贺天清节
【金史】60/交聘表上/1395

金太宗天会六年正月 夏使贺正旦
【金史】60/交聘表上/1396

金太宗天会六年十月 夏使贺天清节
【金史】60/交聘表上/1396

金太宗天会七年正月 夏使贺正旦
【金史】60/交聘表上/1396

金太宗天会七年十月 夏使贺天清节
【金史】60/交聘表上/1396

金太宗天会八年 金恐夏国与耶律大石联合
【金史】121/粘割韩奴传/2637
【汇编】下 6255

金太宗天会八年正月 夏使贺正旦
【金史】60/交聘表上/1397

金太宗天会八年十月 夏使贺天清节
【金史】60/交聘表上/1397

金太宗天会九年正月 夏使贺正旦
【金史】60/交聘表上/1397

金太宗天会九年十月 夏使贺天清节
【金史】60/交聘表上/1397

金太宗天会十年正月 夏使贺正旦
【金史】60/交聘表上/1397

金太宗天会十年十月 夏使贺天清节
【金史】60/交聘表上/1397

金太宗天会十一年正月 夏使贺正旦
【金史】60/交聘表上/1398

金太宗天会十一年十月 夏使贺天清节
【金史】60/交聘表上/1398

金太宗天会十二年正月 夏使贺正旦
【金史】60/交聘表上/1398

金太宗天会十二年十月 夏使贺天清节
【金史】60/交聘表上/1398

金熙宗天会十三年正月 遣使如夏报哀
【金史】60/交聘表上/1398

金熙宗天会十四年正月 夏使贺正旦
【金史】60/交聘表上/1399

金熙宗天会十四年正月 夏使贺万寿节
【金史】60/交聘表上/1399

金太宗天会十四年冬 夏国兴兵，自河清军
渡河
【大金国志】9/太宗纪/4 上
【汇编】下 6456

金熙宗天会十五年正月癸亥 夏使贺正旦
【金史】60/交聘表上/1399

金熙宗天会十五年正月己卯 夏使贺万寿节
【金史】60/交聘表上/1399

金太宗天会中 以旧积石地与夏人，夏人谓之
祈安城

【金史】91/结什角传/2016

【汇编】下 6745

金太宗天会间　金夏天会议和

【金史】134/西夏传/2876

【汇编】上 136

金熙宗天眷元年正月戊子　夏使贺正旦

【金史】60/交聘表上/1399

金熙宗天眷元年正月甲辰　夏使贺万寿节

【金史】60/交聘表上/1399

金熙宗天眷元年秋　府州折可求赴云中

【大金国志】10/熙宗纪/1 下

【汇编】下 6489

金熙宗天眷二年　金遣使册命夏崇宗李乾顺子李仁孝

【金史】134/西夏传/2866

【汇编】上 127

金熙宗天眷二年正月壬午　夏使贺正旦

【金史】60/交聘表上/1400

金熙宗天眷二年正月戊戌　夏使贺万寿节

【金史】60/交聘表上/1400

金熙宗天眷二年十月　夏崇宗李乾顺薨，子李仁孝嗣位，遣使来告哀

【金史】60/交聘表上/1400

金熙宗天眷三年正月丁丑　夏使贺正旦

【金史】60/交聘表上/1400

金熙宗天眷三年正月癸巳　夏使贺万寿节

【金史】60/交聘表上/1400

金熙宗天眷三年九月　夏使谢赙赠，复谢册封

【金史】60/交聘表上/1400

金熙宗皇统元年　金许西夏置榷场

【金史】134/西夏传/2868

【汇编】上 127

金熙宗皇统元年正月辛丑　夏使贺正旦

【金史】60/交聘表上/1400

金熙宗皇统元年正月壬寅　夏使请上尊号

【金史】60/交聘表上/1400

金熙宗皇统元年正月丁巳　夏使贺万寿节

【金史】60/交聘表上/1401

金熙宗皇统二年　升凤翔为府

【金史】26/地理志下/644

【汇编】下 6962

金熙宗皇统二年　改熙州为临洮府，置熙秦路总管府

【金史】26/地理志下/653

【汇编】下 6974

金熙宗皇统二年　置庆阳总管府

【金史】26/地理志下/650

【汇编】下 6970

金熙宗皇统二年　置秦州防御使，属熙秦路

【金史】26/地理志下/644

【汇编】下 6963

金熙宗皇统二年正月乙未　夏使贺正旦

【金史】60/交聘表上/1401

金熙宗皇统二年正月辛亥　夏使贺万寿节

【金史】60/交聘表上/1401

金熙宗皇统二年六月　定宋、夏、高丽使入见朝辞礼仪

【金史】38/礼 11·朝辞仪/868

【大金集礼】39/人使辞见仪/648－301

【汇编】下 6552、6553

金熙宗皇统三年　复立葭州军治

【陕西通志】5/建置 4/39 上

【榆林府志】5/建置志·沿革/4 上

【汇编】补遗 7486、7487

金熙宗皇统三年正月己丑　夏使贺正旦

【金史】60/交聘表上/1402

金熙宗皇统三年正月乙未　夏使贺万寿节

【金史】60/交聘表上/1402

金熙宗皇统四年正月癸丑　夏使贺正旦

【金史】60/交聘表上/1402

金熙宗皇统四年正月己巳　夏使贺万寿节

【金史】60/交聘表上/1402

金熙宗皇统五年正月丁未　夏使贺正旦

【金史】60/交聘表上/1402

金熙宗皇统五年正月癸亥　夏使贺万寿节

【金史】60/交聘表上/1402

金熙宗皇统五年四月庚辰　遣使横赐夏国

【金史】60/交聘表上/1402

金熙宗皇统六年　以西安州沿边地赐夏国

【甘肃新通志】13/舆地志·古迹·固原直隶州·海城县/13 上

【汇编】补遗 7394

金熙宗皇统六年　赐夏国定边城

【甘肃新通志】13/舆地志·古迹·庆阳府·安
化县/29 下

【汇编】补遗 7394

金熙宗皇统六年正月辛未　夏使贺正旦

【金史】60/交聘表上/1403

金熙宗皇统六年正月丁亥　夏使贺万寿节

【金史】60/交聘表上/1403

金熙宗皇统七年　赐夏河外三州秦人来归，
不纳

【金史】78/刘筈传/1772

【汇编】下 6579

金熙宗皇统七年正月乙丑　夏使贺正旦

【金史】60/交聘表上/1403

金熙宗皇统七年正月辛巳　夏使贺万寿节

【金史】60/交聘表上/1403

金熙宗皇统八年　西夏据麟州建宁军

【榆林府志】5/建置志·沿革/2 下

【汇编】下 6582

金熙宗皇统八年正月庚申　夏使贺正旦

【金史】60/交聘表上/1404

金熙宗皇统八年正月丙子　夏使贺万寿节

【金史】60/交聘表上/1404

金熙宗皇统九年正月甲申　夏使贺正旦

【金史】60/交聘表上/1404

金熙宗皇统九年正月庚子　夏使贺万寿节

【金史】60/交聘表上/1404

金熙宗皇统间　海喇都城陷西夏

【海城厅志】城图/6 上

【汇编】补遗 7397

金海陵王天德元年十二月　夏贺正旦使至广
宁，遣人谕以废立之事，于中路遣还

【金史】60/交聘表上/1404

金海陵王天德二年正月　金海陵庶人遣使夏
国谕以即位事

【金史】91/完颜撒改传/2011

【汇编】下 6583

金海陵王天德二年正月　以名讳告谕夏，再
遣使报谕夏国

【金史】60/交聘表上/1404

金海陵王天德二年七月　夏使来贺登宝位

【金史】60/交聘表上/1404；134/西夏传/2868

【汇编】上 128

金海陵王天德三年正月　夏使贺正旦

【金史】60/交聘表上/1405

金海陵王天德三年九月　夏使上表，请不去
尊号，金遣使贺夏国主生日

【金史】60/交聘表上/1405

金海陵王天德四年正月丁酉　夏使贺正旦

【金史】60/交聘表上/1406

金海陵王天德四年正月壬子　夏使贺生辰

【金史】60/交聘表上/1406

金海陵王天德四年九月　遣使贺夏国主生日

【金史】60/交聘表上/1406

金海陵王贞元元年元旦　夏使来贺正旦

【金史】76/兖传/1746

【汇编】下 6592

金海陵王贞元元年　葭州隶汾州

【金史】26/地理志下/632

【汇编】下 6961

金海陵王贞元元年正月　以皇弟薨，不视
朝，命有司受西夏贡献

【金史】60/交聘表上/1407

金海陵王贞元元年九月　遣使贺夏国主生日

【金史】60/交聘表上/1407

金海陵王贞元二年正月甲寅　赐夏使就馆燕

【金史】60/交聘表上/1408

金海陵王贞元二年正月己巳　夏使贺正旦

【金史】60/交聘表上/1408

金海陵王贞元二年三月　夏使贺迁都

【金史】60/交聘表上/1408

金海陵王贞元二年九月　夏使谢恩，且请市
儒、释书

【金史】60/交聘表上/1408

金海陵王贞元二年十二月　夏使贡方物

【金史】60/交聘表上/1408

金海陵王贞元三年正月己酉　夏使贺正旦

【金史】60/交聘表上/1408

金海陵王贞元三年正月甲子　夏使贺生辰

【金史】60/交聘表上/1408

金海陵王贞元三年五月　夏使谢恩

【金史】60/交聘表上/1408

金海陵王正隆元年　金夏边界对立烽侯

【金史】26/地理志下/653

【汇编】下 6601

金海陵王正隆元年正月癸卯　夏使贺正旦
【金史】60/交聘表上/1409

金海陵王正隆元年正月戊午　夏使贺生辰
【金史】60/交聘表上/1409

金海陵王正隆二年正月戊辰　夏使贺正旦
【金史】60/交聘表上/1409

金海陵王正隆二年正月癸未　夏使贺生辰
【金史】60/交聘表上/1410

金海陵王正隆二年四月　遣使横赐夏国
【金史】60/交聘表上/1410

金海陵王正隆二年九月乙丑　遣使贺夏国主
生日
【金史】60/交聘表上/1410

金海陵王正隆三年正月壬戌　夏使贺正旦
【金史】60/交聘表上/1410

金海陵王正隆三年正月丙寅　夏奏告使还,
命左宣徽使敬嗣晖谕之
【金史】60/交聘表上/1410

金海陵王正隆三年正月丁丑　夏使贺生辰
【金史】60/交聘表上/1410

金海陵王正隆三年九月　遣使贺夏国主生日
【金史】60/交聘表上/1410

金海陵王正隆四年正月丙辰　夏使贺正旦
【金史】60/交聘表上/1411

金海陵王正隆四年正月辛未　夏使贺生辰
【金史】60/交聘表上/1411

金海陵王正隆四年三月丙辰　遣兵部尚书萧
恭经画夏国边界
【金史】60/交聘表上/1411

金海陵王正隆四年五月　立夏金划界碑
【中国藏西夏文献】18/吴旗金夏画界碑第一块
(6-1)

金海陵王正隆四年九月　金遣使贺夏国主生
日
【金史】60/交聘表上/1411

金海陵王正隆五年正月庚辰　夏使贺正旦
【金史】60/交聘表上/1412

金海陵王正隆五年正月乙未　夏使贺生辰
【金史】60/交聘表上/1412

金海陵王正隆六年正月甲戌　夏使贺正旦

【金史】60/交聘表上/1413

金海陵王正隆六年正月己丑　夏使贺生辰
【金史】60/交聘表上/1413

金海陵王正隆末　夏人乘隙攻取荡羌、通峡、
会川、九羊等城寨
【金史】134/西夏传/2868
【汇编】上 128

金世宗大定初　赐夏国、高丽使曲宴
【金史】135/高丽传/2888
【汇编】下 6818

金世宗大定二年四月　夏使贺登宝位,再遣
使贺万春节
【金史】60/交聘表中/1417

金世宗大定二年八月　夏使贺加尊号
【金史】60/交聘表中/1418

金世宗大定二年九月　遣使贺夏国主生日
【金史】60/交聘表中/1418

金世宗大定二年十二月　以夏乞兵复宋侵
地,遣使体究陕西利害;夏使来贺正旦
【金史】60/交聘表中/1418

金世宗大定三年　市马于夏国榷场
【金史】50/食货志5/1113
【汇编】下 6721

金世宗大定三年三月　夏使贺万春节
【金史】60/交聘表中/1419

金世宗大定三年五月　遣使横赐夏国
【金史】60/交聘表中/1419

金世宗大定三年七月　诏市马于夏国
【金史】60/交聘表中/1419

金世宗大定三年九月　遣使贺夏国主生日
【金史】60/交聘表中/1419

金世宗大定三年十月　夏遣使谢横赐
【金史】60/交聘表中/1420

金世宗大定四年正月　夏使贺正旦
【金史】60/交聘表中/1420

金世宗大定四年三月　夏使贺万春节
【金史】60/交聘表中/1420

金世宗大定四年九月　遣使贺夏国主生日
【金史】60/交聘表中/1420

金世宗大定四年十二月　夏使乞免征索正隆
末年所虏人口

【金史】60/交聘表中/1420

金世宗大定五年正月 夏使贺正旦
【金史】60/交聘表中/1421

金世宗大定五年三月 夏使贺万春节
【金史】60/交聘表中/1421

金世宗大定五年九月 遣使贺夏国主生日
【金史】60/交聘表中/1421

金世宗大定六年 夏人破庄浪族
【金史】91/结什角传/2016
【汇编】下 6745

金世宗大定六年正月 夏使贺正旦
【金史】60/交聘表中/1422

金世宗大定六年三月 夏使贺万春节
【金史】60/交聘表中/1422

金世宗大定六年三月戊申 夏乞免索正隆末年所虏人口
【金史】60/交聘表中/1422

金世宗大定六年四月 遣使横赐夏国
【金史】60/交聘表中/1423

金世宗大定六年九月 遣使贺夏国主生日
【金史】60/交聘表中/1423

金世宗大定六年十二月 夏遣使谢横赐
【金史】60/交聘表中/1423

金世宗大定七年 改安化为化平县
【甘肃新通志】13/舆地志·古迹·化平直隶厅/13 上
【汇编】补遗 7338

金世宗大定七年正月 夏使贺正旦
【金史】60/交聘表中/1423

金世宗大定七年三月己亥 夏使贺万春节
【金史】60/交聘表中/1424

金世宗大定七年九月 金遣使贺夏国主生日
【金史】60/交聘表中/1424

金世宗大定七年十二月 夏遣使求赐医
【金史】60/交聘表中/1424

金世宗大定八年 任得敬贺正旦
【金史】134/西夏传/2869
【汇编】上 128

金世宗大定八年 改会宁为会安
【甘肃新通志】9/舆地志·关梁·兰州府·靖远县/18 上

【汇编】补遗 7386

金世宗大定八年正月 夏使贺正旦
【金史】60/交聘表中/1424

金世宗大定八年三月 夏使贺万春节
【金史】60/交聘表中/1424

金世宗大定八年四月 夏遣使谢恩
【金史】60/交聘表中/1425

金世宗大定八年九月 金遣使贺夏国主生日
【金史】60/交聘表中/1425

金世宗大定九年正月 夏使贺正旦
【金史】60/交聘表中/1425

金世宗大定九年三月 夏使贺万春节
【金史】60/交聘表中/1425

金世宗大定九年五月 金遣使横赐夏国
【金史】60/交聘表中/1426

金世宗大定九年九月 金遣使贺夏国主生日
【金史】60/交聘表中/1426

金世宗大定十年 夏仁宗分西南路及灵州、啰庞岭地与任得敬自为国
【金史】134/西夏传/2869
【汇编】上 129

金世宗大定十年 夏国筑祁安城及袭杀吐蕃乔家族首领结升角
【金史】95/粘割斡特剌传/2108
【汇编】下 6744

金世宗大定十年正月 夏使贺正旦
【金史】60/交聘表中/1426

金世宗大定十年三月 夏使贺万春节
【金史】60/交聘表中/1427

金世宗大定十年三月丁丑 令夏国奏告使于闰五月十六就行在
【金史】60/交聘表中/1427

金世宗大定十年闰五月 夏遣使上表为任得敬求封
【金史】60/交聘表中/1427

金世宗大定十年七月 宋以蜡丸书遗任得敬，夏执其人并书报金
【金史】60/交聘表中/1427

金世宗大定十年九月 金遣使贺夏国主生日
【金史】60/交聘表中/1428

金世宗大定十年十一月 夏以诛任得敬，遣

使上表陈谢

【金史】60/交聘表中/1428

金世宗大定十一年正月　夏使贺正旦

【金史】60/交聘表中/1428

金世宗大定十一年三月　夏使贺万春节

【金史】60/交聘表中/1428

金世宗大定十一年八月　金遣使贺夏国主生日

【金史】60/交聘表中/1428

金世宗大定十二年　金罢保安、兰州榷场

【金史】134/西夏传/2870

【汇编】上 130

金世宗大定十二年正月　夏使贺正旦

【金史】60/交聘表中/1429

金世宗大定十二年三月　夏使贺万春节，又遣使贺加上尊号

【金史】60/交聘表中/1430

金世宗大定十二年四月　金遣使横赐夏国

【金史】60/交聘表中/1430

金世宗大定十二年九月　金遣使贺夏国主生日

【金史】60/交聘表中/1430

金世宗大定十二年十二月　夏遣谢横赐

【金史】60/交聘表中/1430

金世宗大定十三年正月　夏使贺正旦

【金史】60/交聘表中/1431

金世宗大定十三年三月　夏使贺万春节

【金史】60/交聘表中/1431

金世宗大定十三年九月　金遣使贺夏国主生日

【金史】60/交聘表中/1431

金世宗大定十四年正月　夏使贺正旦

【金史】60/交聘表中/1432

金世宗大定十四年三月　夏使贺万春节

【金史】60/交聘表中/1432

金世宗大定十四年九月　金遣使贺夏国主生日

【金史】60/交聘表中/1432

金世宗大定十五年正月　夏使贺正旦

【金史】60/交聘表中/1434

金世宗大定十五年闰九月　金遣使贺夏国主生日

【金史】60/交聘表中/1434

金世宗大定十五年十二月　夏遣使谢横赐

【金史】60/交聘表中/1434

金世宗大定十六年正月　夏使贺正旦

【金史】60/交聘表中/1435

金世宗大定十六年三月　夏使贺万春节

【金史】60/交聘表中/1435

金世宗大定十六年九月　金遣使贺夏国主生日

【金史】60/交聘表中/1436

金世宗大定十七年　改临洮府为临洮路

【金史】26/地理志下/653

【汇编】下 6974

金世宗大定十七年正月　夏使贺正旦

【金史】60/交聘表中/1436

金世宗大定十七年三月　夏使贺万春节

【金史】60/交聘表中/1437

金世宗大定十七年九月　金遣使贺夏国主生日

【金史】60/交聘表中/1437

金世宗大定十七年十月　夏献百头帐，诏不受

【金史】60/交聘表中/1437；134/西夏传/2870

【汇编】上 130

金世宗大定十七年十一月　夏国王李仁孝再以表上，金世宗诏许与正旦使同来

【金史】60/交聘表中/1437

金世宗大定十七年十二月　夏遣东经略使苏执礼横进

【金史】60/交聘表中/1437

金世宗大定十八年正月　夏使贺正旦

【金史】60/交聘表中/1438

金世宗大定十八年三月　夏使贺万春节

【金史】60/交聘表中/1438

金世宗大定十八年四月　金遣使横赐夏国

【金史】60/交聘表中/1438

金世宗大定十八年九月　金遣使贺夏国主生日

【金史】60/交聘表中/1438

金世宗大定十八年十二月　夏遣使谢横赐

【金史】60/交聘表中/1438

金世宗大定十九年正月 夏使贺正旦
【金史】60/交聘表中/1439

金世宗大定十九年三月 夏使贺万春节
【金史】60/交聘表中/1439

金世宗大定十九年九月 金遣使贺夏国主生日
【金史】60/交聘表中/1439

金世宗大定二十年正月 夏使贺正旦
【金史】60/交聘表中/1439

金世宗大定二十年三月 夏使贺万春节
【金史】60/交聘表中/1440

金世宗大定二十年九月 金遣使贺夏国主生日
【金史】60/交聘表中/1440

金世宗大定二十年十二月癸卯 金制定夏使入境与朝见日期
【金史】60/交聘表中/1440

金世宗大定二十年十二月丙午 夏使入见
【金史】60/交聘表中/1440

金世宗大定二十一年正月 夏使贺正旦
【金史】60/交聘表中/1441

金世宗大定二十一年三月 夏使贺万春节
【金史】60/交聘表中/1441

金世宗大定二十一年四月 金遣使横赐夏国
【金史】60/交聘表中/1441

金世宗大定二十一年八月 金遣使贺夏国主生日
【金史】60/交聘表中/1441

金世宗大定二十二年 升葭州为晋宁州
【金史】26/地理志下/632
【汇编】下6961

金世宗大定二十二年 改保安军为州
【金史】26/地理志下/644
【汇编】下6966

金世宗大定二十二年 改镇戎军为州
【金史】26/地理志下/644
【汇编】下6963

金世宗大定二十二年三月 夏使贺万春节
【金史】60/交聘表中/1441

金世宗大定二十二年九月 金遣使贺夏国主生日

【金史】60/交聘表中/1442

金世宗大定二十三年正月 夏使贺正旦
【金史】60/交聘表中/1442

金世宗大定二十三年三月 夏使贺万春节
【金史】60/交聘表中/1442

金世宗大定二十三年九月 金遣使贺夏国主生日
【金史】60/交聘表中/1442

金世宗大定二十四年正月 夏使贺正旦
【金史】60/交聘表中/1443

金世宗大定二十四年二月 金遣使横赐夏国
【金史】60/交聘表中/1443

金世宗大定二十四年三月 夏使贺万春节
【金史】60/交聘表中/1443

金世宗大定二十四年五月 夏国王以金世宗幸上京,愿遣使入贺。以道路遥远,不允
【金史】60/交聘表中/1444

金世宗大定二十四年八月 金遣使贺夏国主生日
【金史】60/交聘表中/1444

金世宗大定二十四年十月 金世宗诏上京地远天寒,行人跋涉艰苦,来岁贺正旦、生日、谢横赐使,权止一年
【金史】60/交聘表中/1444

金世宗大定二十五年十一月 夏遣使朝见
【金史】60/交聘表中/1444

金世宗大定二十六年正月 夏使贺正旦
【金史】60/交聘表中/1445

金世宗大定二十六年三月 夏使贺万春节
【金史】60/交聘表中/1445

金世宗大定二十六年八月 金遣使贺夏国主生日
【金史】60/交聘表中/1445

金世宗大定二十七年 以原州为泾州支郡,后复军事
【金史】26/地理志下/650
【汇编】下6971

金世宗大定二十七年正月 夏使贺正旦
【金史】60/交聘表中/1446

金世宗大定二十七年三月 夏使贺万春节
【金史】60/交聘表中/1446

金世宗大定二十七年九月　金遣使贺夏国主
生日
【金史】60/交聘表中/1446

金世宗大定二十七年十二月　夏遣使谢横赐
【金史】60/交聘表中/1447

金世宗大定二十八年正月　夏使贺正旦
【金史】60/交聘表中/1447

金世宗大定二十八年三月　夏使贺万春节
【金史】60/交聘表中/1447

金世宗大定二十八年九月　金遣使贺夏国主
生日
【金史】60/交聘表中/1448

金世宗大定二十九年正月　夏使贺正旦
【金史】60/交聘表中/1449

金世宗大定二十九年三月　夏遣使来陈慰
【金史】60/交聘表中/1449

金世宗大定二十九年四月　夏遣使入奠
【金史】60/交聘表中/1449

金世宗大定二十九年五月　夏遣使贺登位
【金史】60/交聘表中/1449

金世宗大定二十九年八月　夏遣使贺天寿节
【金史】60/交聘表中/1450

金世宗大定中　完颜衮为夏仁宗李仁孝封册使
【金史】66/（完颜）衮传/1563
【汇编】下 6786

金世宗大定间　升环州为刺郡
【金史】26/地理志下/650
【汇编】下 6970

金章宗明昌初　金章宗遣尚医治愈西夏国母
【秋涧先生大全文集】46/二马图说/23 上
【汇编】下 6787

金章宗明昌元年正月　夏使贺正旦
【金史】60/交聘表下/1457

金章宗明昌元年八月　夏使贺天寿节，又遣
使谢横赐
【金史】60/交聘表下/1457

金章宗明昌二年正月　夏使贺正旦
【金史】60/交聘表下/1458

金章宗明昌二年三月丁巳　夏遣使来陈慰
【金史】60/交聘表下/1458

金章宗明昌二年三月丁卯　夏遣使奠皇太后

【金史】60/交聘表下/1458

金章宗明昌二年八月　夏使贺天寿节
【金史】60/交聘表下/1459

金章宗明昌三年正月　夏使贺正旦
【金史】60/交聘表下/1459

金章宗明昌三年八月　夏使贺天寿节
【金史】60/交聘表下/1459

金章宗明昌四年正月　夏使贺正旦
【金史】60/交聘表下/1460

金章宗明昌四年八月　夏使贺天寿节，又谢
横赐
【金史】60/交聘表下/1460

金章宗明昌四年九月　夏仁宗李仁孝薨，李
纯佑立
【金史】60/交聘表下/1461；134/西夏传/2871
【汇编】上 130

金章宗明昌四年十一月　夏使来讣告
【金史】60/交聘表下/1461

金章宗明昌四年十二月　夏使奉遗进礼物
【金史】60/交聘表下/1461

金章宗明昌五年正月癸亥　夏使贺正旦
【金史】60/交聘表下/1461

金章宗明昌五年正月辛巳　金遣使册封李纯
佑
【金史】60/交聘表下/1461

金章宗明昌五年四月　夏遣使来报谢
【金史】60/交聘表下/1462

金章宗明昌五年八月　夏使贺天寿节
【金史】60/交聘表下/1462

金章宗明昌六年正月　夏使贺正旦
【金史】60/交聘表下/1463

金章宗明昌六年三月　夏遣使谢赐生日
【金史】60/交聘表下/1463

金章宗明昌六年八月　夏使贺天寿节
【金史】60/交聘表下/1464

金章宗承安元年正月　夏使贺正旦
【金史】60/交聘表下/1464

金章宗承安元年八月　夏使贺天寿节
【金史】60/交聘表下/1464

金章宗承安二年　金遣王若虚使夏
【金史】126/王若虚传/2737

【汇编】下 6799

金章宗承安二年 复置兰州、保安榷场
【金史】50/食货志5·榷场/1115；134/西夏传/2871
【汇编】上 130；下 6800

金章宗承安二年正月 夏使贺正旦
【金史】60/交聘表下/1465

金章宗承安二年八月 夏使贺天寿节，又奏告榷场
【金史】60/交聘表下/1465

金章宗承安二年十二月 夏遣使谢复榷场
【金史】60/交聘表下/1465

金章宗承安三年正月 夏使贺正旦
【金史】60/交聘表下/1466

金章宗承安三年八月 夏使贺天寿节
【金史】60/交聘表下/1466

金章宗承安四年正月 夏使贺正旦
【金史】60/交聘表下/1467

金章宗承安四年八月 夏使贺天寿节，又谢横赐
【金史】60/交聘表下/1467

金章宗承安五年正月戊子 夏使贺正旦，附奏为母求医
【金史】60/交聘表下/1468；134/西夏传/2871
【汇编】上 130

金章宗承安五年八月 夏使贺天寿节，又遣使谢恩
【金史】60/交聘表下/1468

金章宗承安五年八月 金再赐夏医药
【金史】134/西夏传/2871
【汇编】上 131

金章宗泰和元年 以完颜纲为赐夏国主生日使
【金史】98/完颜纲传/2174
【汇编】下 6804

金章宗泰和元年正月 夏使贺正旦
【金史】60/交聘表下/1469

金章宗泰和元年三月 夏遣使谢恩
【金史】60/交聘表下/1470

金章宗泰和元年八月 夏使贺天寿节
【金史】60/交聘表下/1470

金章宗泰和二年正月 夏使贺正旦
【金史】60/交聘表下/1471

金章宗泰和二年八月 夏使贺天寿节，又谢横赐
【金史】60/交聘表下/1471

金章宗泰和三年正月 夏使贺正旦
【金史】60/交聘表下/1472

金章宗泰和三年八月 夏使贺天寿节
【金史】60/交聘表下/1472

金章宗泰和四年正月 夏使贺正旦
【金史】60/交聘表下/1472

金章宗泰和四年八月 夏使贺天寿节
【金史】60/交聘表下/1473

金章宗泰和五年正月 夏使贺正旦
【金史】60/交聘表下/1474

金章宗泰和五年闰八月 夏使贺天寿节，又谢横赐
【金史】60/交聘表下/1474

金章宗泰和六年正月 夏桓宗李安全废桓宗纯佑自立
【金史】60/交聘表下/1477

金章宗泰和六年正月癸未 夏使贺正旦
【金史】60/交聘表下/1476

金章宗泰和六年三月 夏国安全废纯佑自立
【金史】134/西夏传/2871
【汇编】上 131

金章宗泰和六年七月 金问夏废立之故
【金史】60/交聘表下/1477

金章宗泰和六年九月 金封李安全为夏国王
【金史】60/交聘表下/1477

金章宗泰和六年十二月 夏遣使谢封册
【金史】60/交聘表下/1477

金章宗泰和七年 复立白厮波为白鞑靼王
【大金国志】22/东海郡侯纪/3 上
【汇编】下 6824

金章宗泰和七年 夏使贺金章宗天寿节
【金史】135/高丽传/2888
【汇编】下 6818

金章宗泰和七年正月 夏使贺正旦
【金史】60/交聘表下/1478

金章宗泰和七年八月 夏使贺天寿节
【金史】60/交聘表下/1478

金章宗泰和八年正月　夏使贺正旦
【金史】60/交聘表下/1479

金章宗泰和八年三月　夏使来奏告
【金史】60/交聘表下/1480

金章宗泰和八年五月　夏遣使谢赐生日
【金史】60/交聘表下/1480

金章宗泰和八年十月　夏使贺天寿节，又谢
横赐
【金史】60/交聘表下/1480

金章宗泰和间　金兵灌水攻西夏城
【大金国志】25/宣宗纪/5 下
【汇编】下 6934

金卫绍王大安三年　夏襄宗李安全薨，族子
李遵顼立
【金史】134/西夏传/2871
【汇编】上 131

金卫绍王大安三年　夏人五万围东胜
【金史】122/纥石烈鹤寿传/2668
【汇编】下 6829

金卫绍王大安三年　夏人连陷邠、泾，围平
凉
【金史】110/韩玉传/2429
【汇编】下 6830

金卫绍王大安三年正月　夏使贺正旦
【金史】60/交聘表下/1481

金卫绍王崇庆元年正月　夏使贺正旦
【金史】60/交聘表下/1481

金卫绍王崇庆元年三月　西夏攻葭州
【金史】134/西夏传/2871
【汇编】上 131

金卫绍王崇庆元年三月　金册夏神宗李遵顼
为夏国王
【宋史】486/夏国传下/14027
【金史】60/交聘表下/1481
【汇编】上 93

金卫绍王崇庆元年十二月　夏神宗李遵顼遣
使谢封册
【金史】60/交聘表下/1481

金卫绍王至宁元年　西夏犯平凉
【金史】128/蒲察郑留传/2768
【汇编】下 6833

金卫绍王至宁元年六月　西夏攻保安州

【金史】134/西夏传/2871
【汇编】上 131

金卫绍王至宁元年十一月　夏人掠镇戎等地
【金史】92/庐庸传/2042
【汇编】下 6833

金卫绍王至宁末　夏人攻巩州
【金史】121/来谷守中传/2642
【汇编】下 6833

金宣宗贞祐初　夏金军事冲突
【金史】134/西夏传/2876
【汇编】上 136

金宣宗贞祐元年　金以乌林答琳为定难军节
度使
【金史】120/乌林答琳传/2627
【汇编】下 6835

金宣宗贞祐元年十一月　夏人攻会州
【金史】14/宣宗纪上/303；103/乌古论长寿传/
2271；134/西夏传/2871
【汇编】上 131；下 6834

金宣宗贞祐元年十二月　夏人陷泾州
【金史】60/交聘表下/1481；134/西夏传/2871
【汇编】上 131

金宣宗贞祐二年　西夏攻西宁
【遗山先生集】20/通奉大夫钧州刺史行尚书省
参议张君（汝翼·字季云）神道碑/10 上
【汇编】下 6838

金宣宗贞祐二年八月　夏人攻庆、原、延、
积石等州
【金史】134/西夏传/2872
【汇编】上 131

金宣宗贞祐二年十一月　金夏交兵
【金史】60/交聘表下/1482；134/西夏传/2871
【汇编】上 132

金宣宗贞祐三年　破夏兵于熟羊寨
【金史】106/移剌塔不也传/2347
【汇编】下 6841

金宣宗贞祐三年　夏人围定羌
【金史】122/纳合蒲剌都传/2664
【汇编】下 6842

金宣宗贞祐三年正月　夏攻武延川
【金史】134/西夏传/2872
【汇编】上 132

金宣宗贞祐三年二月 夏攻环州
【金史】134/西夏传/2872
【汇编】上 132

金宣宗贞祐三年三月 金诏议伐夏
【金史】134/西夏传/2872
【汇编】上 132

金宣宗贞祐三年九月 金破西关堡
【金史】134/西夏传/2872
【汇编】上 132

金宣宗贞祐三年十月 金攻保安、延安
【金史】134/西夏传/2872
【汇编】上 132

金宣宗贞祐三年十一月 夏兵败于克戎寨
【金史】134/西夏传/2872
【汇编】上 132

金宣宗贞祐三年冬 西夏四万余骑围定西州
【金史】123/杨沃衍传/2684
【汇编】下 6841

金宣宗贞祐四年 大元及西夏兵入鄜延，潼
关失守
【金史】110/杨云翼传/2421
【汇编】下 6845

金宣宗贞祐四年 升定西为州
【甘肃新通志】13/舆地志·古迹·巩昌府·安
定县/17 上
【汇编】补遗 7347

金宣宗贞祐四年四月 德顺州升为防御
【金史】261/地理志下/644
【汇编】下 6962

金宣宗贞祐四年四月 夏葩俄族总管汪三郎
率众来降
【金史】134/西夏传/2872
【汇编】上 132

金宣宗贞祐四年五月 焚夏人来羌城界河折
桥
【金史】113/完颜赛不传/2480
【汇编】下 6843

金宣宗贞祐四年六月 金诏封还夏牒
【金史】134/西夏传/2873
【汇编】上 133

金宣宗贞祐四年闰六月 金出兵伐夏
【金史】134/西夏传/2873

【汇编】上 133

金宣宗贞祐四年八月 败夏兵于安塞堡
【金史】134/西夏传/2873
【汇编】上 133

金宣宗贞祐四年十月 升西宁为州，辖甘谷、
鸡川、治平三县
【金史】26/地理志下/644
【汇编】下 6964

金宣宗贞祐四年十一月 夏人四万余骑围定
西
【金史】113/赤盏合喜传/2492
【汇编】下 6844

金宣宗贞祐四年十一月 金提控石盏合喜解
定西之围
【金史】134/西夏传/2873
【汇编】上 133

金宣宗贞祐四年十二月 金人攻威、灵、
安、会等州
【金史】134/西夏传/2873
【汇编】上 133

金宣宗兴定初 夏贺正旦使互市于会同馆
【金史】115/聂天骥传/2531
【汇编】下 6847

金宣宗兴定初 罢麟州镇西军为神木寨
【榆林府志】5/建置志·沿革/2 下
【汇编】下 6582

金宣宗兴定元年 西夏举国攻金，前驱哨骑
直至许、定、郑等地
【大金国志】25/宣宗纪/2 下
【汇编】下 6851

金宣宗兴定元年 夏人大入陇西
【金史】103/乌古论长寿传/2272
【汇编】下 6851

金宣宗兴定元年正月 以赤盏合喜屡败夏人，
授同知监洮府事
【金史】113/赤盏合喜传/2493
【汇编】下 6848

金宣宗兴定元年正月 庆山奴败夏兵
【金史】116/承立传/2550；134/西夏传/2863
【汇编】上 133；下 6848

金宣宗兴定元年五月 金都统纥石烈猪狗败
夏兵

【金史】134/西夏传/2873

【汇编】上 133

金宣宗兴定元年八月　李公直败夏兵

【金史】134/西夏传/2874

【汇编】上 134

金宣宗兴定元年九月　都统罗世晖却夏兵于克戎寨

【金史】134/西夏传/2874

【汇编】上 134

金宣宗兴定二年正月　元兵围夏王城

【蒙兀儿史记】3/成吉思可汗本纪下/19 上

【汇编】下 6854

金宣宗兴定二年三月　庆山奴言夏人乞复互市

【金史】134/西夏传/2874

【汇编】上 134

金宣宗兴定二年五月　以河东残破，改葭州隶延安府

【金史】26/地理志下/632

【汇编】下 6961

金宣宗兴定二年五月　夏人由葭州攻金

【金史】116/承立传/2551；134/西夏传/2874

【榆林府志】4/葭州·山/15 上

【汇编】下 6855

金宣宗兴定二年七月　夏人犯宪谷

【金史】134/西夏传/2874

【汇编】上 134

金宣宗兴定三年　朝议取兰州

【金史】113/白撒传/2485

【汇编】下 6861

金宣宗兴定三年　夏人乘衅侵金

【金史】124/商衡传/2697

【汇编】下 6862

金宣宗兴定三年三月　西夏与南宋议夹攻金人

【大金国志】25/宣宗纪/4 上

【汇编】下 6858

金宣宗兴定三年四月　夏人兵犯通秦寨

【金史】112/完颜合达传/2464；116/承立传/2551

【汇编】下 6859、6863

金宣宗兴定三年闰七月　夏人破通秦寨，纳

合买住败之

【金史】134/西夏传/2874

【汇编】上 134

金宣宗兴定三年十二月　诏有司移文夏国

【金史】134/西夏传/2874

【汇编】上 134

金宣宗兴定四年　夏兵入寇定西州

【金史】113/白撒传/2485

【汇编】下 6869

金宣宗兴定四年二月　夏人犯镇戎，金师败绩

【金史】134/西夏传/2874

【汇编】上 134

金宣宗兴定四年四月　金将承立破夏兵于宥州

【金史】116/承立传/2551

【汇编】下 6863

金宣宗兴定四年四月　赤盏合喜败夏兵

【金史】113/赤盏合喜传/2493

【汇编】下 6863

金宣宗兴定四年四月　提控乌古论世显败夏兵

【金史】134/西夏传/2874

【汇编】上 134

金宣宗兴定四年八月　夏人陷会州，刺史乌古论世显降

【金史】134/西夏传/2874

【汇编】上 134

金宣宗兴定四年九月　夏人围绥平寨、安定堡

【金史】134/西夏传/2875

【汇编】上 135

金宣宗兴定五年正月　诏枢密院议夏事

【金史】134/西夏传/2875

【汇编】上 135

金宣宗兴定五年二月　宁远节度使夹谷海寿败夏兵

【金史】134/西夏传/2875

【汇编】上 135

金宣宗兴定五年三月　金复取来羌城

【金史】134/西夏传/2875

【汇编】上 135

金宣宗兴定五年五月　抚谕西蕃以讨夏国

【金史】113/白撒传/2486

【汇编】下 6871

金宣宗兴定五年十月 白撒败夏兵

【金史】134/西夏传/2875

【汇编】上 135

金宣宗兴定五年十一月 夏人攻安塞堡

【金史】112/完颜合达传/2465

【汇编】下 6875

金宣宗兴定五年冬 夏人攻定西

【金史】124/郭蝦蟆传/2709

【汇编】下 6875

金宣宗元光元年正月 夏人陷大通城，复取之

【金史】134/西夏传/2875

【汇编】上 135

金宣宗元光元年二月 复取大通城

【金史】113/白撒传/2486

【汇编】下 6877

金宣宗元光元年三月 提控李师林败夏兵于永木岭

【金史】134/西夏传/2875

【汇编】上 135

金宣宗元光元年六月 完颜合达言，蒙古约夏人由葭州入陕西

【金史】112/完颜合达传/2466

【汇编】下 6878

金宣宗元光元年八月 夏人攻宁安寨

【金史】134/西夏传/2875

【汇编】上 135

金宣宗元光元年十月 夏人攻神林堡

【金史】134/西夏传/2875

【汇编】上 135

金宣宗元光元年十二月 夏人入质孤堡，唐括防败之

【金史】134/西夏传/2875

【汇编】上 135

金宣宗元光二年 冯延登奉使夏国

【金史】124/冯延登传/2700

【汇编】下 6882

金宣宗元光二年 泾州从泾川移治长武

【金史】26/地理志下/650

【汇编】下 6971

金宣宗元光二年 夏神宗李遵顼使太子伐金，

太子拒绝，被幽灵州

【金史】134/西夏传/2875

【汇编】上 135

金宣宗元光二年二月 木华黎及夏人步骑十万围凤翔

【金史】113/赤盏合喜传/2493；124/郭蝦蟆传/2709

【汇编】下 6880、6881

金宣宗元光二年四月 升泰州为节镇，军曰镇远，后罢

【金史】26/地理志下/644

【汇编】下 6964

金哀宗正大初 金遣使册命西夏新主

【归潜志】9/8 上

【汇编】下 6905

金哀宗正大初 夏使来请和

【金史】110/李献甫传/2433

【汇编】下 6886

金哀宗正大元年 金夏和议，称兄弟之国

【金史】134/西夏传/2876

【汇编】上 136

金哀宗正大元年十一月 夏遣使议和

【金史】60/交聘表下/1486

金哀宗正大二年九月 夏金达成和议，夏称弟，各用本国年号

【金史】60/交聘表下/1487

金哀宗正大二年十月 金遣使夏国讲和

【金史】60/交聘表下/1487

金哀宗正大二年十二月 夏使朝辞，国书报聘称"兄大金皇帝致书于弟大夏皇帝阙下"

【金史】60/交聘表下/1487

金哀宗正大三年 葭州改属鄜延路

【陕西通志】5/建置4/39 上

【汇编】补遗 7486

金哀宗正大三年正月 夏使贺正旦

【金史】60/交聘表下/1488

金哀宗正大三年二月 夏神宗李遵顼薨

【金史】134/西夏传/2876

【汇编】上 136

金哀宗正大三年七月 夏献宗李德旺薨

【金史】134/西夏传/2876

【汇编】上 136

金哀宗正大三年十月　夏使报哀
【金史】60/交聘表下/1488

金哀宗正大三年十一月甲戌　金遣使夏贺正旦
【金史】60/交聘表下/1488

金哀宗正大三年十一月　夏以兵事方殷，来报各停使
【金史】60/交聘表下/1488

金哀宗正大三年十一月　蒙古兵攻中兴府
【金史】111/纥石烈牙吾塔传/2459
【汇编】下6908

金哀宗正大四年　元灭西夏，进军陕西
【金史】111/撒合辇传/2448、纥石烈牙吾塔传/2459
【汇编】下6935

金哀宗正大四年　夏遣精方瓯匦使王立之来，未复命，夏国亡
【金史】60/交聘表下/1489

元世祖中统建元六月二十三日　老索薨于正寝
【中国藏西夏文献】18/元敕赐故顺天路远达鲁花赤河西老索神道碑铭/150

元世祖至元初　置丹头县，后废
【陕西通志】16/关梁1·延安府·安定县/29上
【汇编】补遗7305

元世祖至元元年　诏张文谦行省西夏中兴等路
【元史】157/张文谦传/3696
【元朝名臣事略】7之4/左丞张忠宣公（文谦）传/27下
【汇编】下6989

元世祖至元八年　唐兀公籍充山东河北军户
【中国藏西夏文献】18/元赠敦武校尉军民万户府百夫长唐兀公碑铭文/157

元世祖至元八年　立西夏中兴等路行尚书省
【元史】60/地理志3/1451
【汇编】下7086

元世祖至元八年七月二十八日　西夏国仁王院僧惠善游华严塔
【中国藏西夏文献】18/元代西夏僧人墨书题记/254

元世祖至元十六年　唐兀公选充左翊蒙古军侍卫亲军
【中国藏西夏文献】18/元赠敦武校尉军民万户府百夫长唐兀公碑铭文/157

元世祖至元十七年　置昭和署，管领河西乐人
【元史】85/百官志1/2139
【汇编】下7054、7087

元世祖至元十八年　立甘州路行中书省，以控制河西诸部
【元史】60/地理志3/1450
【汇编】下7085

元世祖至元十八年　始立唐兀卫亲军都指挥使司，总领河西军三千人，以备征讨
【元史】86/百官志2/2168；99/兵志2/2527
【汇编】下7031、7052、7088

元世祖至元十八年　唐兀氏西卑授唐兀亲军副都指挥使，西卑即鲜卑
【永乐大典】2806/5下
【汇编】补遗7160

元世祖至元二十二年　升山丹为州，隶甘肃行省
【元史】60/地理志3/1450
【汇编】下7087

元世祖至元二十三年　立亦集乃路总管府
【元史】60/地理志3/1451
【汇编】下7086

元世祖至元二十五年　置宁夏路总管府
【元史】60/地理志3/1451
【宁夏府志】4/古迹·宁夏·宁朔县/10上
【汇编】下6941、7086

元世祖至元三十年　唐兀公编类入籍
【中国藏西夏文献】18/元赠敦武校尉军民万户府百夫长唐兀公碑铭文/157

元成宗元贞元年　革宁夏路行中书省，并入甘肃行省
【元史】60/地理志3/1450
【汇编】下7086

元成宗大德二年　唐兀氏述哥察儿子哈剌哈孙授职
【吴文正公集】33/元故浚州达鲁花赤赠中议大夫河中府知府上骑都尉追封魏郡伯墓碑/18上

【汇编】上 479

元成宗大德二年 唐武宗镇抚北庭, 军事悉委河西人乞台普济

【新元史】199/乞台普济传/3 下

【牧庵集】26/开府仪同三司太尉太保太子太师中书右丞相史公先德碑/1 上

【汇编】上 536、545

元成宗大德五年 唐兀卫亲军都指挥使司增指挥使二员

【元史】86/百官志 2/2168

【汇编】下 7088

元成宗大德十一年 管河西乐人昭和署升正六品

【元史】85/百官志 1/2139

【汇编】下 7054

元武宗至大元年 唐兀卫亲军都指挥使司增都指挥一员

【元史】86/百官志 2/2168

【汇编】下 7052、7088

元武宗至大元年五月 河西人也克吉儿兼仁虞院使

【新元史】199/乞台普济传/3 下

【牧庵集】26/开府仪同三司太尉太保太子太师中书右丞相史公先德碑/1 上

【汇编】上 538、547

元武宗至大二年 唐兀人杨教化卒, 赠夏国公

【新元史】183/杨教化传/11 上

【虞文靖公道园全集】35/归田稿/正议大夫江南湖北道肃政谦访使杨公神道碑/6 上

【汇编】上 496、505、507

元武宗至大四年六月 议调唐兀军戍边

【元史】99/兵志 2/2536

【汇编】下 7052

元武宗至大四年 改昭和署为天乐署, 管领河西乐人

【元史】85/百官志 1/2139

【汇编】下 7054、7087

元仁宗皇庆元年 升天乐署从五品

【元史】85/百官志 1/2139

【汇编】下 7054、7087

元仁宗皇庆元年 调唐兀、钦察、贵赤、西

域、阿速等卫军士增守掖门

【元史】99/兵志 2/2533

【汇编】下 7055

元仁宗延祐元年 唐兀氏黄头擢海道都漕运万户府副万户

【新元史】182/黄头传/6 上

【道园学古录】40/昭毅大将军平江路总管府达鲁花赤兼管内劝农事黄头公墓碑/9 上

【汇编】上 530、533

元仁宗延祐三年十一月二日 河西人文伯要解除宣政院副使

【至顺镇江志】15/元刺守镇江府路总管府条/9 上

【汇编】下 7055

元仁宗延祐间 西夏杨公为行御史

【至正集】31/宣政使杨公行实序/11 上

【汇编】上 508

元英宗至治二年二月 河西人星吉迁右侍仪

【宋学士全集】18/元赠开府仪同三司上柱国录军国重事江西等处行中书省丞相星吉公神道碑铭/18 上

【汇编】上 471

元泰定帝泰定四年 唐兀人观音奴登进士第

【元史】192/观音奴传/4368

【汇编】上 522

元泰定帝致和元年九月二十八日 唐兀公终于正寝

【中国藏西夏文献】18/元赠敦武校尉军民万户府百夫长唐兀公碑铭文/157

元文宗天历二年 追谥唐兀氏文献昭圣皇后, 以其生元文宗故也

【元史】114/武宗文献昭圣皇后唐兀氏传/2875

【汇编】上 241

元文宗至顺元年 授河西人星吉河东山西道肃政廉访使

【宋学士全集】18/元赠开府仪同三司上柱国录军国重事江西等处行中书省丞相星吉公神道碑铭

【汇编】上 471

元文宗至顺二年 赠河西宁夏人杨朵儿只礼部尚书

【元史】179/杨朵儿只传/4151

【汇编】上 489

元顺帝至元元年七月　授高纳麟参知政事

【元史】113/宰相年表 2/2842

【汇编】下 7065

元顺帝至元三年三月十九日　唐兀公妻哈剌
鲁氏疾终

【中国藏西夏文献】18/元赠敦武校尉军民万户
府百夫长唐兀公碑铭文/157

元顺帝至元四年　授唐兀公孙塔哈出敦武校
尉

【中国藏西夏文献】18/元赠敦武校尉军民万户
府百夫长唐兀公碑铭文/158

元顺帝至元四年　唐古氏后裔哈斯呼任保定
路总管

【畿辅通志】68/名宦·保定府/24 上

【汇编】下 7068

元顺帝至元六年四月　授河西人高纳麟枢密
同知

【元史】113/宰相年表 2/2845

【汇编】下 7070

元顺帝至元十七年　唐兀人老索子忽都不花
摧祁州达鲁花赤

【中国藏西夏文献】18/元敕赐故顺天路达鲁花
赤河西老索神道碑铭/150

元顺帝至元二十一年　西夏遗民老索子忙古
觧卒于家

【中国藏西夏文献】18/元敕赐故顺天路达鲁花
赤河西老索神道碑铭/150

元顺帝至正三年正月　河西人高纳麟辞中书
平章政事

【元史】113/宰相年表 2/2847

【汇编】下 7072、7073

元顺帝至正三年三月十三日　河西昔李公卒

【正德大名府志】10/元礼仪院判昔李公墓志铭/
40 下

【汇编】补遗 7174

元顺帝至正四年七月五日　唐兀人达海疾终

【中国藏西夏文献】18/元赠敦武校尉军民万户
府百夫长唐兀公碑铭文/158

元顺帝至正五年　唐兀人明安特穆尔授官

【畿辅通志】69/正定府/15 下

【汇编】下 7074

元顺帝至正五年　唐兀氏也儿吉尼由陕西行
台监察御史入为内台御史

【新元史】219/也儿吉尼传/7 下

【汇编】上 549

元顺帝至正十四年　宁夏人迈里古思中进士

【元史】188/迈里古思传/4311

【南村辍耕录】10/迈里古思传/8 上

【汇编】上 509、513

元顺帝至正十六年六月　立唐兀公墓志铭石

【宁夏社会科学】1987 年第 1 期/大元赠敦武校
尉军民万户府百夫长唐兀公

【汇编】补遗 7167

元顺帝至正二十一年　元肃州路也可达鲁花
赤世袭之碑立石

【中国藏西夏文献】18/元肃州路也可达鲁花赤
世袭之碑汉文铭文/166

元顺帝至正辛巳冬　唐兀人勃罗帖穆儿以奉
议大夫监州

【至正昆山郡志】2/名宦/7 上

【汇编】补遗 7217

元顺帝至正辛巳　唐兀人勃罗帖穆儿续修志
乘

【至正昆山郡志】后序/3 上

【汇编】补遗 7218

元顺帝至正间　改吴堡县为吴州，后省为吴堡
县，隶葭州

【延安府志】8/葭州/10 下

【汇编】补遗 7490

元顺帝至正癸巳　西夏人赫斯公为邑长

【贞素斋集】2/送旌德县达鲁花赤赫斯公秩满序
/20 下

【汇编】上 567

明太祖洪武初　尚存李元昊故宫

【宁夏府志】4/古迹·宁夏·宁朔县/12 下

【汇编】补遗 7303

明太祖洪武初　承天寺有塔

【朔方新志】3/寺观/78 下

【宁夏府志】6/坛庙·府城/32 下

【汇编】补遗 7306

明太祖洪武间　有人得李王避暑宫铁钉

【宁夏志】上/古迹/13 上

【汇编】补遗 7302

明太祖洪武间 修复中龙王庙

【甘肃新通志】29/祠祀志·祠宇下·甘州府·张掖县/53 上

【汇编】下 6761

明成祖永乐初 于故夏州兀喇城筑靖远营

【陕西通志】14/城池/14 下

【汇编】下 6943

明成祖永乐九年 修宏仁寺,即西夏卧佛寺

【甘肃新通志】30/祠祀志·寺观·甘州府·张掖县/56 下

【汇编】下 6520

明成祖永乐间 重修张掖大佛寺

【地震战线】1978 年第 3 期/40

【汇编】下 6953

明宣宗宣德年间 敕赐宝觉寺碑

【甘肃新通志】30/祠祀志·寺观·甘州府·张掖县/56 下

【汇编】下 6520

明宪宗成化十三年四月初一 张掖地震,大

佛佛首倾斜

【地震战线】1978 年第 3 期/40

【汇编】下 6953

明孝宗弘治中 李王渠更名靖虏渠

【朔方新志】1/水利·宁夏/39 下

【汇编】下 6952

明世宗嘉靖 修复西夏龙王庙

【甘肃新通志】29/祠祀志·祠宇下·甘州府·张掖县/53 上

【汇编】下 6761

明神宗万历间 重修承天寺

【宁夏府志】6/坛庙·府城/32 下

【朔方新志】3/寺观/78 下

【汇编】补遗 7306

清圣祖康熙十七年 敕赐张掖宝觉寺为宏仁寺

【甘肃新通志】30/祠祀志·寺观·甘州府·张掖县/56 下

【汇编】下 6520

三、风俗、社会及其他

（一）民居建筑

三画

土屋　西夏民居
【宋史】486/夏国传下/14029
【汇编】上 95

土棚屋室　鄜延汉蕃弓箭手居室
【宋会要】兵 28 之 33/7286

大圣
【杂字】12/屋舍部/12 左

上梁
【杂字】12/屋舍部/12 左

门帘
【掌中珠】人事下/23/2

门楼
【杂字】12/屋舍部/12 右

小圣
【杂字】12/屋舍部/12 左

四画

天窗
【掌中珠】人事下/23/2

木植
【掌中珠】人事下/22/4

瓦　党项官衙建材
【宋史】486/夏国传下/14029
【隆平集】20/夷狄传/3 下
【汇编】上 95、116

毛栅
【掌中珠】人事下/23/1

毛罽　党项毡帐材料

【旧五代史】138/党项传/1844
【新五代史】74/四夷附录 3/912
【五代会要】29/党项羌传/353
【汇编】上 15、17

五画

石顶
【掌中珠】人事下/22/3

正堂
【杂字】12/屋舍部/12 右

平五楸
【掌中珠】人事下/22/1

民居用土　麟府民居
【文会谈丛】6 上
【汇编】中一 1531

六画

地架
【杂字】12/屋舍部/12 左

回廊
【掌中珠】人事下/22/1

伪太尉衙　白豹城内
【长编标】128/3044
【长编影】128/17 下
【汇编】中二 2096

羊毛　党项毡帐材料
【旧唐书】198/党项羌传/5290
【新唐书】221/党项传/6209
【汇编】上 4、9

七画

材植

【杂字】12/屋舍部/12 左

帐毡

【掌中珠】人事下/23/1

园林

【杂字】12/屋舍部/12 左

库舍

【杂字】12/屋舍部/12 左

沙窗

【掌中珠】人事下/23/2

八画

板寸

【杂字】12/屋舍部/12 左

板榻

【杂字】12/屋舍部/12 左

杬楸

【掌中珠】人事下/22/2

构栏

【杂字】12/屋舍部/12 左

科棋

【杂字】12/屋舍部/12 左

【掌中珠】人事下/22/3

牦牛尾　党项毡帐材料

【隋书】83/党项传/1845

【旧唐书】198/党项羌传/5290

【汇编】上 2、4

牦尾　党项毡帐材料

【新唐书】221/党项传/6214

【汇编】上 9

舍脊

【杂字】12/屋舍部/12 左

泥补

【杂字】12/屋舍部/12 左

泥舍

【掌中珠】人事下/22/4

官屋　诏给所擒西界监军

【长编标】516/12272

【长编影】516/8 上

官屋　鬼章请给

【长编标】432/10425

【长编影】432/2 上

官屋　给唃厮啰收贮财物

【长编标】135/3220

【长编影】135/7 上

官屋　给归明人

【宋史】18/哲宗 2/348

【长编标】491/11648

【长编影】491/3 上

穹庐　宋赐唃厮啰

【长编标】202/4891

【长编影】202/2 下

穹庐窟室　麟府民居

【文会谈丛】6 上

【汇编】中一 1531

房子

【杂字】12/屋舍部/12 右

居室　党项民居

【东都事略】127、128/附录 5、6

【隆平集】20/夷狄传/3 下

【汇编】上 106、114

九画

城郭

【杂字】12/屋舍部/12 左

栋宇　党项民居

【旧唐书】198/党项羌传/5290

【新唐书】221/党项传/6209

【旧五代史】138/党项传/1844

【五代会要】29/党项羌传/353

【汇编】上 4、9、17

柱脚

【杂字】12/屋舍部/12 左

【掌中珠】人事下/22/3

栏杬

【杂字】12/屋舍部/12 左

草舍

【杂字】12/屋舍部/12 右

草庵

【杂字】12/屋舍部/12 右

挟舍

【杂字】12/屋舍部/12 右

十六画

壁赤
　【杂字】12/屋舍部/12 左
避暑宫　天都山下李元昊避暑离宫
　【甘肃新通志】6/舆地志·山川上·固原直隶州
　　·海城县/26 上
　【汇编】补遗 7388

十七画

檐栿
　【杂字】12/屋舍部/12 左
　【掌中珠】人事下/22/2
檩
　【掌中珠】人事下/22/2

（二）饮食

三画

干饼
　【掌中珠】人事下/33/3
干粮　宋行军粮食
　【宋史】191/兵志 5/4736
　【长编标】245/5952
　【长编影】245/3 上
　【汇编】中四 3869
大麦
　【旧唐书】198/党项羌传/5291
　【隆平集】20/夷狄传/3 下
　【汇编】上 115
小芜荑　西夏野菜
　【辽史】115/西夏记/1524
　【隆平集】20/夷狄传/3 下
　【汇编】上 115

五画

白蒿　西夏野菜
　【辽史】115/西夏记/1524

　【隆平集】20/夷狄传/3 下
　【汇编】上 115

六画

地黄叶　西夏野菜
　【辽史】115/西夏记/1524
　【隆平集】20/夷狄传/3 下
　【汇编】上 115
灰荍子　西夏野菜
　【隆平集】20/夷狄传/3 下
　【汇编】上 115
百花曲
　【杂字】4/斛斗部/5 左
肉酥　吐蕃食用
　【奏议标】45/王襄·上钦宗论彗星/481
　【奏议影】45/王襄·上钦宗论彗星/1708
　【汇编】中六 6029
羊　党项肉食
　【隋书】83/党项传/1845
　【旧唐书】198/党项羌传/5291
　【新唐书】221/党项传/6209
　【汇编】上 2、4、9
设筵已毕
　【掌中珠】人事下/33/5

七画

麦曲
　【杂字】4/斛斗部/5 右
麦面
　【杂字】4/斛斗部/5 右
麦㸇
　【杂字】4/斛斗部/5 右
麦䴴
　【杂字】4/斛斗部/5 右
麦䴵
　【杂字】4/斛斗部/5 右
花饼
　【掌中珠】人事下/33/3
苁蓉苗　西夏野菜

十一画

野韭 西夏野菜
【辽史】115/西夏记/1524
【隆平集】20/夷狄传/3 下
【汇编】上 115、118

甜馅
【掌中珠】人事下/33/4

猪 党项肉食
【隋书】83/党项传/1845
【汇编】上 2

麻饼 宋行军粮食
【长编标】245/5952
【长编影】245/3 上
【汇编】中四 3869

清水曲
【杂字】4/斛斗部/5 左

十二画

酥酪 夏人战胜赏赐
【梁溪集】144/御戎论/1 上
【汇编】补遗 7448

散茶 宋赏阿里骨
【长编标】374/9077
【长编影】374/22 下

散茶 宋赏唃厮啰
【长编标】122/2888；202/4891、4896
【长编影】122/15 下；202/2 下、7 上

散茶 宋赏董毡
【长编标】202/4896
【长编影】202/7 上

粥
【掌中珠】人事下/33/2

登厢草 西夏野菜
【辽史】115/西夏记/1524
【隆平集】20/夷狄传/3 下
【汇编】上 115、118

十三画

酪肉 西蕃食用

【太平广记】105/20 下
【汇编】补遗 7225

鼓子蔓 西夏野菜
【辽史】115/西夏记/1524
【隆平集】20/夷狄传/3 下
【汇编】上 115

蒸米
【杂字】4/斛斗部/5 右
【掌中珠】地用下/15/5

蒸饼
【掌中珠】人事下/33/3

十四画

酸馅
【掌中珠】人事下/33/4

馒头
【掌中珠】人事下/33/4

十五画

醋
【掌中珠】地用下/15/3

十六画

醎松子 西夏野菜
【隆平集】20/夷狄传/3 下
【汇编】上 115

醎蓬子 西夏野菜
【隆平集】20/夷狄传/3 下
【汇编】上 115

十七画

糜粥 洮西赈饥粥
【长编标】259/6324
【长编影】259/13 上
【宋会要】瑞异 2 之 22/2092
【中国藏西夏文献】18/凉州重修护国寺感通塔
  碑铭文/92

【汇编】中四 3978、3980

（三）服饰

三画

三祜
【杂字】3/衣物部/4 右

大汉衣冠　李元昊改
【宋史】485/夏国传上/13995
【长编标】123/2894
【长编影】123/2 下

大毡　党项服饰
【旧唐书】198/党项羌传/5291
【汇编】上 4

大袖
【杂字】3/衣物部/4 右

大彩　宋赏李赊罗抹
【长编标】380/9235
【长编影】380/14 下

大彩　宋赐董戩
【长编标】323/7789
【长编影】323/12 下
【汇编】中四 4318

大彩　宋赐熙河大首领
【长编标】297/7221
【长编影】297/4 下
【汇编】中四 4091

川纱
【杂字】3/衣物部/3 左

川锦
【杂字】3/衣物部/3 左

弓矢　党项贸易物
【新唐书】221/党项传/6214

弓矢　少年李元昊佩带
【宋史】485/夏国传上/13993
【长编标】111/2593；115/2704
【长编影】111/16 下；115/14 下
【汇编】上 60

弓矢　西夏武官佩带
【辽史】115/西夏记/1523

【长编标】133/3181
【长编影】133/18 下
【隆平集】20/夷狄传/3 下
【汇编】上 114、117

弓矢镞　西夏武官服饰
【宋史】485/夏国传上/13993
【长编标】115/2704
【长编影】115/14 下
【汇编】中一 1705

马毡
【掌中珠】人事下/33/5

马毯
【掌中珠】人事下/34/1

四画

匹段
【杂字】3/衣物部/3 右

开机
【杂字】3/衣物部/3 左

无瑕
【杂字】3/衣物部/4 左

木梳
【杂字】3/衣物部/4 左

木履
【杂字】3/衣物部/4 右

中冬时服　宋哲宗元祐元年押赐夏国
【长编标】383/9340、390/9492
【长编影】383/15 下、390/14 下
【汇编】中五 4776、4795

中冬时服　宋哲宗元祐六年赐夏国
【长编标】466/11126
【长编影】466/1 上
【范太史集】28/赐夏国主中冬时服诏/7 上
【汇编】中五 5085、5095

中冬时服　宋哲宗元祐四年六月押赐夏国
【长编标】429/10377
【长编影】429/17 下
【汇编】中五 4964

中国衣冠　李谅祚慕中国衣冠
【宋史】485/夏国传上/14001
【汇编】上 107

【东都事略】127、128/附录 5、6

公服

【杂字】3/衣物部/3 左

手帕

【杂字】3/衣物部/3 左

【掌中珠】人事下/25/5

毛裘 夏国迎宋使者穿着

【宋史】330/杜纮传/10634

【鸡肋集】67/杜公（纮）墓志铭/17 上

【汇编】中五 4641

长袖绯衣 少年李元昊服饰

【宋史】485/夏国传上/13993

【长编标】111/2593

【长编影】111/16 下

长靿

【掌中珠】人事下/25/1

卞玉

【杂字】3/衣物部/4 左

火锥

【杂字】3/衣物部/4 左

以金相瑟瑟为首饰 在燕回鹘所为

【宋会要】蕃夷 4 之 12/7719

五画

布衫

【掌中珠】人事下/24/5

玉带 宋赐赵保忠

【宋史】485/夏国传上/13984

玉带 契丹回赐夏玉带改金带

【契丹国志】21/外国贡进礼物/5 上

【汇编】中六 6004

玉带 宋赐王安石

【宋史】327/王安石传/10547

【长编标】247/6023

【长编影】247/15 上

【名臣碑传琬琰集】下集 14/王荆公安石传/1473

【汇编】中四 3896、3896、3898

白衫 夏州赵保忠穿着

【长编标】36/785

【长编影】36/1 下

【汇编】中一 1082

白窄衫 李元昊服饰

【宋史】485/夏国传上/13993

【辽史】115/西夏记/1523

【长编标】115/2704

【长编影】115/14 下

【汇编】上 60、117；中一 1705

白甋

【掌中珠】人事下/26/2

汉衣冠 嘉祐五年十一月宋许夏国用

【宋史】12/仁宗纪 4/248

【汇编】中三 3279

汉衣冠 李谅祚言慕汉衣冠

【长编标】195/4730

【长编影】195/12 下

【汇编】中三 3280

头巾

【杂字】3/衣物部/4 右

头巾 西蕃钦波结与苏南巴请求赐给

【长编标】511/12169

【长编影】511/17 上

头巾 宋朝禁头巾后垂长带类似胡服

【宋会要】刑法 2 之 88/6539

【汇编】中六 5977

头巾 青唐心牟钦毡等所请

【长编标】514/12223

【长编影】514/13 上

丝鞋

【杂字】3/衣物部/4 右

民庶青绿 党项庶民服饰

【宋史】485/夏国传上/13993

【汇编】上 61

皮靴 夏国使穿着

【三朝北盟会编】74/1 上

【汇编】下 6084

皮裘

【掌中珠】人事下/25/2

皮裘 特支镇洮运递铺兵士

【长编标】239/5818

【长编影】239/12 上

【汇编】中四 3812

六画

式样
　【杂字】3/衣物部/3 左

戎服
　【长编标】10/222；17/347；138/3322
　【长编影】10/6 上；17/12 上；138/12 下

耳坠
　【掌中珠】人事下/25/3

耳环
　【掌中珠】人事下/25/3

吊敦背　即吊敦靴，西夏使节所穿
　【东京梦华录】6/元旦朝会/105

合子
　【杂字】3/衣物部/4 右

衣服
　【掌中珠】人事下/24/3

衣带　宋赐李宪
　【长编标】285/6991
　【长编影】285/18 上
　【汇编】中四 4050

汗衫
　【杂字】3/衣物部/3 左
　【掌中珠】人事下/24/5

羊裘　赐陕西军士
　【长编标】128/3040
　【长编影】128/14 上
　【汇编】中二 2072

红结绶　冠顶后垂，李元昊服饰
　【宋史】485/夏国传上/13993
　【辽史】115/西夏记/1523
　【长编标】115/2704
　【长编影】115/14 下
　【汇编】上 60、117

红缨　西夏武官服饰
　【宋史】485/夏国传上/13993
　【长编标】115/2704
　【长编影】115/14 下
　【汇编】中一 1705

红鞓衬　宋诏许夏国所买物
　【宋大诏令集】234/赐夏国主乞买物诏/912
　【汇编】中三 3300

红鞓腰带　宋诏许夏国所买物
　【宋大诏令集】234/赐夏国主乞买物诏/912
　【汇编】中三 3300

七画

玛瑙
　【杂字】3/衣物部/4 左

束子
　【杂字】3/衣物部/4 右

束带
　【杂字】3/衣物部/3 左

束带　西夏武官服饰
　【宋史】485/夏国传上/13993
　【长编标】115/2704
　【长编影】115/14 下
　【隆平集】20/夷狄传/3 下
　【汇编】上 61、114；中一 1705

轩冕
　【掌中珠】人事下/21/1

匣子
　【杂字】3/衣物部/4 左

时服　李清臣言所赐西夏
　【长编标】362/8658
　【长编影】362/3 上
　【汇编】中五 4650

秃发　党项发式
　【辽史】115/西夏记/1523
　【长编标】115/2704
　【长编影】115/14 下

皂衫
　【杂字】3/衣物部/3 左

肚带鞿
　【掌中珠】人事下/33/6

怀
　【掌中珠】人事下/25/1

间起云冠　西夏官员服饰
　【辽史】115/西夏记/1523
　【汇编】上 117

纱
　【掌中珠】人事下/25/6

纱线

　【杂字】3/衣物部/3 右

纱帽　夏州赵保忠戴

　【长编标】36/785

　【长编影】36/1 下

　【汇编】中一 1082

纽子

　【掌中珠】人事下/24/6

八画

青绿　民庶服装颜色

　【宋史】485/夏国传上/13993

　【辽史】115/西夏记/1523

　【长编标】115/2704

　【长编影】115/14 下

表里

　【掌中珠】人事下/26/2

柜子

　【杂字】3/衣物部/4 左

枕毡

　【掌中珠】人事下/24/3

披毡

　【杂字】3/衣物部/4 右

披毡　党项服饰

　【北史】96/党项传/3192

　【隋书】83/党项传/1845

　【新唐书】221/党项传/6214

　【汇编】上 2、9

披袄

　【杂字】3/衣物部/3 左

虎皮翻披　赐西凉府蕃族首领

　【长编标】56/1231

　【长编影】56/7 上

罗帛

　【中国藏西夏文献】18/凉州重修护国寺感通塔
　　碑铭文/92

罗衫

　【杂字】3/衣物部/3 左

罗锦杂幡

　【中国藏西夏文献】18/凉州重修护国寺感通塔
　　碑铭文/92

钏子

　【杂字】3/衣物部/4 右

钗子

　【杂字】3/衣物部/4 右

钗花

　【杂字】3/衣物部/4 左

钗镚

　【掌中珠】人事下/25/4

征袍

　【杂字】3/衣物部/4 右

金束带　宋赐董毡

　【长编标】323/7789；341/8206

　【长编影】323/12 下；341/10 上

　【汇编】中四 4318、4537

金条

　【掌中珠】人事下/25/5

金帖镂冠　西夏武官服饰

　【宋史】485/夏国传上/13993

　【长编标】115/2704

　【长编影】115/14 下

　【隆平集】20/夷狄传/3 下

　【汇编】上 114；中一 1705

金线

　【杂字】3/衣物部/3 右

金带　宋赐监砲使臣

　【靖康纪闻】7

　【汇编】中六 6065

金带　宋赐童贯

　【宋史】335/种师道传/10750

　【汇编】中六 5874

金带　契丹回赐西夏

　【契丹国志】21/外国贡进礼物/5 上

　【汇编】中六 6004

金带　宋赐包诚、包顺

　【长编标】244/5937；252/6156

　【长编影】244/7 上；252/8 下

　【汇编】中四 3863、3942

金带　宋赐吕永信

　【长编标】503/11978

　【长编影】503/8 下

　【汇编】中六 5438

金带　宋赐吕惠卿

【长编标】507/12076

【长编影】507/4 下

【汇编】中六 5494

金带　宋赐苗授

【长编标】333/8013

【长编影】333/1 上

【汇编】中四 4464

金带　宋赐章桑

【长编标】503/11983；504/12020

【长编影】503/12 上；504/20 上

【汇编】中六 5441、5460

金带　宋赐董毡

【长编标】290/7103；297/7221

【长编影】290/16 上；297/4 下

【汇编】中四 4077、4091

金带　宋赐溪巴温等

【长编标】515/12247

【长编影】515/12 上

【汇编】中六 5601

金带　宋赐熙河吐蕃

【长编标】514/12231

【长编影】514/19 下

【汇编】中六 5591、5592

金带　环庆路经略司所乞

【长编标】315/7620

【长编影】315/5 上

【汇编】中四 4157

金带　洮西乞，诏户部造

【长编标】513/12199

【长编影】513/6 下

【汇编】中六 5566

金贴纸冠　西夏武官服饰

【长编标】115/2704

【长编影】115/14 下

【汇编】中一 1705

金冠　鄜延奏李元昊使者服

【涑水记闻】9/3 下

【汇编】中一 1757

金冠　夏国使者服

【东京梦华录】6/元旦朝会/104

【三朝北盟会编】74/1 上

【汇编】中六 6077；下 6084

金起云冠　野利后冠戴

【长编标】162/3901

【长编影】162/1 上

金涂银带　西夏官服

【辽史】115/西夏记/1523

【汇编】上 117

金涂银束带　西夏武官服饰

【宋史】485/夏国传上/13993

【汇编】上 60

金涂银黑束带　西夏武官服饰

【长编标】115/2704

【长编影】115/14 下

【隆平集】20/夷狄传/3 下

【汇编】上 114；中一 1705

金银

【杂字】3/衣物部/4 左

金银带　宋赐泾原蕃部

【长编标】323/7780

【长编影】323/3 下

【汇编】中四 4311

金缕贴冠　西夏官服

【辽史】115/西夏记/1523

【汇编】上 117

金蹀躞　夏国使者服饰

【东京梦华录】6/元旦朝会/104

【三朝北盟会编】74/1 上

【汇编】下 6084；中六 6077

魁线

【杂字】3/衣物部/3 左

京纱

【杂字】3/衣物部/3 左

衬衣

【杂字】3/衣物部/3 左

【掌中珠】人事下/24/5

线罗

【杂字】3/衣物部/3 左

线䌷

【杂字】3/衣物部/3 左

九画

珍珠

【杂字】3/衣物部/4 左

珊瑚

【杂字】3/衣物部/4 左

玻璃

【杂字】3/衣物部/4 左

胡服　宋禁蕃装胡服

【宋会要】刑法 2 之 88/6539

【汇编】中六 5977

胡蹀躞　夏人服饰

【宋朝事实类苑】75/996

【汇编】中二 2807

草履

【杂字】3/衣物部/4 右

剋丝

【杂字】3/衣物部/3 左

【掌中珠】人事下/26/1

砗磲

【杂字】3/衣物部/4 左

毡袄

【杂字】3/衣物部/4 右

毡袴

【杂字】3/衣物部/3 左

毡冠　西夏服饰

【辽史】115/西夏记/1523

【汇编】上 117

毡冠红里　李元昊服饰

【宋史】485/夏国传上/13993

【长编标】115/2704

【长编影】115/14 下

【汇编】上 60；中一 1705

毡袜

【杂字】3/衣物部/4 右

毡帽

【掌中珠】人事下/25/3

毡帽　夏毅宗李谅祚披戴

【长编标】208/5062

【长编影】208/14 下

重环　党项人佩戴

【辽史】115/西夏记/1523

【长编标】115/2704

【长编影】115/14 下

【隆平集】20/夷狄传/3 下

【汇编】上 114、117；中一 1705

冠子

【杂字】3/衣物部/4 右

【掌中珠】人事下/25/4

冠金贴起云镂冠　西夏武官服饰

【宋史】485/夏国传上/13993

【汇编】上 60

冠冕

【掌中珠】人事下/25/2

衲袄　宋陕西路军装

【长编标】323/7790

【长编影】323/13 下

【汇编】中四 4319

衲袄　诏特支镇洮运递铺兵

【长编标】239/5818

【长编影】239/12 上

【汇编】中四 3812

袄子

【杂字】3/衣物部/3 左

【掌中珠】人事下/24/5

绯金

【杂字】3/衣物部/3 左

十画

珞璜

【杂字】3/衣物部/4 左

真珠盘龙衣　宋太祖赐通远军使董遵诲

【宋史】273/董遵诲传/9342

【长编标】9/204

【长编影】9/2 下

起云银帖纸冠　西夏官员服饰

【长编标】115/2704

【长编影】115/14 下

【汇编】中一 1705

紧丝

【杂字】3/衣物部/3 右

【掌中珠】人事下/25/6

晕锦袄子　宋赐蕃官乩遇

【宋会要】兵 14 之 15/7000

【汇编】中一 1218

笏　西夏官员上朝时手执

【宋史】485/夏国传上/13993

【长编标】115/2704

【长编影】115/14 下

【隆平集】20/夷狄传/3 下

【汇编】上 60、114；中一 1705

透贝

【杂字】3/衣物部/3 左

【掌中珠】人事下/26/1

胭脂

【掌中珠】人事下/25/4

凉笠

【掌中珠】人事下/25/2

海蛤

【杂字】3/衣物部/4 左

粉

【掌中珠】人事下/25/5

宽袴

【杂字】3/衣物部/4 右

窄袴

【杂字】3/衣物部/4 右

袜头

【杂字】3/衣物部/4 右

袜肚

【掌中珠】人事下/24/5

袜勒

【杂字】3/衣物部/4 右

袪

【掌中珠】人事下/24/6

袍带　宋赐泾原郭城

【宋会要】礼 62 之 51/1720

【汇编】中六 5716

袍带　宋赐章粲将士

【长编标】504/12020

【长编影】504/20 上

【汇编】中六 5460

袍带　宋赐瞎征、隆赞

【宋史】121/礼志 24·受降献俘/2838

【长编标】516/12272；518/12323

【长编影】516/8 上；518/6 上

【汇编】中六 5612、5646、5677

被衣

【杂字】3/衣物部/4 左

裥袋

【杂字】3/衣物部/4 右

【掌中珠】人事下/25/5

绢丝

【掌中珠】人事下/25/6

绢帛

【杂字】3/衣物部/3 左

绣龙帐　仁多楚清归汉所携物

【长编标】503/11977、11978

【长编影】503/8 上、8 下

【汇编】中六 5438

绣复

【杂字】3/衣物部/4 左

绣袪

【杂字】3/衣物部/4 右

绣袴

【杂字】3/衣物部/4 右

绣锦

【掌中珠】人事下/25/6

十一画

菇

【掌中珠】人事下/24/3

黄绵胡帽　夏景宗李元昊建国初在宥州穿戴

【长编标】122/2881

【长编影】122/8 下

【汇编】中一 1750

掠子

【杂字】3/衣物部/4 右

圈纱

【杂字】3/衣物部/3 左

铜银

【杂字】3/衣物部/4 左

银甲　夏毅宗李谅祚披挂

【长编标】208/5062

【长编影】208/14 下

银纸帖冠　西夏官服

【辽史】115/西夏记/1523

【汇编】上 117

银带　宋赐西界归顺马池特、阿香

紫衣　西夏文官服饰
【宋史】485/夏国传上/13993
【汇编】上 60

紫皂地绣盘球子花旋襕　西夏武官服饰
【宋史】485/夏国传上/13993
【汇编】上 60

紫罗毡冠　唃厮啰服饰
【宋史】492/唃厮啰传/14162
【汇编】中二 2055

紫金鱼袋
【中国藏西夏文献】18/唐静边州都督拓跋守寂墓志铭并盖背面/24

紫旋襕　西夏武官服饰
【宋史】485/夏国传上/13993
【长编标】115/2704
【长编影】115/14 下
【隆平集】20/夷狄传/3 下
【汇编】上 60、114；中一 1705

紫旋襕六袭　西夏官服
【辽史】115/西夏记/1523
【汇编】上 117

帽子
【杂字】3/衣物部/4 右

黑冠　少年李元昊服饰
【宋史】485/夏国传上/13992
【长编标】111/2593
【长编影】111/16 下

黑漆冠　西夏武官服饰
【宋史】485/夏国传上/13992
【汇编】上 60

铺帛
【掌中珠】人事下/25/5

锟子
【杂字】3/衣物部/4 右

短小幞　夏国副使者服饰
【三朝北盟会编】74/1 上
【汇编】下 6084

短刀　西夏武官所佩
【宋史】485/夏国传上/13993
【长编标】115/2704
【长编影】115/14 下
【汇编】中一 1705

短鞠
【掌中珠】人事下/25/1

貂鼠裘　宋赐种谔
【长编标】321/7745
【长编影】321/8 下
【汇编】中四 4277

禅衣
【杂字】3/衣物部/3 左

裙袴
【掌中珠】人事下/24/6

隔织
【杂字】3/衣物部/3 左

靴
【掌中珠】人事下/25/1

靴　给蕃官及呈试人赐靴外，余皆罢之
【长编标】517/12303
【长编影】517/7 下
【汇编】中六 5634

靴　赐邈川乞降首领
【长编标】512/12188
【长编影】512/11 下
【汇编】中六 5563

靴　西夏官员服饰
【辽史】115/西夏记/1523
【长编标】115/2704
【长编影】115/14 下
【隆平集】20/夷狄传/3 下
【汇编】上 114、117；中一 1705

靴底
【掌中珠】人事下/25/1

蓖梳
【杂字】3/衣物部/4 左

裘褐　党项服饰
【隋书】83/党项传/1845
【旧唐书】198/党项羌传/5291
【新唐书】221/党项传/6209
【汇编】上 2、4、9

暖帽
【杂字】3/衣物部/4 右
【掌中珠】人事下/25/2

睡袄
【杂字】3/衣物部/4 右

跨钹拂　西夏武官服饰
【宋史】485/夏国传上/13993
【长编标】115/2704
【长编影】115/14 下
【汇编】上 60；中一 1705

锡镴
【杂字】3/衣物部/4 左

锦袍　宋赐包顺
【长编标】252/6156
【长编影】252/8 下
【汇编】中四 3942

锦袍　宋赐泾原蕃部
【长编标】323/7780
【长编影】323/3 下
【汇编】中四 4311

锦袍　宋赐龛波给家等族首领
【长编标】316/7641
【长编影】316/4 上
【汇编】中四 4177

锦袍　宋赐鄜延李稷
【长编标】318/7680
【长编影】318/1 上
【汇编】中四 4212

锦袍　宋赐蕃官李楞占纳芝
【长编标】273/6676
【长编影】273/2 下
【汇编】中四 4014

锦袍　夏景宗李元昊建国初在宥州穿戴
【长编标】122/2881
【长编影】122/8 下
【汇编】中一 1750

镙子
【杂字】3/衣物部/4 右

镙花
【杂字】3/衣物部/4 左

腰绳
【杂字】3/衣物部/3 左
【掌中珠】人事下/24/6

解结锥　西夏武官服饰
【宋史】485/夏国传上/13993
【长编标】115/2704
【长编影】115/14 下

【汇编】上 60；中一 1705

解锥　西夏武官服饰
【辽史】115/西夏记/1523
【隆平集】20/夷狄传/3 下
【汇编】上 114、117

掩心
【杂字】3/衣物部/3 左

十四画

碧珊
【杂字】3/衣物部/4 左

镥石
【杂字】3/衣物部/4 左

篋子
【杂字】3/衣物部/4 左

褙子
【杂字】3/衣物部/3 左

褙心
【杂字】3/衣物部/3 左

褙心
【掌中珠】人事下/24/6

褐布
【掌中珠】人事下/26/2

褐衫
【杂字】3/衣物部/4 右
【掌中珠】人事下/24/4

十五画

璎珞
【杂字】3/衣物部/4 左

璎珞数珠
【掌中珠】人事下/21/1

鞋韈
【掌中珠】人事下/25/2

蕃服　熙河蕃部
【长编标】254/6213；256/6255
【长编影】254/7 上；256/8 下
【汇编】中四 3958、3966

蕃服　瞎征、拢拶服饰

【宋史】121/礼志 24・受降献俘/2838

【长编标】516/12272

【长编影】516/8 上

【汇编】中六 5612、5677

蕃装　宋禁士庶穿着

【宋会要】刑法 2 之 88/6539

【汇编】中六 5977

幞头

【杂字】3/衣物部/4 右

幞头　宋赐辖正、隆赞

【长编标】516/12272

【长编影】516/8 上

【汇编】中六 5612

幞头　西夏文官服饰

【宋史】485/夏国传上/13993

【长编标】115/2704

【长编影】115/14 下

【隆平集】20/夷狄传/3 下

【汇编】上 60、114；中一 1705；中六 5634

幞头帽子　宋诏许夏国所买物

【宋大诏令集】234/赐夏国主乞买物诏/912

【汇编】中三 3300

幢幡花幔

【掌中珠】人事下/21/1

箱子

【杂字】3/衣物部/4 左

褥子

【掌中珠】人事下/24/3

缬罗

【杂字】3/衣物部/3 左

十六画

縠子

【杂字】3/衣物部/3 左

【掌中珠】人事下/26/1

蹀躞　夏景宗李元昊使者服饰

【涑水记闻】9/3 下

【汇编】中一 1757

蹀躞　西夏武官服饰

【宋史】485/夏国传上/13993

【辽史】115/西夏记/1523

【长编标】115/2704

【长编影】115/14 下

【隆平集】20/夷狄传/3 下

【汇编】上 60、114、117；中一 1705

镜子

【杂字】3/衣物部/4 右

褴襕

【杂字】3/衣物部/3 左

【掌中珠】人事下/24/4

十八画

蟠线

【杂字】3/衣物部/3 左

镮子

【杂字】3/衣物部/4 右

（四）武器装备、器皿与用物

一画

一枪三剑箭　渭州城防武器

【宋史】197/兵志 11・器甲之制/4916

【长编标】314/7608

【长编影】314/8 下

【汇编】中四 4148、4149

九牛弩　刘延庆守城兵器

【靖康要录】13/796

【汇编】中六 6064

九牛砲　刘延庆守城兵器

【靖康要录】13/791

【汇编】中六 6064

九龙车　契丹所献

【宋史】11/仁宗纪 3/221

【长编标】157/3802

【长编影】157/6 下

【宋会要】礼 45 之 12/1453

【汇编】中三 3063、3064

刀

【掌中珠】人事下/22/6

毛幕　西夏正军配给
【辽史】115/西夏记/1523
【汇编】上118

斤斧
【掌中珠】人事下/22/5

斤斧　西夏正军配给
【宋史】486/夏国传下/14082
【汇编】上94

火杴
【掌中珠】人事下/24/1

火炉
【掌中珠】人事下/23/6

火炉镢
【掌中珠】人事下/23/4

火栏
【掌中珠】人事下/24/1

火药火炮箭　熙河兰会乞办
【长编标】343/8249
【长编影】343/12下
【汇编】中五4562

火炮　金人兵器
【金史】111/完颜讹可传/2446；113/赤盏合喜传/2496
【靖康要录】13/796
【汇编】中六6064

火砲　备战西夏军器
【长编标】342/8225
【长编影】342/6下
【汇编】中五4550

火球　宋神卫水军队长唐福献朝廷
【宋史】197/兵志11·器甲之制/4910
【宋会要】兵26之37/7245

火弹　熙河兰会乞办
【长编标】343/8249
【长编影】343/12下
【汇编】中五4562

火蒺藜　宋神卫水军队长唐福献朝廷
【宋史】197/兵志11·器甲之制/4910
【宋会要】兵26之37/7245

火筯
【掌中珠】人事下/24/1

火箭　宋神卫水军队长唐福献朝廷

【宋史】197/兵志11·器甲之制/4910
【宋会要】兵26之37/7245

火箭　麟州防西夏兵器
【涑水记闻】12/14上
【汇编】中二2355

尺
【掌中珠】人事下/24/4

尺秤
【杂字】11/器用物部/11左

五画

布袋　宋进筑米脂等寨用物
【长编标】494/11730
【长编影】494/4上
【汇编】中六5355

玉圭　于阗贡
【宋会要】蕃夷7之1/7840

玉版　沙州贡
【宋会要】蕃夷7之24/7851

玉带　龟兹国贡
【宋会要】蕃夷7之24/7851

玉盘　李继捧祖母独孤氏献
【宋史】485/夏国传上/13984
【长编标】23/520
【长编影】23/7下

玉越斧　龟兹国贡
【宋会要】蕃夷7之24/7851

玉鞍勒　龟兹国贡
【宋史】490/回鹘传/14116
【宋会要】蕃夷4之5/7716

玉鞍辔　于阗贡
【宋史】490/于阗传/14116
【宋会要】蕃夷7之23/7851

玉鞍辔　回鹘贡
【宋会要】蕃夷7之3/7841

玉鞦　于阗贡
【宋会要】蕃夷7之33/7856

玉鞯辔　于阗贡
【宋会要】蕃夷7之23/7851

玉鞯辔　沙州贡

【宋会要】蕃夷 7 之 24/7851

归顺旗 赐给降宋龛波给家等族

【长编标】316/7641

【长编影】316/4 上

【汇编】中四 4177

甲胄

【杂字】13/论语部/14 右

出尖四楞箭 熙宁七年军器监制造

【宋会要】兵 26 之 36/7244

矢 西夏正军配给

【辽史】115/西夏记/1524

【汇编】上 118

对垒 又名高车，西夏梁太后攻平夏城战具

【长编标】503/11983

【长编影】503/12 下

皮行竹队牌 熙宁六年诏泾原路经略司送河州
景思立五百面

【宋会要】兵 26 之 39/7246

六画

托子

【杂字】11/器用物部/11 左

尘设

【杂字】11/器用物部/11 左

团牌 龟兹国贡

【宋会要】蕃夷 7 之 24/7851、7 之 32/7855

传信牌 宋真宗咸平六年十月给军中

【宋史】7/真宗 2/122；197/兵志 11·器甲之制
/4910

【宋会要】兵 26 之 38/7245

交床

【掌中珠】人事下/24/2

交椅

【杂字】11/器用物部/12 右

交椅 宋赏蕃官赵明

【范文正公集】年谱补遗/10 下

【汇编】中二 2419

交椅 许环庆乞支物

【长编标】315/7620

【长编影】315/5 上

【汇编】中四 4157

衣袋

【杂字】11/器用物部/11 左

灯树

【杂字】11/器用物部/12 右

【掌中珠】人事下/23/6

灯草

【杂字】11/器用物部/11 右

【掌中珠】人事下/23/6

灯盏

【掌中珠】人事下/23/6

灯球

【掌中珠】人事下/23/6

羊皮浑脱 宋攻岚、石州战具

【宋史】447/徐徽言传/13191

【香溪集】21/徐忠壮（徽言）传/1 下

【汇编】下 6088、6089

羊皮囊 王延德使高昌途中所见渡黄河工具

【宋史】490/高昌传/14110

【挥麈前录】4/王延德历叙使高昌行程所见/3
下

【汇编】中一 1011、1012

观檐洒子 宋进筑米脂等寨用物

【长编标】494/11730

【长编影】494/4 上

【汇编】中六 5355

七画

攻城云梯 投环庆路西界人杜文广指画制造

【宋会要】方域 18 之 19/7619

杓

【掌中珠】人事下/23/3

杓子

【杂字】11/器用物部/11 左

芭罢

【掌中珠】人事下/26/6

折五

【杂字】11/器用物部/11 右

折四

【杂字】11/器用物部/11 右

匣子

【掌中珠】人事下/24/2

连抄

【杂字】11/器用物部/11 右

连袋

【杂字】11/器用物部/12 右

【掌中珠】人事下/26/4

帐　西夏正军配给

【宋史】486/夏国传下/14028

【辽史】115/西夏记/1524

【汇编】上 94、118

针线

【杂字】11/器用物部/11 左

【掌中珠】人事下/25/4

兵戟

【杂字】13/论语部/14 右

刨子

【杂字】11/器用物部/11 左

条床

【杂字】11/器用物部/11 左

良弓　西夏兴州所产

【鸡肋集】上/33

【汇编】中六 5868

附排　赐刘昌祚以备出入

【宋会要】兵 26 之 38/7245

纱罩

【掌中珠】人事下/23/5

纸马

【杂字】11/器用物部/11 右

八画

表纸

【杂字】11/器用物部/11 右

柜子

【掌中珠】人事下/24/1

枪　西夏正军配给

【辽史】115/西夏记/1524

【宋史】486/夏国传下/14028

【汇编】上 94、118

枪杆　攻灵州城宋军装备

【长编标】321/7742

【长编影】321/5 下

【汇编】中四 4272

雨伞

【杂字】11/器用物部/12 右

雨毡　西夏正军配给

【辽史】115/西夏记/1524

【汇编】上 118

拂拭

【杂字】11/器用物部/11 左

披毡　西夏正军配给

【宋史】486/夏国传下/14028

【汇编】上 94

斩马刀　刘昌祚趋灵州所用

【宋史】190/兵志 4·河东、陕西弓箭手/4721

【汇编】中六 5881

斩马刀　熙河兰会乞办

【长编标】343/8249

【长编影】343/12 下

【汇编】中五 4561

账簿

【杂字】11/器用物部/11 左

金纸

【杂字】11/器用物部/11 右

金饰胡床　赐唃厮啰

【宋史】305/晁宗悫传/10087

【汇编】中二 2070

金线乌弰弓　宋神宗批付刘昌祚

【宋会要】兵 26 之 33/7243

金线乌梢弓　宋神宗批付刘昌祚

【长编标】339/8168

【长编影】339/8 上

【汇编】中四 4525

金盘　李继捧祖母独孤氏献

【宋史】485/夏国传上/13984

【长编标】23/520

【长编影】23/7 下

金装山子笔格　大食贡

【宋会要】蕃夷 7 之 32/7855

金渡黑银花香炉合　夏国贡

【宋会要】蕃夷 7 之 26/7852

金觚

【宋会要】兵 26 之 30/7241

独辕弓箭　熙河兰会乞办
　【长编标】343/8249
　【长编影】343/12 下
　【汇编】中五 4562

急随钵子
　【掌中珠】人事下/23/4

度量
　【杂字】11/器用物部/11 左

炮手　西夏炮手号泼喜
　【宋史】486/夏国传下/14028
　【辽史】115/西夏记/1524
　【汇编】上 118

炮台　渭州城防设备
　【长编标】314/7608
　【长编影】314/8 下

炮台　泾原渭州城设置
　【长编标】314/7608
　【长编影】314/8 下
　【汇编】中四 4149

浑脱　西夏正军配给
　【宋史】486/夏国传下/14028
　【辽史】115/西夏记/1524
　【汇编】上 94、118

神劲弓　宋代兵器
　【宋史】197/兵志 11·器甲之制/4923
　【宋会要】兵 26 之 28/7240

神臂弓　熙宁八年军器监制造
　【宋会要】兵 26 之 35/7244

神臂弓　支环庆路经略司
　【长编标】489/11600
　【长编影】489/3 下
　【汇编】中六 5308

神臂弓　宋批付刘昌祚
　【长编标】339/8168
　【长编影】339/8 上
　【汇编】中四 4525

神臂弓　河东路请给
　【长编标】347/8325
　【长编影】347/5 下
　【汇编】中五 4589

神臂弓　宋军装备

【宋史】190/兵志 4·河东、陕西弓箭手/4721
【长编标】317/7677；319/7704；479/11408；490/
　11624
【长编影】317/19 下；319/4 上；479/7 上；
　490/6 下
【宋会要】兵 26 之 28/7240、26 之 33/7243
【汇编】中四 4211、4232；中四 5195；中六
　5320、5881

神臂弓火箭　熙河兰会乞办
　【长编标】343/8249
　【长编影】343/12 下
　【汇编】中五 4562

神臂弓箭　熙河兰会乞办
　【长编标】343/8249
　【长编影】343/12 下
　【汇编】中五 4562

垒子
　【杂字】11/器用物部/11 左

十画

校具　于阗贡
　【宋会要】蕃夷 7 之 23/7851

索子
　【杂字】11/器用物部/12 右

夏国宝剑　宋钦宗赐王伦
　【宋史】371/王伦传/11522
　【系年要录】5/125
　【攻媿集】95/签书枢密院事赠资政殿大学士谥
　　节愍王公（伦）神道碑/1314
　【汇编】下 6106、6107

柴炭
　【杂字】11/器用物部/11 左

鸭觜箭　北宋军器监制造
　【宋会要】兵 26 之 36/7244

铁爪篱　西夏正军配给
　【宋史】486/夏国传下/14028
　【辽史】115/西夏记/1523
　【汇编】上 94、118

铁甲　于阗贡
　【宋会要】蕃夷 7 之 32/7855

铁甲　唃厮啰贡

【宋会要】蕃夷 7 之 26/7852

铁甲皮　龟兹贡
【宋会要】蕃夷 7 之 32/7855

铁铛
【杂字】11/器用物部/11 左

铁蒺藜　宋军兵器
【宋史】328/蔡挺传/10576
【长编标】479/11408
【长编影】479/7 上
【汇编】中五 5195

铁额子　熙河兰会乞办
【长编标】343/8249
【长编影】343/12 下
【汇编】中五 4562

铁攦　宋军士所携
【长编标】485/11525
【长编影】485/4 下
【汇编】中六 5282

笓篱　宋进筑米脂等寨用具
【长编标】494/11730
【长编影】494/4 上
【汇编】中六 5355

笊篱
【杂字】11/器用物部/12 右
【掌中珠】人事下/23/3

透蝎尾马黄弩桩　宋神宗批付刘昌祚
【长编标】339/8168
【长编影】339/8 上
【汇编】中四 4525

狼牙箭　筑石门城所用
【宋会要】兵 26 之 36/7244

高车　又名对垒，梁太后攻平夏城战具
【宋史】328/章楶传/10590
【长编标】503/11983
【长编影】503/12 上

栾竹步人排　赐刘昌祚以备出入
【宋会要】兵 26 之 38/7245

酒樽
【杂字】11/器用物部/11 左

流星弩　供备库副使宋守信进献朝廷
【宋会要】兵 26 之 34/7243

瓶盏

【杂字】11/器用物部/11 左
【掌中珠】人事下/23/5

秒袋　西夏正军配给
【宋史】486/夏国传下/14028
【辽史】115/西夏记/1524
【汇编】上 94、118

宾铁刃剑　回鹘善造
【宋会要】蕃夷 4 之 10/7718

宾铁剑甲　宋真宗咸平四年回鹘遣使贡
【宋史】290/回鹘传/14115
【宋会要】蕃夷 4 之 2/7714、4 之 13/7720、7 之 14/7846

扇子
【杂字】11/器用物部/12 右

畚揷　筑石门城所用
【长编标】485/11526
【长编影】485/4 下
【汇编】中六 5283

十一画

琉璃水精器　大食勿巡国贡
【宋会要】蕃夷 7 之 32/7855

琉璃钟　大食贡
【宋会要】蕃夷 7 之 18/7848、7 之 32/7855

琉璃器　于阗国摩足师贡
【宋史】490/于阗传/14106
【宋会要】蕃夷 7 之 1/7840

琉璃器　宋真宗咸平四年回鹘遣使贡
【宋史】490/回鹘传/14115
【宋会要】蕃夷 4 之 2/7714、4 之 13/7720、7 之 3/7841、7 之 14/7846

梡匙
【掌中珠】人事下/23/2

桶
【掌中珠】人事下/22/6

黄桦乌梢金线弓　熙河兰会乞办
【长编标】343/8249
【长编影】343/12 下
【汇编】中五 4561

黄桦神臂弓　熙河兰会乞办
【长编标】343/8249

【长编影】343/12 下
【汇编】中五 4561

盩盘
【掌中珠】人事下/23/3

匙筯
【杂字】11/器用物部/11 右

铛
【掌中珠】人事下/23/4

铛盖
【掌中珠】人事下/23/4

铠弩
【杂字】13/论语部/13 左

银纸
【杂字】11/器用物部/11 右

银枪　唃厮啰贡
【宋会要】蕃夷 7 之 26/7852

银椀
【杂字】11/器用物部/11 右

银装交椅　唃厮啰贡
【宋会要】蕃夷 7 之 26/7852

笼床
【掌中珠】人事下/23/5

偏挨甲　宋批付刘昌祚
【长编标】339/8168
【长编影】339/8 上
【汇编】中四 4525

兜牟　灵州之战中宋军多烧兜牟以造饭
【长编标】321/7742
【长编影】321/5 下
【汇编】中四 4272

衔铁
【掌中珠】人事下/33/6

旌旗
【杂字】13/论语部/14 右

旋风炮　西夏军器
【宋史】486/夏国传下/14028
【汇编】上 94

麻线
【杂字】11/器用物部/12 右

麻梼　宋进筑米脂等寨用物
【长编标】494/11730
【长编影】494/4 上

【汇编】中六 5355

剪刀
【掌中珠】人事下/24/3

十二画

琥珀盏　西州回鹘贡
【宋史】490/高昌传/14110
【宋会要】蕃夷 7 之 3/7841

博子　宋进筑米脂等寨用物
【长编标】494/11731
【长编影】494/4 上
【汇编】中六 5355

棋子　沙州贡
【宋会要】蕃夷 7 之 25/7852

椅子
【掌中珠】人事下/24/2

棹子
【杂字】11/器用物部/11 左
【掌中珠】人事下/24/1

棍棓　西夏正军配给
【宋史】486/夏国传下/14028
【辽史】115/西夏记/1524
【汇编】上 94、118

凿子箭　宋军器监制造
【宋会要】兵 26 之 36/7244

凿锯
【掌中珠】人事下/22/5

幈风
【杂字】11/器用物部/11 左

鼎
【掌中珠】人事下/23/4

黑漆弓　许泾原所乞物
【长编标】323/7790
【长编影】323/13 下
【汇编】中四 4319

短刀　西夏武官所佩
【宋史】485/夏国传上/13993
【辽史】115/西夏记/1523
【汇编】上 60、117

筛子
【杂字】11/器用物部/11 左

十三画

榆柴
　【杂字】11/器用物部/11 左

楼橹　辽上京皇城所置
　【辽史】37/地理志 1/441
　【汇编】中六 5998

楼橹　宋战守器具
　【宋史】63/五行志 2 上·火条上/1378；67/五行志 5·土/1486；190/兵志 4·乡兵 1·河东、陕西弓箭手/4721；292/王尧臣传/9775；326/郭恩传/10522
　【长编标】486/11546；494/11730；503/11985；504/12011；505/12035；511/12163；516/12271、12272
　【长编影】486/6 上；494/4 上；503/12 上；504/8 上；505/7 下；511/9 下；516/7 上、8 上
　【宋会要】方域 19 之 5/7628
　【汇编】中六 5277、5294、5355、5442、5452、5555、5612、5885

椽散子　宋进筑米脂等寨物料
　【长编标】494/11731
　【长编影】494/4 上
　【汇编】中六 5355

鼓　西夏正军配给
　【辽史】115/西夏记/1523
　【宋史】486/夏国传下/14028
　【汇编】上 94、118

鼓排　灵州之役宋军以鼓排充薪
　【长编标】321/7742
　【长编影】321/5 下
　【汇编】中四 4272

幕梁　西夏刺史以下配给
　【宋史】486/夏国传下/14028
　【汇编】上 94

蒲苫
　【杂字】11/器用物部/12 右

跳镫弩　许泾原所乞物
　【长编标】323/7790
　【长编影】323/13 下
　【汇编】中四 4319

矮床　西夏拄子用
　【掌中珠】人事下/24/2

筯
　【掌中珠】人事下/23/3

鲍老旗　好水川夏军指挥旗
　【宋史】485/夏国传上/13997
　【汇编】上 64

甃梡
　【杂字】11/器用物部/11 左

甃椶
　【杂字】11/器用物部/11 左

酱橄
　【杂字】11/器用物部/11 左

辔
　【掌中珠】人事下/33/6

十四画

锹
　【掌中珠】人事下/26/6

锹　西夏正军配给
　【辽史】115/西夏记/1523
　【汇编】上 118

锹镢　西夏正军配给
　【宋史】486/夏国传下/14028
　【汇编】上 94

旗　西夏正军配给
　【辽史】115/西夏记/1528
　【宋史】486/夏国传下/14028
　【汇编】上 94、118

旗鼓　绍圣三年鄜延路经略使吕惠卿得自夏国
　【宋会要】兵 14 之 20/7002

旗鼓　洪德砦茴长庆香等获自李继迁
　【宋史】491/党项传/14145

猴子甲　青唐羌所锻
　【元刊梦溪笔谈】19/11
　【汇编】中二 2616

十五画

鞍辔　于阗贡

【宋会要】蕃夷 7 之 33/7856

碾草
【杂字】11/器用物部/11 左

踏床
【掌中珠】人事下/24/2

镊子铃
【掌中珠】人事下/22/5

镑
【掌中珠】人事下/22/6

箭　西夏正军配给
【宋史】486/夏国传下/14028
【汇编】上 94

箭笴　宋军装备
【长编标】321/7742
【长编影】321/5 下
【汇编】中四 4272

箭牌　西夏正军配给
【宋史】486/夏国传下/14028
【辽史】115/西夏记/1524
【汇编】上 94、118

熨斗
【杂字】11/器用物部/11 左
【掌中珠】人事下/24/4

劈阵刀　宋军八阵法所用兵器
【宋史】197/兵志 11/4911；300/杨偕传/9956
【汇编】中二 2302、2303

十六画

槊子
【掌中珠】人事下/23/3

器皿
【掌中珠】人事下/23/2

器械
【杂字】15/礼乐部/15 左

鲵皮鞍　西夏武官配备
【宋史】485/夏国传上/13993
【长编标】115/2704
【长编影】115/14 下
【隆平集】20/夷狄传/3 下
【汇编】上 60、114；中一 1705

甋

【掌中珠】人事下/23/4

缴壁
【杂字】11/器用物部/11 左

十七画

镢　西夏正军配给
【辽史】115/西夏记/1524
【汇编】上 118

镢枕
【掌中珠】人事下/26/6

镫
【掌中珠】人事下/33/6

十八画

簟子
【杂字】11/器用物部/12 右

十九画

攀胸鞦
【掌中珠】人事下/33/6

攀鞍
【掌中珠】天相中/6/2

二十画

镶纸
【杂字】11/器用物部/11 右

二十二画

囊
【掌中珠】人事下/26/4

二十三画

罐
【掌中珠】人事下/22/6

（五）物产（含部分外来物品）

三画

三雅褐 于阗、西蕃出产
【长编标】299/7272
【长编影】299/7 下

干姜
【掌中珠】地用下/15/4

大石瓜
【杂字】5/果子部/6 右

大麦
【杂字】4/斛斗部/5 右
【掌中珠】地用下/15/4

大麦 西夏土产
【辽史】115/西夏记/1524
【汇编】上 118

大麦 西夏军粮
【隆平集】20/夷狄传/3 下
【汇编】上 115

大豆
【杂字】4/斛斗部/5 右

大豆 泾原路出产
【长编标】309/7498
【长编影】309/5 下

大尾羊 龟兹贡
【宋史】490/回鹘传/14116、14117
【宋会要】蕃夷 4 之 5/7716、7 之 22/7850、7
之 24/7851

大黄 耶律楚材从西夏所得
【元史】146/耶律楚材传/3456
【元朝名臣事略】51/中书耶律文正王（楚材）
传/2 下
【汇编】下 6909

千年枣 大食勿巡国贡
【宋史】490/大食传/14119
【宋会要】蕃夷 7 之 32/7855

川茶 客人贩入秦凤等路
【宋史】374/李迨传/11593
【宋会要】食货 30 之 11/5324

小米
【杂字】4/斛斗部/5 右

小麦
【杂字】4/斛斗部/5 右

小豆
【杂字】4/斛斗部/5 右

小豆 宋行军所食
【长编标】489/11610
【长编影】489/12 下
【汇编】中六 5317

小茋荑 西夏土产
【辽史】115/西夏记/1524
【隆平集】20/夷狄传/3 下
【汇编】上 115、118

马 凡马所出，以府州为最
【宋会要】兵 24 之 3/7180

马 西夏进贡
【长编标】3/67；35/775；36/790；37/813；49/
1068；63/1410；64/1430；65/1448、1462；
74/1684；75/1719；88/2022；248/6063
【长编影】3/6 下；35/9 下；36/6 下；37/7 下；
49/5 上；63/1 下、12 上；64/6 上、9 上；
65/6 上、18 下；74/4 上；75/11 上；88/10
上；248/23 下

马齿菜
【掌中珠】地用下/15/2

四画

井盐 西夏进贡契丹
【契丹国志】2/外国贡进礼物/5 上
【汇编】中六 6003

木瓜
【杂字】5/果子部/5 左

木香 卢甘、丁吴、于阗、西蕃客商所携货物
【宋史】490/于阗传/14108
【长编标】299/7272
【长编影】299/8 上
【宋会要】蕃夷 7 之 32/7855、7 之 33/7856

五谷
【掌中珠】地用下/15/4

五味子 大食勿巡国贡

【宋史】490/大食传/14119

【宋会要】蕃夷 7 之 32/7855

犬子　西夏进贡

【契丹国志】21/外国贡进礼物/5 上

【汇编】中六 6003

乌枚

【杂字】5/果子部/5 左

牛　保安军榷场交易物

【宋史】186/食货志下 8・互市舶法/4563

【东都事略】127、128/附录 5、6

【汇编】上 105

牛黄　沙州贡

【宋会要】蕃夷 7 之 25/7852

牛黄　卢甘、丁吴、于阗、西蕃客商所携货物

【长编标】299/7272

【长编影】299/7 下

毛罗　归义军贡

【宋会要】蕃夷 5 之 1/7767

毛褐　保安军榷场交易物

【宋史】186/食货志下 8・互市舶法/4563

【汇编】中一 1470

毛毲段　熙州土贡

【宋史】87/地理志 2/2162

【汇编】中六 5839

毛毯　回鹘贡

【宋会要】蕃夷 4 之 10/7718

升麻　开元静州土贡

【旧唐书】42/地理志 6/1084

【汇编】上 661

长进马　夏国贡

【宋会要】蕃夷 7 之 26/7852

六畜　西夏牲畜泛称

【辽史】115/西夏记/1524

【汇编】上 117

水晶　大食贡

【宋会要】蕃夷 7 之 32/7855

水银　卢甘、丁吴、于阗、西蕃客商所携货物

【宋史】490/于阗传/14108

【长编标】299/7272

【长编影】299/7 下

【宋会要】蕃夷 7 之 33/7856

五画

古子蔓　西夏野菜

【辽史】115/西夏记/1524

【汇编】上 118

石灰　西北军兴之际入中物品

【宋会要】食货 23 之 39/5194

石炭

【掌中珠】地用下/13/2

石菖蒲　雅州土贡

【新唐书】42/地理志 6/1080

【汇编】上 663

石榴

【杂字】5/果子部/5 左

【掌中珠】地用下/14/3

玉　北亭可汗贡

【宋会要】蕃夷 7 之 26/7852

玉　归义军贡

【宋会要】蕃夷 7 之 22/7850

玉　龟兹贡

【宋会要】蕃夷 4 之 5/7716、7 之 25/7852、7
之 32/7855

玉　于阗贡

【宋史】490/于阗传/14108

【宋会要】蕃夷 7 之 33/7856

玉　甘州贡

【宋史】490/回鹘传/14114、14115

【宋会要】蕃夷 7 之 23/7851、7 之 24/7851、7
之 25/7852

玉　西夏贺正使携带货物

【东原录】34 下

【汇编】补遗 7314

玉石　熙宁十年董毡贡

【宋史】492/董毡传/14164

【汇编】中四 4050

玉勒名马　宋真宗咸平四年回鹘遣曹万通贡

【宋史】490/回鹘传/14115

【宋会要】蕃夷 4 之 2/7714、4 之 13/7720

甘草　西夏赵德明进奉

【宋会要】食货 38 之 29/5481

甘草　兰州土贡

甘草　西夏贺正旦使所携货物
【宋史】87/地理志 3·陕西路/2165
【汇编】中六 5840

甘草　西夏贺正旦使所携货物
【东原录】34 下
【汇编】补遗 7314

甘草　原州土贡
【宋史】87/地理志 3·陕西路/2157
【汇编】中六 5837

甘草　德顺军土贡
【宋史】87/地理志 3·陕西路/2158
【汇编】中六 5837

甘蔗
【掌中珠】地用下/14/3

龙盐　于阗贡
【宋史】490/于阗传/14108
【宋会要】蕃夷 7 之 32/7855、7 之 33/7856

龙脑　大食贡
【宋史】490/大食传/14121
【宋会要】蕃夷 7 之 32/7855

龙眼
【掌中珠】地用下/14/2

龙蛇
【掌中珠】地用下/16/1

龙涎香　大食勿巡国贡
【宋会要】蕃夷 7 之 32/7855

冬瓜
【杂字】5/果子部/6 右

瓜
【掌中珠】地用下/15/2

生金　卢甘、丁吴、于阗、西蕃客商携带货物
【长编标】299/7272
【长编影】299/7 下

生绢　大顺城管下蕃部数持生绢至西界和市
【宋会要】食货 38 之 31/5482

生熟铁　郦延所乞
【长编标】326/7858；328/7906
【长编影】326/16 下；328/14 上
【汇编】中四 4361、4393

白布　大顺城管下蕃部数持白布至西界和市
【宋会要】食货 38 之 31/5482

白玉　甘州可汗贡
【宋会要】蕃夷 7 之 23/7851

白玉　于阗贡
【宋史】490/于阗传/14108
【宋会要】蕃夷 7 之 23/7851

白米
【杂字】4/斛斗部/5 右
【掌中珠】地用下/15/6

白麦　凉州所产
【彭城集】8/熙州行/108
【汇编】中四 3795

白花鹰　折御卿所献
【宋史】5/太宗纪/90
【汇编】中一 1054

白草　郦延所乞
【长编标】273/6681
【长编影】273/7 上
【汇编】中四 4015

白毡　镇戎军土贡
【宋史】87/地理志 3·陕西路/2158
【汇编】中六 5837

白蒿　西夏野菜
【辽史】115/西夏记/1524
【隆平集】20/夷狄传/3 下
【汇编】上 115、118

白鹘　赵保忠所献，名海东青
【宋史】485/夏国传上/13985
【汇编】上 52

白蜜　冀州土贡
【新唐书】42/地理志 6/1084
【汇编】上 677

白褐马　沙州贡
【宋会要】蕃夷 7 之 24/7851

白鹦鹉　大食勿巡国贡
【宋会要】蕃夷 7 之 32/7855

白氎布　回鹘贡
【宋会要】蕃夷 7 之 3/7841

汉萝葡
【掌中珠】地用下/15/1

兰香
【杂字】5/果子部/5 左

半春菜
【掌中珠】地用下/15/1

皮毡　沙漠中契丹使臣用皮毡驮水

【辽史】拾遗 12/32 下

【汇编】中六 6001

六画

地黄叶　西夏野菜

【辽史】115/西夏记/1524

【隆平集】20/夷狄传/3 下

【汇编】上 115、118

朴硝　松州土贡

【新唐书】42/地理志 6/1083

【汇编】上 690

灰荡子　西夏野菜

【隆平集】20/夷狄传/3 下

【汇编】上 115

百叶

【掌中珠】地用下/14/5

百头帐　西夏造，仁孝献金

【金史】134/西夏传/2870

【汇编】上 130

当归　松州土贡

【新唐书】42/地理志 6/1083

【汇编】上 690

当归　柘州、悉州、贡州土贡

【新唐书】42/地理志 6/1086

【汇编】上 637、638、661

当归　维州土贡

【新唐书】42/地理志 6/1082

【唐大诏令集】130/收复河湟德音/709

【汇编】上 810

吃兜芽

【掌中珠】地用下/15/2

回纥瓜　胡峤征回鹘，得此种归，名曰西瓜

【杂字】5/果子部/6 右

竹牛　西夏用竹牛角制弓

【昨梦录】4 上

【汇编】中六 6080

竹牛角　卢甘、丁吴、于阗、西蕃客商携带货物

【长编标】299/7272

【长编影】299/8 上

乔麦　泾原路出产

【长编标】309/7498

【长编影】309/5 下

乔豆　灵夏物产

【宋文鉴】119/8 下

【汇编】中六 5665

饧果

【杂字】5/果子部/6 右

杂色罗锦　大顺城管下蕃部数持至西界和市

【宋会要】食货 38 之 31/5482

名马　北亭可汗贡

【宋史】6/真宗 1/115；宋史 490/回鹘传/14115

【宋会要】蕃夷 7 之 26/7852

名马　龟兹国贡

【宋史】490/回鹘传/14116

【宋会要】蕃夷 4 之 5/7716、7 之 24/7851

名马　沙州贡

【宋史】4/太宗 1/64；490/回鹘传/14114、14115

【宋会要】蕃夷 7 之 24/7851、7 之 25/7852

凫雁　王延德使高昌于格啰美源所见

【宋史】490/高昌传/14110

【挥麈前录】4/王延德历叙使高昌行程所见/3 下

【汇编】中一 1011、1013

羊　保安军榷场交易物

【宋史】186/食货志下 8·互市舶法/4563

【东都事略】127、128/附录 5、6

【汇编】上 105

羊　党项肉食

【隋书】83/党项传/1845

【旧唐书】198/党项羌传/5291

【新唐书】221/党项传/6209

【汇编】上 2、4、9

羊马毡毯　西夏特产

【奏议标】138/司马光·上哲宗乞还西夏六寨/1554

【奏议影】138/司马光·上哲宗乞还西夏六寨/4778

羊货　大顺城管下蕃部数持羊货至西界和市

【宋会要】食货 38 之 31/5482

安西细毡　归义军贡

【宋会要】蕃夷 5 之 1/7767

安息　回鹘贡香料
【宋史】490/于阗传/14108
【宋会要】蕃夷 4 之 10/7718

安息香
【掌中珠】人事下/21/4

安息香　卢甘、丁吴、于阗、西蕃客商携带货物
【长编标】299/7272
【长编影】299/8 上

安息香　西夏贺正使携带货物
【东原录】34 下
【汇编】补遗 7314

安悉香　于阗贡
【宋会要】蕃夷 7 之 33/7856

红花　保安军榷场交易物
【宋史】186/食货志下 8·互市舶法/4563
【汇编】中一 1470

红豆
【杂字】4/斛斗部/5 右

红绿皮　卢甘、丁吴、于阗、西蕃客商携带货物
【长编标】299/7272
【长编影】299/8 上

七画

玛瑙
【掌中珠】地用下/13/1

麦
【掌中珠】地用下/15/4

芜荑
【掌中珠】地用下/15/3

芸苔　即今之油菜。此菜易起苔，须采其苔食，则分枝必多，故名芸苔
【杂字】5/果子部/6 右

花果
【掌中珠】地用下/13/3

花蕊布　于阗贡
【宋会要】蕃夷 7 之 33/7856

花蕊布　大食勿巡国贡
【宋会要】蕃夷 7 之 32/7855

花蕊布　沙州贡
【宋会要】蕃夷 7 之 24/7851、7 之 25/7852

花蕊布　龟兹贡
【宋史】490/回鹘传/14116
【宋会要】蕃夷 4 之 5/7716、7 之 24/7851、7 之 25/7852、7 之 32/7855

花蕊布　于阗、西蕃客商携带货物
【宋史】490/于阗传/14108
【长编标】299/7272
【长编影】299/7 下
【宋会要】蕃夷 7 之 32/7855

芥菜
【掌中珠】地用下/14/5

苁蓉　西夏进贡
【契丹国志】2/外国贡进礼物/5 上
【汇编】中六 6003

苁蓉　赵德明进奉人使出卖
【宋会要】食货 38 之 28/5480、38 之 29/5481
【汇编】中一 1543

苁蓉　保安军土贡
【宋史】87/地理志 3/2148
【汇编】中六 5829

苁蓉　保安军榷场交易物
【宋史】186/食货志下 8·互市舶法/4563
【汇编】中一 1470

苁蓉苗　西夏土产
【辽史】115/西夏记/1524
【隆平集】20/夷狄传/3 下
【汇编】上 115、118

赤豆
【杂字】4/斛斗部/5 右

赤谷
【杂字】4/斛斗部/5 右

杏仁
【杂字】5/果子部/5 左

杏梅
【杂字】5/果子部/5 左

杏煎
【杂字】5/果子部/6 右

李子
【杂字】5/果子部/5 左
【掌中珠】地用下/14/2

拒灰藜 西夏野菜
【辽史】115/西夏记/1523
【汇编】上 118

拒霜 西夏野菜
【隆平集】20/夷狄传/3 下
【汇编】上 115

拒霜荠 夏州朔方郡土贡
【新唐书】37/地理志 1/970

折米
【杂字】4/斛斗部/5 右

角茶 宋赐董戡
【长编标】323/7789
【长编影】323/12 下
【汇编】中四 4318

沙狐皮 西夏进贡
【契丹国志】2/外国贡进礼物/5 上
【汇编】中六 6003

羌活 当州土贡
【新唐书】42/地理志 6/1084
【汇编】上 636

羌活 松州土贡
【新唐书】42/地理志 6/1083
【汇编】上 690

羌活 柘州、恭州土贡
【新唐书】42/地理志 6/1084
【汇编】上 637、661

羌活 维州土贡
【新唐书】42/地理志 6/1082
【汇编】上 810

鸡舌香 于阗贡
【宋史】490/于阗传/14108
【宋会要】蕃夷 7 之 33/7856

鸡卵 熙宁间河州雨雹形状
【元刊梦溪笔谈】/21/29
【汇编】中四 3885

八画

青白盐 西夏特产
【宋史】181/食货志下 3·盐上/4417、4419；
183/食货志下 5·盐下/4470；277/郑文宝传/
9426；466/张崇贵传/13618

【长编标】300/7305
【长编影】300/7 下
【宋会要】方域 19 之 49/7650；食货 23 之 22/
5185、23 之 23/5186
【东都事略】115/郑文宝传/2 上
【汇编】中一 1062；中四 4105

青盐 西夏特产
【宋史】181/食货志下 3·盐上/4414、4419；
191/兵志 5·乡兵 2·蕃兵/4751；257/李继
和/8973；266/李至传/9177；268/王显传/
9233；292/田况传/9783；295/孙甫传/9840；
304/梁鼎传/10058；330/任颛传/10617；
466/张崇贵传/13619；485/夏国传上/13999；
491/党项传/14141

【长编标】42/894；50/1093；54/1185；60/1347；
61/1372；63/1399、1419；68/1537；73/
1670；145/3506、3707；146/3537；149/
3617；153/3724；157/3805；163/3921；192/
4639；198/4790；284/6961；333/8020

【长编影】42/12 下；50/10 下、11 上；54/1
上、9 上；60/13 上；61/15 上；63/1 下、19
下；68/17 下；73/18 上；145/11 上、18 下；
146/9 下；149/19 上；153/9 下；157/9 上；
163/5 下；192/5 下；198/1 下；284/14 下；
333/7 上

【东都事略】20/李继和传/3 下；127、128/附
录 5、6
【隆平集】20/夷狄传/3 下
【宋会要】食货 23 之 28/5188、23 之 29/5189、
23 之 38/5193、23 之 39/5194、23 之 40/
5194、38 之 31/5482；刑法 4 之 16/6629
【安阳集】家传 4/16 下
【欧阳文忠公全集】102/奏议·论西贼议和请以
五问诘大臣状/1 下
【范文正公集】年谱补遗/9 下、年谱补遗/3 上；
言行拾遗事录 3/5 上
【汇编】上 101、105、113；中一 1185、1263、
1340、1342、1343、1353、1354、1425、
1428、1432、1444、1445、1475、1493、
1676；中二 1925、2179、2745、2797、2798、
2804、2807、2808、2809、2818

青蒿
【杂字】5/果子部/6 右

青稞
【杂字】4/斛斗部/5 右

青稞　西夏土产
【辽史】115/西夏记/1524
【汇编】上 118

青稞　熙河兰湟出产
【旧唐书】196/吐蕃传上/5220
【宋史】175/食货志上 3·和籴/4247
【金史】91/结什角传/2017
【汇编】中六 5823

林檎
【杂字】5/果子部/5 左

松柏
【掌中珠】地用下/14/4

松炭
【掌中珠】地用下/13/2

苦苣
【杂字】5/果子部/5 左

苦蓼
【掌中珠】地用下/15/1

苜蓿　西戎苜蓿
【公是集】19/西戎乞降/220
【汇编】中三 2993

茄子
【掌中珠】地用下/14/6

茄瓠
【杂字】5/果子部/5 左

枣
【掌中珠】地用下/14/3

果子
【掌中珠】地用下/14/1

果木
【掌中珠】地用下/13/6

牦牛尾　回鹘贡
【宋会要】蕃夷 7 之 2/7840、7 之 3/7841

牦牛尾　卢甘、丁吴、于阗、西蕃客商携带货物
【新唐书】216/吐蕃传下/6101
【长编标】299/7272
【长编影】299/8 上

乳香

乳香　人事下/21/3
【掌中珠】人事下/21/3

乳香　大顺城管下蕃部数持至西界和市
【宋会要】食货 38 之 31/5482

乳香　大食勿巡国贡
【宋会要】蕃夷 7 之 32/7855

乳香　甘州贡
【宋会要】蕃夷 7 之 23/7851

乳香　北亭可汗贡
【宋会要】蕃夷 7 之 26/7852

乳香　归义军贡
【宋会要】蕃夷 7 之 22/7850

乳香　龟兹贡
【宋会要】蕃夷 7 之 24/7851、7 之 25/7852、7 之 32/7855

乳香　唃厮啰贡
【宋会要】蕃夷 7 之 26/7852

乳香　于阗贡
【宋史】490/于阗传/14108
【宋会要】蕃夷 7 之 23/7851、7 之 32/7855、7 之 33/7856

乳香　回鹘贡
【宋史】490/回鹘传/14117
【宋会要】蕃夷 4 之 10/7718

乳香　沙州贡
【宋史】490/沙州传/14124
【宋会要】蕃夷 7 之 24/7851、7 之 25/7852

乳香　董毡贡
【宋史】492/董毡传/14164
【长编标】368/8862
【长编影】368/12 上
【汇编】中四 4050

金星石　于阗贡
【宋史】490/于阗传/14108
【宋会要】蕃夷 7 之 33/7856

金星矾　归义军贡
【宋会要】蕃夷 5 之 1/7767

金银
【掌中珠】地用下/12/5

金精石　嘉祐七年西夏贺正旦使携带货物
【东原录】34 下
【汇编】补遗 7314

狐尾　松州土贡

【新唐书】42/地理志6/1083

【汇编】上690

兔鹘　西夏进贡

【契丹国志】2/外国贡进礼物/5上

【汇编】中六6003

床子　西夏土产

【辽史】115/西夏记/1524

【汇编】上118

注丝熟绫　回鹘贡

【宋会要】蕃夷4之10/7718

波斯宝毡　归义军贡

【宋会要】蕃夷5之1/7767

宝物

【掌中珠】地用下/12/5

细马　西夏进贡

【契丹国志】21/外国贡进礼物/5上

【汇编】中六6003

细白氎　甘州回鹘贡

【宋会要】蕃夷4之8/7717

细狗　西夏进贡

【北行日录】上/33上

【汇编】下6738

驼　赵德明遣人给宋送礼物

【长编标】64/1430

【长编影】64/6上

驼　保安军榷场交易物

【宋史】186/食货志下8·互市舶法/4563

【东都事略】127、128/附录5、6

【汇编】上105

驼褐　于阗、西蕃客商携带货物

【长编标】299/7272

【长编影】299/7下

九画

珊瑚

【掌中珠】地用下/12/6

珊瑚　于阗贡

【宋会要】蕃夷7之32/7855

珊瑚　甘、沙回鹘贡

【宋史】490/于阗传/14114

【宋会要】蕃夷7之32/7855

珊瑚　卢甘、丁吴、于阗、西蕃客商携带货物

【宋史】490/于阗传/14108

【长编标】299/7272

【长编影】299/7下

春瓜

【杂字】5/果子部/6右

柳榆

【掌中珠】地用下/14/4

柿子

【杂字】5/果子部/5左

【掌中珠】地用下/14/3

胡黄连　于阗贡

【宋会要】蕃夷7之34/7856

胡黄连　龟兹贡

【宋会要】蕃夷4之14/7720

胡锦　于阗贡

【宋史】490/于阗传/14106、10108

【宋会要】蕃夷7之23/7851、7之33/7856

荆芥

【杂字】5/果子部/5左

南瓜

【杂字】5/果子部/6右

南枣

【杂字】5/果子部/6右

茸褐　卢甘、于阗、丁吴西蕃客商携带货物

【长编标】299/7272

【长编影】299/7下

荜豆　西夏土产

【辽史】115/西夏记/1524

【汇编】上118

荜豆　邠州土贡

【宋史】87/地理志3·陕西路/2153

【汇编】中六5834

荜豆

【杂字】4/斛斗部/5右

【掌中珠】地用下/15/6

草香

【掌中珠】人事下/21/4

茵蒜　蒿类蔬菜。经冬不死，因旧苗而生，故名。

【杂字】5/果子部/5左

【掌中珠】地用下/14/5

荞麦　沙子里地盛产
【辽史】拾遗 12/32 下
【汇编】中六 6001

荞麦
【杂字】4/斛斗部/5 右
【掌中珠】地用下/15/5

荞豆　灵夏生产
【长编标】510/12151
【长编影】510/17 下
【汇编】中六 5549

药物　于阗贡
【宋会要】蕃夷 7 之 32/7855

药物　大食贡
【宋史】490/大食传/14119
【宋会要】蕃夷 7 之 32/7855

药香　龟兹国贡
【宋会要】蕃夷 4 之 5/7716

硇砂　西夏贺正使携带货物
【东原录】34 下
【汇编】补遗 7314

咸地松实　西夏土产
【辽史】115/西夏记/1524
【汇编】上 118

咸杖　萧关外土产
【宋文鉴】119/上曾枢密书/8 下
【汇编】中六 5666

鸥　王延德使高昌于格啰美源所见
【宋史】490/高昌传/14111
【挥麈前录】4/王延德历叙使高昌行程所见/3
下
【汇编】中一 1011、1013

鸥鹭　王延德使高昌于格啰美源所见
【宋史】490/高昌传/14111
【挥麈前录】4/王延德历叙使高昌行程所见/3
下
【汇编】中一 1011、1013

香菜
【掌中珠】地用下/14/4

笃耨　回鹘贡香料
【宋会要】蕃夷 4 之 10/7718

毡毯　西夏物产
【长编标】365/8752

【长编影】365/8 下

毡毯　保安军榷场交易物
【宋史】186/食货志下 8・互市舶法/4563
【汇编】中一 1470

毡褐　保安军榷场交易物
【东都事略】127、128/附录 5、6
【汇编】上 105

食盐　远郡难得，边民私贩
【宋会要】食货 23 之 28/5188

狨毛　卢甘、丁吴、于阗、西蕃客商携带货物
【长编标】299/7272
【长编影】299/8 上

狨锦　回鹘贡
【宋会要】蕃夷 4 之 10/7718

独峰无峰橐驼　宋真宗咸平四年回鹘使曹万通
贡
【宋史】490/回鹘传/14115
【宋会要】蕃夷 4 之 2/7714、4 之 13/7720

独峰驼　于阗贡
【宋史】490/回鹘传/14115
【宋会要】蕃夷 7 之 23/7851

独峰驼　龟兹贡
【宋史】490/回鹘传/14116
【宋会要】蕃夷 4 之 5/7716、7 之 24/7851、7
之 25/7852

籽子
【杂字】4/斛斗部/5 右

十画

珠玉　回鹘贡
【宋会要】蕃夷 4 之 10/7718；7 之 2/7840

珠玉　沙州贡
【宋会要】蕃夷 7 之 24/7851

珠玉　于阗贡
【宋史】490/于阗传/14108
【宋会要】蕃夷 7 之 32/7855

桃
【掌中珠】地用下/14/4

桃条
【杂字】5/果子部/6 右

桃梅
【杂字】5/果子部/5 左

豇豆
【杂字】4/斛斗部/5 右

真乳香　大食贡
【宋会要】蕃夷 7 之 32/7855

真珠　龟兹国贡
【宋会要】蕃夷 7 之 24/7851

真珠　沙州贡
【宋会要】蕃夷 7 之 24/7851

真珠　大食勿巡国贡
【宋史】490/大食传/14120
【宋会要】蕃夷 7 之 32/7855

真珠　卢甘、丁吴、于阗、西蕃客商携带货物
【长编标】299/7272
【长编影】299/7 下

盐
【掌中珠】地用下/15/3

栗杏
【掌中珠】地用下/14/1

甜石　西夏进贡
【契丹国志】2/外国贡进礼物/5 上
【汇编】中六 6003

柴胡　保安军榷场交易物
【宋史】186/食货志下 8·互市舶法/4563
【汇编】中一 1470

柴胡　麟州土贡
【宋史】86/地理志 2·河北路/2135
【汇编】中六 5826

柴胡　银州土产
【长编标】510/12151
【长编影】510/17 下
【宋文鉴】119/上曾枢密书/8 下
【汇编】中六 5549、5666

秫米
【杂字】4/斛斗部/5 右
【掌中珠】地用下/15/6

笋蕨
【杂字】5/果子部/5 左

席鸡子　西夏野菜
【隆平集】20/夷狄传/3 下
【汇编】上 115

席鸡草子　西夏野菜
【辽史】115/西夏记/1524
【汇编】上 118

海东青　西夏进贡
【北行日录】上/33 上
【汇编】下 6738

海东青　赵保忠献
【宋史】5/太宗 2/90；121/礼志 24·军礼·田
　猎/2840；485/夏国传上/13985
【宋大诏令集】145/还赵保忠献海东青诏/532
【汇编】上 52；中一 1054

涂香
【掌中珠】人事下/21/4

被褥　大顺城管下蕃部数持至西界和市
【宋会要】食货 38 之 31/5482

通犀　大食勿巡国贡
【宋会要】蕃夷 7 之 32/7855

十一画

麸金　当州土贡
【新唐书】42/地理志 6/1083
【汇编】上 636

麸金　悉州、保州土贡
【新唐书】42/地理志 6/1083、1084
【汇编】上 638、672

麸金　雅州土贡
【新唐书】42/地理志 6/1080
【汇编】上 663

梧桐律　沙州贡
【宋会要】蕃夷 7 之 25/7852

梧桐梁　沙州贡
【宋会要】蕃夷 7 之 24/7851

萝卜
【掌中珠】地用下/14/6

萝蒲
【杂字】5/果子部/5 左

菜蔬
【掌中珠】地用下/14/4

菠薐
【掌中珠】地用下/14/5

黄羊　王延德使高昌于黄羊平所见
【宋史】490/高昌传/14110
【挥麈前录】4/王延德历叙使高昌行程所见/3
　下
【汇编】中一 1011、1012
黄连　卢甘、丁吴、于阗、西蕃客商携带货物
【长编标】299/7272
【长编影】299/8 上
黄谷
【杂字】4/斛斗部/5 左
黄矾　沙州贡
【宋会要】蕃夷 7 之 24/7851、7 之 25/7852
黄胡绢　甘州回鹘贡
【宋会要】蕃夷 4 之 8/7717
黄麻
【杂字】4/斛斗部/5 右
黄蜡　延安府土贡
【宋史】87/地理志 3·陕西路/2146
【汇编】中六 5827
黄蜡　庆阳土贡
【宋史】87/地理志 3·陕西路/2150
【汇编】中六 5832
硃砂　卢甘、丁吴、于阗、西蕃客商携带货物
【长编标】299/7272
【长编影】299/7 下
硇沙　甘州可汗贡
【宋会要】蕃夷 7 之 23/7851
硇砂　于阗贡
【宋史】490/于阗传/14108
硇砂　于阗贡
【宋会要】蕃夷 7 之 23/7851、7 之 32/7855、7
　之 33/7856
硇砂　北亭可汗贡
【宋会要】蕃夷 7 之 26/7852
硇砂　归义军贡
【宋会要】蕃夷 7 之 22/7850
硇砂　回鹘贡
【宋会要】蕃夷 4 之 10/7718
硇砂　龟兹贡
【宋会要】蕃夷 7 之 24/7851、7 之 32/7855
硇砂　龟兹贡

【宋会要】蕃夷 7 之 25/7852
硇砂　沙州贡
【宋史】490/沙州传/14106
硇砂　沙州贡
【宋会要】蕃夷 7 之 24/7851、7 之 25/7852
硇砂　唃厮啰贡
【宋会要】蕃夷 7 之 26/7852
硇砂　卢甘、丁吴、于阗、西蕃客商携带货物
【长编标】299/7272
【长编影】299/7 下
硇砂　保安军榷场交易物
【宋史】186/食货志下 8·互市舶法/4563
【汇编】中一 1470
硇砂　灵州市易物
【宋史】270/段思恭传/9272
【长编标】10/235
【长编影】10/17 上
瓠子
【掌中珠】地用下/14/6
常马　西夏进贡
【长编标】393/9554
【长编影】393/3 下
常例马　夏国充《大藏经》等印造工值
【宋大诏令集】234/赐夏国主赎大藏经诏（嘉祐
　三年）/911
常葱
【掌中珠】地用下/15/2
铜镥
【掌中珠】地用下/12/5
梨
【掌中珠】地用下/14/1
梨果
【杂字】5/果子部/5 左
梨梅
【杂字】5/果子部/6 右
兜罗绵　回鹘贡
【宋会要】蕃夷 4 之 10/7718
兜罗绵　卢甘、丁吴、于阗、西蕃客商携带货
　物
【长编标】299/7272
【长编影】299/7 下

兜罗绵毯　大食勿巡国贡
【宋会要】蕃夷 7 之 32/7855

斜褐　归义军贡
【宋会要】蕃夷 5 之 1/7767

斜褐　回鹘贡
【宋会要】蕃夷 4 之 10/7718

翎毛　保安军榷场交易物
【宋史】186/食货志下 8・互市舶法/4563
【汇编】中一 1470

猪　党项肉食
【隋书】83/党项传/1845
【汇编】上 2

猛火油　大食勿巡国贡
【宋会要】蕃夷 7 之 32/7855

斛豆
【掌中珠】地用下/15/4

象牙　龟兹贡
【宋会要】蕃夷 7 之 32/7855

象牙　于阗贡
【宋史】490/于阗传/14108
【宋会要】蕃夷 7 之 32/7855

象牙　大食贡
【宋史】490/大食传/14119
【宋会要】蕃夷 7 之 32/7855

象牙　熙宁十年董毡贡
【宋史】492/董毡传/14164
【汇编】中四 4050

象齿　大食贡
【宋史】490/大食传/14122
【宋会要】蕃夷 7 之 18/7848

麻　泾原路出产
【长编标】309/7498
【长编影】309/5 下

麻子
【杂字】4/斛斗部/5 右

麻苎　河东土产
【宋史】86/地理志 2・河东路/2138
【汇编】中一 982

麻秆
【掌中珠】地用下/16/1

羚羊角　卢甘、丁吴、于阗、西蕃客商携带货

物
【长编标】299/7272
【长编影】299/8 上

宿绫　龟兹贡
【宋会要】蕃夷 7 之 32/7855

绿豆
【杂字】4/斛斗部/5 右

十二画

琥珀
【掌中珠】地用下/12/6

琥珀　于阗贡
【宋史】490/于阗传/14108
【宋会要】蕃夷 7 之 32/7855、7 之 33/7856

琥珀　甘州贡
【宋史】490/回鹘传/14114
【宋会要】蕃夷 7 之 23/7851

琥珀　西夏贺正使携带货物
【东原录】34 下
【汇编】补遗 7314

琥珀　回鹘贡
【宋史】490/回鹘传/14114
【宋会要】蕃夷 7 之 2/7840、7 之 3/7841

琥珀　龟兹贡
【宋史】490/回鹘传/14116
【宋会要】蕃夷 4 之 5/7716、4 之 14/7720

琥珀　沙州贡
【宋史】490/回鹘传/14114
【宋会要】蕃夷 7 之 25/7852

椒
【掌中珠】地用下/15/4

酥　当州土贡
【新唐书】42/地理志 6/1083
【汇编】上 636

散马　赵德明进贡
【宋史】485/夏国传上/13990
【长编标】64/1433
【长编影】64/9 上

散茶　赐熙河大首领
【长编标】297/7221
【长编影】297/4 下

【汇编】中四 4091

葫桃
【杂字】5/果子部/5 左
【掌中珠】地用下/14/2

葫椒
【掌中珠】地用下/15/3

葫萝葡
【掌中珠】地用下/15/1

韭
【掌中珠】地用下/15/3

茸褐 归义军贡
【宋会要】蕃夷 5 之 1/7767

葱蒜
【杂字】5/果子部/5 左

落雁木 雅州土贡
【新唐书】42/地理志 6/1080
【汇编】上 663

落藜 萧关之外物产
【长编标】510/12151
【长编影】510/17 下
【汇编】中六 5549

粟
【掌中珠】地用下/15/5

粟 泾原路出产
【长编标】309/7498
【长编影】309/5 下

越瓜
【杂字】5/果子部/6 右

越绪布 大食勿巡国贡
【宋会要】蕃夷 7 之 32/7855

雁 王延德使高昌于格啰美源所见
【宋史】490/高昌传/14110
【挥麈前录】4/王延德历叙使高昌行程所见/3
　下
【汇编】中一 1011、1013

黑玉 沙州贡
【宋会要】蕃夷 7 之 24/7851

黑豆
【掌中珠】地用下/15/6

黍米
【杂字】4/斛斗部/5 右

黍稷

【杂字】4/斛斗部/5 右

御马 西夏进贡
【宋史】485/夏国传上/13990
【长编标】64/1433；393/9554
【长编影】64/9 上；393/3 下

貂鼠皮 回鹘贡
【宋会要】蕃夷 7 之 2/7840

犀玉 卢甘、丁吴、于阗、西蕃客商携带货物
【长编标】299/7272
【长编影】299/7 下

疏勒舞象 于阗破疏勒，进所得舞象一
【宋会要】蕃夷 7 之 3/7841

登相 王延德途经西夏见沙中所生草
【宋史】490/高昌传/14110
【挥麈前录】4/王延德历叙使高昌行程所见/3
　下
【汇编】中一 1011、1012

十三画

瑟瑟 回鹘贡
【宋会要】蕃夷 4 之 10/7718

蒜
【掌中珠】地用下/15/2

蒺藜 萧关外土产
【宋文鉴】119/上曾枢密书/8 下
【汇编】中六 5666

蒲桃
【掌中珠】地用下/14/2

犏牛 董毡贡
【长编标】368/8862
【长编影】368/12 上

锡铁
【掌中珠】地用下/12/6

锦襈 大食勿巡国贡
【宋史】490/大食传/14121
【宋会要】蕃夷 7 之 32/7855

锦绣 大食贡
【宋会要】蕃夷 7 之 18/7848

锦阓 大食贡
【宋会要】蕃夷 7 之 32/7855

秭子

【杂字】4/斛斗部/5 右

腽肭脐　回鹘贡

【宋会要】蕃夷 4 之 10/7718

腽肭脐　于阗贡

【宋史】490/于阗传/14108

【宋会要】蕃夷 7 之 33/7856

解盐

【宋会要】食货 23 之 23/5186、23 之 28/5188、23 之 29/5189、23 之 38/5193、23 之 39/5194、23 之 40/5194、24 之 25/5207、24 之 28/5208、36 之 20/5441、36 之 21/5442、38 之 32/5482

粳米

【杂字】4/斛斗部/5 右

【掌中珠】地用下/15/5

粮米

【杂字】4/斛斗部/5 右

十四画

瑠璃

【掌中珠】地用下/13/1

碧珊珠

【掌中珠】地用下/12/6

榛子

【杂字】5/果子部/5 左

蔷薇水　大食勿巡国贡

【宋史】490/大食传/14118

【宋会要】蕃夷 7 之 32/7855

蔓菁

【杂字】5/果子部/5 左

【掌中珠】地用下/14/6

蔓菁菜

【掌中珠】地用下/14/6

蓼子

【杂字】5/果子部/5 左

硇石　龟兹贡

【宋会要】蕃夷 4 之 14/7720

翡翠　龟兹贡

【宋会要】蕃夷 7 之 32/7855

翡翠　于阗贡

【宋史】490/于阗传/14108

【宋会要】蕃夷 7 之 32/7855、7 之 33/7856

蜡　松州土贡

【新唐书】42/地理志 6/1083

【汇编】上 690

蜡　隰州土贡

【宋史】86/地理志 2/2134

【汇编】中六 5826

蜡烛　郿州土贡

【宋史】87/地理志 3/2148

【汇编】中六 5829

颗盐　西安州所产

【泊宅编】3/15

【汇编】中六 6079

蜜　隰州土贡

【宋史】86/地理志 2·河北路/2134

【汇编】中六 5826

蜜蜡　保安军榷场交易物

【宋史】186/食货志下 8·互市舶法/4563

【汇编】中一 1470

褐绿黑皮　沙州贡

【宋会要】蕃夷 7 之 25/7852

十五画

犛牛　李彝兴献

【宋史】1/太祖纪 1/14

【汇编】中一 939

犛牛　党项肉食

【隋书】83/党项传/1845

【旧唐书】198/党项羌传/5290

【新唐书】221/党项传/6209

【汇编】上 2、4、9

犛牛尾　悉州、保州土贡

【新唐书】42/地理志 6/1087

【汇编】上 638、672

犛牛尾　维州土贡

【唐大诏令集】130/收复河湟德音/709

【汇编】上 810

犛牛尾　冀州土贡

【新唐书】42/地理志 6/1084

【汇编】上 677

樱桃
【掌中珠】地用下/14/1

豌豆
【杂字】4/斛斗部/5 右
【掌中珠】地用下/15/6

蕃花薹　大食勿巡国贡
【宋会要】蕃夷 7 之 32/7855

稻麦　西夏所宜种
【宋史】486/夏国传下/14028
【汇编】上 94

稻谷
【杂字】4/斛斗部/5 左

麃马　西夏进贡
【契丹国志】2/外国贡进礼物/5 上
【汇编】中六 6003

十六画

檎
【掌中珠】地用下/14/1

橘子
【杂字】5/果子部/5 左
【掌中珠】地用下/14/3

醎松子　西夏野菜
【隆平集】20/夷狄传/3 下
【汇编】上 115

醎蓬子　西夏野菜
【隆平集】20/夷狄传/3 下
【汇编】上 115

薄荷
【杂字】5/果子部/5 左
【掌中珠】地用下/14/5

燕珠
【掌中珠】地用下/12/6

橐驼　回鹘可汗王禄胜遣使所献
【宋史】490/回鹘传/14114
【汇编】中一 1230

橐驼　熙宁六年，诏鄜延路经略司支封椿钱于河东，买橐驼三百，运沿边粮草
【宋史】175/食货志上 3·漕运/4256
【汇编】中四 4542

橐驼　西夏掠于阗
【长编标】335/8071
【长编影】335/9 上
【汇编】中四 4486

橐驼　运输工具
【长编标】316/7654
【长编影】316/15 上
【汇编】中四 4190

橐驼　诏兰州划括橐驼三千
【长编标】333/8017
【长编影】333/4 下
【汇编】中四 4465

橐驼　诏给泾原
【长编标】323/7780
【长编影】323/3 下
【汇编】中四 4311

橐驼　兰州运输工具
【长编标】333/8024
【长编影】333/10 下
【宋会要】食货 43 之 3/5574
【汇编】中四 4468、4469、4470

橐驼　西夏进贡
【宋史】485/夏国传上/13987、13990
【长编标】64/1433；65/1448；393/9554；396/9653
【长编影】64/9 上；65/6 上；393/3 下；396/7 下
【宋会要】蕃夷 7 之 26/7852

橐驼　西夏物产
【宋史】1/太宗纪 1/8；5/太宗纪 2/97；257/李继隆传/8967、8768；280/田绍斌传/9496；326/田敏传/10533；466/张崇贵传/13617；492/吐蕃传/14152
【长编标】25/586；45/965；63/1419；65/1448
【长编影】25/13 下；45/9 上；63/19 下；65/6 上
【宋会要】蕃夷 7 之 13/7846；7 之 16/7847
【太平治迹统类】2/太祖太宗经制西夏
【汇编】中一 927、928、1014、1084、1102、1115、1211、1444、1452、1459

羱羚角　保安军榷场交易物
【宋史】186/食货志下 8·互市舶法/4563
【汇编】中一 1470

十七画

檀香
【掌中珠】人事下/21/3
糜子　沙陀西北沙子里盛产
【辽史】拾遗 12/32 下
【汇编】中六 6001

十九画

糙米
【杂字】4/斛斗部/5 右

二十画

糯米
【杂字】4/斛斗部/5 右
【掌中珠】地用下/15/5

二十一画

麝香　卢甘、丁吴、于阗、西蕃客商携带货物
【长编标】299/7272
【长编影】299/7 下
麝香　巩州土贡
【宋史】87/地理志 3/2164
【汇编】中六 5783
麝香　贞州土贡
【新唐书】42/地理志 6/1083
【汇编】上 663
麝香　当州、松州土贡
【新唐书】42/地理志 6/1083
【汇编】上 636、690
麝香　延安府土贡
【宋史】87/地理志 3·陕西路/2145
【汇编】中六 5827
麝香　庆阳土贡
【宋史】87/地理志 3/2150
【汇编】中六 5832
麝香　柘州、悉州、恭州、保州土贡
【新唐书】42/地理志 6/1084

【汇编】上 637、638、661、672
麝香　维州土贡
【新唐书】42/地理志 6/1082
【汇编】上 810
麝香　鄜州土贡
【宋史】87/地理志 3·陕西路/2148
【汇编】中六 5829
麝香　熙州土贡
【宋史】87/地理志 3·陕西路/2153
【汇编】中六 5839
麝香　蕃商以此博易茶货
【宋会要】职官 43 之 58/3302、43 之 74/3310
【汇编】中四 4264；中六 5687
麝香　冀州土贡
【新唐书】42/地理志 6/1081
【汇编】上 677
麝脐　保安军榷场交易物
【宋史】186/食货志下 8·互市舶法/4563
【汇编】中一 1470

（六）农业生产（生产工具、生产技术、生产者）

三画

大斧
【杂字】6/农田部/6 左
子税
【杂字】6/农田部/6 左
子耧
【掌中珠】人事下/26/6

四画

开渠
【掌中珠】地用下/13/1
夫草
【杂字】6/农田部/6 左
仓库
【杂字】6/农田部/6 左

五画

田畴

【掌中珠】地用下/13/2

汉堰

【杂字】6/农田部/6 左

六画

地钦

【杂字】6/农田部/6 左

夹耳

【杂字】6/农田部/6 左

扫帚

【杂字】6/农田部/6 右

【掌中珠】人事下/26/5

团头　农业生产管理者

【杂字】6/农田部/6 左

农器

【掌中珠】人事下/26/5

收刈

【杂字】6/农田部/6 右

七画

围芭

【杂字】6/农田部/6 左

园林

【掌中珠】地用下/13/3

作户　农业生产者

【杂字】6/农田部/6 左

作家　农业生产者

【杂字】6/农田部/7 右

沟洫

【杂字】6/农田部/6 左

八画

垅培

【杂字】6/农田部/6 左

杷杈

【杂字】6/农田部/6 右

顷亩

【掌中珠】人事下/26/4

拨碹

【杂字】6/农田部/6 左

飏鞦

【杂字】6/农田部/6 左

官渠

【杂字】6/农田部/7 右

九画

荊刀

【杂字】6/农田部/6 右

荄茖

【杂字】6/农田部/6 左

持碾

【杂字】6/农田部/6 左

种莳

【杂字】6/农田部/6 左

浇灌

【杂字】6/农田部/6 左

十画

耕耘

【杂字】6/农田部/6 左

耕耨

【杂字】6/农田部/6 左

耙磨

【杂字】6/农田部/6 右

桔槔　井上汲水的工具

【杂字】6/农田部/6 右

栲栳　用柳条或竹篾编成的笆斗之类的盛物器
　　具

【杂字】6/农田部/6 右

铁铧

【杂字】6/农田部/6 右

积贮

【杂字】6/农田部/6 左

涂洒

【杂字】6/农田部/6 左

（七）药物（含疾病）

二画

丁香
【杂字】10/药物部/9 右

人参
【杂字】10/药物部/9 右

九散
【杂字】10/药物部/9 左

三画

三楞
【杂字】10/药物部/9 左

干蝎
【杂字】10/药物部/9 左

大鹏沙
【杂字】10/药物部/10 左

川芎
【杂字】10/药物部/9 左

马牙硝
【杂字】10/药物部/10 左

马芹
【杂字】10/药物部/9 右

马朋退
【杂字】10/药物部/10 左

四画

王不留行
【杂字】10/药物部/11 右

天胶木
【杂字】10/药物部/10 左

天麻
【杂字】10/药物部/9 左

木香
【杂字】10/药物部/9 右

木贼

【杂字】10/药物部/9 左

五味子
【杂字】10/药物部/10 左

车前子
【杂字】10/药物部/10 左

贝母
【杂字】10/药物部/10 右

乌头
【杂字】10/药物部/9 左

乌蛇
【杂字】10/药物部/10 右

牛黄
【杂字】10/药物部/9 右

牛蒡叶
【杂字】10/药物部/11 右

牛膝
【杂字】10/药物部/9 右

升麻
【杂字】10/药物部/10 右

孔公孽
【杂字】10/药物部/10 左

五画

石膏
【杂字】10/药物部/10 右

甘松
【杂字】10/药物部/10 右

甘草
【杂字】10/药物部/10 右

甘菊
【杂字】10/药物部/9 左

本草
【杂字】10/药物部/10 右

龙脑
【杂字】10/药物部/9 右

龙眼
【杂字】10/药物部/8 左

生姜
【杂字】10/药物部/9 右

瓜蒌

郁李仁
【杂字】10/药物部/10 右

郁金
【杂字】10/药物部/9 左

虎丹
【杂字】10/药物部/10 右

虎骨
【杂字】10/药物部/9 右

虎睛
【杂字】10/药物部/9 左

知母
【杂字】10/药物部/9 左

乳香
【杂字】10/药物部/9 右

鱼苏
【杂字】10/药物部/9 右

鱼骨
【杂字】10/药物部/9 左

夜明沙
【杂字】10/药物部/10 左

泽兰
【杂字】10/药物部/9 左

官桂
【杂字】10/药物部/10 右

细辛
【杂字】10/药物部/9 右

九画

栀子仁
【杂字】10/药物部/11 右

枸杞子
【杂字】10/药物部/10 左

茱萸
【杂字】10/药物部/9 右

茯苓
【杂字】10/药物部/9 左

荔枝
【杂字】10/药物部/8 左

荭豆
【杂字】10/药物部/9 右

厚朴

【杂字】10/药物部/9 左

威灵仙
【杂字】10/药物部/10 右

禹余良
【杂字】10/药物部/10 左

独活
【杂字】10/药物部/10 右

疮瘅
【杂字】13/论语部/13 左

穿山甲
【杂字】10/药物部/10 左

十画

桂心
【杂字】10/药物部/9 左

桂枝
【杂字】10/药物部/9 左

荳蔻
【杂字】10/药物部/8 左

破故纸
【杂字】10/药物部/10 左

柴栩
【杂字】10/药物部/8 左

贼鱼骨
【杂字】10/药物部/10 左

特丹　　疑为牡丹
【杂字】10/药物部/9 左

积殻
【杂字】10/药物部/9 右

疾病
【杂字】13/论语部/13 左

粉刺
【杂字】10/药物部/10 右

益智
【杂字】10/药物部/9 左

桑白皮
【杂字】10/药物部/10 左

十一画

梧桐

十六画

獭肝
【杂字】10/药物部/10 右

十七画

檀香
【杂字】10/药物部/9 右
黛青
【杂字】10/药物部/10 右

十八画

糯实子
【杂字】10/药物部/10 左

十九画

鳖甲
【杂字】10/药物部/9 右
麒麟竭
【杂字】10/药物部/10 右

二十一画

露蜂坊
【杂字】10/药物部/10 左

（八）禽兽虫蝶（含传说凤凰等）

三画

大虫
【杂字】14/禽兽部/15 右
山羊
【掌中珠】地用下/16/4
飞禽
【掌中珠】地用下/16/5

马牛
【掌中珠】地用下/16/3

四画

凤凰
【杂字】14/禽兽部/14 右
【掌中珠】地用下/16/5
牛羊
【杂字】14/禽兽部/14 左
孔雀
【杂字】14/禽兽部/15 右
【掌中珠】地用下/16/6

五画

白鹤
【杂字】14/禽兽部/14 右

六画

老鸦
【杂字】14/禽兽部/14 左
老鸥
【掌中珠】地用下/17/1
老鼠
【掌中珠】地用下/16/4
犲狼
【杂字】14/禽兽部/15 右
凫雁
【杂字】14/禽兽部/14 右
羊
【掌中珠】地用下/16/4
驮畜
【杂字】14/禽兽部/14 左

七画

走兽
【杂字】14/禽兽部/14 左
皂雕

【杂字】14/禽兽部/14 左

龟蛙

【掌中珠】地用下/17/3

鸠鸽

【杂字】14/禽兽部/14 右

沙狐

【掌中珠】地用下/16/2

鸡

【掌中珠】地用下/17/2

鸡犬

【杂字】14/禽兽部/14 左

驴

【掌中珠】地用下/16/3

驴马

【杂字】14/禽兽部/14 左

驴骡

【杂字】14/禽兽部/14 左

八画

蚬虱

【杂字】14/禽兽部/15 右
【掌中珠】地用下/17/4

牦牛

【掌中珠】地用下/16/5

狗猪

【掌中珠】地用下/16/3

兔

【掌中珠】地用下/16/2

鱼鳖

【掌中珠】地用下/17/4

细狗

【掌中珠】地用下/16/5

驼骡

【杂字】14/禽兽部/15 右

九画

鸦鹊

【杂字】14/禽兽部/14 左

虾蟆

【杂字】14/禽兽部/14 左

蚁

【掌中珠】地用下/17/3

狮子

【杂字】14/禽兽部/15 右
【掌中珠】地用下/16/1

骆驼

【掌中珠】地用下/16/3

十画

顽羊

【掌中珠】地用下/16/4

耕牛

【掌中珠】人事下/27/1

鸭

【掌中珠】地用下/16/6

蚖蛇

【杂字】14/禽兽部/14 左

蚊蚋

【杂字】14/禽兽部/14 左

豺狼

【掌中珠】地用下/16/5

豹虎

【掌中珠】地用下/16/2

狼

【掌中珠】地用下/16/4

鸳鸯

【杂字】14/禽兽部/14 右
【掌中珠】地用下/17/1

羖

【掌中珠】地用下/16/4

骄骥

【杂字】14/禽兽部/14 右

十一画

黄羊

【掌中珠】地用下/16/4

黄鹃子

【掌中珠】地用下/17/1

雀子
　【掌中珠】地用下/17/2

蛆虫
　【掌中珠】地用下/17/3

蚰蜒
　【杂字】14/禽兽部/14 左

蚯蚓
　【杂字】14/禽兽部/14 左

野狐
　【掌中珠】地用下/16/2

野豚
　【杂字】14/禽兽部/14 左

野兽
　【掌中珠】地用下/16/1

野鹊
　【杂字】14/禽兽部/14 左

猪豕
　【杂字】14/禽兽部/14 左

猫儿
　【掌中珠】地用下/16/3

猫狗
　【杂字】14/禽兽部/15 右

象熊
　【掌中珠】地用下/16/2

鹿麞
　【掌中珠】地用下/16/2

十二画

斑鸠
　【杂字】14/禽兽部/15 右

鹁鸽
　【掌中珠】地用下/17/1

雁
　【掌中珠】地用下/16/6

黑鸟
　【掌中珠】地用下/17/1

犊特
　【杂字】14/禽兽部/14 左

鹅
　【掌中珠】地用下/16/6

鹅鸭
　【杂字】14/禽兽部/15 右

十三画

鹊
　【掌中珠】地用下/17/1

鹌鹑
　【杂字】14/禽兽部/14 左
　【掌中珠】地用下/17/2

虞豹
　【杂字】14/禽兽部/15 右

蜗牛
　【杂字】14/禽兽部/14 左

蜂蝶
　【杂字】14/禽兽部/14 左

蜣螂
　【杂字】14/禽兽部/14 左

鹍鹏
　【杂字】14/禽兽部/14 左

鸼鸿
　【杂字】14/禽兽部/14 右

十四画

翡翠
　【杂字】14/禽兽部/14 右

蜻蜓
　【杂字】14/禽兽部/14 左

蝇
　【掌中珠】地用下/17/3

蝇蚋
　【杂字】14/禽兽部/15 右

蜘蛛
　【杂字】14/禽兽部/14 左
　【掌中珠】地用下/17/3

蜜蜂
　【掌中珠】地用下/17/3

鸳鸯鹤
　【掌中珠】地用下/16/6

【杂字】7/诸匠部/7 右

赤白

【杂字】7/诸匠部/7 右

针工

【杂字】7/诸匠部/7 左

针匠

【杂字】7/诸匠部/7 右

纸匠

【杂字】7/诸匠部/7 右

八画

金匠

【杂字】7/诸匠部/7 右

油漆

【杂字】7/诸匠部/7 右

泥匠

【掌中珠】人事下/22/5

九画

砌垒

【杂字】7/诸匠部/7 右

结瓦

【杂字】7/诸匠部/7 左

结丝匠

【杂字】7/诸匠部/7 左

结绾

【杂字】7/诸匠部/7 左

十画

索匠

【杂字】7/诸匠部/7 右

铁匠

【杂字】7/诸匠部/7 右

笔匠

【杂字】7/诸匠部/7 左

剜刀

【杂字】7/诸匠部/7 左

十一画

桶匠

【杂字】7/诸匠部/7 右

捻塑

【杂字】7/诸匠部/7 右

银匠

【杂字】7/诸匠部/7 右

彩画

【杂字】7/诸匠部/7 左

墪匠

【杂字】7/诸匠部/7 右

十二画

铸锅

【杂字】7/诸匠部/7 右

销金

【杂字】7/诸匠部/7 右

十五画

鞍匠

【杂字】7/诸匠部/7 右

十六画

鞘鞦

【杂字】7/诸匠部/7 右

镞匠

【杂字】7/诸匠部/7 左

镞剪

【杂字】7/诸匠部/7 左

雕剋

【杂字】7/诸匠部/7 左

十八画

鞦辔

【杂字】7/诸匠部/7 右

（十）颜色

三画

大青
　【杂字】16/颜色部/16 右
大砾
　【杂字】16/颜色部/16 右
大碌
　【杂字】16/颜色部/16 右

五画

石青
　【杂字】16/颜色部/16 右
卵色
　【杂字】16/颜色部/16 右

七画

苏木
　【杂字】16/颜色部/15 左
杏黄
　【杂字】16/颜色部/16 右
皂矾
　【杂字】16/颜色部/15 左
沙青
　【杂字】16/颜色部/16 右

八画

青淀
　【杂字】16/颜色部/15 左

九画

柿红
　【杂字】16/颜色部/16 右
南粉
　【杂字】16/颜色部/16 右

荭花
　【杂字】16/颜色部/15 左
鸦青
　【杂字】16/颜色部/16 右
贴金
　【杂字】16/颜色部/16 右

十画

鸭绿
　【杂字】16/颜色部/16 右
粉碧
　【杂字】16/颜色部/16 右
烟脂
　【杂字】16/颜色部/16 右

十一画

梅红
　【杂字】16/颜色部/16 右
铜青
　【杂字】16/颜色部/16 右
铜绿
　【杂字】16/颜色部/16 右
银塑
　【杂字】16/颜色部/16 右
银褐
　【杂字】16/颜色部/16 右
淡黄
　【杂字】16/颜色部/16 右
绯红
　【杂字】16/颜色部/15 左

十二画

雄黄
　【杂字】16/颜色部/16 右
紫皂
　【杂字】16/颜色部/15 左
黑绿
　【杂字】16/颜色部/16 右

鹅黄
　　【杂字】16/颜色部/16 右
缕金
　　【杂字】16/颜色部/16 右

十三画

槐子
　　【杂字】16/颜色部/15 左
蕀芭
　　【杂字】16/颜色部/15 左
新样
　　【杂字】16/颜色部/16 右

十四画

碧绿
　　【杂字】16/颜色部/16 右
雌黄
　　【杂字】16/颜色部/16 右

十五画

蕗蓬
　　【杂字】16/颜色部/15 左
橡子
　　【杂字】16/颜色部/15 左

（十一）体貌

三画

口唇
　　【杂字】8/身体部/7 左
　　【掌中珠】人相中/18/3

四画

五脏
　　【杂字】8/身体部/7 左

牙齿
　　【杂字】8/身体部/7 左
爪甲
　　【杂字】8/身体部/8 右
手腕
　　【杂字】8/身体部/8 右
手掌
　　【掌中珠】人相中/19/2
气脉
　　【掌中珠】人相中/19/3
六腑
　　【杂字】8/身体部/8 右
心命
　　【掌中珠】人相中/18/6
心肺
　　【杂字】8/身体部/7 左
心腑
　　【杂字】8/身体部/8 右

五画

头目
　　【掌中珠】人相中/18/3
头发
　　【掌中珠】人相中/18/4
皮肤
　　【杂字】8/身体部/8 右

六画

耳坠
　　【杂字】8/身体部/7 左
耳窍
　　【掌中珠】人相中/18/4
耳塞
　　【掌中珠】人相中/18/4
肉血
　　【掌中珠】人相中/19/2

七画

身体

【掌中珠】人相中/19/3
肝肚
【杂字】8/身体部/7 左

八画

顶脑
【杂字】8/身体部/7 左
【掌中珠】人相中/18/3
齿牙
【掌中珠】人相中/18/3
肾
【掌中珠】人相中/18/6
肾脏
【杂字】8/身体部/8 右
肺胆
【掌中珠】人相中/18/6
股腿
【掌中珠】人相中/19/1
胁肋
【掌中珠】人相中/18/6
肩背
【掌中珠】人相中/18/5
肩臂
【杂字】8/身体部/8 右

九画

项胸
【掌中珠】人相中/18/5
面额
【掌中珠】人相中/18/4
指爪
【掌中珠】人相中/19/2
指头
【杂字】8/身体部/7 左
咽喉
【杂字】8/身体部/7 左
【掌中珠】人相中/18/4
骨节
【掌中珠】人相中/19/2

胫骨
【杂字】8/身体部/8 右
眉毛
【杂字】8/身体部/7 左
【掌中珠】人相中/18/5

十画

恶疮
【掌中珠】人相中/19/4
胸前
【杂字】8/身体部/7 左
病患
【掌中珠】人相中/19/3
拳手
【杂字】8/身体部/8 右
脊背
【掌中珠】人相中/18/5

十一画

唾涕
【掌中珠】人相中/19/3
眼眶
【杂字】8/身体部/7 左
【掌中珠】人相中/18/5
脚胫
【掌中珠】人相中/19/1
脚根
【掌中珠】人相中/19/2
脖脐
【掌中珠】人相中/19/1

十二画

筋髓
【掌中珠】人相中/19/3
脾肝
【掌中珠】人相中/18/6
脾胃
【杂字】8/身体部/8 右

弼鼻

【杂字】8/身体部/7 左

十三画

跨臀

【杂字】8/身体部/8 右

腰膝

【杂字】8/身体部/8 右

【掌中珠】人相中/19/1

腹肚

【掌中珠】人相中/19/1

十四画

鼻舌

【掌中珠】人相中/18/3

十五画

颞颔

【杂字】8/身体部/7 左

十六画

毴髻

【杂字】8/身体部/7 左

颡额

【杂字】8/身体部/8 右

（十二）法律规范

二画

入案

【杂字】13/论语部/13 右

三画

干连

【杂字】13/论语部/13 右

大人指挥

【掌中珠】人事下/31/1

大人嗔怒

【掌中珠】人事下/30/1

弓箭手队法

【长编标】275/6723

【长编影】275/3 下

子细取问

【掌中珠】人事下/30/6

四画

五路条约

【长编标】304/7412

【长编影】304/18 上

五路义勇保甲上番条约

【长编标】278/6801

【长编影】278/7 下

不许留连

【掌中珠】人事下/29/1

不敢不听

【掌中珠】人事下/29/3

父死子继　西夏习俗

【宋史】191/兵志 5·乡兵 2·蕃兵/4755

【长编标】162/3902

【长编影】162/1 上

分析

【杂字】13/论语部/13 右

公松

【杂字】13/论语部/13 右

勾追

【杂字】13/论语部/13 右

文状

【杂字】13/论语部/13 左

斗打

【杂字】13/论语部/13 左

五画

申陈

【杂字】13/论语部/13 右

出与头子
　【掌中珠】人事下/30/5

犯法
　【杂字】13/论语部/13 左

令追知证
　【掌中珠】人事下/30/5

立便断止
　【掌中珠】人事下/32/1

司吏行遣
　【掌中珠】人事下/30/2

六画

休做人情
　【掌中珠】人事下/29/1

伏罪入状
　【掌中珠】人事下/32/1

伤损
　【杂字】13/论语部/13 左

争竞
　【杂字】13/论语部/13 左

决断
　【杂字】13/论语部/13 右

尽皆指挥
　【掌中珠】人事下/28/6

如此打拷
　【掌中珠】人事下/31/3

七画

投状
　【杂字】13/论语部/13 右

医人看验
　【掌中珠】人事下/30/3

告状
　【杂字】13/论语部/13 右

秃发令　李元昊颁布
　【长编标】115/2704
　【长编影】115/14 下

作文法　宗哥啁厮啰

【宋史】463/刘承宗传/13545
　【宋会要】蕃夷 6 之 2/7819

兵法　李元昊以兵法勒诸部
　【宋史】485/夏国传上/13993
　【汇编】上 60

坐司主法
　【掌中珠】人事下/27/5

迟延
　【杂字】13/论语部/13 左

纳命价　西夏杀人者纳命价百二十千
　【辽史】115/西夏记/1524
　【隆平集】20/夷狄传/3 下
　【汇编】上 116、118

八画

取问
　【杂字】13/论语部/13 右

择气直舌辩者为之　西夏蕃族和断官
　【隆平集】20/夷狄传/3 下
　【汇编】上 116

知见
　【杂字】13/论语部/13 左

知证分白
　【掌中珠】人事下/30/3

和断官　西夏断事官
　【辽史】115/西夏记/1524
　【隆平集】20/夷狄传/3 下
　【汇编】上 116、118

依法行遣
　【掌中珠】人事下/29/2

忿恨
　【杂字】13/论语部/13 左

受承
　【杂字】13/论语部/13 右

受罚
　【杂字】13/论语部/13 右

受贿
　【杂字】13/论语部/13 右

法律　德明通晓
　【辽史】115/西夏记/1523

【汇编】上 117

法律书　李元昊案上置
【长编标】111/2593
【长编影】111/16 下
【隆平集】20/夷狄传/3 下
【汇编】上 113

陕西路蕃兵部伍取丁法
【长编标】270/6626
【长编影】270/7 上

九画

枷在狱里
【掌中珠】人事下/30/5

指挥局分
【掌中珠】人事下/30/1

修城女墙法式　熙宁八年诏行
【长编标】261/6361
【长编影】261/6 下

追干连人
【掌中珠】人事下/30/4

律　鼎新律
【宋史】486/夏国传下/14025
【汇编】上 91

逃亡法　河东、陕西蕃弓箭手
【长编标】372/9020
【长编影】372/17 上

恤治民庶
【掌中珠】人事下/29/3

十画

格内步枪法　集教陕西民兵
【长编标】316/7651
【长编影】316/13 上

根眊
【杂字】13/论语部/13 左

都案判凭
【掌中珠】人事下/30/2

夏人率十而指一　回鹘过西夏所交商税
【宋会要】蕃夷 4 之 10/7718

莫违条法
【掌中珠】人事下/29/2

莫要住滞
【掌中珠】人事下/29/1

敌楼马面团敌法式　熙宁八年军器监上
【长编标】261/6361
【长编影】261/6 下

徒役
【杂字】13/论语部/13 右

凌持打拷
【掌中珠】人事下/31/1

案检判凭
【掌中珠】人事下/29/2

诸司告状
【掌中珠】人事下/30/1

十一画

接状只关
【掌中珠】人事下/30/2

隐藏
【杂字】13/论语部/13 左

十二画

裁详
【杂字】13/论语部/13 右

十三画

禁奢侈　西夏风尚
【宋史】486/夏国传下/14025
【汇编】上 91

罪衍
【杂字】13/论语部/13 右

十五画

蕃兵法
【宋史】191/兵志 5·乡兵 2·蕃兵/4757、4759
【长编标】264/6466

【长编影】264/8 上
踪迹见有
【掌中珠】人事下/30/3

（十三）风俗禁忌

二画

人性顽悍　麟府民风
【文会谈丛】6 上
【汇编】中一1531

三画

土著　党项风俗
【旧唐书】198/党项羌传/5290
【新唐书】221/党项传/6209
【五代会要】29/党项羌传/353
【汇编】上4、9、17
女栅　麟府丧葬用
【文会谈丛】6 上
【汇编】中一1532
马乳酿酒　王延德使高昌在大虫太子族见
【宋史】490/高昌传/14110
【挥麈前录】4/王延德历叙使高昌行程所见/3
下
【汇编】中一1011、1013

四画

无定居　李继迁习俗
【宋史】279/李重贵传/9487
【隆平集】18/李重贵传/12 上
【武经总要】后集3/9 下
【汇编】中一1144
五常六艺
【掌中珠】人事下/20/1
不失于物，不累于己
【掌中珠】人事下/35/2
不耻奔遁　西夏民俗
【宋史】486/夏国传下/14029

【汇编】上95
不敬尊长
【掌中珠】人事下/29/5
不循礼法公事　麟府民风
【文会谈丛】6 上
【汇编】中一1532
不慕中国　西夏风尚
【后山谈丛】4/5 上
【汇编】中一1738
**尤能别珍宝，蕃汉为市者，非其人为侩则
　　不能售价**　回鹘
【宋会要】蕃夷4 之 10/7718
仁义忠信
【掌中珠】人事下/20/1
风俗
【杂字】13/论语部/14 右
六亲和合
【掌中珠】人事下/20/2
以贫为丑
【掌中珠】人事下/35/6
以富为荣
【掌中珠】人事下/35/5
以指染血涂佛口，或捧其足而鸣之　回鹘
　　礼佛习俗
【宋会要】蕃夷4 之 10/7718

五画

艾　西戎羊卜时所用物
【元刊梦溪笔谈】18/19
【汇编】中六6078
可谓孝乎
【掌中珠】人事下/31/4
用单日　党项出兵喜用单日
【宋史】486/夏国传下/14029
【辽史】115/西夏记/1524
【隆平集】20/夷狄传/3 下
【汇编】上95、115、118
生日　宋贺夏国主生日
【宋史】486/夏国传下/14016
【汇编】上82

【宋会要】兵27之22/7257

十六画

燕人衣服饮食以中国为法
【后山谈丛】4/5 上
【汇编】中一 1738

擗筹　西夏占卜
【辽史】115/西夏记/1523
【汇编】上 117

擗算　西夏占卜
【宋史】486/夏国传下/14029
【隆平集】20/夷狄传/5 下
【汇编】上 95、115

器用金银　王延德使高昌在大虫太子族所见
【宋史】490/高昌传/14110
【挥麈前录】4/王延德历叙使高昌行程所见/3 下
【汇编】中一 1011、1013

避太宗讳　李光睿避宋太宗讳改名克睿
【宋史】485/夏国传上/13983
【汇编】上 50

避父讳　夏景宗李元昊避父讳，改宋年号明道为显道
【宋史】485/夏国传上/13993
【汇编】上 61

避晦日　西夏出军所避
【宋史】486/夏国传下/14029
【辽史】115/西夏记/1524
【隆平集】20/夷狄传/3 下
【汇编】上 95、115、118

（十四）礼仪

二画

九拜为三拜　夏景宗李元昊裁定
【辽史】115/西夏记/1523
【长编标】123/2894
【长编影】123/2 上
【汇编】中二 1775

上寿仪　夏国使人练习

【长编标】200/4845
【长编影】200/1 上

三画

凡六日、九日则见官属　夏景宗李元昊礼制
【宋史】485/夏国传上/13993
【长编标】115/2704
【长编影】115/14 下

叉手展拜　夏使朝见金帝礼仪
【三朝北盟会编】74/1 上
【汇编】下 6084

四画

仇雠
【杂字】15/礼乐部/15 左

以乐迎告至其母柩前，明日衣襢衣受赐　夏太宗李德明母罔氏卒，受宋使吊赠
【长编标】65/1455
【长编影】65/12 上

五画

汉仪　夏毅宗李谅祚请去蕃礼，从汉仪
【宋史】485/夏国传上/14001

汉仪　西夏迎赐中冬服宋使礼仪
【宋大诏令集】234/赐夏国主乞用汉仪诏/911
【汇编】中三 3282

汉仪　夏毅宗李谅祚迎宋使用
【长编标】195/4730
【长编影】195/12 下

礼乐
【杂字】15/礼乐部/15 右

礼乐　夏景宗李元昊改
【宋史】485/夏国传上/13995
【元刊梦溪笔谈】25/3
【汇编】中一 1752

六画

吊慰　宋仁宗崩，夏毅宗李谅祚遣使吊慰

【长编标】199/4823

【长编影】199/2 上

【汇编】中三 3311

齐整

【杂字】15/礼乐部/15 左

守王条制

【中国藏西夏文献】18/唐延州安塞军防御使白
敬立墓志铭文/27

讲议

【杂字】15/礼乐部/15 左

论说

【杂字】15/礼乐部/15 左

约束

【杂字】15/礼乐部/15 右

七画

进退

【杂字】15/礼乐部/15 右

运奔

【杂字】15/礼乐部/15 右

贡献

【杂字】15/礼乐部/15 右

告哀　高遵裕使夏告宋英宗崩

【宋史】464/高遵裕传/13575

【汇编】中三 3420

坐朵殿上　夏使使宋宴会座次

【宋会要】蕃夷 6 之 4/7820

坐馆下　唃厮啰首领使宋宴会座次

【宋会要】蕃夷 6 之 4/7820

君子有礼

【掌中珠】人事下/29/4

八画

奉送宾客

【掌中珠】人事下/34/1

郊坛　夏景宗李元昊称帝时所筑

【宋史】485/夏国传上/13996

【汇编】上 63

九画

契丹旧仪　夏崇宗李乾顺见金使礼仪

【金史】134/西夏传/2868

【汇编】上 127

胡礼　即蕃礼，夏景宗李元昊下令采用

【长编标】119/2814

【长编影】119/17 上

威仪

【杂字】15/礼乐部/15 右

贺正旦　西夏贺宋

【宋史】11/仁宗纪 3/220；486/夏国传下/
14016、14020

【长编标】154/3746；206/5008；216/5251

【长编影】154/10 上；206/22 下；216/1 上

【宋大诏令集】234/赐夏国主正旦进马驼诏/911

【宋会要】食货 38 之 30/5841

【华阳集】18/赐夏国主正旦进马驼诏/212

【欧阳文忠公全集】86/赐夏国主赎大藏经诏/5
下；88/赐夏国主进奉贺正旦马驼诏/9 上

【汇编】中三 3041、3042、3080、3246、3253、
3300、3305、3390、3609

贺寿圣节　西夏贺宋英宗

【长编标】206/5008

【长编影】206/22 下

【华阳集】18/赐夏国主贺寿圣节进马诏/212

【汇编】中三 3318、3390

贺登宝位　西夏贺宋英宗

【华阳集】18/赐夏国主贺登宝位进物诏/213

【汇编】中三 3322

十一画

唱喏

【杂字】15/礼乐部/15 左

十二画

朝贺仪　西夏表求宋朝赐给

【宋史】485/夏国传上/14002

【汇编】上 69

裁礼之九拜为三拜　夏景宗李元昊所裁

【辽史】115/西夏记/1523

【长编标】123/2894

【长编影】123/2 上

【汇编】上 117

趋迎

【杂字】15/礼乐部/15 右

赏赐

【杂字】15/礼乐部/15 左

筑坛　夏景宗李元昊称帝时筑

【宋史】485/夏国传上/13995

【东都事略】127、128/附录 5、6

【汇编】上 62、103

循法

【杂字】15/礼乐部/15 右

游说

【杂字】15/礼乐部/15 左

谦下

【杂字】15/礼乐部/15 右

十三画

酬酢

【杂字】15/礼乐部/15 右

感谢

【杂字】15/礼乐部/15 左

辞让

【杂字】15/礼乐部/15 右

歃血　党项部族盟誓

【宋史】485/夏国传上/13995

【汇编】上 62

十四画

聚会

【杂字】15/礼乐部/15 左

稳便

【杂字】15/礼乐部/15 右

十五画

蕃礼　西夏迎宋生日使礼仪

【宋大诏令集】234/赐夏国主乞用汉仪诏/911

【汇编】中三 3282

蕃礼　西夏礼仪

【宋史】485/夏国传上/14001；486/夏国传下/
　14008

【长编标】142/3410；195/4730

【长编影】142/14 下；195/12 下

【东都事略】127、128/附录 5、6

【汇编】上 107；中三 3280

遵朝典　拓跋守寂丧葬赙物

【中国藏西夏文献】18/唐静边州都督拓跋守寂
　墓志文并序/24

二十二画

饕餮

【杂字】15/礼乐部/15 左

（十五）节日

四画

五月五日　夏景宗李元昊生日

【宋史】485/夏国传上/14000

【汇编】上 67

五画

四孟朔　夏景宗李元昊改定的西夏节日

【宋史】485/夏国传上/14000

【隆平集】20/夷狄传/3 下

【汇编】上 67、115

冬至　夏太宗李德明遣使贺宋朝节日

【宋史】485/夏国传上/13992

【汇编】上 59

冬至　党项节日

【隆平集】20/夷狄传/3 下

【汇编】上 58、115

圣节　夏使贺宋朝节日

【宋史】485/夏国传上/13992

【汇编】上 59

六画

岁旦　夏使贺宋朝节日
【宋史】485/夏国传上/13992
【汇编】上 59
年节　西人重要节日
【宋会要】兵 28 之 42/7290
【汇编】中五 5263

十二画

寒食　西人重要节日
【宋会要】兵 28 之 42/7290
【汇编】中五 5263

（十六）宗教信仰（含民间信仰）

二画

十地菩萨
【掌中珠】人事下/36/2
七级木浮图　吐蕃凉州城内
【宋史】492/吐蕃传/14152
【宋会要】方域 21 之 14/7668
入定诵咒
【掌中珠】人事下/21/5

三画

三界流转
【掌中珠】人事下/35/6
土地神　西夏信仰
【陇右金石录】4/黑河建桥敕碑/62 上
【中国藏西夏文献】18/黑水河建桥敕碑汉文铭文/100
【汇编】上 146
山神　西夏信仰
【陇右金石录】4/黑河建桥敕碑/62 上
【中国藏西夏文献】18/黑水河建桥敕碑汉文铭文/100

【汇编】上 146

四画

天神地祇
【掌中珠】人事下/20/6
六趣轮回
【掌中珠】人事下/37/1
方术　夏景宗李元昊子宁明喜好
【长编标】162/3901
【长编影】162/1 上
水土之主　西夏信仰
【陇右金石录】4/黑河建桥敕碑/62 上
【汇编】上 146
水神　西夏信仰
【陇右金石录】4/黑河建桥敕碑/62 上
【汇编】上 146

五画

龙神　西夏信仰
【陇右金石录】4/黑河建桥敕碑/62 上
【汇编】上 146

六画

回鹘僧　夏国贡辽礼物
【辽史】115/西夏记/1527
自受用佛
【掌中珠】人事下/36/3
行道求修
【掌中珠】人事下/21/5
如来　西夏信仰
【嘉靖宁夏新志】2/寺观·大夏国葬舍利碣铭/44 下
【汇编】上 151

七画

远离三涂
【掌中珠】人事下/36/1
巫者　西夏占卜治病者

【辽史】115/西夏记/1523

【汇编】上 117

佛牙　西州回鹘僧贡

【宋史】490/高昌传/14110

【宋会要】蕃夷 7 之 3/7841

八画

苦报无量

【掌中珠】人事下/37/1

昔因行愿

【掌中珠】人事下/36/4

或做佛法

【掌中珠】人事下/20/5

供佛宝　宝元元年西夏遣使诣五台山供佛宝

【宋史】485/夏国传上/13995

【汇编】上 62

供养烧香

【掌中珠】人事下/21/3

舍利　西夏承天寺藏

【嘉靖宁夏新志】2/寺观·承天寺碑/44 上

【汇编】上 149、150

金刚杵

【掌中珠】人事下/21/3

金佛　夏国贡辽

【辽史】22/道宗纪 2/267；115/西夏记/1527

金佛　唐兀惕主献成吉思汗

【蒙兀儿史记】44/脱栾传/2 下

【元朝秘史】14/1 上

【汇编】下 6915、6925

净瓶

【掌中珠】人事下/21/2

波斯外道　波斯外道阿里烟至京师贡奉

【宋史】4/太宗 1/72；490/天竺传/14105、回鹘
　传/14114

【宋会要】蕃夷 4 之 13/7720、7 之 11/7845

九画

树神　西夏信仰

【陇右金石录】4/黑河建桥敕碑/62 上

【汇编】上 146

指示寂知

【掌中珠】人事下/36/6

修行观心

【掌中珠】人事下/37/2

鬼　西夏信仰

【辽史】115/西夏记/1523

【汇编】上 117

祠神　夏景宗李元昊建国时诣西凉祭神

【宋史】485/夏国传上/13995

【汇编】上 62

十画

浮图法　夏景宗李元昊通晓

【隆平集】20/夷狄传/3 下

【汇编】上 113

浮图学　夏景宗李元昊通晓

【宋史】485/夏国传上/13993

【东都事略】127、128/附录 5、6

【汇编】上 60、102

诸天佑助

【掌中珠】人事下/32/2

诸佛菩萨

【掌中珠】人事下/20/6

十一画

菩提涅盘

【掌中珠】人事下/36/6

得达圣道

【掌中珠】人事下/37/2

祭天　党项风尚

【隋书】83/党项传/1845

【旧唐书】198/党项羌传/5291

【新唐书】221/党项传/6209

【汇编】上 2、4、10

十二画

等觉妙觉

【掌中珠】人事下/36/2

十三画

辟谷 夏景宗李元昊子宁明练习的方术
【长编标】162/3901
【长编影】162/1 上

十四画

演说法门
【掌中珠】人事下/36/5

（十七）婚丧嫁娶

二画

儿女了毕
【掌中珠】人事下/34/5

三画

大枉 党项少而丧者，疑大为天之误
【隋书】83/党项传/1845
【汇编】上 2
与吐谷浑结婚 拓拔赤辞
【旧唐书】198/党项羌传/5290
【汇编】上 4
与吐蕃姻援 庆州党项
【新唐书】221/党项传/6214
【汇编】上 12
女未嫁者先与汉人通，年近三十始能配其 种类 秦州回鹘婚俗
【宋会要】蕃夷 4 之 10/7718

四画

不娶同姓 党项婚俗
【新唐书】221/党项传/6209
【汇编】上 10
不婚同姓

【旧唐书】198/党项羌传/5291
【汇编】上 4

天枉 党项少而丧者
【旧唐书】198/党项羌传/5291
【新唐书】221/党项传/6214
【汇编】上 4、10

火葬 党项葬俗
【旧唐书】198/党项羌传/5291
【汇编】上 4

五画

令终 党项人八十而亡
【隋书】83/党项传/1845
【汇编】上 2

六画

回归本家
【掌中珠】人事下/34/1
尽天年 党项老死者
【旧唐书】198/党项羌传/5291
【汇编】上 4

七画

求尚主 夏毅宗李谅祚向宋求婚
【长编标】196/4745
【长编影】196/8 下
纸钱 西夏葬俗
【元刊梦溪笔谈】13/21
【汇编】中二 2626

八画

妻其庶母、伯叔母、兄嫂、子弟妇 党项 婚俗
【旧唐书】198/党项羌传/5291
【新唐书】221/党项传/6209
【汇编】上 4、10

【杂字】20/亲戚长幼部/19 右

妻眷男女
【掌中珠】人事下/20/4

叔姨姑舅
【掌中珠】人事下/20/4

九画

亲家母 西夏语音译"夷磨"
【掌中珠】人事下/34/4

亲家翁 西夏语音译"夷波"
【掌中珠】人事下/34/4

亲戚大小
【掌中珠】人事下/20/5

十画

爹爹
【杂字】20/亲戚长幼部/19 右

爹爹娘娘
【掌中珠】人事下/20/2

娘娘
【杂字】20/亲戚长幼部/19 右

（十九）天文历法

一画

一个月
【掌中珠】天变下/11/2

一日
【掌中珠】天变下/10/6

一年二年
【掌中珠】天变下/11/1

一清
【掌中珠】天形上/4/4

二画

二日

【掌中珠】天变下/11/1

十二辰属 唃厮啰纪年
【宋史】492/唃厮啰传/14162
【汇编】中二 2055

十二星宫
【掌中珠】天相中/10/2

八节
【掌中珠】天相中/9/3

人马
【掌中珠】天相中/7/2

人星
【掌中珠】天相中/8/3

九霄
【掌中珠】天形上/4/4

土星
【掌中珠】天相中/8/1

上天
【掌中珠】天形上/4/3

么竭
【掌中珠】天相中/7/1

三画

女宿
【掌中珠】天相中/5/2

马年 唃厮啰纪年
【宋史】492/唃厮啰传 14162
【汇编】中二 2055

子丑
【掌中珠】天相中/9/6

四画

历日 赐西夏治平二年历
【华阳集】18/赐夏国主历日诏/212
【汇编】中三 3351

巨蟹
【掌中珠】天相中/7/1

井宿
【掌中珠】天相中/5/4

天火

【掌中珠】天相中/7/4

天河

【掌中珠】天相中/7/4；天相中/9/2

天晓

【掌中珠】天变下/10/4

天秤

【掌中珠】天相中/7/2

天乾

【掌中珠】天形上/4/3

天晚

【掌中珠】天变下/10/4

天鼓

【掌中珠】天相中/7/4

天蝎

【掌中珠】天相中/7/2

木星

【掌中珠】天相中/8/1

太阳

【掌中珠】天相中/8/2

太阴

【掌中珠】天相中/8/2

日月

【掌中珠】天相中/4/6

日出

【掌中珠】天变下/10/4

日没

【掌中珠】天变下/10/4

日限

【掌中珠】天相中/9/4

今日

【掌中珠】天变下/10/6

今日一日

【掌中珠】天变下/11/1

今年

【掌中珠】天变下/11/1

午未

【掌中珠】天相中/10/1

牛宿

【掌中珠】天相中/5/2

壬癸

【掌中珠】天相中/9/6

月孛

【掌中珠】天相中/8/3

计都星

【掌中珠】天相中/8/2

亢宿

【掌中珠】天相中/5/6

火星

【掌中珠】天相中/8/1

火星入南斗　天禧八年

【宋史】485/夏国传上/13992

【汇编】上 59

斗宿

【掌中珠】天相中/5/2

心宿

【掌中珠】天相中/5/1

双女

【掌中珠】天相中/7/2

双鱼

【掌中珠】天相中/7/3

以十二月为岁首　西夏历法

【宋会要】兵 28 之 42/7290

【汇编】中五 5263

水星

【掌中珠】天相中/8/1

五画

石陜　李继迁声言

【宋史】326/卢鉴传/10528

【汇编】上 236

去岁

【掌中珠】天变下/11/2

玉兔

【掌中珠】天相中/4/6

正月

【掌中珠】天变下/11/2

丙丁

【掌中珠】天相中/9/6

戊己

【掌中珠】天相中/9/6

北斗

【掌中珠】天相中/8/3

四季

【掌中珠】天相中/9/3

甲乙

【掌中珠】天相中/9/5

申酉

【掌中珠】天相中/10/1

仪天历 宋赐赵德明

【长编标】67/1502

【长编影】67/6 下

仪天具注历 乾兴元年赐西夏

【宋史】485/夏国传上/13992

【汇编】上 59

外后日

【掌中珠】天变下/10/6

白日

【掌中珠】天相中/9/4

白羊

【掌中珠】天相中/7/3

六画

戌亥

【掌中珠】天相中/10/1

扫星

【掌中珠】天相中/7/4

毕宿

【掌中珠】天相中/5/4

岁星

【掌中珠】天相中/6/5

年月

【掌中珠】天相中/9/4

后日

【掌中珠】天变下/10/6

危宿

【掌中珠】天相中/5/2

七画

辰巳

【掌中珠】天相中/10/1

辰星

【掌中珠】天相中/8/4

来年

【掌中珠】天变下/11/2

时节

【掌中珠】天相中/9/5

角宿

【掌中珠】天相中/5/5

闰月

【掌中珠】天变下/11/3

张宿

【掌中珠】天相中/5/5

尾宿

【掌中珠】天相中/5/1

八画

卓午

【掌中珠】天相中/9/4

明日

【掌中珠】天变下/10/6

昊天

【掌中珠】天形上/4/3

昂宿

【掌中珠】天相中/5/4

旻天

【掌中珠】天形上/4/3

罗睺星

【掌中珠】天相中/8/2

金牛

【掌中珠】天相中/7/3

金乌

【掌中珠】天相中/4/6

金星

【掌中珠】天相中/8/1

兔年 唃厮啰纪年

【宋史】492/唃厮啰传/14162

【汇编】中二 2055

夜间

【掌中珠】天相中/9/4

底宿

【掌中珠】天相中/5/1

庚辛
【掌中珠】天相中/9/6

宝瓶
【掌中珠】天相中/7/1

房宿
【掌中珠】天相中/5/1

参斜
【掌中珠】天相中/8/3

参宿
【掌中珠】天相中/5/4

九画

春夏
【掌中珠】天相中/9/3

柳宿
【掌中珠】天相中/5/5

奎宿
【掌中珠】天相中/5/3

轸宿
【掌中珠】天相中/5/6

星宿
【掌中珠】天相中/4/6

胃宿
【掌中珠】天相中/5/3

秋冬
【掌中珠】天相中/9/3

皇天
【掌中珠】天形上/4/3

鬼宿
【掌中珠】天相中/5/5

狮子
【掌中珠】天相中/7/2

恒星昼见　大中祥符二年李德明侵回鹘，惧之
　　而还
【宋史】485/夏国传上/13990
【汇编】上57

前年
【掌中珠】天变下/11/2

室宿
【掌中珠】天相中/5/3

娄宿

【掌中珠】天相中/5/3

逊星
【掌中珠】天相中/7/4

十画

桂枝
【掌中珠】天相中/4/6

候草木以记岁时　早期党项纪年方式
【隋书】83/党项传/1845
【旧唐书】198/党项羌传/5291
【新唐书】221/党项传/6209
【汇编】上2、4、10

颁历于夏国
【宋史】11/仁宗纪3/221
【长编标】157/3804
【长编影】157/8 上

十一画

彗星　元符元年夏崇宗李乾顺以彗星见，赦国
　　中
【宋史】486/夏国传下/14018

彗星　绍兴十四年见
【宋史】486/夏国传下/14024
【汇编】上90

虚空
【掌中珠】天形上/4/4

虚宿
【掌中珠】天相中/5/2

晚夕
【掌中珠】天相中/9/5

寅卯
【掌中珠】天相中/10/1

十二画

紫炁星
【掌中珠】天相中/8/2

腊月
【掌中珠】天变下/11/3

十三画

摄提　西夏太岁纪年，在寅年
【嘉靖宁夏新志】2/寺观·承天寺碑/44 上
【汇编】上 149

觜宿
【掌中珠】天相中/5/4

禀正朔　夏景宗李元昊时期
【宋史】485/夏国传上/13993
【东都事略】127、128/附录 5、6
【隆平集】20/夷狄传/3 下
【汇编】上 66、105、114

十四画

箕宿
【掌中珠】天相中/5/1

十六画

壁宿
【掌中珠】天相中/5/3

十七画

翼宿
【掌中珠】天相中/5/5

十九画

攒昂
【掌中珠】天相中/8/3

（二十）语言文字（含西夏语音译词）

一画

乙玉　西夏语绢丝
【掌中珠】人事下/25/6

乙宁 ①　西夏语金刚杵
【掌中珠】人事下/21/3

乙讹　西夏语玉兔
【掌中珠】天相中/4/6

乙波　西夏语阿舅
【掌中珠】人事下/20/4

二画

丁丁合　西夏语灯盏
【掌中珠】人事下/23/6

丁领　西夏语绫罗
【掌中珠】人事下/25/6

七吾　西夏语盐
【掌中珠】地用下/15/3

力乙　西夏语耕牛
【掌中珠】人事下/27/1

力讹　西夏语马院
【掌中珠】人事下/28/2

乃怒　西夏语熨斗
【掌中珠】人事下/24/4

三画

兀卒　又名吾祖，意为"青天子"，夏景宗李元昊自号
【宋史】320/蔡襄传/10399；485/夏国传上/13998
【长编标】122/2880、2881；131/3114；139/3343、3344、3348、3350；142/3409、3410；317/7656
【长编影】317/1 上
【奏议标】133/范仲淹等·上仁宗论元昊请和不可许者三大可防者三/1487
【奏议影】133/范仲淹等·上仁宗论元昊请和不可许者三大可防者三/4574
【东都事略】127、128/附录 5、6
【司马文正公集】78/太子太保庞公墓志铭 4 下

―――――――――

①　《番汉合时掌中珠》中的"标音词"只选择了一部分。

【掌中珠】人事下/33/4

六㗩 西夏语笛
【掌中珠】人事下/32/5

为迎 西夏语底宿
【掌中珠】天相中/5/1

为遏 西夏语油饼
【掌中珠】人事下/33/2

丑迎 西夏语女宿
【掌中珠】天相中/5/2

水麻 西夏语柿子
【掌中珠】地用下/14/3

五画

打当 西夏语,使人、商旅过蕃族所遗财货之称,即"宿值"
【宋史】264/宋琪传/9130；490/高昌传/14110
【长编标】35/769
【长编影】35/4 下
【挥麈前录】4/王延德历叙使高昌行程所见/3 下
【汇编】中一 1011、1012

打样 西夏语燕子
【掌中珠】地用下/17/2

左尼宰 西夏语碓磑
【掌中珠】人事下/27/1

末那 西夏语菠薐
【掌中珠】地用下/14/5

末魁 西夏语大鼓
【掌中珠】人事下/32/6

正尼祖 西夏语正厅
【掌中珠】人事下/28/5

正暮咡罗 西夏语正统司
【掌中珠】人事下/27/6

北与咡罗 西夏语殿前司
【掌中珠】人事下/28/1

北遏 西夏语烧饼
【掌中珠】人事下/33/3

叶 西夏语"惜",又作崖
【长编影】111/16 下
【汇编】中一 1688

叶迈 西夏语,夏景宗李元昊小名,又作崖埋,意为惜富贵
【长编影】111/16 下
【汇编】中一 1688

卢乙 西夏语石炭
【掌中珠】地用下/13/2

卢嵬 西夏语石榴
【掌中珠】地用下/14/3

由乙 西夏语案头
【掌中珠】人事下/28/5

由那 西夏语茵蔯
【掌中珠】地用下/14/5

史罨 西夏语针线
【掌中珠】人事下/25/4

出梨 西夏语醋
【掌中珠】地用下/15/3

令桑 西夏语大阳
【掌中珠】天相中/8/2

令勒 西夏语大地
【掌中珠】地体上/11/5

令渎 西夏语大阴
【掌中珠】天相中/8/2

令泥落 西夏语枢密
【掌中珠】人事下/27/6

汉语 各族通用语言
【靖康稗史】宣和奉使录/13
【汇编】中六 5984

宁令哥 西夏语,夏毅宗李谅祚小名,意为欢嘉
【宋史】485/夏国传上/14000
【汇编】上 67

头项 西夏语,西夏军队分部称谓
【长编标】125/2944、2954、2956；143/3457；314/7611；468/11188；499/11873；500/11902；504/42018；508/12108；511/12168
【长编影】125/6 下、16 下、15 上；143/25 上；314/7611；468/19 下；499/3 上；500/3 下；504/18 下；508/12 下；511/13 下

必吉 西夏语宰相,又作别吉
【雪楼集】25/魏国公先世述/16 下
【汇编】上 291

永郎能没轻 西夏语叔姨姑舅

【掌中珠】人事下/20/4

召西　西夏语尺
【掌中珠】人事下/24/4

皮西　西夏语簸箕
【掌中珠】人事下/26/5

皮迎　西夏语箕宿
【掌中珠】天相中/5/1

皮迎　西夏语翼宿
【掌中珠】天相中/5/5

六画

西卢　西夏语木植
【掌中珠】人事下/22/4

西吃　西夏语木匠
【掌中珠】人事下/22/4

西迎　西夏语木星
【掌中珠】天相中/8/1

西续　西夏语柜子
【掌中珠】人事下/24/1

西磕　西夏语匣子
【掌中珠】人事下/24/2

西尼正囗罗　西夏语巡检司
【掌中珠】人事下/28/2

迈　西夏语"富贵"，又作埋
【长编影】111/16 下
【汇编】中一 1688

托尼精　西夏语通判
【掌中珠】人事下/28/5

托绿囗缚　西夏语牡丹花
【掌中珠】地用下/13/3

夷波　西夏语亲家翁
【掌中珠】人事下/34/4

夷磨　西夏语亲家母
【掌中珠】人事下/34/4

贞迎　西夏语岁星
【掌中珠】天相中/6/5

吃讹　西夏语工院
【掌中珠】人事下/28/2

吃麻　西夏语橘子
【掌中珠】地用下/14/3

吃滓　西夏语刻叉
【掌中珠】人事下/26/5

则末　西夏语铙钹
【掌中珠】人事下/21/2

则胃　西夏语斤斧
【掌中珠】人事下/22/5

则麻　西夏语荔枝
【掌中珠】地用下/14/2

竹领　西夏语局分
【掌中珠】人事下/28/6

色贾　西夏语琴
【掌中珠】人事下/32/4

名皆　西夏语女妹
【掌中珠】人事下/20/3

名郭　西夏语衬衣
【掌中珠】人事下/24/5

庄郎昧克　龙移昧乞之语讹
【宋会要】方域21 之 10/7666

庆　西夏语鹁鸽
【掌中珠】地用下/17/1

汝囗冷　西夏语鱼鳖
【掌中珠】地用下/17/4

讹合　西夏语荞麦
【掌中珠】地用下/15/5

讹丁　西夏语脖脐
【掌中珠】人相中/19/1

讹昧　西夏语腹肚
【掌中珠】人相中/19/1

讹要　西夏语鸡
【掌中珠】地用下/17/2

讹勒　西夏语孔雀
【掌中珠】地用下/16/6

讹重略　西夏语枕毡
【掌中珠】人事下/24/3

那　西夏语连袋
【掌中珠】人事下/26/4

那聂　西夏语巨蟹
【掌中珠】天相中/7/1

欢嘉　西夏语谓"欢嘉"为"宁令"
【宋史】485/夏国传上/14000
【汇编】上 67

七画

麦吴 西夏语柳榆
【掌中珠】地用下/14/4

麦迎 西夏语柳宿
【掌中珠】天相中/5/5

麦诺 西夏语蒲桃
【掌中珠】地用下/14/2

莘 西夏语黄羊
【掌中珠】地用下/16/4

莘口罗 西夏语萝卜
【掌中珠】地用下/14/6

莘托 西夏语食品乳头
【掌中珠】人事下/33/2

莘浪。 西夏语褐衫
【掌中珠】人事下/24/4

莘弱 西夏语旋襕
【掌中珠】人事下/24/4

芭不 西夏语爹爹
【掌中珠】人事下/20/2

赤剋口罗 西夏语磨勘司
【掌中珠】人事下/28/3

吾祖 西夏语青天子音译，亦译为"兀卒"或
"乌珠"
【宋史】320/蔡襄传/10399；485/夏国传上/
13993
【长编标】115/2704
【长编影】115/14 下；142/13 下、14 上、14
下、15 上
【奏议标】134/欧阳修·上仁宗论西贼议和利害
/1492
【奏议影】134/欧阳修·上仁宗论西贼议和利害
/4589
【龙川别志】下/86
【欧阳文忠公全集】99/奏议·论元昊不可称吾
祖札子/4 上、奏议·论西贼议和利害状/6 下
【汇编】上 66；中二 1786、2752、2753、2754

束合食 西夏语斛豆
【掌中珠】地用下/15/4

折口黑 西夏语安息香
【掌中珠】人事下/21/4

折则 西夏语纽子
【掌中珠】人事下/24/6

折庞 西夏语乳香
【掌中珠】人事下/21/3

折尼逌 西夏语交床
【掌中珠】人事下/24/2

别吉 西夏语宰相，又作必吉
【蒙兀儿史记】154/氏族表·色目氏族/34 下
【汇编】上 582

吴。每 西夏语头目
【掌中珠】人相中/18/3

里那 西夏语香菜
【掌中珠】地用下/14/4

你䋻 西夏语面额
【掌中珠】人相中/18/4

你䋻合 西夏语鼻舌
【掌中珠】人相中/18/3

你迎 西夏语尾宿
【掌中珠】天相中/5/1

兵迎 西夏语角宿
【掌中珠】天相中/5/5

余迎 西夏语鬼宿
【掌中珠】天相中/5/5

余麻 西夏语檎
【掌中珠】地用下/14/1

肚迎 西夏语张宿
【掌中珠】天相中/5/5

迎那 西夏语玛瑙
【掌中珠】地用下/13/1

冷口缚 西夏语细面
【掌中珠】人事下/33/2

没 西夏语刀
【掌中珠】人事下/22/6

没宁令 西夏语天大王
【元刊梦溪笔谈】25/7
【汇编】中四 4139

没奴 西夏语袜肚
【掌中珠】人事下/24/5

没讹 西夏语鸳鸯
【掌中珠】地用下/17/1

没杏 西夏语粟杏
【掌中珠】地用下/14/1

没鲁　西夏语蛆虫
【掌中珠】地用下/17/3

羌语　吐蕃语
【宋史】492/唃厮啰传/14160
【长编标】346/8301
【长编影】346/1 上
【汇编】中五4579

羌语"崖"为"惜"；"埋"为"富贵"
　　羌语，即西夏语
【长编标】111/2593
【长编影】111/16 下

译语
【杂字】13/论语部/14 右

张力。　西夏语正月
【掌中珠】天变下/11/2

阿六　西夏语都案
【掌中珠】人事下/28/5

阿芭阿麻　西夏语阿耶阿娘
【掌中珠】人事下/20/3

阿拶　西夏语阿姐
【掌中珠】人事下/20/3

阿哥　西夏语阿哥
【掌中珠】人事下/20/3

鸡折　西夏语草香
【掌中珠】人事下/21/4

八画

青迎　西夏语紫炁星
【掌中珠】天相中/8/2

枢铭　西夏语官大者
【东原录】34 下
【汇编】补遗7314

直斜　西夏语肉血
【掌中珠】人相中/19/2

顶合遏　西夏语盏锣
【掌中珠】人事下/33/4

顶赤口罗　西夏语大恒历院
【掌中珠】人事下/28/3

顶疾口罗　西夏语阁门司
【掌中珠】人事下/28/4

抽合那　西夏语薄荷
【掌中珠】地用下/14/5

抽口冷讹　西夏语六弦
【掌中珠】人事下/32/3

叔尼卒　西夏语回廊
【掌中珠】人事下/22/1

尚崽　西夏语汗衫
【掌中珠】人事下/24/5

果迎　西夏语轸宿
【掌中珠】天相中/5/6

制蕃字师　野利仁荣
【宋史】486/夏国传下/14025
【汇编】上91

垂手　西夏语虮虱
【掌中珠】地用下/17/4

垂箇　西夏语齿牙
【掌中珠】人相中/18/3

乳六　西夏语乐器七星
【掌中珠】人事下/32/5

乳浪　西夏语双鱼
【掌中珠】天相中/7/3

舍　西夏语大麦
【掌中珠】地用下/15/4

命爽鬲　西夏语体工
【掌中珠】人事下/22/5

周郍　西夏语顶脑
【掌中珠】人相中/18/3

刻口移　西夏语靴
【掌中珠】人事下/25/1

京六口罗　西夏语经略司
【掌中珠】人事下/27/6

底峨　西夏语厨庖
【掌中珠】人事下/22/1

底酩　西夏语粥
【掌中珠】人事下/33/2

怛　西夏语骡
【掌中珠】地用下/16/4

河州人谓佛"唃"，谓儿子"厮啰"
【宋史】492/唃厮啰传/14160
【长编标】82/1877
【长编影】82/14 下

泼喜　西夏语炮手
　【宋史】486/夏国传下/14028
　【辽史】115/西夏记/1524
　【汇编】上 94、118
郎　西夏语笄篦
　【掌中珠】人事下/23/3
郎其贾　西夏语犁铧
　【掌中珠】人事下/27/1
屈之　西夏语腕钏
　【掌中珠】人事下/25/3
屈讹　西夏语狗猪
　【掌中珠】地用下/16/3
姑皆　西夏语凤凰
　【掌中珠】地用下/16/5
姑要口罗　西夏语内宿司
　【掌中珠】人事下/28/2

九画

枯税　西夏语豺狼
　【掌中珠】地用下/16/5
相口罗　西夏语农田司
　【掌中珠】人事下/28/4
南市　本曰南使，蕃语讹谓之南市
　【长编标】86/1974
　【长编影】86/9 上
南使　蕃语讹谓之南市
　【宋会要】方域 8 之 23/7452
药菊　西夏语常葱
　【掌中珠】地用下/15/2
捞赤　西夏语干姜
　【掌中珠】地用下/15/4
捞吴　西夏语椒
　【掌中珠】地用下/15/4
捞口黑　西夏语葫椒
　【掌中珠】地用下/15/3
轸果　西夏语绣锦
　【掌中珠】人事下/25/6
皆我　西夏语金银
　【掌中珠】地用下/12/5
皆迎　西夏语金星

【掌中珠】天相中/8/1
背嵬　西夏语亲兵，此指刘光世置背嵬亲随军
　【宋会要】职官 41 之 100/3216
背嵬　西夏语亲兵，此指妹勒都逋亲随得力背
　　嵬讹化唱山
　【宋会要】蕃夷 6 之 32/7834
背嵬　西夏语亲兵，此指韩世忠所部背嵬将官
　　成闵
　【宋会要】兵 14 之 28/7006
背嵬　西夏语亲兵，此指韩世忠将背嵬使臣三
　　十人交割付殿前司
　【宋会要】仪制 4 之 18/1907
背嵬　西夏语亲兵
　【朱文公文集】97/敷文阁直学士陈公（良翰）
　　行状/43
　【汇编】下 6739
恤争　西夏语毡帽
　【掌中珠】人事下/25/3
恰　西夏语鹊
　【掌中珠】地用下/17/1
客。悟　西夏语牦牛
　【掌中珠】地用下/16/5
客疣　西夏语白米
　【掌中珠】地用下/15/6
客眛　西夏语沙窗
　【掌中珠】人事下/23/2
诵经作西竺语　回鹘
　【宋会要】蕃夷 4 之 10/7718
祖儒　西夏语官大者
　【东原录】/34 下
　【汇编】补遗 7314
挈孛口罗　西夏语葫萝葡
　【掌中珠】地用下/15/1
挈客　西夏语炒米
　【掌中珠】地用下/15/5
挈诺　西夏语葫桃
　【掌中珠】地用下/14/2
挈精　西夏语菩萨
　【掌中珠】人事下/20/6
怒迎　西夏语斗宿
　【掌中珠】天相中/5/2

怒舍　西夏语科栱
【掌中珠】人事下/22/3

结珠龙川，西人语谓十八为结珠，谓谷为
　龙　吐蕃语，"结珠"二字互倒
【长编标】470/11231

十画

莫你　西夏语黄鹂子
【掌中珠】地用下/17/1

聂客　西夏语糯米
【掌中珠】地用下/15/5

贾落　西夏语瓜
【掌中珠】地用下/15/2

捉吃　西夏语泥匠
【掌中珠】人事下/22/5

党口浪　西夏语鹌鹑
【掌中珠】地用下/17/2

哺争　西夏语冠冕
【掌中珠】人事下/25/2

贼　西夏语羧葫
【掌中珠】地用下/16/4

贼　西夏语蛮
【掌中珠】人事下/33/6

贼六　西夏语箫
【掌中珠】人事下/32/5

贼迎　西夏语昴宿
【掌中珠】天相中/5/4

特郎　西夏语磽磺
【掌中珠】人事下/26/5

钱逋犹赞普，羌语讹为钱逋　吐蕃语王
【长编标】82/1877
【长编影】82/14 下

饿宜　西夏语君子
【掌中珠】人体上/18/1

郭　西夏语堂
【掌中珠】人事下/22/1

烟知　西夏语胭脂
【掌中珠】人事下/25/4

凌罗　西夏语枢密院
【长编标】283/6939

【长编影】283/16 上
【汇编】中四 4044

流那　西夏语百叶
【掌中珠】地用下/14/5

浪抽　西夏语星座双女
【掌中珠】天相中/7/2

浪郭　西夏语袄子
【掌中珠】人事下/24/5

浪口能　西夏语骆驼
【掌中珠】地用下/16/3

浪遏　西夏语食品油球
【掌中珠】人事下/33/3

宰率　西夏语老鼠
【掌中珠】地用下/16/4

诺麻　西夏语桃
【掌中珠】地用下/14/4

挈迎　西夏语参宿
【掌中珠】天相中/5/4

能。　西夏语沙狐
【掌中珠】地用下/16/2

能力　西夏语裙裤
【掌中珠】人事下/24/6

能麻　西夏语李子
【掌中珠】地用下/14/2

能合诺　西夏语樱桃
【掌中珠】地用下/14/1

能尼贵　西夏语指爪
【掌中珠】人相中/19/2

能合口罗　西夏语群牧司
【掌中珠】人事下/28/4

桑口冷讹　西夏语三弦
【掌中珠】人事下/32/3

十一画

理　疑为"埋"误，西夏语"富贵"
【宋史】485/夏国传上/13992
【汇编】上 60

勒　西夏语狼
【掌中珠】地用下/16/4

勒口罗　西夏语田畴

【掌中珠】地用下/13/2

勒鱼骨　西夏语地程
【掌中珠】地用下/13/2

勒疣　西夏语白虎
【掌中珠】天相中/7/1

勒讹　西夏语兔
【掌中珠】地用下/16/2

勒嵬　西夏语驴
【掌中珠】地用下/16/3

菊百　西夏语堇
【掌中珠】地用下/15/3

菊濯　西夏语蒜
【掌中珠】地用下/15/2

梦积　西夏语蝇
【掌中珠】地用下/17/3

奢俄　西夏语，与"寨"并称"奢俄寨"
【宋会要】兵 4 之 8/6824、27 之 44/7268

野　西夏语羊
【掌中珠】地用下/16/4

野疣　西夏语星座白羊
【掌中珠】天相中/7/3

野恤　西夏语帐毡
【掌中珠】人事下/23/1

野罨　西夏语门帘
【掌中珠】人事下/23/2

崖　西夏语"惜"，又作叶
【隆平集】20/夷狄传/3 下
【汇编】上 113

崖块　西夏语，夏景宗李元昊小名
【隆平集】20/夷狄传/3 下
【汇编】上 113

崖埋　西夏语，夏景宗李元昊小名，又作叶迈
【长编标】111/2593
【长编影】111/16 下

假　西夏语鸭
【掌中珠】地用下/16/6

领末　西夏语丈鼓
【掌中珠】人事下/32/6

领悟　西夏语马牛
【掌中珠】地用下/16/3

悉那　西夏语芥菜

【掌中珠】地用下/14/5

悉败　西夏语麻稗
【掌中珠】地用下/16/1

率块　西夏语珊瑚
【掌中珠】地用下/12/6

率尼则　西夏语枣
【掌中珠】地用下/14/3

麻没　西夏语娘娘
【掌中珠】人事下/20/2

麻娘　西夏语恶疮
【掌中珠】人相中/19/4

麻魁　西夏语女兵
【宋会要】兵 14 之 17/7001
【隆平集】20/夷狄传/3 下
【汇编】上 116；中二 2095

渎百　西夏语萆豆
【掌中珠】地用下/15/6

渎庆　西夏语豌豆
【掌中珠】地用下/15/6

渎口黑　西夏语黑豆
【掌中珠】地用下/15/6

谋迎　西夏语逊星
【掌中珠】天相中/7/4

谋郎　西夏语蒲苇
【掌中珠】地用下/16/1

谋略　西夏语落蓿
【掌中珠】人事下/24/3

谋率　西夏语蜜蜂
【掌中珠】地用下/17/3

十二画

葛尼　西夏语老鸥
【掌中珠】地用下/17/1

葛征　西夏语狮子
【掌中珠】天相中/7/2；地用下/16/1

萼领　西夏语褙心
【掌中珠】人事下/24/6

萼尼逌　西夏语椅子
【掌中珠】人事下/24/2

搜寻文字

十七画

爵　西夏语蜘蛛
【掌中珠】地用下/17/3

十八画

癫　西夏语麦
【掌中珠】地用下/15/4

（二十一）教育科技

三画

万人取则
【掌中珠】人事下/27/4

小学　西夏人庆元年设于禁中，夏仁宗亲为训导
【宋史】486/夏国传下/14024
【汇编】上90

四画

太学　西夏人庆三年设
【宋史】486/夏国传下/14025
【汇编】上90

内学　西夏天盛二年设，选名儒主之
【宋史】486/夏国传下/14025
【汇编】上91

五画

世间扬名
【掌中珠】人事下/27/3

立身行道
【掌中珠】人事下/27/3

汉学　夏景宗李元昊设
【宋史】485/夏国传上/13993
【汇编】上60

六画

因此加官
【掌中珠】人事下/27/5

七画

进士　西夏曲也怯祖，尝举进士第一人
【雍虞先生道园类稿】42/立智理威忠惠公神道碑/25下
【汇编】上261

进士　夏神宗李遵顼
【宋史】486/夏国传下/14027
【汇编】上93

进士　西夏高智耀
【元史】125/高智耀传/3072
【雍虞先生道园类稿】25/重建高文忠公祠记/18下
【汇编】上311、323

进士科　西夏设置
【雍虞先生道园类稿】25/重建高文忠公祠记/18下
【汇编】上323

状元　夏神宗李遵顼
【金史】134/西夏传/2871
【汇编】上131

纸笔墨砚
【掌中珠】人事下/27/2

八画

国人敬爱
【掌中珠】人事下/27/4

国学　夏崇宗李乾顺建
【宋史】486/夏国传下/14019
【汇编】上85

学习文业
【掌中珠】人事下/19/6

学习圣典
【掌中珠】人事下/27/3

学校　西夏人庆元年建

【宋史】486/夏国传下/14024
【汇编】上 90

九画

尅丝　回鹘以五色线织成袍
　【宋会要】蕃夷 4 之/7719
举人　天盛元年始策举人
　【宋史】486/夏国传下/14025
　【汇编】上 91

十一画

唱名法　天盛元年始立
　【宋史】486/夏国传下/14025
　【汇编】上 91

十五画

蕃学　河州置蕃学，教授蕃酋子弟
　【长编标】261/6357；270/6619
　【长编影】261/2 下；270/1 上
蕃学　夏景宗李元昊设置
　【宋史】485/夏国传上/13993、13994
　【汇编】上 60
蕃学　夏景宗李元昊命野利仁荣主蕃学
　【长编标】120/2845
　【长编影】120/23 上
蕃学　熙河设，教授蕃官子弟
　【宋史】15/神宗纪 2/287
　【长编标】248/6059；261/6357；270/6619
　【长编影】248/20 上；261/2 下；270/1 上
　【汇编】中四 3910、3983、3999

（二十二）音乐

二画

七星
　【杂字】9/音乐部/8 右
　【掌中珠】人事下/32/5
八佾

【杂字】9/音乐部/8 左

三画

三弦
　【杂字】9/音乐部/8 左
　【掌中珠】人事下/32/3
大鼓
　【掌中珠】人事下/32/6
丈鼓
　【杂字】9/音乐部/8 左

四画

云箫
　【杂字】9/音乐部/8 右
五音为一音　夏景宗李元昊所改
　【辽史】115/西夏记/1523
　【长编标】123/2894
　【长编影】123/2 上
　【汇编】上 117；中二 1775
太乙金鉴诀　夏景宗李元昊随身携带
　【宋史】486/夏国传下/13993
　【长编标】111/2593
　【长编影】111/16 下
　【汇编】上 60
凤管
　【杂字】9/音乐部/8 右
长鼓
　【掌中珠】人事下/32/6
六弦
　【杂字】9/音乐部/8 左
　【掌中珠】人事下/32/3
双韵
　【杂字】9/音乐部/8 右
水盏
　【杂字】9/音乐部/8 左

五画

击缶　党项乐器
　【隋书】83/党项传/1845

【掌中珠】人事下/21/2

铜鼓
【掌中珠】人事下/21/2

笛
【掌中珠】人事下/32/5

笛子
【杂字】9/音乐部/8 左

笙
【掌中珠】人事下/32/5

笙簧
【杂字】9/音乐部/8 左

傀儡
【杂字】9/音乐部/8 右

十二画

琵琶
【掌中珠】人事下/32/4

琵琶　党项乐器
【隋书】83/党项传/1845
【汇编】上 2

琴
【掌中珠】人事下/32/4

琶琵
【杂字】9/音乐部/8 右

散唱
【杂字】9/音乐部/8 左

雅奏
【杂字】9/音乐部/8 左

遏云
【杂字】9/音乐部/8 左

嵇琴
【杂字】9/音乐部/8 右

筚篥
【杂字】9/音乐部/8 右
【掌中珠】人事下/32/5

筝
【掌中珠】人事下/32/4

十四画

管

【掌中珠】人事下/32/4

筌篌
【杂字】9/音乐部/8 右
【掌中珠】人事下/32/4

箫
【掌中珠】人事下/32/5

舞绾
【杂字】9/音乐部/8 左

十五画

横吹　党项乐器
【隋书】83/党项传/1845
【汇编】上 2

蕃乐人　种谔破米脂寨所获
【长编标】335/8072
【长编影】335/9 下
【汇编】中四 4488

影戏
【杂字】9/音乐部/8 右

十六画

篡筝
【杂字】9/音乐部/8 右

十七画

罄钟
【掌中珠】人事下/21/1

（二十三）文献（含宋元相关文献）

二画

十朝纲要　李埴著
【长编标】211/5140；459/10982
【长编影】211/19 下；459/8 下

九经　景德三年诏民以书籍赴沿边榷场博易者，

非九经书疏悉禁之

【宋史】186/食货志下 8·互市/4562

【汇编】中一 1455

九经　宋嘉祐七年赐夏国

【宋史】12/仁宗 4/249；485/夏国传上/14002

【长编标】196/4745；198/4802

【长编影】196/8 下；198/12 上

【玉海】154/嘉祐赐夏国九经/62 上

【汇编】上 69；中三 3284、3310；补遗 7316

九经疏　宋元丰元年诏榷场除《九经疏》外，
　　若卖余书与北客及化外人，徒三年

【长编标】289/7068

【长编影】289/8 下

九域图志　宋代地理书，有新旧之别，载有宋
　　夏沿边州县城镇堡寨及山川河流

【宋史】179/食货志下 1·会计/4361

【长编标】446/10736

【长编影】446/7 下

【宋会要】方域 6 之 5/7408

【汇编】中六 5884

九寨图　吕惠卿上

【长编标】503/11980

【长编影】503/9 下

【汇编】中六 5439

三画

大藏经　宋至和二年四月赐夏国

【宋会要】礼 62 之 40/1714

大藏经　宋嘉祐十年诏赐西夏

【宋大诏令集】234/赐夏国主乞赎大藏经诏/912

【汇编】中三 3300

大藏经　宋熙宁五年十二月赐西夏

【宋史】486/夏国传下/14009

【汇编】上 75

大藏经　宋嘉祐三年诏赐夏毅宗李谅祚

【宋大诏令集】234/赐夏国主赎大藏经诏（嘉
　　祐三年）/911

【欧阳文忠公全集】86/赐夏国主赎大藏经诏/5
　　下

大藏经　宋至和二年赐西夏

【长编标】179/4330

【长编影】179/7 下

【汇编】中三 3211

大藏经　夏惠宗李秉常进马赎

【宋史】486/夏国传下/14009

【长编标】248/6063

【长编影】248/23 下

大衍阵图　青州人赵宇上，尝言李元昊必反

【长编标】133/3175

【长编影】133/13 上

万机济理书　张问进

【范文正公集】13/试秘书省校书郎知耀州华原
　　县张君问字道卿墓志铭/21 下

【汇编】中二 2414

弓箭手阵图　夏安期著

【长编标】170/4081

【长编影】170/4 下

四画

王拱辰别录

【长编标】177/4282

【长编影】177/5 上

元丰九域图　记载陕西分为六路

【宋会要】方域 5 之 3/7384、5 之 36/7401

元符陇右日录　载李元昊间离唃厮啰二子

【长编标】119/2814

【长编影】119/17 上

五阵图　赵珣上

【宋史】323/赵珣传/10463

【长编标】132/3123

【长编影】132/1 下

【汇编】中二 2263

五路对境图　宋神宗降"五路对境图"付王中
　　正、种谔，令据所划地分招讨夏国

【长编标】319/7700；327/7875

【长编影】319/2 上；327/11 上

【汇编】中四 4227

五路都对境图　宋神宗令西北诸路重绘"对
　　境地图"与原"对境地图"考校，绘为"五
　　路都对境图"

【长编标】327/7876

【长编影】327/10 下

【汇编】上 62

包拯传

【长编标】166/3988

【长编影】166/7 下

册府元龟　嘉祐七年西夏表求

【宋史】485/夏国传上/13981

【长编标】196/4745

【长编影】196/8 下

【汇编】上 69；中三 3284

记闻　即《涑水记闻》，司马光著

【长编标】25/586；155/3773；316/7651；317/
7675、7676；318/7681、7683、7686；319/
7702、7703、7705；325/7828、7829；327/
7870；329/7926

【长编影】25/14 下；155/14 下；316/13 上；
317/18 下；318/1 下、3 下；319/6 下、8 上；
325/13 下；327/5 下；329/11 下

永乐客话　张舜民著

【长编标】329/7921、7927；330/7957

【长编影】329/7 下、12 上；330/11 下

司马光日记

【长编标】212/5146；235/5709；214/5219

【长编影】212/3 下；235/13 上；214/17 上

边防杂事　陕西都转运使吴遵路上

【宋史】426/吴遵路传/12701

【汇编】中二 2265、2712

边臣要略二十卷　景泰上

【宋史】207/艺文志 6/5297；326/景泰传/10517

【汇编】中二 2071

六画

地图　河湟地图

【宋史】332/孙路传/10687

【汇编】中五 4659

西州地图　唃厮啰献

【宋史】324/刘涣传/10493

【长编标】131/3114

【长编影】131/19 上

西州程记　王延德著

【宋史】309/王延德传/10157

【汇编】中一 989

西征记　李继隆著

【元刊梦溪笔谈】13/15

【汇编】中一 1077

西界对境图　即陕西路与西夏对境地图

【长编标】327/7876

【长编影】327/10 下

【宋会要】兵 28 之 27/7283

【汇编】中四 4378、4429

西夏须知　刘温润撰

【宋史】207/艺文志 6/5284

【陕西通志】74/经籍 1/49 上

【汇编】下 6952

西陲利害　种谔献

【续资治通鉴】65/1601

【汇编】中三 3429

西蕃图　诏熙河依界道图样，以十里为一方，
取现今城寨地名，考古驿里程，画《西蕃
图》闻奏

【长编标】514/12212

【长编影】514/4 下

达靼诸国距汉境远近图　于阗国大首领绘

【宋会要】蕃夷 4 之 17/7722

因果识见颂　范仲淹庆历初于保德水谷偶得

【范文正公集】别卷 4/1 上

【汇编】中三 2940

伪宣敕　李稷遣曲珍获于西夏蒲萄山

【宋会要】兵 8 之 26/6900

华夏同音　杜清碧著

【南村辍耕录】10/11 上

【汇编】下 7089

行军环珠　诏赐王韶

【宋史】195/兵志 9·训练之制/4863；207/艺文
志 6/5287

【长编标】241/5874

【长编影】241/1 上

【汇编】中四 3824

会要

【长编标】160/3873；241/5887

【长编影】160/13 上；241/13 上

刘挚日记

【长编标】454/10882；459/10983

【长编影】450/10 下；459/9 下

【长编标】49/1068

【长编影】49/5 下

青唐录　汪藻著

【长编标】188/4527、4529、4530；340/8192；398/
9699；400/9744；402/9779；404/9841；474/
11313；476/11351；477/11358；506/12058；
507/12092；518/12333

【长编影】188/3 上、4 下、5 上；340/14 下；
398/3 上；400/6 上；402/3 下；404/12 上；
474/12 上；476/14 上；477/6 上；506/8 下；
507/18 下；518/15 下

武经总要　曾公亮著

【宋史】195/兵志9·训练之制/4863；207/艺文
志6/5283

【长编标】314/7608

【长编影】314/8 下

武经总要　诏赐王韶

【宋史】195/兵志9·训练之制/4863

【长编标】241/5874

【长编影】241/1 上

【汇编】中四 3824

金字藏经　宋赐归义军曹贤顺

【宋史】490/沙州传/14124

【宋会要】蕃夷 5 之3/7768

备边策　王济著

【宋史】304/王济传/10067

【汇编】中一 1219

周易卜筮断　斡道冲译解

【虞文靖公道园全集】17/西夏相斡公画像赞/8
下

【汇编】上 394

法律　夏景宗李元昊案上所置

【宋史】485/夏国传上/13993

【汇编】上 60

河外谍目　司马光著

【长编标】185/4471

【长编影】185/5 上

河西陇右图　宋真宗时盛度上

【宋史】292/盛度传/9759

河西陇右图　郑文宝献

【宋史】277/郑文宝传/9428

【长编标】51/1109

【长编影】51/2 下

河西《藏经》　元朝刻

【元史】18/成宗纪1/389

【汇编】下 7042

河朔盐利　张适上

【长编标】348/8343；354/8480

【长编影】348/3 上；354/9 下

泾原、环庆两路州军山川城寨图　曹玮及
张崇贵上

【长编标】73/1666

【长编影】73/14

【宋会要】兵 27 之17/7255

【汇编】中一 1492

治戎精要　任颛著，涉及西夏风物、山川、道
里、出入攻取之要

【宋史】330/任颛传/10618

【长编标】166/4000

【长编影】166/17 上

【汇编】中三 3116

宝训

【长编标】205/4966

【长编影】205/4 下

定难军赵德明官告　宋朝赐

【宋会要】兵 27 之16/7254

实录

【长编标】160/3873；184/4462；314/7601

【长编影】160/13 上；184/15 下；314/3 上

实录　夏国焦景颜等修

【宋史】486/夏国传下/14025

【汇编】上 91

隶书石本　夏毅宗李谅祚作表求

【宋史】485/夏国传上/14002

【长编标】196/4745

【长编影】196/8 下

陕西二十三州图　宋神宗示辅臣，历指山川
险易与蕃部居处

【长编标】49/1078

【长编影】49/14 上

陕西攻守策　范仲淹与韩琦上

【宋史】10/仁宗 2/207

【范文正公集】19/陈乞邠州状/1 上

【汇编】中三 3011

【宋会要】兵18之17/7066

敕黑河龙神碑　夏仁宗李仁孝建

【甘肃新通志】9/舆地志·关梁·甘州府·张掖
县/92下

【汇编】下6760

梵觉经　夏国使所进

【辽史】22/道宗纪2/267；115/西夏记/1527

【汇编】上121；中三3453

野战歌　夏太宗李德明尝阅

【辽史】115/西夏记/1523

【汇编】上117

崇宁边略　赵挺之著

【宋史】207/艺文志6/5284

【长编标】486/11546、11547；507/12093；515/
12248；517/12305

【长编影】486/6上；507/18下；515/12下；
517/8上

【愧郯录】9/岁降度牒/6下

【汇编】中六5294、5602、5637、5815

梁适墓志　王珪撰

【长编标】157/3813

【长编影】157/16上

续资治通鉴

【长编标】164/3942

【长编影】164/1上

十二画

韩琦家传

【宋史】203/艺文志2/5121

【长编标】205/4965

【长编影】205/3下

鼎新　西夏律令

【宋史】486/夏国传下/14025

【汇编】上91

遗书　耶律楚材从灵武所收

【元史】146/耶律楚材传/3456

【元朝名臣事略】51/中书耶律文正王（楚材）
传/2下

【汇编】下6909

遗老传　苏辙著

【长编标】447/10759；460/11011；464/11093；

479/11413

【长编影】447/14上；460/6上；464/19上；
479/12下

御戎十策　王禹偁上

【宋史】293/王禹偁传/9793

【涑水记闻】3/2下

【汇编】中一1041

御戎书　刘安世上

【宋史】345/刘安世传/10951

【汇编】中三3524

御戎论　王禹偁上

【小畜集】19/送寇密直（准）西京迁葬序/5下

【汇编】中一1033

御戎要略　吴遵路上

【宋史】426/吴遵路传/12701

【汇编】中二2265、2712

御制攻守图　诏赐王韶

【宋史】195/兵志9·训练之制/4863

【长编标】241/5874

【长编影】241/1上

【汇编】中四3824

御集

【长编标】216/5254；218/5303、5306；219/5324；
220/5347、5348；221/5373、5375、5384；
244/5945；252/6155；272/6661；274/6718；
284/6961；287/7015；312/7569；313/7585；
314/7601；329/7921；330/7953；333/8022；
335/8080；336/8091；342/8226；343/8235；
346/8302；348/8354；349/8367；468/11184；
505/12027

【长编影】216/3下；218/11上、13上；219/4
上；220/12下、13下；221/6上、16上；
244/13下；252/8上；272/5上；274/16上；
284/14下；287/4下；312/10下；313/11
上；314/11下；329/7下、16下；330/7下；
333/9上；335/17上；336/1下；342/6下；
343/1下；346/2上；348/11下；349/2下；
468/16上；505/1下

释氏经　宋诏赐夏毅宗李谅祚

【涑水记闻】9/14下

【汇编】中三3286

番书　康定元年从西夏白豹城缴获

【涑水记闻】12/6 上
【汇编】中二 2092
番汉合时掌中珠　夏汉对音对义字书
【番汉合时掌中珠】2 上
【汇编】下 6787
谢罪表状　元符二年西人所上
【宋会要】方域 19 之 16/7633

十三画

解义　又作《论语小义》，斡道冲译解
【虞文靖公道园全集】17/西夏相斡公画像赞/8 下
【汇编】上 394
新历　宋元丰八年赐夏国
【长编标】360/8609
【长编影】360/2 上
【汇编】中五 4640
新纪
【长编标】214/5195、5219；216/5251；228/5552；264/6458；314/7601；316/7653；317/7658；320/7721；328/7896；329/7914；333/8018；340/8177；342/8224；345/8280、8282；348/8362；349/8369；350/8381
【长编影】214/3 上、24 上；216/1 下；228/12 上；264/1 下；314/3 上；316/1 下；317/2 下；320/9 上；328/6 上；329/21 上；333/5 下；340/1 下；342/5 下；345/8 下、10 下；348/18 下；349/3 下；350/1 上

十四画

碧云騢　梅尧臣著
【宋史】203/艺文志 2/5121
【长编标】176/4272
【长编影】176/15 下
聚米图经　赵珣著
【宋史】207/艺文志 6/5283；323/赵珣传/10463
【长编标】111/2589；119/2814；126/2970；132/3123
【长编影】111/13 上；119/17 下；126/4 上、5 上；132/1 下

【宋会要】崇儒 5 之 22/2257
【伐檀集】上/送李室长庆州宁觐/29 下
【汇编】中二 2188、2263；中三 3458
誓诏　北宋赐夏国
【宋史】11/仁宗 3/219
【宋会要】兵 27 之 34/7263
熙宁编敕
【宋史】185/食货志下 7・酒/4518
【长编标】263/6436
【长编影】263/16 下
嫚书　夏景宗李元昊上书宋朝
【宋史】318/张方平传/10353
【长编标】125/2949；132/3129
【长编影】125/11 上；132/8 上
【东都事略】52/张士逊传 2 上
【东坡全集】15/张文定墓志铭/13 上
【龙川别志】下/86
【欧阳文忠公全集】45/上书・通进司上书/1 上
【汇编】中二 1783、1786、1857、2122、2229、2230

十五画

稽古录　司马光著
【宋史】203/艺文志 2/5091
【长编标】35/777
【长编影】35/11 下

十七画

藏经　庆历五年赐西夏
【长编标】156/3779
【长编影】156/2 上
【汇编】中三 3053

二十三画

麟州屈野河界图　苏安静上
【长编标】193/4679
【长编影】193/17
【宋会要】兵 27 之 41/7267
【汇编】中三 3265、3272

麟府二州图　麟州王庆民上
【长编标】190/4601
【长编影】190/22 下
麟府二州绢图　王庆民作
【欧阳文忠公全集】88/论史馆日历状/11 上
【汇编】中三 3254

（二十四）印章、符牌和钱币

四画

木契　宋朝
【宋史】196/兵志 10·屯戍之制/4895
【汇编】中二 2147

五画

印　熙河者龙族首领求赐
【宋史】492/吐蕃传/14159
【汇编】中一 1510、1512
印记　康定元年从西夏白豹城缴获
【宋会要】兵 14 之 17/7001
【涑水记闻】12/6 上
【汇编】中二 2092、2095
印匣　童贯奏由泾原路萧关入生界所获
【宋会要】兵 14 之 21/7003
印绶　夏惠宗李秉常乞赐
【辽史】115/西夏记/1528
【汇编】上 122
汉印　泾原路从伪统军、国母弟梁大王处缴获
【宋会要】兵 14 之 19/7002

六画

西凉州印　宋朝颁给
【长编标】54/1189
【长编影】54/13 下
【汇编】中一 1358
传国印　青唐吐蕃大首领瞎征所献
【宋会要】蕃夷 6 之 34/7835

【长编标】516/12284
【长编影】516/19 上
【汇编】中六 5617

八画

金印　辽颁赐夏太宗李德明
【宋史】485/夏国传上/13992
【汇编】上 59
金字牌　元丰六年九月门下省用金字牌传诏鄜
　　　　延毋辄出兵，牌长尺余，朱漆刻以金书御前
　　　　文字，不得入铺，犹速于急递
【宋会要】方域 10 之 25/7486、10 之 31/7489
金字牌　熙河蕃僧乞授
【长编标】258/7295
【长编影】258/8 上
金涂银印　宋颁给夏景宗李元昊
【宋史】485/夏国传上/13999
【长编标】317/7678；319/7704；327/7865；354/
　　　　8478
【长编影】317/20 下；319/5 上；327/1 下；
　　　　354/8 上
【汇编】中五 4625

九画

带牌天使　鄜延路俘获
【长编标】471/11238；498/11849
【长编影】471/2 上；498/8 上
带牌天使　穆纳僧格，投附熙河
【长编标】491/11650
【长编影】491/4 下

十画

起兵符契　环庆路俘获
【长编标】327/7865
【长编影】327/1 下
【宋会要】兵 8 之 28/6901、14 之 20/7002
夏国主印　宋颁给夏景宗李元昊
【宋史】485/夏国传上/13999
【长编标】153/3723

地名、纪年与社会风俗卷/风俗、社会及其他　　**1913**

【汇编】补遗 7303

大佛殿　即张掖大佛寺
　【地震战线】1978 年第 3 期/40
　【汇编】下 6953

广仁禅院　岷州
　【长编标】254/6211
　【长编影】254/5 下

四画

天庆观　熙州
　【长编标】256/6262
　【长编影】256/14 下

五台山　西夏曾在此供佛
　【宋史】485/夏国传上/13995
　【汇编】上 62

五台寺　赵德明请诣五台寺修设追荐其母，宋
　不允
　【长编标】67/1502
　【长编影】67/7 上

文殊殿　贺兰山中二十里，西夏寺庙
　【宁夏志】上·古迹/12 上
　【汇编】补遗 7303

五画

石窟寺　宋吴璘、吴玠避暑于此
　【隆德县志】1/古迹/24 下
　【汇编】补遗 7252

龙兴寺　归义军
　【宋会要】蕃夷 5 之 3/7768

玄圣文宣王庙　丰州城内
　【长编标】75/1722
　【长编影】75/14 上

圣容寺　西夏寺院
　【北京图书馆善本室藏拓片】重修护国寺感通塔
　碑
　【汇编】上 142

六画

西夏土主庙　祀西夏土主忠武王

【甘肃新通志】97/轶事/16 上
　【汇编】下 6831

达南寺　积石州境
　【金史】79/张中彦传/1790
　【汇编】下 6725

米钵寺　因米钵山得名
　【朔方新志】1/山川·中卫/21 下
　【嘉靖宁夏新志】3/中卫·古迹/40 上
　【汇编】补遗 7390

七画

戒坛院　都城兴庆府，没藏后曾在此出家
　【长编标】162/3902；184/4462
　【长编影】162/1 上；184/15 下
　【汇编】中三 3105、3220

宇王庙　西夏王庙
　【蒙兀儿史记】3/成吉思可汗本纪下/8 下
　【元圣武亲征录】72
　【汇编】下 6826、6827

护国寺　西夏寺院
　【陇右金石录】4/[附录]重修护国寺感通塔
　碑考释/56 上
　【汇编】上 144

宏仁寺　原西夏卧佛寺
　【甘肃新通志】30/祠祀志·寺观·甘州府·张
　掖县/56 下
　【汇编】下 6520

灵图寺　归义军
　【宋会要】蕃夷 5 之 3/7768

灵祐庙　慕奈神祠赐名，鄜延暖泉寨
　【长编标】512/12191
　【长编影】512/14 下

八画

卧佛寺　西夏寺院
　【甘肃新通志】30/祠祀志·寺观·甘州府·张
　掖县/56 下
　【汇编】下 6520

宝觉寺　明永乐敕赐卧佛寺为宝觉寺
　【甘肃新通志】30/祠祀志·寺观·甘州府·张

掖县/56 下
【汇编】下 6520

承天寺 西夏寺院
【万历宁夏志】上/寺观/13 下
【宁夏府志】3/山川·名胜·宁夏·宁朔县/17
　下；6/坛庙·府城/32 下
【朔方新志】3/古迹/83 下；3/寺观/78 下
【银川小志】夏州八景/28 上
【嘉靖宁夏新志】2/寺观·承天寺碑/44 上
【汇编】上 149；补遗/7306、7307

九画

毗卢阁 明万历时承天寺增建
【宁夏府志】6/坛庙·府城/32 下
【朔方新志】3/寺观/78 下
【汇编】补遗 7306

修盖寺舍
【掌中珠】人事下/20/6

炳灵寺 熙河
【宋史】492/吐蕃传/14166
【长编标】516/12286、12287
【长编影】516/20 上、21 下

十画

积庆寺 河州香子城
【长编标】243/5912、5913；244/5940
【长编影】243/2 上、2 下；244/9 上

郭莽寺 熙河
【长编标】275/6726
【长编影】275/6 上
【汇编】中四 4020

高台寺 西夏寺院
【宁夏府志】4/古迹·宁夏·宁朔县/12 上
【汇编】补遗 7304

悟空寺 青涧城境
【东轩笔谈】8/4 下
【汇编】中二 2627

冢山寺 河湟
【长编标】346/8302
【长编影】346/2 上

桑逋寺 积石州境
【金史】16/宣宗纪下/366
【汇编】下 6880

十一画

崆峒山寺 姚嗣宗题诗寺壁
【容斋三笔】11/5 上
【汇编】中二 1934

崇圣寺 西夏寺院
【北京图书馆善本室藏拓片】重修护国寺感通塔
　碑
【汇编】上 142

得胜寺 位于辽至夏境四百里地
【宋史】485/夏国传上/13999
【汇编】上 67

清宁观 李元昊避暑宫旧址
【宁夏府志】4/古迹·宁夏·宁朔县/12 下；6/
　坛庙·府城/34 上
【甘肃新通志】30/祠祀志·寺观·宁夏府·宁
　夏县·宁朔县/42 上
【汇编】补遗 7300、7303

十二画

紫山寺 青涧城境
【补梦溪笔谈】下 2/权智/950
【汇编】补遗 7282

答那寺 积石州境
【金史】16/宣宗纪下/366
【汇编】下 6880

十四画

慕奈神祠 赐名灵佑庙，在鄜延暖泉寨
【长编标】512/12191
【长编影】512/14 上

十五画

踏南寺 河湟地区

【金史】113/白撒传/2486
【汇编】下 6877

（二十六）西夏陵墓

五画

石红峡　又名红山，李继迁祖葬地
【陕西通志】11/山川 4·榆林府·榆林县/48 下
【汇编】下 6950

六画

西夏李氏墓　宁朔县贺兰山之东
【宁夏府志】4/陵墓/19 下
【汇编】下 6951

西夏李继迁祖墓　横山县南麒麟沟山巅
【横山县志】2/（柬顺斋石印本）/26 上
【汇编】下 6950

西夏李德明墓　横山县西王埋墓湾
【横山县志】2/（柬顺斋石印本）/26 上
【汇编】下 6950

庄陵　夏桓宗李纯佑陵号
【宋史】486/夏国传下/14026
【汇编】上 92

安陵　夏毅宗李谅祚陵号
【宋史】485/夏国传上/14003
【汇编】上 70

红山　又名石红峡，李继迁祖葬地
【陕西通志】11/山川 4·榆林府·榆林县/48 下
【汇编】下 6950

红石峡　又名石红峡，李继迁祖葬地
【陕西通志】11/山川 4·榆林府·榆林县/48 下
【汇编】下 6950

七画

寿陵　夏仁宗李仁孝陵号
【宋史】486/夏国传下/14026
【汇编】上 92

李王元昊墓

【朔方广武志】上/茔墓/28 下
【汇编】下 6951

李继迁等墓　宁朔县贺兰山之东
【宁夏府志】4/陵墓/19 下
【汇编】下 6951

李彝昌墓　榆林城北十里红石硖
【陕西通志】71/陵墓 2·榆林府·榆林县/15 下
【汇编】下 6951

纳令河　夏太祖李继迁葬地
【横山县志】2/（柬顺斋石印本）/26 上
【汇编】下 6950

九画

显陵　夏崇宗李乾顺陵号
【宋史】486/夏国传下/14024
【汇编】上 90

十画

泰陵　夏景宗李元昊陵号
【宋史】485/夏国传上/14000
【汇编】上 67

夏元昊祖墓　榆林城西南十里王墓山
【陕西通志】11/山川 4·榆林府·榆林县/49
上；71/陵墓 2 榆林府·榆林县/16 上
【汇编】下 6950、6951

十一画

康陵　夏襄宗李安全陵号
【宋史】486/夏国传下/14027
【汇编】上 92

十二画

裕陵　夏太祖李继迁陵号
【宋史】485/夏国传上/13989
【宁夏府志】4/陵墓/19 下
【汇编】上 56；下 6951

十三画

献陵　夏惠宗李秉常陵号
【宋史】486/夏国传下/14015
【汇编】上 81

十四画

嘉陵　夏太宗李德明陵号
【宋史】485/夏国传上/13992
【宁夏府志】4/陵墓/19 下
【汇编】上 59；下 6951

十九画

麒麟沟　李继迁祖葬地
【榆林府志】8/建置志·坟墓/17 上
【横山县志】2/（東顺斋石印本）/26 上
【汇编】下 6950

（二十七）生态环境（包括气候、土壤、植被、自然灾害）

二画

七月而霜　灵夏一带气候
【宋文鉴】119/上曾枢密书/8 下
【汇编】中六 5665

八月霜雪降　早期党项居地气候
【旧唐书】198/党项羌传/5291
【新唐书】221/党项传/6209
【汇编】上 4、10

三画

土山柏林　鄜延至南山
【宋史】264/宋琪传/9129
【汇编】中一 1069

土地饶沃　秦陇耕地

【宋会要】兵 27 之 27/7261
【汇编】中二 2652

土坚腴　西夏河套地
【金史】134/西夏传/2877
【汇编】上 137

土沙
【掌中珠】地体上/12/2

土宜三种　西夏河套地
【金史】134/西夏传/2876
【汇编】上 137

土脉干燥夹砂　宼谷寨
【长编标】421/10194
【长编影】421/2 上
【汇编】中五 4955

土壤辽旷　秦州
【武经总要】前集 18 上/27 下
【汇编】中一 931

土壤沃旷　西夏灵武
【清容居士集】19/贺兰堂记/25 下
【汇编】上 573

下雪
【掌中珠】天变下/10/5

大木万本　秦州夕阳镇
【长编标】3/68
【长编影】3/7 上
【汇编】中一 934

大饥　大庆四年西夏
【宋史】486/夏国传下/14024
【汇编】上 90

大地
【掌中珠】地体上/11/5

大旱　宝元元年西夏
【东都事略】127、128/附录 5、6
【汇编】上 105

大雪深三尺　庆历二年春环州
【宋史】335/种世衡传/10742
【范文正公集】13/种君墓志铭/15 上
【涑水记闻】9/11 下
【汇编】中二 2446、2450、2451

大薮　秦州夕阳县西北
【宋史】257/吴廷祚传/8948
【长编标】3/68

【长编影】3/7 上
【汇编】中一 934、936

山丹花
【掌中珠】地用下/13/3

山水暴涨　大中祥符五年七月庆州怀安镇
【宋史】61/五行志 1 上·水上/1325
【长编标】78/1777
【长编影】78/7 下
【汇编】中一 1509

山谷险峻　延州北经塞门寨、卢子关、屏风谷
入夏州界
【武经总要】前集 18 上/6 下
【汇编】中一 1148

山林甚多　镇戎军
【宋会要】兵 4 之 2/6821
【汇编】中一 1667

山摧
【掌中珠】地用下/12/4

千里不毛　银夏之北地貌
【宋史】277/郑文宝传/9426
【太平治迹统类】2/太祖太宗经制西夏
【汇编】中一 1063

川谷稍宽平　泾、原、镇戎军
【长编标】51/1117
【长编影】51/9 下
【汇编】中一 1301

川原夷旷　镇戎军
【长编标】60/1337
【长编影】60/5 上
【汇编】中一 1423

飞鸟泉　威州城中旧乏井脉，飞鸟泉距城尚千
余步
【宋史】277/郑文宝传 77/9426
【汇编】中一 1090

四画

巨材　秦亭西北夕阳镇
【玉壶清话】2/9 下
【汇编】中一 935

巨堑　泾原仪渭修筑
【宋史】466/秦翰传/13613

【汇编】中一 1423

井泉樵苏　环州洪德寨、淮安镇去井泉樵苏极
远
【长编标】52/1132
【长编影】52/3 上
【汇编】中一 1314

天阴
【掌中珠】天变下/10/5

天旱　宋大中祥符九年宗哥吐蕃天旱，族人多
饥死
【宋会要】蕃夷 4 之 7/7717

无水　王延德使高昌途经黄羊平所见
【宋史】490/高昌传/14110
【挥麈前录】4/王延德历叙使高昌行程所见/3
下
【汇编】中一 1011、1012

无水泉　积石岭至灵、环州各三百里
【武经总要】前集 18 上/15 上
【汇编】中一 1142

无泉水薪蒸　灵州南界积石岭
【宋会要】兵 27 之 4/7248
【汇编】中一 1180

五月见青　灵夏一带气候
【宋文鉴】119/上曾枢密书/8 下
【汇编】中六 5665

五月草始生　早期党项居地气候
【旧唐书】198/党项羌传/5291
【新唐书】221/党项传/6209
【汇编】上 4、9

不毛　积石岭至灵、环州各三百里
【宋会要】兵 27 之 4/7248
【武经总要】前集 18 上/15 上
【长编标】39/837
【长编影】39/7 上
【汇编】中一 1142、1128、1180

不产材木　环州
【长编标】80/1828
【长编影】80/12 下
【汇编】中一 1513

不育五谷　王延德使高昌所见六窠砂地
【挥麈前录】4/王延德历叙使高昌行程所见/3 下
【汇编】中一 1012

少水泉　灵州怀远镇至秦王井
【武经总要】前集 18 上/6 下
【汇编】中一 973

乏水　秦州通渭寨
【范太史集】40/检校司空左武卫上将军郭公墓
　　志铭/13 上
【汇编】中三 3679

乏水　仪州大泉岭寨
【长编标】74/1687
【长编影】74/7 上
【汇编】中一 1497

风气广莫　西夏气候
【金史】134/西夏传/2877
【汇编】上 137

风沙　塞下州郡
【长编标】146/3529
【长编影】146/1 上
【汇编】中三 2839

风雨
【掌中珠】天相中/8/4

风起
【掌中珠】天变下/10/5

风紧
【掌中珠】天变下/10/5

风雹　宋真宗天禧元年九月镇戎军彭城寨
【宋史】62/五行志 1 下·水下/1346
【汇编】中一 1583

风雹霜旱之灾　皇祐三年十二月环州
【长编标】171/4119
【长编影】171/15 下
【汇编】中三 3174

气候
【杂字】13/论语部/13 左

气候多风寒　早期党项居地气候
【旧唐书】198/党项羌传/5291
【汇编】上 4

水红花
【掌中珠】地用下/13/5

水泊
【掌中珠】地体上/12/2

水涨
【掌中珠】地用下/12/5

水涨失道　宋真宗大中祥符九年九月渭河
【长编标】88/2016
【长编影】88/5 上
【汇编】中一 1568

水患　黑水河
【陇右金石录】4/黑河建桥敕碑/62 上
【汇编】上 147

水清冽　西夏水文
【金史】134/西夏传/2877
【汇编】上 137

水深土厚　灵武
【长编标】44/947
【长编影】44/16 上
【汇编】中一 1207

五画

石竹花
【掌中珠】地用下/13/6

去岁伤旱　灵州东三十里东关镇
【长编标】54/1194
【长编影】54/17 下
【汇编】中一 1359

玉花
【掌中珠】地用下/13/6

甘露
【掌中珠】天相中/7/5

甘露降　大中祥符七年夏州
【宋史】485/夏国传上/13991
【汇编】上 58

可掘沙为井　灵州怀远镇至秦王井
【武经总要】前集 18 上/6 下
【汇编】中一 973

龙柏花
【掌中珠】地用下/13/4

饥　西夏大庆四年
【宋史】486/夏国传下/14024
【汇编】上 90

斥卤枯泽　自环州抵灵州瀚海七百里
【长编标】39/835
【长编影】39/7 上
【汇编】中一 1126

禾麦不登　咸平五年灵州东三十里东关镇
【长编标】54/1194
【长编影】54/17 下
【汇编】中一 1359

白草　陕西沿边
【长编标】389/9467
【长编影】389/17 上
【汇编】中五 4785

白露
【掌中珠】天相中/9/2

闪电
【掌中珠】天相中/9/2

永兴、秦凤等连岁灾伤　宋神宗熙宁八年
【宋会要】兵 5 之 9/6844

永兴、秦凤、河北东西灾伤　宋仁宗庆历七年
【宋会要】兵 2 之 10/6776

丝雨
【掌中珠】天相中/8/6

边壕　环州定远寨十五里
【武经总要】前集 18 上/13 下
【汇编】中一 1666

边壕　环州境
【宋史】258/曹玮传/8988
【汇编】中一 1671

边壕　泾原武延川境
【宋史】300/俞献卿传/9977
【汇编】中一 1625

边壕　秦州弓门寨北
【武经总要】前集 18 上/39 上
【汇编】中一 964

边壕　原州新门寨之西
【武经总要】前集 18 上/18 上
【汇编】中一 967

边壕　德顺军静边寨附近
【武经总要】前集 18 上/24 下
【汇编】中一 1593

六画

地不毛　清远军
【太平治迹统类】2/太祖太宗经制西夏

【汇编】中一 1108

地大震　西夏天佑民安三年凉州
【北京图书馆善本室藏拓片】重修护国寺感通塔碑
【汇编】上 140

地势平易　清远军
【武经总要】前集 17/19 下
【汇编】中一 1141

地势平敞　萧关至鸣沙县、灵武
【武经总要】前集 18 上/23 上
【汇编】中一 1143

地势渐宽平　灵州怀远镇至秦王井
【武经总要】前集 18 上/6 下
【汇编】中一 973

地卑湿　夏国宥州界
【武经总要】前集 18 上/6 下
【汇编】中一 974

地泻卤，种植皆立枯　灵州南积石岭
【太平治迹统类】2/太祖太宗经制西夏
【汇编】中一 1108

地皆沙湿　沿无定河北行
【宋史】486/夏国传下/14011
【汇编】上 76

地高气晚，间岁种收　西宁州清平寨、积石军怀和寨
【宋会要】兵 4 之 25/6832

地宽平　三川寨
【武经总要】前集 18 上/2 下
【汇编】中一 1678

地裂　西夏大庆四年
【宋史】486/夏国传下/14024
【汇编】上 90

地粳卤　清远军
【宋史】277/郑文宝传/9427
【汇编】中一 1091

地震　政和七年秋七月壬辰熙河、环庆、泾原地震
【宋史】21/徽宗 3/398

地震　西夏大庆四年
【宋史】486/夏国传下/14024
【汇编】上 90

地震　至道二年十月潼关至灵夏环庆州

【宋史】67/五行志 5/1483

【汇编】中一 1160

地震 庆历二年冬至后一日申时庆州

【范文正公集】16/枢密直学士右谏议大夫表/9 下

【汇编】中 22572

地震 庆历六年五月开封

【宋会要】瑞异 2 之 18/2090

【汇编】中三 3083

地震 宝元初定裹

【宋史】302/李京传/10018

【汇编】中三 3127

地震二百余日 至道二年灵武

【宋史】466/窦神宝传/13600

【长编标】39/834

【长编影】39/5 下

【汇编】中一 1122、1123

芍药花

【掌中珠】地用下/13/3

芍葵花

【掌中珠】地用下/13/5

尘土

【掌中珠】地用下/13/1

当一川之口 蔚汾水与黄河汇合

【武经总要】前集 17/10 上

【汇编】中一 1428

岁旱 宋真宗大中祥符九年五月秦凤蕃部

【长编标】87/1992

【长编影】87/4 上

【汇编】中一 1554

旱寒 元祐二年十月诸路沿边

【东坡全集】38/口宣/26 上

【汇编】中五 4896

邠、宁、泾、原等州流民 天禧元年流向秦 陇

【宋会要】兵 27 之 20/7256

多大木 秦州西北夕阳镇

【宋史】270/高防传/9261

【汇编】中一 928

多产良木 秦州大小洛门

【宋史】266/温仲舒传/9182

【汇编】中一 1065

多材植 秦州夕阳镇

【宋史】257/吴廷祚传/8948

【汇编】中一 936

多泥泞 洪德寨至骆驼会

【武经总要】前集 18 上/15 上

【汇编】中一 1142

多荒隙 西夏东界

【宋史】264/宋琪传/9129

【汇编】中一 1069

江河

【掌中珠】地体上/12/1

阳焰

【掌中珠】天相中/7/5

七画

赤地千里 西夏

【长编标】126/2980

【长编影】126/13 上

【汇编】中二 1939

时雨

【掌中珠】天相中/8/6

旱 宋哲宗元符元年陕西沿边

【长编标】498/11862

【长编影】498/19 下

【汇编】中六 5400

旱灾 宋哲宗元祐三年八月西夏

【长编标】413/10038

【长编影】413/5 上

【汇编】中五 4936

旱海 朔方距威州七百里

【宋史】254/药元福传/8895

旱海 环庆至灵武

【宋史】257/李继隆传/8968；485/夏国传上/ 13987

【东都事略】115/郑文宝传/2 上

【汇编】中一 1062

旱海 清远军据积石岭，在旱海中

【宋史】277/郑文宝传/9425、9427

【东都事略】127、128/附录 5、6

【汇编】上 101；中一 1090

牡丹花

【掌中珠】地用下/13/3

谷不登　天禧二年十二月邠、宁、泾、原州

【长编标】92/2130

【长编影】92/14 上

【中国藏西夏文献】18/凉州重修护国寺感通塔碑铭文/92

【汇编】中一 1592

谷雨

【掌中珠】天相中/8/5

沙泉　麟州城外，其地善崩，俗谓之抽沙

【东轩笔录】8/4 上

【汇编】中二 2320

沙幕　横山以北

【宋会要】方域 19 之 47/7649

沙碛　旧宥州所在

【宋会要】方域 8 之 33/7457

沙漠　西夏地貌

【宋史】308/卢斌传/10141；325/刘平传/10502；486/夏国传下/14011

【长编标】35/777；50/1087；125/2957；126/2980；127/3013；154/3737；221/5373；319/7716；344/8265；365/8749；375/9106；381/9283；404/9855；466/11129；469/11208、11212；500/11912

【长编影】35/11 下；50/12 上；125/18 上；126/13 上；127/9 上；154/3 上；221/6 上；319/16 下；344/10 下；365/5 上；375/19 上；381/30 下；404/23 下；466/3 下；469/8 上、12 上；500/10 下

【东都事略】47/杨亿传/1 上

【奏议标】138/文彦博·上神宗论关中事宜/1548、138/司马光·宋哲宗乞还西夏六寨/1552

【奏议影】138/文彦博·上神宗论关中事宜/4759、138/司马光·宋哲宗乞还西夏六寨/4772

【苏学士集】9/上范希文书/4 上

【范文正公集】5/答窃议/17 下；诸贤赞颂论疏/4 下；年谱/21 上

【汇编】上 77；中一 1078、1268、1278；中二 1939、2006、2066、2067、2810；中六 5422

沟洫

【掌中珠】地体上/12/2

灾旱　宋仁宗庆历三年陕西

【范文正公集】政府奏议上·奏乞罢陕西近里州军营田/16 下

【汇编】中二 2737

灾旱　宋真宗咸平六年十一月环州蕃部

【长编标】55/1216

【长编影】55/14 下

【汇编】中一 1367

穷边不产材　环州

【宋会要】兵 6 之 14/6861

阻大涧　泾州长武寨

【武经总要】前集 18 上/26 上

【汇编】中一 965

鸡冠花

【掌中珠】地用下/13/5

八画

坡岭

【掌中珠】地体上/12/2

林莽　延州

【宋史】254/赵赞传/8891

【汇编】中一 938

其地平　王延德使高昌所见黄羊平

【宋史】490/高昌传/14110

【挥麈前录】4/王延德历叙使高昌行程所见/3 下

【汇编】中一 1011、1012

雨谷　辽道宗初年西北

【辽史】2/道宗纪2/268；59/食货志上/925

【汇编】中三 3490

雨泽

【掌中珠】天相中/7/5

雨降

【掌中珠】天变下/10/5

雨雹　庆历六年五月开封

【宋史】11/仁宗3/221

【宋会要】瑞异 2 之 18/2090

【汇编】中三 3083

岩谷

【掌中珠】地体上/12/2

岩谷险峻　庆州玄宁军
【辽史】37/地理志 1·上京道/444.
【汇编】中一 1680

牧地　横山山界北垠
【宋会要】方域 19 之 47/7649、19 之 48/7649

牧放耕战之地　何亮言灵武
【长编标】44/947
【长编影】44/16 上
【汇编】中一 1207

和风
【掌中珠】天相中/8/4

金钱花
【掌中珠】地用下/13/5

河朔久旱　大中祥符六年五月边臣言
【宋会要】兵 27 之 24/7258

宜畜牧　西夏凉州地
【金史】134/西夏传/2876
【汇编】上 137

宜畜牧　秦州天水
【武经总要】前集 18 上/27 下
【汇编】中一 931

陕西自夏不雨，大失秋望　英宗治平三年
【宋会要】兵 2 之 2/6772

九画

树皆立枯　清远军地粳卤，树皆立枯
【宋史】277/郑文宝传/9427
【汇编】中一 1091

草木青白　灵武保静县西
【清容居士集】19/贺兰堂记/25 下
【汇编】上 573

草木茂盛　何亮言灵武
【长编标】44/947
【长编影】44/16 上
【汇编】中一 1207

荒旱　绍圣年间关中累年荒旱
【奏议标】141/任伯雨·上徽宗论湟鄯/1594
【奏议影】141/任伯雨·上徽宗论湟鄯/4902
【汇编】中六 5692

荒歉　大中祥符二年八月西夏
【长编标】74/1684

【长编影】74/4 上
【汇编】中一 1495

砂中生草　王延德使高昌途经六窠砂所见
【宋史】490/高昌传/14110
【挥麈前录】4/王延德历叙使高昌行程所见/3
　下
【汇编】中一 1011、1012

砂深三尺　王延德使高昌途经六窠砂所见
【宋史】490/高昌传/14110
【挥麈前录】4/王延德历叙使高昌行程所见/3
　下
【汇编】中一 1011、1012

砂碛　灵州怀远镇至秦王井
【武经总要】前集 18 上/6 下
【汇编】中一 973

砂碛　银夏至青白池
【宋史】264/宋琪传/9129
【汇编】中一 1069

砂碛　王延德使高昌于楼子山所见
【宋史】490/高昌传/14110
【挥麈前录】4/王延德历叙使高昌行程所见/3
　下
【汇编】中一 1011、1013

砂碛　环州至灵州
【长编标】24/559
【长编影】24/20 下
【武经总要】前集 18/12 下
【汇编】中一 1003、1094

砂碛　西夏地貌
【宋史】264/宋琪传/9129；279/李重贵传/
　9487；292/田况传/9778；309/王延德传/
　10157；332/赵禼传/10684、10686；350/张
　守约传/11074
【长编标】40/853；347/8324；354/8480；478/
　11384；510/12151
【长编影】40/8 下；347/4 下；354/10 上；478/
　2 上；510/17 下
【隆平集】18/李重贵传/12 上
【武经总要】后集 3/9 下
【稽古录】17/81 上
【汇编】中一 1121、1144、1156；中二 2183；
　中五 4588、4626、4627、5182；中六 5549

竖石盘互　清远军西北八十里威州
【宋史】277/郑文宝传/9426
【汇编】中一 1090

峭崄
【掌中珠】地用下/12/4

界壕　原州
【宋史】328/赵珣传/10464
【长编标】91/2100
【长编影】91/4 下
【汇编】中一 1589

秋旱　宋神宗熙宁三年陕西
【长编标】214/5199
【长编影】214/6 上
【汇编】中三 3582

秋灾伤　元祐三年永兴军、耀同解华州、河中府
【宋会要】兵 2 之 37/6790

便于骑战　镇戎军川原
【宋史】258/曹玮传/8984
【长编标】60/1337
【长编影】60/5 上
【汇编】中一 1423

泉原
【掌中珠】地体上/12/1

洪水
【掌中珠】地用下/12/5

洛水汛溢　建炎年间
【名臣碑传琬琰集】下集24/故太尉威武军节度使李公行状/1617
【汇编】补遗 7131

前控大川　萧关
【宋史】290/孙继邺传/9709
【汇编】中一 1736

美水草　汾州地貌
【宋史】287/王嗣宗传/9649
【汇编】中一 1320

美水草　兰州古金城
【长编标】474/11314
【长编影】474/12 下
【汇编】中五 5165

绝少林木　鄜州、延州、保安军
【宋会要】兵 27 之 16/7254

绝漠　西夏地貌
【长编标】135/3216
【长编影】135/3 下
【范文正公集】5/上攻守二策状/13 下
【汇编】中二 2399、2424

十画

莲花
【掌中珠】地用下/13/6

夏旱　庆历六年陕西
【长编标】158/3829
【长编影】158/11 上
【汇编】中三 3086

夏国旱灾　熙宁七年宋朝听闻
【长编标】254/6210
【长编影】254/5 下

疾战沙漠　西夏兵马之所长
【宋史】308/卢斌传/10141
【长编标】40/851
【长编影】40/8 下
【汇编】中一 1154

海棠花
【掌中珠】地用下/13/4

流沙　西夏
【河南先生文集】23/按地图/3 下
【汇编】中二 2166

朔风
【掌中珠】天相中/8/5

难得井泉　环州
【宋会要】礼 62 之 31/1710
【汇编】中一 1360

十一画

梅花
【掌中珠】地用下/13/4

黄鼠食稼　西夏天灾
【东都事略】127、128/附录5、6
【汇编】上 105

掘丈余则有水　夏国宥州界
【武经总要】前集 18 上/6 下

【汇编】中一 974

掘地以贮雨水　庆历初麟州城
【涑水记闻】12/14 上
【汇编】中二 2355

旋风
【掌中珠】天相中/7/5

清风
【掌中珠】天相中/8/4

深冬苦寒　熙河泾原
【长编标】349/8372
【长编影】349/6 上
【宋会要】兵 5 之 10/6844
【汇编】中五 4604、4611

十二画

萱草花
【掌中珠】地用下/13/6

葵花
【掌中珠】地用下/13/4

黑风
【掌中珠】天相中/8/5

善水草　萧关故道
【宋史】290/曹继邺传/9709

善水草　西夏生态
【金史】134/西夏传/2876
【汇编】上 137

道路宽平　庆州淮安镇
【武经总要】前集 18 上/9 下
【汇编】中一 1370

十三画

瑞雪
【掌中珠】天相中/9/1

蓬蒿深至入腋　鄜延安远寨
【长编标】128/3041
【长编影】128/14 下
【汇编】中二 2073

蒲苇
【掌中珠】地用下/16/1

碛　银夏地貌
【宋史】265/张齐贤传/9156
【长编标】50/1100
【长编影】50/16 上
【欧阳文忠公全集】21/碑铭·尚书户部郎中赠
　　右谏议大夫曾公神道碑铭/2 上
【汇编】中一 1279、1283

雷雹
【掌中珠】天相中/9/2

雾露
【掌中珠】天相中/9/1

路甚平易　麟州附近
【武经总要】前集 17/10 上
【汇编】中一 1429

数百里无草木　清远军
【太平治迹统类】2/太祖太宗经制西夏
【汇编】中一 1108

数年荐饥　宋真宗咸平年间银夏一带
【长编标】54/1194
【长编影】54/17 下
【汇编】中一 1360

十四画

膏雨
【掌中珠】天相中/8/5

十五画

稻田　泰州三阳寨
【武经总要】前集 18 上/30 上
【汇编】中一 959

稻田　泰州永宁寨
【武经总要】前集 18 上/27 下
【汇编】中一 932

德明境内歉旱　大中祥符三年
【宋会要】兵 27 之 17/7255

十六画

樵采稍远　环州

【宋会要】礼 62 之 31/1710

【汇编】中一 1360

十七画

霜雪

【掌中珠】天相中/9/1

十九画

瀚海　西夏地貌

【宋史】257/李继和传/8971；273/李守恩传/
　9334、李允正传/9340；301/马元方传/9986；
　317/钱即传/10351

【长编标】39/833、835、836

【长编影】39/5 下、7 上

【宋会要】兵 27 之 4/7248

【武经总要】前集 18 上/8 下

【太平治迹统类】2/太祖太宗经制西夏

【汇编】中一 940、1107、1121、1126、1127、
　1180；中六 5794

二十一画

霹雳

【掌中珠】天相中/7/5

（二十八）其他

一画

一丈　西夏语音译阿量

【掌中珠】人事下/26/3

一寸　西夏语音译阿寸

【掌中珠】人事下/26/3

一尺　西夏语音译阿召

【掌中珠】人事下/26/3

二画

人寿百岁，七十者稀

【掌中珠】人事下/35/1

三画

久良津和市　河东

【长编标】499/11871

【长编影】499/1 下

久良津榷场　河东

【长编标】510/12145

【长编影】510/13 上

四画

五色金花笺　宋太宗书赐李继捧

【宋史】485/夏国传上/13984

【长编标】29/653

【长编影】29/7 下

互市

【宋史】10/仁宗 2/204；186/食货志下 8·互市
　舶法/4563；198/兵志 12·马政/4935；281/
　毕士安传/9521；295/孙甫传/9840；299/张
　若谷传/9929；314/范仲淹传/10270；485/夏
　国传上/13996；486/夏国传下/14012、14029

【金史】50/食货志 5·榷场/1114

【奏议标】130/杨亿·上真宗论弃灵州为便/
　1441

【奏议影】130/杨亿·上真宗论弃灵州为便/
　4429

五画

打当　西夏语，使人商旅过蕃族所遗财货之称，
　　即"宿值"

【宋史】264/宋琪传/9130；490/高昌传/14110

【长编标】35/769

【长编影】35/4 下

【挥麈前录】4/王延德历叙使高昌行程所见/3 下

【汇编】中一 1011、1012

正军　西夏军种

【宋史】486/夏国传下/14028

【辽史】115/西夏记/1524

【汇编】上 94、118

白札子　元符二年七月吕惠卿以白札子遣西人
　　还，令遣使赴阙

【长编标】512/12188

【长编影】512/10 上

白札子 元符二年六月西人复遣使赍牒及白札子来

【长编标】511/12155

【长编影】511/2 上

立虚寨 党项战术

【辽史】115/西夏记/1524

【汇编】上 118

宁星和市 河东

【宋史】186/食货志下 8·互市舶法/4564

【长编标】185/4470；315/7618

【长编影】185/4 上；315/3 下

六画

西夏回回军 元世祖八年九月签发

【元史】7/世祖纪 4/137

西夏军 皆备鞍马甲仗

【元史】4/忽必烈传 1/75

【汇编】下 6988、6991

岁赐 宋赐西夏

【宋史】11/仁宗 3/215、219；186/食货志下 8·互市舶法/4564；191/兵志 5·河北河东陕西义勇/4736；295/孙甫传/9840；312/韩琦传/10226；320/余靖传/10409；330/任颛传/10617；332/李师中传/10677、陆诜传/10681、赵卨传/10684、10685；339/苏辙传/10832；340/吕大忠传/10846；471/章惇传/13712；485/夏国传上/13999；486/夏国传下/14009、14014、14018

【长编标】140/3363；152/3706；163/3921；208/5063；216/5252；218/5313；229/5569；237/5760；276/6741；283/6933；313/7585；317/7656；340/8177；341/8210；365/8753；374/9063；381/9281；382/9309；404/9855；405/9863；429/10375；431/10419；432/10425；443/10656；444/10688；446/10735；447/10759；452/10848；458/10953；466/11126；467/11150；468/11172；469/11208；478/11384；479/11412；483/11484；505/12044；506/12058；509/12114、12122；512/12182；519/12344

【长编影】140/5 上；152/10 上；163/5 下；208/14 下；216/1 下；218/19 下；229/4 上、13 下；237/4 上；276/3 下；283/11 上；313/3 下；317/1 上；340/1 下；341/13 下；365/9 上；374/10 下；381/29 上；382/11 上；404/23 下；405/2 下；429/16 上；431/11 下；432/2 上；443/4 下；444/8 下；446/6 下；447/10759；447/14 上；452/7 上；458/1 下；466/1 下、4 上、4 下；467/5 上；468/6 上；469/8 上；478/3 上；479/12 上；483/4 下；505/16 上；506/9 上；509/2 上；512/6 下；519/2 下

回回军 罢签回回军

【元史】7/世祖纪 4/141

负担 西夏正军之副从，担为赡之误

【辽史】115/西夏记/1524

负赡 西夏随军杂役

【宋史】486/夏国传下/14028

【汇编】上 94

设伏兵 党项战术

【宋史】272/曹光实传/9315；486/夏国传下/14029

【辽史】115/西夏记/1524

【汇编】上 118

七画

步跋子 西夏步兵

【宋史】190/兵志 4·河东、陕西弓箭手/4720、4721

【汇编】中六 5880、5881

体工

【掌中珠】人事下/22/5

译者 张宗道使夏，夏国引伴将失礼语言归咎于译者失辞

【长编标】196/4763

【长编影】196/24 上

八画

采木场 秦州

【宋史】308/张佶传 10151；492/吐蕃传/14159

【宋会要】蕃夷 6 之 1/7819

采卖木植司　熙河兰会

【长编标】345/8294

【长编影】345/19 下

【汇编】中五 4577

河西军　指西夏军

【元史】99/兵志 2/2527

【汇编】下 7031

泼喜　西夏炮手

【宋史】486/夏国传下/14028

【辽史】115/西夏记/1524

【汇编】上 94、118

九画

城寨

【杂字】15/礼乐部/15 左

草头税　宋夏窟野河流域荒地税

【长编标】185/4470

【长编影】185/3 下

保安军榷场　宋夏贸易市场

【宋史】186/食货志下 8·互市舶法/4563

【长编标】66/1471；123/2896；145/3506；161/3888

【长编影】66/2 下；123/5 上；145/11 上；161/6 下

养贤务　夏崇宗李乾顺始建

【宋史】486/夏国传下/14019、14030

【汇编】上 85

十画

盐井　渭州

【长编标】175/4226

【长编影】175/6 下

党项军　党项军一词始见于此

【金史】117/粘哥荆山传/2558

【汇编】下 6958

铁骑　西夏骑兵

【宋史】290/张玉传/9721；292/王尧臣传/9773；323/赵珣传/10464；325/任福传/10507；350/张蕴传/11087；357/何灌传/

11225；485/夏国传上/13995；486/夏国传下/14012、14029

【辽史】115/西夏记/1524

【宋会要】兵 26 之 40/7246

【汇编】上 95、118

铁冶务　西夏横山

【范文正公集】年谱补遗/5 下

【汇编】中二 2103

铁鹞子　西夏骑兵

【宋史】190/兵志 4·河东、陕西弓箭手/4720、4721；367/李显忠传/11429；486/夏国传下/14012

【宋会要】兵 27 之 27/7260；兵 8 之 29/6901

【长编标】132/3149；479/11408

【长编影】132/25 上；479/7 上

【汇编】上 78；中二 2522；中五 5195；中六 5880、5881

部曲

【宋史】191/兵志 5·蕃兵/4756；266/钱若水传/9168；367/李显忠传/11431

【长编标】133/3177；173/4180；185/4471；220/5361；240/5825；247/6012；474/11315；504/12018

【长编影】133/15 上；173/16 下；185/4 下；220/24 下；240/2 上；247/6 上；474/13 下；504/18 下

唐兀卫　统党项军

【元史】14/世祖纪 11/295；99/兵志 2/2527；133/暗伯传/3237

【汇编】下 7031、7036

唐兀军　河西地区西夏遗民组成

【元史】14/世祖纪 11/300；19/成宗纪 2/414

【汇编】下 7036、7042

递角　公文，诸如尚书省、枢密院、宣抚使司发与州府递角，或地方州府上报递角

【宋会要】方域 10 之 31/7489、10 之 36/7491

诸道回回军　元世祖七年七月签发

【元史】7/世祖纪 4/130

十五画

蕃市

【长编标】257/6324；262/6408；264/6477；381/
9273；474/11308

【长编影】262/30 下；264/18 下；381/22 上；
474/8 上

蕃商

【宋史】277/卢之翰传/9424

【长编标】161/3888；192/4644；262/6408；487/
11570

【长编影】161/7 上；192/9 下；262/31 上；
487/8 下

撞令郎　西夏语"撞令"借自吐蕃，意为"先
锋"

【宋史】486/夏国传下/14029

【辽史】115/西夏记/1524

【汇编】上 94、118